Steuerung von Corporate Social Responsibility durch Recht

Intradisziplinäre Forschung zur Compliance
Studien zur Rechtsentwicklung und -praxis
Herausgegeben von Andrea Lohse und Roman Seer

Band 8

Zur Qualitätssicherung und Peer Review der vorliegenden Publikation

Die Qualität der in dieser Reihe erscheinenden Arbeiten wird vor der Publikation durch Herausgeber der Reihe geprüft.

Notes on the quality assurance and peer review of this publication

Prior to publication, the quality of the work published in this series is reviewed by editors of the series.

David Wolfmeyer

Steuerung von Corporate Social Responsibility durch Recht

Der normative Rahmen der Unternehmensverantwortung im europäischen und globalen Raum

PL ACADEMIC RESEARCH

Bibliografische Information der Deutschen Nationalbibliothek
Die Deutsche Nationalbibliothek verzeichnet diese Publikation in der Deutschen Nationalbibliografie; detaillierte bibliografische Daten sind im Internet über http://dnb.d-nb.de abrufbar.

Zugl.: Frankfurt (Oder), Europa-Univ., Diss., 2016

D 521
ISSN 2196-9795
ISBN 978-3-631-67293-8 (Print)
E-ISBN 978-3-653-06911-2 (E-Book)
DOI 10.3726/978-3-653-06911-2

PL Academic Research ist ein Imprint der Peter Lang GmbH.

Peter Lang – Frankfurt am Main · Bern · Bruxelles · New York · Oxford · Warszawa · Wien

Diese Publikation wurde begutachtet.

www.peterlang.com

Glückauf!
Szczęść Boże!

Danksagung

Die vorliegende Arbeit wurde im Wintersemester 2014/-15 von der Juristischen Fakultät der Europa-Universität Viadrina zum Promotionsverfahren zugelassen. Im Januar 2016 erfolgte die Verteidigung. Dem vorausgegangen sind unzählige Stunden der Recherche, die ich seit dem Frühjahr 2012 in Universitätsbibliotheken in Deutschland, Polen und Ungarn verbracht habe.

Meinem Doktorvater, Herrn *Prof. Dr. Bartosz Makowicz*, danke ich für seine Betreuung meiner Arbeit, die mir geschenkten akademischen Freiheiten und das darin zum Ausdruck kommende große Vertrauen. Zudem danke ich ihm für die Möglichkeit, an dem unter seiner Leitung stehenden Drittmittelprojekt „Die objektive Werteordnung der Grundrechte als Grundlage der deutsch-polnischen Verständigung“ mitgewirkt und dabei Wissenschaftler und Praktiker aus Deutschland und Polen getroffen zu haben, die das Rechtsleben beider Länder maßgeblich geprägt haben. Dank gebührt ferner meinen Kolleginnen und Kollegen vom Lehrstuhl für Polnisches Öffentliches Recht, allen voran Frau *Agata Adamowicz, LL.M.* und Herrn *Dr. Bartosz Jagura, LL.M.*.

Begutachtet wurde die Arbeit von Frau *Prof. Dr. Eva Kocher* und Herrn *Prof. Dr. Christoph Brömmelmeyer*, dem ich nicht nur für seine zügige und dennoch aufrichtige Befassung mit meiner Arbeit, sondern auch für die zahlreichen wertvollen Anmerkungen danke.

Frau *Prof. Dr. Andrea Lohse* und Herrn *Prof. Dr. Roman Seer* von der Ruhr-Universität Bochum danke ich für die Aufnahme meiner Arbeit in die Schriftenreihe „Intradisziplinäre Forschung zur Compliance“.

Neben der großzügigen finanziellen Förderung, welche die Anfertigung dieser Arbeit wesentlich erleichtert hat, danke ich der *Konrad-Adenauer-Stiftung* vor allem auch für die mir eingeräumte Möglichkeit, im Rahmen der ideellen Förderung ein Seminar zum Gedenken an den 70. Jahrestag des Beginns des Warschauer Aufstands zu organisieren.

Herr *Dipl.-Kfm. Peter Wolfmeyer* hat sich eingehend und kritisch mit dem Manuskript auseinandergesetzt. Dafür und für die zahlreichen Diskussionen danke ich ihm ebenso wie Frau *Alexandra Bechtum, M.A.* für ihre Unterstützung bei Formatierung und Layout.

Aus der Reihe all jener Personen, die mir besonders am Herzen liegen und die mich mit ihrem kontinuierlichen Zuspruch durch den Prozess des Promovierens begleitet haben, möchte ich meine Eltern *Hildegard & Peter Wolfmeyer* herausheben. Ihnen und ihrer bedingungslosen Unterstützung verdanke ich nicht nur einem langen Bildungsweg, sondern vor allem auch einen inneren Kompass, auf den immer Verlass ist!

Ich widme diese Arbeit meinen Eltern in tiefer Dankbarkeit.

Mülheim an der Ruhr, im Frühjahr 2016

David Wolfmeyer

Inhaltsübersicht

Inhaltsverzeichnis

Abkürzungsverzeichnis

ABlEG	Amtsblatt der Europäischen Gemeinschaft
ABlEU	Amtsblatt der Europäischen Union
Abs.	Absatz
AcP	Archiv für die civilistische Praxis
AEUV	Vertrag über die Arbeitsweise der Europäischen Union
AG	Aktiengesellschaft
AGB	Allgemeine Geschäftsbedingungen
Alt.	Alternative
APuZ	Aus Politik und Zeitgeschichte
Art.	Artikel
ASEAN	Association of Southeast Asian Nations (Verband Südostasiatischer Nationen)
ASQ	Administrative Science Quarterly
ATCA	Alien Tort Claims Act
ATS	Alien Tort Statute
Aufl.	Auflage
AVR	Archiv des Völkerrechts
BB	Betriebs-Berater
BGBl.	Bundesgesetzblatt
BGH	Bundesgerichtshof
BIAC	Business and Industry Advisory Committee to the OECD
BMZ	Bundesministerium für wirtschaftliche Zusammenarbeit und Entwicklung
BMU	Bundesministerium für Umwelt, Naturschutz und Reaktorsicherheit
BSCI	Business Social Compliance Initiative
BVerfGE	Entscheidungen des Bundesverfassungsgerichts
bzgl.	bezüglich
bzw.	beziehungsweise
ca.	cirka
CC	Corporate Citizenship
CCC	Clean Clothes Campaign (Kampagne für Saubere Kleidung)
CCZ	Corporate Compliance Zeitschrift
CERES	Coalition for Environmentally Responsible Economics
CG	Corporate Governance
CIME	Committee on International Investment and Multinational Enterprises (Ausschuss für internationale Investitionen und multinationale Unternehmen)
CSR	Corporate Social Responsibility
DB	Der Betrieb

DBW	Die Betriebswirtschaft
DCGK	Deutscher Corporate Governance Kodex
d.h.	das heißt
Dies.	Dieselben
DÖV	Die öffentliche Verwaltung
DVBl	Deutsches Verwaltungsblatt
ECOSOC	Economic and Social Council (Wirtschafts- und Sozialrat der Vereinten Nationen)
EEA	Einheitliche Europäische Akte
EG	Europäische Gemeinschaften
EMJ	European Management Journal
EMP	European Monitoring Platform
EMRK	Europäische Menschenrechtskonvention
EMS-Forum	European Multi-Stakeholder-Forum on CSR
endg.	endgültig
EP	Europäisches Parlament
EPZ	Europäische Politische Zusammenarbeit
EU	Europäische Union
EuGH	Europäischer Gerichtshof
EuGRZ	Europäische Grundrechte-Zeitschrift
EuR	Europarecht
EUV	Vertrag über die Europäische Union
EuZW	Europäische Zeitschrift für Wirtschaftsrecht
EZA	Entwicklungszusammenarbeit
f.	folgende
Fn.	Fußnote
FS	Festschrift
FSC	Forest Stewardship Council
GATT	General Agreement on Tariffs and Trade (Allgemeines Zoll- und Handelsabkommen)
GASP	Gemeinsame Außen- und Sicherheitspolitik
GFA	Global Framework Agreement
GG	Grundgesetz
GRI	Global Reporting Initiative
GRUR	Gewerblicher Rechtsschutz und Urheberrecht
GYIL	German Yearbook of International Law
Hdb.	Handbuch
HGB	Handelsgesetzbuch
Hrsg.	Herausgeber
HS	Halbsatz
HuV-I	Humanitäres Völkerrecht – Informationsschriften
IAS	International Accounting Standards
ICC	International Chamber of Commerce (Internationale Handelskammer)

IFA	International Framework Agreement
IFRS	International Financial Reporting Standards
IGH	Internationaler Gerichtshof
IIRC	International Integrated Reporting Council
IJMR	International Journal of Management Reviews
ILM	International Legal Materials
ILO	International Labour Organization (Internationale Arbeitsorganisation)
IPbürgR	Internationaler Pakt über bürgerliche und politische Rechte
IPwskR	Internationaler Pakt über wirtschaftliche, soziale und kulturelle Rechte
IRZ	Zeitschrift für Internationale Rechnungslegung
i.S.d.	im Sinne der/des
ISO	International Organization for Standardization (Internationale Organisation für Normung)
i.V.m.	in Verbindung mit
JA	Juristische Arbeitsblätter
JURA	Juristische Ausbildung
JuS	Juristische Schulung
JZ	Juristenzeitung
KJ	Kritische Justiz
KMU	Kleine und mittlere Unternehmen
KOM	Europäische Kommission
MAI	Multilaterales Abkommen über Investitionen
MPEPIL	Max Planck Encyclopedia of Public International Law
MRM	Menschenrechtsmagazin
MS	Mitgliedstaaten der Europäischen Union
MSC	Marine Stewardship Council
m.w.N.	mit weiteren Nachweisen
NAFTA	North American Free Trade Agreement (Nordamerikanisches Freihandelsabkommen)
NJW	Neue Juristische Wochenschrift
NGO	Non-Governmental Organization (Nichtregierungsorganisation)
NKS	Nationale Kontaktstelle
Nr.	Nummer
NuR	Natur und Recht
NVwZ	Neue Zeitschrift für Verwaltungsrecht
NZA	Neue Zeitschrift für Arbeitsrecht
NZG	Neue Zeitschrift für Gesellschaftsrecht
o. ä.	oder ähnlich
OECD	Organisation for Economic Co-operation and Development (Organisation für wirtschaftliche Zusammenarbeit und Entwicklung)
PPP	Public-private-Partnership (Öffentlich-private Partnerschaft)

PVS	Politische Vierteljahresschrift
RdA	Recht der Arbeit
Rg	Rechtsgeschichte
RIW	Recht der Internationalen Wirtschaft
RJ	Rechtshistorisches Journal
Rn.	Randnummer
Rs.	Rechtssache
sog.	sogenannt
S.	Seite / Satz
Slg.	Sammlung
s.o.	siehe oben
SZIER	Schweizerische Zeitschrift für internationales und europäisches Recht
TTIP	Transatlantic Trade and Investment Partnership (Transatlantische Handels- und Investitionspartnerschaft)
TUAC	Trade Union Advisory Committee to the OECD
v.	vom/von
VN	Vereinte Nationen
VO	Verordnung
vs.	versus
UAbs.	Unterabsatz
UNCSD	United Nations Conference on Sustainable Development (Konferenz der Vereinten Nationen über nachhaltige Entwicklung)
UNCTAD	United Nations Conference on Trade and Development (Konferenz der Vereinten Nationen für Handel und Entwicklung)
UNCTC	United Nations Centre on Transnational Corporations (Zentrum der Vereinten Nationen für Transnationale Unternehmen)
UNEP	United Nations Environment Programme (Umweltprogramm der Vereinten Nationen)
UIG	Umweltinformationsgesetz
VerwArch	Verwaltungsarchiv
VVDStRL	Veröffentlichungen der Vereinigung der Deutschen Staatsrechtslehrer
WBCSD	World Business Council for Sustainable Development (Weltwirtschaftsrat für Nachhaltige Entwicklung)
WCED	World Commission on Environment and Development
WDC	World Diamond Council
WiVerw.	Wirtschaft und Verwaltung
WPg	Die Wirtschaftsprüfung
WRP	Wettbewerb in Recht und Praxis
WTO	World Trade Organization (Welthandelsorganisation)
ZaöRV	Zeitschrift für ausländisches öffentliches Recht und Völkerrecht
ZaU	Zeitschrift für angewandte Umweltforschung
z.B.	zum Beispiel

zfwu	Zeitschrift für Wirtschafts- und Unternehmensethik
ZfRSoz	Zeitschrift für Rechtssoziologie
ZfU	Zeitschrift für Umweltpolitik & Umweltrecht
ZGR	Zeitschrift für Unternehmens- und Gesellschaftsrecht
ZIP	Zeitschrift für Wirtschaftsrecht
Zit.	Zitat
ZRP	Zeitschrift für Rechtspolitik
ZUG	Zeitschrift für Unternehmensgeschichte
ZUR	Zeitschrift für Umweltrecht

A. Einleitung

Fragen nach der Verantwortung von Unternehmen in Zeiten einer sich zunehmend globalisierenden Wirtschaft sind von großer Aktualität. Am 24. April 2013 ereignete sich in Sabhar die bislang schwerwiegendste Industriekatastrophe in der Geschichte von Bangladesch, als der Gebäudekomplex des „*Rana Plaza*" einstürzte und dabei mehr als 1.120 Menschen starben und weitere 2.400 verletzt wurden. Bei den Opfern handelte es sich überwiegend um Arbeiterinnen, die in einer der vielen im Gebäude untergebrachten Textilfabriken Kleidung für zumeist amerikanische und europäische Modeunternehmen produziert hatten. Unter dem massiven öffentlichen und politischen Druck sahen sich diese international agierenden Unternehmen dazu gedrängt, kurzfristig ein „Abkommen zum Brand- und Gebäudeschutz in Bangladesch"[1] zu unterzeichnen, das die meisten von ihnen vor der Katastrophe noch abgelehnt hatten.

Der Einsturz des *Rana Plaza* reiht sich ein in eine Kette von in der Öffentlichkeit stark wahrgenommenen und diskutierten Skandalen, bei denen es zumeist um ein unter sozialen oder ökologischen Aspekten fragwürdiges Unternehmenshandeln in Schwellen- und Entwicklungsländern geht. In besonders gravierenden Fällen sehen sich Unternehmen gar dem Vorwurf der Verletzung von Menschenrechten ausgesetzt. Ähnlich wie vergleichbare frühere Fälle löste auch die Katastrophe von Sabhar eine intensive Diskussion über die weltweiten Arbeits- und Produktionsbedingungen und über die damit verbundene „Verantwortung" multinationaler Unternehmen aus.

Jenseits der öffentlichen Diskussion über „unverantwortliches" unternehmerisches Handeln schlägt sich die Forderung nach „Unternehmensverantwortung" vor allem im Konzept der *Corporate Social Responsibility* (CSR) nieder. „CSR" hat sich dabei in den vergangenen Jahren zu einem in Unternehmenspraxis und Wissenschaft international anerkannten Schlüsselbegriff entwickelt, unter dem Fragen des sozial- und umweltverträglichen Handelns von Unternehmen in einer globalisierten Welt diskutiert werden. Gerade große Unternehmen stellen heute zum Teil bedeutende finanzielle und personelle Ressourcen bereit, um Fragen der Unternehmensverantwortung (öffentlichkeitswirksam) zu begegnen. Aber auch kleine und mittlere Unternehmen sehen sich verstärkt mit der Thematik der Verantwortung konfrontiert. In der Forschung werden disziplinübergreifend Wege und Möglichkeiten diskutiert, wie die Interessen von Unternehmen und Gesellschaft miteinander in Einklang gebracht werden können. Auch staatliche Stellen und die Politik treten immer häufiger in einen intensiven Dialog mit Vertretern der Unternehmen und der

1 Der „*Accord on Fire and Building Safety in Bangladesh*" vom 13. Mai 2013 ist abrufbar unter: http://www.industriall-union.org/sites/default/files/uploads/documents/2013-05-13_-_accord_on_fire_and_building_safety_in_bangladesh.pdf (Stand: 21.01.2016).

„Zivilgesellschaft“ über Fragen der Unternehmensverantwortung ein und entwerfen eigene CSR-Programme.

Nicht selten ist dabei jedoch unklar und zwischen den Beteiligten sogar umstritten, worüber genau gesprochen wird, wenn über Fragen der Unternehmensverantwortung diskutiert wird. Ein Kunde wird etwa ein anderes Verständnis von der „Verantwortung“ eines Unternehmens haben, von dem er seine Waren erwirbt, als das betreffende Unternehmen selbst oder dessen Mitarbeiter. Das Verantwortungsverständnis eines Eigentümers unterscheidet sich in der Regel von dem einer Nichtregierungsorganisation (NGO). Gerade aufgrund der Vielzahl (und nicht selten der Diskrepanz) dieser an die Unternehmen im Hinblick auf deren Verantwortung gestellten Erwartungen ist die „Gemengelage“ rund um die Thematik der CSR sehr komplex. Erschwerend kommt hinzu, dass die gesellschaftlichen Erwartungen an ein verantwortliches Unternehmenshandeln einem laufenden Wandlungsprozess ausgesetzt sind. Während es früher als ausreichend erachtet wurde, die Definition von Unternehmensverantwortung dem „ehrbaren Kaufmann“ zu überlassen, nehmen heute auch (höchstens) mittelbar mit dem Unternehmen verbundene Interessengruppen Einfluss auf dessen CSR-Politik. Wie zu zeigen sein wird, stellt gerade die Zusammenführung der widersprüchlichen Interessen und Erwartungen der verschiedenen Stakeholder-Gruppen eine der größten Herausforderungen des CSR-Diskurses dar.

Die so beschriebene Unbestimmtheit und Interpretationsoffenheit der Thematik gestaltet sich als besonders problematisch aus Sicht der an Klarheit und Bestimmtheit orientierten Rechtswissenschaften. Geradezu offensichtlich sind dabei die Skepsis und die Zurückhaltung, die „der“ CSR als einem einheitlichen Konzept der Unternehmensverantwortung in der juristischen Literatur entgegengebracht werden. Neben der inhaltlichen Unbestimmtheit lässt sich diese Reserviertheit auch auf den dem Konzept der CSR vermeintlich zugrunde liegenden Gedanken der „Freiwilligkeit“ zurückführen, weshalb die Thematik der Unternehmensverantwortung in ihrer Gesamtheit schnell in einem nicht-rechtlichen Bereich verortet wird. Hinzu kommt, dass die CSR Fragen der (Unternehmens-) Moral berührt, die von solchen des Rechts zu unterscheiden sind. Und schließlich weist die Materie vermehrt einen internationalen Bezug auf, wohingegen das Recht einen nationalstaatlichen Fokus besitzt.

Dass es trotz dieser grundlegenden Einwände zu kurz greift, die CSR pauschal einer rechtswissenschaftlichen Untersuchung zu entziehen, belegt schon das Beispiel aus Bangladesch. In Anbetracht der durch den Einsturz des *Rana Plaza* ausgelösten Katastrophe sahen sich die im Land produzierenden (oder dort einkaufenden) „westlichen“ Unternehmen dazu gedrängt, eine Form der rechtlichen Verpflichtung einzugehen, um ihrer „Verantwortung“ öffentlich Ausdruck zu verleihen. Zugleich wurden auf Ebene der nationalen und internationalen Politik als Reaktion auf das Unglück vermehrt Forderungen erhoben, der Thematik der Unternehmensverantwortung im Wege einer rechtlichen Normierung ihrer Rahmenbedingungen eine größere Bindungswirkung zu verleihen.[2] Eine „Verrechtlichung“[3] der CSR soll dabei – so die Prämisse – von den Unternehmen das verbindlich einfordern, was die Mehrzahl von ihnen bereits in unverbindlichen unternehmensinternen Leitlinien und in jährlich veröffentlichten „Nachhaltigkeits-“ bzw. „CSR-Berichten“ kommuniziert. Recht wird in dieser Konstellation letztlich als Instrument zur Glaubwürdigkeitssteigerung gesehen. Dies aber legt den Schluss nahe, dass Fragen des Rechts und der Unternehmensverantwortung eng miteinander verzahnt sind und es jedenfalls unmöglich ist, diese voneinander zu trennen.

Inwieweit sich diese Annahme bestätigen lässt, ob das Unternehmenshandeln im Bereich der CSR tatsächlich zunehmend regulativ gesteuert wird und wenn ja, wie dies konkret erfolgt, soll im Folgenden geklärt werden. Entgegen einer pauschalen Qualifizierung der CSR als „rechtlich“ bzw. „nicht-rechtlich“ baut diese Arbeit auf dem Verständnis auf, dass es Aufgabe rechtswissenschaftlicher Dogmatik ist, gesellschaftliche Entwicklungen – als die sich die Forderung nach Unternehmensverantwortung verstehen lässt – aufzugreifen und diese im Wege einer „Systembildung“ zu durchdringen. Dabei erfordert gerade die Durchdringung des Normenmaterials neuer Phänomene – wie es *Dreier* treffend formuliert hat – „[...] bei aller Stabilisierungsfunktion Flexibilität, um sich neuen Herausforderungen und tatsächlichen Wandlungsprozessen gewachsen zu zeigen.“[4] Ohne die Ergebnisse der vorzunehmenden Analyse vorwegzunehmen, lässt sich feststellen, dass sich gerade im Falle der CSR unter Zugrundelegung eines entsprechenden Maßes an „Flexibilität“ zahlreiche Anknüpfungspunkte einer juristischen Betrachtung der Thematik ergeben. Im Kern geht es dabei um die Frage, ob (und wenn ja wie) im Wege des Rechts ein „verantwortliches“ Unternehmenshandeln aktiviert und stimuliert werden kann.

Eine Beantwortung dieser Fragen erfordert es, sich sowohl mit dem Begriff der Verantwortung (allgemein und im Unternehmenskontext) als auch mit der Funktion und der Wirkungsweise des Rechts vor dem Hintergrund eines globalisierten Unternehmensumfelds zu befassen. Einzugehen ist dabei insbesondere auch auf Impulse, die der Diskurs um die CSR von internationaler Ebene erhält. So liegt es nahe anzunehmen, dass eine rechtliche Aktivierung unternehmerischer Verantwortung heute in der Regel Formen der internationalen Koordination voraussetzt. Ein besonderes Maß an einer solchen Koordination ist auf Ebene der Europäischen Union (EU) zu finden, weshalb ein Schwerpunkt der folgenden Ausführungen auf der Untersuchung der rechtlichen Rahmenbedingungen für CSR in der EU liegt. Gerade

---

2 Siehe etwa den Analogieschluss in *The New York Times International Weekly*, 10.05.2013, S. 2: „In the United States, lawmakers began improving safety after the 1911 fire at New York's Triangle Shirtwaist factory, which killed 146 workers and horrified the nation. The collapse of Rana Plaza should play a similarly galvanizing role."

3 Verwendung des Terminus der „Verrechtlichung“ im Kontext der CSR zuletzt etwa bei *Schrader*, ZUR 2013, S. 451 (458); *Spießhofer*, NZG 2014, S. 1281 (1287); *Voland*, BB 2015, S. 67 (67); *Kroker*, CCZ 2015, S. 120 (120); *Eufinger*, EuZW 2015, S. 424 (425).

4 *Dreier*, Staatswissenschaften und Staatspraxis 1993, S. 647 (667).

das vergleichsweise innovative und komplexe Vorgehen, mit dem auf europäischer Regelungsebene das Ziel verfolgt wird, eine Aktivierung der Unternehmensverantwortung durch Recht zu erreichen, macht es möglich, aus den gewonnenen Erkenntnissen Rückschlüsse auf die rechtlichen Rahmenbedingungen zu ziehen und letztlich die Frage zu beantworten, ob die CSR insgesamt einem Prozess der „Verrechtlichung" unterliegt.

B. Verantwortung im Kontext von Globalisierung und Privatisierung

Das Konzept der CSR umfasst Vorgaben für ein verantwortliches unternehmerisches Handeln. Was im Einzelfall unter einem „verantwortlichen unternehmerischen Handeln“ zu verstehen ist und welchen Erwartungen sich ein Unternehmen dabei ausgesetzt sieht, ist das Ergebnis der das unternehmerische Handeln jeweils bestimmenden gesellschaftlichen Rahmenbedingungen. Maßgeblich verändert und gleichzeitig geprägt haben das Bild von unternehmerischer Verantwortung vor allem die unter den Begriffen „Globalisierung“ und „Privatisierung“ zusammengefassten gesellschaftlichen und politischen Entwicklungen. Sie bilden damit die Ausgangslage für eine vertiefte Auseinandersetzung mit dem Konzept der CSR. Zentral für das Verständnis der CSR ist auch der Begriff der „Verantwortung“, der – wenngleich er sich „durch Unschärfe auszeichnet“[5] – Inhalt und Grenzen der CSR bestimmt.

I. Globalisierung

Eine der wichtigsten Entwicklungen, die in den vergangenen Jahrzehnten einen nachhaltigen Wandel der Rahmenbedingungen unternehmerischen Handelns bewirkt hat, ist die Globalisierung. Besondere Relevanz entfaltet der Prozess der Globalisierung für das Konzept der CSR vor allem in zweifacher Hinsicht: Erstens durch eine Schaffung zusätzlicher unternehmerischer Entfaltungsmöglichkeiten in wirtschaftlicher, politischer und gesellschaftlicher Hinsicht und zweitens aufgrund einer damit zusammenhängenden Veränderung der rechtlichen Steuerungsoptionen des Staates.

1. Begriffsbestimmung

Ein Konsens darüber, was unter dem Begriff der Globalisierung genau zu verstehen ist, besteht bislang nicht.[6] Gemeinhin wird Globalisierung als „Phänomen“[7] bezeichnet. Dieses Phänomen wiederum wird im Kern als offener Prozess verstanden, der zu einer Zunahme grenzüberschreitender sozialer Verflechtungen im Weltmaßstab

---

5 *Höffe*, in: Aßländer/Löhr, Corporate Social Responsibility, S. 35 (35).

6 Eine Übersicht zu bisherigen Definitionsversuchen findet sich etwa bei *Kumar*, Ind. J. Global Legal Stud. 2003, S. 87 (90 ff.).

7 *Boulle*, S. 2; *Hobe*, Duq. L. Rev. 2002, S. 655 (655); *Ruffert*, S. 12; *Delbrück*, SZIER 2001, S. 1 (14); *Nowrot*, Normative Ordnungsstruktur, S. 425; *Mégret*, MPEPIL, Globalization, Rn. 1; *Scherer/Palazzo*, in: Crane et al., Oxford Handbook, S. 413 (419).

und einem damit einhergehenden Bedeutungsverlust staatlicher Grenzen führt.[8] Die zentrale, in der öffentlichen Diskussion vorherrschende Dimension der Globalisierung stellt dabei die zunehmende Verflechtung der Weltwirtschaft dar.[9] In dieser wie in allen anderen Dimensionen[10] unterscheidet sich die Globalisierung nach heutigem Verständnis von älteren Formen globalen und internationalen Austausches vor allem durch ihre Intensität. So existierten zwar auch in der Vergangenheit Formen des Wirtschaftens, die über geografische und politische Grenzen hinaus reichten. Zu den Treibern und Kennzeichen moderner Globalisierung zählen jedoch vor allem verbesserte Kommunikationsmöglichkeiten, moderne Formen des Transports, eine kontinuierliche Effizienzsteigerung in Wissenschaft und Technologie sowie die weltweite Verfügbarkeit verschiedenster Medien.[11] All diese Elemente haben insgesamt den Grad und die Qualität der Verflechtungsmöglichkeiten deutlich steigen lassen.

2. Formen und Folgen wirtschaftlicher Globalisierung

Die wirtschaftliche Dimension der Globalisierung umfasst das Bemühen um den Abbau von Handelsbeschränkungen, die Zunahme globaler Investitionen, die weltweite Arbeitsteilung in der Produktion sowie die Integration der Kapitalmärkte.[12] Ziel ist es insoweit, nationale Marktwirtschaften zunehmend zu einer gemeinsamen „globalen Marktwirtschaft" bzw. zu einem „globalen Binnenmarkt" zu verschmelzen.[13] Neben dem Abbau von Zöllen zielen heutige Liberalisierungsbemühungen auf eine Eindämmung anderer potentiell handelshemmender Maßnahmen, wie etwa Quotenregelungen, Lizenzen, Abgaben, Importbeschränkungen, Exportzuschüssen und staatlichen Zins- und Währungsmanipulationen.[14] Wesentliche Folge dieser

---

8 *Ruffert*, S. 12; *Mégret*, MPEPIL, Globalization, Rn. 8. *Delbrück*, SZIER 2001, S. 1 (14) spricht gar von einem ganzen Bündel von Prozessen.

9 *Bhagwati*, S. 3; *Frowein*, DÖV 1998, S. 806 (806) sowie *Kadelbach*, in: Assmann/Sethe, Recht und Ethos, S. 37 (38), für den Globalisierung zunächst ein wirtschaftswissenschaftlicher Begriff ist,

10 Zu den weiteren Dimensionen der Globalisierung zählen etwa die „soziale Globalisierung" oder die „politische Globalisierung". Die „rechtliche Globalisierung" umfasst die Internationalisierung von Gesetzgebung und Rechtsprechung, der Harmonisierung nationaler Gesetze und die Standardisierung rechtlicher Prozesse, siehe *Boulle*, S. 6 f.; *Ruffert*, S. 13 f.

11 *Boulle*, S. 3; siehe auch *Herdegen*, Internationales Wirtschaftsrecht, S. 7 und *Hobe*, AVR 1999, S. 253 (254). Den besonderen Stellenwert des Internets in der Beschleunigung der heutigen Globalisierungsprozesse betonen u.a. *von Bogdandy*, ZaöRV 2003, S. 853 (856) und *Walker/Fox*, Ind. J. Global Legal Stud. 1996, S. 375 (379); *Hobe*, Duq. L. Rev. 2002, S. 655 (656).

12 Vgl. *Herdegen*, Internationales Wirtschaftsrecht, S. 7.

13 *Hobe*, AVR 1999, S. 253 (254).

14 *Boulle*, S. 15 f.; *Herdegen*, Internationales Wirtschaftsrecht, S. 7; *Delbrück*, SZIER 2001, S. 1 (15).

Bemühungen ist ein deutlicher Anstieg des Umfangs von Direktinvestitionen, womit wiederum eine wachsende Bedeutung grenzüberschreitend agierender Konzerne einhergeht. Multinationale Unternehmen machen dabei Gebrauch von ihrer Mobilität und ihrer Fähigkeit, Kapazitäten jeweils dort zu schaffen und zu nutzen, wo sie die größten Gewinnmöglichkeiten erwarten.[15] Einzelne Produktionsschritte werden immer häufiger auf verschiedene Produktionsstandorte in unterschiedlichen Staaten und Kontinenten aufgeteilt. Gerade diese Fragmentierung unternehmerischen Handelns löst zum Teil komplexe Folgewirkungen aus, so etwa in Bezug auf die geltenden Umwelt-, Arbeits- und Sozialstandards. Staaten, die sich in einem globalen Wettbewerb befinden, operieren zunehmend in jenen wirtschaftlichen Bereichen, in denen sie spezifische Vorteile besitzen, etwa bei bestimmten Kosten, bei der Qualifikation der Arbeitskräfte oder bei der Verfügbarkeit von Energie und Rohstoffen.[16] Dies führt einerseits zu einer Beschränkung, andererseits aber auch zu einer Spezialisierung wirtschaftlichen Handelns. Gleichzeitig löst der zwischenstaatliche Wettbewerb einen Anpassungsdruck auf Arbeitsmärkte und soziale Sicherungssysteme aus.[17]

Gerade aufgrund dieser Folgewirkungen bleibt die Bewertung des Phänomens der wirtschaftlichen Globalisierung in Wissenschaft, Medien und breiter Öffentlichkeit umstritten.[18] Während einerseits die Chancen auf wirtschaftliche Entwicklung und Armutsreduzierung betont werden, berufen sich andererseits „Globalisierungsgegner" auf eine Vergrößerung der „Schere zwischen Arm und Reich" im globalen Maßstab. Im Zentrum der Kritik stehen dabei zumeist große, weltweit agierende Konzerne. Deren wirtschaftliche Macht führe zu Gefahren für die weltweite Durchsetzung der Menschenrechte und behindere die Verbreitung demokratischer Grundwerte.[19]

3. Unternehmen als Akteure der Globalisierung

Wichtigster Träger und zugleich Nutznießer der sich aus der Globalisierung ergebenden wirtschaftlichen Möglichkeiten sind diejenigen Unternehmen, die ihr Geschäftsmodell internationalisieren.[20] Gerade multinationale – also in verschiedenen

15 *Scherer/Palazzo*, in: Crane et al., Oxford Handbook, S. 413 (418).

16 *Empt*, S. 183.

17 *Kadelbach*, in: Assmann/Sethe, Recht und Ethos, S. 37 (38).

18 *Ruffert* weist zu Recht darauf hin, dass durch die politisch-emotionale Aufladung des Begriffs der Globalisierung die Grenzen zwischen wissenschaftlicher Analyse und politischer Stellungnahme zunehmen verschwimmen, vgl. *Ruffert*, S. 11.

19 Zusammenfassung der Diskussion bei *Bhagwati*, 1 ff. Nicht übersehen werden darf jedoch, dass Ungerechtigkeiten und Asymmetrien bereits vor dem heute als wirtschaftliche Globalisierung bezeichneten Phänomen bestanden, vgl. *Herdegen*, Internationales Wirtschaftsrecht, S. 8.

20 Siehe u.a. *Nowrot*, Normative Ordnungsstruktur, S. 429 f., der Unternehmen als die „zentralen Motoren der Globalisierung" kennzeichnet.

Staaten operierende – Unternehmen werden in die Lage versetzt, ihr Geschäftsmodell so zu gestalten, dass es global gesehen einerseits möglichst große Gewinne verspricht und andererseits entstehende Kosten und Risiken gering hält.[21] Immer stärker ermöglicht es die integrierte globale Marktwirtschaft den Unternehmen, strategische (Investitions-)Entscheidungen aufgrund von Faktoren wie dem Zugang zu technischer und professioneller Expertise, den Lohnkosten, dem Marktpotential und sozialer und politischer Stabilität zu treffen.[22] Hinzu kommen staatliche Anreize von Regierungen, etwa in Form von günstigeren Unternehmenssteuerraten oder geringeren Kosten für Arbeits- und Umweltschutz. Um Unternehmen und Direktinvestitionen anzuziehen, versuchen einzelne (Entwicklungs-) Länder, Nachteile bei der Qualifikation der Bevölkerung durch steuerliche Anreize, ein geringeres Lohnniveau oder „weichere" Arbeits- und Umweltschutzstandards zu kompensieren. Dieses staatliche Verhalten lässt sich insgesamt als Beleg für eine tatsächlich gestiegene wirtschaftliche und politische Macht der Unternehmen verstehen.[23] Vor allem große Unternehmen greifen die staatlichen Angebote auf und nutzen diese zunehmend für die Differenzierung ihrer Wertschöpfungsketten. Ein Großteil des globalen Handels erfolgt so heute innerhalb von multinationalen Unternehmen, also zwischen Konzernzentralen und ihren ausländischen Standorten und Zulieferern.[24]

Aus der wirtschaftlichen und politischen Macht multinationaler Unternehmen resultiert ein großer Einfluss auf die Gestaltung der sozialen und wirtschaftlichen Lebensrealitäten zahlreicher Menschen.[25] Dieser Einfluss wird in vielen Fällen positiv genutzt. So etwa dann, wenn sich die Unternehmen an der Schaffung von Arbeitsplätzen, an der Bereitstellung von Infrastruktur und an der Ermöglichung eines Technologietransfers beteiligen oder Steuern und Abgaben zahlen. Es gibt jedoch auch Fälle, in denen Unternehmen schädliche Einflüsse auf die Menschen an ihren Produktionsstandorten, die Umwelt oder geltende Sozialstandards ausüben. Gerade die Globalisierung hat es Unternehmen erleichtert, im Sinne eines *„race to the bottom"* von schwächeren Arbeitsstandards und niedrigeren Arbeitslöhnen zu profitieren.[26] In diesen Fällen versuchen Unternehmen aus Industrieländern, strengere arbeits-, umwelt- und steuerrechtliche Vorgaben in ihren Heimatstaaten zu umgehen, indem sie direkt, mittels Tochtergesellschaften oder durch Zulieferunternehmen in Staaten mit einem schwächer ausgeprägten Regulierungsniveau tätig werden.

---

21 Ebenso *Weilert*, ZaöRV 2009, S. 883 (885).

22 Siehe *Reinisch*, GYIL 2001, S. 270 (290); *Thürer*, in: Hofmann, Non-State Acotrs, S. 37 (47 f.).

23 Vgl. *Nowrot*, Normative Ordnungsstruktur, S. 431 m.w.N.

24 *Hobe*, AVR 1999, S. 253 (255).

25 Vgl. *Weilert*, ZaöRV 2009, S. 883 (883).

26 Unter Verwendung des Begriffs *„race to the bottom"* etwa *Buszewski*, HuV-I 2012, S. 201 (202) und *Scherer/Palazzo*, in: Crane et al., Oxford Handbook, S. 413 (422 f.). Weitere Nachweise und Beispiele negativer Auswirkungen bei *Weschka*, ZaöRV 2006, S. 625 (626 f.).

4. Globalisierung des Rechts

Die steigende Bedeutung nichtstaatlicher wirtschaftlicher Akteure im globalen Raum geht einher mit einer sinkenden Steuerungsfähigkeit des nationalen Rechts. Einzelstaatliche Hoheitsträger sehen sich aufgrund ihres begrenzten territorialen Einflusses zunehmend außerstande, die ökonomischen, ökologischen, technischen und gesellschaftlichen Prozesse der Globalisierung regulativ zu bewältigen.[27] Dieser „Verlust der Steuerungsfähigkeit des Staates"[28] schlägt sich zudem in der Tatsache nieder, dass private Interessenorganisationen und einzelne Unternehmen heute zunehmend selbst Regeln entwickeln, denen eine quasi-rechtliche Wirkung zugesprochen wird. Die seit den 1970er Jahren in immer größer werdender Zahl formulierten Verhaltenskodizes (*codes of conduct*), die etwa Vorgaben für unternehmerisches Handeln in den Bereichen Umwelt, Menschenrechte oder Arbeitsbedingungen normieren, sind nur ein Beispiel für einen Prozess der Pluralisierung der Normgeber. Die so geschaffenen Normen finden dabei weltweite Anwendung. Staatliche Regulierung wird hingegen durch vereinzelte Marktteilnehmer als negativ empfunden. Anstatt einer Regulierung durch „harte" Gesetze wird auf „weiche" Steuerung mittels freiwilliger und nicht-bindender Richtlinien und Prinzipien gesetzt. Die Umsetzung des durch diese Steuerungsinstrumente geschaffenen „globalen Rechts" obliegt den Betroffenen dabei zumeist selbst.[29] Der Staat, dem zwar nach wie vor eine „wichtige Funktion"[30] als Steuerungsakteur in der internationalen Ordnung zukommt, ist aufgrund der Globalisierung eingebunden in ein „System multipler Rechtssetzung und Herrschaftsgewalt"[31]. Resultate einer Globalisierung des Rechts sind damit ein Bedeutungsverlust staatlicher Grenzen und eine „Entterritorialisierung von Problemen und rechtlichen Zugriffsmöglichkeiten"[32], die zu einem Entstehen eines Mehrebenensystems von Hoheits- und Entscheidungsträgern führt.[33]

27 *Nowrot*, Normative Ordnungsstruktur, S. 431; *Scherer/Palazzo*, in: Crane et al., Oxford Handbook, S. 413 (415).

28 Etwa *Hobe*, Duq. L. Rev. 2002, S. 655 (656); *Aman*, Ind. J. Global Legal Stud. 2001, S. 379 (379 f.); *Kotzur*, AVR 2004, S. 353 (371).

29 *Boulle*, S. 39; *Mégret*, MPEPIL, Globalization, Rn. 36.

30 *Nowrot*, Normative Ordnungsstruktur, S. 433.

31 *Kokott*, VVDStRL 2004, S. 7 (23 f.). *Möllers* spricht in diesem Zusammenhang von einer „graduelle[n] Entkopplung der Rechtsproduktion von der Nationalstaatlichkeit", vgl. *Möllers*, in: Anderheiden et al., Globalisierung als Problem von Gerechtigkeit, S. 41 (46).

32 *Ruffert*, S. 11.

33 Siehe *Delbrück*, Staatsbild im Zeitalter wirtschaftsrechtlicher Globalisierung, S. 18 f, der zwischen der substaatlichen, der staatlichen, der internationalen und/oder der supranationalen Ebene unterscheidet. Kritisch gegenüber einer zunehmenden Verantwortungsverlagerung von staatlichen- auf nichtstaatliche Einheiten im Zuge der Globalisierung des Rechts zeigt sich *Empt*, S. 185.

II. Privatisierung

Ebenfalls beigetragen zu einer Erweiterung der unternehmerischen Handlungsspielräume haben die in den vergangenen Jahrzehnten stattgefundenen Privatisierungsprozesse, bei denen staatliche Aktivitäten insgesamt zurückgefahren und auf den privaten Sektor übertragen wurden.[34] Während bis in die 1980er Jahre Privatisierungen nur begrenzt vorgenommen wurden und sich weitestgehend auf staatliche Industriebeteiligungen konzentrierten, erfassen neuere Privatisierungsinitiativen spätestens seit den 1990er Jahren zunehmend auch Bereiche der öffentlichen Daseinsvorsorge.[35] Zu den Gründen für derartige Aufgabenverlagerungen zählt neben der Erschließung von Einnahmequellen für die öffentliche Hand auch ein gewandeltes Staatsverständnis. Privatisierung, die oft mit Maßnahmen der Liberalisierung und Deregulierung einhergeht und Bestandteil eines übergreifenden Reformprogramms bildet, wird dabei zielgerichtet als Instrument zum Abbau von Aufgaben eines als überfordert angesehenen Staates eingesetzt.[36] Neben den Industrieländern wurden bzw. werden auch Entwicklungsländer von den Privatisierungswellen erfasst, wobei die Öffnung öffentlicher Märkte zugunsten privater Anbieter dort zumeist auf Druck der internationalen Finanzinstitutionen (v.a. IWF und Weltbank) erfolgt.[37] Die sich aus der Aufgabe staatlicher Monopole und der Öffnung der Kerninfrastruktur ergebenden zusätzlichen Handlungsspielräume werden durch private Akteure zumeist gewinnbringend besetzt. Nicht selten haben sich so Effizienzsteigerungen, eine erhöhte Dienstleistungsbereitschaft und ein aus Sicht der Verbraucher günstigeres Preisniveau ergeben. Gleichzeitig hat die Privatisierung jedoch auch die Abhängigkeit staatlicher Stellen von privaten Leistungserbringern erhöht. Dies gilt insbesondere dort, wo Unternehmen Aufgaben übernommen haben, die der Grundversorgung der Bevölkerung dienen, wie etwa im Bereich der Daseinsvorsorge. Hier wird die ohnehin schon große wirtschaftliche und politische Machtposition privater Unternehmen nochmals erweitert, gerade dann, wenn die Unternehmen monopolartige Marktstrukturen „übernommen“ haben und als (faktisch) einzige Marktanbieter agieren können.

---

34 Allgemein wird unter Privatisierung „die Verlagerung von Aufgaben, die bisher durch öffentliche Aufgabenträger wahrgenommen wurden, auf die Privatwirtschaft“ verstanden. Unterscheiden lassen sich dabei die Formen der Aufgabenprivatisierung (materielle Privatisierung), der Organisationsprivatisierung (formale Privatisierung) und der funktionalen Privatisierung, vgl. *Scheele*, in: Blanke/Fedder, Privatisierung, S. 73 f.; *Herdegen*, Internationales Wirtschaftsrecht, S. 7.

35 Siehe den Überblick bei *Scheele*, in: Blanke/Fedder, Privatisierung, S. 75 ff.

36 *Kämmerer*, S. 563.

37 *Scheele*, in: Blanke/Fedder, Privatisierung, S. 76 f.

III. Verantwortung

Die erweiterten Handlungsoptionen privater Unternehmen geben zunehmend Anlass für weltweit erhobene Forderungen, nach denen die Privatwirtschaft ihrem gestiegenen Einfluss durch eine Ausweitung ihrer Verantwortungssphäre Rechnung zu tragen habe. Einen wesentlichen Transmissionsriemen für diese Forderungen bildet das Konzept der CSR, das auf dem Begriff der (Unternehmens-) „Verantwortung“ aufbaut. Der Verantwortungsbegriff ist zentral sowohl für das Verständnis der mit dem Konzept verbundenen Möglichkeiten als auch seiner Grenzen. Gerade aus juristischer Sicht ist der Appell an die unternehmerische Verantwortung jedoch problembehaftet, was insbesondere mit der „Unschärfe“ und „Mehrdeutigkeit“ des Verantwortungsbegriffs zusammenhängt.[38] Was der Verantwortungsbegriff im Einzelfall umfasst, ist inhaltlich nicht festgelegt. Hinzu kommt, dass das Verständnis von Verantwortung zumeist durch subjektive und individuelle Wertungen (vor-) geprägt ist. So kann etwa eine Bewertung darüber, ob und unter welchen Bedingungen ein Unternehmen seiner Verantwortung in der globalen Produktionskette gerecht geworden ist, sehr unterschiedlich ausfallen.[39] Die Forderung nach einem verantwortungsbewussten Handeln allein kann daher nur sehr eingeschränkt als klare und kohärente Handlungsaufforderung dienen.

Um aus juristischer Sicht eine tatsächliche Wirkung zu entfalten, bedarf der Verantwortungsbegriff vielmehr einer „Übersetzung in institutionelle und normative Arrangements“.[40] Insofern ist auch der im Konzept der CSR enthaltene Appell an die „unternehmerische Verantwortung“ zunächst nur als allgemeine Erwartung zu verstehen, dass Unternehmen für ihre Handlungen und Entscheidungen einstehen. Umfassen kann dies sowohl eine primäre „Aufgabenverantwortung“ als auch eine sekundäre „Rechenschaftsverantwortung“ und als tertiäre Verantwortungsebne eine „Haftungsverantwortung“. Diese drei Verantwortungsebenen stehen dabei jeweils in einem Bezug zueinander.[41] Wie noch zu zeigen sein wird, ist die Überlegung, dass auch Unternehmen – als juristische Personen – Träger von Verantwortung

38 So unterscheidet etwa schon der allgemeine Sprachgebrauch zwischen einer „aktiven“ Verantwortung (die man „trägt“) und einer „passiven“ Verantwortung (zu der man „gezogen“ wird), vgl. *Höffe*, in: Aßländer/Löhr, Corporate Social Responsibility, S. 35 (36). Nichtsdestotrotz ist der Verantwortungsbegriff auch in der juristischen Diskussion „ubiquitär“, siehe etwa *Möllers*, VerwArch 2002, S. 22 (43).

39 Dabei geht es um die Frage nach der „Instanz“ der Verantwortung, die den „normativen Bezugspunkt“ bildet, „[...] der idealtypisch über Inhalt und Reichweite der Verantwortung entscheidet und die Bewertungskriterien festlegt.“, siehe *Göbel*, S. 112.

40 *Klement*, S. 575 f.

41 Vgl. *Höffe*, in: Aßländer/Löhr, Corporate Social Responsibility, S. 35 (36).

sein können, weder besonders neu[42] noch kontrovers.[43] Zudem ist die Zuschreibung von Verantwortung an Unternehmen auch „sinnvoll“, denn gerade im arbeitsteilig funktionierenden System der Unternehmung, das durch eine starke „Fragmentierung der Aufgabenverantwortung“ gekennzeichnet ist, kann ein spezifisches Verantwortungssubjekt im Einzelfall oftmals nicht identifiziert werden.[44] Dem tritt das Konzept der Unternehmensverantwortung entgegen, indem es dem Unternehmen als Ganzes die Verantwortung für sein Tun oder Unterlassen zuweist. Das spezifische Merkmal der Unternehmensverantwortung ist dabei ihr umfassender Charakter, der verschiedenste Verantwortungsdimensionen miteinander verbindet und zu einem umfassenden Gesamtkonzept integriert. Auch im Kontext der CSR ist es daher zutreffend, den Begriff der Verantwortung als einen „Brückenbegriff zwischen Recht, Moral und Politik“ zu kennzeichnen, der mitunter „die Grenze zwischen Faktizität und Normativität“ überspielt.[45] Falsch wäre es jedoch, die Weite des Verantwortungsbegriffs mit einer inhaltlichen Beliebigkeit gleichzusetzen. So baut gerade auch die Unternehmensverantwortung auf einem „Fundament von ‚objektiven‘ Werten, Gütern und Pflichten“ auf, die es ermöglichen, ein Abgleiten des Verantwortungsbegriffes im Kontext wirtschaftlichen Handelns in „subjektive Beliebigkeit“ und Inhaltsleere zu verhindern.[46] Artikuliert wird dieses Fundament mit Hilfe der CSR, die somit versucht, dem Begriff der Verantwortung im Unternehmensumfeld einen Mindestgrad an Verbindlichkeit zu vermitteln. Nichtsdestotrotz sollte eine juristische Auseinandersetzung mit dem Wesen und der Funktion der unternehmerischen Verantwortung stets deren Offenheit für Wertungen, Interpretationen und Zuschreibungen im Blick behalten.

---

42 Anders aber bereits *Forsthoff*, S. 11: „In der Tat fiel der freien Wirtschaft ehedem die Verantwortung für den von ihr zu leistenden Anteil an der Daseinsvorsorge zu. Genau genommen kann hier freilich von einer Verantwortung nicht gesprochen werden, weil der Begriff der Verantwortung an ein (nach liberaler Wirtschaftsauffassung) gesetzmäßig bewegtes, autonom ablaufendes System ebensowenig herangetreten werden kann wie an eine Maschine.“

43 Unternehmen handeln sowohl nach innen als auch nach außen bewusst und freiwillig und erfüllen damit die „doppelte Vorbedingung“, die an einen Verantwortungsträger zu stellen ist, vgl. *Höffe*, in: Aßländer/Löhr, Corporate Social Responsibility, S. 35 (37). Dazu auch *Göbel*, S. 102 ff.

44 *Göbel*, S. 110.

45 So allgemein in Bezug auf den Verantwortungsbegriff *Klement*, S. 4.

46 Auch wenn aufgrund „veränderlicher Randbedingungen“ oftmals kein „erschöpfender Katalog absolut richtiger Handlungsweisen für Unternehmen und deren Führungskräfte“ aufgestellt werden kann, vgl. *Göbel*, S. 114 f.

C. Begriff, Entwicklung und wirtschaftliche Rahmenbedingungen der CSR

Eine vertiefte Auseinandersetzung mit den rechtlichen Rahmenbedingungen des Konzepts der CSR setzt zunächst eine Bestimmung dessen Inhalts voraus. Was im Einzelnen von der „*Corporate Social Responsibility*" erfasst wird, ist umstritten. Die folgende Darstellung nähert sich der CSR daher zunächst terminologisch an, zeigt bestehende Definitionen auf und grenzt das Konzept von nahestehenden Begriffen ab (Abschnitt II.). Zu einer weiteren Bestimmung von Begriff und Inhalt trägt die Darstellung der historischen Entwicklung der CSR bei (Abschnitt III.). Diese wird schließlich ergänzt durch einen Blick auf die betriebswirtschaftliche Auseinandersetzung mit der Thematik der Unternehemensverantwortung (Abschnitt IV.).

I. CSR als entwicklungsoffenes Konzept

„CSR" hat sich zum globalen Leitbegriff der Diskussionen um die Unternehmensverantwortung entwickelt. Insbesondere der Prozess der Globalisierung hat der Thematik bis dahin ungeahnte Impulse verliehen.[47] Dem bereits skizzierten zugewonnenen unternehmerischen Machtpotenzial[48] wird seitens der Gesellschaft durch eine gesteigerte Erwartungshaltung begegnet. Vor allem NGOs formulieren diese Erwartungen öffentlich, aber auch andere Stakeholder-Gruppen wie etwa Medien und der „mündige" Verbraucher stellen zum Teil hohe Ansprüche an das unternehmerische Handeln.[49] Diese Entwicklung resultiert für viele Unternehmen in einer „Erweiterung des Handlungskontextes über den Markt hinaus und verstärkt in Politik und Gesellschaft hinein."[50] Damit ist die CSR, die vor Jahren noch als Nischenthema galt, heute im Zentrum der Gesellschaft angekommen: Internationale Organisationen[51] verfassen Richtlinien, Regierungen entwerfen nationale CSR-Aktionspläne, Arbeitgeberverbände ebenso wie Gewerkschaften publizieren Studien und Gutachten, NGOs werben auf nationaler, europäischer und internationaler Ebene für strengere

47 Siehe etwa *Muchlinski*, Multinational Enterprises and the Law, S. 100 f.: „The 'international corporate social responsibility' (ICSR) of MNEs can be seen as a response to popular perceptions concerning the loss of corporate accountability as an effect of globalization." Noch weitergehender *Zerk*, S. 23: „'Globalisation' is giving rise to a new political struggle, not between states and multinationals or, necessarily, between North and South, but between 'people and corporations'."

48 *Hansen/Schrader*, DBW 2005, S. 373 (377 f.).

49 *Logan*, RSA journal 1998, S. 64 (67 f.); *Hansen/Schrader*, DBW 2005, S. 373 (378).

50 *Hansen/Schrader*, DBW 2005, S. 373 (378).

51 Der Begriff „Internationale Organisation" wird im Rahmen dieser Arbeit als *terminus technicus* zur Kennzeichnung einer internationalen (Regierungs-)Organisation im Sinne des Völkerrechts verwendet.

Vorgaben und Unternehmen finanzieren die Erstellung von CSR- bzw. Nachhaltigkeitsberichten und unterwerfen sich einer externen Zertifizierung.

Dabei sind Fragen nach der gesellschaftlichen Unternehmensverantwortung nicht neu, sondern begleiten unternehmerisches Handeln seit jeher. Die Existenz privater Unternehmen bildet die Grundvoraussetzung für das Funktionieren einer marktwirtschaftlichen Ordnung, wobei Unternehmen auch in einer freien Marktwirtschaft bestimmten Rechten und Pflichten unterworfen sind. Ihren gesellschaftlichen Pflichten kommen sie etwa dann nach, wenn sie Güter produzieren, die von der Gesellschaft benötigt werden, wenn sie Arbeitsplätze schaffen oder wenn sie Steuern und Abgaben zahlen.[52] Das Konzept der CSR geht jedoch über diese Grundpflichten hinaus und fragt danach, welche weiteren Leistungen ein Unternehmen für die Gesellschaft erbringen kann bzw. soll. Die CSR adressiert damit Fragen, die über das rechtlich Geschuldete hinausreichen und auch Wertungen in den Kategorien „Moral" und „Gerechtigkeit" miteinschließen. Beantworten lassen sich diese Fragen kulturübergreifend zum Teil sehr verschieden.[53] Dies jedoch birgt die Gefahr, dass jeder, je nach Standort und Interessenlage, seinen eigenen CSR-Standpunkt entwickelt und die so entstehenden unterschiedlichen Vorstellungen zum Inhalt von CSR zu Enttäuschungen hinsichtlich ihrer Wirkung führen.[54]

Jedoch kann die Tatsache, dass sich der Begriff der CSR trotz derartiger Probleme in der öffentlichen Diskussion als Formel der Unternehmensverantwortung mittlerweile fest etabliert hat, insgesamt als Beleg sowohl für die Bedeutung der Thematik als auch für den Erfolg bereits vorgenommener Formalisierungsversuche gewertet werden. Dazu beigetragen hat vor allem auch der Umstand, dass es sich bei der CSR nicht um ein statisches-, sondern um ein entwicklungsoffenes Konzept handelt.[55]

II. Begriffsbestimmung und Definition der CSR

Obwohl sich die Thematik der CSR aufgrund der vielfältigen internationalen Aktivitäten auf dem Gebiet der Unternehmensverantwortung in den vergangenen Jahren zu einem „neuen globalen Megatrend"[56] entwickelt hat, bestehen Unklarheiten über ihren Inhalt und Umfang. So wird dem CSR-Konzept regelmäßig bescheinigt, „unpräzise", „abgrenzungsunscharf" oder „verwirrend" zu sein.[57] Kern der Kritik ist dabei, dass es bisher nicht gelungen sei, eine allgemeingültige Definition des Begriffs der CSR zu entwickeln, um das Konzept hinreichend von anderen vergleichbaren

52 *Köppl/Neureiter*, in: Dies., Corporate Social Responsibility, S. 13 (15).

53 *Muchlinski*, Multinational Enterprises and the Law, S. 101; *Empt*, S. 24.

54 Vgl. *Schneider*, in: Schneider/Schmidpeter, Corporate Social Responsibility, S. 17 (17). Dazu auch *Bassen/Jastram/Meyer*, zfwu 2005, S. 231 (232).

55 *Hennings*, S. 48 f.

56 So *Mülbert*, AG 2009, S. 766 (767).

57 Anstatt vieler siehe die Nachweise bei *Schneider*, in: Schneider/Schmidpeter, Corporate Social Responsibility, S. 17 (17 f.); *Zerk*, S. 29; *Kort*, NZG 2012, S. 926 (927) („[...] außerordentliche Unbestimmtheit des Inhalts").

Ansätzen abzugrenzen.[58] Trotz der grundsätzlichen Stichhaltigkeit dieser Kritik ist es jedoch möglich, bestimmte Charakteristika der CSR zu identifizieren, die den meisten nationalen wie internationalen CSR-Dokumenten zugrunde liegen und die es erlauben, ein Grundverständnis für das Konzept der CSR zu entwickeln.

1. Systematisierungen und Definitionen

Zuzuordnen ist die CSR dem Bereich der Unternehmensethik, der sich mit Fragen einer moralischen Unternehmensführung befasst.[59] Im Zentrum der CSR steht die Frage nach einer gesellschaftlichen Verankerung unternehmerischen Handelns. Diese Integration des Unternehmens in sein Umfeld, die nach dem Konzept der CSR die Voraussetzung für einen nachhaltigen Unternehmenserfolg bildet, manifestiert sich vor allem in einem Vertrauensverhältnis zwischen dem Unternehmen und seinen Anspruchs- und Interessengruppen. Zu diesen Gruppen, den sog. „Stakeholdern", zählen sämtliche Personenkreise, die von den Unternehmensaktivitäten unmittelbar oder mittelbar betroffen sind (also vor allem Arbeitnehmer, Kunden, Geschäftspartner, Investoren oder staatliche Stellen).[60] Aufbauend auf diesem Grundkonsens haben sich in Literatur und Praxis Definitionen und Systematisierungen der CSR herausgebildet, die zum Teil unterschiedliche Akzentuierungen beinhalten.

a. Systematisierungen

Zu den wichtigsten Systematisierungsansätzen der CSR zählen diejenigen, die zwischen verschiedenen „Stufen" bzw. „Bereichen" der Unternehmensverantwortung unterscheiden.

aa. Stufen der Verantwortung

Das von *Carroll* entwickelte „Stufen"- bzw. „Pyramidenmodell" zur Systematisierung der Unternehmensverantwortung hat den inhaltlichen Diskurs um die CSR maßgeblich geprägt und bildet nach wie vor die Grundlage zahlreicher Veröffentlichungen.[61] *Carroll* unterscheidet insgesamt vier Ebenen der Unternehmensverantwortung: Die wirtschaftliche, die rechtliche, die ethische und die philanthropische Verantwortung. Das Fundament der „Pyramide" bildet dabei die wirtschaftliche Verantwortung („*economic resposibilities*").[62] Davon umfasst ist etwa das Streben

---

58 *Schneider*, in: Schneider/Schmidpeter, Corporate Social Responsibility, S. 17 (18); *Bassen/Jastram/Meyer*, zfwu 2005, S. 231 (235).

59 Siehe *Bassen/Jastram/Meyer*, zfwu 2005, S. 231 (231) m.w.N.

60 Der Stakeholder-Begriff hat sich in der deutschsprachigen CSR-Literatur etabliert, vgl. etwa *Bulmann*, S. 21 ff.; *Hennings*, S. 58; *Bassen/Jastram/Meyer*, zfwu 2005, S. 231 (232).

61 Aufbauend auf einem Modell aus dem Jahr 1979 *Carroll*, Business Horizons 1991, S. 39 ff.

62 *Carroll*, Business Horizons 1991, S. 39 (42).

des Unternehmens nach Gewinn, Wettbewerbsfähigkeit und Produktionseffizienz.[63] Die zweite Verantwortungsebene bildet die rechtliche Verantwortung des Unternehmens („*legal responsibilites*“). Danach müssen Unternehmen ihre wirtschaftlichen Aktivitäten im Rahmen der Rechtsordnung unter Beachtung der geltenden Gesetze verfolgen. Die rechtliche Verantwortung erstreckt sich auch auf die von den Unternehmen produzierten Güter bzw. die von ihnen angebotenen Dienstleistungen.[64] Von den auf einer Rechtspflicht beruhenden Unternehmensaktivitäten sind diejenigen zu unterscheiden, die zwar gesetzlich nicht vorgeschrieben sind, von der Gesellschaft jedoch erwartet werden. Diese von *Carroll* unter dem Begriff der ethischen Verantwortung („*ethical responsibilities*“) zusammengefassten positiven oder negativen Erwartungen bilden die dritte Ebene der Pyramide. Neben der Beachtung bestehender gesellschaftlicher Normen und Erwartungen umfasst die ethische Verantwortung auch das Aufgreifen neuer moralischer Werte.[65] Die Spitze der Pyramide bildet schließlich die philanthropische Verantwortung („*philanthropic responsibilities*“). Dazu gehören im Wesentlichen solche Unternehmensaktivitäten, die in den Bereich des Gemeinwohls fallen, wie etwa das finanzielle Sponsoring oder das bürgerschaftliche Unternehmensengagement.[66] Im Gegensatz zur ethischen Verantwortung wird die philanthropische Verantwortung der Gesellschaft weder geschuldet noch erwartet. Unterlassenes philanthropisches Engagement wird insofern nicht als „unethisch“ gewertet.[67]

In ihrer Gesamtheit beschreiben die vier Verantwortungsebenen das inhaltliche Spektrum der CSR, wobei es Ziel des unternehmerischen Handelns sein sollte, alle Ebenen kontinuierlich im Blick zu behalten und durch entsprechende Maßnahmen zu fördern.[68] Dies bedingt insbesondere, mögliche Konflikte zu vermeiden und die Ebenen in einen angemessenen Ausgleich zueinander zu bringen.[69]

bb. Bereiche der Verantwortung

Eine allgemeinere Systematisierung unterscheidet zwischen verschiedenen Bereichen der Unternehmensverantwortung. Konkret wird dabei zwischen einer

63 *Duong Dinh*, S. 15.

64 *Carroll*, Business Horizons 1991, S. 39 (41).

65 Damit reicht die ethische- über die rechtliche Verantwortung hinaus, *Carroll*, Business Horizons 1991, S. 39 (41).

66 Vgl. *Carroll*, Business Horizons 1991, S. 39 (42) („*icing on the cake*“).

67 *Duong Dinh*, S. 16. Von den vier Verantwortungsebenen misst *Carroll* selbst der philanthropischen Verantwortung die geringste praktische Bedeutung bei, wenngleich das Engagement der Unternehmen auch erwünscht sei, vgl. *Carroll*, Business Horizons 1991, S. 39 (42).

68 *Carroll*, Business Horizons 1991, S. 39 (43).

69 Insbesondere die wirtschaftliche Verantwortungsebene kann dabei immer wieder in Konflikt zu den anderen Verantwortungsebenen geraten *Carroll*, Business Horizons 1991, S. 39 (42).

„externen" und einer „internen" CSR differenziert.[70] Die externe CSR umfasst dabei die Verantwortungsdimension des Unternehmensumfelds, also etwa Beziehungen zu Stakeholder-Gruppen, die außerhalb des Unternehmens stehen.[71] Dazu zählen das lokale Umfeld des Unternehmens, Geschäftspartner und Zulieferer ebenso wie Medien und NGOs. Die interne CSR hingegen beschreibt alle dem Bereich der Unternehmensverantwortung zuzuordnenden Maßnahmen, die ihre Wirkung „innerhalb" des Unternehmens entfalten.[72] Dazu gehört vor allem die Unternehmensverantwortung gegenüber der Belegschaft.[73]

b. Definitionen

CSR-Definitionen sind in einer Vielzahl nationaler wie internationaler Dokumente enthalten, die von unterschiedlichen Akteuren vor dem Hintergrund unterschiedlicher Rahmenbedingungen mit jeweils unterschiedlichen Beweggründen vorgelegt wurden. Angesichts der großen Zahl der vorgeschlagenen Definitionen verwundert es nicht, dass die einzelnen Ansätze ein zum Teil deutlich unterschiedliches CSR-Verständnis zum Ausdruck bringen. Dies lässt sich neben den unterschiedlichen Intentionen des jeweiligen Verfassers vor allem auf den ganzheitlichen, integrativen und globalen Anspruch der CSR zurückführen, der eine präzise Begriffsbestimmung im juristischen Sinn erheblich erschwert. Anstatt einzelne Definitionen aufzuzählen, werden im Folgenden lediglich zwei der international diskutierten Definitionsansätze angeführt. Darauf aufbauend gilt es, diejenigen Begriffsmerkmale zu identifizieren, die der Mehrzahl der nationalen wie internationalen CSR-Definitionen zugrunde liegen und dementsprechend ihren inhaltlichen Kern ausmachen.

aa. Europäische Kommission

Zu den die europäische CSR-Diskussion prägendsten Definitionen zählen jene, die die Grundlage der CSR-Politik der Europäischen Kommission bilden. Diese hatte eine erste Definition im Juli 2001 im Grünbuch „Europäische Rahmenbedingungen für die

70 *Hüttemann* in FS Schaumburg, S. 405 (406); *Mülbert*, AG 2009, S. 766 (767).

71 *Mülbert*, AG 2009, S. 766 (768).

72 *Mülbert*, AG 2009, S. 766 (768).

73 Eine vergleichbare Unterteilung der unternehmerischen Verantwortung in sog. „Verantwortungskreise" enthielt bereits der 1971 veröffentlichte Report *„Social Responsibilities of Business Corporations"* des *Committee for Economic Development* (CED), einem gemeinnützigen und unabhängigen Komitee aus führenden Vertretern der amerikanischen Wirtschaft und Wissenschaft. Das darin vorgesehne Verantwortungsmodell umfasste einen „inneren Kreis" („basic responsibilities for the efficient economic performance function"), einen „mittleren Kreis" („creating awareness of evolving societal principles and priorities") und einen „äußeren Kreis" („newly developing and still undefined responsibilities"), vgl. *Committee for Economic Development*, S. 15.

soziale Verantwortung von Unternehmen" vorgelegt.[74] CSR wurde dabei definiert als ein Konzept, „[...] das den Unternehmen als Grundlage dient, auf freiwilliger Basis soziale Belange und Umweltbelange in ihre Tätigkeit und in die Wechselbeziehungen mit den Stakeholdern zu integrieren."[75] Eine verantwortliche Unternehmenspraxis umfasste dabei zunächst, die gesetzlichen Bestimmungen einzuhalten, gleichzeitig jedoch auch „mehr" in das Humankapital, die Umwelt und die Beziehungen zu anderen Stakeholdern zu investieren.[76] Aufbauend auf den praktischen Erfahrungen der europäischen CSR-Politik wurde diese Definition in den folgenden Jahren jedoch weiterentwickelt, überarbeitet und letztlich deutlich gekürzt. So definiert die Kommission in ihrer jüngsten Mitteilung zur europäischen CSR-Politik aus dem Oktober 2011 CSR nur noch schlicht als „Verantwortung von Unternehmen für ihre Auswirkungen auf die Gesellschaft."[77] Dieser Verantwortung könne nur dann nachgekommen werden, „wenn die geltenden Rechtsvorschriften und die zwischen Sozialpartnern bestehenden Tarifverträge eingehalten" würden.[78] Insbesondere verlange eine aktive CSR-Politik von den Unternehmen, dass diese neben wirtschaftlichen Belangen auch soziale, ökologische, ethische, menschenrechtliche und verbraucherbezogene Belange in ihre Kernstrategie integrieren. Gegenstand der neuen CSR-Definition der Kommission bildet damit ein ganzheitliches und umfassendes Verständnis der Unternehmensverantwortung.

bb. ISO

Auch die Internationale Organisation für Normung (ISO) beschäftigt sich seit Längerem mit der Thematik der CSR. Ergebnis der Arbeiten bildet der Leitfaden ISO

74 Grünbuch Europäische Rahmenbedingungen für die soziale Verantwortung der Unternehmen, KOM(2001) 366 endg. vom 18.7.2001. Bezugnehmend auf diese Definition in der deutschsprachigen Literatur u.a. *Schneider*, in: Schneider/Schmidpeter, Corporate Social Responsibility, S. 17 (17); *Förster*, RIW 2008, S. 833 (833); *Bassen/Jastram/Meyer*, zfwu 2005, S. 231 (232); *Hansen/Schrader*, DBW 2005, S. 373 (373).

75 KOM(2001) 366 endg., S. 7.

76 KOM(2001) 366 endg., S. 7.

77 Mitteilung der Kommission an das Europäische Parlament, den Rat, den Europäischen Wirtschafts- und Sozialausschuss und den Ausschuss der Regionen, Eine neue EU- Strategie (2011–14) für die soziale Verantwortung der Unternehmen (CSR), KOM(2011) 681 endg. vom 25.10.2011, S. 7. Ähnlich weitgehend definiert der Wirtschafts- und Sozialrat der VN den Begriff der CSR. Danach ist unter CSR *„the overall contribution of business to sustainable development"* zu verstehen, vgl. *United Nations Department of Economic and Social Affairs*, CSR and Developing Countries- What scope for government action?, Sustainable Development Innovation Briefs, Issue 1, February 2007, S. 1. Auch *Crane* et al. wählen eine weite Begriffsbestimmung und schlagen vor, dass es bei der Thematik der CSR im Kern um Fragen von *„[...] social obligations and impacts of corporations in society"* gehe, siehe *Crane* et al. in: Ders. et al., Oxford Handbook, S. 3 (6).

78 KOM(2011) 681 endg., S. 7.

26000, der Empfehlungen für gesellschaftlich verantwortliches Handeln enthält. Zwar baut der Leitfaden auf dem Begriff der „*Social Responsibility*“ auf und erfasst damit neben Unternehmen auch andere Organisationen. Die dazu vorgegebene Begriffsbestimmung lässt sich jedoch auf den Begriff der CSR übertragen.[79] Definiert wird (C)SR in der ISO 26000 als „Verantwortung einer Organisation für die Auswirkungen ihrer Entscheidungen und Tätigkeiten auf die Gesellschaft und Umwelt durch transparentes und ethisches Verhalten, das

- zur nachhaltigen Entwicklung, Gesundheit und Gemeinwohl eingeschlossen, beiträgt;
- die Erwartungen der Anspruchsgruppen berücksichtigt;
- einschlägiges Recht einhält und mit internationalen Verhaltensstandards übereinstimmt; und
- in der gesamten Organisation integriert ist und in ihren Beziehungen gelebt wird.“[80]

Neben der Definition enthält die ISO 26000 eine Aufzählung von Umsetzungsmöglichkeiten. Davon ist eine Benennung der sog. sieben „Kernthemen“[81] ebenso umfasst, wie eine Darstellung der sieben „Prinzipien“[82] der (C)SR.

cc. Konstituierende Begriffsmerkmale

Trotz bestehender unterschiedlicher Akzentuierungen, lassen sich diesen und weiteren CSR-Definitionen einzelne Begriffsmerkmale entnehmen, die den meisten nationalen wie internationalen Definitionsansätzen zugrunde liegen und sich insofern als inhaltlichen Kern des Konzepts der CSR verstehen lassen. Dazu zählt zunächst,

---

79 So auch *Schneider*, in: Schneider/Schmidpeter, Corporate Social Responsibility, S. 17 (23).

80 Vgl. ISO 26000, Leitfaden zur gesellschaftlichen Verantwortung, deutsche Sprachversion, S. 14. Eine ähnliche Ausrichtung auf die Stakeholder des Unternehmens enthält die CSR-Definition der Internationalen Arbeitsorganisation (ILO). Danach handelt es sich bei der CSR um einen Ansatz, „[...] *in which enterprises give consideration to the impact of their operations on society and affirm their interaction with other actors.*“, vgl. International Labour Office, Governing Body, Subcommittee on Multinational Enterprises, InFocus Initiative on Corporate Social Responsibility (CSR), GB.295/MNE/2/1, 295th Session, S. 1.

81 Dazu zählen die Themen: Organisationsführung, Menschenrechte, Arbeitspraktiken, Umwelt, faire Betriebs- und Geschäftspraktiken, Konsumentenbelange, regionale Einbindung und Entwicklung des Umfeldes, siehe ISO 26000, Leitfaden zur gesellschaftlichen Verantwortung, deutsche Sprachversion, S. 32 ff.

82 Hierunter fallen Rechenschaftspflicht, Transparenz, ethisches Verhalten, Achtung der Interessen der Anspruchsgruppen, Achtung der Rechtsstaatlichkeit, Achtung internationaler Verhaltensstandards und Achtung der Menschenrechte, siehe ISO 26000, Leitfaden zur gesellschaftlichen Verantwortung, deutsche Sprachversion, S. 22 ff.

dass sich die von der CSR angesprochenen Themen der Unternehmensverantwortung an der Konzeption der „Nachhaltigkeit“[83] orientieren. Einem ganzheitlichen Verständnisses unternehmerischer Verantwortung entsprechend, werden die von der CSR erfassten Verantwortungsbereiche dabei zumeist in eine wirtschaftliche, eine soziale und eine ökologische Verantwortungsdimension unterteilt.[84] Soziale und ökologische Belange sollen das (betriebs-)wirtschaftliche Handeln nicht ersetzen, wohl aber ergänzen.

Ein weiteres verbindendes Element bestehender CSR-Definitionen bildet das Bestreben, einen angemessenen Ausgleich zwischen den legitimen (wirtschaftlichen) Interessen des Unternehmens und den Belangen der mit dem Unternehmen verbundenen Stakeholder zu schaffen. Eine verantwortliche Unternehmenspolitik erfordert demnach, bestehende Interessen „am“ und „im“ Unternehmen kontinuierlich zu berücksichtigen und nach Möglichkeit schon in den Prozess der Entscheidungsfindung einzubeziehen. Dies bedingt wiederum schließlich, dass der hinter der CSR stehende Gedanken einer umfassenden Unternehmensverantwortung in die „Kernstrategie“ des jeweiligen Unternehmens integriert wird. So verstanden baut die überwiegende Mehrzahl der Definitionen auf einem CSR-Verständnis auf, nach dem es bei der Unternehmensverantwortung nicht um ein separiertes Managementkonzept, sondern vielmehr um ein umfassendes Verständnis von unternehmerischem Handeln geht. Auffallend ist darüber hinaus auch, dass die meisten Definitionen zwar inhaltlich weit gefasst sind, zumeist jedoch keine Auskunft darüber geben, wie CSR in der Unternehmenspraxis umgesetzt werden kann. Insofern überlassen es die meisten Definitionen den Unternehmen selbst zu bestimmen, was im jeweiligen Kontext als „verantwortlich“ zu qualifizieren ist und was nicht.[85] Dies führt einerseits zu einer inhaltlichen Unbestimmtheit der CSR, gewährleistet andererseits jedoch auch, dass das Konzept an neue oder sich gerade im Entstehen befindende Anforderungen an die Unternehmensverantwortung angepasst werden kann.

---

83 Siehe etwa auch die CSR-Definition der Bundesregierung im „Aktionsplan CSR“ (Oktober 2010), der die nationale Politikstrategie der Bundesregierung im Themenfeld der unternehmerischen Verantwortung enthält: „CSR steht für eine nachhaltige Unternehmensführung im Kerngeschäft, die in der Geschäftsstrategie des Unternehmens verankert ist. CSR ist freiwillig, aber nicht beliebig.“, vgl. *Bundesministerium für Arbeit und Soziales*, Nationale Strategie zur gesellschaftlichen Verantwortung von Unternehmen (Corporate Social Responsibility – CSR) – Aktionsplan CSR – der Bundesregierung, S. 35.

84 In der englischsprachigen CSR-Diskussion wird an dieser Stelle auf die drei *„Ps“* verwiesen, die stellvertretend für die drei Dimensionen der CSR stehen: *„Planet“*, *„People“*, *„Profit“*, siehe mit weiteren Erklärungen etwa *Lambooy*, S. 51 ff.

85 *Kerr/Janda/Pitts*, Corporate Social Responsibility, S. 5.

2. Begrifflichkeiten und Abgrenzungen

Die Abstraktheit und Unbestimmtheit des Terminus geht einher mit einer teilweise zu beobachtenden uneinheitlichen Abgrenzung der CSR von anderen, dem Konzept der Unternehmensverantwortung nahestehenden Ansätzen. Dabei kann gerade durch die Vergegenwärtigung bestehender Unterschiede zu vergleichbaren Ansätzen eine weitere Begriffsschärfung des Konzepts der CSR gewonnen werden.

a. CSR als unternehmerische Verantwortung

Ausgangspunkt der begrifflichen Abgrenzungsschwierigkeiten bildet zuweilen der CSR-Begriff selbst. Insbesondere die deutsche Diskussion um die Thematik der Unternehmensverantwortung ist durch eine uneinheitliche Verwendung verschiedener Verantwortungsbegriffe gekennzeichnet. So wird nicht selten im Wege der wörtlichen Übersetzung des englischen Begriffs der „*Corporate Social Responsibility*" von der „sozialen Unternehmensverantwortung" gesprochen.[86] Die begriffliche Beschränkung der unternehmerischen Verantwortung auf die „soziale" Dimension greift jedoch zu kurz. Nach dem heutigen insbesondere im angloamerikanischen Raum vertretenen Begriffsverständnis ist das CSR-Konzept vielmehr als ganzheitlicher Ansatz zu verstehen.[87] So umfasst die CSR eine Vielzahl von Ideen, Erwartungen und Praktiken, die über die „soziale" Dimension weit hinausreichen und etwa auch das gesamte politische und gesellschaftliche Unternehmensumfeld umfassen.[88] Angemessener ist es insoweit, CSR als „gesellschaftliche Unternehmensverantwortung" oder schlicht als „unternehmerische Verantwortung" zu beschreiben.[89] Dies gilt umso mehr, als seit den 1990er Jahren vermehrt auch ökologische Belange im Rahmen der CSR diskutiert werden.

Um etwaigen terminologischen Komplikationen zu entgehen und um sicherzustellen, dass das Konzept der CSR in seiner gesamten Breite abgebildet wird, hat sich zunehmend auch in der deutschen (Rechts-)Literatur der englische CSR-Begriff etabliert.[90]

---

86 *Förster*, RIW 2008, S. 833 (833); *Mülbert*, AG 2009, S. 766 (766); *Hüttemann*, AG 2009, S. 774 (774); *Ransiek*, AG 2009, S. 782 (782); *Kocher*, RdA 2004, S. 27 (27); *Bulmann*, S. 3.

87 *Bassen/Jastram/Meyer*, zfwu 2005, S. 231 (232).

88 *Curbach*, S. 24 f.

89 Unter Verwendung des Begriffs der „gesellschaftlichen Verantwortung" der Unternehmen u.a. *Hansen/Schrader*, DBW 2005, S. 373 (373); *Curbach*, S. 24 f. und überwiegend auch *Meyer/Waßmann*, Strategische Corporate Social Responsibility, S. 1 ff. Von der „unternehmerischen Verantwortung" ist hingegen die Rede bei *Bassen/Jastram/Meyer*, zfwu 2005, S. 231 (232); *Höffe*, in: Aßländer/Löhr, Corporate Social Responsibility, S. 35 (40).

90 Ähnlich wie im Falle der Compliance lässt sich insofern von einem „*legal transplant*" in der deutschen Rechtsterminologie und Unternehmenspraxis sprechen, siehe *Fleischer*, NZG 2004, S. 1129 (1131). Den Begriff der „CSR" verwenden etwa *Empt*, S. 21

b. CSR und Nachhaltigkeit

Bereits hingewiesen wurde auf die inhaltliche Nähe der CSR zum Konzept der „Nachhaltigkeit". Dieses geht zurück auf den Bericht *„Our Common Future"*[91], der von der Weltkommission für Umwelt und Entwicklung der Vereinten Nationen (WCED)[92] im Jahr 1987 veröffentlicht wurde. Verstanden wird das darin entworfene Leitbild einer „nachhaltigen Entwicklung" als ein umfassender Ansatz zur Bekämpfung globaler ökologischer, ökonomischer und sozialer Krisen und Konflikte.[93] Der WCED-Bericht selbst definiert das Leitbild der nachhaltigen Entwicklung als *„development that meets the needs of the present generations without compromising the ability of future generations to meet their own needs."*[94] Aufbauend auf dieser Definition (der sog. *„Brundtland*-Formel") und den Ergebnissen der Staatenkonferenz der Verinten Nationen (VN) über Umwelt und Entwicklung von 1992 in Rio de Janeiro sowie der Folgekonferenz von 2002 in Johannesburg hat sich international ein Konsens dergestalt entwickelt, dass das Konzept der nachhaltigen Entwicklung im Wesentlichen folgende Elemente umfasst: Das Recht auf Entwicklung, die Idee einer gerechten, zukunftsverträglichen und intergenerativen Verteilung vorhandener Ressourcen sowie die Einsicht, „[...] dass ökonomische und soziale Entwicklungen nicht isoliert, sondern als zusammenwirkende, wenngleich nicht selten kollidierende Ziele zu sehen sind, zwischen denen stets aufs Neue ein angemessener Ausgleich herzustellen ist (Drei-Säulen-Konzept)"[95]. Gerade in der Betonung der Ganzheitlichkeit und der Fokussierung auf das Drei-Säulen-Modell[96], das auf der Gleichrangigkeit der wirtschaftlichen, sozialen und umweltbezogenen Ziele beruht, ist eine der wesentlichen Parallelen zwischen dem Konzept der nachhaltigen Entwicklung und demjenigen der CSR zu erkennen. Dies hat teilweise zu einer „konzeptuellen Gleichsetzung"[97] geführt, die die Konzepte als inhaltsgleich und praktisch nicht unterscheidbar erscheinen lässt.

---

m.w.N.; *Kort*, in: Hopt/Wiedemann, Großkommentar AktG, § 76 Rn. 60; *Fleischer*, in: Spindler/Stilz, Kommentar zum AktG, § 76 Rn. 42; *Hennings*, S. 48 ff.; *Mosters*, S. 44 ff.; *Buntenbroich*, S. 18.

91 *United Nations*, Report of the World Commission on Environment and Development, 4. August 1987, UN-Doc. A/42/427. Grundlage des folgenden Zitates bildet der englische Originaltext, abgedruckt in: *WCED*, Our Common Future.

92 Die Kommission ist auch als *„Brundtland-Kommission"* bekannt, benannt nach der ehemaligen norwegischen Ministerpräsidentin *Gro Harlem Brundtland*, die dem Gremium vorsaß.

93 *WCED*, Our Common Future, S. 4.

94 *WCED*, Our Common Future, S. 43.

95 *Kahl*, in: Ders., Nachhaltigkeit als Verbundbegriff, S. 1 (9) m.w.N.; *Gehne*, S. 2; *Scharpenack*, S. 85. Zum früheren Dissens über den Inhalt des Konzepts siehe *Hohmann*, NVwZ 1993, S. 311 (313).

96 Im Englischen auch als *„triple-bottom-line"* bezeichnet.

97 *Curbach*, S. 27 m.w.N.

Eine derartige Gleichsetzung lässt jedoch bestehende Unterschiede außer Acht. So zeichnen sich CSR und Nachhaltigkeit nicht nur durch verschiedende historische Ursprünge aus[98], sondern umfassen auch unterschiedliche Zielgruppen, von denen ein verantwortliches bzw. nachhaltiges Handeln eingefordert wird: Während bei der CSR diese Gruppe auf die jeweiligen Stakeholder des Unternehmens beschränkt ist, beschreibt das Konzept der Nachhaltigkeit eine Verantwortungsdimension nicht nur gegenüber der Menschheit als Ganzes, sondern zusätzlich auch gegenüber zukünftigen Generationen.[99] Übersehen werden darf schließlich auch nicht, dass die CSR einen Auftrag allein an Unternehmen formuliert, wohingegen die „Nachhaltigkeit" an einen breiteren Adressatenkreis gerichtet ist, zu dem insbesondere auch die (internationale) Politik zu zählen ist, die die Grundlagen für eine nachhaltige Entwicklung schaffen und erhalten soll.[100]

c. *CSR und Corporate Citizenship*

Ebenfalls eng verknüpft mit der CSR ist das Konzept des *Corporate Citizenship* (CC). Die Europäische Kommission definiert CC als „gesellschaftliches Engagement der Unternehmen", im Sinne einer „Gestaltung der Gesamtheit der Beziehungen zwischen einem Unternehmen und dessen lokalem, nationalem und globalem Umfeld."[101] Etabliert hat sich insoweit auch der Begriff des „unternehmerischen Bürgerengagements"[102], der die Anforderungen beschreibt, die an ein Unternehmen als „guten Staatsbürger" zu stellen sind:[103] Hintergrund des Konzepts der CC bildet der Gedanken, dass Unternehmen als Teil der Gesellschaft gemessen an deren Leistungsfähigkeit einen Beitrag zum gesamtgesellschaftlichen Fortschritt zu leisten haben.[104] Beispiele für das „bürgerschaftliche" oder „gesellschaftliche" Engagement der Unternehmen sind insbesondere Stiftungs- oder Sponsoringaktivitäten sowie die Freistellung von Mitarbeitern für gemeinnützige Projektarbeit. Im Gegensatz zur CSR sind derartige Projekte jedoch zumeist nicht mit dem Kerngeschäft des Unternehmens verbunden und verlaufen abseits des eigentlichen Betriebsablaufs.[105]

---

98 Vgl. die Übersicht bei *Schneider*, in: Schneider/Schmidpeter, Corporate Social Responsibility, S. 17 (24 f.).

99 *Bassen/Jastram/Meyer*, zfwu 2005, S. 231 (234).

100 Damit soll nicht außer Acht gelassen werden, dass sich teilweise auch der Begriff der „*Corporate Sustainability*" bzw. der „Unternehmerischen Nachhaltigkeit" etabliert hat, bei dem es um die dauerhafte Sicherung der Grundlagen und Ressourcen des unternehmerischen Erfolges geht, vgl. *Bulmann*, S. 8.

101 KOM(2001) 366 endg., S. 28.

102 *Bassen/Jastram/Meyer*, zfwu 2005, S. 231 (234).

103 *Bulmann*, S. 6.

104 *Schneuwly*, S. 24 (zum sog. „*Robin-Hood*-Prinzip"); *Hennings*, S. 58; *Bassen/Jastram/Meyer*, zfwu 2005, S. 231 (234).

105 Dementsprechend definieren *Westebbe* und *Logan* CC als „[...] das Gesamte über die eigentliche Geschäftstätigkeit hinausgehende Engagement des Unternehmens

Während die CSR im Kerngeschäft des Unternehmens integriert ist und weitere Verantwortungsebenen umfasst, ist das unternehmerische Bürgerengagement somit ausschließlich auf der Ebene der „philanthropischen Verantwortung“ angesiedelt.[106] Da das Konzept der CSR unter Umständen auch die philanthropische Förderung einzelner Projekte umfasst, bildet CC demnach lediglich einen Ausschnitt des Verantwortungsbegriffs der CSR ab.[107]

d. CSR und Corporate Governance

In einem engen Zusammenhang zur CSR ist auch der Begriff der *Corporate Governance* (CG) zu sehen. CG als Konzept bezeichnet den Ordnungsrahmen, nach dem ein Unternehmen geführt und überwacht wird.[108] Dieser Leitung und Überwachung soll in einer möglichst verantwortungsvollen und auf langfristige Wertschöpfung ausgerichteten Art und Weise nachgekommen werden.[109] Hauptinstrumente der CG sind die Effektivierung der Unternehmensverfassung sowie die Verbesserung der Kontrollmöglichkeiten.[110] Neben einer effektiven Geschäftsführung ist es darüber hinaus ein Anliegen der CG, die Interessen der Aktionäre, Gläubiger und der Allgemeinheit zu wahren.[111] Bezugspunkte zwischen CG und CSR ergeben sich insbesondere in dieser Perspektive eines auch an den Interessen der Allgemeinheit orientierten Konzepts. Weitere Parallelen sind in der beiden Ansätzen zugrundeliegenden hohen Bedeutung des Soft Laws sowie der (zum Teil) kulturell bedingten Unterschiedlichkeit der Systeme zu sehen.[112] Hinzukommt, dass sowohl die CSR als auch die CG darauf ausgerichtet sind, auf verschiedensten Unternehmensebenen

---

zur Lösung gesellschaftlicher Probleme“, vgl. *Westebbe/Logan*, Corporate Citizenship, S. 13.

106 In diesem Zusammenhang wird auch vom „*Corporate Giving*“, „*Corporate Volunteering*“ oder der „*Corporate Foundation*“ gesprochen. Dazu *Duong Dinh*, S. 20 und *Curbach*, S. 20 ff.

107 *Bassen/Jastram/Meyer*, zfwu 2005, S. 231 (234).

108 Vgl. unter Verweis auf die Präambel im Deutschen Corporate Governance Kodex (DCGK) *Hauschka*, in: Ders., Corporate Compliance, § 1 Rn. 1. Siehe auch die Definition der *Europäischen Kommission*: „Unter Corporate Governance versteht man in der Regel das System, nach dem Unternehmen geführt und kontrolliert werden sowie eine Reihe definierter Beziehungen zwischen der Führung und dem Leitungsorgan eines Unternehmens sowie zu seinen Aktionären und sonstigen Akteuren.“, in: Grünbuch Europäischer Corporate Governance-Rahmen, KOM(2011) 164 endg. vom 5.4.2011, S. 2 f.

109 *Lambooy*, S. 30 f.; *Kort*, in: Hopt/Wiedemann, Großkommentar AktG, Vor § 76 Rn. 35.

110 *Spindler*, in: MüKo-AktG, Vor § 76 Rn. 72.

111 *Kort*, in: Hopt/Wiedemann, Großkommentar AktG, Vor § 76 Rn. 35.

112 *Spindler* stellt bezüglich der CG fest: „Die Ausgestaltung der jeweiligen Systeme hängt oft trotz der Globalisierung der Finanzmärkte von der Aktionärsstruktur, den gesellschaftlichen, kulturellen und sozialen Verhältnissen sowie insbesondere

Transparenz, Mitwirkung und Haftung zu erhöhen.[113] Schließlich lässt sich ein Zusammenhang zwischen CSR und CG aus dem Gedanken entwickeln, dass es ein gut geführtes Unternehmen, dem es gelingt, seine Werte im „Innenverhältnis“ zu institutionalisieren, eher schaffen wird, diese Werte auch im „Außenverhältnis“ zu seinen Stakeholdern zu vertreten.[114] Insofern lässt sich in einer „guten“ CG-Politik die Grundlange einer „guten“ Verantwortungspolitik erkennen.[115]

Trotz der gegenseitigen Bezogenheit und bestehender Gemeinsamkeiten handelt es sich bei den Konzepten der CSR und der CG jedoch um zwei voneinander zu unterscheidende Konzepte. So setzt sich die CG aus betriebswirtschaftlicher Sicht mit Anreiz- und Kontrollstrukturen auseinander, um Fehlverhalten des Managements zu vermeiden, während die CSR darüber hinaus auch Prozesse mit einbezieht.[116] Ferner behandeln beide Ansätze unterschiedliche Themen: Während sich die CSR Fragen widmet, die über die tägliche Unternehmenspraxis hinausgehen und auch ethische Komponenten des Managements berühren, beschränkt sich die CG auf den Beitrag der internen Organisation zur Unternehmenseffektivierung.[117] Damit richtet sich die CSR an sämtliche in Betracht kommende Stakeholder-Gruppen, während die CG primär an den Interessen der Anteilseigner orientiert ist.

e. CSR und Compliance

Die engsten Bezüge weist die CSR zur „*Compliance*“ auf. Unterscheiden lässt sich dabei zwischen der allgemeinen Unternehmenscompliance (sog. „*Corporate Compliance*“) und dem zuweilen anzutreffenden spezielleren Begriff der „*Social Compliance*“.

aa. Corporate Compliance

Nach der im DCGK enthaltenen Definition geht es bei der Compliance um die „[...] Einhaltung der gesetzlichen Bestimmungen und der unternehmensinternen Richtlinien“, für die der Vorstand zu sorgen- und auf deren Beachtung durch die Konzernunternehmen er hinzuwirken hat.[118] Eine Beschränkung auf einzelne oder mehrere

---

der Ausgestaltung anderer nationaler Vorschriften ab.“, vgl. *Spindler*, in: MüKo-AktG, Vor § 76 Rn. 73.

113 Ausführlich zu diesem Punkt *Lambooy*, S. 31.

114 *Zerk*, S. 31 m.w.N.

115 KOM(2011) 164 endg., S. 2: „Corporate Governance und die soziale Verantwortung von Unternehmen sind grundlegende Faktoren, wenn es darum geht, das Vertrauen der Bürger in den Binnenmarkt aufzubauen. Auch können sie einen Beitrag zur Wettbewerbsfähigkeit der europäischen Wirtschaft leisten, denn gut geführte Unternehmen sind am Besten platziert, um die ehrgeizigen Wachstumsziele der ‚Agenda 2020‘ voran zu treiben.“

116 Vgl. *Bassen/Jastram/Meyer*, zfwu 2005, S. 231 (234 f.).

117 *Lambooy*, S. 98 f.

118 Siehe Deutscher Corporate Governance Kodex i.d. Fassung v. 13.5.2013 – 4.1.3.

Rechtsgebiete sieht die Compliance nicht vor. Vielmehr umfasst die Compliance sämtliche unternehmensinternen wie -externen Rechtsfragen, mit denen ein Unternehmen in Berührung kommen kann. Deutlich wird daraus, dass es sich bei der Compliance um eine „äußerst herausfordernde Organisationsaufgabe“[119] handelt. Diese Organisationsaufgabe setzt insbesondere ein effektives Risikomanagement voraus, mit dem potentielle Risiken im Unternehmen identifiziert, analysiert und gesteuert werden.[120] Die Aufgaben der Compliance umfassen Präventionsmaßnahmen zur Vermeidung von Regelverstößen, die Aufklärung von Fehlverhalten und die Reaktion auf festgestellte Regelverletzungen, wobei der Schwerpunkt (entsprechend der Funktion als Risikomanagementprozess) auf deren frühzeitiger Verhinderung liegt.[121] Gerade in der Risikoprävention ergeben sich Überschneidungen zwischen Compliance und CSR.

Nichtsdestotrotz ist das Konzept der CSR insgesamt breiter angelegt als das der Compliance: Letztere befasst sich mit der Einhaltung geltender Gesetze und innerbetrieblicher Regeln und weist damit einen primär normativen Charakter auf. CSR hingegen geht darüber hinaus und ergänzt die rechtliche- um eine wirtschaftliche, eine ethische und eine philanthropische Perspektive und fügt diese zusammen zu einem umfassenden Konzept der integrierten Unterenehmenssteuerung. Ein weiterer Unterschied zwischen Compliance und CSR lässt sich in deren jeweiliger Zielrichtung erkennen. Compliance wird verstanden als Auftrag an die Leitungsorgane und Entscheidungsträger im Unternehmen.[122] Insofern können einzelne Überwachungsaufgaben zwar delegiert werden, die umfassende Compliance-Verantwortung verbleibt jedoch bei der Unternehmensleitung.[123] Eine vergleichbare Fokussierung auf die Leitungsebene des Unternehmens weist die CSR demgegenüber nicht auf. CSR wird vielmehr verstanden als Auftrag an das Unternehmen an sich, wobei das Bild eines verantwortlich handelnden Unternehmens auf sämtlichen Organisationsebenen umzusetzen ist. Insgesamt ist es daher richtig, Compliance als einen integrativen Bestandteil der CSR zu verstehen.[124]

---

119 *Moosmayer*, S. 1.

120 *Hauschka*, in: Ders., Corporate Compliance, § 1Rn. 5.

121 Insofern werden Prävention, Aufdeckung und Reaktion auch als die „drei Grundfunktionen einer funktionierenden Compliance“ bezeichnet, siehe *Moosmayer*, S. 2; *Schaupensteiner*, NZA-Beil. 2011, S. 8 (10); *Früh*, CCZ 2010, S. 121 (122 f.). Primäres Ziel der Compliance ist die Haftungsvermeidung, siehe *Grundmeier*, S. 6 ff.

122 So ist etwa die Compliance-Definition des DCGK auch dem Abschnitt über den „Vorstand“ zugeordnet.

123 *Moosmayer*, S. 1 f.

124 Dazu passt auch, dass die Kommission betont, dass von Verantwortung im Sinne des CSR-Begriffes nur dann gesprochen werden könne, „[...] wenn die geltenden Rechtsvorschriften und die zwischen Sozialpartnern bestehenden Tarifverträge eingehalten werden“, vgl. KOM(2011) 681 endg., S. 7.

Andersherum können jedoch auch die gesellschaftlichen Erwartungen an ein Unternehmen Einfluss auf dessen Compliance nehmen. Dies gilt vor allem dann, wenn man die Unternehmenskultur und die darin zum Ausdruck kommenden Werte als Grundlage für die Wirksamkeit eines Compliance-Programms betrachtet.[125] Von besonderer Bedeutung sind dabei vor allem innerbetriebliche Verhaltenskodizes, in denen CSR-Standards formuliert werden und die nach Implementierung zugleich Grundlage der unternehmensinternen Compliance bilden.[126] Auch derartige Kodizes bilden letztlich eine Form des Risikomanagements. Sowohl CSR als auch Compliance stellen somit Mechanismen dar, die Reputationsschäden für das Unternehmen und seine Marken verhindern- und dazu beitragen sollen, dass das Unternehmen sowohl für Investoren als auch seine Kunden attraktiv bleibt.

bb. Social Compliance

Einen noch engeren Bezug weist die CSR zum Begriff der *„Social Compliance"* auf, der vereinzelt Gegenstand der Unternehmenspraxis bildet.[127] Social Compliance stellt einen thematischen Ausschnitt aus der umfassenden allgemeinen Compliance dar und thematisiert den unternehmensbezogenen Umgang mit Normen und Standards zu „sozialen" Themen. Davon umfasst sind die durchgehende Integration, Kontrolle und Überwachung von sozialen Prozessen entlang der Wertschöpfungskette und der Zweck, Nachhaltigkeitsrisiken präventiv zu begegnen.[128] Ebenso wie die allgemeine Compliance lässt sich auch die Social Compliane als Bestandteil der CSR begreifen, die auf die rechtliche Verantwortungsebene mit einem speziellen „sozialen" Fokus gerichtet ist.

---

125 *Schaupensteiner*, NZA-Beil. 2011, S. 8 (10), der zu den maßgeblichen Unternehmenswerten u.a. „Integrität, Transparenz, Fairness und Verantwortung gegenüber Mitarbeitern und Gesellschaft" zählt, ähnlich *Bretschger*, S. 164 f. m.w.N.

126 Dazu auch *Lampert*, in:Hauschka, Corporate Compliance, § 9, Rn. 20: „Insbesondere in anglo-amerikanisch geprägten Konzernen, aber nicht mehr nur dort, findet sich zudem die Tendenz, hier auch Themen zu adressieren, die dem komplexen Thema *„Corporate Social Responsibility"* (CSR) zuzuordnen sind. Rechtliche Compliance-Vorgaben, unternehmensinterne Ziele und CSR werden dann zu einem unternehmensspezifischen Handbuch (*„Code of Conduct"*) verbunden." [Hervorhebung im Original].

127 Auf Fragen der „Social Compliance" fokussiert ist etwa die *„Business Social Compliance Initiative"* (BSCI). Die BSCI ist eine gemeinnützige Initiative von Einzelhandelsunternehmen, deren primäres Ziel die Verbesserung der Arbeitsbedingungen in den weltweiten Lieferketten darstellt, siehe http://www.bsci-intl.org/ (Stand: 21.01.2016). Dazu auch *Grundmeier*, S. 14 f.

128 Umfassend dazu *Rau*, CCZ 2008, S. 224 ff.

f. CSR und Menschenrechte

Obwohl unternehmerisches Handeln gerade im globalen Kontext nicht selten eine Gefahr für den Schutz und die Durchsetzung internationaler Menschenrechtsnormen darstellen kann[129], erfüllen gerade die Menschenrechte eine immer wichtiger werdende Funktion zur Bestimmung von Inhalt und Umfang der CSR.[130] Dies gilt vor allem dann, wenn sich Unternehmen in ihren CSR-Strategien auf das internationale Menschenrechtsregime beziehen. Derartige Bezugnahmen umfassen in der Unternehmenspraxis Verpflichtungen sämtlicher drei „Menschenrechtsgenerationen".[131] Eine (auch aus Sicht der Unternehmenspraxis) besondere Bedeutung für die CSR kommt dabei den in einer Vielzahl von internationalen Menschenrechtskodifizierungen enthaltenen sog. „Arbeitsrechten" zu. Dazu zählen etwa das Verbot von Sklaverei und Zwangsarbeit in Art. 8 IPbürgR[132], das Recht auf Gewerkschaftsbildung und -beitritt in Art. 8 IPbürgR, das Recht auf gerechte Arbeitsbedingungen in Art. 7 IPwskR[133] und das Verbot der Kinderarbeit in Art. 10 IPwskR und der VN-Konvention über die Rechte des Kindes[134]. Ein Recht auf Kollektivverhandlungen ist in der Konvention Nr. 98 der Internationalen Arbeitsorganisation (ILO) vorgesehen. Im Übrigen hat die ILO im Laufe ihres Bestehens ein umfangreiches arbeitsrechtliches Regelwerk entworfen, das die Mitgliedstaaten dazu verpflichtet, die sog. „Kernarbeitsrechte" (dazu zählen die Vereinigungsfreiheit und das Recht auf Kollektivverhandlungen, das Verbot der Zwangsarbeit, das Verbot der Kinderarbeit und das Verbot der Diskriminierung in Beschäftigung und Beruf) zu schützen und zu fördern. Gerade diese Arbeitsrechte als Bestandteil der internationalen Menschenrechte bilden damit den Kern derjenigen Rechte und Pflichten, mit denen Unternehmen in der Praxis der globalisierten Wirtschaft in Berührung kommen.[135]

---

129 *von Bernstorff*, AVR 2011, S. 34 (34 f.); *Weschka*, ZaöRV 2006, S. 625 (626 f.); *Emmerich-Fritsche*, AVR 2007, S. 541 (541); *Buntenbroich*, S. 11 ff.; eine Übersicht zu berichteten Fällen schwerer Schädigung der lokalen Bevölkerung und Umwelt findet sich auch bei *Schaub*, Grundlagen der Regulierung multinationaler Unternehmen, S. 100 ff.

130 *Garriga/Melé*, Journal of Business Ethics 2004, S. 51 (61); *Metcalf*, Pace Environmental Law Review 2010, S. 145 (150); KOM(2011) 681 endg., S. 6 f.

131 Zu den Menschenrechtsgenerationen zählen die „klassischen" Freiheitsrechte, die wirtschaftlichen, sozialen und kulturellen Rechte sowie die neueren und umfassenderen Rechte der „dritten Generation", die etwa das Recht auf eine lebenswerte Umwelt und das Recht auf Entwicklung enthalten, siehe dazu *Riedel*, EuGRZ 1989, S. 9 ff.; *Tomuschat*, ZaöRV 1985, S. 547 (556); *Odendahl*, JA 1996, S. 898 (899); *Koeltz*, S. 61.

132 BGBl. 1973 II, S. 1534.

133 BGBl. 1973 II, S. 1570.

134 BGBl. II 1992, S. 121 ff.

135 *Koeltz*, S. 63 m.w.N.; *Emmerich-Fritsche*, AVR 2007, S. 541 (543 f.).

Der zunehmende Verweis CSR-relevanter Dokumente auf menschenrechtliche Verpflichtungen führt neben einer inhaltlichen Konkretisierung des Verantwortungsumfangs der CSR auch zu einer faktischen Erweiterung des menschenrechtlichen Schutzumfangs. So entfalten Menschenrechte nach traditionellem völkerrechtlichem Verständnis ihren Schutzauftrag lediglich im „vertikalen" Verhältnis zwischen Staat und Bürger.[136] Menschenrechtsverletzungen privater Unternehmen ziehen demzufolge grundsätzlich keine Haftungsfolgen nach sich.[137] Eine völkerrechtliche Verantwortung trifft nach der Rechtsprechung des Internationalen Gerichtshofs (IGH) vielmehr lediglich den Staat, der durch sein legislatives oder exekutives Unterlassen dem jeweiligen Unternehmen einen Rechtsverstoß ermöglicht- und damit seine völkerrechtlichen Handlungspflichten verletzt.[138] Indem sich jedoch private Unternehmen im Zuge ihrer betriebsinternen CSR-Politik zunehmend auf internationale Menschenrechtskodifizierungen berufen, verpflichten sie sich „freiwillig" dazu, die darin enthaltenen menschenrechtlichen Verpflichtungen zu achten. Die CSR überträgt die menschenrechtlichen Verpflichtungen somit aus dem vertikalen- in das horizontale Verhältnis und führt zu einer „Teilprivatisierung" der Menschenrechte.[139]

3. Zwischenergebnis: CSR als ganzheitlicher Ansatz

Die dargestellten Systematisierungen und Definitionen sowie die vorgenommen Abgrenzungen haben gezeigt, dass es sich bei der CSR um einen ganzheitlichen Ansatz handelt, der auf verschiedenen Konzeptionen aufbaut und diese integriert. CSR kann zunächst als Konzept zum Umgang von Unternehmen mit den Erwartungen von Anspruchsgruppen (Stakeholdern) verstanden werden. In Anlehnung

---

136 *Rupp*, in: HGR II, § 36, S. 573 (577); *Ossenbühl*, NJW 1976, S. 2100 (2100); *Jarass/Pieroth*, Vorb. vor Art. 1, Rn. 5 sowie grundlegend BVerfGE 7, S. 198 (204 f.), BVerfGE 61, S. 83 (100 f.).

137 *Schmalenbach*, AVR 2001, S. 57 (61), *Weilert*, ZaöRV 2009, S. 883 (915); *Hennings*, S. 77. Für eine unmittelbare Bindung von Unternehmen an die Menschenrechte argumentiert dagegen *Emmerich-Fritsche*, AVR 2007, S. 541 (558 ff.).

138 Vgl. Case concerning United States Diplomatic and Consular Staff in Teheran (United States of America v. Iran), Urteil des IGH v. 24. Mai 1980, ICJ Report 1980, S. 3, Para 76; The Corfu Channel Case, Merits, Urteil des IGH v. 9. April 1949, ICJ Reports 1949, S. 4; *Schmalenbach*, AVR 2001, S. 57 (61).

139 Dies entspricht im Übrigen auch der internationalen Erwartungshaltung an die Unternehmen. So heißt es etwa in der aktuellen Fassung der OECD-Leitsätze für multinationale Unternehmen: „Die Tatsache, dass ein Staat einschlägige nationale Gesetze nicht durchsetzt bzw. eingegangene internationale Menschenrechtsverpflichtungen nicht umsetzt oder dass er diesen Gesetzen bzw. internationalen Verpflichtungen möglicherweise zuwiderhandelt, verringert nicht die Verantwortung der Unternehmen, die Menschenrechte zu achten.", siehe OECD (2011), OECD-Leitsätze für multinationale Unternehmen, S. 37, abrufbar unter: http://dx.doi.org/10.1787/9789264122352-de (Stand: 21.01.2016).

an den international diskutierten Ansatz der nachhaltigen Entwicklung werden die Verantwortungsdimensionen dabei zumeist in die Teilbereiche Wirtschaft, Soziales und Umwelt untergliedert. Einen wichtigen Beitrag zur Konkretisierung des inhaltlichen Verantwortungsrahmens entlang der drei Dimensionen liefern die internationalen Menschenrechte, deren Verpflichtungen zum Teil auf Unternehmen übertragen werden. Allgemein lässt sich insoweit (anknüpfend an die Europäische Kommission) bei der CSR von der Verantwortung von Unternehmen für ihre Auswirkungen auf die Gesellschaft sprechen. Ziel der CSR ist es dabei insgesamt, dass Unternehmen ihre Auswirkungen präventiv dergestalt beeinflussen, so dass von ihnen weder Risiken für sie selbst noch für andere ausgehen. Dies erfordert, dass das Bewusstsein für CSR-relevante Themen in die betriebliche Kernstrategie integriert wird. Dabei soll durch eine „Institutionalisierung" die Verantwortungübernahme zur „festgewurzelten und typischen Verhaltensweise"[140] im Unternehmen weden. Gerade in ihrer Funktion als Mittel der Risikosteuerung weist die CSR Parallelen zu anderen unternehmensbezogenen Steuerungsansätzen (CG und Compliance) auf. Von diesen grenzt sich die CSR jedoch in der Regel durch ihren umfassenden und ganzheitlichen Ansatz ab, der verschiedene Elemente anderer Ansätze integriert.

III. Entwicklung der CSR

Die Entwicklung der CSR ist maßgeblich geprägt von äußeren Einflüssen, insbesondere den jeweils vorherrschenden gesellschaftlichen, politischen und wirtschaftlichen Rahmenbedingungen.[141] Insofern spiegelt sich in ihr vor allem auch der Grad der staatlichen Intervention in die freie Marktwirtschaft wider.[142] Insgesamt lässt sich konstatieren, dass Fragen der Unternehmensverantwortung, die heute unter dem Oberbegriff „CSR" diskutiert werden, unternehmerisches Handeln seit jeher begleitet haben.[143] Dabei hat sich der Begriff der Unternehmensverantwortung von einem auf Paternalismus beruhenden Mäzenatentum hin zu einem komplexen und in der Unternehmespraxis heute fest etablierten Konzept der Unternehmensführung entwickelt. Zurückzuführen ist diese Entwicklung vor allem auf die Entkopplung von Eigentum, Kontrolle und Finanzierung unternehmerischen Handelns, die ursprünglich auf die Person des (Familien-)Unternehmers konzentriert waren.[144]

140 *Göbel*, S. 117.

141 *Hennings*, S. 49 f.

142 *Schneuwly*, S. 11, spricht von „Dogmen", die „[...] abwechselnd zyklisch und antizyklisch von Krisenzeiten zu Wachstumsphasen [...] oszillieren".

143 *Hennings*, S. 50 m.w.N., *Hardtke*, in: Ders./Kleinfeld, Gesellschaftliche Verantwortung von Unternehmen, S. 13 (22 ff.).

144 *Windolf*, in: Braun, Gesellschaftliches Engagement von Unternehmen, S. 23 (23), der die Evolution des Kapitalismus während der vergangenen 150 Jahre als Abfolge der Regime des „Familienkapitalismus", des „Managerkapitalismus" und des „Finanzmarkt-Kapitalismus" beschreibt.

1. Frühformen unternehmerischer Verantwortung

Frühformen unternehmerischer Verantwortung, die aus heutiger Sicht als Vorläufer der CSR anzusehen sind, entwickelten sich im Verlaufe der Industriellen Revolution, die ab dem ausgehenden 18. und dem beginnenden 19. Jahrhundert die Organisationsform des Unternehmens nach modernem Verständnis hervorbrachte.[145] In Anbetracht der zunehmend prekärer werdenden Lebenssituation der immer größer werdenden Arbeiterschaft initiierten erste Unternehmen in Westeuropa und den Vereinigten Staaten soziale Fürsorgemaßnahmen, die gleichzeitig die Arbeitsprozesse effektiver gestalten und die Produktion steigern sollten.[146] Nicht selten war die Bereitstellung betrieblicher Fürsorgeleistungen damals unumgänglich, da die ohnehin kaum vorhandenen öffentlichen Sozialsysteme mit der Geschwindigkeit des sozialen Wandels und den daraus resultierenden (sozialen) Problemen weitgehend überfordert waren. Jedenfalls ein Teil der sich im Entstehen befindenden Industriellenklasse ging entsprechende philanthropische Verpflichtungen freiwillig und fernab von wirtschaftlichen Überlegungen ein, sei es aus religiöser Überzeugung, aus patriotischem Gefühl oder aus (sozialer) Verantwortung.[147] Geprägt war die Frühphase unternehmerischer Verantwortung damit durch einen Paternalismus, bei dem sich der jeweilige Werksleiter freimütig und nicht selten erzieherisch für das Wohl „seiner" Arbeiter einsetzte.[148]

Paternalistische Unternehmenskulturen setzten dabei die familialen Ressourcen und Loyalitäten sowohl der Arbeiter als auch der Unternehmer für geschäftliche Zwecke ein und gründeten auf den Prinzipien der Autorität und Fürsorge.[149] Viele der damals durch die Unternehmen eingeführten Sozial- und Transferleistungen bildeten später die Grundlage staatlicher und gewerkschaftlicher Sozialpolitik.[150] Möglich geworden war das Modell des Paternalismus durch die auf den Unternehmer ausgerichteten Eigentums- und Kontrollstrukturen: Das Eigentum über die Produktionsmittel beinhaltete nach damaligem Verständnis eine uneingeschränkte

---

145 *Schultz*, in: Raupp et al., Handbuch CSR, S. 19 (24).

146 Dazu zählten etwa die Bereitstellung von Kranken- und Badehäusern, Kindergärten, Werkskantinen und Wohnheimen, siehe auch *Schneuwly*, S. 12. Ziel dieser Maßnahmen war es auch, der zunehmenden politischen Organisierung der Arbeiterschaft entgegenzuwirken und deren Pflichtbewusstsein und Konformität zu stärken, dazu *Stremmel*, ZUG 2006, S. 70 (75); *Heald*, The Social Responsibilities of Business, S. 3 ff.; *Schultz, in: Raupp et al., Handbuch CSR*, S. 19 (25).

147 *Zerk*, S. 15; *Schultz, in: Raupp et al., Handbuch CSR*, S. 19 (25).

148 *Schneuwly*, S. 13.

149 *Berghoff*, Geschichte und Gesellschaft 1997, S. 167 (178 f.). Zu den bekanntesten Vertretern, die auf dem „Dreiklang von Autorität, Treue und Fürsorge" gründeten, zählten in Deutschland etwa Unternehmen wir Krupp, Thyssen, Stinnes und Borsig, siehe *Stremmel*, ZUG 2006, S. 70 (77).

150 *Bulmann*, S. 12. Dies gilt insbesondere für die seit den 1880er Jahren in Deutschland aufgebauten öffentlichen Sozialversicherungen, siehe *Backhaus-Maul*, in: Braun, Gesellschaftliches Engagement von Unternehmen, S. 65 (72) m.w.N.

Verfügungsgewalt, die auch eine absolute Befehlsgewalt über die Arbeiterschaft umfasste.[151] Die Regelung innerbetrieblicher Verhältnisse war als ein informeller Vertrauensakt gedacht, der den Arbeitern – juristisch nicht einklagbare – ethisch-moralische Rechte gab, ohne dabei die unternehmensinternen Hierarchien und Autoritäten in Frage zu stellen.[152] Legitimiert wurden die umfassenden Rechte des Unternehmers durch das von ihm zu tragende Haftungsrisiko, das auch sein Privatvermögen umfasste.

Erste mit Beginn des 20. Jahrhunderts einsetzende wissenschaftliche Auseinandersetzungen mit Fragen der unternehmerischen Verantwortung, waren gekennzeichnet von dem Bemühen, den Menschen in den Mittelpunkt des unternehmerischen Handelns zu stellen und die Unternehmen an Gewissen und Moral zu binden.[153]

2. 1950er und 1960er Jahre

Auch wenn sich somit bereits seit der Industrialisierung Frühformen unternehmerischer Verantwortung identifizieren lassen, markieren erst die 1950er Jahre den Beginn der *„modern era of social responsibility*"[154]. Den Ausgangspunkt einer formalisierten, wissenschaftlichen Auseinandersetzung mit Fragen der Unternehmensverantwortung stellt nach heute überwiegend vertretener Auffassung *Howard R. Bowens* Veröffentlichung *„Social Responsibilities of the Businessman*" dar, die 1953 erschien.[155] *Bowens* Veröffentlichung baute auf dem Begriff der *„Social Responsibility*" auf, den er definierte als „[...] *the obligations of businessmen to pursue those policies, to make those decisions, or to follow those lines of action which are desirable in terms of the objectives and values of our society.*"[156] Mit Blick auf eine von ihm festgestellte Ausweitung der unternehmerischen Einflusssphäre schlug *Bowen* eine Reihe von Maßnahmen vor, mit denen Unternehmen ihrer steigenden gesellschaftlichen Verantwortung gerecht werden könnten. Dazu zählte er unter anderem eine stärkere

---

151 *Windolf*, in: Braun, Gesellschaftliches Engagement von Unternehmen, S. 23 (24 f.).

152 *Stremmel*, ZUG 2006, S. 70 (79). Formell wurde der innerbetriebliche Vertrauensakt hingegen 1872 für die Beschäftigten des Krupp-Unternehmens im „General-Regulativ für die Firma Fried. Krupp" festgehalten. Darin waren umfangreiche Sozialleistungen ebenso vorgesehen wie eine Verpflichtung der Arbeiter zur Treue gegenüber dem Unternehmen. Die darin festgehaltenen Rechte und Pflichten galten unternehmensintern und waren nicht einklagbar. Dazu *Schultz*, in: Raupp et al., Handbuch CSR, S. 19 (25); *Windolf*, in: Braun, Gesellschaftliches Engagement von Unternehmen, S. 23 (26) sowie eingehend zur Unternehmenspraxis bei Krupp *Stremmel*, ZUG 2006, S. 70 ff.

153 Unter Verweis auf die *„Human-Relations*"-Lehre der Harvard Business School *Schultz*, in: Raupp et al., Handbuch CSR, S. 19 (28).

154 *Carroll*, Business & Society 1999, S. 268 (269).

155 *Bowen*, Social Responsibilities of the Businessman. Dazu *Hennings*, S. 50; sowie *Carroll*, Business & Society 1999, S. 268 (269 f.).

156 *Bowen*, Social Responsibilities of the Businessman, S. 6.

Einflussnahme auf die Zusammensetzung von Vorständen, die Durchführung eines „*Social Audit*", die Stärkung sozialer Komponenten im Rahmen der Managementausbildung und die Entwicklung unternehmensbezogener Verhaltensregeln („*codes of conduct*").[157] *Bowen* selbst verstand sein Konzept der „*Social Resposibility*" als Richtschnur für das unternehmerische Handeln der Zukunft.[158] Insgesamt war sein Ansatz einer formalisierten Unternehmensverantwortung jedoch seiner Zeit zum Teil weit voraus. Einzelne, darin enthaltene Elemente sollten erst Jahre später gängige CSR-Praxis werden.[159]

In der Unternehmenspraxis der 1950er und 1960er Jahre spielten Fragen der CSR jedoch eine untergeordnete Rolle. Zwar wurde die Idee der unternehmerischen Verantwortung zunehmend von der Person des (Familien-)Unternehmers entkoppelt und mit der ökonomisch-strategischen Ausrichtung des Unternehmens in Verbindung gebracht[160], konkrete Maßnahmen von Unternehmensseite blieben jedoch zumeist auf ausgewählte Bereiche beschränkt und erfolgten nicht selten auf *ad hoc*-Basis. Nichtsdestotrotz wurden zunehmend auch außerhalb des Unternehmens stehende Stakeholder-Gruppen für die Thematik der unternehmerischen Verantwortung sensibilisiert.

Ein frühes Beispiel für staatliches Engagement im Bereich der CSR stellt insoweit etwa der „Aktionsaufruf über wirtschaftsethische Grundsätze" dar, der am 16. Januar 1962 durch den wirtschaftsethischen Beirat des US-Handelsministeriums veröffentlicht wurde.[161] Ziel des Aufrufs war es, Unternehmern eine Möglichkeit zu geben, ihre jeweilige Geschäftspraxis an entsprechenden ethischen Grundsätzen überprüfen zu können. In Bezug auf die „soziale" Verantwortung der Unternehmen stellt das Dokument fest: „Jede Unternehmung hat viele Pflichten gegenüber der Gesellschaft, der sie angehört. Oberste gesetzliche und soziale Pflicht für Unternehmer und Manager ist die Leitung der Geschäfte mit dem Ziel, auf die Dauer optimale Gewinne zu erzielen. Daneben bestehen aber auch hohe soziale Pflichten gegenüber den Angestellten und Arbeitern, ferner gegenüber Kunden, den Lieferanten, der Regierung, der Gemeinde und der Allgemeinheit."[162]

---

157 *Bowen*, Social Responsibilities of the Businessman, S. 151 ff.

158 *Carroll*, in: Crane et al., Oxford Handbook, S. 19 (25). *Bowen* zitiert in seiner Veröffentlichung darüber hinaus eine Umfrage der Zeitschrift *Fortune* aus dem Jahr 1946, wonach 93,5% der befragten Unternehmer der Auffassung sind, dass Unternehmen Verantwortung tragen für die Konsequenzen ihrer Handlungen in einem Bereich, der über die reine Gewinn- und Verlustrechnung hinausgeht, siehe *Bowen*, Social Responsibilities of the Businessman, S. 44.

159 *Carroll*, in: Crane et al., Oxford Handbook, S. 19 (26).

160 *Schultz*, in: Raupp et al., Handbuch CSR, S. 19 (26).

161 Abgedruckt ist die deutsche Sprachfassung des Aufrufs in *Hodges*, Geschäft und Moral, S. 193 ff.

162 Zitiert nach *Hodges*, Geschäft und Moral, S. 197.

3. 1970er und 1980er Jahre

Zu einer Formalisierung der CSR, im Sinne einer umfassenden inhaltlichen „Ausweitung", „Weiterentwicklung" und „Spezifizierung"[163] des Konzepts, führten jedoch erst die 1970er und 1980er Jahre. Grundlage dafür bildete die zunehmende Internationalisierung unternehmerischer Geschäftsaktivitäten und eine damit zusammenhängende (internationale) Politisierung der Thematik. So kam es spätestens in den 1980er Jahren, die durch eine beginnende Phase der Deregulierung, Liberalisierung und Privatisierung geprägt waren[164], zu einem Vordringen privater Unternehmen in Bereiche, die vormals staatlichen Akteuren vorbehalten waren, was insgesamt zu einer Neubewertung des Verhältnisses zwischen Staaten und Unternehmen führte. Bereits ab den 1970er Jahren begann die Öffnung nationaler Märkte für internationale Wettbewerber: Die im Rahmen des GATT durchgeführte Uruguay-Runde, deren Beratungen 1986 begannen, brachte entscheidende Fortschritte auf den Gebieten des Handels mit Dienstleistungen, des Schutzes des geistigen Eigentums, des Abbaus nichttarifärer Handelshemmnisse sowie der Gründung der Welthandelsorganisation (WTO). In der EG schrieb die am 1. Juli 1987 in Kraft getretene Einheitliche Europäische Akte[165] das Ziel fest, innerhalb von nur sechs Jahren einen einheitlichen europäischen Markt zu realisieren. In ähnlicher Weise wurden in Nordamerika mit dem Kanadisch-Amerikanischen Freihandelsabkommen von 1989 die Grundlagen für das spätere Nordamerikanische Freihandelsabkommen (NAFTA) und den daraus resultierenden ausgedehnten Wirtschaftsverband geschaffen. Diese und weitere Liberalisierungsbestrebungen sowie Neuerungen auf dem Feld der Kommunikationstechnologie lösten bis Ende der 1980er Jahre einen starken Anstieg ausländischer Direktinvestitionen aus.[166] Durch die Internationalisierung der Geschäftstätigkeiten verloren auch Fragen der unternehmerischen Verantwortung zunehmend ihre Fixierung auf einen nationalstaatlichen Rahmen.

Auch aufgrund der Erkenntnis, dass die einzelstaatlichen Handlungsmöglichkeiten in Anbetracht des wachsenden Einflusses unternehmerischer Akteure abnahmen, wurde das Thema der Unternehmensverantwortung zunehmend zum Gegenstand der internationalen (politischen) Agenda. Ein erster Versuch, Antworten auf die sich aus der zunehmenden Ausbreitung multinationaler Konzerne ergebenden Fragen auf internationaler Ebene zu geben, wurde 1972 mit der Berufung eines zwanzigköpfigen Expertengremiums durch den Wirtschafts- und Sozialrat

---

163 *Schultz*, in: Raupp et al., Handbuch CSR, S. 19 (31).

164 *Zerk*, S. 13; *Hennings*, S. 53 f.

165 BGBl. 1986 II S. 1102; in Kraft getreten am 1.7.1987, BGBl. 1987 II S. 451.

166 Nochmals verstärkt wurden die Auswirkungen der Internationalisierung unternehmerischer Aktivitäten durch Firmenübernahmen und –zusammenschlüsse, die ab den 1980er Jahren zunahmen und zu einer Marktkonzentration führten, siehe *Shestack*, in: Mullerat, Corporate Social Responsibility, S. 97 (99).

(ECOSOC) der Vereinten Nationen unternommen.[167] Geprägt waren die ersten Diskussionen zur Unternehmensverantwortung auf internationaler Ebene vor allem durch seitens der Entwicklungsstaaten geäußerte Befürchtungen vor dem Entstehen neuer wirtschaftlicher Abhängigkeiten und vor einem damit zusammenhängenden Verlust an Souveränität und Einfluss.[168] Neben den VN griffen auch die OECD und die ILO die Thematik der Unternehmensverantwortung bereits in den 1970er Jahren auf und entwickelten weitreichende und (für die damaligen Rahmenbedingungen) fortschrittliche Steuerungsinstrumente.[169]

Zum Teil kontroverse Diskussionen rund um die CSR wurden auch auf wissenschaftlicher Ebene geführt. Zu den engagiertesten Kritikern eines Konzepts der umfassenden Unternehmensverantwortung zählte *Milton Friedman*. Dieser hatte angesichts der zunehmenden Popularität des Gedankens der CSR 1970 einen Artikel im *New York Times Magazine* unter dem bezeichnenden Titel „*The Social Responsibility of Business is to Increase its Profits!*" veröffentlicht.[170] Darin argumentierte *Friedman*, dass Unternehmen lediglich eine (ökonomische) Verantwortung treffe, die sich in der Erwirtschaftung von Gewinn erschöpfe.[171] Soziale und ökologische Missstände zu verhindern, sei allein die Aufgabe des Staates. Ein privates Unternehmen könne dazu lediglich durch die Generierung von wirtschaftlichem Wachstum beitragen.[172]

---

167 Dem Gremium gehörten Experten aus Wissenschaft und Wirtschaft sowohl aus Entwicklungsländern als auch aus entwickelten Staaten an. Die Arbeiten der Expertengruppe mündeten 1974 in der Verabschiedung eines Abschlussberichts, der sich in einem spezifischen zweiten Teil mit den Themen Eigentum und Kontrolle, Kapitalfluss und Zahlungsbilanzen, Technologie, Arbeitsverhältnis und Arbeit, Verbraucherschutz, Wettbewerb und Marktstrukturen, Übernahmepreissetzung, Besteuerung sowie Offenlegung von Informationen und Evaluierung befasste, siehe *United Nations Department of Economic and Social Affairs*, The Impact of Multinational Corporations on Development and on International Relations, E/5500/Rev.1, ST/ESA/6; abgedruckt auch in ILM 13 (1974), S. 800 ff. Ausführlich zur Arbeit und Zusammensetzung des Gremiums *Hennings*, S. 143 ff.; *Nowrot*, Normative Ordnungsstruktur, S. 54 ff.

168 *Zerk*, S. 11.

169 Siehe dazu ausführlich Abschnitt „E." dieser Arbeit.

170 Bereits 1962 hatte *Friedman* in seinem Werk „*Capitalism and Freedom*" die These aufgestellt, dass „[...] *few trends could so thoroughly undermine the very foundations of our free society as the acceptance by corporate officials of a social responsibility other than to make as much money for their stockholders as possible.*", siehe *Friedman*, Capitalism and Freedom, S. 133.

171 *Friedman*, New York Times Magazine 1970, S. 122 (122 f.).

172 Gleichfalls legt jedoch auch *Friedmans* Analyse nahe, dass ein Unternehmen lediglich im Rahmen der rechtlichen und ethischen Grenzen der Gesellschaft operieren kann: „*In a free-enterprise, private-property system, a corporate executive is an employee of the owners of the business. He has direct responsibility to his employers. That responsibility is to conduct the business in accordance with their desires, which generally will be to make as much money as possible while*

Die Gegenposition zu *Friedmans* Thesen entwickelte *R. Edward Freeman* 1984 mit dem Modell des „*Stakeholder Managements*". *Freemans* Arbeiten basierten auf dem Ansatz, dass ein privates Unternehmen nur dann erfolgreich geführt werden könne, wenn die Einflüsse und Interessen der Stakeholder des Unternehmens hinreichend berücksichtigt würden. Unter „Stakeholdern" verstand *Freeman* diejenigen Gruppen oder Individuen, die durch die Leistung des Unternehmens berührt werden oder die diese Leistung selbst berühren.[173] Dieses Stakeholder-Modell wurde in den folgenden Jahren erweitert und bildet mit dem „Shareholder-Value"-Ansatz bis heute die zentrale Konfliktlinie in der theoretischen Auseinandersetzung um die CSR.[174]

Zu einer Sensibilisierung der breiten Öffentlichkeit für das Thema der Unternehmensverantwortung trugen zahlreiche Unternehmensskandale in den 1970er und 1980er Jahren bei, die sich zu einem „Katalysator" der CSR-Bewegung entwickeln sollten. Dazu zählten etwa der Unfall im indischen Chemiewerk der *Union Carbide Corporation* im Dezember 1984 („Katastrophe von Bophal")[175], die Diskussionen um die Geschäftsaktivitäten europäischer und amerikanischer Unternehmen im südafrikanischen Apartheidstaat sowie der Untergang der *Exxon Valdez* vor der Küste Alaskas und die dadurch ausgelöste Umweltkatastrophe im März 1989.[176] Befeuert durch die wachsende Kritik der Bevölkerung sahen sich Regierungen vermehrt dazu veranlasst, öffentlich von Unternehmen die Einhaltung von Verhaltenskodizes sowie die Offenlegung umweltrelevanter Informationen einzufordern.[177] Wirksamer noch agierten zunehmend verschiedenste NGOs, die das Thema der Unternehmensverantwortung aufgriffen und gemeinsam mit Gewerkschaften auf verbindlichere Standards drangen.[178]

---

conforming to the basic rules of the society, both those embodied in law and those embodied in ethical custom.", vgl. *Friedman*, New York Times Magazine 1970, S. 122 (123). Dazu auch *Carroll*, Business and Society Review 1998, S. 1 (2) und *Curbach*, S. 226 sowie *Suchanek*, in: Braun, Gesellschaftliches Engagement von Unternehmen, S. 37 (43 ff.).

173 *Freeman*, Strategic Management, S. 52 f.

174 Siehe dazu die Ausführungen unter Ziff. „IV." des Abschnitts „C." dieser Arbeit.

175 Dazu u.a. *Schneuwly*, S. 18.

176 Diese und andere Skandale führten dazu, dass die 1980er Jahre auch als „Dekade der Gier" bezeichnet werden, siehe *Carroll*, in: Crane et al., Oxford Handbook, S. 19 (36 f.).

177 *Schneuwly*, S. 18.

178 *Hennings*, S. 54. Für eine vergleichbare Sensibilisierung – insbesondere für die Thematik der ökologischen Verantwortung – hatte bereits 1972 die Veröffentlichung der Studie „Die Grenzen des Wachstums" durch den „*Club of Rome*" gesorgt. Darin enthalten war die Schlussfolgerung, dass die absoluten Wachstumsgrenzen der Erde bei unveränderter Zunahme von Weltbevölkerung, Industrialisierung, Umweltverschmutzung, Nahrungsmittelproduktion und Ausbeutung von natürlichen Rohstoffen innerhalb der nächsten 100 Jahre erreicht sein würden, siehe *Meadows* et al., Die Grenzen des Wachstums, S. 17.

4. 1990er und 2000er Jahre

Die 1990er Jahre führten hingegen zu einer Versachlichung des CSR-Diskurses im Sinne einer *„de-radicalization“*[179]. Ein Element dieser Versachlichung bildete dabei die Tendenz der Unternehmen, sich im Wege selbst verfasster Verhaltenskodizes „freiwillig“ auf unternehmensinterne CSR-Mindeststandards zu verpflichten. Als eines der ersten global agierenden Unternehmen beschloss der US-amerikanische Bekleidungshersteller *Levi Strauss & Co.* im März 1992 die Annahme der betriebsintern entwickelten sog. *„Business Partner Terms of Engagement and Guidelines for Country Selection“*, die als grundlegendes Dokument der Unternehmensverantwortung unter anderem Mindestvorgaben für die Wahl von Zulieferunternehmen und Produktionsstandorten sowie ein ambitioniertes internes Kontroll- und Überwachungssystem festhielten.[180] Befördert wurde die Tendenz der unternehmensinternen Selbstregulierung maßgeblich durch die Angst vor einem mit einem öffentlichkeitswirksamen Skandal einhergehenden Reputationsverlust[181], wie ihn etwa der *Shell*-Konzern Mitte der 1990er Jahre im Zuge der Auseinandersetzungen um die Versenkung des schwimmenden Öltanks *„Brent Spar“* im Atlantik erlebt hatte. Zu einer „Weiterentwicklung“[182] der unternehmensinternen Verhaltenskodizes führten *International Framework Agreements“* (IFA), die ab Mitte der 1990er Jahre entstandenen, weltweite Geltung beanspruchen und zumeist von großen, multinational agierenden Unternehmen mit (internationalen) Branchengewerkschaften ausgehandelt und abgeschlossen werden.[183]

Ebenfalls seit Mitte der 1990er Jahren verstetigte sich die Unternehmenspraxis, im Wege der „Sozialberichterstattung“ Auskunft über soziale Leistungen und Aktivitäten des Unternehmens zu geben.[184] Im Gegensatz zu den ersten bereits in den 1970er Jahren freiwillig veröffentlichten „Sozialbilanzen“, die zumeist der Außendarstellung des Unternehmens gedient hatten, lehnten sich die neuen Berichte

---

179 *Gill*, Berkeley Journal of International Law 2008, S. 452 (462). *Schultz*, in: Raupp et al., Handbuch CSR, S. 19 (32) bezeichnet die 1990er Jahre als Phase der „Theoretisierung“ und „Operationalisierung“.

180 Zu den festgeschriebenen Durchführungsbestimmungen zählten Mindeststandards im Hinblick auf den Umweltschutz, das Gehaltsniveau, die Arbeitszeiten und den Arbeitsschutz sowie Vorschriften zur Prävention von Kinderarbeit, Zwangsarbeit und Diskriminierung am Arbeitsplatz. Zu den Kriterien der Standortwahl zählten etwa die Menschenrechtslage sowie die politische und soziale Stabilität. Ausführlich zur CSR-Politik des *Levi Strauss & Co.*-Unternehmens im Kontext unternehmerischer Selbstregulierung siehe *Buß*, S. 51 f.; *Doorey*, Journal of Business Ethics 2011, S. 587 (594); *Compa/Hinchliffe-Darricarrère*, Colum. J. Transnat'l L., S. 663 (675 ff.).

181 *Kyte*, Am. U. Int'l L. Rev. 2007, S. 559 (562); *Birk*, GRUR 2011, S. 196 (196).

182 *Thüsing*, RdA 2010, S. 78 (79).

183 *Kocher*, RdA 2004, S. 27 (28).

184 *Hardtke*, in: Ders./Kleinfeld, Gesellschaftliche Verantwortung von Unternehmen, S. 13 (33); *Schultz*, in: Raupp et al., Handbuch CSR, S. 19 (32 ff.).

begrifflich und inhaltlich eng an die finanzielle Berichterstattung der Unternehmen an. Ermöglicht wurde diese zunehmend institutionalisierte Form der CSR-Berichterstattung zudem durch die Herausbildung und Veröffentlichung von entsprechenden Vorgaben und Leitlinien internationaler Organisationen, nationaler Regierungsstellen und Interessenvereinigungen.[185]

Inhaltliche Schärfe gewann die CSR durch die Diskussionen um das Konzept der nachhaltigen Entwicklung und den auf *Elkington* zurückgehenden „*Tripple-Bottom-Line*"-Ansatz[186], durch die Abgrenzung zu dem im angloamerikanischen (Sprach-) Raum entwickelten Begriff des „*Corporate Citizenship*" sowie insbesondere durch die Ende der 1990er Jahre einsetzende „*Business and Human Rights*"- Debatte[187]. Letzterer waren wiederum Enthüllungen über missbräuchliche Unternehmenspraktiken vorausgegangen, die teilweise zu Menschenrechtsverletzungen geführt- und sich fast ausnahmslos in Entwicklungsländern ereignet hatten.[188] Vermehrt wurden daraufhin, ausgehend von den Steuerungsinitiativen Internationaler Organisationen[189], Menschenrechte in einen direkten Kontext zur Unternehmensverantwortung gestellt. Eines der bekanntesten Beispiele stellt dabei der „*Global Compact*" der VN dar, der auf Initiative des früheren VN-Generalsekretärs Kofi Annan im Juli 2000 in Kraft trat. In ihrer Gesamtheit haben gerade die vielfältigen Regulierungsbeiträge Internationaler Organisationen im Feld der CSR zu einer „globale[n] Ebene der Verhaltensregulierung" und einer postnationale[n] Rollenzuschreibung für Unternehmen"[190] geführt.[191]

---

185 *Schultz*, in: Raupp et al., Handbuch CSR, S. 19 (34).

186 *Elkington*, California Management Review 1994, S. 90 (90 ff.).

187 *Muchlinski*, International Affairs 2001, S. 31 (38); *Shestack*, in: Mullerat, Corporate Social Responsibility, S. 97 (100 ff.).

188 *Mares*, The Geo. Wash. Int'l L. Rev. 2009, S. 1157 (1159).

189 Ausdrücklich etwa im CSR-Grünbuch der Kommission, wo es heißt: „CSR hat eine ausgeprägte Menschenrechtsdimension, insbesondere in Bezug auf die internationale Wirtschaftstätigkeit und die globalen Versorgungsketten.", KOM(2001) 366 endg., S. 14. In Ziff. 27 des Abschlussdokuments („*Johannesburg Declaration on Sustainable Development*") des UN-Weltgipfels für nachhaltige Entwicklung, der 2002 in Johannesburg stattfand, heißt es: „*We agree that in pursuit of its legitimate activities the private sector, including both large and small companies, has a duty to contribute to the evolution of equitable and sustainable communities and societies.*", siehe *United Nations*, World Summit on Sustainable Development, Johannesburg Declaration on Sustainable Development, 4. September 2002, UN-Doc. A/CONF.199/20, abrufbar im Internet unter: http://www.un-documents.net/jburgdec.htm (Stand: 21.01.2016).

190 *Curbach*, S. 112.

191 Daran haben auch die Erschütterungen der im Sommer 2007 einsetzenden weltweiten Finanz- und Wirtschaftskrise grundsätzlich nichts geändert. Zwar wurden in diesem Zusammenhang nicht nur eine allzu weitgehende Politik der Deregulierung und Liberalisierung der Märkte, sondern auch die geltenden Standards von Moral und Verantwortung insgesamt hinterfragt, vgl. dazu *Hickel*, APuZ 20/2009,

Auch die theoretische Auseinandersetzung mit der CSR verlagerte sich in den 1990er und 2000er Jahren zunehmend vom „Warum" zum „Wie". Neben praxisbezogenen „*best practice*"-Veröffentlichungen erschienen insbesondere zahlreiche empirische Untersuchungen, die sich mit den ökonomischen Auswirkungen einer nachhaltigen und verantwortlichen Unternehmenspolitik beschäftigten und Argumentationen für bzw. gegen den sog. „*Business Case*" der CSR enthielten.[192] CSR entwickelte sich damit zu einem Geschäftsfeld, das nicht nur von den betroffenen Unternehmen selbst, sondern auch von Beratungsunternehmen, Wirtschaftsprüfungsgesellschaften und Kommunikationsagenturen besetzt wurde. Die Professionalisierung des Berichtswesens und die steigende Komplexität der dafür entwickelten Standards und Zertifizierungssysteme haben dabei insgesamt zu einer weiteren Profilierung der CSR beigetragen.[193] Neben Konsumenten fragen zunehmend auch Investmentfonds die Einhaltung grundlegender Standards der CSR nach und erheben Fragen der Unternehmensverantwortung zur Grundlage ihrer Investitionsentscheidungen. Entstanden ist dabei eine immer komplexere „CSR-Landschaft", die sich aus einem teilweise unübersichtlichen Nebeneinander verschiedenster Initiativen, Verhaltenskodizes, Standards und Empfehlungen zusammensetzt.

5. Jüngste Entwicklungen

Heute hat sich die CSR zu einem Konzept entwickelt, das weder aus der unternehmerischen Praxis noch aus der wissenschaftlichen Diskussion einer Vielzahl von Disziplinen wegzudenken ist. Immer mehr Unternehmen investieren immer größere Ressourcen in die Ausgestaltung ihrer unternehmensinternen Nachhaltigkeits- bzw. CSR-Politik. Im Ergebnis trägt die unternehmerische Praxis damit einer Entwicklung Rechnung, die das Umfeld unternehmerischen Handelns in den vergangenen fünfzehn Jahren nachhaltig verändert hat. Die bereits angesprochene veränderte gesellschaftliche Erwartungshaltung ebenso wie die über NGOs und Medien geschaffene Öffentlichkeit für unternehmerisches Handeln haben einerseits den Druck auf die Unternehmen selbst erhöht, andererseits aber auch zu einer „Moralisierung" des Konsums beigetragen. Grundlage dieser Moralisierung bildet

---

S. 40 ff. Das Konzept der CSR wurde jedoch insgesamt in seiner Bedeutung bestätigt (wenn nicht sogar aufgewertet). So stellte etwa die Konferenz der Vereinten Nationen zur globalen Finanz- und Wirtschaftskrise und ihren Folgen für Entwicklung, die im Juni 2009 in New York stattfand, in ihrem Abschlussdokument fest: „„*We reaffirm the principles of sustainable development and underscore the need for a global consensus on the key values and principles that will promote sustainable, fair and equitable economic development. We believe that corporate social and environmental responsibility are important elements of such a consensus.*", siehe *United Nations*, UN-Doc. A/RES/63/303, Rn. 41.

192 *Carroll*, in: Crane et al., Oxford Handbook, S. 19 (40).

193 *Schultz*, in: Raupp et al., Handbuch CSR, S. 19 (35).

der steigende Wohlstand immer größerer Bevölkerungsschichten, der Wahlmöglichkeiten und eine reflektierte Kaufentscheidung ermöglicht.[194]

In den Fokus der modernen CSR-Politik sind neben den unternehmensinternen Aktivitäten zunehmend auch solche entlang der (globalen) Lieferkette geraten. Dabei wird von jenen Unternehmen, die sich die Vorteile der globalisierten Wirtschaft (etwa in Form von günstigeren Lohn- oder Steuerbedingungen) zu Nutze machen, erwartet, dass sie Verantwortung für den gesamten Prozess der Wertschöpfung übernehmen. Die Aufsicht über die unternehmensinternen wie -externen Produktionsbedingungen erfordert angesichts der Vielzahl möglicher Produktionsstandorte und deren jeweils unterschiedlichen Rechts- und Kulturkreisen einen immer größeren finanziellen und personellen Aufwand. Fragen eines nachhaltigen Lieferkettenmanagements und einer Übertragung unternehmenseigener Werte auf Zulieferunternehmen stellen daher die größten Herausforderungen des aktuellen CSR-Diskurses dar.

Nicht zuletzt aufgrund der zunehmenden Expansion der Produktion in asiatische und lateinamerikanische (verstärkt auch afrikanische) Länder, hat vermehrt auch die staatliche Entwicklungspolitik das Konzept der CSR aufgegriffen. Synergien ergeben sich dabei vor allem aus dem Konzept der Nachhaltigkeit, das eine tragende Säule der internationalen Entwicklungszusammenarbeit darstellt und in einem engen Zusammenhang zur unternehmerischen Verantwortung steht. Die staatliche Entwicklungspolitik beschränkt sich dabei nicht nur darauf, die Rahmenbedingungen für nachhaltiges unternehmerisches Handeln zu festigen und Unternehmen im Rahmen ihrer internationalen Geschäftstätigkeit zu einer entsprechenden Verantwortungsübernahme zu ermutigen, sondern setzt darüber hinaus vermehrt auf eine aktive Zusammenarbeit zwischen Staat und Wirtschaft.[195] Konkret geht es in diesem Zusammenhang etwa um die gemeinsame Projektfinanzierung, die Schaffung sog. „Entwicklungspartnerschaften“ und „strategischer Allianzen“, die Begründung von Public Private Partnerships (PPP) sowie die Erschließung neuer Märkte.[196] Ein Großteil der dergestalt kofinanzierten und realisierten Projekte soll positive Anreize etwa in den Bereichen Umwelt- und Ressourcenschutz, Berufsbildung, Technologietransfer und Korruptionsprävention setzen. Weitere Ansatzpunkte aus Sicht der staatlichen Entwicklungszusammenarbeit bestehen auch im Bereich der Verbraucheraufklärung und der (finanziellen) Unterstützung einzelner Initiativen wie dem „fairen Handel“.

---

194 *Stehr*, S. 187.

195 Exemplarisch für den Ansatz der deutschen Entwicklungszusammenarbeit siehe das Positionspapier des *Bundesministeriums für wirtschaftliche Zusammenarbeit und Entwicklung* (BMZ), Unternehmerische Verantwortung aus entwicklungspolitischer Perspektive, S. 13 ff.

196 Eine Übersicht über Handlungsfelder der Entwicklungspolitik im Bereich der CSR findet sich bei *BMZ*, Unternehmerische Verantwortung aus entwicklungspolitischer Perspektive, S. 17 ff.

Das staatliche Engagement für CSR im Rahmen der Entwicklungszusammenarbeit kann als Beleg für ein zuletzt insgesamt gestiegenes Interesse an der Thematik der unternehmerischen Verantwortung auf Seiten des Staates gewertet werden. Vor allem die Verwerfungen der Finanz- und Wirtschaftskrise haben die einseitige Betonung eines vermeintlich „freiwilligen" Charakters des Konzepts der CSR in den Hintergrund treten lassen. Immer häufiger setzt sich die Erkenntnis durch, dass CSR im Kern „privates Handeln im öffentlichen Raum" darstellt.[197] Um den sich daraus ergebenden Verknüpfungen zwischen Staat und Wirtschaft gerecht zu werden, gewinnt eine staatliche Steuerung unternehmerischer Verantwortungspolitik zunehmend an Attraktivität. Ihre Legitimität findet dieser Ruf nach Steuerung allerdings nicht nur im Verweis auf die gravierenden Konsequenzen verantwortungslosen unternehmerischen Handelns, sondern auch im Bewusstsein um sinkende (sozial-)staatliche Ausgaben.

IV. (Betriebs-)Wirtschaftliche Rahmenbedingungen der CSR

Der Ansatz der Unternehmensverantwortung beschreibt ein Konzept der internen und externen Unternehmenssteuerung. Damit weist die CSR einen starken (betriebs-)wirtschaftlichen Bezug auf. Wie bereits in der Darstellung der historischen Entwicklung angedeutet, steht dabei gerade die wirtschaftliche Bewertung der CSR im Zentrum zahlreicher (zum Teil seit vielen Jahren geführter) kontroverser Diskussionen. Diese Kontroversen beziehen sich vor allem auf Fragen nach der grundlegenden Ausrichtung unternehmerischen Handelns („*Shareholder vs. Stakeholder Value*") und nach möglichen wirtschaftlichen Erfolgswirkungen einer verantwortlichen Unternehmenspraxis („*Business Case*"). Die im Rahmen der Diskussionen vorgebrachten Argumente und Gegenargumente werden im Folgenden dargestellt und bewertet, um den bisher erreichten Überblick über die CSR zu komplettieren.

1. Zielrichtung unternehmerischer Verantwortung

In der wirtschaftswissenschaftlichen Diskussion um das Konzept der CSR haben sich mit der „*Shareholder Value-Theorie*" einerseits und der „*Stakeholder-Theorie*" andererseits zwei Konzepte herausgebildet, die auf die Frage nach der Zielrichtung unternehmerischen Handelns jeweils unterschiedliche Antworten geben.

a. Shareholder Value-Theorie

Die Shareholder Value-Theorie[198], im Sinne eines Ansatzes zur strategischen Unternehmensführung, konzentriert sich auf die Anteilseigner des Unternehmens, die im

---

197 *BMZ*, Unternehmerische Verantwortung aus entwicklungspolitischer Perspektive, S. 25.

198 Im Rahmen der deutschen Diskussion sind zudem die Bezeichnungen „*Value-Management*", „*Wertmanagement*" oder „*Wertsteigerungsmanagement*" gebräuchlich,

Sinne der Prinzipal-Agent-Theorie den Prinzipal darstellen, dem die Unternehmensleitung als Agent in ihrem Handeln verpflichtet sein soll.[199] Dies berücksichtigend, schlagen die Anhänger der Shareholder Value-Theorie vor, die Unternehmenspolitik primär auf die Erhöhung des Kurswertes der Aktien und damit auf eine langfristige Steigerung des den Eigentümern zustehenden Unternehmenswertes (*shareholder value*)[200] auszurichten, womit gleichzeitig eine Optimierung der Wettbewerbsfähigkeit und eine Steigerung der Profitabilität erreicht werden sollen. „Soziale" Aktivitäten, die nicht unmittelbar zu einer Steigerung der Profitabilität beitragen, soll die Unternehmensleitung hingegen nur dann genehmigen dürfen, wenn entsprechende Aktivitäten entweder rechtlich vorgeschrieben sind oder zwingenden kaufmännischen Gepflogenheiten entsprechen.[201] Aufwendungen, die ein Unternehmen jenseits einer rechtlichen Verpflichtung (etwa im Bereich der CSR) tätigt, entfalten im Verhältnis zu den Anteilseignern die Wirkung zusätzlicher Belastungen.[202] Das Verhältnis zwischen Anteilseignern und Unternehmensleitung ist nach der Shareholder Value-Theorie folgerichtig als Treuhandverhältnis zu verstehen, in dem die Unternehmensleitung als Treunehmer allein zur Gewinnsteigerung verpflichtet ist und sämtliche Aufwendungen zu unterlassen hat, die diesem Ziel entgegenstehen.[203]

aa. Grundlagen

Die Diskussionen um den Shareholder-Value-Ansatz begannen in den USA bereits in den 1960er Jahren im Zuge der Auseinandersetzung mit den Thesen *Friedmans*, auch wenn sich die Theorie selbst erst durch die Arbeiten *Alfred Rappaports*[204] in den 1980er Jahren zu einem festen betriebswirtschaftlichen Konzept entwickeln sollte.

---

siehe *Mülbert*, ZGR 1997, S. 129 (131 f.) sowie *von Werder*, ZGR 1998, S. 69 (70) m.w.N.

199 Ausführlicher zum möglichen Beitrag der Shareholder Value-Theorie zur Lösung des sog. „*Agency-Problems*", welches in Bezug auf die hier gegebene Konstellation zwischen Kapitalgeber und Unternehmensleitung aus den jeweils bestehenden unterschiedlichen Interessen und dem individuellen Streben nach Nutzenmaximierung entstehen kann, siehe *Zimmermann/Wortmann*, DB 2001, S. 289 (289 ff.).

200 *Fründ*, in: Busse von Colbe et al., Lexikon des Rechnungswesens, S. 708 (708 f.). Genauer gefasst bezeichnet der *Shareholder Value* den „finanziellen Wert des Eigenkapitals eines Unternehmens für die Eigentümer", vgl. *Busse von Colbe*, ZGR 1997, S. 271 (272), oder kurz „das Aktionärsvermögen", vgl. *von Werder*, ZGR 1998, S. 69 (69). Siehe dazu auch die Kennzeichnung bei *Zimmermann/Wortmann*, DB 2001, S. 289 (293).

201 *Busse von Colbe*, ZGR 1997, S. 271 (272).

202 *Friedman*, Capitalism and Freedom, S. 133 f. vergleicht dies mit steuerlichen Belastungen.

203 In Bezug auf den absoluten Vorrang der Interessen des Kapitalmarktes und der Aktionäre vor anderen Anspruchsgruppen siehe auch *Ulmer*, AcP 2002, S. 143 (155).

204 Grundlegend *Rappaport*, Creating Shareholder Value.

Ihre theoretischen Grundlagen findet die Shareholder Value-Theorie in einem liberalen Staats- und Gesellschaftsbild, in dem die Gesellschaft als Ganzes nicht mehr darstellt als die Summe aller Individuen.[205] Getragen wird dieses Gesellschaftsbild durch ein marktwirtschaftliches Wirtschaftssystem, die diesem zugrundeliegenden Freiheiten (Vertragsfreiheit, Vereinigungsfreiheit, freier Wettbewerb) und eine absolute Trennung öffentlicher und privater Aufgabenbereiche. Daraus resultiert vor allem der Grundsatz, dass ausschließlich der Markt über die Verteilung von Ressourcen und Renditen zu entscheiden hat.

Inhaltlich ist zwischen zwei Anwendungsebenen der Shareholder Value-Theorie zu unterscheiden[206]: In einer rein betriebswirtschaftlichen Perspektive kommt dem Shareholder Value einerseits eine „buchhalterische Dimension"[207] als Verfahren der dynamischen Investitionsrechnung zu.[208] Andererseits lässt sich dem Shareholder Value eine „unternehmenspolitische Dimension" entnehmen, nach der den (Kapital-) Eigentümern eine unbedingte Vorrangstellung vor anderen möglichen Anspruchsgruppen einzuräumen ist.[209] Lediglich in der letztgenannten „unternehmenspolitischen" Dimension, entfaltet die Shareholder Value-Theorie dabei Relevanz für die CSR.

bb. Argumentation

Befürworter des Shareholder Value-Ansatzes verweisen auf den großen Einfluss von Kapitalgebern auf die wirtschaftlichen Entwicklungsmöglichkeiten eines Unternehmens.[210] In Anbetracht dieses Einflusses sei es angemessen, Aktionären einen Anreiz für ihre Investitionen zu schaffen und sie für einen Teil des Risikos zu entschädigen, das sie mit dem Kauf der Anteile eingegangen sind.[211] Ein wesentlicher Unterschied zwischen Anteilseignern und anderen Interessensgruppen des Unternehmens ergebe sich aus der rechtlichen Qualität der jeweiligen Ansprüche: Während die Ansprüche der Mehrzahl der Stakeholder-Gruppen vertraglich fixitert seien (etwa der Anspruch der Arbeitnehmer auf Arbeitslohn aus dem Arbeitsvertrag), handele es sich bei den Aktionärsansprüchen lediglich um mit dem Risiko des wirtschaftlichen Erfolgs der Unternehmung belastete Residualansprüche.[212]

205 Dazu *Groh*, DB 2000, S. 2153 (2154).

206 Ähnlich auch die Differenzierung zwischen zwei verschiedenen „Interpretationen" des Ansatzes – wobei eine als „moderates" Shareholder Value-Konzept verstanden wird – bei *Semler/Spindler*, in: MüKo-AktG, Vor § 76, Rn. 90.

207 *von Werder*, ZGR 1998, S. 69 (71 ff.).

208 *Mülbert*, ZGR 1997, S. 129 (130 f.).

209 *von Werder* bezeichnet als Ziel dieser Dimension „die Austarierung der Gewichte verschiedener Interessen im Zielsystem der Unternehmung", vgl. *von Werder*, ZGR 1998, S. 69 (71 ff.); *Mülbert*, ZGR 1997, S. 129 (130).

210 *Schilling*, BB 1997, S. 373 (374), ferner *Busse von Colbe*, ZGR 1997, S. 271 (290).

211 *Zimmermann/Wortmann*, DB 2001, S. 289 (289 f.).

212 *Busse von Colbe*, ZGR 1997, S. 271 (289)

Darüber hinaus setze die Shareholder Value-Theorie Anreize für Innovationen, Kosten- und Preissenkungen und schaffe damit einen wirtschaftlichen Mehrwert, der zukünftige Investitionen durch die Generierung von Kapital ermögliche. Der Gedanke der Wertorientierung trage letztlich zu wirtschaftlicher Eigeninitiative bei und ermögliche Wettbewerb und Produktivität.[213] Damit hätten letztlich alle Interessensgruppen ein verbindendes Interesse an einem möglichst hohen Marktwert des Unternehmens, da nur so eine insgesamt hohe Wettbewerbsfähigkeit erreicht und etwaige Ansprüche zugunsten aller Beteiligten bedient werden könnten. Schließlich biete der Shareholder Value-Ansatz auch aus managementstrategischer Sicht eine sichere und für Außenstehende verlässliche Entscheidungsgrundlage, anhand derer die Unternehmenspolitik nachvollzogen werden könne. Insbesondere lasse sich der in die Zukunft gerichteten Shareholder Value-Theorie eine verlässlichere Grundlage für die Erfolgsbeurteilung des Unternehmens entnehmen, aufgrund derer eindeutige und operationale Zielvorgaben an das Management formuliert werden könnten.[214]

cc. Kritik

Kritiker werfen der Shareholder Value-Theorie insbesondere vor, eine kurzsichtige Unternehmenspolitik zu befördern.[215] Obwohl sich die langfristigen Folgen etwa von Kürzungen in den Bereichen Personal, Forschung und Entwicklung häufig nur schwer prognostizieren ließen, griffen am Shareholder Value orientierte Manager tendenziell eher und häufiger zu diesen Maßnahmen, von denen sie sich eine kurzfristig positive Auswirkung auf den Kurswert des Unternehmens erhofften.[216] Einmal getroffene Maßnahmen könnten sich jedoch im Falle des Wandels der wirtschaftlichen Rahmenbedingungen schnell unternehmensschädigende Folgewirkungen nach sich ziehen, etwa dann, wenn das Unternehmen durch entsprechende Einsparungen an Innovationskraft verliere oder in Folge eines Mangels an qualifizierten und motivierten Mitarbeitern außer Stande sei, höhere Nachfrage abzudecken.[217] Der Unternehmenswert allein sage daher nichts über

---

213 Deutlich etwa zu der „befreienden Entwicklung" des Shareholder Value-Ansatzes *Groh*, DB 2000, S. 2153 (2158): „Es ist zu erwarten, dass sich diese Abkehr vom korporativen Kollektivismus und vom Betreuungsstaat zugunsten individueller Initiative angesichts der durch die Fehlentwicklung der sozialen Marktwirtschaft verursachten Strukturkrise Deutschlands [...] fortsetzen wird."

214 *Fründ*, in: Busse von Colbe et al., Lexikon des Rechnungswesens, S. 708 (709); *Birke*, S. 95.

215 *Mülbert*, ZGR 1997, S. 129 (139); Pointiert („eindimensionaler Vulgär-Liberalismus") auch die Kritik bei *Vontobel*, in: NZZ int. Ausgabe v. 19.6.1996, S. 14.

216 „Aktionäre werden vielfach nicht bereit sein, die Taube der langfristigen Gewinnmaximierung dem Spatz in der Form kurzfristigen Gewinns vorzuziehen.", so die beispielhafte Darstellung bei *Forstmoser* in FS Simon, S. 207 (214). Siehe dazu ausführlicher *Keltsch*, S. 46 ff. m.w.N.

217 So auch *Melé*, in: Crane et al., Oxford Handbook, S. 47 (61).

dessen Wettbewerbsfähigkeit aus, weshalb er als isolierter Maßstab des Handelns der Unternehmensleitung ausscheide.

Zudem könne der langfristige Unternehmenserfolg nur dann gesichert werden, wenn neben den Interessen der Kapitalgeber auch jene der Belegschaft und der Kunden berücksichtigt würden und ein entsprechend positives Bild des Unternehmens in der Öffentlichkeit bestehe.[218] Insbesondere müsse dabei beachtet werden, dass etwaige zum Schutz anderer Anspruchsgruppen (als der Aktionäre) bestehende gesetzliche Schutzvorschriften unvollständig seien und daher nur einen begrenzten Bereich abdecken könnten.[219] Ohnehin beruhe die Shareholder Value-Theorie auf einem falschen Bild des Aktionärs: Einerseits spiegelten Aktienkursentwicklungen nur selten „[...] die rationalen Erwartungen der Markteilnehmer hinsichtlich der zukünftigen Unternehmenswerte“ wider.[220] Andererseits könne auch nicht von einer einheitlichen Interessenstruktur der Aktionäre ausgegangen werden. So könne etwa mit Blick auf das Investitionsinternesse zwischen Aktionären mit einem „reinen Dividendeninteresse“ und solchen mit einem „bloßen Kursinteresse“ unterschiden werden und hinsichtlich der Aktionärsstruktur zwischen Kleinaktionären, Großaktionären, Banken und Investmentgesellschaften.[221]

b. Stakeholder-Theorie

Einen Gegenentwurf zur an den Interessen der Kapitalgeber ausgerichteten Shareholder Value-Theorie stellt die Stakeholder-Theorie dar. Nach diesem Ansatz hat ein Unternehmen die Anliegen sämtlicher Anspruchsgruppen („Stakeholder“) zu berücksichtigen, die durch das Unternehmen berührt werden. Unterscheiden lässt sich in diesem Zusammenhang zwischen „primären“ Stakeholder-Gruppen, die eine unmittelbare Verbindung zum Unternehmen aufweisen (etwa die Aktionäre, die Belegschaft und die Kunden), und „sekundären“ Stakeholder-Gruppen, die lediglich mittelbar mit dem Unternehmen verknüpft sind (etwa Medien oder NGOs).[222]

218 Vgl. *Mülbert*, ZGR 1997, S. 129 (138 f.).

219 *Melé*, in: Crane et al., Oxford Handbook, S. 47 (61); *Birke*, S. 83.

220 So die Bewertung der „Prämisse des effizienten Kapitalmarktes“, bei *von Werder*, ZGR 1998, S. 69 (87).

221 *Raisch* in FS für Hefermehl, S. 347 (349). Ebenso mit einer Unterscheidung zwischen „reinen Kapitalanlegern“ und anderen Aktionären, die „in ihrer Aktionärseigenschaft sonstige wirtschaftliche, soziale oder ideelle Zwecke verfolgen wollen“ *Kort*, in: Hopt/Wiedemann, Großkommentar AktG, § 76, Rn. 53. Ähnlich auch *Mertens/Cahn*, in: Zöllner/Noack, KölnerKomm-AktG, § 76, Rn. 17.

222 So etwa die Unterscheidung bei *Waddock/Smith*, Business and Society Review 2000, S. 47 (49); siehe auch die Unterscheidung bei *Preble*, Business and Society Review 2005, S. 407 (410): „*Secondary* stakeholders are those who influence or affect, or are influenced or affected by, the corporation, but are not engaged in direct transactions with it and are not essential for its survival, e.g. the media and special interest groups.“ Zur Begrenzung der Stakeholder Theorie wird auch vorgeschlagen, den Kreis der Stakeholder auf diejenigen Anspruchsgruppen zu

Grundannahme des Stakeholder-Ansatzes ist, dass ein Unternehmen nicht isoliert von seiner Umwelt agieren kann, sondern vielmehr als ein „offenes System“ die Beziehungen zu seinen Anspruchsgruppen aktiv zu pflegen und die jeweiligen Interessen in einen angemessenen Ausgleich zu bringen hat.[223] Zwingende Voraussetzung der Stakeholder Theorie ist daher, dass ein Unternehmen seine jeweiligen Stakeholder identifiziert und deren Interessen im Rahmen seiner Geschäftspolitik berücksichtigt.

aa. Grundlagen

Das Stakeholder-Konzept nach heutigem Verständnis wurde maßgeblich durch die Arbeiten *Freemans* ab den 1980er Jahren geprägt. Grundanliegen des Stakeholder-Ansatzes ist es, die Unternehmensleitung in der Lage zu versetzen, möglichst viele (wenn nicht alle) der an das Unternehmen gerichteteten Interessen der Anspruchsgruppen miteinander in Einklang zu bringen.[224] *Freeman* selbst erkennt eine grundlegende Unternehmenskompetenz in der Fähigkeit, die Auswirkungen des eigenen Handelns auf potentiell Betroffene zu erkennen. Dies setzt nach seinem Ansatz jeweils ein Verständnis für das Verhalten, die Werte und die Hintergründe der Stakeholder voraus.[225] Gewonnen werden kann dieses Verständnis im Wege der Durchführung einer „Stakeholderanalyse“, die sich typischerweise in ein „Vier-Phasen-Schema“ aufteilen lässt.[226] In Situationen, in denen das Erfüllen sämtlicher Stakeholder-Interessen unmöglich ist, fordert die Stakeholder Theorie von den Unternehmen, Vertrauen im Wege größtmöglicher Transparenz zu schaffen.[227]

---

beschränken, bei denen die „[...] Legitimität ihrer Anliegen zumindest ansatzweise erkennbar“ ist, siehe *Göbel*, S. 127 f. m.w.N.

223 *Curbach*, S. 169.

224 *Garriga/Melé*, Journal of Business Ethics 2004, S. 51 (59): „[...] two basic principles which underpin stakeholder management. The first is that the central goal is to achieve maximum overall cooperation between the entire system of stakeholder groups and the objectives of the cooperation. The second states that the most efficient strategies for managing stakeholder relations involve efforts, which simultaneously deal with issues affecting multiple stakeholders.“

225 *Freeman*, zfwu 2004, S. 228 (231).

226 Dabei sollten die Unternehmen nacheinander die in Betracht kommenden Stakholdergruppen identifizieren (*scanning*), deren Interessen analysieren (*monitoring*), weitere Entwicklungen prognostizieren (*forecasting*) und diese hinsichtlich ihrer Relevanz bewerten (*assessment*), siehe *Göbel*, S. 129, die die beiden Phasen der Analyse und Prognose jedoch aus praktischen Gründen zu einer einheitlichen Phase verbindet. Dazu auch auch *Freeman*, Strategic Management, S. 53; *Melé*, in: Crane et al., Oxford Handbook, S. 47 (65).

227 *Kaptein/van Tulder*, Business and Society Review 2003, S. 203 (208).

bb. Argumentation

Anhänger des Stakeholder-Konzeptes argumentieren mit dessen „ethischer Überlegenheit“ über den Shareholder Value-Ansatz. Insbesondere vermeide der Stakeholder-Ansatz eine monistische Zielkonzeption unternehmerischen Handelns und damit die Gefahr einer einseitigen Bevorzugung einer Anspruchsgruppen auf Kosten der anderen.[228] Das hinter der Stakeholder Theorie stehende gesellschaftliche Verständnis enstpreche den sozialen, kulturellen, politischen und wirtschaftlichen Rahmenbedingungen unternehmerischen Handelns besser als jenes des Shareholder Value-Ansatzes. So erwarte die Öffentlichkeit von Unternehmen heute auch verstärkt einen Beitrag zur Lösung sozialer und ökologischer Probleme.[229] Dies berücksichtige das Stakeholder-Konzept, indem es die Integration der verschiedenen Stakeholder-Interessen in die Unternehmenspraxis ermögliche. Unternehmen, die in einen vertieften Dialog ihren Stakeholdern einträten und ihre Transparenz optimierten, erhöhten damit nicht nur ihre eigene Sensibilität für die Unternehmensumwelt, sondern förderten zugleich das Verständnis der Umwelt für die Handlungsweisen des Unternehmens.[230] Zudem lasse der Shareholder Value-Ansatz mit der Begründung, lediglich die Aktionäre seien Residualberechtigte des Unternehmens, außer Acht, dass auch andere Stakeholder zum Teil beträchtliche firmenspezifische Investitionen tätigten, die – ebenso wie die Kapitaleinlagen der Eigentümer – der Gefahr des Untergangs ausgesetzt seien.[231] Dies gelte mit Blick die Belegschaft in besonderem Maße für Humankapitalinvestitionen, die firmenspezifisch getätigt würden.[232] Derartige Investitionen seien in ihren praktischen Wirkungen und ihrer Risikobehaftung mit denjenigen der Eigentümer vergleichbar, weshalb eine Ungleichbehandlung ungerechtfertigt sei und die Unternehmensleitung die jeweiligen Interessen gleichberechtigt zu berücksichtigen habe.

Schließlich sei dem Stakeholder-Ansatz auch aus betriebswirtschaftlicher Sicht Vorrang zu gewähren. So wirke sich das Konzept positiv auf die finanziellen Leistungsindikatoren des Unternehmens aus, steigere die Wahrscheinlichkeit der (wirtschaftlichen) Zielerreichung und erhöhe Wettbewerbsfähigkeit und Marktchancen.[233] Unternehmen, denen es gelänge, die Interessen ihrer Anspruchsgruppen sinnvoll in ihre Geschäftspolitik zu integrieren, könnten von einem direkten

---

228 So *Melé*, in: Crane et al., Oxford Handbook, S. 47 (66).

229 *Hansen/Bode/Moosmayer*, zfwu 2004, S. 242 (242).

230 Langfristig gesehen könne sich so das Verhältnis zwischen einem Unternehmen und seinen Anspruchsgruppen von einer durch Konfrontation und Wettbewerb geprägten Beziehung hin zu einer durch Offenheit und Kooperation bestimmten Verknüpfung entwickeln, siehe *Kaptein/van Tulder*, Business and Society Review 2003, S. 203 (208 f.).

231 *Speckbacher*, DBW 1997, S. 630 (634).

232 Ausführlich zum Bereich der Humankapitalinvestitionen *Kübler* in FS für Zöllner, S. 321 (327); *Forstmoser* in FS Simon, S. 207 (210).

233 Ausführlich mit Verweis auf empirische Untersuchen *Preble*, Business and Society Review 2005, S. 407 (411 ff.), der unter anderem den Verlust ganzer Märkte,

Wettbewerbsvorteil profitieren.[234] Das Stakeholder-Konzept sei daher nicht nur eine „ethische Theorie", sondern vielmehr eine praxisbezogene Managementtheorie, die sich am Erfolg des Unternehmens ausrichte.[235]

cc. Kritik

Kritiker des Stakeholder-Ansatzes bemängeln vor allem einen vermeintlich fehlenden Beitrag des Konzeptes zur Funktion eines Unternehmens, die durch das Konzept beförderte Gefahr der Prinzipienlosigkeit sowie die Relativierung wirtschaftlicher Verantwortlichkeit.[236] So führe schon die „Unschärfe und Beliebigkeit" des Stakeholder-Begriffs zu einer faktischen Entwertung des Verantwortungsbegriffs.[237]. Dabei drohe die Unternehmensverantwortung in einem komplexen Anspruchssystem letztlich neutralisiert zu werden, zumal die Interessen der verschiedenen Stakeholder-Gruppen zu heterogen seien, um daraus ein klares Gebot des Handelns und eine Zielvorgabe für die Unternehmensleitung ableiten zu können.[238] Sofern das Stakeholder-Konzept von der Unternehmensleitung die Verfolgung von Interessen der Allgemeinheit verlange, sei es ohnehin zurückzuweisen. Eine entsprechende Legitimation bestehe allein auf Seiten des Staates.[239]

Abzulehnen sei auch die durch das Stakeholder-Konzept vorgesehene prinzipielle Gleichstellung aller Anspruchsgruppen, die einer angemessenen Verteilung zwischen dem eingegangenen (wirtschaftlichem) Risiko und dem Einfluss auf das Handeln des Unternehmens widerspreche.[240] Diese Gleichstellung führe insbesondere zu einer Benachteiligung der Gruppe der Eigentümer und gefährde damit potentielle Investitionen. Während Anteilseignern eine Sicherung durch „Verträge mit festen gegenseitigen Ansprüchen"[241] verwehrt sei, wären andere Stakeholder-Gruppen

---

sinkende Aktienkurse und Rechtsstreitigkeiten als negative Folgen einer mangelnden Stakeholder-Orientierung der Unternehmensleitung anführt.

234 *Mellahi/Wood*, Business and Society Review 2003, S. 183 (185).

235 *Melé*, in: Crane et al., Oxford Handbook, S. 47 (66).

236 Siehe die Zusammenstellung der relevanten Kritikpunkte am Stakeholder Value-Ansatz bei *Melé*, in: Crane et al., Oxford Handbook, S. 47 (66).

237 Angesprochen ist damit das sog. "*too many masters*"-Argument, siehe dazu etwa *Ballwieser* in FS für Moxter, S. 1378 (1390); *Sternberg*, S. 51 f.; *Empt*, S. 170 und *Fleischer*, AG 2001, S. 171 (177): „Ein Diener zweier Herren ist am Ende beider ledig und niemandem mehr verantwortlich."

238 Darüber noch hinausgehend *Birke*, S. 90: „Die Verpflichtung auf eine diffuse Zielvorgabe erlaubt dem Management letztlich die Verfolgung eigener Interessen, die sich damit rechtfertigen lässt, dass die Interessen irgendeiner Gruppe von *stakeholders* vorgeschoben wird." [Hervorhebung im Original].

239 Ausführlich *Empt*, S. 189 ff.; *Birke*, S. 94; *Förster*, RIW 2008, S. 833 (839).

240 Dabei werde das wirtschaftliche Risiko alleine durch die Kapitalgeber getragen, *Melé*, in: Crane et al., Oxford Handbook, S. 47 (66) m.w.N. Dazu auch *Fischel*, U. Chi. L. Rev. 1984, S. 1061 (1075 f.).

241 *Busse von Colbe*, ZGR 1997, S. 271 (289).

durch eine Vielzahl gesetzlicher Schutzinstrumente und die Einflussnahme zahlreicher Interessenorganisationen wie Gewerkschaften oder NGOs vor einer Marginalisierung geschützt.[242] Unter betriebswirtschaftlichen Gesichtspunkten setze der Stakeholder-Ansatz folgerichtig nicht genügend Anreize für ein gewinnorientiertes Geschäftsmodell. Unternehmenserlöse würden vielmehr verteilt, noch bevor diese überhaupt erwirtschaftet seien. Dies aber könne auf lange Sicht das wirtschaftliche Gleichgewicht des Unternehmens gefährden.

Über allem stehe jedoch der Mangel der fehlenden „Operationalisierbarkeit" des Stakeholder-Ansatzes. So benenne das Konzept lediglich die in Betracht kommenden und zu berücksichtigenden Anspruchsgruppen, ohne der Unternehmensleitung entsprechend den Vorgaben der Shareholder Value-Theorie eine konkrete Handlungsanweisung an die Hand zu geben.[243] Da die Ziele der Stakeholder-Theorie nicht hinreichend definiert seien, müsse davon ausgegangen werden, dass sich der Ansatz gar nicht operationalisieren lasse.[244]

c. Stellungnahme

Während die Shareholder Value-Theorie seit den frühen 1990er Jahre in der betriebswirtschaftlichen Literatur als weitgehend akzeptiert galt, verzichtet die Unternehmenspraxis heute überwiegend auf die Verwendung des Terminus „Shareholder Value" zur Kennzeichnung eines Managementansatzes.[245] Insofern hat sich der Begriff (in zum Teil unberechtigter Weise) zu einem „Reizwort"[246] für eine Unternehmenspraxis entwickelt, die das unbedingte Streben nach Gewinn über die Interessen und Rechte von Belegschaft, Gesellschaft und Umwelt stellt. Beigetragen zu diesem Bild haben öffentlichkeitswirksame Enthüllungen über die Produktionsbedingungen in Schwellen- und Entwicklungsländern.

Bedenken bestehen jedoch auch an der inhaltlichen Argumentation einer eindimensionalen Unternehmenspolitik, die sich an der „[...] individuellen Wohlfahrt des Aktionärs orientiert"[247]. Fraglich ist insofern insbesondere, ob der Shareholder Value-Ansatz, durch Anwendung „vertrauter, exakter Rechenmethoden"[248] tatsächlich eine präzise Handlungsanweisung an die Unternehmensleitung vermitteln kann. Ungewiss ist dabei etwa schon der zeitliche Rahmen, der zur Bestimmung des

242 *Birke,* S. 92, der neben dem Arbeitnehmer schützenden Arbeitsrecht auch explizit auf das Insolvenz-, Produkthaftungs-, Umwelt- und Steuerrecht Bezug nimmt.

243 *Ballwieser* in FS für Moxter, S. 1378 (1390).

244 So die Argumenation bei *Birke,* S. 95 f.

245 *Schreyögg,* AG 2009, S. 758 (758) spricht diesbezüglich von einer Meinungsänderung „über Nacht". *Forstmoser* in FS Simon, S. 207 (212) datiert den „erstaunlichen Wertewandel" bezogen auf die Schweiz auf die Jahrtausendwende.

246 *Kort,* AG 2012, S. 605 (606).

247 So die zugespitzte Kennzeichnung bei *Hefermehl/Spindler,* in: MüKo-AktG, § 76, Rn. 64.

248 *Hefermehl/Spindler,* in: MüKo-AktG, § 76, Rn. 63.

Shareholder Value herangezogen wird.[249] Hinzu kommt, dass es die Unsicherheiten des Marktes in der Regel unmöglich machen, aus einer ex-ante Perspektive den Beitrag einer Entscheidung der Unternehmensleitung im Hinblick auf die Steigerung des Unternehmenswertes eindeutig beurteilen zu können. Die Shareholder Value-Theorie setzte dabei die Gegebenheiten einer optimalen Marktsituation voraus, die in der Realität nur sehr selten gegeben sein wird sein wird.[250] Fast unmöglich ist es zudem, „weiche Faktoren" der Unternehmensführung im Modell des Shareholder Value abzubilden und entsprechend zu quantifizieren.[251] Dass sich aber Elemente wie das Unternehmensimage (Reputation) und dazugehörige Emotionen ebenso wie der Zugang zu Wissen nachhaltig auf den Unternehmenserfolg auswirken, wird heute nicht mehr bestritten.

Zuzustimmen ist der Shareholder Value-Theorie jedoch darin, dass operationale Handlungsanweisungen an die Unternehmensleitung eine hinreichende Zieldefinition voraussetzen und dass die in Betracht kommenden Ziele im Falle ihrer Diversität in ein klares Verhältnis zueinander gebracht werden müssen.[252] Diese Möglichkeit ist jedoch auch in der Stakeholder Theorie vorgesehen. So enthält die Stakeholderanalyse eine klare Handlungsdirektive dergestalt, dass sämtliche am Unternehmen bestehenden Interessen anhand ihres Beitrags zum Unternehmenserfolg zu gewichten sind. Auch nach dem Stakeholder-Modell kann es somit erforderlich sein, den Aktionärsinteressen eine unbedingte Priorität einzuräumen, dann nämlich, wenn der Einschätzungsspielraum der Unternehmensleitung soweit reduziert ist, dass bei gegenteiligem Verhalten eine Gefährdung des Unternehmenserfolges zu befürchten ist.[253] Im Übrigen ist zu bedenken, dass die (tatsächliche oder vermeintliche) Klarheit der Handlungsanweisung eines Konzepts nichts „[...] über dessen Tauglichkeit als Handlungsmaxime in Hinblick auf Rechts- und Gerechtigkeitskriterien aussagt."[254]

Bedacht werden muss jedoch vor allem, dass die Auseinandersetzung zwischen Shareholder Value- und Stakeholder-Theorie in dem Moment an Schärfe verliert, in dem beide Ansätze zurückhaltend interpretiert werden. Als eine derartige Kompromissformel bietet sich etwa an, das Handeln der Unternehmensleitung auf eine „nachhaltige Steigerung des Unternehmenswertes" auszurichten. So wird es etwa auch den Anhängern der Stakeholder-Theorie klar sein, dass die Gewinnerzielung die Grundlage wirtschaftlichen Betätigung darstellt, während auf Seiten der Befürworter des Shareholder Value-Ansatzes zumeist auch ein Bewusstsein dafür besteht,

---

249 Zum Problem der zeitlichen Unbestimmtheit siehe auch *Kort*, AG 2012, S. 605 (606) sowie ausführlich *Mertens/Cahn*, in: Zöllner/Noack, KölnerKomm-AktG, § 76, Rn. 17.

250 Siehe unter Verweis auf eine „[...] Überschätzung der Prognosemöglichkeiten des Vorstands" *Mertens/Cahn*, in: Zöllner/Noack, KölnerKomm-AktG, § 76, Rn. 17.

251 Eingehend dazu *Hefermehl/Spindler*, in: MüKo-AktG, § 76, Rn. 65.

252 *Birke*, S. 95.

253 Als Unternehmenserfolg ist dabei der Erhalt des Unternehmens als „Untergrenze des Rentabilitätsziels" zu verstehen, siehe *Raisch* in FS für Hefermehl, S. 347 (349).

254 So mit Blick auf die Shareholder Value-.Theorie *Kort*, AG 2012, S. 605 (606).

dass das Ziel der Schaffung von Mehrwert für die Eigentümer in der Regel nicht erreicht werden kann, wenn etwa die Interessen von Mitarbeitern oder Kunden missachtet werden und das Bild des Unternehmens in der öffentlichen Meinung negativ belastet ist.[255]

2. Der wirtschaftliche Nutzen unternehmerischer Verantwortung

Neben der grundsätzlichen Diskussion über die Zielrichtung unternehmerischen Handelns ist die betriebswirtschaftliche Auseinandersetzung mit der Thematik der Unternehmensverantwortung durch die Untersuchung möglicher Erfolgswirkungen gekennzeichnet. Gegenstand dieses Diskurses um den „*Business Case*" der CSR bildet die Frage, ob, und wenn ja, warum sich verantwortliches unternehmerisches Handeln als „lohnende Investition" darstellen lässt, die zum wirtschaftlichen Erfolg des Unternehmens beiträgt.[256] Empirische Untersuchungen, die einen positiven Zusammenhang zwischen unternehmerischer Verantwortung und unternehmerischem Erfolg herstellen, sind dabei verhältnismäßig neu. Auch in der wirtschaftswissenschaftlichen Diskussion wurde CSR zuvor lange Zeit „als Teil einer Vision einer besseren Gesellschaft" und „als eine Art Korrekturmaßnahme für soziale Missstände der Wirtschaft" wahrgenommen.[257]

Ausgangspunkt des Ansatzes, CSR als „*Business Case*" zu begreifen, stellt dabei die Gewissheit dar, dass dem Gewinnprinzip in der Unternehmenspraxis in aller Regel Vorrang vor ethischen oder moralischen Überlegungen gegeben wird.[258] Gleichwohl verkennt auch dieser Ansatz nicht, dass unternehmerische Verantwortung (über die wirtschaftliche und finanzielle Honorierung durch den Markt hinaus) auch zu einem gesellschaftlichen Mehrwert beitragen kann. Im Kern geht es der „*Business Case*"-Argumentation damit um die Formulierung einer „*Win-Win*"-Situation: Unter Verweis auf mögliche Erfolgswirkungen und Marktchancen der CSR sollen Unternehmen quasi unbewusst einen Beitrag zur Erreichung weitergehender

---

255 Ausführlich dazu *Forstmoser* in FS Simon, S. 207 (219 ff.).

256 *Hansen/Schrader*, DBW 2005, S. 373 (383 f.), die als weitere herrschende Themenbereiche der wissenschaftlichen CSR-Diskussion die Komplexe „Begriffsabgrenzung" sowie „Deskription, Entwicklung und Implementierung von Maßnahmen" benennen. Ferner *Etter/Fieseler*, in: Raupp et al., Handbuch CSR, S. 269 (269): „Der aktuelle wirtschaftswissenschaftliche Diskurs tendiert dazu, das Thema weniger unter moralischen als unter ökonomischen Gesichtspunkten zu beurteilen."

257 *Etter/Fieseler*, in: Raupp et al., Handbuch CSR, S. 269 (269) m.w.N.

258 *Etter/Fieseler*, in: Raupp et al., Handbuch CSR, S. 269 (277). In diesem Sinne auch *Curbach*, S. 155: „Ein Unternehmen engagiert sich im Nachhaltigkeitsbereich vorrangig *aus ökonomischen Erwägungen heraus* und nicht aufgrund seiner Gemeinwohlorientierung oder eines moralischen Verantwortungsgefühls" sowie *Carroll/Shabana*, IJMR 2010, S. 85 (92): „The focus of CSR theories has shifted from an ethics to a performance orientation."

gesellschaftlicher Ziele leisten.[259] Wann und unter welchen Voraussetzungen dabei von einem wirtschaftlichen Mehrwert für das Unternehmen auszugehen ist, lässt sich unterschiedlich beurteilen und ist eine Frage der Auslegung. Während sich etwa nach einer einschränkenden Position nur solche CSR-Aktivitäten wirtschaftlich legitimieren lassen, die sich direkt positiv auf die finanziellen Kennzahlen eines Unternehmens auswirken, erkennt ein weitergehender Ansatz der *„Business Case"*-Argumentation auch dann einen wirtschaftlichen Mehrwert, wenn lediglich ein indirekter Bezug zu den Unternehmenskennzahlen besteht.[260]

Die dergestalt in der Literatur identifizierten möglichen Erfolgswirkungen unternehmerischer Verantwortung werden im Folgenden überblicksartig dargestellt. Eingegangen wird dabei auch auf die an der Argumentation des *„Business Case"* bestehenden Kritikpunkte.

a. Erfolgswirkungen unternehmerischer Verantwortung

Eine Systematisierung möglicher, mit der CSR verbundener Vorteile, lässt sich durch eine Unterscheidung zwischen „vorökonomischen" und „ökonomischen" Erfolgswirkungen erreichen.[261] Darauf aufbauend werden im Folgenden die wichtigsten (in der Literatur diskutierten) Nutzenaspekte unternehmerischer Verantwortung dargestellt.

aa. Vorökonomische Erfolgswirkungen

Vorökonomische Erfolgswirkungen beschreiben solche Nutzentypen, die trotz einer nicht gegebenen direkten finanziellen Messbarkeit Einfluss auf die Wettbewerbsfähigkeit und den finanziellen Erfolg des Unternehmens ausüben.[262] Wesentliche vorökonomische Erfolgswirkungen ergeben sich aus der Erzeugung einer positiven Reputation nach „außen", aus der Stärkung der Unternehmenskultur nach „innen", aus der Reduzierung unternehmensrelevanter Bestandsrisiken sowie aus der Schaffung und Erhaltung einer gesellschaftlichen *„licence to operate"*. Schon diese Aufzählung legt einen engen Bezug zwischen vorökonomischen und ökonomischen Erfolgswirkungen nahe.[263]

---

259 *Curbach*, S. 166.

260 *Carroll/Shabana*, IJMR 2010, S. 85 (101).

261 *Hansen/Schrader*, DBW 2005, S. 373 (383 ff.). Ähnlich der Ansatz bei *Weber*, EMJ 2008, S. 247 (250), die zwischen *„monetary benefits"* und *„non-monetary benefits"* unterscheidet. Gebräuchlich ist auch die Systematisierung von *Kurucz/Colbert/Wheeler*, die die potentiellen Vorteile in die Kategorien *„Cost and Risk Reduction"*, *„Competitive Advantage"*, *„Reputation and Legitimacy"* und *„Synergistic Value Creation"* unterteilen und diesbezüglich von den *„four general types of CSR business cases"* sprechen, siehe *Kurucz/Colbert/Wheeler*, in: Crane et al., Oxford Handbook, S. 83 (85 ff.).

262 *Weber*, EMJ 2008, S. 247 (250).

263 *Hansen/Schrader*, DBW 2005, S. 373 (384).

(1) Reputation

Auch wenn sich die Bedeutung der Unternehmensreputation[264] im Einzelfall nach der Branche, Größe und Kundennähe des jeweiligen Unternehmens richtet, besteht ein enger Zusammenhang von ideellem Firmen- bzw. Markenwert und wirtschaftlichem Erfolg des Unternehmens.[265] Direkte Folgewirkungen übt die Reputation eines Unternehmens etwa auf die Kaufentscheidung der Kunden, auf die Chancen zur Rekrutierung von Fach- und Führungskräften oder auf die Wahrscheinlichkeit der Gewinnung neuen Kapitals aus.[266] Gerade „soziale" und „ökologische" Belange gelten dabei heute als „imagebildend".[267] CSR-Maßnahmen werden als reputationssteigernd angesehen. Eine zunehmende Zahl von Unternehmen begleitet daher Maßnahmen der unternehmerischen Verantwortung durch ein entsprechendes Marketing, um sich selbst oder ein einzelnes Produkt als „verantwortungsvolle Marke" zu etablieren.[268] Hier dient unternehmerische Verantwortung gleichzeitig als Marketinginstrument, um relevante Stakeholder-Gruppen auf die Nachhaltigkeit des eigenen Geschäftsmodells aufmerksam zu machen. Die unter dem Stichwort der „Konsumentensouveränität" einzuordnende Tendenz, die Kaufentscheidung vermehrt auf ethischen, sozialen und ökologischen Belange aufzubauen, ermöglicht es den Unternehmen zudem, sich durch den gezielten Einsatz unternehmerischer Verantwortung und daran anknüpfender Marketingmaßnahmen entsprechend den Erwartungen der Kunden zu positionieren.[269] Gleichzeitig kann eine durch CSR

---

264 Siehe die Definition der Unternehmensreputation bei *Etter/Fieseler*, in: Raupp et al., Handbuch CSR, S. 269 (272), wonach der Begriff „die Summe der Wahrnehmungen aller relevanten Stakeholder hinsichtlich der Leistungen, Produkte, Services und Personen eines Unternehmens und der sich daraus ergebenden Achtung vor eben diesem Unternehmen" umfasst.

265 *Roselle*, in: Mullerat, Corporate Social Responsibility, S. 113 (122) beziffert den Beitrag immaterieller Werte am Gesamtmarktwert des Unternehmens gar auf bis zu 85 Prozent.

266 Siehe *Mülbert*, AG 2009, S. 766 (768) der darauf hinweist, dass die Akzeptanz bei den Entscheidungsträgern in Politik und Verwaltung vor allem deshalb von Bedeutung ist, da „diese über die gesetzlichen Rahmenbedingungen der unternehmerischen Tätigkeit, die Genehmigung von Vorhaben, Förderungsmaßnahmen (z.B. Ökostrom), steuerliche Subventionen oder Krisenbeihilfen etwa in Form von Bürgschaften entscheiden." Ausführlicher zu den positiven Auswirkungen einer guten Unternehmensreputation auf die einzelnen Stakeholder-Gruppen auch die Ausführungen bei *Etter/Fieseler*, in: Raupp et al., Handbuch CSR, S. 269 (272 f.).

267 *Etter/Fieseler*, in: Raupp et al., Handbuch CSR, S. 269 (272); *Shestack*, in: Mullerat, Corporate Social Responsibility, S. 97 (106).

268 So in Bezug auf das „strategische Reputationsmanagement" *Schneuwly*, S. 149.

269 Siehe unter Bezugnahme auf Studien zum „*ethical purchasing*" und „*green consumerism*" *Kurucz/Colbert/Wheeler*, in: Crane et al., Oxford Handbook, S. 83 (90).

vermittelte Reputationssteigerung die Kundenloyalität stärken und ist damit potentiell auch geeignet, konjunkturelle Schwankungen auszugleichen.[270]

(2) Unternehmenskultur

Weitere vorökonomische Erfolgswirkungen unternehmerischer Verantwortung können sich spiegelbildlich zu der nach „außen" gerichteten Reputation des Unternehmens auch nach „innen" im Hinblick auf eine Festigung der Unternehmenskultur ergeben. Gerade im Kontext des unternehmerischen Handelns multinationaler Unternehmen kann die Implementierung von CSR-Maßnahmen dabei einen Beitrag zur „[...] transnationalen Herausbildung und Homogenisierung von Unternehmenskultur und -politik"[271] leisten. Konzernweit einheitliche Standards entfalten dabei den zusätzlichen Vorteil, dass sie sich mit weniger Aufwand umsetzen und kontrollieren lassen.

Bestandteil der Unternehmenskultur bildet der Grad der Mitarbeiterzufriedenheit, der sich wesentlich auf die Produktivität des Unternehmens auswirken kann. Betriebsinterne Maßnahmen, die über die Einhaltung von Mindeststandards hinausgehen und im Bereich der CSR anzusiedeln sind, können nach überwiegender Auffassung maßgeblich zu einer Steigerung der Mitarbeitermotivation beitragen.[272] Mittelbar können so Mehrbelastungen für das Unternehmen durch Arbeitsniederlegungen und juristische Auseinandersetzungen umgangen werden.[273] Eine immer wichtiger werdende Komponente bildet zudem die Möglichkeit der langfristigen Bindung hochqualifizierter Mitarbeiter an das Unternehmen, deren Grundlagen durch CSR-Maßnahmen geschaffen werden können. Dabei kann eine „klare Wertekultur" im Unternehmen auch das gegenseitige Verständnis zwischen Unternehmensleitung und Mitarbeitern stärken, etwa im Hinblick auf die höher werdenden Anforderungen an Arbeitszeit und Flexibilität.[274]

(3) Abbau von Bestandsrisiken

Eine weitere vorökonomische Erfolgswirkung der CSR lässt sich in ihrem Beitrag zur Minimierung von unternehmensrelevanten Bestandsrisiken erkennen. Insbesondere ermöglicht es die CSR neben finanziellen Kennzahlen auch nichtfinanzielle Informationen in die betriebliche Risikoanalyse mit einzubeziehen und entsprechend zu gewichten. Dabei soll die Kosten- und Risikobewertung des Unternehmens insgesamt effektiviert und langfristiger gestaltet werden, was wiederum zu einer deutlichen Reduzierung nichtfinanzieller Risikoquellen (etwa derjenigen der

---

270 *Schreck*, in: Schneider/Schmidpeter, Corporate Social Responsibility, S. 67 (74). Dazu auch *Mülbert*, AG 2009, S. 766 (768).

271 *Curbach*, S. 162.

272 *Weber*, EMJ 2008, S. 247 (249) sowie *Mülbert*, AG 2009, S. 766 (768).

273 *Roselle*, in: Mullerat, Corporate Social Responsibility, S. 113 (123 f).

274 *Wieland*, in: Heidbrink/Hirsch, Verantwortung als marktwirtschaftliches Prinzip, S. 97 (103).

„Stakeholder-Unzufriedenheit“[275]) beitragen soll.[276] Voraussetzung einer derartigen Verringerung von Bestandsrisiken ist dabei die Ergänzung von formalisierten Management- und Kontrollsystemen durch Grundwertekataloge und Verhaltensstandards als Formen der informalen Steuerung. Darüber hinaus kann eine Verringerung von Bestandsrisiken auch darin gesehen werden, dass eine nachhaltige Unternehmenspolitik im Sinne des CSR-Ansatzes einen *„Good-Will-Puffer“* für Krisenzeiten begründen kann.[277] Einerseits können Unternehmen dabei einen Vertrauensverlust in der Öffentlichkeit teilweise mit zuvor aufgebauter gesellschaftlicher Akzeptanz kompensieren. Andererseits sind Unternehmen, die in der Öffentlichkeit als „verantwortlich“ wahrgenommen werden, dazu in der Lage, verloren gegangenes Vertrauen schneller zurückzugewinnen.[278]

(4) „license to operate“

Eine letzte wesentliche vorökonomische Erfolgswirkung unternehmerischer Verantwortung kann in der Entwicklung der gesellschaftlichen Akzeptanzgrundlage für das unternehmerische Handeln (*„license to operate“*) gesehen werden. Eine so verstandene Akzeptanz stellt eine Grundvoraussetzung für die wirtschaftliche Betätigung eines jeden Unternehmens dar.[279] Ausdruck findet die *„license to operate“* einerseits im Wohlwollen, das dem Unternehmen seitens seiner Stakeholder entgegengebracht wird, und andererseits im Vertrauen der Gesellschaft darauf, dass das Unternehmen sein Handeln mit den Interessen der Gesellschaft langfristig in Einklang bringt. CSR-Maßnahmen können dabei zur Stärkung der gesellschaftlichen Akzeptanz unternehmerischen Handelns beitragen und den Stakeholdern vermitteln, dass sich das jeweilige Unternehmen der gesamtgesellschaftlichen Wohlfahrt verpflichtet fühlt.[280] Andersherum riskieren Unternehmen, die auf ein entsprechendes Engagement verzichten, die Kooperationsbereitschaft einzelner oder mehrerer Stakeholder-Gruppen zu verlieren. Von besonderer Relevanz ist die gesellschaftliche Kooperationsbereitschaft dabei für Unternehmen, die in einem direkten Kontakt zum Endverbraucher stehen.

Umfasst ist von der gesellschaftlichen *„license to operate“* darüber hinaus auch das Wohlwollen und die Unterstützung unternehmerischen Handelns durch öffentliche

275 So die Formulierung bei *Schneuwly*, S. 149 verbunden mit dem Hinweis, dass „das Unternehmen in seiner Business Case-Bewertung die Optimierung durch langfristiges Kosten- und Risikosenkung erkennen [soll].“

276 Siehe dazu auch den Verweis bei *Mülbert*, AG 2009, S. 766 (768).

277 *Hansen/Schrader*, DBW 2005, S. 373 (384).

278 Im Umkehrschluss kann allerdings auch die „Fallhöhe“ infolge eines durch einen öffentlichkeitswirksamen Skandal ausgelösten gesellschaftlichen Vertrauensverlusts besonders hoch sein.

279 *Weber*, EMJ 2008, S. 247 (250) m.w.N.

280 *Etter/Fieseler*, in: Raupp et al., Handbuch CSR, S. 269 (272).

Stellen.[281] Von Relevanz kann dieses staatliche Wohlwollen einerseits für die aktive Förderung der wirtschaftlichen Tätigkeit des Unternehmens sein. So haben staatliche Stellen über eine Vielzahl von begünstigenden (Gewährung von Genehmigungen, Konzessionen, Befreiungen, Subventionen, Beihilfen) und belastenden (Erlass von Strafen und Bußgeldern sowie Festsetzung von Abgaben, Gebühren und Beiträgen) Entscheidungen zu befinden, die zum Teil eine direkte Auswirkung auf das unternehmerische Fortkommen haben können.[282] Andererseits haben Unternehmen aber auch ein Interesse daran, eine allzu weitgehende staatliche Regulierung ihrer Tätigkeit, insbesondere im Hinblick auf Vorgaben im Sozial- und Umweltrecht, zu vermeiden.[283] In diesem Zusammenhang kann ein proaktives Unternehmensengagement staatlichen Stellen private Handlungsbereitschaft signalisieren.

bb. Ökonomische Erfolgswirkungen

Im Gegensatz zu vorökonomischen Erfolgswirkungen umfassen die ökonomischen Erfolgswirkungen der CSR solche Nutzen, die einen direkten positiven und messbaren Einfluss auf die wirtschaftliche Leistung des Unternehmens nach sich ziehen.[284] Dazu zählen vor allem die Steigerung der Wettbewerbsfähigkeit, die Verbesserung der ökonomischen Effizienz, Kostenreduzierungen und eine Erhöhung der Anlegerattraktivität.

(1) Wettbewerbsfähigkeit

Wesentlicher Anknüpfungspunkt der „*Business Case*"-Argumentation stellt eine durch CSR-Aktivitäten zu erzielende Steigerung der Wettbewerbsfähigkeit dar. Wettbewerbsvorteile für verantwortlich handelnde Unternehmen können dabei einerseits aus den bereits genannten vorökonomischen Erfolgswirkungen resultieren, sich jedoch andererseits auch aus einer „Abgrenzungsstrategie" gegenüber Wettbewerbern am Markt ableiten.[285] Gerade in Märkten mit einer starken Produktdifferenzierung, auf denen sich das Wachstum abschwächt und die (industriellen) Produktionsprozesse zunehmend ausgereift sind, kann sich eine kontinuierliche Verantwortungspolitik zu einem maßgeblichen Unterscheidungsmerkmal entwickeln.[286] Darüber hinaus

---

281 *Weber*, EMJ 2008, S. 247 (250).

282 *Mülbert*, AG 2009, S. 766 (768).

283 *Schreck*, in: Schneider/Schmidpeter, Corporate Social Responsibility, S. 67 (74); *Curbach*, S. 165.

284 Siehe die Beschreibung bei *Weber*, EMJ 2008, S. 247 (250).

285 Vgl. *Carroll/Shabana*, IJMR 2010, S. 85 (97 f.): „The term 'competitive advantage' in this section is best understood in the context of a differentiation strategy. In other words, this section focuses on how firms may use CSR practices to set themselves apart from their competitors."

286 Weniger groß wird der Unterscheidungseffekt hingegen für gewöhnlich in Märkten sein, die sich gerade erst im Entstehen befinden. Siehe dazu ausführlich *McWilliams/Siegel*, Academy of Management Review 2001, S. 117 (124).

kann ein durch CSR-Maßnahmen gewonnener Wettbewerbsvorteil besonders groß in Bereichen sein, in denen es dem Unternehmen gelingt, sein jeweiliges branchenspezifisches Know-how gewinnbringend zugunsten der Interessen der Gesellschaft einzusetzen.[287] Zu einer langfristigen Stärkung der Wettbewerbsposition können CSR-Maßnahmen schließlich auch dadurch beitragen, dass sie im Wege der Optimierung von Produktionsprozessen technologische Innovationen anstoßen und durch neue Produkte die Erschließung neuer Märkte und Geschäftsfelder ermöglichen.[288]

(2) Effizienzsteigerung

Einen messbaren Beitrag zum wirtschaftlichen Erfolg des Unternehmens können CSR-Aktivitäten auch durch eine Steigerung der Effizienz der Produktionsprozesse leisten. So verlangt die CSR, die interne Unternehmensorganisation strategisch an das Unternehmensumfeld anzupassen.[289] Dadurch sollen unnötige Arbeitsbelastungen vermieden- und die inneren Entscheidungsabläufe wirtschaftlicher gestaltet werden.[290] Ein besonders hoher Optimierungsgrad ergibt sich dabei in Bezug auf die Gestaltung der Ressourceneffizienz entlang der Wertschöpfungskette. In diesem Zusammenhang können CSR-Maßnahmen Effizienzgewinne etwa durch Einsparungen von Ressourcen und die Vermeidung von Abfall generieren.[291] Die so erzielten Effizienzgewinne in Bezug auf innere Organisation, Ressourceneinsatz und Produktivität wirken sich insgesamt positiv auf die ökonomische Effizienz und damit auf die Kapitalrentabilität des Unternehmens aus.[292] Ähnlich wie im Fall der Wettbewerbssteigerung wird der spezifische Beitrag des CSR-Konzepts zur Stärkung der unternehmerischen Effizienz damit letztlich in einer Harmonisierung der Interessen des Unternehmens mit denen des jeweiligen externen Umfeldes gesehen.

(3) Kostensenkung

Ein weiteres Argument im Bereich der ökonomischen Erfolgswirkungen stellen die aus der CSR zu erzielenden Kostensenkungen dar. Dahinter steht die Annahme, dass der Aufbau von vertrauensvollen Stakeholder-Beziehungen das Entstehen potentieller Kosten in beinahe sämtlichen Unternehmensbereichen erheblich reduzieren

287 Siehe dazu *Carroll/Shabana*, IJMR 2010, S. 85 (98) m.w.N. Neben dem jeweiligen branchenspezifischen Know-how können die Erfolgswirkungen zudem dadurch erhöht werden, dass das Unternehmen lokale und regionale Bedürfnisse an den Produktionsstandorten mit CSR-Erwägungen verbindet und so „wirtschaftliche und soziale Standortvorteile" generiert, vgl. *Schneuwly*, S. 149.

288 Dazu *Utting*, S. 20 f. sowie unter Bezugnahme auf die unternehmerische Öko-Effizienz *Curbach*, S. 161.

289 *Kurucz/Colbert/Wheeler*, in: Crane et al., Oxford Handbook, S. 83 (89).

290 *Schreck*, in: Schneider/Schmidpeter, Corporate Social Responsibility, S. 67 (74) m.w.N.

291 *Curbach*, S. 166; *Utting*, S. 20 f.

292 *Hansen/Schrader*, DBW 2005, S. 373 (384).

kann.[293] Insbesondere im Bereich des Personalwesens können CSR-Maßnahmen gezielt zur Mitarbeitermotivation eingesetzt werden und zu einer Zurückführung von Fluktuation und Fehlzeiten der Mitarbeiter beitragen.[294] Nachgewiesen werden konnten zudem mit der CSR in Verbindung stehende Einsparmöglichkeiten im Bereich der ökologischen Kosten. Danach kann etwa die Einführung von Umweltmanagementsystemen den Verbrauch von Ressourcen (insbesondere den Einsatz von Energie) dauerhaft herabsetzen.[295] Weitere Einsparpotentiale ergeben sich zudem aus Abgabennachlässen für die Nutzung umweltschonender Technologien. Gerade im Bereich der Umweltregulierung können Unternehmen anfallende Kosten für die Umsetzung schärferer Vorschriften durch eine proaktive CSR-Politik umgehen.[296] Ferner können durch CSR-Maßnahmen ermöglichte gute Stakeholder-Beziehungen dem Entstehen kostenintensiver Rechtsstreitigkeiten vorbeugen. Zu denken ist in diesem Zusammenhang neben arbeitsrechtlichen Auseinandersetzungen auch an haftungs-, kartell- und aufsichtsrechtliche Verfahren. Ein zunehmendes Risiko stellen auch Schadensersatzklagen dar, die von NGOs gegen international operierende Unternehmen aufgrund von Menschenrechtsverletzungen und Umweltverstößen in Schwellen- und Entwicklungsländern angestrengt werden.[297] Derartige Verfahren zwingen die betroffenen Unternehmen neben den zum Teil beträchtlichen Verfahrenskosten und Straf- bzw. Vergleichszahlungen zumeist auch zu kostenintensiven PR-Kampagnen, die auf die Wiederherstellung des verlorenen öffentlichen Vertrauens gerichtet sind.[298] Diese Kosten sollen nach dem Selbstverständnis des CSR-Konzepts gar nicht erst entstehen, wenn das Unternehmen die Belange der Stakeholder nachhaltig berücksichtigt und in sein Kerngeschäft integriert hat. Insgesamt zählt das Argument der Kostensenkung zu den in der Unternehmenspraxis am weitesten verbreiteten Begründungsmustern der *Business Case*-Argumentation.[299]

---

293 *Kurucz/Colbert/Wheeler*, in: Crane et al., Oxford Handbook, S. 83 (88) m.w.N.

294 *Schreck*, in: Schneider/Schmidpeter, Corporate Social Responsibility, S. 67 (74) sowie *Carroll/Shabana*, IJMR 2010, S. 85 (97).

295 Zum Beispiel des Umweltmanagementsystems siehe auch *Hansen/Schrader*, DBW 2005, S. 373 (384) sowie allgemein zu Einsparungen im Umweltbereich *Curbach*, S. 161 und *Schneuwly*, S. 150.

296 *Carroll/Shabana*, IJMR 2010, S. 85 (97).

297 Siehe dazu auch den Nachweis bei *Carroll/Shabana*, IJMR 2010, S. 85 (97); *Schneuwly*, S. 154.

298 *Curbach*, S. 166.

299 So haben Umfragen gezeigt, dass zahlreiche Unternehmensleitungen den Beitrag von CSR-Maßnahmen zur Steigerung der Kosteneffizienz als maßgebliches Argument zur innerbetrieblichen Rechtfertigung einer stärkeren CSR-Politik heranziehen. Siehe dazu unter Bezugnahme auf Umfragen des Magazins *Fortune*, *Carroll/Shabana*, IJMR 2010, S. 85 (97).

(4) Kapitalzugang

Schließlich können unternehmerische CSR-Aktivitäten den Zugang zu Kapital erleichtern. Dabei hat gerade das Thema des *„Socially Responsible Investment“* (SRI) in den vergangenen Jahren eine immer größer werdende Bedeutung für den Zugang von Unternehmen zum Kapitalmarkt erlangt.[300] SRIs bezeichnen Anlageinstrumente, bei denen neben der „Risiko-Rendite-Relation“ auch andere nichtfinanzielle Faktoren wie ökologische, soziale oder ethische Unternehmenswerte berücksichtigt werden.[301] Die wachsende Beliebtheit dieser Anlageinstrumente ist darauf zurückzuführen, dass sich Anleger von einem nach CSR-Maßstäben geführten Unternehmen ein geringeres Risiko und damit mittelfristig einen lukrativeren Anlagetitel erhoffen.[302] Die bislang durchgeführten Untersuchungen konnten dabei in der überwiegenden Mehrzahl einen positiven Zusammenhang zwischen der Anwendung von ESG-Kriterien und der zu erwartenden finanziellen Rendite aufzeigen.[303] Damit haben sich CSR-Maßnahmen zunehmend zu einem „Selektionskriterium in der Anlageentscheidung“[304] entwickelt. Aktiviert wird ein entsprechendes Anlegerverhalten zunehmend auch durch hoheitlich veranlasste Auskunftspflichten.[305] Mittelbar steigt über diese Auskunftspflichten auch der Druck auf die Unternehmen,

---

300 Das *Bundesministerium für Umwelt, Naturschutz und Reaktorsicherheit* (BMU) beziffert den Anstieg der Berücksichtigung von sogenannten „ESG“-Kriterien bei Geldanlagen in Europa unter Berufung auf Zahlen des *European Social Investment Forum* im Zeitraum zwischen 2005 bis 2011 von einer auf insgesamt 6,8 Billionen Euro. ESG-Kriterien („Environmental, Social, Governance“) umfassen neben ökologischen und gesellschaftlichen Indikatoren auch solche der guten Unternehmensführung, siehe *BMU*, Nachhaltig und verantwortlich investieren – ein Leitfaden, S. 4, 8. Ausdruck findet die wachsende Bedeutung auch in der Tatsache, dass eigene SRI-Aktienindizes wie etwa der *„Dow Jones Sustainability Index“* geschaffen wurden, vgl. *Curbach*, S. 108.

301 *Scharlau*, S. 7.

302 Vgl. dazu schon der Hinweis im CSR-Grünbuch KOM(2001) 366 endg., S. 23: „Verantwortliches Handeln unter sozialen und ökologischen Aspekten liefert Investoren zuverlässige Anhaltspunkte über die Qualität des internen und externen Managements. Die Einbeziehung dieser Aspekte trägt dazu bei, Risiken zu minimieren durch Antizipieren und Vermeiden von Krisen, die den Ruf schädigen und ein dramatisches Fallen der Aktienkurse zur Folge haben können.“

303 Siehe der Nachweis bei *BMU*, Nachhaltig und verantwortlich investieren – ein Leitfaden, S. 7.

304 So in Bezug auf die Kenngrößen „Nachhaltigkeit“ und „soziale Verantwortlichkeit“ *Mülbert*, AG 2009, S. 766 (768).

305 Beispielhaft führt etwa die Europäische Kommission in ihrer aktuellen CSR-Strategie die Politikoption auf, „[...] für alle Investmentfonds und Finanzinstitute die Auflage in Erwägung zu ziehen, all ihre Kunden (Bürger, Unternehmen, Behörden usw.) über die von ihnen angewendeten Kriterien für eine ethische und verantwortungsvolle Investitionstätigkeit oder über die von ihnen befolgten Normen und Kodizes zu informieren.“, siehe KOM(2011) 681 endg., S. 14.

CSR-Maßnahmen in ihre Betriebsführung zu integrieren, um das für Forschung, Entwicklung und Innovationen notwendige Kapital anzuziehen.[306] Gerade kollektive Geldgeber wie Investment- oder Pensionsfonds verfügen dabei über eine entsprechende Marktmacht und können durch die Androhung eines Kapitalentzugs großen Einfluss auch die CSR-Politik der Unternehmen ausüben. Insgesamt lässt sich dabei beobachten, dass die sozialen, ökologischen und ethischen Auswahlkriterien zunehmend komplexer werden und immer weitergehende Anforderungen an die Unternehmen in Bezug auf Transparenz und Kommunikation stellen.

b. Kritik

Die Annahmen der „*Business Case*"-Argumentation sind in der Literatur zum Teil auf Kritik gestoßen. Angeführt wird dabei zunächst, dass es der Forschung trotz einer Vielzahl empirischer Untersuchungen bislang nicht gelungen ist, eine eindeutig positive Verbindung von Maßnahmen der unternehmerischen Verantwortung zu den finanziellen Kennzahlen eines Unternehmens herzustellen.[307] Aufgrund des fehlenden empirischen Nachweises handele es sich bei der „*Business Case*"-Argumentation daher lediglich um „Überzeugungsrhetorik", die Unternehmen zu einem verantwortlicheren Verhalten motivieren solle.[308] Fragen lässt sich dabei jedoch auch, ob die Auswirkungen der CSR auf die Unternehmenskennzahlen überhaupt messbar sind. So haben *Carroll/Shabana* etwa dargelegt, dass der Markt unternehmerische Verantwortung für gewöhnlich nur bedingt und bis zu einer gewissen Stufe honoriert.[309]

Weitere Kritikpunkte beziehen sich auf die inhaltlichen Annahmen der „*Business Case*"-Argumentation. Falsch sei etwa schon die Vorstellung, dass die Stakeholder durch das Unternehmen strategisch kontrolliert werden könnten. Gerade mit Blick auf die Unternehmensreputation seien Annahmen des *Business Case*-Modells daher jedenfalls teilweise zu relativieren.[310] Im Übrigen verfügten die Konsumenten in

---

306 *Etter/Fieseler*, in: Raupp et al., Handbuch CSR, S. 269 (274).

307 Die bislang durchgeführten Meta-Studien zeigen jedoch eine deutliche Tendenz hin zu einem positiven Zusammenhang zwischen CSR und finanzieller Unternehmensleistung jedenfalls insoweit, als „verantwortliche" Unternehmen mindestens genauso erfolgreich agieren wie Unternehmen, die auf eine entsprechende Integration von CSR-Prinzipien in ihre Betriebsführung verzichten. Zu den wichtigsten Meta-Studien seit den 1990er Jahren zählen: *Griffin/Mahon*, Business & Society 1997, S. 5 ff.; *Margolis/Walsh*, ASQ 2003, S. 268 ff.; *Orlitzky/Schmidt/Rynes*, Organization Studies 2003, S. 403 ff.; *Beurden/Gössling*, Journal of Business Ethics 2008, S. 407 ff. sowie *Fischer/Sawczyn*, J Manag Control 2013, S. 27 ff.. Letztere stützen ihre Untersuchung auf börsennotierte deutsche Unternehmen.

308 *Hansen/Schrader*, DBW 2005, S. 373 (384).

309 *Carroll/Shabana*, IJMR 2010, S. 85 (100). Ähnlich die Argumentation bei *Kurucz/ Colbert/Wheeler*, in: Crane et al., Oxford Handbook, S. 83 (98).

310 *Curbach*, S. 176 f.

aller Regel nicht über ein hinreichendes Maß an Marktmacht und Koordination, um CSR-Maßnahmen fortlaufend zu belohnen.[311]

Dem größten Widerspruch sieht sich die „*Business Case*"-Argumentation jedoch im Hinblick auf ihre Grundkonzeption ausgesetzt. So suggeriere die Legitimierung der CSR durch den *Business Case*, dass es sich bei Unternehmensverantwortung und Unternehmenserfolg um zwei voneinander zu unterscheidende Größen handele.[312] Dieses Verständnis lasse sich jedoch kaum mit dem herrschenden CSR-Verständnis in Einklang bringen, wonach Erfolg und Verantwortung des Unternehmens untrennbar miteinander verbunden sind. Die *Business Case*-Betrachtung greife daher zu kurz, „[...] wenn der sozialen und ökologischen Effektivität des unternehmerischen Handelns ein Eigenwert zugeschrieben wird."[313]

Dieser Kritik ist letztlich zuzustimmen: Der Versuch, unternehmerisches Engagement allein durch seinen Beitrag zum finanziellen Unternehmenserfolg zu begründen anstatt den in der CSR selbst verankerten Nutzen zu erkennen, führt zu einer inhaltlichen Entwertung des Konzepts der CSR zu einem Mittel der unternehmerischen Wertschöpfung.[314] Ein einseitiges Verständnis von unternehmerischer Verantwortung als Mittel zum Zweck der Gewinnsteigerung birgt aus Sicht der Unternehmen auch die Gefahr, ins Gegenteil verkehrt zu werden, dann nämlich, wenn Stakeholder-Gruppen den Selbstzweck erkennen und dem Unternehmen ihr Vertrauen entziehen.[315] Nichtsdestotrotz ist die „*Business Case*"-Argumentation hilfreich, denn sie verdeutlicht mögliche inhaltliche Anknüpfungspunkte verantwortlichen unternehmerischen Handelns und trägt so zu einer Profilierung der CSR als Konzept bei. Gleichzeitig legt sie nahe, dass es sich bei der CSR nicht um eine unternehmensbezogene „Mehrleistung" handelt, die zwangsläufig zu steigenden Ausgaben führt, sondern um einen Ansatz der Unternehmenssteuerung, der (soweit er in die Unternehmensstrategie implementiert ist) zu einer Steigerung der Unternehmensleistung beitragen kann.

---

311 *Carroll/Shabana*, IJMR 2010, S. 85 (100).

312 Ausführlich zu dieser Kritik siehe *Kurucz/Colbert/Wheeler*, in: Crane et al., Oxford Handbook, S. 83 (98 f.).

313 *Hansen/Schrader*, DBW 2005, S. 373 (387).

314 *Etter/Fieseler*, in: Raupp et al., Handbuch CSR, S. 269 (277) sowie *Kurucz/Colbert/Wheeler*, in: Crane et al., Oxford Handbook, S. 83 (99).

315 Treffend die Formulierung bei *Hansen/Schrader*, DBW 2005, S. 373 (387): „Kunden und Mitarbeiter scheinen ein feines Gespür dafür zu besitzen, ob gemeinnützigem Engagement ein Selbstzweck beigemessen wird oder ob es im Unternehmen ausschließlich als Mittel zur Erreichung ökonomischer Ziele gilt. Ist Letzteres der Fall, kann sich ein entsprechendes Engagement sogar negativ auf Unternehmensreputation und Mitarbeitermotivation auswirken. Deshalb lässt sich feststellen: Wer von CSR nur etwas als Business Case versteht, versteht auch davon nichts."

D. Der rechtliche Rahmen der CSR

Während die Thematik der CSR Gegenstand intensiver wirtschaftswissenschaftlicher Diskussion bildet, fehlen vergleichbare juristische Auseinandersetzungen mit der Materie der Unternehmensverantwortung bislang weitestgehend. Dies gilt in besonderem Maße für das deutschsprachige rechtswissenschaftliche Schrifttum, das der CSR mit Ausnahme einiger weniger (und zum Teil auf spezifische Fragestellungen beschränkter) Veröffentlichungen[316] keine grundlegende Beachtung geschenkt hat.[317]

Diese juristische Zurückhaltung[318] erstaunt gerade vor dem Hintergrund der hohen (rechts-) politischen Bedeutung des Themas.[319] Erklären lässt sie sich zunächst mit einer grundsätzlichen „Trägheit" der Rechtswissenschaften hinsichtlich der Berücksichtigung neuer Entwicklungen.[320] Insofern gehen gesellschaftliche Prozesse einer rechtlichen Normierung zumeist voraus, das Recht wirkt also nicht „innovativ". Auch stellt die oben bereits dargestellte Unbestimmtheit und Weite des CSR-Begriffs eine besondere Herausforderung für die an Klarheit orientierte Rechtswissenschaft dar. Vor allem aber lässt sich die juristische „Zurückhaltung"

---

316 Monographisch untersuchen (Teil-)Aspekte der CSR aus rechtlicher Sicht *Empt*, Corporate Social Responsibility; *Schneuwly*, Corporate Social Responsibility an der Schnittstelle von Wirtschaft, Recht und Politik und *Glinski*, Die rechtliche Bedeutung der privaten Regulierung globaler Produktionsstandards. Kürzere Beiträge finden sich bei *Kocher*, RdA 2004, S. 27; *Förster*, RIW 2008, S. 833; *Mülbert*, AG 2009, S. 766; *Thüsing*, RdA 2010, S. 78; *Ernst*, WRP 2010, S. 1304; *Birk*, GRUR 2011, S. 196; *Kort*, NZG 2012, S. 926; *Schrader*, ZUR 2013, S. 451; *Kocher/Krajewski*, KJ 2013, S. 2 sowie *Kocher/Wenckebach*, KJ 2013, S. 18.

317 Breitere Rezeption finden die wechselseitigen Wirkungen von CSR und Recht hingegen im anglo-amerikanischen Schrifttum. Dazu zählen z.B. die Beiträge von *Lambooy*, Corporate Social Responsibility. Legal and Semi-Legal Frameworks Supporting CSR und *Zerk*, Multinationals and CSR: A new regulatory agenda, jeweils m.w.N.

318 Treffend erscheint in diesem Zusammenhang die Frage, ob es sich bei der CSR um „ein juridisches Unthema" handelt, vgl. *Amstutz*, Verantwortung von Unternehmen im Europäischen Recht, S. 1.

319 So auch das Fazit bei *Glinski*, S. 22. *Nowrot*, in: Raupp et al., Handbuch CSR, S. 419 (419) stellt fest, dass es sich bei CSR um „eines der Schlüsselthemen unserer Zeit handelt". Diese Feststellung wird auch durch die Beobachtung gestützt, dass in Deutschland gegenwärtig zehn Bundesministerien, zwei Bundesbeauftragte und das Bundeskanzleramt eigene CSR-Programme durchführen, siehe die Zusammenstellung auf der durch das Bundesministerium für Arbeit und Soziales verantworteten Website http://www.csr-in-deutschland.de/ (Stand: 21.01.2016).

320 *Nowrot*, in: Raupp et al., Handbuch CSR, S. 419 (419) m.w.N. sowie *Wettstein/Waddock*, zfwu 2005, S. 304 (310).

auf den Umstand zurückführen, dass die CSR mit dem Prinzip der „Freiwilligkeit" in Verbindung gebracht wird. Freiwilligkeit wird dabei schnell mit fehlender Einklagbarkeit und daraus resultierender „rechtlicher Unverbindlichkeit" gleichgesetzt.[321]

Anliegen dieses Abschnitts ist es, über die bloße Feststellung der rechtlichen Belanglosigkeit der CSR hinauszugehen und dabei zu klären, welche Bezugspunkte zwischen dem Konzept der Unternehmensverantwortung und dem Recht im Allgemeinen bestehen. Aus dieser grundsätzlichen Positionierung ergeben sich Anschlussfragen, auf die im Folgenden ebenfalls eingegangen wird. Zu klären ist dabei etwa, welche rechtlichen Rahmenbedingungen eine erfolgreiche CSR-Politik erfordert, welche maßgeblichen Akteure diese Rahmenbedingungen schaffen können, mit welchen (rechtlichen) Instrumente CSR implementiert wird und welchen Einfluss die CSR auf die allgemeine Rechtsentwicklung nimmt.

Schon die Aufzählung dieser Untersuchungsgegenstände legt nahe, dass eine einfache Einteilung in ein „Schwarz-Weiß-Schema" zwischen „Recht" und „Nicht-Recht" im Falle der CSR nicht gelingen kann. Vielmehr bedarf es auf Grund der Weite des Konzepts eines breiteren Zugangs. Dieser Zugang muss auch dem generellen Wandel Rechnung tragen, dem auch und gerade das Recht im Zuge der Globalisierung ausgesetzt ist. Ohne ein Ergebnis vorweg zunehmen, lässt sich insoweit jedenfalls feststellen, dass sich individuelles und kollektives Verhalten heute mehr denn je an einer Vielzahl unterschiedlichster Normen orientiert, deren Ursprung zum Teil stark divergieren kann.[322] Auch scheint sich dabei zunehmend die Erkenntnis zu verfestigen, dass die jeweiligen Durchsetzungschancen einer Norm nicht mehr zwangsläufig an deren „juristisch anerkannte Rechtsbindung" gekoppelt sind.[323] Zu den klassischen Instrumenten des Rechts gesellen sich vermehrt Formen der indirekten Verhaltensbeeinflussung, die auf Steuerung durch „Influenzieren" und damit auf Kooperation statt Konfrontation setzen.[324] Diese Regulierungsbeiträge auf nationaler und internationaler Ebene per se einer rechtswissenschaftlichen Analyse zu entziehen, würde dem Selbstverständnis einer an der Rechtswirklichkeit orientierten Wissenschaft zuwiderlaufen.[325] Anstatt mit einem „vorgefassten Rechtsbegriff" zu antworten, gilt es für die Rechtswissenschaft, „die Dynamik, die das Leben in das Recht hineinträgt"[326] aufzugreifen und auch vermeintlich „‚unkonventionelle' Handlungsformen nach Rechtskriterien zu strukturieren."[327] Ziel dieses Abschnitts ist es damit auch, ein auf den ersten Blick „freiwilliges" und „rechtlich unverbindliches"

321 So etwa *Förster*, RIW 2008, S. 833 (837).

322 *Boehme-Neßler*, S. 210.

323 So unter Bezugnahme auf die Geltung des *soft law* im internationalen Recht: *Möllers*, in: Schuppert/Zürn, Governance, S. 238 (242).

324 Siehe in Bezug auf den Wandel im Umweltschutzinstrumentarium *Kloepfer*, Umweltrecht, S. 222 ff.

325 *Glinski*, S. 353.

326 *Mertens*, RabelsZ 1992, S. 219 (227).

327 *Kloepfer*, Umweltrecht, S. 400.

Thema wie die CSR vor dem Hintergrund seiner praktischen Steuerungsbeiträge zum Gegenstand einer rechtlichen Untersuchung zu machen.

I. Ausgangsdiskussion: Normativ bindend oder freiwillig?

Ausgangs- und zugleich Endpunkt vieler „rechtlicher" Betrachtungen des Konzepts der CSR bildet das Prinzip der Freiwilligkeit. Dabei hat sich die Frage, ob die Übernahme unternehmerischer Verantwortung im Sinne der CSR gänzlich freiwillig ist oder (auch) Elemente einer rechtlichen Verbindlichkeit umfasst, zu einem der am meisten diskutierten Themen im Rahmen des CSR-Diskurses überhaupt entwickelt.[328] Die Trennlinien[329] im Rahmen dieser Diskussion verliefen in der Praxis lange Zeit zwischen Unternehmen und Wirtschaftsverbänden einerseits, die sich für ein selbstverantwortliches und letztlich freiwilliges CSR-Verständnis stark machen[330], und NGOs sowie Gewerkschaften andererseits, die zumeist für eine stärkere normative Bindungskraft von CSR-Regeln plädieren[331]. Mittlerweile ergeben sich jedoch Anzeichen dafür, dass die strikte Lagerbildung sowie die Unterscheidung im Sinne eines „entweder – oder"-Ansatzes zunehmend an Bedeutung verlieren. Schon der Umstand, dass nach dem breiten Begriffsverständnis die CSR neben den ethischen und philanthropischen Verantwortungsbereichen auch die ökonomische und die legale Verantwortung der Unternehmens im Sinne einer gesetzestreuen Betriebsführung umfasst, legt nahe, dass pauschale Zuschreibungen allein aufgrund der Weite der potentiell umfassten Sachverhalte dazu tendieren, lediglich einen Teilaspekt abzubilden. CSR bewegt sich, wie *Ernst* zutreffend beschrieben hat, in einem „Spannungsfeld von Kontrolle und Vertrauen."[332] Es ist eben dieses Spannungsfeld,

328 *Aguirre*, Afr. Hum. Rts. L.J. 2005, S. 239 (240).

329 *Enneking*, Geo. Wash. Int'l L. Rev. 2009, S. 903 (908); *Zerk*, S. 32 f.; *MacLeod*, European Public Law 2007, S. 671 (672).

330 Siehe beispielhaft *Bundesvereinigung der Deutschen Arbeitgeberverbände*, Stellungnahme der deutschen Arbeitgeber zum Richtlinienvorschlag zur Offenlegung von Informationen nichtfinanzieller Art und zu Diversity, S. 2: „Mit ihrem Vorschlag zur einheitlichen Berichterstattungspflicht über CSR verkennt die Europäische Kommission das Konzept von CSR selbst. CSR beschreibt das gesellschaftliche Engagement von Unternehmen, das diese freiwillig über das gesetzliche Maß hinaus in den Bereichen Umwelt, Soziales und Wirtschaft weltweit in ihrem Umfeld für eine zukunftsfähige Gesellschaft leisten." Abrufbar im Internet unter: http://www.csrgermany.de/www/csr_cms_relaunch.nsf/res/BDA_de.pdf/$file/BDA_de.pdf (Stand: 21.01.2016).

331 Vgl. anstatt vieler *Deutscher Gewerkschaftsbund*, Stellungnahme des Deutschen Gewerkschaftsbundes zur CSR-Mitteilung der EU-Kommission vom 25.10.2011, S. 11: „Es hat sich auch gezeigt, dass das Prinzip der Freiwilligkeit nicht ausreicht, um Arbeitnehmer- und Menschenrechte zu schützen. An dieser Stelle bedarf es einer gesetzlichen Regelung." Abrufbar im Internet unter: http://www.dgb.de/themen/++co++5cae1346-5723-11e1-7098-00188b4dc422 (Stand: 21.01.2016).

332 *Ernst*, WRP 2010, S. 1304 (1305).

welches sich in der Diskussion um den Charakter der CSR („*voluntary versus mandatory*") ausdrückt. Im Folgenden werden die jeweiligen Argumente der Diskussion zunächst nachvollzogen und anschließend bewertet.

1. Freiwilligkeit

Nach einer als „konservativ"[333] gekennzeichneten Meinung, handelt es sich bei der CSR ausschließlich um ein freiwilliges Konzept, mit dem Unternehmen über ihre vertraglichen und gesetzlichen Verpflichtungen hinausgehen. CSR-Standards, wie sie etwa in durch die Unternehmen selbst geschaffenen Kodizes zum Ausdruck kommen, stehen danach allenfalls in einem komplementären Verhältnis zu geltenden Rechtsvorschriften. Das Prinzip der Freiwilligkeit, das auch als „Grundprinzip"[334] der CSR beschrieben wird, kommt danach vor allem darin zum Ausdruck, dass sich die betroffenen Akteure eigenverantwortlich, insbesondere jedoch unter Ausschluss hoheitlichen Zwangs, Handlungsvorgaben setzen und dabei nicht nur über das „Ob", sondern zugleich auch über das „Wie" der jeweiligen Vorgaben entscheiden. Damit einhergehen soll eine selbständige Implementierung und Kontrolle der Durchführung der Vorgaben. Die Rolle des Staates ist nach diesem Ansatz auf das Setzen von Anreizen beschränkt.[335]

Entsprechend der „*Business Case*"-Argumentation baut der Gedanke der Freiwilligkeit der CSR auf dem Verständnis auf, dass sich eine „Win-Win-Situation" für Unternehmen und Gesellschaft am ehesten erzielen lasse, wenn der Markt sich selbst reguliere und der Staat sich auf die Korrektur von Marktversagen beschränke.[336] Ohnehin setze der Markt selbst genügend Anreize für Unternehmen, verantwortlich zu handeln. Einzelne Unternehmen oder deren Zusammenschlüsse sollten

333 *Schneuwly*, S. 113 sowie *Davis* („[...] *social responsibility begins where the law ends*") zitiert nach *Duong Dinh*, S. 14 m.w.N.

334 *Kuhlen*, S. 12. Als zu eng erscheint hingegen das CSR-Verständnis bei *Empt*, S. 25, der über die Freiwilligkeit des Unternehmenshandelns hinaus auch das Prinzip des „Altruismus" als konstitutives Merkmal der CSR ausmacht. Danach soll nur ein solches Verhalten der Unternehmen dem Begriff der CSR unterfallen, „das auf Kosten der Anteilseigner andere Interessen berücksichtigt, [...] ohne dass mit langfristiger Profitsteigerung als Folge der Entscheidung zu rechnen ist." Ein solches Verständnis greift jedoch zu kurz und ist mit der ganz überwiegenden Meinung in der Literatur zurückzuweisen. Siehe dazu etwa ganz ausdrücklich *Ernst*, WRP 2010, S. 1304 (1305): „Jedem Unternehmen steht es frei, ausschließlich eine Gewinnmaximierung in den Blick zu nehmen, auch wenn sogleich darauf hinzuweisen ist, dass CSR keine allein altruistischen und den Gewinn verringernden Maßnahmenpakete bedingt."

335 *Pariotti*, Hum. Rights Rev. 2009, S. 139 (150).

336 Vgl. *de la Cuesta González/Valor Martinez*, Journal of Business Ethics 2004, S. 275 (277); *MacLeod*, European Public Law 2007, S. 671 (674). Ausdrücklich auch *Richter*, Journal of Business Ethics 2010, S. 625 (634): „Thus, the individual corporation, and not the state, should be in charge of defining the rules of responsible behavior

dabei die Möglichkeit erhalten, auf das einzelne Unternehmen bzw. die einzelne Branche zugeschnittene Ansätze zu entwickelen, zumal sie den dadurch zu erzielenden Beitrag selbst am besten beurteilen könnten. Während allgemein verbindliche Regelungen (wie etwa Gesetze) unbeweglich seien und – wenn überhaupt – nach einem langwierigen Gesetzgebungsverfahren erlassen werden könnten, erlaube es ein derartiger freiwilliger CSR-Ansatz den Unternehmen, den individuellen Beitrag an die eigene Leistungsfähigkeit zu binden und darüber hinaus auf kurzfristig auftretende Missstände schnellstmöglich reagieren zu können.[337] Die Möglichkeit für Unternehmen, flexible Lösungsansätze selbst zu entwerfen, steigere auch die Akzeptanz für die Thematik der CSR auf Unternehmensseite und verhindere damit das Risiko des Entstehens einer „Überforderungssituation".[338]

Im Übrigen biete ein freiwilliger CSR-Ansatz eine Möglichkeit, die Rolle des Staates generell zu überdenken. Die Idee einer „ermöglichenden" Gesetzgebung in Abgrenzung zu einer umfassend reglementierenden, könne als Ausdruck eines sich generell verschiebenden Fokus verstanden werden.[339] Besonders groß sei der Beitrag einer freiwilligen CSR dabei insbesondere vor dem Hintergrund der Internationalisierung unternehmerischen Handelns. So gelte es zu beachten, dass all jene Verpflichtungen, die über den nationalen Kontext hinausgingen, schon aufgrund ihrer mangelnden Durchsetzungsmöglichkeiten dem Bereich der Eigenverantwortung und damit der Freiwilligkeit zuzuordnen seien.[340] Gerade in denjenigen Produktionsländern des Globalen Südens, die über schwach ausgeprägte rechtsstaatliche Strukturen verfügten, könne eine freiwillig in die Betriebsführung integrierte CSR-Politik zur Einführung höherer Standards führen, die auch über den individuellen Betrieb hinaus einen Bewusstseinswandel anstoßen könnten.[341] Zwingende Standards hingegen könnten sich in diesem Zusammenhang als kontraproduktiv erweisen und den jeweiligen Produktionsländern fremde Wertvorstellungen aufzwingen. Aber auch in entwickelten Volkswirtschaften könne durch ein freiwilliges CSR-Verständnis ein unnötiger Eingriff in Freiheitsrechte verhindert werden.[342]

---

since the former knows best how to allocate its resources to both help society and guarantee the efficiency of its operations."

337 *Schneuwly,* S. 108; *Kuhlen,* S. 12.

338 So die Argumentation in Bezug auf eine mögliche „finanzielle" oder „personelle" Überforderung bei *Kuhlen,* S. 12.

339 *Blowfield/Frynas,* International Affairs 2005, S. 499 (502).

340 *Wettstein/Waddock,* zfwu 2005, S. 304 (310 f.).

341 *Blowfield/Frynas,* International Affairs 2005, S. 499 (502).

342 Siehe dazu *Pariotti,* Hum Rights Rev 2009, S. 139 (149 f.) sowie die pointierte Formulierung bei *Richter,* Journal of Business Ethics 2010, S. 625 (634) m.w.N.: „However, if regulation appears to be necessary, voluntary self-regulation should be encouraged since the costs of expanding the apparatus of state control bears the danger of prohibitive, abridged liberties, bureaucratic hypertrophy, and sheer inefficiency."

2. Verbindlichkeit

Die Ansicht, dass die CSR konstitutiv durch das Element der Freiwilligkeit geprägt sei, stößt zunehmend auf Widerspruch. Mit dem CSR-Begriff sei es vielmehr auch vereinbar, dass Unternehmen durch den Gesetzgeber im Wege rechtlicher Vorgaben an die Handlungsformen unternehmerischer Verantwortung gebunden werden.[343] Direkte und indirekte regulative Maßnahmen auf regionaler, nationaler oder internationaler Ebene seien Steuerungsmittel, denen auch im Rahmen der CSR eine hohe Bedeutung zukomme. Ein Regulierungsansatz, der allein auf der Freiwilligkeit und Selbstbeschränkung der beteiligten Akteure beruhe, sei schlechterdings ungeeignet, missbräuchliches Verhalten zu unterbinden. Notwendig sei jedenfalls ein verbindlicher Rechtsrahmen, der auf hoheitliche Steuerungsmacht zurückgreife, um die Wirksamkeit getroffener innerbetrieblicher Maßnahmen zu erhöhen.[344] Von besonderer Bedeutung sei dabei auch, dass das Konzept der CSR zunehmend selbst auf Pflichtenbereiche Bezug nehme, die vormals dem ausschließlich hoheitlichen Kompetenzbereich zugewiesen waren. Dies gelte insbesondere für den Bereich des Schutzes der Grund- und Menschenrechte. Die Anerkennung des Prinzips der Freiwilligkeit in Bezug auf diese grundlegenden Rechte führe hier zur Gefahr einer Relativierung staatlicher Pflichten.[345] Der Schutz, die Förderung sowie die Durchsetzung elementarer Rechte seien originär staatliche Aufgaben, die nicht über Umwege auf Privatpersonen übertragen werden könnten, sondern hoheitlich im Wege rechtlich bindender Vorgaben umgesetzt werden müssten.[346]

Verstärkt würde diese staatliche Obliegenheit zudem durch die zunehmende Verflechtung der Weltwirtschaft, die zum Entstehen immer größer und einflussreicher werdender multinationaler Unternehmen führe. Schon mit Blick auf die komplexen Strukturen dieser Akteure seien klar definierte Vorgaben notwendig,

---

343 *Mosters,* S. 44. In Abgrenzung zu dem am Prinzip der Freiwilligkeit orientierten „*Business Case*" wird diese Auffassung im englischen Sprachgebrauch auch unter den Begriffen „*Public Case*" oder „*Society Case*" diskutiert, vgl. *de la Cuesta González/Valor Martinez,* Journal of Business Ethics 2004, S. 275 (276).

344 *Triponel,* Am. U. Int'l L. Rev. 2007-2008, S. 855 (891); *de la Cuesta González/Valor Martinez,* Journal of Business Ethics 2004, S. 275 (277 f.).

345 *Wettstein/Waddock,* zfwu 2005, S. 304 (310). Deutlicher noch die Formulierung bei *Quiroz,* S. Afr. Y.B. Int'l L. 2007, S. 66 (83).

346 *Aguirre,* Afr. Hum. Rts. L.J. 2005, S. 239 (241). Siehe dazu auch die Hinweise bei *MacLeod,* European Public Law 2007, S. 671 (675), die in einem verbindlichen CSR-Ansatz nicht nur einen notwendigen Beitrag zur Realisierung des internationalen Menschenrechtsschutzes sondern darüber hinaus auch zur Umsetzung weiterer völkerrechtlicher Prinzipien und Entwicklungen wie etwa der ständigen Souveränität über natürliche Ressourcen, der „neuen Weltwirtschaftsordnung" (*new economic order*) oder der Charta der wirtschaftlichen Rechte und Pflichten der Staaten erblickt.

die im Wege freiwilliger Selbstregulierung kaum zu erreichen seien.[347] Gerade in den Produktionsländern des Globalen Südens reichten freiwillige CSR-Politiken internationaler Unternehmen nur selten aus, um selbst elementare Produktionsstandards sicherzustellen.[348]

Auch seien die durch die „*Business Case*"-Argumentation unterstellten Anreizwirkungen des Marktes heute nur zum Teil ausgereift. So fehle etwa die Möglichkeit der externen Druckerzeugung über Kunden dort, wo der Handel lediglich innerhalb eines oder zwischen mehreren Unternehmen stattfinde.[349] Dies gelte auch für eine Stimulierung über die Finanzmärkte, da lediglich ein Bruchteil der weltweit gehandelten Anlagetitel dem Bereich des ethischen Investments zuzuordnen sei. Die fehlende Anreizwirkung des Marktes führe auch zu mangelhaften Implementierungsmöglichkeiten. Weder die Aufmerksamkeit der Medien oder der Druck der Öffentlichkeit noch die Gefahr der Markenschädigung könnten letztlich die Steuerungswirkung direkter und verbindlicher Regulierung kompensieren.[350] Insbesondere mache es sich dabei negativ bemerkbar, dass keine neutralen Instanzen bereitstünden, die die Umsetzung und Einhaltung freiwilliger und unverbindlicher Regelwerke kontrollieren und gegebenenfalls sanktionieren könnten.[351] Auch inhaltlich blieben die meisten freiwilligen Instrumente aufgrund ihrer weiten Formulierung zumeist (zu) unbestimmt.[352] Die den Unternehmen dadurch eröffnete Möglichkeit der Selektion in Bezug auf Inhalt, Reichweite und Kontrolle der CSR-Instrumente schade letztlich dem Recht als Ganzes, denn derartige freiwillige CSR-Normen würden sich durch ihren äußerlichen Anschein der Legitimationswirkung des Rechts bedienen, durch ihre inhaltliche Weite jedoch dessen Aussagekraft und

347 *Adeyeye*, CSR in Developing Countries, S. 11; *Cahn/Gambino*, Geo. J. Int'l L. 2008, S. 655 (664).

348 Ausführlich zum Bedürfnis bindender CSR-Vorgaben im Kontext globaler Produktionsbedingungen *Newell*, International Affairs 2005, S. 541 (553 f.). Dort auch der Hinweis: „Voluntary measures and self-regulation assume both high levels of trust and a responsible company serious about regulating the social and environmental impacts of its activities. This assumption disregards the reasons why many companies choose to operate in locations where labour is cheap and natural resources abundant; where social and environmental impacts are inevitably large, but importantly are less regulated than in their home countries." Ähnlich *MacLeod*, European Public Law 2007, S. 671 (675).

349 *de la Cuesta González/Valor Martinez*, Journal of Business Ethics 2004, S. 275 (279) m.w.N.

350 *Chanin*, Ind. J. Global Legal Stud. 2005, S. 745 (772). Siehe auch *Aguirre*, Afr. Hum. Rts. L.J. 2005, S. 239 (264).

351 *Cahn/Gambino*, Geo. J. Int'l L. 2008, S. 655 (664) m.w.N.

352 *Backer*, Geo. J. Int'l L. 2008, S. 591 (596). Sehr bestimmt auch die Formulierung bei *Fishman*, N.Y.U. L. Rev. 2006, S. 1433 (1446): „Their vagueness and laxity have led many firms to sign on to voluntary codes, but at the cost of rendering them useless."

Wirkung „verwässern".[353] Durch die Ergänzung der CSR um rechtlich bindende Vorgaben gelte es daher zu verhindern, dass unternehmerische Verantwortung zu einer reinen PR-Maßnahme verkomme.[354]

3. Bewertung der Diskussion

Die Diskussion, ob es sich bei der CSR um einen „freiwilligen" oder „verbindlichen" Ansatz handelt, erweist sich nach hier vertretener Auffassung als unergiebig für die Positionierung der CSR gegenüber dem Recht. Deutlich macht die Auseinandersetzung vor allem, dass eine allzu schnelle Klassifikation als „rechtlich unverbindlich" schon vor dem Hintergrund der Weite der Thematik und der steigenden praktischen Bedeutung der CSR auf staatlicher und internationaler Ebene sowie im Rahmen der Unternehmen selbst unzweckmäßig erscheint.[355] Das im Rahmen der Auseinandersetzung über den Charakter der CSR zum Ausdruck kommende dichotomische Verständnis von „Recht" und „Nicht-Recht" erweist sich im CSR-Diskurs als wertlos wenn es darum geht, im jeweiligen Einzelfall die richtige „regulatorische Antwort" für die durch Fragen der unternehmerischen Verantwortung aufgeworfenen Probleme zu finden.[356] Dies wird auch belegt durch die CSR-Praxis der Unternehmen, in der diese für gewöhnlich zwischen „freiwilligen" und „verbindlichen" Standards nicht unterscheiden.[357] Sinnvoller erscheint es stattdessen, CSR als Steuerungsform zu begreifen, in der sich freiwillige und verbindliche Elemente vereinen.

a. Kein dichotomischer Zugang

Auch in der Literatur stößt die strenge Unterscheidung zwischen einer freiwilligen CSR einerseits, die einer rechtlichen Untersuchung entzogen sein soll, und einer verbindlichen CSR andererseits, die ohne Abstriche normative Wirkung entfalten

---

353 *Strohscheidt*, Vereinte Nationen 2005, S. 138 (139); *van den Herik/Černič*, JICJ 2010, S. 725 (729). Bezüglich der Tendenz der „Verwässerung" des Rechts siehe den Nachweis bei *Schneuwly*, S. 114.

354 *Aguirre*, Afr. Hum. Rts. L.J. 2005, S. 239 (264); *de la Cuesta González/Valor Martinez*, Journal of Business Ethics 2004, S. 275 (278).

355 Anders jedoch die Ansätze bei *Förster*, RIW 2008, S. 833 (837) und *Empt*, S. 25.

356 Siehe so auch *Zerk*, S. 35 f., die in Bezug auf die Debatte über Freiwilligkeit und Verbindlichkeit ferner zutreffend anmerkt: „Not only has it helped to perpetuate a limited and unhelpful definition of CSR, it also distracted attention away from the substantive issues that have given rise to so much international concern." Ähnlich auch *Lambooy*, S. 15: „Hence, a theoretical discussion about CSR being voluntary or mandatory has little value."

357 Unter Bezugnahme auf die CSR-Berichte der Unternehmen *Pitts*, Berkeley J. Int'l L. 2008, S. 479 (485).

soll, zunehmend auf Ablehnung.[358] Zu Recht wird dabei kritisiert, dass die Diskussion fälschlicherweise die Existenz zweier festgefahrener Positionen suggeriert, die sich in der CSR-Praxis tatsächlich nicht belegen lassen. Exemplarisch lässt sich dies etwa an der CSR-Politik der Europäischen Kommission ablesen, die auf einer „[...] intelligente[n] Kombination aus freiwilligen Maßnahmen und nötigenfalls ergänzenden Vorschriften" aufbaut.[359]

Die von den Anhängern eines „verbindlichen" CSR-Verständnisses vorgetragenen Argumente können insgesamt als Beleg dafür gesehen werden, dass „freiwillige" Selbstregulierung nur bis zu einem gewissen Grad als Ersatz für *„traditional regulatory authority"*[360] dienen kann. Gleichfalls wäre es jedoch auch verkehrt zu meinen, dass eine normativ-bindende CSR-Regulierung zwangsläufig zu einem verantwortlicheren unternehmerischen Handeln führen würde. Diesbezüglich weist *Zerk* zutreffend darauf hin, dass das Recht nur ein Faktor unter vielen anderen ist, die auf das Verhalten von Unternehmen Einfluss nehmen können.[361] Auch das Recht (etwa in Gestalt eines bindenden Gesetzes) ist dabei in seinen Auswirkungen insoweit beschränkt, als dass „unverantwortliches" Unternehmenshandeln auch dann möglich ist, wenn ein solches Handeln gesetzeskonform ist.[362] Ein „Schubladendenken" in den Kategorien „freiwillig" bzw. „bindend" geht folgerichtig an der Realität der CSR vorbei: Einerseits setzt die Unternehmensverantwortung nämlich bei der Einhaltung rechtlich „bindender" Vorgaben an und geht mittels „freiwilliger" Instrumente darüber hinaus. Andererseits werden rechtlich „bindende" Vorgaben vermehrt dazu verwendet, die Wirksamkeit von „freiwilligen", bereits existierenden Instrumenten der Unternehmen zu erhöhen und diese dazu anzuleiten, weitere derartige Instrumente zu entwickeln und anzuwenden.[363] So entsteht eine komplexe Mischung[364] regulativer Ansätze, die aus Sicht der Unternehmen sowohl freiwillig und komplementär als auch normativ und bindend wirken. CSR erscheint so als

---

358 Siehe etwa die Einstufung der Debatte als *„unhelpful"* und *„impractical"* bei *MacLeod*, European Public Law 2007, S. 671 (672) sowie als *„overblown and misleading on many levels"* bei *Pitts*, Berkeley J. Int'l L. 2008, S. 479 (485).

359 KOM(2011) 681 endg., S. 9.

360 *Metcalf*, Pace Environmental Law Review 2010, S. 145 (199).

361 *Zerk*, S. 35.

362 *Duong Dinh*, S. 14.

363 *Adeyeye*, CSR in Developing Countries, S. 11; *Pitts*, Berkeley J. Int'l L. 2008, S. 479 (485); *Vives*, Development 2004, S. 45 (45 f.); *Cahn/Gambino*, Geo. J. Int'l L. 2008, S. 655 (665).

364 *Muchlinski*, Ind. J. Global Legal Stud. 2011, S. 665 (668): „Furthermore, it is not clear that there is some stark choice between command and control regulation at one extreme and pure voluntarism and self-regulation at the other. Indeed the process of reevaluation of corporate law arises out of numerous sources including, but not exclusively centered on, the state. The process involves a *complex mix* of self-regulation, external regulation, interest group lobbying, and private litigation." [Hervorh. d. Verf.].

hybride Steuerungsform, die sich unmittelbarer und mittelbarer Einwirkung wie auch direkter und indirekter Steuerungsinstrumente bedient.

b. Stattdessen: CSR als hybride Steuerungsform

Das Hybrid der Steuerungsform der CSR[365] überkommt die klassische Dichotomie, indem es regulative Strukturen mit freiwilligen Elementen verbindet. In diesem Sinne zeichnet sich die „CSR-Rechtskonzeption" dadurch aus, dass freiwillige Normen und Standards verbindlich eingerahmt werden.[366] Die so geschaffene Synergie bzw. Verzahnung verschiedener Strukturen erweist sich als besonders effektiv vor dem Hintergrund der Internationalisierung unternehmerischen Handelns. Hier können verbindliche Standards ein globales Mindestmaß garantieren, während es freiwillige Beiträge den Unternehmen ermöglichen, flexibel auf fehlende Rechts- und Wertvorstellungen im globalen Raum zu reagieren. Von großer Bedeutung kann ein solches CSR-Verständnis gerade für die steigende Bedeutung der Schwellen- und Entwicklungsländer im globalen Wirtschaftssystem sein, die immer stärker in den internationalen Handel eingebunden werden und auf diesen zunehmend mittels eigener Unternehmen Einfluss gewinnen.[367] Hier können CSR-Standards das Fehlen gesetzlicher Bestimmungen kompensieren und die Grundlage für die Einführung verbindlicher Normen bilden.[368] Insgesamt tragen CSR-Normen, wie sie in freiwilligen Verhaltenskodizes aber auch in verbindlichen Rechtssätzen zum Ausdruck kommen, nicht nur zur Herausbildung eines Konsenses über globale Normen unternehmerischen Verhaltens bei, sondern reflektieren einen allgemeinen „Trend" in demokratischen Gesellschaften, wonach Regeleinhaltung nicht mehr nur als erzwungen, sondern auch als freiwillig verstanden wird.[369]

In der Rechtspraxis lassen sich dabei vermehrt Beispiele finden, die die CSR-Rechtskonzeption im Wege der Verzahnung freiwilliger und bindender Instrumente aufgreifen. Gerade einzelne Rechtsordnungen der EU-Mitgliedstaaten enthalten dabei fortschrittliche und ganzheitlich formulierte CSR-Ansätze, die sowohl anreizorientierte als auch verpflichtende Elemente umfassen.[370] Deutlich wird im Kontext

---

365 Von *MacLeod*, European Public Law 2007, S. 671 (676) auch als *„third way"* bezeichnet.

366 *Schneuwly*, S. 87. Siehe auch *Metcalf*, Pace Environmental Law Review 2010, S. 145 (198 f.) sowie *Wolf/Schwindenhammer*, zfwu 2011, S. 10 (12).

367 *Vives*, Development 2004, S. 45 (45 f.).

368 So in Bezug auf „schwach regulierte Rechtsräume" *Curbach*, S. 66.

369 *Buntenbroich*, S. 135.

370 Dazu und insbesondere zum dänischen „National Action Plan for Corporate Social Responsibility" aus dem Jahr 2008 siehe *Riess*, in: Schneider/Schmidpeter, Corporate Social Responsibility, S. 779 (780). Aber auch außerhalb der EU gewinnen Fragen der Inkorporation von CSR in die Gesetzgebung zunehmend an Bedeutung. In Ghana werden beispielsweise Unternehmen gesetzlich dazu verpflichtet, ihre gesellschaftliche Verantwortung in Vereinbarungen mit den gewohnheitsrechtlichen

der EU aber auch, dass die von der Kommission erkannte „Notwendigkeit, die Rolle von ergänzenden Vorschriften anzuerkennen, mit denen sich ein Umfeld schaffen lässt, das Unternehmen eher dazu veranlasst, freiwillig ihrer sozialen Verantwortung nachzukommen"[371], bisweilen nicht von allen Mitgliedstaaten geteilt wird. Beispiele für Instrumente, die im Sinne des hier vertretenen CSR-Verständnisses freiwillige und verpflichtende Elemente miteinander verbinden, finden sich zudem auf internationaler Ebene. Dies gilt etwa für den „Kimberley-Prozess", einem seit dem Jahr 2000 entwickelten Zertifikationssystems zur Eindämmung des internationalen Handels mit sog. „Konfliktdiamanten", der eine gemeinsame Initiative von Regierungen, der Diamantenindustrie und Vertretern der Zivilgesellschaft darstellt.[372] Aus dieser „Multi-Stakeholder-Initiative" sind inzwischen umfangreiche Vorschriften zum Handel mit Rohdiamanten und zur Einrichtung eines Zertifikationssystems hervorgegangen, die für die EU einheitlich durch die Verordnung Nr. 2368/2002 umgesetzt wurden.[373] Neben direkten Verpflichtungen in Bezug auf die Einfuhr von Diamanten und die Umsetzung der Zertifizierung enthält die Verordnung in Kapitel IV zudem auch detaillierte Vorgaben hinsichtlich der Selbstregulierung der Diamantenindustrie. Sichergestellt werden soll damit ein Mindeststandard hinsichtlich des Inhalts, der Umsetzung und der Kontrolle von freiwillig durch die Industrie eingeführten Selbstregulierungsmaßnahmen.[374]

Der Kimberley-Prozess stellt somit ein gutes Beispiel für die Bemühungen dar, die unternehmerische wie die staatliche Verantwortung und Rechenschaftspflicht sowohl im Wege der Anpassung betrieblicher Prozesse als auch mittels rechtlicher Regulierung durch Stärkung der Transparenz zu verbessern.[375] Indem er freiwillige und bindende Elemente miteinander verbindet und gleichzeitig verschiedene

---

Landeigentümern zu dokumentieren, siehe *Blowfield/Frynas*, International Affairs 2005, S. 499 (503).

371 KOM(2011) 681 endg., S. 7.

372 Siehe *The Kimberley Process Certification Scheme*, abrufbar unter http://www.kimberleyprocess.com/ (Stand: 21.01.2016). Konfliktdiamanten im Sinne des Kimberley-Prozesses sind Rohdiamanten, die Rebellenbewegungen oder deren Verbündete zur Finanzierung von Konflikten mit dem Ziel der Untergrabung rechtmäßiger Regierungen nutzen, vgl. die Begriffsbestimmung in Anhang 1 der Verordnung (EG) Nr. 2368/2002 des Rates vom 20.12.2002 zur Umsetzung des Zertifikationssystems des Kimberley-Prozesses für den internationalen Handel mit Rohdiamanten, ABlEG, 2002, Nr. L 358, S. 28.

373 VO (EG) Nr. 2368/2002, ABl EG 2002 L 358, S. 28.

374 Vgl. Art. 17 VO (EG) 2368/2002/EG, ABl 2002 L 358.

375 Siehe dazu und zu den weiteren Beispielen der *„Voluntary Principles on Security and Human Rights"* sowie der *„Extractive Industry Initiative"*, *Ruggie*, Am. J. Int'l L. 2007, S. 819 (835), der zusammenfassend zutreffend anfügt: „Although each has weaknesses that require improvement, the relative ease and speed with which such arrangements can be established, and the flexibility with which they can operate, make them an important complement to the traditional state-based treaty-making and soft law standard-setting processes."

Akteure in seinen Prozess miteinbezieht und verpflichtet, bildet der Kimberley-Prozess ein Muster für die hybride Steuerungsform der CSR.[376]

II. CSR als Steuerungsinstrument zwischen Recht und Moral

Ebenso wie eine Kategorisierung als „freiwilliges“ oder „verbindliches“ Konzept, gestaltet sich auch die Kennzeichnung der CSR als „Recht“ oder „Nicht-Recht“ als komplex. Dazu trägt vor allem auch bei, dass die CSR nach verbreitetem Verständnis neben Fragen der wirtschaftlichen und rechtlichten Verantwortung auch solche der (unternehmerischen) Moral thematisiert. Angebracht ist es daher, in einem ersten Schritt das dieser Arbeit zugrunde liegende Rechtsverständnis zu klären und dieses vom Begriff der Moral abzugrenzen. Darauf aufbauend soll die CSR in den Kontext rechtssoziologischer Erklärungsansätze gestellt und systematisiert werden. Entstehen soll dabei ein umfassendes Bild der komplexen rechtlichen Rahmenbedingungen der Unternehmensverantwortung, das dazu geeignet ist, die aufgeworfene Frage nach der Rechtsqualität der CSR zu beantworten.

1. Recht und Moral

Die CSR ist angesiedelt in einem Grenzbereich zwischen Recht und Moral. Dabei stellt das Verhältnis von Recht und Moral eines der Grundprobleme der Rechtsphilosophie dar.[377]

a. „Recht“

Die Frage nach dem Rechtbegriff stellt ein „Dauerthema“[378] der Rechtswissenschaften dar. Einigkeit besteht darüber, dass ein „einzig wahre[r] Rechtsbegriff“ nicht existiert.[379] Das jeweilige Rechtsverständnis beruht auf unterschiedlichen Vorstellungen von Recht und dessen Funktionen. Hinzu kommt, dass Recht vielfältige Erscheinungsformen hat und es keine bestimmenden Merkmale aufweist, mit deren Hilfe es vom Nicht-Recht abgegrenzt werden könnte.[380] Ein Grundkonsens besteht insofern, als das Recht die Rahmenbedingungen des Zusammenlebens einer Gesellschaft regelt und damit zugleich durch Rechtssicherheit und Rechtsfrieden die

---

376 *Ruggie*, Am. J. Int'l L. 2007, S. 819 (839).

377 Vgl. etwa *Röhl*, S. 58 und *Vöneky*, S. 39 f.

378 So unter Verweis auf die Auseinandersetzungen mit der Thematik in der Rechtstheorie, -philosophie und -soziologie *Dreier*, NJW 1986, S. 890 (893).

379 *Röhl*, S. 57 sowie *Dreier*, NJW 1986, S. 890 (893), der Recht als ein „komplexes Phänomen“ beschreibt und in Bezug auf unterschiedliche Forschungsperspektiven und Forschungsinteressen feststellt, dass „[...] es mehrere Rechtsbegriffe geben kann, die gleichermaßen legitim und adäquat sind.“

380 *Vöneky*, S. 40.

Voraussetzungen für wirtschaftliche Prosperität und Entwicklung schafft.[381] Das Recht nimmt Einfluss auf das Verhalten der Rechtsunterworfenen. Im Kern beschäftigt es sich daher mit dem „Sollen".[382] Zudem setzt das Bestehen von Recht voraus, dass die darin normierten Verhaltensregeln (die Gebote und Verbote) auf verbreitete Akzeptanz stoßen, jedenfalls in ihren Grundzügen also von den Betroffenen befolgt werden.[383] Nach der positivistischen Rechtstheorie verlangt eine Rechtsordnung gleichzeitig das Vorliegen einer Hierarchie von Normen, wobei die jeweils ranghöchste Norm (etwa die Verfassung) rangniedrigere Normen legitimiert.[384] Damit gelangt das Recht zugleich in die Nähe des Staates. Recht wird dabei als „Inbegriff der vom Staat garantierten allgemeinen Normen" definiert.[385]

Nicht zuletzt aufgrund der steigenden Anzahl und Bedeutung privater Regelungsaktivitäten ergeben sich zunehmend Zweifel an dem auf staatliche Akteure ausgerichteten Rechtsverständnis. Hingewiesen wird etwa darauf, dass transnationale private Normen gerade im Kontext der globalen Wirtschaft „[...] nicht selten das einzige einheitliche international verfügbare Regelwerk" darstellen.[386] Diese Beobachtung geht einher mit dem soziologischen Rechtsverständnis, nachdem das Vorliegen von Recht lediglich ein Mindestmaß an Autorität erfordert, also einen zur Anwendung und Durchsetzung von Normen berufenen „Spezialstab", der als solcher nicht in Frage gestellt wird.[387] Ein derartiger Spezialstab ist (verstärkt) auch in nicht-staatlich organisierten Verbänden zu finden, die über ein besonderes „Disziplinarrecht" verfügen und sich insoweit wesensmäßig von staatlichen Verbandsordnungen kaum unterscheiden.[388] Folgerichtig wird zunehmend auf ein konstitutives Merkmal der „Durchsetzbarkeit" des Rechts verzichtet. Stattdessen wird danach gefragt, ob die gesetzten Verhaltensregeln einerseits eine gewisse Beständigkeit

381 *Höffe*, in: Aßländer/Löhr, Corporate Social Responsibility, S. 35 (39); *Krüger*, JuS 2012, S. 873 (873).

382 *Krüger*, JuS 2012, S. 873 (875); *Horn*, S. 6.

383 *Vöneky*, S. 42.

384 Siehe unter Verweis auf die Rechtstheorie von *H. L. A. Hart* die Darstellung bei *Glinski*, S. 66.

385 So die Formulierung bei *Horn*, S. 4 f.; siehe auch zum „monistischen Rechtsbegriff", nach dem alle nichtstaatlichen Ordnungen, auch wenn sie einen hohen, justizähnlichen Institutionalisierungsgrad aufweisen, keine unmittelbare Rechtsqualität besitzen *Röhl*, S. 186.

386 *Glinski*, S. 68, die auch anfügt, dass das staatliche Recht „schon aus Gründen der internationalen Markt- bzw. Konkurrenzfähigkeit der heimischen Wirtschaft bzw. des Wirtschaftsstandorts" auf dieses Regelwerk zurückgreifen müsse.

387 *Rehbinder*, S. 63.

388 *Rehbinder*, S. 64, der als Beispiele Vereine, Parteien und Wirtschaftsverbände anführt, die über eine spezifische „Gruppenordnung" und damit über eine eigene Rechtsordnung im soziologischen Sinne verfügen.

aufweisen und andererseits befolgt oder zumindest vom überwiegenden Teil der Adressaten akzeptiert werden.[389]

b. „Moral"

Vom Recht zu unterscheiden ist die Moral.[390] Ebenso wie das Recht umfasst auch die Moral Normen, die auf das Verhalten einwirken sollen. Moralische Normen richten sich dabei jedoch an das Gewissen des Einzelnen, sie orientieren sich an der „Idee des Guten" und wollen eine grundsätzliche Handlungsorientierung aufzeigen.[391] Im Gegensatz zum Recht, das in den überwiegenden Fällen zunächst einer (autoritativen) Setzung bedarf, ist die Moral insoweit vorgegeben[392] In dieser moralischen Dimension, der „Legitimität", steht die Geltung von Werten im Vordergrund. Bestimmendes Merkmal ist dabei deren Anspruch auf Richtigkeit, universelle Gültigkeit und Verbindlichkeit sowie darauf, „von jedem Verständigen als gültig eingesehen werden zu können."[393] Moralisches Verhalten verlangt folgerichtig neben einem „positiven" äußeren Verhalten auch eine „positive" innere Einstellung.[394] Der Bezug auf die innere Einstellung weist auf die Individualität der Moral hin, eine bestimmte oder gar eine bestimmende Moral lässt sich nur schwer ausmachen. Moralische Überzeugungen unterscheiden sich vielmehr – oft sogar erheblich – zwischen einzelnen Kulturen, zum Teil widersprechen sie sich sogar. Vor allem aber ändern sich Moralvorstellungen im Laufe der Zeit.[395]

c. CSR zwischen Recht und Moral

Die Frage nach der Kategorisierung der CSR im Schema „Recht – Moral" wird uneinheitlich beantwortet. Auffallend ist jedoch, dass die überwiegende CSR-Literatur im

---

389 *Vöneky,* S. 43 f. sowie in Bezug auf das Merkmal der Beständigkeit *Hart,* S. 85, der in diesem Zusammenhang von „regular conduct" spricht.

390 Auch wenn „Recht" und „Moral" in der Alltagssprache und in anderen Disziplinen zum Teil synonym verwendet werden, siehe *Hilgendorf,* Aufklärung und Kritik 2001, S. 72 (72).

391 *Horn,* S. 8; *Döring,* Rechtstheorie 1996, S. 157 (159).

392 *Hilgendorf,* Aufklärung und Kritik 2001, S. 72 (73) weist jedoch auch auf die Fälle hin, in denen von Recht auch ohne Setzung- und von Moral trotz Setzung gesprochen werden kann. Eine ausführliche Darstellung dazu findet sich auch bei *Döring,* Rechtstheorie 1996, S. 157 (160 ff.); *Brunhöber,* JuS 2011, S. 401 (402).

393 *Vöneky,* S. 30.

394 *Kühl,* JA 2009, S. 833 (833 f.).

395 *Hilgendorf,* Aufklärung und Kritik 2001, S. 72 (73) sowie unter Bezugnahme auf die „öffentliche Moral" verstanden als „vorherrschende Anschauungen über das sittlich Richtige" *Horn,* S. 9. Vgl. auch *Mansel,* in: Jauernig, § 138 BGB, Rn. 7: „Soweit eine Konkretisierung fehlt, also das „allg" SittenGes maßgebend ist, muss beachtet werden, dass in einer pluralistischen Gesellschaft sich nur in sehr begrenztem Umfang eine herrschende (Sozial-)Moral feststellen lässt."

Rahmen ihrer Argumentation immer wieder (auch) auf eine moralische Verpflichtung der Unternehmen hinweist. *Hardtke* etwa bezeichnet die „moralisch-ethische Verpflichtung" der Unternehmen, für die Auswirkungen ihrer Geschäftstätigkeit auf Gesellschaft und Umwelt einzustehen, als „wesentliche Grundfeste des CSR-Konzeptes".[396] Nach *Bassen/Jastram/Meyer* reflektiert die CSR einen Diskurs um die „moralische Verantwortung" von Unternehmen für die ökologischen und sozialen Konsequenzen ihrer Aktivitäten.[397] Und *Schwerk* sieht die CSR gar auf „philosophischen Normen- und moralischen Wertfindungsprozessen" basierend.[398] Eine moralische Verantwortung der Unternehmen für ihr Handeln verknüpft die Literatur dabei zumeist mit dem gesellschaftlichen Umfeld der Unternehmen. Demnach steht bei der CSR die Frage im Vordergrund, wie Unternehmen den moralischen Erwartungen ihrer Anspruchsgruppen gerecht werden können, wobei als gegeben angesehen wird, dass moralische Regeln für Unternehmen ebenso bindend sind wie für Privatpersonen, insofern also keine „Sondermoral" für Unternehmen besteht.[399]

Erkennbar ist jedoch auch, dass neben der Bezugnahme auf eine „moralische Verpflichtung" zugleich auf eine rechtliche Verantwortung der Unternehmen hingewiesen wird, die Einhaltung rechtlicher und moralischer Grundsätze demnach gleichfalls als der CSR inhärent betrachtet wird.[400] CSR erscheint so als Instrument, mittels dem sowohl die Einhaltung rechtlicher- als auch moralischer Werte verfolgt- und miteinander in Einklang gebracht werden soll.[401] Vorgeschlagen wird etwa daher, CSR als Beispiel für die Kategorie des „*informal law*" zu verstehen, das auf einer Reihe von normativen Vorstellungen, Verhaltens- und Handlungsmustern aufbaut, die nicht auf einer scharfen Trennung von Recht und Moral beruhen.[402] Darauf deuteten sowohl die wertbezogene Fundierung des CSR-Konzepts als auch die zahlreichen Verweise auf ethisches und moralisches Verhalten der Unternehmen

396 *Hardtke*, in: Braun, Gesellschaftliches Engagement von Unternehmen, S. 202 (207) m.w.N.

397 *Bassen/Jastram/Meyer*, zfwu 2005, S. 231 (235).

398 *Schwerk*, S. 19.

399 *Schneidewind/Rehm*, in: Braun, Gesellschaftliches Engagement von Unternehmen, S. 223 (224); *Aßländer*, in: Braun, Gesellschaftliches Engagement von Unternehmen, S. 187 (187 f.). Dazu auch *Pitts*, Berkeley J. Int'l L. 2008, S. 479 (489), der als spezfische Beispiele für moralische Werte mit Unternehmensbezug, „*integrity, honesty and good faith, respect for dignity, encouragement of individual autonomy, tolerance for dissent, nondiscrimination, fair treatment, achievement and self-expression, teamwork and solidarity, respect for the environment, openness and transparency, and accountability*" anführt.

400 *Raupp/Jarolimek/Schultz*, in:Dies., Handbuch CSR, S. 9 (12).

401 *Jackson*, Brook. J. Int'l L. 2010, S. 41 (47).

402 *Buhmann*, Corporate Governance 2006, S. 188 (198). Alternativ schlägt sie für die CSR die Verwendung des Begriffs „*pre-fomal law*" vor.

hin, wie sie etwa in den von Unternehmen und Verbänden entwickelten und angewendeten Verhaltenskodizes zum Ausdruck kämen.[403]

Insgesamt liegt es somit nahe anzunehmen, dass die CSR in eine „Zwischensphäre“ zwischen Recht und Moral fällt.[404] Dabei kommt das moralische Element etwa dann zum Vorschein, wenn fortlaufend an das „unternehmerische Gewissen“ appelliert wird oder gefordert wird, grundlegende Werte und Prinzipien wie Integrität, Toleranz und Fairness zu „respektieren“. Auch die häufige Bezugnahme auf die „Freiwilligkeit“ CSR und der Hinweis darauf, dass Unternehmensverantwortung über gesetzliche Bestimmungen hinausreicht, kann in diesem Sinne als eine grundlegende, an der „Idee des Guten“ ausgerichtete und damit moralische Handlungsorientierung verstanden werden. Schon die zunehmende inhaltliche Anlehnung der CSR an Fragestellungen, die in einer Vielzahl von Rechtsordnungen einer zum Teil detaillierten Normierung unterliegen (so etwa in den Bereichen Arbeitssicherheit und Umweltschutz) aber auch der steigende Verweis auf nationale und internationale Standards des Grund- und Menschenrechteschutzes belegen eine zunehmende Verstärkung des rechtlichen Elements der Unternehmensverantwortung im Sinne einer „Verrechtlichung“ der CSR. In besonderer Weise tritt die Stellung der CSR zwischen Recht und Moral dort zu Tage, wo autoritativ gesetztes Recht mittelbar, das heisst unter Verzicht auf eine direkte Verhaltensnormierung lediglich die Grundlagen dafür schafft, dass Unternehmen ihrer moralischen Verantwortung nachkommen können. Diese Form der Verhaltenssteuerung, bei der sich autoritative und autonome Elemente gegenseitig ergänzen, bildet ein Kennzeichen der modernen CSR-Entwicklung und zugleich dessen Fundament.

Damit fügt sich das Bild der Verhaltenssteuerung im Bereich der CSR in eine generelle Entwicklung ein, die sich als das Entstehen vielfältiger und unterschiedlicher „Regulierungs- und Steuerungsnetzwerke“ beschreibt lässt.[405] Grundlage dieser Netzwerke bildet ein gewandeltes Verständnis von der Rolle des Staates, der vermehrt auf Koordination und Kooperation mit privaten Akteuren setzt und damit zur Herausbildung einer vernetzten „*Governance*“-Struktur beiträgt.[406] Damit soll gleichzeitig der in Teilen eingetretene Bedeutungsverlust kompensiert werden, den der staatliche Gesetzgeber durch die Prozesse der Privatisierung und Globalisierung in Bezug auf seine Regulierungs- und Steuerungsfunktion gegenüber nichtstaatlichen

403 Dazu auch *Muchlinski*, International Affairs 2001, S. 31 (37): „Furthermore, MNEs themselves appear to be rejecting a purely non-social role for themselves through the adoption of corporate and industry-based codes of conduct. At the very least, these create a moral expectation that the codes will be observed.“

404 *Höffe*, in: Aßländer/Löhr, Corporate Social Responsibility, S. 35 (39).

405 *Boehme-Neßler*, S. 155.

406 Siehe zu den Kennzeichen des Begriffs der (global) Governance auch *Glinski*, S. 69 f. Grundlegend dazu auch *Jayasuriya*, Ind. J. Global Legal Stud. 1999, S. 425 (425 ff.) sowie *Deutscher Bundestag*, Schlussbericht Globalisierung der Weltwirtschaft – Herausforderungen und Antworten, S. 415 ff.

Akteuren erfahren hat.[407] Insbesondere hat sich privates, nichtstaatliches Recht, das in seinem jeweiligen Bereich „branchenspezifisch“ autoritativ gesetzt ist und dort soziale Wirksamkeit entfaltet, zu einer zentralen Rechtsquelle entwickelt. Dieses außerhalb einer rein staatlichen Domäne entstandene (auch als „parastaatlich“ bezeichnete[408]) Recht, das auch Fragen des moralischen Handelns integriert, hat sich vor allem im Rahmen der global agierenden Wirtschaft etabliert und zum Entstehen privater internationaler Problemlösungsstrukturen beigetragen.

Ein Großteil der so entstandenen Rechtsregeln lässt sich dem Bereich des „*Soft Law*“ zuordnen, das auch für den Bereich der CSR prägend ist.[409] Kennzeichnend für das Soft Law ist, dass es zwar keine unmittelbar rechtliche Wirkung entfaltet, gleichzeitig jedoch Verhaltensregeln zum Ausdruck bringt, die zum Teil zu Verhaltenspflichten erstarken können und jedenfalls eine gewisse „Rechtsnähe“ aufweisen.[410] Besonders relevant im Bereich der CSR sind dabei die von Unternehmen entwickelten Verhaltenskodizes („*codes of conduct*“), die eine Form des Soft Laws darstellen. In ihrer Tendenz, auf innovative Formen der Verhaltensregulierung unter Einbezug freiwilliger und verpflichtender Elemente zurückzugreifen und dabei in Bereiche vorzustoßen, in denen verbindliche Regeln fehlen oder unterrepräsentiert sind[411], bilden Verhaltenskodizes gewissermaßen den „Prototyp“ einer Verhaltenssteuerung im Bereich der CSR. Dies gilt vor allem aber auch deshalb, da Verhaltenskodizes versuchen, eine schwächere rechtliche- durch eine stärkere moralische Bindungswirkung auszugleichen.[412] *Horn* hat die zunehmende Schaffung und Anwendung internationaler „Verhaltensrichtlinien“ bereits früh als das Entstehen eines „*internationalen ordre public*“ auf dem Gebiet des internationalen

407 *Slaughter*, Foreign Affairs 1997, S. 183 (184) („The state is not disappearing, it is disaggregating into its separate, functionally distinct parts.“).

408 Siehe die Charakterisierung des „parastaatlichen Rechts“ bei *Boehme-Neßler*, S. 190. *Birk*, GRUR 2011, S. 196 (196) spricht in diesem Zusammenhang von einem bereits entstandenen „privaten Völkerrecht“ für Unternehmen.

409 Soft Law umfasst „[...] sollens-finale Sätze oder Standards mit intrinsischer Gemeinwohlvermutung, die zwar nicht rechtsverbindlich sind, aber über ein Bindungselement Rechtswirkungen oder Verhaltenswirkungen auslösen können, die einer Rechtsbindung nahe- oder gleichkommen.“, vgl. *Müller-Graff*, EuR 2012, S. 18 (22).

410 *Schwarze*, EuR 2011, S. 3 (5). Ebenso *von Graevenitz*, EuZW 2013, S. 169 (169), der auf die „erhebliche faktische Wirkung“ trotz formaler Unverbindlichkeit hinweist. Ähnlich auch *Thürer*, MPEPIL, Soft Law, Rn. 8.

411 Ausführlich zu den Merkmalen von Verhaltenskodizes *Friedrich*, MPEPIL, Codes of Conduct, Rn. 1 ff. sowie bereits *Baade*, GYIL 1979, S. 11 (11 ff.). *Buntenbroich*, S. 136 weist auf eine „Katalysatorfunktion“ von Verhaltenskodizes in Bezug auf die Förderung des Respekts für Mindestarbeitsrechte hin. So könnten im Wege eines Zusammenspiels öffentlicher- und privatrechtlicher Instrumentarien beispielsweise völkerrechtliche Standards mit den Instrumenten des Privatrechts durchgesetzt werden.

412 *Friedrich*, MPEPIL, Codes of Conduct, Rn. 38.

Wirtschaftsrechts verstanden, der neben grundlegenden, im öffentlichen Interesse bestehenden Rechtsnormen auch auf rechtsethische Grundsätze Bezug nimmt.[413] Offenbar wird in diesem Verständnis nicht nur die gegenseitige Bezogenheit und Ergänzung von Recht und Moral, sondern darüber hinaus auch die vor dem Hintergrund der allgemeinen Rechtsentwicklung zu konstatierende zunehmende Vermengung beider Normkomplexe, die eine eindeutige Zuweisung zunehmend erschwert.

Zusammenfassend lässt sich demnach die Positionierung der CSR im Verhältnis zu Recht und Moral wie folgt darstellen: Ein erster Teil von Verhaltensnormen, wie er typischerweise in denjenigen unternehmensinternen Verhaltenskodizes zum Ausdruck kommt, die als rechtlich unverbindlich zu betrachten sind, begründet Pflichten moralischer Art. Darüber hinaus umfasst das CSR-Konzept auch einen zweiten Teil von Normen, die der Thematik der Unternehmensverantwortung zuzuordnen-, jedoch in einem Rechtsakt geregelt- und mithin rechtlich verpflichtend sind. Ein dritter Teil von CSR-Verhaltensnormen ist schließlich zwischen moralischen und rechtlichen Pflichten, also in einer „Grauzone" angesiedelt. Denkbar sind in diesem Zwischenbereich zahlreiche Formen der Kombination von rechtlicher und moralischer Verhaltenssteuerung, von „harten" und „weichen" Steuerungselementen aber auch von „legislatorischer Rechtsordnungspolitik" und „nichtlegislatorischer Rechtsprozeßpolitik"[414]. Kennzeichen sämtlicher (rechtlicher wie moralischer) CSR-Verhaltensnormen ist dabei, dass sie immer auch die wirtschaftliche Leistungsfähigkeit des Unternehmens im Blick behalten müssen, wobei zwischen dem „rechtlich Erlaubten", dem „ethisch Gesollten" und dem „wirtschaftlich Sinnvollen" nicht selten eine beträchtliche Differenz bestehen kann.[415]

d. CSR als Rechtsbegriff?

Vereinzelt wird die Frage aufgeworfen, ob sich „CSR" als Rechtsbegriff qualifizieren lässt.[416] Sieht man von der Abstraktheit der Fragestellung ab und konzentriert sich auf die dahinter stehende Problematik, ob das Konzept der CSR einen eindeutigen und präzisen Inhalt dergestalt besitzt, dass dieser rechtstechnisch in einem Gesetz wiedergegeben und durch die Rechtsanwendung konkretisiert werden könnte, so muss die Frage nach der Rechtsbegriffsqualität nach dem bisher Gesagten verneint werden. Sowohl die bereits dargestellte Weite des CSR-Konzepts und dessen zum Teil gegensätzliches Verständnis in Wirtschaft, Politik und Zivilgesellschaft, als auch die im Terminus selbst enthaltene „Fülle von möglichen Verhaltenserwartungen an Unternehmen"[417] machen es praktisch kaum möglich, die CSR als Ganzes rechtlich zu fassen und dem Begriff ungeteilte Rechtsqualität zuzugestehen.

413 *Horn*, RabelsZ 1980, S. 423 (448 f.).
414 So allgemein in Bezug auf „paralegales Recht" die Formulierung bei *Mertens*, RabelsZ 1992, S. 219 (227).
415 Siehe in einem anderen Kontext *Gramm*, JZ 1990, S. 905 (907).
416 *Nowrot*, in: Raupp et al., Handbuch CSR, S. 419 (420 f.).
417 *Nowrot*, in: Raupp et al., Handbuch CSR, S. 419 (421).

Dementsprechend hat sich der Begriff „CSR" auch international, insbesondere im anglo-amerikanischen Sprachraum trotz der diesbezüglichen Abwesenheit einer Übersetzungsproblematik, nicht als feststehender Rechtsbegriff etablieren können.[418]

Aus der fehlenden Rechtsbegriffsqualität jedoch auf den außerrechtlichen Standort sämtlicher unter dem Terminus der CSR diskutierten Verhaltensvorgaben zu schließen[419], würde dem hier gewählten weiten CSR-Verständnis wiedersprechen. Sinnvoller erscheint es hingegen, den Begriff der CSR lediglich als summarischen Oberbegriff für eine Vielzahl unterschiedlicher rechtlicher wie nicht-rechtlicher Maßnahmen zu verstehen, die in ihrer Gesamtheit bezwecken, die Interessen des Unternehmens und die Erwartungen seiner Anspruchsgruppen miteinander in Einklang zu bringen. Eine Möglichkeit zur Konkretisierung dieses Oberbegriffs kann darin bestehen, den Begriff und seine Anwendung individuell im jeweiligen Regelungskontext zu betrachten und inhaltlich zu bestimmen.[420] Dieser Weg erlaubt es, eine allgemeine, *a limine* vorzunehmende Einteilung der CSR zu umgehen und stattdessen den Blick auf die unter dem „Oberbegriff" versammelten einzelnen Steuerungsinstrumente zu richten. Die dafür erforderliche Benennung und Systematisierung dieser Instrumente, wird zu einem späteren Zeitpunkt vorgenommen.

2. Funktionen des Rechts

Die bisherigen Überlegungen haben gezeigt, dass „CSR" zwar nicht als Rechtsbegriff zu verstehen ist, das Konzept als Ganzes und insbesondere die darunter gefassten Einzelmaßnahmen jedoch gleichzeitig Bezüge zum Recht aufweisen. Gestützt werden soll dieses Verständnis durch die folgenden Ausführungen, in denen die CSR im Kontext der Rechtsfunktionen verortet wird. Ein derartiger Blick auf die Funktionen des Rechts ermöglicht es nach rechtssoziologischem Verständnis insbesondere zu bestimmen, was das Recht in der Gesellschaft tatsächlich ausmacht.[421] Dabei ergeben sich, wie zu zeigen sein wird, starke Parallelen zwischen den Funktionen des Rechts und denjenigen der CSR.

Grundlegend befasst mit der Kennzeichnung und Einteilung möglicher Funktionen des Rechts hat sich *Llewellyn*, nach dem insgesamt fünf Funktionsgruppen („*law jobs*") zu unterschieden sind: Die Konfliktbereinigung („*disposition of trouble cases*"), die Verhaltenssteuerung („*preventive channeling and reorientation of conduct and expectations*"), die Legitimierung und Organisation sozialer Herrschaft („*allocation of authority and the arrangement of procedures which legitimize the action*

418 Siehe ausführlich zu einer der wenigen Ausnahmen, dem Article 15 des indonesischen Investment Law No. 25 aus dem Jahr 2007, der Investoren ausdrücklich auf die CSR verpflichtet, *Waagstein*, Journal of Business Ethics 2011, S. 455 (455 ff.) sowie *Lambooy*, S. 25.

419 So jedoch das Verständnis bei *Nowrot, in: Raupp et al., Handbuch CSR*, S. 419 (422).

420 So in Bezug auf den Begriff der „nachhaltigen Entwicklung" *Sieben*, NVwZ 2003, S. 1173 (1176).

421 *Baer*, S. 107.

of being authoritative"), die Gestaltung der Lebensbedingungen („*net organization of the group or society as a whole*") und die Rechtspflege („*juristic method*").[422] Diese Funktionsbeschreibung deckt sich mit dem auch heute noch überwiegend vertretenen soziologischen Rechtsbegriff. Recht wird verstanden als soziales Herrschaftsinstrument, das primär den Zusammenhalt der Gesellschaft durch Ausgleich widerstreitender Interessen fördern und erhalten soll.[423] Diese integrative Funktion erfüllt das Recht einerseits durch vergangenheitsbezogene „Reaktionsnormen" (die der Bereinigung von Konflikten dienen) und durch zukunftsgerichtete „Aktionsnormen" (die steuernd auf das gesellschaftliche Verhalten Einfluss nehmen) andererseits. Hinzu kommt, dass das Recht Zugriffsgrenzen definiert und damit einzelnen Teilsystemen der Gesellschaft einen freiheitlichen Bereich gewährleistet, der dem Zugriff des Staates entzogen ist.[424]

Während früher Aufgaben der Konfliktbereinigung die Funktionsbeschreibung des Rechts dominierten, steht heute vermehrt auch die Steuerungs- und Gestaltungsfunktion im Vordergrund. Die Gründe für diesen Funktionswandel sind vielschichtig. Zu denken ist dabei etwa an den steigenden gesamtgesellschaftlichen Lebensstandard, der in einem Rückgang existentieller Konfliktlagen resultiert.[425] Hinzu kommt, dass gesellschaftliche Entwicklungen (wie etwa die Globalisierung) dazu führen, dass Sachverhalte der Regelungskompetenz des Staates entzogen werden. (Staatliche) Hoheitsträger müssen sich zur Wahrung ihrer integrativen Aufgabe somit vermehrt auf die Möglichkeit der präventiven Verhaltenssteuerung beschränken. Und auch ein generell gewandeltes Staatsverständnisses wirkt sich auf die Funktionsbeschreibung des Rechts aus. Der Staat wird dabei weniger als allumfassende, reglementierende und regulierende Einheit, sondern als kooperierender, influenzierender und die sozialen Verhältnisse gestaltender Handlungsakteur wahrgenommen.

Der CSR geht es um eine positive Beeinflussung des Verhaltens von Unternehmen im Kontext deren gesellschaftlichen Umfelds. Gemessen an den hier genannten Funktionskategorien des Rechts geht es beim Konzept der Unternehmensverantwortung somit primär um den Bereich der „Verhaltenssteuerung". Verstanden werden kann die CSR zugleich als Form der „Gestaltung" gesellschaftlicher Strukturen. Implizit geht es dabei auch um die Vermeidung von Konflikten und die Sicherung des sozialen Friedens. Ein Großteil der im Rahmen der CSR diskutierten

422 *Llewellyn*, Yale Law Journal 1940, S. 1355 (1373 ff.). Dazu auch *Rehbinder*, S. 144 ff.; *Röhl*, Rechtssoziologie, S. 575 f. *Raiser*, S. 187 ff. nennt als weitere Funktionen „soziale Integration", „Sicherung der Freiheit" sowie „Bildung". Diese Funktionen lassen sich auch im Ansatz von *Llewellyn* wiederfinden.

423 *Rehbinder*, S. 141.

424 Vgl. *Röhl*, Rechtssoziologie, S. 576: „Für die übrigen Teilsysteme leistet das Recht vor allem eine Abschirmung von der Politik. Die Politik kann nicht unvermittelt auf Wirtschaft, Religion, Kunst oder Familie zugreifen, ohne sich rechtlicher Formen zu bedienen und dabei rechtlich definierte Grenzen zu wahren."

425 *Forstmoser/Vogt*, S. 206.

Verhaltensnormen für Unternehmen unterfällt somit dem Begriff der „Aktionsnormen“, die zukunftsgerichtet steuernd und gestaltend Einfluss nehmen.

a. *Steuerungsfunktion*

Die auch als „Ordnungsfunktion“[426] bezeichnete Steuerungsfunktion des Rechts zielt auf die Gestaltung der Lebensverhältnisse im Sinne einer „Kanalisierung“ des Verhaltens der Gesellschaft zur Vermeidung des Entstehens von Konflikten.[427] Handlungstheoretisch verstanden geht es bei „Steuerung“ um die kommunikative Einwirkung eines sozialen Systems auf ein anderes mit dem Ziel der Beeinflussung der Funktionen und Strukturen des gesteuerten Systems entsprechend dem Willen des steuernden Systems.[428] Dementsprechend lässt sich zwischen einem steuernden Subjekt (Steuerungsakteur) einerseits und einem gesteuerten Objekt (Steuerungsadressat) andererseits unterscheiden. Zur Erreichung eines bestimmten Steuerungsziels kann der Steuerungsakteur auf verschiedene Steuerungsinstrumente zurückgreifen. Dafür setzt das Konzept der Verhaltenssteuerung auf Seiten des Steuerungsakteurs ein gewisses Maß an Steuerungswissen voraus, das verstanden wird als Vorstellung über die konkreten Wirkungsbeziehungen zwischen Steuerungsaktivitäten und Steuerungsergebnissen.[429]

Neben anderen Steuerungsinstrumenten (etwa Macht und Moral) greift der Staat als zentrales Mittel der Verhaltenssteuerung auf das Recht zurück.[430] In seiner „klassischen“, also imperativen und befehlenden Form in Form von Geboten und Verboten zielt das Recht auf eine direkte Verhaltensbeeinflussung. Dabei geht es um eine konditionale, finale und prozedurale Programmierung des Steuerungsobjekts.[431] Von diesem Fall der „regulierenden Steuerung“ lassen weitere Fallgruppen einer Steuerung durch Recht unterscheiden: Die „personelle Steuerung“ (Personalsteuerung), die „prozedurale Steuerung“ (Steuerung durch Verfahren), die „strukturelle Steuerung“ (Steuerung durch Organisation) sowie die „finanzielle Steuerung“ (Steuerung

---

426 So etwa bei *Rehbinder,* S. 149.

427 Vgl. die Formulierung in Bezug auf die Steuerungsfunktion bei *Llewellyn,* Yale Law Journal 1940, S. 1355 (1376): „Its importance lies peculiarly in areas of patent or of latent conflict of interest: in the arrangement of participation in the scarce and desirable, from physical things on through to power and prestige.“ Siehe auch *Raiser,* S. 188; *Schmidt-Preuß,* VVDStRL 56 (1997), S. 160 (163); *Pawlowski,* S. 56. Generell skeptisch gegenüber der Steuerungsfunktion des Rechts *Hirsch,* S. 85.

428 *Salzborn,* S. 43.

429 *Martin,* S. 27; *Deckert,* ZRP 1995, S. 63 (64).

430 *Seibert,* ZRP 2011, S. 166 (166); *Volkmann,* JuS 2001, S. 521 (521); *Salzborn,* S. 44. Denkbar sind jedoch auch Fallkonstellationen, in denen der Gesetzgeber ganz bewusst auf eine Steuerung durch Recht verzichtet und stattdessen – in der Hoffnung auf eine höhere Effizienz – beispielsweise auf das Mittel der moralischen Steuerung zurückgreift, vgl. *Rottleuthner,* S. 68 f.

431 *Deckert,* ZRP 1995, S. 63 (64).

durch finanzielle Anreize).[432] In sämtlichen Varianten versucht das Recht einen Ausgleich zwischen dem Verhalten und den Erwartungen der Steuerungsadressaten herzustellen. So definiert es etwa soziale Rollen, bestimmt die Verteilung von Gütern oder schafft bestimmte Rechtsbegriffe und Rechtsinstitute.[433] Damit etabliert die Steuerungsfunktion nachhaltige Verhaltensmuster, „die das gesellschaftliche Handeln koordinieren und es oft in den Dienst weiterführender Gemeinschaftszwecke stellen."[434] Dies setzt jeweils auch ein Antizipieren und Erkennen möglicher Interessenkonflikte voraus.[435] Negativ setzt Steuerung auf die Vermeidung von Unrecht und Streit, positiv auf die gegenseitige Vereinbarung des Verhaltens, der Einstellungen und Erwartungen aller Gruppenmitglieder. In beiden Alternativen geht es jeweils auch um eine Grenzziehung „[...] zwischen notwendig vom Recht zu regelnden Sozialabläufen und einem freien Spielraum der gesellschaftlichen Kräfte"[436]. In seiner Steuerungsfunktion muss das Recht demnach sowohl ein ausreichendes Maß an Konformität als auch ein Mindestniveau an individueller Freiheit garantieren, das vor Übergriffen geschützt ist.[437]

Kritik sieht sich der Ansatz einer umfassenden, hoheitlichen und direkten Steuerung durch Recht vor allem aufgrund des damit verbundenen Eingriffs in bestehende gesellschaftliche Rechte und Freiheiten ausgesetzt.[438] Zudem wird grundsätzlich bezweifelt, ob angesichts der Komplexität moderner Gesellschaften allgemeine Normen und Vorschriften ein hinreichendes Maß an Steuerungskapazität besitzen. Schwachstellen in Bezug auf die Steuerung mittels regulativer Politik werden vor allem im fehlenden Raum für Alternativen sowie im Unterdrücken innovativer Steuerungsmöglichkeiten erkannt.[439]

Trotz dieser Bedenken wird die grundsätzliche Stellung der Steuerungsfunktion des Rechts im „Zielkatalog" des demokratischen Gesetzgebers nicht in Zweifel gezogen. Insbesondere auf dem Gebiet der Wirtschaftspolitik gilt eine maßvolle und die Freiheit der Wirtschaft respektierende Lenkung und Kanalisierung wirtschaftlicher Aktivitäten zum Schutz des Wettbewerbs, zur Verhinderung von Diskriminierung und zur Wahrung eines offenen Marktes als essentiell.[440] Hier hat sich der Ruf nach hoheitlicher Steuerung durch Recht in Anbetracht von Finanz- und Wirtschaftskrisen in jüngster Zeit sogar verstärkt. Statt einem Absehen vom

---

432 *Schuppert*, in: Grimm, Steuerungsfähigkeit des Rechts, S. 217 (232 f.).

433 *Raiser*, S. 187.

434 *Zippelius*, S. 50.

435 Gerade an dieser Stelle kommt der präventive Charakter der Steuerungsfunktion zum Ausdruck. *Seibert*, ZRP 2011, S. 166 (166) spricht von der „Kunst der Gesetzgebung", die darin besteht, die geplante Regel in den entferntesten Fallkonstellationen und Varianten vorauszudenken und die jeweiligen Reaktionen vorherzusehen.

436 *Rehbinder*, S. 150.

437 *Raiser*, S. 188.

438 Siehe die Kritik bei *Horn*, S. 72.

439 *Salzborn*, S. 44.

440 *Horn*, S. 73.

Steuerungsgedanken geht es vielmehr darum, alte und neue Steuerungsformen an die veränderten gesellschaftlichen Bedingungen anzupassen. Zunehmend haben dabei nichtimperative, „weiche" Steuerungsformen an Bedeutung gewonnen, die nur noch auf indirektem Weg auf individuelles oder kollektives Verhalten Einfluss nehmen.[441] Besonders deutlich lässt sich dies am Steuerungsverständnis der CSR ablesen. Zur Steuerung verantwortlichen unternehmerischen Verhaltens setzt die CSR zumeist auf Appell und Anreiz und verzichtet weitestgehend auf hoheitlichen Zwang und Befehl. Wie allgemein im Recht, stellt dabei die Frage nach dem richtigen Ort der Steuerung unternehmerischen Verhaltens (auf Ebene der Unternehmen selbst oder aber auf Ebene einer übergeordneten Zentralinstanz) ein „stets neu zu lösendes Optimierungsproblem"[442] dar.

aa. Der Wandel der Steuerungsfunktion

Bereits seit längerer Zeit werden dem Staat und seinem einseitig rechtlichen Handlungsinstrumentarium große Steuerungsschwächen bescheinigt. Die Gründe dafür sind vielfältig: Genannt werden etwa gesamtgesellschaftliche Entwicklungen wie Globalisierung und Technisierung, die Ausdifferenzierung der Gesellschaft sowie die daraus resultierende Komplexität moderner Gesellschaftsstrukturen, eine zunehmende Unvollständigkeit der Wissensgrundlagen des Staates, aber auch grundsätzliche Bedenken gegenüber der „Allmacht des Staates" sowie Zweifel an der rechtsdogmatischen und faktischen (vor allem ökonomischen) Leistungsfähigkeit rechtlicher Zwangsmittel.[443] All diese Entwicklungen und Tendenzen lassen sich im Kern auf eine immer vielschichtigere Sozialgestaltung zurückführen, die wiederum ein Ansteigen potentieller staatlicher Aufgaben und eine damit einhergehende größere Komplexität der Steuerungsvoraussetzungen nach sich zieht, die in ihrer Summe die Steuerungsfähigkeit des (einzelnen) Staates übersteigen.[444]

---

441 *Lübbe-Wolff*, NJW 1987, S. 2705 (2705); *Volkmann*, JuS 2001, S. 521 (521 f.) spricht insofern von einer „bemerkenswerten Karriere" nichtimperativer Steuerungsformen. Ausführlich zu den Modi „weicher" Steuerung siehe auch *Göhler* et al., PVS 2010, S. 691 (694 ff.).

442 So allgemein in Bezug auf eine Steuerung durch Recht *Zippelius*, S. 52. Ähnlich auch *Forstmoser/Vogt*, S. 207.

443 Siehe zu diesen und anderen Bedenken an der Steuerungseignung des „klassischen" Rechts *Kloepfer*, DVBl. 1996, S. 964 (964); *Martin*, S. 16; *Trute*, DVBl. 1996, S. 950 (950). Dazu auch schon *Gramm*, JZ 1990, S. 905 (906): „Es scheint ein grundsätzlicher Zweifel daran angebracht, daß die Evolution des Rechts in Richtung auf die geforderten effizienten Strukturen vor allem mit den traditionellen Mitteln des rechtlichen Zwangs zu schaffen ist. Denn freiheitsbedrohend ist weniger der direkte Übergriff eines anderen in die eigene Freiheitssphäre, der sich vergleichsweise einfach mit rechtlichen Zwangsmitteln regulieren läßt, sondern vielmehr die Summe der „Nebenwirkungen" von Freiheitsausübungen aller Zivilisationsteilnehmer, die sich überdies erst zeitlich versetzt auswirken."

444 *Volkmann*, JuS 2001, S. 521 (521); *Salzborn*, S. 69; *Deckert*, ZRP 1995, S. 63 (65).

Die „Krise regulativer Politik“ hat zu einem Überdenken der Steuerungsbedingungen und letztlich zu einer „Prinzipienwende“[445] geführt. Um die vermehrt gegenläufigen Interessen einer größer werdenden Anzahl von Akteuren miteinander in Einklang zu bringen, soll das Recht dabei weniger in seiner bindenden und ordnenden- als vielmehr in seiner ermöglichenden Funktion Wirkung entfalten.[446] Auf den ersten Blick lässt sich dieser Funktionswandel auch als teilweise Rückführung staatlicher Aufgabenwahrnehmung verstehen. Diese Blickrichtung ist jedoch verkürzt. Eine genauere Analyse lässt erkennen, dass der Aspekt der Aufgabenrückführung eher zweitrangig ist, primär handelt es sich um eine Aufgabenverschiebung. Danach sucht der an seine Grenzen stoßende, gemeinwohlverpflichtete Staat, wie es *Di Fabio* treffend beschreibt, „[...] Verbündete – oder rekrutiert sie, wenn sie seiner Fahne nicht freiwillig folgen.“[447] Seinen „verbündeten“ gesellschaftlichen Akteuren überträgt der Hoheitsträger dabei vermehrt öffentliche Aufgaben zum Zwecke der eigenen Entlastung. Beschreiben lässt sich dieser Prozess auch mit den Modellen des „kooperativen Staates“ oder der „kooperativen Steuerung“, bei denen es um eine Kombination von hoheitlichen und gesellschaftlichen Steuerungselementen geht, mithin um eine verbundweise Bewältigung öffentlicher Aufgaben.[448] Die mannigfaltigen Kooperationsformen zwischen Staat und Gesellschaft lassen die Grenzen zwischen Hierarchie und Verhandlung zunehmend verschwinden und führen zu einer Änderung der Rechtsstrukturen der Steuerung: Grundlage staatlicher Steuerung bildet nicht mehr das einseitige, ge- oder verbietende Handeln des Staates, sondern „Kommunikation und Kooperation im Wege offener Prozesse“, verstanden als Zusammenwirken unterschiedlicher staatlicher oder nichtstaatlicher Akteure auf nationaler, internationaler oder supranationaler Ebene.[449]

Die so geschaffenen neuen nichtimperativen Steuerungsformen können vielfältige Gestalt annehmen. Zu denken ist etwa an Formen bloßer Überredung oder des Appels an das Verantwortungsbewusstsein, an das Setzen von ökonomischen Anreizen, an Formen der Kooperation, aber auch an Drohungen mit „härteren“ bzw. „imperativen“ Steuerungsinstrumenten sowie an die Mobilisierung von Selbstregulierung und Selbstverpflichtung.[450] Ein Großteil dieser Instrumente versucht, das Verhalten durch Schaffung positiver oder negativer Anreize zu steuern. Denkbar

---

445 *Schmidt-Preuß*, VVDStRL 56 (1997), S. 160 (169), der als Ausdruck dieser Prinzipienwende die vermehrte Bezugnahme auf Schlagworte wie „Deregulierung, Entbürokratisierung, Entlastung, Verschlankung, ja Entschlackung des Staates“ wertet.

446 Vgl. *Volkmann*, JuS 2001, S. 521 (521 f.): „Gefragt sind – als nun schon „magische Begriffe“ – Flexibilität und Offenheit.“

447 *Di Fabio*, JZ 1997, S. 969 (969).

448 *Martin*, S. 22; *Salzborn*, S. 47. Kritisch zum Begriff des „kooperativen Staates“ *Volkmann*, JuS 2001, S. 521 (526).

449 *Martin*, S. 17.

450 *Volkmann*, JuS 2001, S. 521 (522) („bunte Pallette“); *Seibert*, ZRP 2011, S. 166 (169) („bunten Strauß“).

ist aber lediglich auch eine Beeinflussung durch Information. *Lübbe-Wolff* spricht insoweit von der „Steuerungsreserve ‚Information und Beratung'".[451] In Abgrenzung zu „harten" Formen klassischer Steuerung wird hier auch von „weicher" Steuerung gesprochen, die auf Partizipation, Kooperation, Information und Akzeptenz auf Seiten der Steuerungsadressaten setzt und sich damit deren Eigeninteressen zu Nutzen macht.[452] Insofern lassen sich die neuen Steuerungsformen auch als „Zweckprogrammierung" beschreiben, bei der sich die hoheitliche Normierung auf die Vorgabe politischer Ziele und Zwecke beschränkt und dem Rechtsanwender einen weiten Spielraum überlässt, wie er der Erreichung dieser Ziele und Zwecke nachkommt.[453] Durch Schaffung derartiger Freiräume gelingt es dem staatlichen Steuerungsakteur, sich den hohen Vernetzungsgrad der Gesellschaft und deren fachliche Expertise zu Eigen zu machen. Gleichzeitig gewinnt er durch die neuen Steuerungsformen an Flexibilität, er schafft die Grundlagen für private Initiativen und Innovationen und entlastet damit sich selbst.[454]

Die weitestgehende Form staatlicher Aufgabenprivatisierung und wesentlicher Bestandteil weicher Steuerungsinstrumente bildet dabei die Selbstregulierung, verstanden als „[...] individuelle oder kollektive Verfolgung von Privatinteressen in Wahrnehmung grundrechtlicher Freiheiten zum legitimen Eigennutz"[455]. In einem engen Zusammenhang zur Selbstregulierung steht die Selbstverpflichtung. Dabei geht es Verpflichtungserklärungen privater Akteure, vor allem von Unternehmen oder Verbänden, in denen sich der Verpflichtende auf die Einhaltung bestimmter Vorgaben oder die Erreichung konkreter Ziele festlegt. Oftmals erfolgt die Abgabe entsprechender Verpflichtungserklärungen in der Erwartung, so einer schärferen gesetzlichen Regulierung entgegenwirken zu können. Als problematisch erweist sich dabei die durch die Wortwahl der Selbstverpflichtungen erzeugte Erwartungshaltung: So suggerieren Selbstverpflichtungen gleichzeitig rechtliche Verbindlichkeit und Autonomie, obwohl sie in der Realität zumeist rechtlich unverbindlich und in Bezug auf ihren Inhalt (hoheitlich) determiniert sind.[456] *Di Fabio* sieht Selbstverpflichtungen daher als „[...] zwischen Freiheit und Zwang, zwischen rechtlich folgenloser Infernalität und rechtsbeachtlicher Pflichtenübernahme" changierend.[457]

451 *Lübbe-Wolff*, NJW 1987, S. 2705 (2705).
452 *Salzborn*, S. 47.
453 *Deckert*, ZRP 1995, S. 63 (64).
454 *Martin*, S. 30 sowie *Trute*, DVBl. 1996, S. 950 (955), der jedoch auch kritisch darauf hinweist, dass die Schaffung derartiger gesellschaftlicher Freiräume zwangsläufig auch mit der Nutzung von der dem privaten Sektor eigenen Interessenbewertungen und Machungleichgewichten verbunden ist und gleichzeitig zur Begründung staatlich vermittelter privater Machtpositionen führt.
455 *Schmidt-Preuß*, VVDStRL 56 (1997), S. 160 (162 f.); *Trute*, DVBl. 1996, S. 950 (951) spricht bezüglich der Selbstregulierung vom „Königsweg zwischen Aufgabenprivatisierung und staatlicher Überforderung".
456 *Di Fabio*, JZ 1997, S. 969 (970).
457 *Di Fabio*, JZ 1997, S. 969 (970).

Insgesamt lässt sich der Steuerungsansatz der Selbstregulierung mit seinem Gebot der Reduzierung direkter staatlicher Regulierung bei gleichzeitiger Erhöhung der gesellschaftlichen Verantwortungsübernahme aus rechtlicher Sicht als Ausdruck einer in den Grundrechten fundierten und im Subsidiaritätsprinzip niedergelegten Wertentscheidung verstehen.[458]

Dass Formen gesellschaftlicher Selbstregulierung heute nicht mehr ausschließlich als Alternative, sondern zunehmend auch als Variante hoheitlicher Steuerung wahrgenommen werden, belegen immer neue Formen der Vermischung und Verzahnung beider Steuerungspole.[459] Dabei steuert der Staat vermehrt „influenzierend“ oder „induzierend“, indem er freiwillige private Initiativen und Aktivitäten als Beitrag zur Erfüllung öffentlicher Aufgaben veranlasst und fördert.[460] In diesem Zusammenhang lässt sich auch von einem „aktivierenden Staat“ sprechen, der auf bereits gesellschaftlich selbst regulierte Handlungsfelder zurückgreift, diese normativ einrahmt und damit einen Nutzen für die Allgemeinheit schafft.[461] Eine der bedeutendsten Formen der Verzahnung staatlicher und gesellschaftlicher Steuerungspotentiale stellt die „regulierte Selbstregulierung“ dar. Dabei geht es um eine organisierte Verwirklichung öffentlicher Aufgaben und Zwecke durch gesellschaftliche Kräfte auf einer außerstaatlichen Ebene (insbesondere innerhalb des Marktes) unter substantieller Einwirkung durch den Staat, dem ein originäres Erfüllungsinteresse zukommt.[462] Die „substantielle Einwirkung“ des Staates kann je nach Fall- und Interessenlage ein unterschiedliches Ausmaß annehmen. Denkbar sind etwa eine hoheitliche Begründung von privaten Verwaltungspflichten, Mindestvorgaben für den Inhalt von Selbstverpflichtungen im Sinne von Zielbestimmungen, Transparenz- und Offenlegungspflichten, Evaluations- und Kontrollbefugnisse, finanzielle Anreize positiver wie negativer Art oder Drohungen mit Regulierung bzw. Versprechen von Deregulierung.[463] Kennzeichnend ist demnach eine unterschiedlich ausgestaltete ordnungsrechtliche Flankierung gesellschaftlicher Aktivitäten, die Pflichten festsetzt oder Vorgaben macht, um damit Selbstorganisationsprozesse zu ermöglichen. Insgesamt erkennt *Martin* in der Steuerungsform der regulierten Selbstregulierung

458 So in Bezug auf die europäische Ebene *Schmidt-Preuß*, VVDStRL 56 (1997), S. 160 (171). Insgesamt tragen Selbstverpflichtungen und Selbstregulierung zu einer Reduzierung des staatlichen Überwachungsbedarfs sowie zu einer Vermeidung langwieriger Rechtsstreitigkeiten bei und stellen damit das vermeintlich mildere und freiheitsschonendere Mittel gegenüber einem Gesetz oder einer Rechtsverordnung dar, vgl. *Kloepfer*, DVBl. 1996, S. 964 (971).

459 *Volkmann*, JuS 2001, S. 521 (525 f.); *Martin*, S. 29 f.; *Deckert*, ZRP 1995, S. 63 (67); *Trute*, DVBl. 1996, S. 950 (951).

460 *Schmidt-Preuß*, VVDStRL 56 (1997), S. 160 (165).

461 Vgl. zum Leitbild des „aktivierenden Staates“ *Deckert*, ZRP 1995, S. 63 (67); *Salzborn*, S. 46.

462 Siehe die Definition bei *Di Fabio*, JZ 1997, S. 969 (970).

463 Beispiele bei *Di Fabio*, VVDStRL 56 (1997), S. 235 (240 f.); *Trute*, DVBl. 1996, S. 950 (953 f.).

eine theoretische Grundlage für die Entwicklung moderner Lösungsarrangements, „[...] die flexibel auf sich stetig wandelnde gesellschaftliche Lebensumstände reagieren können und dabei immer neue Wissensressourcen erschließen."[464]

Neben der regulierten Selbstregulierung haben sich weitere Zwischenformen zwischen einer hoheitlichen Vollregulierung und einer reinen gesellschaftlichen Selbstregulierung fest etabliert.[465] Von größerer Bedeutung sind etwa die Steuerungsansätze der „Kontextsteuerung" und der „reflexiven Steuerung". Bei der Kontextsteuerung werden die gemeinwohlfördernden, selbstregulativen Systeme durch den Staat installiert, der es jedoch den gesellschaftlichen Akteuren selbst überlässt zu entscheiden, ob und wie sie sich an diesen Systemen beteiligen.[466] Bei der reflexiven Steuerung hingegen setzt der Staat auf eine Selbsterkenntnis der privaten Subjekte und sucht diese durch interne Informations-, Lern- und Selbstkontrollprozesse zu erreichen, die dann zu einem bestimmten, aus freier Einsicht veranlassten Verhalten führen sollen.[467] Andere Typologien von Mischformen der Steuerung unterscheiden schließlich nach dem Grad der staatlichen Verantwortung. *Trute* etwa identifiziert als äußere Steuerungspole die staatliche Rahmenverantwortung und die staatliche Erfüllungsverantwortung, zwischen denen sich weitere Verantwortungstypen (etwa die Entscheidungsverantwortung und die Gewährleistungsverantwortung) ansiedeln.[468]

Insgesamt zeigen die Ausführungen, dass mit dem Wandel der Steuerungsfunktion nicht zwangsläufig ein Bedeutungsverlust des Rechts in seiner Eigenschaft als Mittel zur Verhaltenssteuerung einhergeht. Ganz im Gegenteil ist darauf zu schließen, dass die zunehmende Akzentverschiebung von „harten" zu „weichen" Steuerungsmethoden lediglich zu einer Änderung der Wirkungsweise des Rechts führt. So ist das Recht etwa auch für die Funktionsfähigkeit von selbstregulativen Systemen von enormer Bedeutung, indem es einen verbindlichen Rahmen schafft und damit Vergleichbarkeit und Transparenz ermöglicht. Hier hat das Ordnungsrecht eine flankierende Funktion, indem es die Rahmenbedingungen für Kontrolle und Zugriff schafft. Auch ist der Verzicht auf eine hoheitliche Steuerung von vornherein jedenfalls insoweit limitiert, als der Hoheitsträger seiner grundrechtlichen Schutzpflicht nachkommen muss, die ihn unter anderem auch zur Verhinderung

464 *Martin*, S. 31. Siehe auch hinsichtlich der durch die regulierte Selbstregulierung ermöglichten Vorzüge *Schmidt-Preuß*, VVDStRL 56 (1997), S. 160 (185): „Damit kommt es zu der für gesteuerte Selbstregulierung typischen *Induzierung* von privaten Beiträgen, die dem legitimen Eigennutz dienen, aber zugleich das Gemeinwohl befördern." [Hervorhebung im Original].

465 *Salzborn*, S. 48 unterscheidet insgesamt fünf „Zwischenformen".

466 *Schmidt-Preuß*, VVDStRL 56 (1997), S. 160 (185).

467 *Schmidt-Preuß*, VVDStRL 56 (1997), S. 160 (192); weitgehend übereinstimmend mit der reflexiven Steuerung ist die sog. „responsive Regulierung", siehe dazu *Salzborn*, S. 60.

468 *Trute*, DVBl. 1996, S. 950 (951 ff.).

von Schädigungen Privater durch Private verpflichtet.[469] Um ein Unterschreiten des so geschaffenen Mindestschutzniveaus zu verhindern und damit seiner „Letztverantwortung“[470] nachzukommen, wird der Hoheitsträger um einen Rückgriff auf klassische, direkte Instrumente der Verhaltenssteuerung durch Recht ohnehin nicht umhinkommen. So gefasst, bleibt eine Steuerung durch Recht „möglich und aktuell“, und zwar so, dass das Recht in der Funktion der Schaffung rechtlicher Vorgaben und Kontrollen, als Reservefunktion und als rechtlicher Rahmen von Selbstregulierung „immer zugegen ist“.[471]

bb. CSR als Ausdruck moderner Steuerung durch Recht

Der Wandel der Steuerungsfunktion des Rechts lässt sich in besonderem Maße am Ansatz der CSR nachvollziehen. Die CSR steht in ihrer Gesamtheit für eine Einwirkung auf das Verhalten der Unternehmen mittels regulierender formeller und informeller Normen sowie für eine Lenkung der Unternehmenserwartungen zur präventiven Vermeidung des Entstehens von Konflikten. Deutlicher noch als in anderen Bereichen offenbaren sich dabei auf dem Feld der Wirtschaft die Mängel und Unzulänglichkeiten des „klassisch“ hoheitlichen Handlungsinstrumentariums des Rechts. Gerade der durch die Globalisierung ausgelöste hohe Internationalisierungsgrad und die damit einher gehenden Verflechtungen der Produktions- und Absatzmärkte haben zu einer „Eigengesetzlichkeit“ geführt, die die staatliche Steuerungskapazität an ihre Grenzen führt und rechtliche Steuerungsinstrumente mit erheblichen Durchsetzungsschwierigkeiten konfrontiert.[472] So ist es etwa vielen Unternehmen freigestellt, sich dem Zugriff unliebsamer rechtlicher Regulierung durch „*Outsourcing*“ einzelner oder ganzer Produktionsschritte, durch Sitzverlagerung oder durch Rechtsformwechsel zu entziehen.

Will sich der Staat in derartigen Konstellationen unter „Machtgesichtspunkten“ einen Rest an Steuerungseinfluss auf die Unternehmen bewahren, ist er auf eine Erweiterung des Katalogs der Steuerungsinstrumente angewiesen. Erschwerend kommt im Bereich der CSR hinzu, dass über die schwierige Abgrenzung des Grades von gesellschaftlicher Autonomie und staatlichem Machtanspruch hinaus auch über oft komplexe ökonomische Fragestellungen entschieden werden muss. Damit ist der Bereich der unternehmerischen Verhaltenssteuerung im Kontext der CSR zugleich mit umfangreichen ordnungspolitischen Wertungsfragen[473] verbunden. Diese

---

469 *Schmidt-Preuß*, VVDStRL 56 (1997), S. 160 (172), der auch anfügt, dass sich der Staat eine Zugriffsoption vorbehalten muss, die dann ausgelöst wird, wenn es zu einer „*gesellschaftlich-selbstregulative[n] Schlechterfüllung*“ kommt (S. 174). [Hervorhebung im Original].

470 Dazu *Volkmann*, JuS 2001, S. 521 (527).

471 *Deckert*, ZRP 1995, S. 63 (68.)

472 So auch die Diagnose bei *Deckert*, ZRP 1995, S. 63 (65 f.).

473 In Bezug auf staatliche Lenkungsmaßnahmen auf dem Arbeitsmarkt vgl. auch *von Danwitz*, VVDStRL 59 (1999), S. 99 (104).

Fragen sind zugleich Ausdruck eines permanenten Prozesses der Ausbalancierung der für das Verhältnis von Staat und Unternehmen maßgeblichen Merkmale, in dem es so unterschiedliche Kriterien und Wertungen zu berücksichtigen gilt wie etwa Teilhabe und Distanzierung, Regulierung und Selbstregulierung, Vertrauen und Kontrolle, Kontinuität und Dynamisierung.[474] Schon diese Kriterien verdeutlichen die Komplexität moderner wirtschaftlicher Steuerungszusammenhänge, die insgesamt beispielhaft für die gewandelten gesellschaftlichen Steuerungsvoraussetzungen stehen.

Wie in anderen Gesellschaftsbereichen auch, führt der Wandel der Voraussetzungen der Verhaltenssteuerung zu einem „Zusammenrücken" von Staat und Wirtschaft[475], vor allem zu einer stärkeren Kooperation von Staat und Unternehmen (bzw. deren Interessenverbänden). Über das Kooperationsprinzip werden zunehmend unternehmerische Beiträge induziert, die zwar deren legitimen Eigennutz dienen, zugleich aber auch das Gemeinwohl befördern. Die Risikosteuerung wird dabei in die gesellschaftlichen (unternehmerischen) Systeme zurückverlagert.[476] Wie stark die Gemeinwohlorientierung dabei im Ansatz der CSR zutage tritt, lässt sich an der steigenden Bezugnahme auf grundlegende Menschen- und Arbeitsrechte, auf den Umweltschutz und auf den Begriff der Nachhaltigkeit ablesen. Garantie und die Wahrung dieser Ordnungssysteme werden nicht mehr länger als alleinige Aufgabe des Staates betrachtet und von diesem einseitig gegenüber den Unternehmen eingefordert und durchgesetzt, sondern kooperativ durch den Verweis auf die Unternehmensverantwortung realisiert.[477] Dabei sieht auch der Ansatz der CSR (ganz im Sinne der Kontextsteuerung) trotz der Bedeutung des Kooperationsprinzips eine strukturelle Vorprägung der Verhaltensalternativen in dem Sinne vor, dass Unternehmen einem „motivationalen Systemdruck" ausgesetzt werden sollen: Diejenigen Unternehmen, die sich der Beteiligung an anerkannten CSR-Standards und den darin niedergelegten elementaren Grundsätzen wie der Einhaltung von Menschenrechten oder Umweltschutz entziehen, riskieren einen nur schwer reparablen Imageschaden. Gerade die – für das CSR-Konzept so charakteristische – Mobilisierung der Öffentlichkeit und der damit verbundene „Prangereffekt" stellen einen „nicht gering zu erachtende[n] Steuerungsfaktor" dar.[478] Wie groß die praktische Bedeutung einer mobilisierten Öffentlichkeit als ergänzendes Mittel der Verhaltenssteuerung sein kann, zeigt sich auch an einer von *Röhl* als Phänomen der „Übererfüllung von regulatorischen Anforderungen" bezeichneten Entwicklung: Galt früher das Recht als alleiniger Maßstab für die sozialen und moralischen Erwartungen der

474 *Salzborn,* S. 61.
475 *Di Fabio,* JZ 1997, S. 969 (969).
476 Allgemein *Schmidt-Preuß,* VVDStRL 56 (1997), S. 160 (185); *Salzborn,* S. 46.
477 In Bezug auf den Umweltschutz *Kloepfer,* DVBl. 1996, S. 964 (965).
478 *Schmidt-Preuß,* VVDStRL 56 (1997), S. 160 (187 f.), der auch mit Blick auf die Rechtsentwicklung anfügt: „Hier dokumentiert sich eine kaum zu überschätzende *Europäisierung* als ein Strukturmerkmal gesteuerter Selbstregulierung." [Hervorhebung im Original].

Gesellschaft, gehen Unternehmen heute vermehrt und zum Teil deutlich über die rechtlichen Anforderungen hinaus, um im Rahmen der wahrgenommenen *„license to operate“* agieren zu können, in der die gesellschaftlichen Vorstellungen über sozialverträgliches Wirtschaften kulminieren.[479]

Diese Wirkungszusammenhänge scheint der Gesetzgeber vermehrt aufzugreifen und im Rahmen einer Kontextsteuerung der CSR umzusetzen. Insbesondere rechtlich geschaffene Transparenz- und Offenlegungspflichten für Unternehmen sollen der Öffentlichkeit einen Zugang zu und eine Vergleichbarkeit von unternehmensrelevanten Daten ermöglichen. Insofern versucht der hoheitliche Gesetzgeber gezielt über die Mobilisierung gesellschaftlichen Drucks auf das Verhalten von Unternehmen Einfluss zu gewinnen und dieses anhand klar definierter Vorgaben zu steuern. Gleichzeitig soll über eine derartige CSR-Rahmengesetzgebung ein unternehmensinterner Lern- und Selbstkontrollprozess angestoßen werden, der staatliche Stellen entlastet.

Wie bereits angeklungen, kommt auch im Rahmen der CSR darüber hinaus dem Bereich der Selbstregulierung eine hohe Bedeutung zu. Dabei bilden unternehmens- bzw. verbandsinterne Selbstverpflichtungserklärungen (oft in Form von Verhaltenskodizes) das am häufigsten verwendete Steuerungsinstrument. Derartige CSR-Verpflichtungen entspringen einerseits der Motivation, eine zwingende Subordination unter staatliche Rechtsnormen durch „freiwillige“ Koordination zu ersetzen und einer verpflichtenden Gesetzgebung vorzubeugen.[480] Andererseits entsprechen sie jedoch gerade auf dem Gebiet der CSR einer steigenden Erwartung der Gesellschaft, dass sich die Wirtschaft einer entsprechenden Beschränkung, Regulierung und Überwachung selbst proaktiv stellt. Auch diese Erwartung wird seitens des Gesetzgebers immer stärker aufgegriffen. So weist *Di Fabio* auf einen „[...] meist mit leiser Drohung vermischte[n] Appell an die Eigenverantwortung der Wirtschaft“ hin, der auf eine „Re-Implantierung von Verantwortung“ zielt.[481] Damit deutet er auf das bereits dargestellte Modell der „regulierten Selbstregulierung“ hin, das vermehrt Grundlage der staatlichen bzw. europäischen CSR-Politik bildet.

Während sich Frühformen unternehmerischer Verhaltenskodizes zur CSR noch durch ein hohes Maß an Unbestimmtheit und Beliebigkeit auszeichneten, lassen sich den heutigen Erklärungen mit zunehmender hoheitlicher Beeinflussung im Sinne einer Regulierung der Selbstregulierung vermehrt substantielle Pflichten entnehmen. Danach zielen staatliche Rahmenbedingungen durch rechtliche Vorgaben für unternehmenseigene Selbstverpflichtungen vor allem auf eine Erhöhung der Vergleichbarkeit sowie der Kontroll- und Unterrichtungspflichten. Konkret geht es dabei etwa um die Bestimmung eines inhaltlichen Mindestgehalts der Verpflichtungen, um die Vorgabe von Evaluationszeiträumen oder um die Festlegung von Berichterstattungserfordernissen und Publikationsanforderungen.

479 *Röhl*, ZfRSoz 2005, S. 3 (12).
480 *Kloepfer*, DVBl. 1996, S. 964 (967).
481 *Di Fabio*, JZ 1997, S. 969 (969).

In Gänze lässt sich die CSR daher auch als Ausdruck einer modernen Form der Steuerung durch Recht beschreiben. Dabei ergänzen sich „harte“ und „weiche“ Formen rechtlicher Verhaltenssteuerung gegenseitig, um das Verhalten von Unternehmen entsprechend einzelner im Voraus bestimmter Gemeinwohlbelange zu „kanalisieren“. Eine derartige gegenseitige Ergänzung ist jedoch mehr als ein Charakteristikum der CSR-Politik, sie ist gleichfalls dessen Funktionsbedingung. Was *von Danwitz* für die Lenkung des Arbeitsmarktes konstatiert hat, gilt entsprechend für die CSR: Staatliche Steuerungsvorhaben bleiben allzu oft auf eine „Umsetzung“ durch die im privaten Nutzen handelnden Unternehmen angewiesen und sollten mithin sinnvollerweise so ausgestaltet werden, „[...] dass zwischen hoheitlichem Lenkungszweck und privater Interessenverfolgung zumindest Widerspruchsfreiheit, idealiter Kongruenz hergestellt wird.“[482]

b. Gestaltungsfunktion

In einem engen Zusammenhang mit der Steuerungsfunktion steht die Gestaltungsfunktion des Rechts.[483] Danach soll das Recht als ein Mittel fungieren, das die gesellschaftlichen Lebensbedingungen organisiert und damit Wirkung als ein „Instrument des sozialen Wandels“ entfaltet.[484] Dies umfasst einerseits die planmäßige Schaffung der Möglichkeit eines geordneten gesellschaftlichen Zusammenlebens und andererseits die Organisation eben jener Gesellschaft und ihrer Gliederungen sowie die Sicherung von Integration und Stabilität.[485] Während sich zur Beschreibung der Gestaltungsfunktion im anglo-amerikanischen Sprachraum der Begriff des *„social engineering“* durchgesetzt hat, wird im Deutschen auch vom „sozialen Wandel durch Recht“ gesprochen.[486] Besondere Bedeutung entfaltet die Gestaltungsfunktion in der Ausformung und Erweiterung des modernen Sozialstaats.[487] Skizzieren lässt sich der Prozess der gesellschaftlichen Gestaltung durch Recht auch als „Planung“, bei der es darum geht, „[...] erwünschte gesellschaftliche Zustände in Gedanken vorwegzunehmen, ihre Vor- und Nachteile gegen mögliche Alternativen abzuwägen und die Mittel und Wege zur Verwirklichung der gewählten Zielvorstellungen aufzuzeigen.“[488]

---

482 *von Danwitz*, VVDStRL 59 (1999), S. 99 (105).
483 *Llewellyn*, Yale Law Journal 1940, S. 1355 (1387 ff.).
484 *Baer*, S. 106; *Röhl*, Rechtssoziologie, S. 575.
485 *Raiser*, S. 187.
486 *Zippelius*, S. 53; *Raiser*, S. 189.
487 *Raiser*, S. 189 f.
488 *Zippelius*, S. 56. Ausdrücklich zur Zukunftsgerichtetheit der Gestaltungsfunktion auch *Raiser*, S. 189: „Staat und Gesellschaft können sich nicht mehr damit begnügen, das Gemeinschaftsleben für die Gegenwart zu ordnen und im Übrigen Freiräume für die individuelle Lebensgestaltung zu gewährleisten, sondern haben auch für die Zukunft vorzusorgen.“

Neben der Ausgestaltung des Sozialstaats und der Daseinsvorsorge umfasst die Gestaltungsfunktion verstärkt auch den Bereich der Wirtschaftssteuerung. So kommt es etwa auch im Rahmen einer freien Marktwirtschaft anstatt des angestrebten Zustands eines Gleichgewichts der Akteure nicht selten zu ökonomischen und sozialen Verhältnissen, die durch eine für die Allgemeinheit nachteilige Markt-, Interessen- und Verbandsmacht geprägt sind.[489] Dem Recht fällt in diesem Fall die Aufgabe zu, mittels normativer Vorgaben das Funktionieren des Marktes zu schützen und präventiv einer Störung vorzubeugen. Hierbei verlangt die Gestaltungsfunktion, den Fokus auf das Schaffen von Anreizen für schöpferische Initiativen zu setzen, mithin mittels Rechtsnormen in das Marktgeschehen gestalterisch einzugreifen. Dies umfasst neben Verboten und Strafen vor allem auch Vergünstigungen und die Einräumung rechtlich geschützter Freiheiten durch die Handlungen motiviert werden, die sowohl im Interesse des Einzelnen als auch im Interesse der Gruppe als Ganzes liegen.[490] Insofern geht es um eine Förderung der Gruppenintegration durch „positive Sanktionen", die zu einer Aktivierung der Gruppe führen.[491]

In diese aktivierende Perspektive fügt sich auch die CSR ein. Unternehmensverantwortung kann so als Instrument der planmäßigen Gestaltung gesellschaftlichen Zusammenlebens verstanden werden, bei dem es darum geht, Unternehmen in ihr gesellschaftliches Umfeld zu „integrieren". Dieser Funktion dienen im Bereich der CSR Rechtsnormen, die einen normativen Rahmen für Unternehmenshandeln bilden und auf „positive" Sanktionen zurückgreifen. Dabei geht es beispielsweise um die Prämierung von „verantworlichem" und damit aus Sicht der Gesellschaft als besonders förderungswürdig empfundenem unternehmerischen Handeln im Wege einer direkten oder indirekten Subventionierung, einer bevorzugten Berücksichtigung im Rahmen eines (öffentlichen) Ausschreibungsverfahrens oder einer Gewährung von Ausfuhrgarantien. Darüber hinaus ist zu denken an durch Rechtsnormen eingeräumte Freiräume für Unternehmen, mit denen diesen eine Möglichkeit gegeben wird, selbstverantwortlich über Art und Umfang der Durchführung einzelner Maßnahmen zu entscheiden. Derartige Rechtsnormen, die auf die Androhung und Anwendung von Zwang verzichten, zielen in ihrer Gesamtheit auf Aktivierung eines an den Maßstäben der CSR orientierten unternehmerischen Handelns und versuchen damit gestaltend auf die Gesellschaft als Ganzes Einfluss zu nehmen.

Dabei darf eine derartige Einflussnahme nicht mit einer als utopisch einzuschätzenden politischen Gesamtkonzeption verwechselt werden. Bei der hier beschriebenen Gestaltung der Gesellschaft durch Recht geht es lediglich um den Versuch des Gesetzgebers, die bestehenden Verhältnisse im Sinne eines klar definierten, aber in

---

489 *Zippelius*, S. 54 f.

490 *Rehbinder*, S. 159.

491 *Rehbinder*, S. 160, der als Beispiel für aktivierendes Recht unter anderem eine Verbesserung der Arbeitsbedingungen nennt, durch welche dem Einzelnen mehr Raum zu schöpferischer Selbstverwirklichung gegeben würde, der zu einer Verhinderung von Spannungen in der Gruppe beitrage.

seiner Reichweite beschränkten Ziels zu beeinflussen (bezogen auf die CSR könnte dieses dann etwa „verantwortliches-“ bzw. „nachhaltiges Unternehmenshandeln“ lauten).[492] Eine Sozial- bzw. Gesellschaftsgestaltung durch Recht muss daher von vornherein in ihrem Fokus und ihrem Umfang beschränkt bleiben.[493] Dies gilt gerade auch vor dem Hintergrund eines immer vielschichtiger und komplexer werdenden unternhemerischen Umfelds. Dieses eignet sich nur sehr beschränkt für einen „großen Gestaltungsplan“, weshalb es richtigerweise einer Beschränkung des Planungswillens auf „ein verständiges Maß“ bedarf, „[...] auf das nämlich, was planbar ist.“[494]

III. Systemtheoretische Erklärungsansätze

Der hier umrissene Wandel der Steuerungs- und Gestaltungsbedingungen, der den Nährboden für das Entstehen neuer Konzepte wie etwa der CSR bildet, lässt sich nur schwer in die herkömmlichen rechtstheoretischen und rechtssoziologischen Erklärungsmuster einfügen. Ein derartiges Erklärungsmuster scheinen jedoch „in besonderem Maße“[495] die soziologische Systemtheorie und ihre rechtlichen Ausprägungen bereitzuhalten. Insbesondere ist es möglich, mithilfe der systemtheoretischen Ansätze sowohl die für das Verständnis der CSR grundlegenden Veränderungen der Beziehungen zwischen Staat und Unternehmen als auch den daraus resultierenden Bedeutungszuwachs privater Akteure nachzuvollziehen.

Insgesamt zielt der maßgeblich von *Niklas Luhmann* geprägte systemtheoretische Ansatz als „hoch abstrakte Gesellschaftstheorie“[496] darauf ab, gesellschaftliche Phänomene zu erfassen und diese mit allgemeinen Begriffen zu erklären. Dafür baut die Systemtheorie im auf einer Beschreibung der Gesellschaft auf, die ohne einen integrierenden „Mittelpunkt“ auskommt und die sich stattdessen aus polyzentrischen, sich selbst konstituierenden Systemen zusammensetzt, die in einem fortlaufenden Prozess der Veränderung begriffen sind.[497] Das Theoriewerk *Luhmanns* wurde unter anderem von *Gunther Teubner* und *Helmut Willke* aufgegriffen und maßgeblich weiterentwickelt. Dabei geht es insbesondere um eine Anpassung der Systemtheorie an die Komplexität und Internationalität moderner Gesellschaften sowie um damit verknüpfte Fragen der (Selbst-)Steuerungsfähigkeit. Auf die CSR angewandt hat diese Gedanken schließlich *Marc Amstutz*, der in den inkrementalistisch herangewachsenen Regelungsmustern der europäischen CSR ein Beispiel für globales Recht erkennt, das auf die Initiierung von kognitiven Prozessen setzt, die für die

492 So auch das Planungs- und Gestaltungsverständnis bei *Zippelius*, S. 56 ff.

493 Dementsprechend hat sich die Diskussion um die Gestaltungsfunktion des Rechts auch zunehmend von der Ebene des „Ob“ auf diejenige des „Wie“ verlagert, etwa im Sinne des Aufwerfens der Frage nach den Grenzen der gesellschaftlichen Gestaltung, siehe *Röhl*, Rechtssoziologie, S. 575.

494 *Zippelius*, S. 59.

495 *Hajduk/Quandt*, zfwu 2011, S. 104 (108).

496 Siehe die Charakterisierung bei *Calliess*, in: Buckel et al., Neue Theorien, S. 57 (57).

497 *Raiser*, S. 122 f.

„Weltgesellschaft" von Bedeutung sind.[498] Die Gedanken der hier genannten Autoren werden im Folgenden überblicksartig nachvollzogen. Dabei ist es unmöglich, deren hochkomplexe und zugleich abstrakte Gedankengänge auch nur ansatzweise vollständig abhandeln zu wollen. Der Überblick beschränkt sich vielmehr auf die Herausarbeitung der für die hier relevante Thematik der CSR maßgeblichen Elemente. Dies bringt zwangsläufig eine Reduzierung der Systemtheorie mit sich.[499]

1. Luhmann: Steuerungsskepsis

Die Darstellung der Theorie der sozialen Systeme von *Luhmann* beschränkt sich im Folgenden auf vier Elemente, die für Luhmanns Steuerungsverständnis von Bedeutung sind und zugleich die Grundlage dafür bilden, die Überlegungen anderer systemtheoretischer Autoren nachzuvollziehen. Zu diesen Elementen zählen das Theorem einer kontinuierlichen Ausdifferenzierung gesellschaftlicher Subsysteme, die Kennzeichnung dieser Subsysteme als „autopoietisch", das Verständnis von Recht als Funktionssystem zur Stabilisierung normativer Erwartungen und die Identifizierung eines Prozesses des Entstehens einer Weltgesellschaft.[500]

Ausgangspunkt der gesellschaftlichen Analyse bei *Luhmann* bildet die Beobachtung, dass Menschen im Rahmen ihres sozialen Zusammenlebens Strukturen entwickeln.[501] Von besonderer Bedeutung sind dabei gesellschaftliche Strukturen. Die Gesellschaft setzt sich nach *Luhmann* aus unterschiedlichen Systemen zusammen. Was ein System ist, bestimmt sich durch Unterscheidung von bzw. aus der Differenz zu seiner Umwelt.[502] Grundlegend lässt sich zwischen psychischen Systemen (Bewusstsein) und sozialen Systemen (Kommunikation) unterscheiden, die beide eng aneinander gekoppelt sind.[503] Sozialen Systemen fällt dabei die Aufgabe zu, „objektive, gültige Erwartungen, nach denen man sich richtet" zu stabilisieren.[504]

---

498 *Amstutz*, Verantwortung von Unternehmen im Europäischen Recht, S. 6; *Amstutz/Karavas* in FS für Teubner, S. 645 (648).

499 Zu berücksichtigen gilt es dabei auch, dass die Systemtheorie lediglich auf eine Beschreibung der Gesellschaft zielt und damit insbesondere Fragen der Legitimität, der Gerechtigkeit oder des sozialen Ausgleichs von vornherein ausklammert, vgl. *Glinski*, S. 79.

500 Ebenfalls unter Bezugnahme auf diese Elemente *von Bogdandy/Dellavalle* in FS für Teubner, S. 695 (706).

501 *Baer*, S. 110.

502 *Luhmann* bringt dies auf die selbst als „vielleicht sogar paradox" bezeichnete Formel: „Ein System ‚ist' die Differenz zwischen System und Umwelt.", vgl. *Luhmann*, Einführung in die Systemtheorie, S. 66. Kennzeichnend für die Systemtheorie ist damit ein Denken, dass sich statt an Einheit an Differenz orientiert, dass das Rechtssystem als „von einer System/Umwelt-Unterscheidung her konzipiert", siehe *Vesting*, S. 57.

503 *Calliess*, in: Buckel et al., Neue Theorien, S. 57 (58). Der Mensch selbst bildet ein biologisches System.

504 *Luhmann*, Rechtssoziologie, S. 38.

Gekennzeichnet sind soziale Systeme durch Kommunikation, die nicht als „Übertragung", sondern als Einheit von Mitteilung, Information und Verstehen aufzufassen ist.[505] Kommunikation ist gleichzeitig das zentrale Merkmal der Unterscheidung von System und Umwelt.[506]

Innerhalb der Gesellschaft und ihrer sozialen Systeme konstatiert *Luhmann* einen Prozess der Ausdifferenzierung. Dabei handelt es sich um die Entwicklung verschiedener Funktionsbereiche (gesellschaftlicher Subsysteme), die jeweils eigene Aufgaben erfüllen und dafür auf jeweils eigene Mittel zurückgreifen.[507] Insgesamt unterscheidet *Luhmann* zwölf und mehr dieser Funktionssysteme, zu denen etwa Politik, Wirtschaft und Recht gehören.[508] Mit Blick auf das Subsystem „Recht" stellt *Luhmann* fest: „Unter ‚System' verstehen wir dabei nicht, wie manche Juristen, einen Zusammenhang aufeinander abgestimmter Regeln, sondern einen Zusammenhang von faktisch vollzogenen Operationen, die als soziale Operationen Kommunikationen sein müssen, was immer sie dann noch zusätzlich als Rechtskommunikationen auszeichnet. Das aber heißt: die Ausgangsunterscheidung nicht in einer Normen- oder Wertetypologie zu suchen, sondern in der Unterscheidung von System und Umwelt."[509]

Hinsichtlich der Kommunikation innerhalb der Subsysteme ist zwischen „Codes" und „Programmen" zu unterscheiden. Während Codes gewissermaßen die Basisentscheidungen eines Systems bestimmen, legen Programme fest, was inhaltlich unter diesen Basisentscheidungen zu verstehen ist.[510] Bezogen auf das System Recht bezieht sich die Kommunikation etwa auf den binären Code „Recht/Unrecht". Diesbezüglich formuliert *Luhmann*: „Was mit diesem Kontrollschema Recht/Unrecht nicht erfaßt wird, gehört nicht zum Rechtssystem, sondern zu seiner inner- oder außergesellschaftlichen Umwelt."[511] Damit bringt er zum Ausdruck, dass Codes nicht nur selbst den Inhalt der Systeme bestimmen, sondern zugleich zu einer Schließung

---

505 *Luhmann*, Soziale Systeme, S. 192: „Der basale Prozeß sozialer Systeme, der die Elemente produziert, aus denen diese Systeme bestehen, kann unter diesen Umständen nur Kommunikation sein." Zu den Merkmalen der Kommunikation, den drei „Selektionen", die zur „Synthese" gebracht werden müssen siehe S. 196 f.

506 Mit dem Fokus auf Kommunikation – und nicht etwa auf Menschen und ihr Handeln – wird die Systemtheorie „methodisch dehumanisiert.", vgl. *Mahlmann*, S. 200.

507 *Luhmann*, Soziale Systeme, S. 54 f.

508 *Röhl*, ZfRSoz 2005, S. 3 (9). Dazu auch *Boehme-Neßler*, S. 154: „Die modernen Gesellschaften sind nicht monolithisch, sondern fragmentiert und segmentiert. Sie bestehen aus einer Vielzahl gesellschaftlicher Subsysteme (Wirtschaft, Recht, Politik, Erziehung, Wissenschaft, Religion usw.), die in nur begrenzter Weise miteinander kommunizieren."

509 *Luhmann*, Das Recht der Gesellschaft, S. 40 f.

510 *Mahlmann*, S. 200 f.

511 *Luhmann*, Das Recht der Gesellschaft, S. 61. Anderen Systemen liegt ein anderer Code zugrunde. So kommuniziert das System der Politik etwa im Rahmen des Codes Machtüberlegenheit/Machtunterlegenheit, während der Code der Wirtschaft Haben/Nichthaben lautet, siehe dazu auch Röhl, ZfRSoz 2005, S. 3 (9).

des Systems zur Umwelt führen. Die Vorstellung von der Geschlossenheit führt zum Gedanken der Selbstreferenz. Darunter ist die Selbstbezogenheit der Systeme zu verstehen, also die Möglichkeit, die systeminterne Beschreibung der Differenz zwischen System und Umwelt selbst vorzunehmen.[512] Anders formuliert wird also Kommunikation im Vor- und Rückgriff auf andere Kommunikation erzeugt, weshalb sich das System autonom selbst reproduziert, es sich also seine eigenen Elemente und darüber seine eigenen Strukturen „autopoietisch" schafft.[513] Wiederum bezogen auf das Subsystem des Rechts, führt der Gedanke der Autopoiesis somit etwa dazu, dass ein rechtlich relevantes Ereignis seine Normativität nicht aus der Umwelt beziehen kann, sondern seine Geltung vielmehr lediglich von Rechtskommunikation auf Rechtskommunikation übertragen wird.[514]

Die für die gesamte Systemtheorie prägende Autopoiesis bedingt für *Luhmann*, dass eine wie auch immer geartete Steuerung von außen (also von außerhalb eines bestehenden Systems) ausgeschlossen ist. Insbesondere zieht danach eine politische Steuerung des Gesellschaftsystems oder eine politische Sozialgestaltung immer unerwünschte Nebenfolgen nach sich, etwa in Form von Vollzugsdefiziten, die sich mit der Struktur der Eigengesetzlichkeit der Normadressaten erklären lassen.[515] Die Frage nach der gesellschaftlichen Wirkungskompetenz der Politik sieht *Luhmann* daher als „viel zu einfach" gestellt: „Daß Politik sich auswirkt, kann ebensowenig bestritten werden wie: daß es ihr nicht gelingt, Systemzustände (und seien es die eigenen) in der gewünschten Richtung zu determinieren."[516] Das Grundproblem eines Versuchs der Steuerung liegt für *Luhmann* in der darin angelegten Tendenz der Differenzminderung, also in dem Anliegen, Systemunterschiede zu reduzieren. Ein solches Anliegen aber widerspricht der bereits skizzierten Grundannahme der Systemtheorie, dass nämlich moderne Gesellschaften gerade über den Weg einer funktionalen Differenzierung wirken.[517]

Interaktionen zwischen den einzelnen Funktionssystemen erscheinen so nicht mehr als sinnvolle Kommunikation, sondern lediglich als „Irritationen". Die Politik vermag mit den ihr zur Verfügung stehenden Steuerungsmitteln Geld und Recht auf andere Systeme einzuwirken und sie so zu „irritieren", eine zielgerichtete Beeinflussung der Verhaltensweisen ist jedoch ausgeschlossen.[518] Als Lösungsansatz verbleibt nach diesem Verständnis lediglich die Möglichkeit, die Ausdifferenzierung

---

512 *Baer,* S. 111.

513 *Luhmann*, Das Recht der Gesellschaft, S.136; *Calliess*, in: Buckel et al., Neue Theorien, S. 57 (59).

514 *Calliess*, in: Buckel et al., Neue Theorien, S. 57 (60).

515 Dazu *Raiser,* S. 123 f.

516 *Luhmann*, Die Politik der Gesellschaft, S. 110.

517 Vgl. *Luhmann*, PVS 1989, S. 4 (5).

518 Dazu und zur Kritik an diesem Standpunkt *Mayntz/Scharpf*, ZfS 2005, S. 236 (237). Die mit der Systemtheorie verbundene Steuerungsproblematik wird zusammenfassend auch unter dem Schlagwort des „Steuerungsnihilismus" diskutiert, vgl. etwa *Röhl*, ZfRSoz 2005, S. 3 (9).

aufzugreifen und anstelle von sozialer Steuerung auf Anstöße zur Selbststeuerung und zur inneren Evolution der Subsysteme zu setzen.[519] Dabei erkennt auch *Luhmann* an, dass die einzelnen Funktionssysteme nicht hermetisch von ihrer jeweiligen Umwelt abgetrennt, sondern vielmehr austausch- und sogar aufnahmefähig sind. Die so trotz grundsätzlicher Undurchlässigkeit vorhandene Verschränkung der Systeme im Sinne einer punktuellen und bewussten Verbindung wird als „strukturelle Kopplung" gefasst.[520] Eine Kopplung zwischen den Systemen Recht und Politik erfolgt etwa im Wege der Verfassung, während sich Recht und Wirtschaft über Eigentum und Vertrag koppeln. Trotz gegenseitiger Einwirkungen über derartige Kopplungen erfolgt deren Verarbeitung jedoch im Rahmen der eigenen Systemrationalität. Hinter dem Gedanken der strukturellen Kopplung steht somit die Idee, Einflüsse aus der Umwelt auf das System einerseits erleichtern, und andererseits beschränken zu können.[521]

Unter dem Eindruck seiner generellen Steuerungsskepsis erkennt *Luhmann* zwar eine generelle Steuerungs- und Konfliktlösungsleistung des Rechts an, schränkt diese jedoch ein. Dies bringt er schon dadurch zum Ausdruck, dass er auf den Begriff einer „Steuerungsfunktion" des Rechts verzichtet, da „die außerrechtlichen Systeme über zahlreiche funktionale Äquivalente verfügen, um das gewünschte Verhalten als Prämisse anderen Verhaltens sicherzustellen."[522] Seine Sicht auf die Steuerungsleistung des Funktionssystems „Recht" lässt sich demnach eher im Sinne einer „Querschnittsfunktion" beschreiben, bei der aufgrund des Fehlens direkter Einflussmöglichkeiten lediglich einzelne Steuerungsimpulse zwischen den unterschiedlichen autopoietischen Subsystemen der Gesellschaft gesetzt werden.[523] Hinsichtlich der weiteren Evolution des Rechts stellt *Luhmann* dementsprechend fest, „[...] daß das Recht in eine Einrahmung eingebettet wird, in der nochmals verhandelt und ‚abgewogen' wird, wie es bestimmt und ob es überhaupt angewandt werden soll oder nicht."[524] Erkennen lässt sich darin eine „bemerkenswert skeptische Sicht" auf die zukünftige Entwicklung des Rechts, vor allem weil *Luhmann* von einer

---

519 *Raiser*, S. 123 f.

520 *Luhmann*, Das Recht der Gesellschaft, S. 441: „Von strukturellen Kopplungen soll dagegen die Rede sein, wenn ein System bestimmte Eigenarten seiner Umwelt dauerhaft voraussetzt und sich strukturell darauf verläßt – zum Beispiel: daß Geld überhaupt angenommen wird; oder daß man erwarten kann, daß Menschen die Uhrzeit feststellen können." Dazu auch *Schneuwly*, S. 95; *Baer*, S. 112; *Röhl*, ZfRSoz 2005, S. 3 (9).

521 *Calliess*, in: Buckel et al., Neue Theorien, S. 57 (65).

522 *Luhmann*, Das Recht der Gesellschaft, S. 157. Dass es sich nichtsdestotrotz dennoch um eine „Leistung" des Rechts handelt, sieht er darin begründet, dass „[a]ndere [...] Funktionssysteme der Gesellschaft [...] auf Subvention durch das Recht angewiesen [sind]."

523 So die Bezeichnung bei *Röhl*, ZfRSoz 2005, S. 3 (11).

524 *Luhmann*, Die Gesellschaft der Gesellschaft, S. 568.

abnehmenden Leistungsfähigkeit des Rechts für die Gesamtgesellschaft infolge deren fortschreitender Differenzierung ausgeht.[525]

Als besondere Herausforderung (gerade auch für das Funktionssystem des Rechts) identifiziert *Luhmann* den Prozess der zunehmenden Verdichtung der „Weltgesellschaft". Dieser hat nach seiner Einschätzung zum ansatzweisen Entstehen einer „weltweiten Rechtskultur" beigetragen, die zwar Spielräume für Unterschiede lässt, dabei aber dennoch auf ihre eigenen Maßstäbe Wert legt.[526] Zweifel an einer solchen Rechtskultur, die sich aus einer fehlenden Institutionalisierung ergeben könnten, weist er zurück: „Daß die Weltgesellschaft auch ohne zentrale Gesetzgebung und Gerichtsbarkeit eine Rechtsordnung hat, wird man aber kaum bestreiten können."[527] Insbesondere geht es *Luhmann* auch darum, auf einen Wandel des Rechts in der Weltgesellschaft hinzuweisen, der vor allem die Art betrifft, wie das Recht seine Funktion erfüllt. Dieser Wandel ist für ihn mit klassischen Rechtsbegriffen, die etwa das Recht mit dem Bild eines sanktionierten Befehls staatlicher Organe gleichzusetzen versuchen, nur unzureichend zu erfassen: „Rechtsbegriffe der Rechtswissenschaft, die auf ein Entweder/Oder der Geltung zugeschnitten sind, eignen sich nicht dazu, sublime Verschiebungen in der Art, wie Recht seine Funktion erfüllt und als Sinn erlebt wird aufzudecken."[528] Insgesamt ermöglicht es *Luhmanns* Verständnis damit, neuere Regelungstendenzen und Rechtsentwicklungen (wie etwa unternehmensinterne Rechtsordnungen) dem Bereich des Rechts zuzuordnen, zumal das Recht unter alleiniger Zugrundelegung der Kategorie einer „codierten Kommunikation" von seiner nationalen Fokussierung „befreit" wird.[529]

2. Teubner: Reflexives Recht und Lex Mercatoria

Auf den theoretischen Grundlagen *Luhmanns* baut *Teubner* auf. Auch er betrachtet die Gesellschaft als ein autopoietisches Kommunikationssystem, das aus unterschiedlichen Subsystemen besteht, die zwar operativ geschlossen, gleichzeitig jedoch informationell gegenüber ihrer Umwelt geöffnet sind.[530] Recht versteht *Teubner* nicht als System von Regeln, sondern als ein Sozialsystem, das aus Kommunikationen in Form von miteinander verketteten Rechtsakten besteht.[531] Im Hinblick auf

525 *Rogowski*, ZfRSoz 2000, S. 279 (283).
526 *Luhmann*, Das Recht der Gesellschaft, S. 13 f.
527 *Luhmann*, Das Recht der Gesellschaft, S. 574.
528 *Luhmann*, Rechtssoziologie, S. 341.
529 Siehe die treffende Formulierung bei *Baer*, S. 115. Dazu auch *Röhl*, Rechtssoziologie, S. 434: „Es besteht eine zunehmende Diskrepanz zwischen dem Gesellschaftssystem auf der einen Seite, das in den Bereichen der Wirtschaft, der Wissenschaft und der Kommunikation längst zur Weltgesellschaft zusammengewachsen ist, und dem positiven Recht auf der anderen Seite, das auch heute noch immer nur innerhalb territorialer Grenzen als nationales Recht in Geltung gesetzt wird."
530 *Teubner*, Recht als autopoietisches System, S. 87 f.
531 *Teubner*, in: Grimm, Steuerungsfähigkeit des Rechts, S. 115 (128).

die CSR erweisen sich insbesondere drei seiner Überlegungen als nutzbringend: Der Ansatz einer Steuerung durch „reflexives Recht“, die Beobachtung der Emergenz einer Vielzahl von „Zivilverfassungen“ und die Identifizierung einer neuen „*Lex Mercatoria*“.

Anknüpfend an *Luhmann* zieht *Teubner* aus seinem Bild einer hochkomplexen und funktional differenzierten Gesellschaft, die sich in gleichgeordnete, selbstreferentielle und eigendynamische Teilsysteme gliedert den Schluss, dass diese einer zentralen politischen Steuerung immer weniger zugänglich ist. Insbesondere das Recht als herkömmliches Steuerungsinstrument, das ganz im Gegenteil zu den gewandelten Gesellschaftsverhältnissen „[...] auf den Operationsmodus hierarchisch strukturierter Gesellschaften“ ausgerichtet ist, in denen „Staat und Politik Spitze und Steuerungszentrum der Gesellschaft“ darstellen, kann danach seine Steuerungsleistung nur noch eingeschränkt erbringen.[532] Eine derart sinkende Steuerungskapazität, gepaart mit einem unvermindert steigenden Steuerungsbedarf in modernen hochentwickelten Gesellschaften, führt zu einem Steuerungsproblem.[533] Zur Lösung dieses Problems schlägt *Teubner* einen stärkeren Rückgriff auf die Potentiale der Selbstorganisation und Selbststeuerung der jeweils selbstreferentiell geschlossenen Teilsysteme vor, deren horizontale Koordination das Recht zu erschließen hat. Gewährleistet sieht er diesen Rückgriff im Modell des „reflexiven Rechts“, das auf eine „regulierte Autonomie“ zielt und die Aufgabe hat, „[...] integrative Mechanismen für Verfahren und Organisation innerhalb der Teilsysteme selbst bereitzustellen, ihnen einen Modus der Selbststeuerung zu ermöglichen, [...] ihnen aber jene gesellschaftlichen Restriktionen auferlegt, die aus den Bedingungen des Zusammenspiels aller Teile als Kontextregeln für jedes einzelne Teil folgen.“[534] Das reflexive Recht zielt damit auf eine Neujustierung der Steuerung im Sinne einer Kombination von Elementen autonomer Selbst- und verbindlicher Fremdsteuerung. Dabei geht es nicht um einen gänzlichen Verzicht auf direkte und zentrale Steuerung über herkömmliches Recht, sondern vielmehr um dessen Ergänzung zur Wahrung der gesellschaftlichen Funktion der Politik, der „Produktion verbindlicher und zielorientierter Entscheidungen“[535].

---

532 *Teubner/Willke*, ZfRSoz 1984, S. 4 (4 f.).

533 Dieses Steuerungsproblem sieht *Teubner* in drei analytisch zu unterscheidenden Prozessen bedingt: Einer Steigerung der Eigenkomplexität gesellschaftlicher Systeme, einer Steigerung der Weltkomplexität verbunden mit einer Emergenz lateraler Weltsysteme sowie einer Verlagerung des Zeithorizontes und der operativen Perspektive in die Zukunft, vgl. *Teubner/Willke*, ZfRSoz 1984, S. 4 (8 ff.)

534 *Teubner/Willke*, ZfRSoz 1984, S. 4 (4, 7).

535 Siehe zu dieser „Kombinatorik von autonomer Selbstorganisation und gesellschaftlich verbindlicher Kontextvorgaben“ *Teubner/Willke*, ZfRSoz 1984, S. 4 (5 f.), verbunden mit dem Hinweis, dass es dabei darum geht, „den Impetus und die Intelligenz (Implementations- und Informationsverarbeitungskapazität) dezentraler autonomer Selbststeuerung einzubringen und auszunutzen für die Formulierung kontextueller Parameter.“

In einem engen Bezug zum so beschriebenen Steuerungsproblem (und gleichsam auch als eine mögliche Reaktion darauf zu verstehen) beschreibt *Teubner* eine „Emergenz einer Vielzahl von Zivilverfassungen", die er durch die „drei großen Trends" der Digitalisierung, der Privatisierung und der globalen Vernetzung angestoßen sieht.[536] Dabei geht es ihm darum herauszustellen, dass die Entwicklung der „Weltgesellschaft" immer weniger unter Führung der (internationalen) Politik erfolgt, sondern allenfalls noch von dieser reaktiv begleitet wird. Globalisierung gestaltet sich nach *Teubner* vielmehr als „polyzentrischer Prozess", in dem „unterschiedliche Lebensbereiche ihre regionalen Schranken durchbrechen und autonome Globalsektoren konstituieren."[537] Dies bedingt das Entstehen einer Vielzahl autonomer Funktionsbereiche, sog. „*global villages*", die sich nicht nur einem äußeren Eingriff entziehen, sondern dabei auch eine Eigendynamik entwickeln können, die in der Konstitutionalisierung von Eigenverfassungen mündet. Damit führt die von *Teubner* konstatierte „Asymmetrie von voll globalisierten Teilsystemen der Gesellschaft und bloß internationalisierter Politik" zu einem Prozess der Rechtsetzung jenseits traditioneller staatlicher oder völkerrechtlicher Quellen, etwa „in Verträgen zwischen *global players*" oder „in privater Marktregulierung durch multinationale Unternehmen".[538] Überall dort, wo sich autonome Gesellschaftsstrukturen entwickeln, können folgerichtig zugleich eigenständige Mechanismen der Rechtsproduktion herausgebildet werden.[539]

Unter Zivilverfassungen versteht *Teubner* eine Kombination von „autonomen Sozialprozessen" und „autonomen Rechtsprozessen", die im Sinne einer systemtheoretischen strukturellen Kopplung in einem evolutionären Prozess entstehen, dabei jedoch in einem „Ensemble" von Rechtsnormen eingebettet bleiben und die Dichotomie von öffentlichem Recht und Privatrecht zu überkommen scheinen.[540] Vereinfachend lässt sich insofern auch von einem Prozess der Verfassungsbildung „von unten"[541] sprechen. Das dabei entstehende Bild eines sich aus einer Vielzahl einzelner Zivilverfassungen konstituierenden fragmentierten Weltrechts, das auf die Bildung einer Einheit oder einer politischen Gesamtverfassung verzichtet, passt sich damit dem systemtheoretischen Begriff der Weltgesellschaft an, die ebenfalls ohne Spitze oder Zentrum auskommt.[542] Eine zentrale Frage im Rahmen der Emergenz von Zivilverfassungen bildet für *Teubner* diejenige nach der Bindung transnational agierender kollektiver Akteure an die Grund- und Menschenrechte. Grundrechte bilden nach seinem Verständnis nicht nur Abwehrrechte gegen den Staat, sondern stellen gleichzeitig ein Gegengewicht zu der Vielzahl von verselbstständigten Kommunikationsnetzwerken

---

536 *Teubner*, ZaöRV 2003, S. 1 (2, 6).
537 *Teubner*, Forschung Frankfurt 2007, S. 30 (33); *ders.*, ZaöRV 2003, S. 1 (11).
538 *Teubner*, ZaöRV 2003, S. 1 (14).
539 So die Umformulierung von *Hugo Grotius*' berühmtem Satz „*ubi societas ibi ius*", vgl. *Teubner*, Forschung Frankfurt 2007, S. 30 (33 ff.).
540 *Teubner*, ZaöRV 2003, S. 1 (17).
541 Vgl. die Kennzeichnung bei *Ladeur/Vielleichner*, AVR 2008, S. 42 (51).
542 *Teubner*, ZaöRV 2003, S. 1 (27).

dar; eine Sicht, die es *Teubner* beispielsweise ermöglicht, die Einrichtung von „*sweat shops*" als Konsequenz anonymer Märkte zu kritisieren.[543]

Die so beschriebenen Zivilverfassungen bilden den Kern des systemtheoretischen Weltrechts, das einerseits auf das öffentliche Recht zur Konstitutionalisierung der politischen Rahmenbedingungen angewiesen ist und andererseits auf einem Privatrecht aufbaut, das nach *Teubner* in seiner zeitgenössischen Form der Umwandlung zu einem Verfassungsrecht globaler privater Regelungssysteme bedarf.[544] Nicht zu erwarten ist hingegen eine Integration der Zivilverfassungen durch eine politische Gesamtverfassung, sondern allenfalls das Entstehen netzwerkartiger Verknüpfungen, die sich aus der Kollision der unterschiedlichen Teilverfassungen ergeben.[545] Dabei geht es um eine Konfliktlösung durch Koordination, die kennzeichnend ist für das globale und plurale Recht. Erkennen lässt sich insofern das Entstehen eines „heterarchischen Rechts", das sich in Abgrenzung zu einem hierarchischen Rechtssystem „[...] darauf beschränkt, zwischen fragmentierten Teilrechtsordnungen einen losen Zusammenhang herzustellen."[546] Im Übrigen kennzeichnen vier weitere Charakteristika das globale Recht[547]: Eine Entkopplung der Grenzen des Rechts von denjenigen des Staates, eine Schwächung der Rechtssetzung durch öffentliche Institutionen und eine Stärkung privater Rechtsregime, eine enge Abhängigkeit von den jeweiligen spezialisierten sozialen Feldern und eine daraus resultierende starke Präsenz organisierter Interessen sowie eine große Vielfalt an Rechtsquellen.[548]

Als besonderes Beispiel des globalen Rechts, in dem sich gleichzeitig Globalisierung, Differenzierung und Vernetzung ausdrücken, führt *Teubner* das autopoietische Rechtsregime der globalen Wirtschaft, die (neue) „Lex Mercatoria", an.[549]

543 *Teubner*, Forschung Frankfurt 2007, S. 30 (32); *Vesting* in FS für Teubner, S. 609 (621).

544 *Teubner*, RJ 1998, S. 234 (235).

545 *Teubner*, ZaöRV 2003, S. 1 (27). Dass es einer solchen Integration durch eine Gesamtverfassung jedoch auch nicht bedarf, ergibt sich für *Teubner* „mutatis mutandis" aus einem Vergleich mit der englischen Rechtsentwicklung. Auch hier habe es an einer konstituierenden Versammlung, einer Verfassungsurkunde sowie eines auf Verfassungsfragen spezialisierten Gerichts gefehlt. Einziges Kriterium bilde somit die soziale Institutionalisierung einer Verfassung, vgl. *Teubner*, Forschung Frankfurt 2007, S. 30 (36 f.).

546 *Fischer-Lescano/Teubner*, in: Albert/Stichweh, Weltstaat und Weltstaatlichkeit, S. 37 (51).

547 *Teubner* spricht hier in Anspielung an die von *Eugen Ehrlich* aufgrund seiner Beobachtungen zur Rechtswirklichkeit in der multikulturell geprägten Bukowina entwickelte Theorie des „Lebenden Rechts" auch von einer „globalen Bukowina". Siehe auch die Übertragung von *Ehrlichs* Gedanken auf den CSR-Ansatz bei *Schneuwly*, S. 92 ff.

548 *Teubner*, Global Bukowina, S. 3 (7 f.); dazu auch *von Bogdandy/Dellavalle* in FS für Teubner, S. 695 (707).

549 Als zweites Beispiel wird die „lex digitalis" des Internets angeführt, siehe *Fischer-Lescano/Teubner*, in: Albert/Stichweh, Weltstaat und Weltstaatlichkeit, S. 37 (47).

Verstanden wird diese als globale Ordnung der internationalen Wirtschaft, die sich überwiegend unabhängig von einer hoheitlichen Steuerung vor allem im Wege der transnationalen Selbstregulierung privater Akteure konstituiert. Das so geschaffene autonome Rechtssystem gründet primär auf allgemeinen Rechtsprinzipien, die sich aus dem „*Common Core*" der nationalen Privatrechtsregime und den Handelsbräuchen und Gewohnheiten der internationalen Kaufmannschaft ableiten. Angewendet und fortentwickelt hingegen wird die Lex Mercatoria vor allem durch die internationale Schiedsgerichtsbarkeit.[550] Damit stellt sich das Rechtsregime der globalen Wirtschaft im Sinne *Teubners* als ausdifferenziertes, privatrechtliches Regime von globaler Reichweite dar, das außerhalb des Staates und der internationalen Beziehungen ohne stützende staatliche Normen, Autorisierung und Kontrolle gültiges Recht produziert.[551]

3. Willke: Dezentrale Kontextsteuerung

Auch *Willke* geht von einer in selbstreferentielle und funktionale Teilsysteme ausdifferenzierten Gesellschaft aus, die weder einer hierarchisch-direkten Außen- noch einer Innensteuerung zugänglich ist. Versuche einer Beeinflussung und Steuerung durch politische Programme vergleicht er mit einem „trial-and-error Verfahren"[552]. Das so beschriebene Steuerungsdefizit konstatiert *Willke* insbesondere in Bezug auf das Steuerungsinstrument des Rechts, das er jedenfalls in seiner nationalstaatlichen Prägung durch den anhaltenden Globalisierungsdruck zunehmend in die Defensive geraten sieht. Sowohl die durch das Recht zu behandelnden Probleme als auch der durch das Recht betroffene Adressatenkreis („das Kollektiv") lösen sich danach zunehmend von den Grenzen der nationalstaatlichen Territorialität. Im Vordergrund stehen vermehrt Fragen der transnationalen Zugehörigkeit und Betroffenheit.[553] Dies führt nach *Willke* zugleich zu einem Prozess des Wandels des Rechts.[554] Zu einer „klare[n] Schwächung der Steuerungsfähigkeit staatlicher

550 *Calliess*, Grenzüberschreitende Verbraucherverträge, S. 251.

551 *von Bogdandy/Dellavalle* in FS für Teubner, S. 695 (710) sprechen insoweit von „zentrale[n] Innovationen".

552 *Willke*, Systemtheorie entwickelter Gesellschaften, S. 56.

553 Als weitere Gründe, weshalb das klassische Recht des Nationalstaates unter Druck gerät und „den Boden unter den Füßen" zu verlieren droht, nennt *Willke* die normative Ausrichtung des Rechts, die dem Bedürfnis einer kognitiven Steuerung moderner Problemfelder nicht gerecht werde, sowie die Tatsache, dass die „Ausbildung globaler Funktionssysteme" zu einem „entterritorialisierten Netz globaler Relevanzen und funktional spezialisierter Kompetenzen" führe, siehe *Willke* in FS für Teubner, S. 887 (888).

554 *Willke* in FS für Teubner, S. 887 (889): „Zum einen expandiert die Rechtsbildung aus dem traditionellen Territorium der Politik in die Weite der Zivilgesellschaft. Zum anderen diffundieren die pluralen Regelsysteme, die sich in den gesellschaftlichen Funktionssystemen ausbilden, zurück in das herkömmliche Rechtssystem und

Akteure und Instanzen"[555] führt nach *Willkes* Verständnis aber vor allem auch der Prozess der internationalen Vernetzung der Ökonomie, der weitere Entwicklungen nach sich zieht. Die „Schwächung" der staatlichen Steuerungskompetenz und ihrer Politik sieht er dabei vor allem darin begründet, dass die „[...] ins Globale expandierenden" gesellschaftlichen Funktionssysteme im Zuge ihrer Expansion von der Rücksichtnahme auf nationalstaatliche Gegebenheiten befreit werden und statt dessen die Beachtung der Bedingungen globaler Chancen und Risiken in den Fokus nehmen, so etwa globale Unternehmen im Rahmen ihrer Standortentscheidungen.[556]

Derartige Prozesse, die *Willke* als Ausbildung „lateraler Weltsysteme" begreift, führen zu einer Transformation des Rechts im Sinne der Erschließung einer neuen Ebene des Rechts in einem „erweiterten Mehr-Ebenen System": Recht wandelt sich vermehrt in Richtung auf ein „[...] post-konventionelles, post-interventionistisches, post-normatives Recht, das in der Lage ist, eine Steuerungsleistung zu erbringen, die sich auf Augenhöhe mit einer hyperkomplexen Gesellschaft bewegt."[557] Ausdruck findet diese Transformation im Konzept der sog. „dezentralen Kontextsteuerung", die bei eben jener Steuerungsleistung „auf Augenhöhe" ansetzt. Kontextsteuerung meint dabei „die reflexive, dezentrale Steuerung der Kontextbedingungen aller Teilsysteme und selbstreferentielle Selbststeuerung jedes einzelnen Teilsystems."[558] Insofern geht es nicht um eine Entscheidung im Wege hierarchischer Direktiven, sondern um die Entwicklung gemeinsamer Orientierung mittels eines Diskurses, also um die Verschränkung direkter Steuerung und funktionaler Selbststeuerung zum Wohle der gesamtgesellschaftlichen Kooperation. Konkret schlägt *Willke* etwa die Einrichtung gemischter Kommissionen vor, bei der es zu einer wechselseitigen Koordination der einzelnen Teilsysteme kommt und der Staat sich auf eine integrierende Funktion zurückzieht. Allgemeiner formuliert geht es um neuartige Interaktionen zwischen den einzelnen Teilsystemen und dem Staat, wobei letzterer die Rolle des Organisators und Moderators annimmt und dabei vornehmlich Mittel der indirekten Steuerung anwendet.[559]

Insbesondere sollen derartige Interaktionen sicherstellen, dass vor dem Hintergrund erschwerter Steuerungsbedingungen nur diejenigen Mittel gewählt werden, die bei größtmöglicher Umfeldverträglichkeit zugleich ein Höchstmaß an innersystemischer Kompatibilität gewährleisten. Vorausgesetzt wird dafür eine Fähigkeit zu Reflexion und Selbstbindung auf Seiten der Teilsysteme, die insofern die Notwendigkeit einer „gemeinwohlverträglichen Kooperation" aus sich heraus erkennen, um

---

setzen dort einen Pluralisierungsprozess in Gang, dem gegenüber die klassische Idee der Ordnungsbildung einen schweren Stand hat."

555 *Willke* in FS für Teubner, S. 887 (890).

556 *Willke* in FS für Teubner, S. 887 (891).

557 *Willke*, Global Governance, S. 54.

558 So die Definition bei *Willke*, Systemtheorie entwickelter Gesellschaften 1993, S. 58.

559 Siehe auch die Darstellung zu *Willkes* „neo-korporatistischem Gesellschaftsansatz" bei *Glinski*, S. 81.

damit ein Kollabieren des Gesamtsystems zu vermeiden.[560] Insgesamt grenzt sich der Vorschlag einer dezentralen Kontextsteuerung damit von den Thesen *Luhmanns* ab. Während dieser eine Steuerungsfähigkeit von vornherein in Zweifel zieht, erkennt *Willke* auch im Rahmen einer funktional differenzierten Gesellschaft die Notwendigkeit einer poltischen Grundsteuerung an, betont jedoch, dass sich eine derartige Steuerung den veränderten Gegebenheiten anzupassen habe. Als richtige Antwort und als Form der Weiterentwicklung des Rechts erscheint ihm dabei insbesondere der Weg der „*Global Governance*", der im Vergleich zu einer nationalstaatlichen Regulierung weniger auf hoheitliche Zuständigkeiten und Interventionsmechanismen angewiesen ist.[561]

4. Amstutz: CSR als globales Recht

Amstutz schließlich hat die bereits erwähnten systemtheoretischen Ansätze unter anderem auf die europäischen Bemühungen um Schaffung eines einheitlichen CSR-Ansatzes übertragen und darin „zentrale Züge eines Weltrechts"[562] erkannt. Ähnlich wie *Teubner* geht auch *Amstutz* von einer im postmodernen Rechtspluralismus zum Ausdruck kommenden Autonomie für gesellschaftliche „Diskursrechte" aus, die zum Entstehen von Zivilverfassungen und einer „Konstitutionalisierung ohne Staat" führt.[563] Dabei hat *Amstutz* das Modell einer ausdifferenzierten gesellschaftlichen Ordnung ohne Zentrum insbesondere im Hinblick auf den transnationalen Raum weiterentwickelt und in diesem Zusammenhang gefolgert, dass sich das „pyramidenförmig hierarchisierte Recht des Nationalstaates" nicht ohne weiteres „transplantieren" lasse. Vielmehr – so seine Annahme – wandelt sich das Recht im transnationalen Raum; seine Normativität wird umgeformt und seine juristischen Legitimations-, Interpretations- und Begründungsmuster verlieren ebenso an Bedeutung wie die von ihm als bewährt etablierten Rechtsfiguren.[564] Stufenweise und in kleinen Schritten entsteht so ein transnationales Recht als Recht der Weltgesellschaft, das sich in den Zwischenräumen („Interstizien") zwischen Nationalstaaten herausbildt und in betonter Distanz von der „rechtlich-politischen Normierung" im Nationalstaat operiert.[565] Das globale Recht bezweckt nach *Amstutz* nicht mehr eine unmittelbare Verhaltensbeeinflussung, sondern ist vielmehr als „Vernetzungs-Recht" zu verstehen, also als Beziehungszusammenhang, der Normen aus unterschiedlichsten Kontexten und von verschiedenster Abstammung miteinander verknotet.[566] Ausgelegt ist das Weltrecht vor dem Hintergrund der sich in der Weltgesellschaft

---

560 *Glinski*, S. 81 f.
561 *Hajduk/Quandt*, zfwu 2011, S. 104 (110).
562 *Amstutz/Karavas* in FS für Teubner, S. 645 (657).
563 Dazu auch *Ladeur/Vielleichner*, AVR 2008, S. 42 (52 f.).
564 Vgl. zur „Mutation" des hierarchischen Rechtsmodells der westlichen Rechtskulturen in der emergierenden Weltgesellschaft *Amstutz/Karavas*, Rg 2006, S. 14 (15).
565 *Amstutz/Karavas* in FS für Teubner, S. 645 (646).
566 „Weltrecht ist Interlegalität", *Amstutz/Karavas* in FS für Teubner, S. 645 (646).

laufend relativierenden Erwartungen insbesondere darauf, die Lernfähigkeit von globalen Akteuren zu steigern. Damit steht nicht mehr die Normtreue im Vordergrund, sondern vielmehr die Fähigkeit zur Lösung von Problemen. In einem „globalisierten *setting*" kommt es für das Recht somit darauf an, Kapazitäten für lernende Umstrukturierungen und für die Anpassung von Programmen zu vermitteln.[567]

Die „großen Linien" eines so beschriebenen globalen Rechts sieht *Amstutz* in der CSR im Allgemeinen- und in den Bemühungen der EU um einen Politikansatz der Unternehmensverantwortung im Speziellen wiedergegeben. Nach seinem Verständnis handelt es sich bei der CSR im Kern um ein „Phänomen der Globalisierung", das sich nicht im Nationalstaat herausgebildet hat, sondern vielmehr ein Produkt der Weltgesellschaft darstellt. Das Ziel der CSR besteht nach seinem Verständnis primär in einer Kanalisierung von Erwartungen in der Weltgesellschaft, und zwar dergestalt, „[...] dass sich diese Erwartungen nicht zu Faktoren der sozialen Differenz in den globalen Umwelten entwickeln."[568] CSR soll somit Lernprozesse in den Unternehmen anstoßen, die es den Unternehmen ermöglichen, solche sowohl rechtlichen als auch gesellschaftlichen Normen in den sie umgebenden „Umwelten" zu identifizieren, an denen sie sich orientieren und damit „umweltadäquat" verhalten können. Besonders relevant ist dieser Lernprozess für multinationale Unternehmen, die über staatliche und kulturelle Grenzen hinweg agieren und sich dabei einer Vielzahl von wirtschaftlichen, politischen, sozialen und rechtlichen Normen ausgesetzt sehen, die nicht selten von hoher Dynamik geprägt sind. In diesem Kontext geht es der CSR, wie *Amstutz* formuliert, um einen „globalen Pluralismus", also um die Schaffung eines Mittels zur Förderung einer differenzierten Integrationsstrategie von multinationalen Unternehmen in diejenigen Umwelten, in denen sie aktiv sind.[569] Gerade in dieser Funktion der Vernetzung von lokalen und unternehmerischen Kulturen, also in der Herstellung eines Geflechts („Interlegalität"), kommt die Parallelität zwischen der CSR und dem Weltrecht zum Vorschein.[570]

Die durch das CSR-Recht bereitgestellten Instrumente, die nach *Amstutz* Einfluss auf die Reflexionen innerhalb der Unternehmen in dem Sinne nehmen sollen, dass deren Umweltadäquanz gesteigert wird, unterscheiden sich grundlegend von den rechtlichen Instrumenten des Nationalstaates, die auf eine direkte Verhaltenssteuerung gerichtet sind. Danach kommt etwa dem Einbezug der Unternehmen in die

567 *Amstutz*, Verantwortung von Unternehmen im Europäischen Recht, S. 17; *Amstutz/Karavas* in FS für Teubner, S. 645 (663). Siehe dazu auch *Ladeur/Vielleichner*, AVR 2008, S. 42 (72).

568 *Amstutz*, Verantwortung von Unternehmen im Europäischen Recht, S. 4 f.

569 *Amstutz*, Verantwortung von Unternehmen im Europäischen Recht, S. 5 f.

570 *Amstutz/Karavas* in FS für Teubner, S. 645 (666 f.), die anfügen, dass obwohl ein multinationales Unternehmen wohl nie Teil oder Inbegriff der sozialen, politischen, kulturellen und/oder wirtschaftlichen Umwelt werden könne, es gleichwohl zu lernen habe, „seine eigene Identität so in Frage zu stellen, dass es in responsiver Art und Weise in dieser Umwelt handeln kann, d.h. Maßnahmen trifft, um seine eigene Kompatibilität mit dieser Umwelt sicherzustellen."

Regelfindung und Regelsetzung („Selbstorganisation“ bzw. „Selbststeuerung“) im Rahmen der CSR eine hohe Bedeutung zu. Systemtheoretisch ausgedrückt führt diese „Verlagerung des CSR-Dialogs“ auf die Ebene der Unternehmen zu einer operativen Schließung des Systems, die gleichzeitig deren kognitive Öffnung in dem Sinne ermöglicht, dass das System (Unternehmen) seine Umwelt (Stakeholder) „[...] über Bestätigung oder Enttäuschung seiner Erwartungen entscheiden lässt, um so zu einer ständigen Reorientierung seiner Operationen verleitet zu werden.“[571]

Mit dieser kognitiven Öffnung gegenüber den Reaktionen der Umwelt gelingt es dem CSR-Recht die Geschwindigkeit der Weltgesellschaft aufzugreifen und für das eigene Verfahren der Normgebung nutzbar zu machen. So sind die im CSR-Dialog kontinuierlich erarbeiteten und modifizierten „[...] Verfahren, Standards, *benchmarks* usw. stets geeignet, die soziale, ökologische und kulturelle Wirklichkeit zu erfassen und auszubilden.“ Diese Form der Rückkopplung an die Umwelt lässt sich auch im Hinblick auf Umsetzung und Kontrolle des CSR-Rechts beobachten. Auch hier erweist sich nach *Amstutz* die aus dem nationalen Recht bekannte, hoheitliche Vollstreckung als unzweckmäßig. Einerseits, weil es an umfassenden extra-territorialen Rechtsvollzugsmöglichkeiten mangelt, andererseits, weil sich das globale Recht als normative Abstützung kognitiver Erwartungen nicht dafür eignet, im Wege traditioneller Durchsetzungsmechanismen vollzogen zu werden. Somit bleibt das CSR-Recht auf Formen der informellen Kontrolle angewiesen, also auf Marktkräfte, Reputation oder öffentliche Skandalisierung durch Medien.[572] Diese Angewiesenheit bringt das CSR-Recht schließlich auch dadurch zum Ausdruck, dass es seine „Freiwilligkeit“ betont. Dabei muss mit *Amstutz* beachtet werden, dass es sich bei Weltrecht um zivilgesellschaftliches Recht handelt, welches sich in „blinder Evolution“ planlos aus der weltgesellschaftlichen Kommunikation ergibt und damit darauf angewiesen ist, „sich auf die weltgesellschaftlichen Kräfte für seine Durchsetzung zu verlassen.“[573] Dabei üben jene „weltgesellschaftlichen Kräfte“ (Stakeholder) ihren Druck auf Unternehmen etwa im Wege von Qualitätslabeln, Gütesiegeln oder Qualitätsmanagementsystemen aus. Gefördert werden kann dieser weltgesellschaftliche Druck (*Amstutz* verwendet hier den Begriff der „zivilen Governance-Mechanismen“[574]) jedoch auch hoheitlich, etwa dann, wenn Stakeholder durch verbindliche Offenlegungsvorschriften überhaupt erst diejenigen Informationen erhalten, die sie in die Lage versetzen, ihrer Funktion nachzukommen.

Das so offenbarte Bild eines CSR-Rechts als Teil eines übergreifenden Weltrechts unterscheidet sich maßgeblich vom klassischen nationalstaatlichen Recht. *Amstutz* weist dementsprechend darauf hin, dass man die CSR juristisch nur erfassen könne, „[...] wenn man sich von der Vorstellung löst, die Funktion von Recht

---

571 *Amstutz/Karavas* in FS für Teubner, S. 645 (662).
572 *Amstutz*, Verantwortung von Unternehmen im Europäischen Recht, S. 15.
573 *Amstutz/Karavas* in FS für Teubner, S. 645 (668).
574 *Amstutz/Karavas* in FS für Teubner, S. 645 (668 f.).

liege ausschließlich in der Stabilisierung von Erwartungen."[575] Vielmehr, so seine Vorstellung, erfülle das Recht in der Weltgesellschaft eine neue Funktion, die in der „Steuerung kognitiver Prozesse" liege. Bezogen auf die CSR zielten diese kognitiven Prozesse etwa auf einen Lernprozess innerhalb der Unternehmen, der es ihnen ermöglicht, die sich aus den Umwelten ergebenden rechtlichen und sozialen Normen aufzunehmen und so umzusetzen, dass das Unternehmensverhalten den jeweiligen lokalen Umwelten angemessen ist.[576]

5. Zum Wert der systemtheoretischen Modelle für den CSR-Diskurs

Die systemtheoretischen Ansätze *Luhmanns* ebenso wie deren Weiterentwicklungen haben neben Zustimmung nicht selten auch grundlegende Kritik hervorgerufen.[577] So berechtigt die dabei zum Ausdruck kommenden Fragen an die systemtheoretische Gesellschaftskonstruktion auch sein mögen, so wertvoll ist der Beitrag der Systemtheorie für die Beschreibung moderner Steuerungsbedingungen in einer globalisierten Welt. Insbesondere die aus der Autopoiesis geschlossener Systeme gezogene Schlussfolgerung einer begrenzten staatlichen Steuerungsfähigkeit moderner Gesellschaften entspricht den heute allgemein zu konstatierenden Zweifeln an einer streng hierarchischen, unitarischen Konzeption der staatsrechtlichen Tradition.[578] Diejenigen Fragen nach den Möglichkeiten und Grenzen einer Gesellschaftssteuerung durch Recht vor dem Hintergrund der Globalisierung, die heute Gegenstand kontroverser wissenschaftlicher Auseinandersetzungen sind, hat *Luhmann* gewissermaßen (weit) vorausgeahnt. Dies gilt auch für die Antworten, die *Teubner* und *Willke* mit ihren Ansätzen des „reflexiven Rechts" bzw. der „dezentralen Kontextsteuerung" gegeben haben. Trotz gegebener Unterschiede im Detail, weisen doch beide Modelle eine ähnliche Tendenz auf, indem sie ein Umdenken der hoheitlichen Steuerung in Richtung einer Abkehr von Hierarchie und einer Hinwendung zu Koordination vorschlagen. Dieses Umdenken ist aus klassisch-juristischer Sicht nur schwer zu greifen, weil es das Denken in Schemata (wie z.B. „freiwillig/verbindlich") umgeht. Gleichwohl ist es hilfreich und notwendig, vorausgesetzt man will dem Staat auch unter den veränderten Bedingungen der „Weltgesellschaft" ein hinreichendes Maß an Eingriffs- und Steuerungskompetenz zugestehen.

Übertragen lassen sich *Teubners* Ansätze zum „reflexiven Recht", zur Emergenz von „Zivilverfassungen" und zur (neuen) „Lex Mercatoria" besonders gut auch auf das Konzept der CSR. So kann etwa das immer stärker werdende öffentliche Einfordern von Unternehmensverantwortung durchaus mit dem von *Teubner*

575 *Amstutz*, Verantwortung von Unternehmen im Europäischen Recht, S. 29.
576 *Amstutz/Karavas* in FS für Teubner, S. 645 (669).
577 Siehe exemplarisch die kritische Würdigung der Systemtheorie von Luhmann bei *Raiser*, S. 139 ff.
578 *von Bogdandy/Dellavalle* in FS für Teubner, S. 695 (706).

konstatierten Widerspruch zwischen Steuerungsbedarf und Steuerungskapazität erklärt werden, der gerade im Rahmen der globalisierten und pluralisierten internationalen Wirtschaft offenbar wird. Das allseits konstatierte Steuerungsdefizit hat zu einem Überdenken der Steuerungsinstrumente geführt. Steuerung durch Recht zielt vermehrt auch auf die Mobilisierung von Selbstorganisation und Selbststeuerung. So verstanden verlagert sich auch in der CSR der Akzent immer mehr in Richtung einer „regulierten Autonomie". Mit Hilfe von Vorschriften über Transparenz und Offenlegung, Audit und Zertifizierung werden dabei etwa Mindestvorgaben geschaffen, die von den Unternehmen im Rahmen ihrer eigenverantwortlichen Umsetzung beachtet werden müssen. Schließlich greift die CSR auf allgemeine Prinzipien und Verhaltensmuster zurück, die sich unabhängig von staatlicher Intervention im Rahmen der globalen Wirtschaft etabliert haben.

Und auch *Willkes* Beobachtungen finden sich im Rahmen des CSR-Diskurses abgebildet. Dies gilt etwa für seine Überlegungen zur Einrichtung sog. „gemischter Kommissionen" als Medium der koordinierten Entscheidungsfindung der „dezentralen Kontextsteuerung". Wie noch näher auszuführen sein wird, bauen zahlreiche Initiativen im Bereich CSR auf vergleichbaren „Kommissionen" oder „Foren" auf, in denen Unternehmen und Stakeholder-Gruppen an gemeinsamen Lösungskonzepten arbeiten. Dabei behält sich der zunächst auf seine Funktion als Organisator, Moderator und Finanzier beschränkte Staat jeweils die Möglichkeit vor, sowohl den Gang der Verhandlungen als auch mögliche Ergebnisse durch die verbindliche Vorgabe von Rahmenbedingungen zu induzieren oder das Verfahren sogar ganz an sich zu ziehen. Erkennbar werden dabei die von *Willke* vorgeschlagene Verschränkung von Fremd- und Selbststeuerung, der primäre Rückgriff auf Mittel der indirekten Steuerung sowie die Interaktion zwischen Staat und Teilsystem.

Auch die Überlegungen von *Amstutz* lassen schließlich erkennen, wie stark das „Recht der CSR" durch den Grundsatz der Kooperation geprägt ist. Dies gilt sowohl für dessen Schaffung als auch für dessen Umsetzung. So sind die Gremien zur Schaffung von Regeln, in wechselnden Konstellationen und Funktionen mit Vertretern des Staates, der Unternehmen und deren Stakeholdern besetzt und auch die Durchsetzung der so geschaffenen Vorgaben unterliegt nicht nur einer staatlichen, sondern auch einer zivilgesellschaftlichen und einer unternehmensinternen Kontrolle. Vor dem Hintergrund dieser „Gemengelage" vermag es kaum zu überraschen, dass der Staat mit den ihm verbliebenen hoheitlichen Regelungskompetenzen (auch) versucht, die Selbstorganisations- und Selbststeuerungsfähigkeiten der beteiligten Akteure (Unternehmen einerseits, Stakeholder andererseits) zu stärken. Was so nach außen für Vertreter einer ausgeprägten Theorie der Gesellschafts- und Wirtschaftslenkung durch den Staat wie ein Versagen der hoheitlichen Steuerung anmutet, erweist sich in Wahrheit als intelligentes Steuerungsmodell in einer globalisierten Unternehmenswelt.

Umsetzung findet dieses alternative Modell der Steuerung im Bereich der CSR etwa in Kodifikationen wie dem bereits skizzierten „Abkommen zum Brand- und Gebäudeschutz in Bangladesch", das in Reaktion auf den Einsturz eines Gebäudekomplexes mit Textilfabriken in Bangladesch entwickelt wurde. Sowohl das

Zustandekommen als auch die Um- und Durchsetzung dieses Abkommens beruhen dabei auf einer Kooperation zwischen Unternehmen, Zivilgesellschaft und Hoheitsträgern (in diesem Fall zusammengebracht durch die ILO). Demnach obliegt die Umsetzung und Überwachung des Abkommens einem eigens dafür eingerichteten *„Steering Committee"*, dem sechs Vertreter der unterzeichnenden Unternehmen, sechs Vertreter der Gewerkschaften und ein Vertreter der ILO angehören, wobei die Gesamtleitung und Koordination aller Aktivitäten des Abkommens der ILO obliegen. Deutlich wird an diesem Beispiel auch die von *Willke* festgestellte zunehmende Verlagerung der Rolle des Hoheitsträgers auf diejenige eines „Organisators" und „Moderators".[579] Zumeist erfolgt diese Verlagerung, die sich auch als Rückzug verstehen lässt, jedoch unter Aufrechterhaltung einer „Drohkulisse" in Form eines Rückgriffs auf die Mittel der direkten Verhaltenssteuerung.

Amstutz hat den Umbau der Steuerungsbedingungen auf die zusammenfassende Formel gebracht, dass *„Rechts-Verzichte manchmal Rechts-Mehrwerte schöpfen."*[580] Diese Wendung ist nach hier vertretener Auffassung besonders gut dazu geeignet, den Wandel moderner Steuerung aufzuzeigen, wie er unter anderem in der CSR zum Ausdruck kommt: Nicht in der Abkehr, sondern in der Neuausrichtung rechtlicher Steuerung und Gestaltung liegt demnach die Herausforderung einer globalisierten Gesellschaft.

IV. Systematisierung der Steuerungsbedingungen der CSR

Das in diesem Sinne als Ausdruck eines modernen Steuerungsansatzes verstandene Konzept der CSR wird im Folgenden anhand der Merkmale des Steuerungsziels, der Steuerungsakteure, der Steuerungsinstrumente sowie der in Betracht kommenden Steuerungsformen systematisiert. Daraus ergibt sich ein umfassender Überblick über Inhalt und Wirkweise des „Rechts der CSR". Entsprechend des Analysefokus dieser Arbeit knüpft die Systematisierung dafür primär an die Steuerungsbedingungen des europäischen CSR-Diskurses an.

---

579 In dieses Bild fügt sich auch eine aktuelle Initiative des BMZ zur Erarbeitung eines Aktionsplanes über Verantwortungsübernahme in der globalen textilen Lieferkette ein. Dabei wurde in einem ersten Schritt ein „Runder Tisch Textil" unter Leitung des BMZ und unter Teilnahme von Vertretern von Unternehmen, Verbänden und NGOs installiert. Noch vor dem ersten Treffen ließ das Ministerium erkennen, zukünftig freiwillige Selbstverpflichtungen von Industrie und Handel einfordern- und gegebenenfalls ein neues Gütesiegel gesetzlich einführen zu wollen. Siehe dazu die Presseerklärung „Weltweit mehr Gerechtigkeit und Nachhaltigkeit in der Textilwirtschaft!" abrufbar im Internet unter: http://www.bmz.de/20140424-1 [Stand: 21.01.2016].

580 *Amstutz/Karavas* in FS für Teubner, S. 645 (669) [Hervorhebung im Original].

1. Steuerungsziel

Ausgehend von dem weiten und dieser Arbeit zugrundeliegenden Begriffsverständnis der EU-Kommission, wonach es sich bei der CSR um „die Verantwortung von Unternehmen für ihre Auswirkungen auf die Gesellschaft handelt“[581], lässt sich das Steuerungsziel der CSR vereinfachend als Wahrnehmung eben jener unternehmerischen „Auswirkungsverantwortung“ beschreiben. Konkret geht es dabei um die sozialen, ökologischen und wirtschaftlichen Auswirkungen der unternehmerischen Tätigkeit. In Bezug auf diese drei potentiellen Folgedimensionen wird von einem „verantwortungsvollen“ Unternehmen gefordert, im Rahmen der Betriebsführung einen Ausgleich sowie eine stabile Balance zu erzielen.[582] Ausdruck findet diese Forderung zumeist in dem Ruf nach Gewährleistung und Einhaltung von „Mindest-“ oder „Verhaltensstandards“, die sich je nach Inhalt und Art der Formulierung auch als „Umwelt-“ oder „Sozialstandards“, zum Teil sogar als „entwicklungspolitische Standards“ verstehen lassen.[583]

Dabei ist jedoch ein Schwerpunkt auf der „sozialen“ Dimension der CSR zumeist unverkennbar. Gerade CSR-Standards, die an Unternehmen gerichtet sind, die in Ländern mit einer schwach ausgeprägten Arbeits- und Sozialgesetzgebung operieren, enthalten oft an grundlegende Arbeitsrechte angelehnte Mindestforderungen, wie sie etwa in den Kernarbeitsnormen der ILO zum Ausdruck kommen. Konkret geht es dabei etwa um das Verbot von Kinderarbeit, das Verbot von Zwangsarbeit sowie die Garantie von Vereinigungs- und Kollektivverhandlungsfreiheit.[584] Deutlich wird dabei auch, dass ein weiteres Steuerungsziel darin besteht, über den Bereich der Beziehungen zu Beschäftigten hinaus von den Unternehmen einen aktiven Beitrags zur weltweiten Realisierung der Grund- und Menschenrechte einzuforderm. Der Vorteil dieser Konzeption, die Verwirklichung der Menschenrechte als Steuerungsziel vorzugeben, liegt dabei in der Weite des Zielkatalogs der Menschenrechte, von dem jedenfalls „[...] die wichtigsten Voraussetzungen einer gelingenden menschlichen Existenz umfasst sind“ und der zugleich „fassbarer“ ist als ein abstraktes Ziel wie etwa der Verweis auf den „Sozialstaat“.[585] Ferner bringen die Menschenrechte jedenfalls nach ihrem Selbstverständnis einen globalen Grundkonsens zum Ausdruck, der nicht an eine bestimmte kulturelle Wertvorstellung gebunden ist und sich insoweit besonders gut für ein weltweites Steuerungskonzept der CSR eignet. Schließlich ist die soziale Dimension der CSR maßgeblich von einem Bemühen um Schaffung eines Ausgleichs zwischen Unternehmen und verschiedensten Stakeholder-Gruppen gekennzeichnet. Eine Schlüsselstellung im Rahmen

---

581 KOM(2011) 681 endg., S. 7.

582 *Birk*, GRUR 2011, S. 196 (196); *Lambooy*, S. 57; *Schrader*, ZUR 2013, S. 451 (451).

583 *Kocher*, RdA 2004, S. 27 (27); *Thüsing*, RdA 2010, S. 78 (79).

584 *Kocher*, KJ 2010, S. 29 (29).

585 So allgemein in Bezug auf Menschenrechte als Steuerungsziel im Rahmen globaler Strukturen *von Bogdandy*, in: Mayntz et al., Globale Strukturen und deren Steuerung, S. 19 (33).

der „externen" Stakeholder-Beziehungen wird dabei dem Verhältnis zwischen dem Unternehmen und seinem unmittelbaren (lokalen) Umfeld beigemessen. Hier sollen CSR-Maßnahmen vor allem die gegenseitige Akzeptanz erhöhen.[586]

Die Wahrnehmung von Verantwortung für die ökologischen Auswirkungen der Unternehmen, die als zweite Säule eine weitere wichtige Triebfeder des CSR-Konzepts bildet, umfasst Maßnahmen zum Schutz der Artenvielfalt, zum Kampf gegen den Klimawandel, zur Steigerung der Ressourceneffizienz sowie zur Prävention von Umweltverschmutzung.[587] Auch hier lässt sich zwischen einer „internen" Dimension, die auf umweltschonenderen Bedingungen der Leistungserbringung und Produktion sowie einer Steigerung der Umweltperformance entlang der Wertschöpfungskette aufbaut, und einer „externen" Dimension unterscheiden, die auf einen unternehmerischen Beitrag zur Bewältigung globaler Umweltprobleme abzielt.[588] Gerade in der ökologischen Dimension kommt auch das grundsätzliche Bestreben der CSR zum Ausdruck, eine „neue Art von Wertschöpfung" aufzuzeigen.[589] Dazu gehört die Forderung an Unternehmen, Staaten des Globalen Südens im Weg des Technologietransfers zu unterstützen. Die CSR zielt – mehr als es in den anderen Dimensionen zum Ausdruck kommt – in ihrer ökologischen Dimension besonders stark auf ein antizipierendes unternehmerisches Risikomanagement, das globale Risiken wie Klimawandel, demografische Entwicklung oder Rohstoffverknappung frühzeitig erkennt und unternehmensspezifische Lösungsstrategien entwickelt. Als Bestandteil der ökologischen Verantwortungsübernahme wird von den Unternehmen zugleich eine enge Orientierung an den Maßstäben des Verbraucherschutzes eingefordert. Dies bedingt, Produkte und Dienstleistungen in effizienter und unternehmensethisch sowie ökologisch „unbedenklicher Weise" herzustellen bzw. bereitzustellen und faire Geschäfts- und Vermarktungspraktiken sowie Sicherheit und Qualität zu gewährleisten.[590]

Diese hier auszugsweise und beispielhaft genannten Forderungen der sozialen bzw. ökologischen Dimension der CSR sollen – ebenso wie diejenigen Forderungen, die sich einer eindeutigen Zuteilung zu diesem Schema entziehen[591] – gleichfalls einen Beitrag zur Stärkung der dritten, der „wirtschaftlichen" bzw. „ökonomischen" Dimension der CSR leisten. Die EU-Kommission geht etwa davon aus, dass ein strategischer CSR-Ansatz insgesamt zu einer Steigerung der Wettbewerbsfähigkeit

---

586 *Mosters*, S. 42.

587 KOM(2011) 681 endg., S. 8; siehe auch KOM(2001) 366 endg., S. 17: „Bedingt durch die grenzüberschreitenden Auswirkungen vieler wirtschaftlich bedingter Umweltprobleme und den Verbrauch von Ressourcen aus allen Teilen der Welt sind die Unternehmen auch Akteure im globalen Umweltszenario."

588 *Lambooy*, S. 57.

589 So die treffende Formulierung bei *Ernst*, WRP 2010, S. 1304 (1305).

590 KOM(2001) 366 endg., S. 14.

591 Dazu gehören vor allem die Themen Korruptionsbekämpfung, Datenschutz, Steuerehrlichkeit, Schutz des geistigen Eigentums und des Wettbewerbs, denen eine immer bedeutendere Stellung im Rahmen des CSR-Konzepts zufällt.

der Unternehmen führt und speziell das „[...] Risikomanagement fördern, Kosteneinsparungen bringen sowie den Zugang zu Kapital, die Kundenbeziehungen, das Management von Humanressourcen und die Innovationskapazitäten verbessern [kann]."[592]

Zusammenfassend lässt sich damit das spezifische Steuerungsziel der CSR mit *Ernst* als Wahrnehmung eines verantwortlichen unternehmerischen Handelns in der eigentlichen Geschäftstätigkeit, in Bezug auf ökologisch relevante Aspekte, in den Beziehungen zu Mitarbeitern und im Austausch mit den Anspruchs- und Interessengruppen erkennen.[593] Über diesen spezifischen Kern hinaus lässt sich jedoch auch ein abstrakteres Steuerungsziel identifizieren, auf das die EU-Kommission hindeutet, wenn sie die CSR als „Wertekanon" charakterisiert, „[...] auf dem eine von stärkerem Zusammenhalt geprägte Gesellschaft aufgebaut und die schrittweise Einführung einer nachhaltigen Wirtschaftsordnung gegründet werden kann."[594] Dabei geht es einerseits um die im ordnungspolitischen Modell der „sozialen Marktwirtschaft" sowie im Ansatz der „Nachhaltigkeit" insgesamt zum Ausdruck kommenden Vorstellungen über ein kooperatives Agieren sämtlicher Marktteilnehmer. Andererseits ist damit die Hoffnung verbunden, über das Bild einer verantwortungsbewussten Wirtschaft „erheblich zur Schaffung eines unternehmerfreundlichen Umfelds in der Gesellschaft"[595] beitragen zu können. Auch vor dem Hintergrund derartig genereller Steuerungsziele gilt es die CSR zu verstehen.

2. Steuerungssubjekte

Steuerungshandeln impliziert die Existenz von Steuerungsakteuren; jede Steuerungshandlung muss zurechenbar sein.[596] Aufbauend auf den soeben benannten Steuerungszielen gilt es im Folgenden die wichtigsten – auf beiden Seiten des Steuerungsprozesses der CSR beteiligten – Akteure zu benennen. Begonnen werden soll in diesem Kontext mit den in Betracht kommenden Steuerungssubjekten, die im Wege eines beeinflussenden Handelns den aufgezeigten Zielzustand zu erreichen versuchen. Dabei hat sich trotz der tragenden Rolle, die den Unternehmen insgesamt im Rahmen der Um- und Durchsetzung der CSR zufällt, vermehrt die Auffassung durchgesetzt, dass die „Motivation" und „Dringlichkeit", mit der entsprechenden Prozessen auf Ebene der Unternehmen nachgegangen wird, entscheidend sowohl von der Zusammenarbeit mit den jeweiligen Anspruchsgruppen als auch von den

592 KOM(2011) 681 endg., S. 4.

593 *Bergkamp*, European Environmental Law Review 2002, S. 136 (139) sowie *Ernst*, WRP 2010, S. 1304 (1305), der diese Bereiche als „Markt", „Umwelt", „Arbeitsplatz" und „Stakeholder" kennzeichnet.

594 KOM(2011) 681 endg., S. 5.

595 KOM(2001) 366 endg., S. 6.

596 *Mayntz*, in: Ellwein et al., Staats- und Verwaltungswissenschaft, S. 89 (93 f.).

jeweils geltenden politischen Rahmenbedingungen abhängen.[597] Vor diesem Hintergrund lassen sich als wesentliche Steuerungssubjekte des CSR-Konzepts Staaten, Internationale Organisationen, die Zivilgesellschaft, unterschiedliche „Mischformen" sowie die Unternehmen selbst identifizieren.

a. Staaten

Das „staatliche" bzw. „politische" Steuerungshandeln hat sich in den vergangenen Jahren spürbar intensiviert und ist so zu einem maßgeblichen Einflussfaktor auf dem Gebiet der CSR geworden. Einhellig wird daher mittlerweile von einer „Schlüsselstellung" des Staates bei der Schaffung von Grundlagen einer effektiven CSR gesprochen.[598] Dass dieser Bedeutungszuwachs nicht zwangsläufig zu erwarten war, ist eng mit dem (Selbst-) Verständnis der CSR verbunden, wonach das Konzept durch das Prinzip der „Freiwilligkeit" geprägt ist und in wesentlichen Forderungen über gesetzliche Standards hinausgeht. Dieses Bild führt auf den ersten Blick zu einer Beschränkung der staatlichen Einflussmöglichkeiten, jedenfalls aber zu einer Änderung.[599] Äußerst selten erfolgt etwa eine staatliche Einflussnahme auf dem Gebiet der Unternehmensverantwortung im Wege der Handlungsform des Gesetzes. Häufiger erfolgt hingegen die Steuerungsleistung des Staates auf dem Gebiet der CSR im Wege der Schaffung von Anreizen oder Rahmenbedingungen. Danach gestaltet die Politik das unternehmerische Umfeld etwa in der Weise, dass auf „freiwillige" Initiativen der Unternehmen Einfluss genommen wird.[600]

Wie bereits herausgearbeitet, kommen staatliche Akteure ihrer Steuerungsaufgabe auf dem Gebiet der CSR zumeist im Wege eines kooperativen Vorgehens nach. Dies führt zum Entstehen vielfältiger Formen öffentlich-privater Partnerschaften (Public-Private Partnership – PPP), die sich als neuartige Formen der Governance verstehen lassen.[601] Dabei steht die staatliche CSR-Steuerung vor der Herausforderung, eine Vielzahl von sich nicht selten wiedersprechenden Forderungen miteinander in Einklang bringen zu müssen. Während etwa von Seiten der Arbeitnehmer und

---

597 *Hardtke*, in: Ders./Kleinfeld, Gesellschaftliche Verantwortung von Unternehmen, S. 13 (53).

598 *Albareda* et al., Business Ethics: A European Review 2008, S. 347 (348).

599 *Steurer*, in: Schneider/Schmidpeter, Corporate Social Responsibility, S. 731 (731).

600 Siehe zur Beeinflussung privater Kodexinitiativen auf dem Gebiet der CSR: *OECD*, Corporate Responsibility, S. 43. Allgemein auch Mitteilung der Kommission Nachhaltige Entwicklung in Europa für eine bessere Welt: Strategie der Europäischen Union für die nachhaltige Entwicklung, KOM(2001) 264 endg. vom 15.5.2001, S. 9: „Die Politik spielt ebenfalls eine bedeutende Rolle, wenn es darum geht, die Unternehmen zu einer verstärkten sozialen Verantwortung zu ermutigen und einen Rahmen zu schaffen, der dafür sorgt, dass die Unternehmen umweltpolitische und soziale Überlegungen in ihre Wirtschaftsaktivitäten integrieren."

601 *de la Cuesta González/Valor Martinez*, Journal of Business Ethics 2004, S. 275 (283); *Albareda* et al., Journal of Business Ethics 2007, S. 391 (392).

der Zivilgesellschaft häufig eine stärkere und verbindlichere staatliche Steuerungsleistung gefordert wird, steht für Unternehmen selbst zunächst im Vordergrund, dass seitens der Politik die Sicherung der wirtschaftlichen Wettbewerbsfähigkeit zumindest gleichrangig mit sozialen und ökologischen Zielen verfolgt wird.[602] Aus Sicht der Wirtschaft fällt dem Staat damit die Rolle eines „Mediators" zu, der die unterschiedlichen Sichtweisen zu integrieren, gegenseitige Beiträge einzufordern und unternehmerische Anliegen zu unterstützen hat.[603] Das Bedürfnis nach Integration verschiedenster Erwartungen spiegelt sich dabei insbesondere auch in den durch staatliche Steuerungsinstrumente eingeräumten Wahlmöglichkeiten wider.

Die Gründe für ein wachsendes Steuerungsengagement staatlicher Stellen auf dem Gebiet der CSR sind vielfältig. Im Wesentlichen lassen sich vier verschiedene Motivationsmuster ausmachen.[604] So hat sich auf Seiten der Politik zunehmend die Erkenntnis durchgesetzt, dass unternehmerische Aktivitäten auf dem Gebiet der CSR einen wesentlichen Beitrag zur Erreichung anderer allgemeiner (innerstaatlicher) Ziele leisten können. Dabei zeichnet sich der Rückgriff auf „freiwillige" und „informelle" Maßnahmen der CSR im Vergleich zur „verbindlichen" staatlichen Regulierung, die oftmals erst nach einem langwierigen Prozess der politischen Aushandlung zustande kommt, zudem durch den Vorteil größerer Flexibilität aus.[605] Als weiterer Grund des staatlichen Interesses an Maßnahmen auf dem Gebiet der CSR wird auf den bereits beschriebenen generellen Trend hoheitlichen Handelns verwiesen, anstatt auf hierarchische Mittel zunehmend auf „weiche" Formen der Steuerung zurückzugreifen, die insbesondere den Aufbau partnerschaftlicher Netzwerke fördern.[606] Auch im globalen Raum kann die CSR aus staatlicher Perspektive eine wichtige Funktion erfüllen, vor allem dann, wenn es darum geht, neue Maßstäbe zu schaffen. Angesichts bestehender Regulierungsdefizite gerade in Schwellen- und Entwicklungsländern soll über den Ansatz der CSR im internationalen Handel ein Mindestmaß an sozialer und ökologischer Unternehmensverantwortung garantiert werden.[607] Schließlich kann auf ein generelles Interesse staatlicher Stellen verwiesen werden, an gesellschaftlichen Veränderungsprozessen teilzunehmen und diese nach Möglichkeit selbst mitgestalten zu können. Bei der CSR, so das Verständnis,

---

602 *Hardtke*, in: Ders./Kleinfeld, Gesellschaftliche Verantwortung von Unternehmen, S. 13 (53).

603 *Albareda* et al., Business Ethics: A European Review 2008, S. 347 (359).

604 Anknüpfend an *Steurer*, in: Schneider/Schmidpeter, Corporate Social Responsibility, S. 731 (731 f.).

605 Darüber hinaus wird allgemein auf eine Verantwortung der Politik für die Förderung und Verbreitung des Nachhaltigkeits- und CSR-Gedankens in Wirtschaft und Öffentlichkeit verwiesen, siehe *Hardtke*, in: Ders./Kleinfeld, Gesellschaftliche Verantwortung von Unternehmen, S. 13 (61).

606 Siehe zum „*soft policy approach*", der auf einem gemeinschaftlichem Handeln mit dem Privatsektor aufbaut, auch *Albareda* et al., Journal of Business Ethics 2007, S. 391 (392).

607 *Albareda* et al., Journal of Business Ethics 2007, S. 391 (393).

handelt es sich um einen derartigen Veränderungsprozess, der insgesamt zu einer Neudefinition des Verhältnisses und Staat und Wirtschaft führt.[608]

In inhaltlicher Hinsicht befasst sich die staatliche CSR-Politik vor allem mit der Sensibilisierung und Aktivierung potentieller Stakeholder-Gruppen, sei es direkt durch entsprechende Aufklärungskampagnen oder Kapazitätsaufbau oder indirekt durch Gewährleistung eines offenen Informationsflusses. Vor dem Hintergrund der „fundamentalen" Bedeutung der Stakeholderbeziehungen für das CSR-Konzept erscheint es demnach nur folgerichtig, von der staatlichen CSR-Politik zu fordern, einen (guten) Überblick über die jeweiligen Erwartungen und Herausforderungen zu haben, denen sich die einzelnen Stakeholder-Gruppen ausgesetzt sehen.[609]

b. Internationale Organisationen

Neben Staaten übernehmen auch Internationale Organisationen wichtige Steuerungsleistungen auf dem Gebiet der CSR. Dabei erfüllen Internationale Organisationen, entsprechend ihrer Stellung im internationalen System, wichtige Regelungs-, vor allem aber Koordinierungs- und Förderungsaufgaben.[610] Im Gegensatz zur staatlichen Steuerungsleistung ist diejenige der Internationalen Organisationen transnational ausgerichtet. CSR-Initiativen Internationaler Organisationen entfalten dabei nicht selten Vorbildcharakter und wirken zurück auf die staatliche CSR-Politik. Dies kommt schon in der Entwicklung der CSR-Bewegung zum Ausdruck. So wurde die Thematik der unternehmerischen Verantwortung in der globalen Wirtschaft, auf Ebene der Internationalen Organisationen wie bereits gezeigt ab Beginn der 1970er Jahre aufgegriffen, und damit zu einer Zeit, in der an eine vergleichbar koordinierte staatliche Auseinandersetzung rund um die CSR noch nicht zu denken war. Einige der in der damaligen Zeit auf Ebene der Internationalen Organisationen entwickelten Verhaltenskodizes stellen noch heute einen wichtigen Bestandteil des internationalen CSR-Diskurses dar und haben nach wie vor Modellcharakter.[611] Zu den wichtigsten Internationalen Organisationen, die die Auseinandersetzungen um die CSR auf globaler Ebene von Anfang an getragen haben und in deren Gremien Steuerungsvorschläge erarbeitet wurden, zählen neben den VN vor allem auch die ILO und die OECD.[612] Einen Sonderfall bildet insoweit die supranational organisierte

---

608 *Steurer*, in: Schneider/Schmidpeter, Corporate Social Responsibility, S. 731 (732); *Albareda* et al., Journal of Business Ethics 2007, S. 391 (404 f.).

609 So der Schluss bei *Albareda* et al., Business Ethics: A European Review 2008, S. 347 (361).

610 Zur Bedeutung der Internationalen Organisationen siehe auch *Boehme-Neßler*, S. 147 f.

611 *Buntenbroich*, S. 18.

612 Aufgegriffen wird die CSR-Thematik zunehmend auch im Rahmen regionaler Organisationen wie der Afrikanischen Union oder der ASEAN. Ausführlich zu den relevanten CSR-Initiativen Internationaler Organisationen siehe die Darstellung der internationalen CSR-Debatte in Kapitel 4.

EU, deren fortgeschrittener Integrationsgrad sich auch in einem hochentwickelten und ambitionierten CSR-Ansatz widerspiegelt. *Mosters* sieht die Komplexität der CSR-Politik der Europäischen Union in deren „hohen Ansprüchen" begründet, „[...] die nicht nur eine Gesamtverbesserung der weltweiten Zustände anstreben, sondern auch konkrete Verbesserungen im bereits von hohen Maßstäben geprägten europäischen Binnenmarkt" im Blick haben.[613]

Die ohnehin schon große Bedeutung Internationaler Organisationen für den internationalen CSR-Diskurs wurde nochmals gesteigert durch die sich seit den 1990er Jahren verstärkende Globalisierung der Wirtschaftsbeziehungen. Dabei sehen sich multinational agierende Konzerne, ebenso wie kleine und mittlere Unternehmen mit globalen Zulieferketten oder Produktionsstätten und Geschäftsbeziehungen im Ausland heute oftmals einem „Dschungel"[614] weltweiter Erwartungen, ethisch-kultureller Gegebenheiten oder Ansprüchen ausgesetzt. Diese vielfältigen rechtlichen und nicht-rechtlichen Ansprüche aufzunehmen und sie für Unternehmen in internationalen Verhaltensvorgaben praktikabel zu machen, bildet die spezifische Steuerungsfunktion Internationaler Organisationen auf dem Gebiet der CSR. Dabei geht es um eine Standardsetzung, die soziale und ökologische Themen aufgreift und den Anspruch weltweiter Gültigkeit erhebt.[615] Dieses Streben nach globaler Validität ist beinahe zwangsläufig verbunden mit einem Absenken der inhaltlichen Ambitionen der Verhaltensvorgaben. Im Zentrum steht so zumeist die Gewährleistung grundlegender sozialer und ökologischer Mindeststandards, was etwa im Bereich der sozialen Verantwortung durch eine Bezugnahme auf die Kernarbeitsnormen der ILO erreicht wird.[616]

Zurückführen lässt sich die offene und damit zum Teil unverbindliche Formulierung der CSR-Beiträge Internationaler Organisationen jedoch auch auf eine Konfliktlinie, die auf die unterschiedlichen Interessen zwischen Schwellen- und Entwicklungsländern einerseits und Industrienationen andererseits zurückzuführen ist. Ähnlich wie auf staatlicher Ebene gilt es daher auch für die Internationalen Organisationen, zwischen den unterschiedlichen Bestrebungen, die wahlweise in den Forderungen nach Verbindlichkeit oder nach freiwilliger Selbstkontrolle zum Ausdruck kommen, zu vermitteln.[617] Gleichwohl darf nicht außer Acht gelassen werden, dass die Standards, die einen globalen (Minimal-)Konsens darstellen, einem fortlaufenden Revisionsprozess unterzogen- und inhaltlich angepasst werden. So

---

613 *Mosters*, S. 46.

614 *Hardtke*, in: Ders./Kleinfeld, Gesellschaftliche Verantwortung von Unternehmen, S. 13 (62).

615 *Mosters*, S. 46.

616 *Birk*, GRUR 2011, S. 196 (196); *Kocher*, RdA 2004, S. 28 f.; *Kocher*, KJ 2010, S. 29 (31) (Kernarbeitsnormen als „kleinster gemeinsamer Nenner der privaten Standardsetzung").

617 Dazu auch *Schmalenbach*, AVR 2001, S. 57 (66).

finden zum Teil auch verhältnismäßig „neue" Themen der CSR wie Korruptionsprävention oder Verbraucherschutz Berücksichtigung in den Standards.[618]

Nach wie vor stellen die zahlreichen auf Ebene der Internationalen Organisationen geschaffenen Standards den wichtigsten Referenzrahmen für die privaten Kodizes dar, die auf Ebene von Unternehmen, Verbänden oder NGOs entwickelt werden. Insofern lassen sich Internationale Organisationen auch als „wichtige Träger von Weltkultur" oder gar als „Normunternehmer" bezeichnen.[619] Über eine Standardsetzung hinaus ist eine bedeutende Steuerungsleistung Internationaler Organisationen in der Bereitstellung von Ressourcen sowie in der Schaffung von Foren des Lernens und Austauschens mit Stakeholder-Gruppen zu erkennen.[620]

c. *Zivilgesellschaft*

Über die Steuerungsbeiträge von Staaten und Internationalen Organisationen hinaus ist die CSR maßgeblich durch das Engagement der Zivilgesellschaft geprägt. Entsprechend einem weiten Verständnis des Begriffes der Zivilgesellschaft treten als Steuerungssubjekte vor allem NGOs und Gewerkschaften in Erscheinung, weshalb sich die folgenden Ausführungen auf diese beiden Akteursgruppen beschränken werden. Denkbar wäre es allerdings auch, einzelne oder Gruppen von Verbrauchern oder Medien dem Bereich der Zivilgesellschaft zuzuordnen. Wesentliche Aufgaben der so verstandenen Zivilgesellschaft im Rahmen der CSR sind das Aufzeigen von Problemen und das Erzeugen von Druck auf Unternehmen.[621]

Ähnlich wie in zahlreichen anderen Bereichen auch haben NGOs im Bereich der CSR in den vergangenen Jahren deutlich an Einfluss gewonnen, was sich insbesondere in der Beteiligung an (internationalen) politischen Auseinandersetzungen sowie in der Bereitstellung (globaler) öffentlicher Güter offenbart.[622] Immer mehr hat sich der Prozess der Einbindung von NGOs dabei institutionalisiert und formalisiert. Auf Ebene der VN[623] aber auch im Rahmen der EU und der WTO nehmen NGOs

---

618 So etwa in Bezug auf die OECD *Rudolph*, in: Mullerat, Corporate Social Responsibility, S. 365 (372).

619 *Coni-Zimmer*, in: Koch, Weltorganisationen, S. 205 (232).

620 Auf das bekannteste Beispiel in diesem Zusammenhang, den durch den VN-Generalsekretär *Kofi Annan* initiierten „Global Compact" wird an anderer Stelle eingegangen.

621 Vgl. KOM(2011) 681 endg., S. 9: „Gewerkschaften und Organisationen der Zivilgesellschaft zeigen Probleme auf, erzeugen Druck, um Verbesserungen zu erreichen, und können gemeinsam mit den Unternehmen auf konstruktive Weise Lösungen erarbeiten." Allgemein lässt sich formulieren, dass sich mit der wachsenden Bedeutung von NGOs in den vergangenen Jahren das private Engagement im Bereich der CSR wesentlich von einer eher durch Einzelpersonen bestimmten Tätigkeit hin zu einer „organisierten Lobbyarbeit" entwickelt hat, vgl. *Mosters*, S. 55.

622 *Curbach*, S. 31 ff.

623 Vgl. etwa Art. 71 VN-Charta: „Der Wirtschafts- und Sozialrat kann geeignete Abmachungen zwecks Konsultation mit nichtstaatlichen Organisationen treffen,

etwa an Konsultationsverfahren teil, bringen ihre Anliegen ein und setzen sich für deren Umsetzung ein. Im Rahmen des ihnen so gewährten Zugangs zu „Dialog- und Entscheidungsprozessen“[624] werden sie als Vertreter einer sich herausbildenden internationalen Zivilgesellschaft anerkannt, wirken als globale „*pressure groups*“[625] und erheben nicht selten ihren „moralischen Zeigefinger“[626]. Die Gründe für den gestiegenen Bedeutungsgrad von NGOs in der Politik und insbesondere in den internationalen Beziehungen sind vielfältig. Herauszuheben sind jedoch die zum Teil beträchtlichen finanziellen Mittel und das Know-how, der steigende globale Problemdruck, der die Entwicklung alternativer Lösungsstrukturen vorantreibt sowie der hohe Vernetzungsgrad der Medien und die Möglichkeiten moderner Kommunikationstechnologien, die „die Mobilisierungsmöglichkeiten deutlich erweitern.“[627]

Entsprechend der überwiegenden Einordnung sind NGOs am „Gemeinwohl“ und nicht am individuellen Gewinn orientiert, sie verfolgen also zumeist marktferne Ziele die insgesamt dem Spektrum der Neuen Sozialen Bewegungen zuzuordnen sind.[628] Dies deutet auf die große thematische Bandbreite der verschiedenen Organisationen hin. Nur wenige NGOs widmen sich dabei explizit und ausschließlich der Thematik der CSR, wohl aber werden einzelne Aspekte des übergreifenden Konzepts aufgegriffen.

Als Steuerungssubjekte erfüllen NGOs in mehrfacher Hinsicht eine wichtige Funktion. So vertreten sie gegenüber den Unternehmen die spezifischen Interessen verschiedener Stakeholder-Gruppen, indem sie deren Anliegen kanalisieren und ihnen damit mehr Gewicht verleihen. Weiterhin bieten sie sich den Unternehmen als Verhandlungspartner an und fungieren als „Multiplikatoren für die Kommunikation mit der Öffentlichkeit“[629]. Die Steuerungsleistung der NGOs setzt sich damit nach *Curbach* vor allem aus „Informations- und Überzeugungsstrategien“ zusammen, die – da sie jenseits traditioneller politischer Institutionen und unter Verzicht auf traditionelle Machtressourcen angewendet werden – dem Bereich der „Subpolitik“ zuzurechnen sind.[630] Derartige Strategien zielen sowohl auf eine entsprechende

die sich mit Angelegenheiten seiner Zuständigkeit befassen. Solche Abmachungen können mit internationalen Organisationen und, soweit angebracht, nach Konsultation des betreffenden Mitglieds der Vereinten Nationen auch mit nationalen Organisationen getroffen werden.“

624 *Hardtke*, in: Ders./Kleinfeld, Gesellschaftliche Verantwortung von Unternehmen, S. 13 (67).

625 *Boehme-Neßler,* S. 148.

626 *Curbach,* S. 34.

627 Siehe die Beschreibung der Gründe für den Machtzuwachs von NGOs als „starke Weltöffentlichkeit im Werden“ bei *Boehme-Neßler,* S. 148 ff.

628 *Curbach,* S. 53.

629 *Hardtke*, in: Ders./Kleinfeld, Gesellschaftliche Verantwortung von Unternehmen, S. 13 (66).

630 *Curbach,* S. 133. Insbesondere geht es dabei auch um die Erzeugung einer „moralischen Hebelwirkung“ auf andere Akteure, d.h. um ein Appellieren an den guten Ruf.

Beeinflussung des Steuerungsobjekts als auch auf eine Mobilisierung der öffentlichen Unterstützung. Dafür können NGOs zumeist ihren großen Einfluss auf die öffentliche Wahrnehmung geltend machen, der gerade auch im moralischen Wert ihres Handelns begründet liegt.[631] Zu unterscheiden ist in diesem Rahmen zwischen einem konfrontativen und einem kooperativen Vorgehen gegenüber den Unternehmen. Konfrontativ setzen sich NGOs mit Unternehmen etwa im Rahmen eines kritischen Monitorings, einer öffentlichen Skandalisierung oder einem Boykottaufruf auseinander.[632] Darüber hinaus ist jedoch auch an gerichtliche Auseinandersetzungen sowie an öffentlichkeitswirksame Medienkampagnen zu denken, die vor allem für Unternehmen am Ende der Lieferkette mit direktem Kundenkontakt zum Teil gravierende Auswirkungen haben können.[633] Demgegenüber versuchen sich die Unternehmen bei den am Dialog orientierten, kooperativen Strategien sowohl das Know-how als auch die Legitimität der NGOs zunutze zu machen, beispielsweise durch die gemeinsame Durchführung von Projekten der Standardentwicklung und -durchsetzung sowie der Zertifizierung.[634]

Auch Betriebsräte, nationale Gewerkschaften und deren internationale Dachverbände haben zunehmend die Thematik der CSR aufgegriffen und versuchen, diese durch eigene Steuerungsbeiträge zu unterstützen. Obwohl eines der Grundanliegen der CSR, auf faire und menschenwürdige Arbeitsbedingungen in den Unternehmen hinzuwirken, zugleich die „Kernaufgabe“ gewerkschaftlichen Handelns darstellt, wurde (und wird) das Konzept der unternehmerischen Verantwortung auf Seiten der Arbeitnehmervertretungen eher zurückhaltend aufgenommen. Skepsis wird vor allem dem mit der CSR vermeintlich verbundenen Gedanken der „Freiwilligkeit“ entgegengebracht.[635] Befürchtet wird ein „*Greenwashing*“ der Unternehmen, also ein inhaltlicher Substanzverlust und ein Verkommen einzelner CSR-Aktivitäten zu

---

631 Siehe *Hardtke*, in: Ders./Kleinfeld, Gesellschaftliche Verantwortung von Unternehmen, S. 13 (66), wo jedoch zu Recht darauf hingewiesen wird, das mit der einflussreichen Stellung eine entsprechende Verantwortung für einen konstruktiven Dialog mit den Unternehmen einhergeht.

632 *Curbach*, S. 144.

633 *Lambooy*, S. 28 m.w.N. Siehe dazu auch schon die heute wohl nur noch bedingt zutreffenden Ausführungen der Kommission im Rahmen des Grünbuchs CSR, wonach sich Unternehmen unter dem wachsenden Druck von NGOs und Verbrauchergruppen vor allem deshalb selbst an Verhaltenskodizes binden, „[...] um das Unternehmensimage zu verbessern und die Gefahr negativer Verbraucherreaktionen zu vermindern.“, KOM(2001) 366 endg., S. 15.

634 Denkbar sind auch gemeinschaftliche Projekte und Vertragsbeziehungen im Rahmen von Cause-Related Marketing-Kampagnen oder die Inanspruchnahme von Serviceleistungen bei philanthropischem Unternehmensengagement, siehe ausführlich *Curbach*, S. 145 ff. Erwähnenswert sind auch „*ethical sourcing initiatives*“, die einen Fokus auf die Überwachung der globalen Lieferketten von Unternehmen legen sowie private Sozialsiegel, vgl. *Mosters*, S. 56.

635 *Hardtke*, in: Ders./Kleinfeld, Gesellschaftliche Verantwortung von Unternehmen, S. 13 (61).

reinen PR-Maßnahmen. Optiert wird stattdessen von Seiten der Gewerkschaften für verbindliche Vorgaben an Unternehmen, gerade in Bezug auf das unternehmerische Handeln in den Ländern des Globalen Südens, die durch eine schwache Arbeits- und Sozialgesetzgebung geprägt sind.[636]

Trotz dieser grundsätzlichen Bedenken haben sich mittlerweile zahlreiche Strukturen gebildet, durch die Gewerkschaften auf dem Gebiet der CSR steuernd Einfluss nehmen. Dazu zählen vor allem die „International Framework Agreements" (IFA), die zwischen multinationalen Unternehmen und einer internationalen Branchengewerkschaft in einem dialogischen Prozess ausgehandelt und abgeschlossen werden und die sich insoweit als „[...] Ausdruck des Wunschs nach öffentlicher Dokumentation einer *Corporate Social Responsibility*"[637] verstehen lassen. Kernanliegen der IFAs ist es, Arbeitnehmerrechte und Rechte der Gewerkschaften global einheitlich für ein Unternehmen zu bestimmen. Dafür sehen die Abkommen mehr oder weniger weitgehende Kontrollrechte vor. Auch über den Bereich der IFAs hinaus erfüllen Gewerkschaften ihre Steuerungsfunktion, indem sie auf die Einhaltung vereinbarter CSR-Standards dringen. Dies gilt schließlich auch für ihre aktive Beteiligung an und Unterstützung von verschiedensten Multi-Stakeholder-Initiativen. Mehr als andere zivilgesellschaftliche Akteure müssen die Gewerkschaften dabei immer auch den langfristigen wirtschaftlichen Erfolg des Unternehmens im Blick behalten, der zur Sicherung der Arbeitsplätze und damit der ureigenen Interessen von zentraler Bedeutung ist.[638]

d. Unternehmen

Über eine externe Steuerung der Unternehmen durch Staaten, Internationale Organisationen und die Zivilgesellschaft hinaus kommt auch dem Bereich der internen Steuerung im Rahmen des CSR-Konzepts eine große Bedeutung zu. Dabei liegt der Schluss nahe, dass eigene Steuerungsbeiträge die Problemkonstellationen der externen Steuerung (etwa in Bezug auf einen fehlenden grenzüberschreitenden Zu- und

---

636 Siehe dazu etwa das *„10-Punkte-Papier des DGB zu Corporate Social Responsibility"* unter dem Titel *„Verbindliche Regeln, die für alle gelten!"*, wo es in Punkt 3 heißt: „Auf internationaler Ebene fehlt bis heute ein verbindliches Rahmenwerk für die Regulierung der Tätigkeit von Unternehmen auf den Weltmärkten. Es fehlt an einer politischen und sozialen Einbettung der Wirtschaftsglobalisierung. Die deutschen Gewerkschaften fordern ein verbindliches internationales Regelwerk zur Durchsetzung sozialer und ökologischer Mindeststandards bei der Globalisierung. [...]", abrufbar im Internet unter http://www.dgb.de/repository/public_storage/mediapool-b2f21852c6f4cd3009eb281a0e189cb3/file/Verbindliche-Regeln-die-fuer-alle-gelten-10-Punkte-Papier-des-DGB-und-seiner-Mitgliedsgewerkschaften-zu-Corporate-Social-Responsibility.pdf [Stand: 21.01.2016].

637 *Thüsing*, RdA 2010, S. 78 (78) [Hervorhebung im Original].

638 *Hardtke*, in: Ders./Kleinfeld, Gesellschaftliche Verantwortung von Unternehmen, S. 13 (61).

Durchgriff) umgehen- und so unmittelbare Erfolgswirkungen nach sich ziehen können. Grundsätzlich lässt sich im Hinblick unternehmensinterne Steuerungsbeiträge feststellen, dass deren konkrete Art der Ausgestaltung und Umsetzung, aber auch deren Erfolg in hohem Maße von den jeweiligen Produktionsmodalitäten abhängt. So werden die Steuerungsinstrumente in aller Regel eine andere Gestalt annehmen, wenn das Unternehmen selbst oder durch Tochterunternehmen in der Produktion tätig ist, als wenn es lediglich bereits produzierte Waren einkauft.[639] Auch ist zu beachten, dass Steuerungsbeiträge nicht nur von einzelnen Unternehmen, sondern von auch deren Zusammenschlüssen in Form von nationalen und internationalen Branchenverbänden, Handelskammern oder Arbeitgeberverbänden ausgehen können.

Die Anzahl der Unternehmen, die selbstregulative CSR-Vorgaben entwickeln und umsetzen, hat sich in den vergangenen 20 Jahren deutlich erhöht. Wie noch zu zeigen sein wird, stellt das Hauptinstrument der unternehmensinterenen Steuerung die Verabschiedung eines Verhaltenskodexes dar, der als schriftliches Regelwerk eine förmliche Grundsatzerklärung in Bezug auf bestimmte Verhaltensstandards festlegt.[640] Die Entstehung unilateraler Unternehmenskodizes lässt sich maßgeblich mit dem Druck einer immer besser informierten Öffentlichkeit, einem daraus resultierenden Konsumentenverhalten und der Angst vor einem Reputationsverlust auf Seiten der Unternehmen erklären.[641] Weitere Gründe für die Etablierung der Kodizes in der unternehmerischen Praxis sind jedoch auch in der Schaffung eines Ausgleichs für entstandene Regulierungslücken sowie in der Verbesserung der innerbetrieblichen „Governance“ zu erblicken. So bilden die Bestimmungen der Kodizes je nach Ausgestaltung nicht nur ein probates Mittel zur internen Führung sowie zur Überwachung, Bewertung und Optimierung der Lieferketten („*Supply-Chain-Management*“), sondern auch die Grundlage für eine Berichterstattung über finanzielle und nichtfinanzielle Informationen.[642]

Diese Vielfalt der Entstehungsgründe spiegelt sich auch in der inhaltlichen Ausgestaltung und normativen Bindungskraft der Unternehmenskodizes. Besonders relevant sind derartige Richtlinien für Unternehmen, die über lange Zulieferketten und dabei über Berührungspunkte mit Schwellen- und Entwicklungsländern verfügen.[643] Hier sollen die aufgestellten Standards zumeist für alle Arbeitnehmer des globalen Unternehmensnetzwerkes Anwendung finden. Dementsprechend allgemein gehalten sind die inhaltlichen Bestimmungen zum Teil, wobei einzelne Vorgaben auch konkrete Handlungsanweisungen enthalten können. Ohne einer noch vorzunehmenden eingehenden Analyse unternehmensinterner Verhaltenskodizes vorwegzugreifen, lässt sich sagen, dass zu den wichtigsten behandelten Themen

---

639 *Glinski*, S. 56.

640 *Buntenbroich,* S. 18; *Mosters,* S. 56.

641 *Geldermann,* S. 112; *Buntenbroich,* S. 19; *Schaub,* Grundlagen der Regulierung multinationaler Unternehmen, S. 247; *Hardtke*, in: Ders./Kleinfeld, Gesellschaftliche Verantwortung von Unternehmen, S. 13 (54).

642 *Moon/Kang/Gond,* in: Coen et al., Business and Government, S. 512 (533).

643 *Buntenbroich,* S. 20.

neben Arbeits- und Umweltstandards auch Verweise auf allgemeine menschenrechtliche Bestimmungen sowie auf Fragen der inneren Betriebsführung gehören.[644] Unterteilen lassen sich die unternehmenseigenen Vorgaben anhand ihres inhaltlichen Verbindlichkeitsgrades in drei Gruppen[645]: Die höchste Verbindlichkeitsstufe erreichen danach „*compliance codes*", die konkrete Richtlinienvorgaben enthalten und ein bestimmtes Verhalten auf allen Ebenen des Unternehmens sicherstellen sollen. Weniger verbindlich wirken hingegen sog. „*corporate credos*", die allgemeine Aussagen zur Unternehmensverantwortung enthalten, während „*management philosophy statements*" auf der untersten Stufe angesiedelt sind und lediglich abstrakt die Geschäftspraktiken des Unternehmens artikulieren. Zu beachten ist jedoch, dass Inhalt und Verbindlichkeit entscheidend von der Herkunft, der Größe, dem Sektor, der Kundennähe und nicht zuletzt auch der individuellen Verpflichtungsbereitschaft des einzelnen Unternehmens abhängen.

Von immer größerer Bedeutung sind auch die Steuerungsinitiativen, die von Wirtschaftsverbänden im Bereich der CSR ausgehen. Gerade für kleine und mittlere Unternehmen (KMU) leisten diese Zusammenschlüsse einen wichtigen Steuerungsbeitrag, da die Auswahl und Anpassung von CSR-Instrumenten nicht selten mit einem erheblichen (finanziellen) Aufwand verbunden ist, der diese Unternehmen vor der Umsetzung entsprechender Maßnahmen in der betrieblichen Praxis zurückschrecken lässt.[646] Ähnlich wie auf Ebene der einzelnen Unternehmen erfolgt auch im Rahmen der Verbände und Vereinigungen die Steuerung vor allem im Wege der Bestimmung von einheitlichen Verhaltensvorgaben in Richtlinien oder Kodizes, die zumeist nach umfassenden Beratungen unter Heranziehung von externem Expertenwissen verabschiedet werden.[647] Gerade auch gefahrgeneigte Wirtschaftssektoren bemühen sich verstärkt um die Schaffung branchenweiter Standards, Richtlinien und Kontrollen in Bezug auf das Umwelt- und Sozialverhalten.[648] Neben die ohnehin

644 *Mosters*, S. 56; *Glinski*, Die rechtliche Bedeutung der privaten Regulierung globaler Produktionsstandards, S. 57.

645 Vgl. die Systematisierung bei *Rudolph, in: Mullerat*, Corporate Social Responsibility, S. 365 (375).

646 *Hardtke*, in: Ders./Kleinfeld, Gesellschaftliche Verantwortung von Unternehmen, S. 13 (55).

647 KOM(2011) 681 endg., S. 12; *Buntenbroich*, S. 21 f.; *Mosters*, S. 56. Auch auf Verbandsebene entstammt das erste Beispiel einer „Selbstregulierung" aus den 1970er Jahren. So wurden die „*Guidelines for International Investment*" der *Internationalen Handelskammer* (ICC), die Forderungen an Unternehmen (Investoren), Heimat- und Gaststaaten enthalten, im Jahr 1972 verabschiedet. 1977 folgten ebenfalls im Rahmen der ICC die „*Rules of Conduct to Combat Extortion and Bribery*", vgl. *Schaub*, Grundlagen der Regulierung multinationaler Unternehmen, S. 249 f.

648 *Glinski*, S. 63. Beispielhaft lässt sich auf die BSCI des Europäischen Außenhandelsverbands abstellen. Dabei unterzeichnen die Mitglieder einen Verhaltenskodex, der Bestimmungen u.a. in den Bereichen Arbeitsbedingungen und Gesetzestreue umfasst und über die einzelnen Mitgliedsunternehmen hinaus indirekt auch deren Lieferanten verpflichtet. Siehe ausführlich dazu *Birk*, GRUR 2011, S. 196 (200 f.).

etablierten Wirtschaftsverbände treten neuerdings auch Zusammenschlüsse von Unternehmen, die sich speziell der Thematik der CSR verschrieben haben. Eines der bekanntesten Beispiele bildet dabei der „*World Business Council for Sustainable Development*“ (WBCSD), der im Nachgang der Konferenz der VN über Umwelt und Entwicklung im Jahr 1992 entstand und sich seitdem als internationales Netzwerk von Unternehmen der Weiterentwicklung und Anwendung von einzelnen Themen des CSR-Konzepts widmet.[649]

Über die Entwicklung und Anwendung von Verhaltensvorgaben und Richtlinien hinaus kommen die Verbände, Initiativen und Netzwerke ihrer Steuerungsfunktion vor allem dadurch nach, dass sie einzelne Unternehmen bei der Umsetzung der Vorgaben unterstützen, die Betriebe und die Öffentlichkeit für die Thematik sensibilisieren und ein Forum für den Wissens- und Erfahrungsaustausch zur CSR bilden.[650] Eine weitere wichtige Steuerungsfunktion ist weiterhin in der Institutionalisierung und Bündelung der Interessen der Mitglieder zu sehen, die es anderen Steuerungssubjekten (etwa staatlichen Stellen oder der Zivilgesellschaft) ermöglicht, in einen konstruktiven Dialog mit einer Vielzahl von Unternehmen gleichzeitig einzutreten.[651] Schließlich soll auf die ebenfalls größer werdende Bedeutung der (halb-) privaten Standardisierungsorganisationen hingewiesen werden. Diese sind – wie etwa die Arbeiten der ISO – nach überwiegender Auffassung in der Literatur deshalb dem Bereich der Selbstregulierung auf Verbandsebene zuzuordnen, da die entsprechenden Organisationen in der Praxis durch Unternehmensvertreter dominiert werden.[652] Im Bereich der CSR besonders relevant sind dabei die ISO 14000-Serie in Bezug auf Standards des Umweltmanagements sowie die ISO 26000, bei der es sich um einen nicht-zertifizierbaren Leitfaden zur gesellschaftlichen Verantwortung von Organisationen handelt.

e. *Mischformen*

Schließlich werden Steuerungsleistungen auf dem Gebiet der CSR durch gemeinsame Initiativen der bisher identifizierten Steuerungssubjekte erbracht. Ebenso

649 Dazu etwa *Moon/Kang/Gond*, in: Coen et al., Business and Government, S. 512 (533); *Hardtke*, in: Ders./Kleinfeld, Gesellschaftliche Verantwortung von Unternehmen, S. 13 (56). Ein weiteres Beispiel bildet der „*World Diamond Council*“ (WDC), ein Zusammenschluss von Unternehmen auf dem Gebiet der Förderung und des Handels mit Diamanten, dessen Ziel die Reduzierung der Zahl von Konfliktdiamanten auf dem Weltmarkt ist. U.a. vertritt der WDC die Unternehmen im Rahmen des bereits dargestellten Kimberley-Prozesses.

650 *Hardtke*, in: Ders./Kleinfeld, Gesellschaftliche Verantwortung von Unternehmen, S. 13 (56 ff.).

651 *Moon/Kang/Gond*, in: Coen et al., Business and Government, S. 512 (534).

652 *Schaub*, Grundlagen der Regulierung multinationaler Unternehmen, S. 250, der auch auf den daraus resultierenden Vorwurf der „Feigenblattfunktion der Wirtschaft“ hinweist. Dazu auch *Glinski*, S. 57.

wie in anderen Bereichen hat sich auch im Rahmen der CSR zur Kennzeichnung derartiger gemeinschaftlicher Ansätze der Begriff der „Multistakeholder-Initiative" durchgesetzt. Dabei wirken Vertreter staatlicher und nichtstaatlicher, gewinnorientierter und nichtgewinnorientierter Organisationen an der gemeinschaftlichen Entwicklung von Standards der Unternehmensverantwortung mit.[653] Ziel derartiger Initiativen und Foren ist die Ermöglichung einer konstruktiven Diskussion, die zur Schaffung eines möglichst breiten Konsenses über den Inhalt und die Durchsetzung entsprechender Verhaltensvorgaben führen soll.[654] Vor allem soll es durch die Zusammenlegung von Ressourcen und Know-how gelingen, das Verhalten der Akteure besser aufeinander abzustimmen, die Einhaltung der gemeinschaftlich verabschiedeten Kodizes transparenter zu gestalten und damit die Überprüfung und die internen Kontrollen zu erleichtern.[655] Ein weiterer Beweggrund kann es schließlich sein, die Kosten der CSR-Implementierung zu teilen.[656]

Einen wichtigen Bestandteil bilden „Selbst- und Koregulierungsprozesse" auch im Rahmen des europäischen CSR-Konzepts. Dabei sind nach Auffassung der EU-Kommission verschiedene Voraussetzungen erforderlich, um die Effektivität von Multistakeholder-Prozessen sicherzustellen. Diese Voraussetzungen werden in einem Phasenmodell zusammengefasst und in der aktuellen CSR-Strategie wie folgt beschrieben: „Die Grundlage bildet eine erste offene Analyse der Fragen mit allen betroffenen Stakeholdern, die im Beisein von Behörden wie etwa der Europäischen Kommission erfolgt und gegebenenfalls von diesen eingeleitet wird; die Prozesse führen in einer nächsten Phase dazu, dass alle betroffenen Stakeholder klare, durch Leistungsindikatoren nachvollziehbare Verpflichtungen eingehen; schließlich sollen die Prozesse durch objektive Mechanismen überwacht und einer Leistungsüberprüfung unterzogen werden, Möglichkeiten zur Korrektur von Verpflichtungen im Bedarfsfall vorsehen sowie einen effizienten Rechenschaftsmechanismus für die Behandlung von Beschwerden im Falle der Nichteinhaltung von Verpflichtungen umfassen."[657] Gerade die von der EU-Kommission betonte Beteiligung hoheitlicher Stellen („Behörden") im Rahmen von Multistakeholder-Initiativen kann dabei eine wichtige Ordnungsfunktion erfüllen. So können Hoheitsträger aufgrund ihrer Neutralität am ehesten dazu geeignet sein, die Rolle eines „Schiedsrichters" zu übernehmen, zwischen den Positionen der Unternehmen einerseits und der Zivilgesellschaft andererseits zu vermitteln, um so eine konstruktive Diskussion zu

---

653 *Moon/Kang/Gond*, in: Coen et al., Business and Government, S. 512 (534); *Glinski*, S. 59.

654 *Hardtke*, in: Ders./Kleinfeld, Gesellschaftliche Verantwortung von Unternehmen, S. 13 (68); *Buntenbroich*, S. 21. Vgl. auch allgemein zu den Vorteilen einer stärkeren Zusammenarbeit von Staaten, Zivilgesellschaft und Unternehmen/Industrie *Gupta*, ZaöRV 2003, S. 459 (483 f.).

655 *Rudolph*, in: Mullerat, Corporate Social Responsibility, S. 365 (373).

656 *Buntenbroich*, S. 21.

657 KOM(2011) 681 endg., S. 12.

ermöglichen.[658] Dabei wird in aller Regel ein beträchtliches Maß an Konstruktivität und Kollektivität notwendig sein, um Multistakeholder-Initiativen in die Lage zu versetzen, angemessene Steuerungsbeiträge im Feld der CSR zu leisten, gerade weil derartige Zusammenschlüsse „von Natur aus" Einigkeit in Bezug auf den Inhalt, die Aktivierung und die Durchsetzung entsprechender Standards erfordern, sie also „konsensorientiert" agieren.[659]

Eine der bekannteren und größeren Multistakeholder-Initiativen in Deutschland ist der „Runde Tisch Verhaltenskodizes", der 2001 auf Initiative des BMZ entstand und in dessen Rahmen Vertreter von Unternehmen, Verbänden, NGOs, Gewerkschaften, staatlichen Stellen und der ILO gemeinsam Verfahren zu einer verbesserten Umsetzung von Arbeits- und Sozialstandards bei Zulieferunternehmen in Schwellen- und Entwicklungsländern erstellen.[660] Dabei geht es dieser Initiative nicht primär um die Schaffung eigener Regeln, sondern vielmehr um die Förderung entsprechender Selbstregulierung sowie um den Informations- und Erfahrungsaustausch bei gemeinsamen Pilotprojekten.[661] Mit ihrem Fokus auf Umsetzung von Sozialstandards in den globalen Lieferketten entspricht diese Initiative der allgemeinen Beobachtung, dass multinationale Unternehmen eher dazu geneigt sind, sich in Multistakeholder-Initiativen zu engagieren als kleinere Unternehmen, deren Geschäftstätigkeit sich auf ein Land begrenzt.[662] Als geradezu idealtypisch lässt sich zudem die Abbildung aller relevanten Anspruchsgruppen im Rahmen des „Runden Tisches Verhaltenskodizes" beschreiben. Allerdings kann die Arbeit dieser Initiative auch als Beleg dafür gesehen werden, dass die mit einer derart hohen Teilnehmerzahl verbundene Problematik der Konsensfindung eher zu einem inhaltlichen Absenken der Steuerungsambitionen führt.

3. Steuerungsobjekte

Steuerungsobjekte der CSR, deren Verhalten in eine bestimmte Richtung („Unternehmensverantwortung") gelenkt werden soll, stellen Unternehnen dar.[663] Entsprechend

658 Welche Auswirkungen das Fehlen eines derartig neutralen und ordnenden Faktors im Rahmen einer Multistakeholder-Initiative haben kann, wird an anderer Stelle anhand des Scheiterns des von der *Kommission* initiierten *„European Multi-Stakeholder Forum on Corporate Social Responsibility"* (EMSF) nachvollzogen.

659 Daher werden hoheitliche Stellen auch im Rahmen ihrer Ordnungsfunktion zurückhaltend agieren, insbesondere in aller Regel auch auf Sanktionen verzichten, *Moon/Kang/Gond*, in: Coen et al., Business and Government, S. 512 (534).

660 Einen Überblick über die Struktur der Initiative und deren relevante Veröffentlichungen bietet die offizielle Internetseite http://www.coc-runder-tisch.de [Stand: 21.01.2016].

661 *Glinski*, S. 55 f.

662 *Moon/Kang/Gond*, in: Coen et al., Business and Government, S. 512 (535).

663 Allgemein zum Begriff des Steuerungsobjekts *Mayntz*, in: Schuppert/Zürn, Governance, S. 43 (43).

der öffentlichen Wahrnehmung konzentrieren sich zahlreiche CSR-Beiträge auf eine Steuerung des Verhaltens von global agierenden Konzernen. Diese Einheiten werden häufig schon aufgrund ihrer wirtschaftlichen Stärke und dem daraus resultierenden (politischen) Einfluss als die Hauptadressaten von Maßnahmen der Unternehmensverantwortung ausgemacht. Richtig ist an dieser Sichtweise, dass eine erfolgreiche Implementierung und Anwendung einer nachhaltigen und verantwortungsvollen Unternehmenspolitik auf Ebene derart großer Unternehmen schon allein durch die Zahl der potentiell davon betroffenen Stakeholder einen ungleich größeren Einfluss haben wird, als eine entsprechende Umsetzung auf Ebene eines lediglich lokal agierenden mittelständischen Betriebes. Falsch wäre es hingegen, KMU aus dem Kreis der Steuerungsobjekte der CSR ausschließen zu wollen. Im Gegenteil: Gerade im globalen Maßstab werden prekäre Arbeitsbedingungen vor allem auf KMU-Ebene entlang der Lieferkette vorzufinden sein. Gerade hier kann das Konzept der CSR mit seiner Forderung nach der Einhaltung elementarer (menschenrechtlicher) Standards einen nachhaltig positiven Steuerungserfolg erzielen.

a. Multinationale Unternehmen

Eine Vielzahl rechts-, wirtschafts- und sozialwissenschaftlicher Veröffentlichungen hat sich in den vergangenen Jahrzehnten den Erscheinungsformen und Strukturen multinationaler Unternehmen sowie den aus deren Konsolidierung auf internationaler Ebene resultierenden Herausforderungen gewidmet. Eine Auseinandersetzung mit dieser speziellen Organisationsform erfordert es zunächst, Klarheit über den Begriff und die wesentlichen Merkmale eines multinationalen Unternehmens zu schaffen. Daran anknüpfend kann auf die Besonderheiten eingegangen werden, die sich für das Steuerungskonzept der CSR im Umgang mit diesen Wirkungseinheiten ergeben.

aa. Begriff des multinationalen Unternehmens

Auseinandersetzungen mit multinationalen Unternehmen zeichnen sich durch eine große terminologische Vielfalt aus. Gerade im deutschsprachigen Schrifttum hat *Nowrot* bis zu 80 Wortvarianten identifiziert, mit denen diese Unternehmensformen betitelt werden.[664] Synonym gebraucht werden in aller Regel die Begriffe „transnationales" und. „multinationales Unternehmen."[665] Beide Begriffe eignen sich nach

664 Die Aufzählung der Begriffe reicht von „transnationalem Unternehmen" bis „Global Player", *Nowrot*, Normative Ordnungsstruktur, S. 40 ff.

665 Bei genauerer Betrachtung kommt diesen Begriffen jedoch eine unterschiedliche Bedeutung zu: So handelt es sich zwar im Sprachgebrauch der VN sowohl bei transnationalen als auch multinationalen Unternehmen um grenzüberschreitend operierende Unternehmen. Dabei wird jedoch das transnationale Unternehmen durch natürliche oder juristische Personen aus demselben Land kontrolliert, während die Kontrolle bei multinationalen Unternehmen durch natürliche und juristische Personen ausgeübt wird, die aus verschiedenen Ländern stammen, vgl.

hier vertretener Auffassung dazu, auf das wesentliche Charakteristikum der so organisierten Unternehmen – deren grenzüberschreitende Geschäftstätigkeit, die sich auf eine Mehrzahl von Staaten verteilt – hinzuweisen. Im Folgenden wird daher von „multinationalen Unternehmen" gesprochen, ohne „transnationale Unternehmen" auszuschließen.[666]

Vor allem die verschiedenartige Organisationsstruktur multinationaler Unternehmen ebenso wie deren Wandlungen im Laufe der Zeit haben die von verschiedenen Seiten vorgenommenen Definitionsversuche erschwert.[667] Zahlreiche der vorgeschlagenen Definitionen wurden auf Ebene Internationaler Organisationen entwickelt und reichen bis in die 1970er Jahre zurück, als dort die Diskussionen um eine Steuerung des Verhaltens multinationaler Unternehmen einsetzten.[668] Zu den dabei als konstitutiv erachteten Merkmalen zählt, dass einerseits eine Wirkungseinheit über private oder öffentliche Gesellschaften in mindestens zwei Staaten verfügen muss und dass andererseits eine innere Verbindung der einzelnen Gesellschaften und Zweigniederlassungen durch ein gewisses Maß an zentralisierter Kontrolle vorhanden ist, die die Bildung einer einheitlichen Unternehmensstrategie ermöglicht.[669] Unter „Kontrolle" wird dabei für gewöhnlich die Möglichkeit verstanden, die wichtigsten Unternehmensentscheidungen (unmittelbar) maßgeblich zu beeinflussen, insbesondere im Wege der Ernennung von Führungspersonen.[670]

Hennings, S. 14; *Muchlinski*, Multinational Enterprises and the Law, S. 12 f.; Im Gegensatz zu diesem Begriffspaar handelt es sich bei „internationalen Unternehmen" um solche, die öffentliche Interessen verfolgen, durch einen Staatsvertrag geschaffen werden und diesem auch ihren rechtlichen Status entnehmen, vgl. *Schaub*, Grundlagen der Regulierung multinationaler Unternehmen, S. 11 f.

666 Siehe dazu u.a. auch *Dolzer*, in: Graf Vitzthum, S. 459 (488); *Grimm* in FS für Badura, S. 145 (161).

667 *Muchlinski*, Multinational Enterprises and the Law, S. 14.

668 Siehe *Nowrot*, Normative Ordnungsstruktur, S. 51. Anstatt vieler anderer Definitionen soll hier lediglich die in der aktuellen Ausgabe (2011) der „OECD-Leitsätze für multinationale Unternehmen" enthaltene Definition zitiert werden. Danach handelt es sich bei multinationalen Unternehmen „[...] *gewöhnlich um Unternehmen oder andere in mehreren Ländern niedergelassene Unternehmensteile, die so miteinander verbunden sind, dass sie ihre Geschäftstätigkeit auf unterschiedliche Art und Weise koordinieren können. Einer oder mehrere dieser Unternehmensteile können u.U. in der Lage sein, einen wesentlichen Einfluss auf die Geschäftstätigkeit der anderen Unternehmensteile auszuüben, doch wird ihr Autonomiegrad innerhalb des Gesamtunternehmens je nach den betreffenden multinationalen Unternehmen sehr unterschiedlich sein. Das Gesellschaftskapital kann privat, öffentlich oder gemischt sein.*", vgl. *OECD* (2011), OECD-Leitsätze für multinationale Unternehmen – Ausgabe 2011, S. 19 f., abrufbar im Internet unter: http://www.oecd.org/corporate/mne/48808708.pdf (Stand: 21.01.2016).

669 *Nowrot*, Normative Ordnungsstruktur, S. 77. Siehe dazu auch *Herdegen*, Internationales Wirtschaftsrecht, S. 64 sowie *Hobe*, Völkerrecht, S. 157.

670 *Schaub*, Grundlagen der Regulierung multinationaler Unternehmen, S. 14 m.w.N.

Die Art und Weise der Ausübung der Kontrolle kann erheblich variieren, wobei die gesellschaftsrechtliche Mehrheitsbeteiligung, die vertragliche Verbindung der Konzerngesellschaften und das „Joint-Venture" (Gemeinschaftsunternehmen) die bekanntesten Formen darstellen.[671]

Umstritten sind hingegen Fragen danach, welches Ausmaß die Geschäftstätigkeit außerhalb des Heimatstaates haben muss[672] und ob (und wenn ja, welche) weitere(n) Kriterien zur Eingrenzung der Definition herangezogen werden können[673]. Die ebenfalls kontrovers diskutierte Forderung nach einer bestimmten Größe der Unternehmen (gemessen etwa anhand der Parameter Jahresumsatz, Beschäftigtenzahl oder Zahl der Tochterunternehmen)[674] wird unterdessen von der überwiegenden Meinung richtigerweise mit dem Argument zurückgewiesen, dass die Bestimmung eines praktikablen und allgemein akzeptierten quantitativen Kriteriums nicht zu erreichen ist.[675]

bb. Multinationale Unternehmen im Fokus der CSR

Aus dem Begriff und der Struktur multinationaler Unternehmen resultieren Besonderheiten, die diese Organisationsform nicht nur in den Fokus der Öffentlichkeit, sondern auch in denjenigen der CSR-Politik haben rücken lassen. Im Zentrum der Aufmerksamkeit stehen dabei vor allem die Größe, die wirtschaftliche Macht und der damit verbundene faktische Einfluss auf die sozialen, wirtschaftlichen und politischen Lebensrealitäten einer immer größer werdenden Anzahl von Menschen auf der ganzen Welt.[676] Zahlreiche Beispiele belegen dabei, dass dieser Einfluss sowohl in positiver wie auch in negativer Hinsicht wahrgenommen werden kann. So tragen multinationale Unternehmen einerseits durch ihre Investitionen maßgeblich zum weltweiten Wirtschaftswachstum bei, schaffen Arbeitsplätze, ermöglichen einen Transfer von Technologie und Wissen in Schwellen- und Entwicklungsländer und tragen durch ihre Produkte dazu bei, grundlegende menschliche Bedürfnisse zu befriedigen.[677] Nicht umsonst konkurrieren zahlreiche Staaten weltweit etwa durch die Einrichtung sogenannter „Sonderwirtschaftszonen" um die Investitionen großer

---

671 *Muchlinski*, Multinational Enterprises and the Law, S. 62 ff.; *Schmalenbach*, AVR 2001, S. 57 (60).

672 *Vagts*, Harvard Law Review 1970, S. 739 (746).

673 Diskutiert werden in diesem Zusammenhang u.a. die Art des Gründungsaktes, die Möglichkeit der Einbeziehung staatlicher und halbstaatlicher Unternehmen und das notwendige Ausmaß der internen Kontrolle, *Nowrot*, Normative Ordnungsstruktur, S. 85.

674 *Herdegen*, Internationales Wirtschaftsrecht, S. 64; *Jägers*, S. 11 f.

675 *Wallace*, S. 119; *Großfeld*, S. 5.

676 *Weilert*, ZaöRV 2009, S. 883 (883 f.). Aufgrund ihrer Auswirkungen auf die Weltwirtschaft werden Direktinvestitionen multinationaler Unternehmen heute bedeutender als der Welthandel gesehen, vgl. *Bulmann*, S. 18.

677 *Bulmann*, S. 30; *Weilert*, ZaöRV 2009, S. 883 (884).

Unternehmen, von denen sie sich zahlreiche Vorteile versprechen.[678] Andererseits sind multinationale Unternehmen insbesondere in den Ländern des Globalen Südens immer wieder in Konflikt mit grundlegenden Menschenrechten geraten, haben von ausbeuterischen oder diskriminierenden Standards profitiert, zu der Perpetuierung korrupter Strukturen beigetragen oder durch verantwortungsloses Wirtschaften eine nachhaltige Störung ganzer ökologischer Systeme bewirkt.[679] Gerade diese negativen Auswirkungen haben zu einem Wandel der Bedenken geführt, die die Geschäftstätigkeit multinationaler Unternehmen seit jeher begleiten: Während früher angesichts der wirtschaftlichen Stärke der Unternehmen vor allem die Sorgen zahlreicher Entwicklungsländer vor einer neuartigen „Kolonialisierung" und einer Preisgabe von nationaler Souveränität und kultureller Identität im Vordergrund standen, sind es heute eher Befürchtungen hinsichtlich der Auswirkungen der Unternehmensaktivitäten auf die davon betroffenen Menschen.[680]

Dass diese Befürchtungen nach wie vor existieren, hängt maßgeblich mit der rechtlichen Struktur multinationaler Unternehmen zusammen. Rechtlich gesehen handelt es sich dabei lediglich um ein „Konglomerat" aus einer Mutter- und mehreren Tochtergesellschaften, die in verschiedenen Ländern nach den dort jeweils geltenden Gesetzen errichtet werden.[681] Diese Form der „Fragmentierung" erlaubt es einem multinationalen Unternehmen, sich nicht nur einer effektiven rechtlichen Kontrolle zum Teil zu entziehen, sondern auch Gewinne innerhalb des Unternehmensverbunds frei zu verschieben. Dabei wird von weltweit geltenden unterschiedlichen Rechts- und Kostenstrukturen gezielt Gebrauch gemacht. Dies reicht bis zu Produktionsverlagerungen von Industrie- in Entwicklungsländer („*Outsourcing*"), um von einer schwächer ausgeprägten Gesetzgebung und niedrigeren Personalkosten profitieren zu können.[682] Nicht immer lässt sich dieses Verhalten, wie *Thürer*[683] mit Blick auf den internationalen Menschenrechtsschutz formuliert, „[...] im Interesse des übergeordneten Gemeinwohls in eine umfassende rechtliche Ordnung einfügen". Vor allem aber führen Struktur und Organisation von multinationalen Unternehmen oftmals zu einem Auseinanderfallen von Handlung und Haftung. Während etwa eine Auslagerung von weiten Teilen der Produktion in verschiedene Staaten erfolgt, werden die wesentlichen Entscheidungen weiterhin am Sitz der Muttergesellschaft getroffen, wo auch einheitlich die Kontrolle über die

---

678 *Stiglitz*, Am. U. Int'l L. Rev. 2008, S. 451 (474).

679 Stellvertretend für viele *von Bernstorff*, AVR 2011, S. 34 (34); *Bretschger*, S. 105.

680 *Zerk*, S. 7.

681 Siehe *Geldermann*, S. 36, der multinationale Unternehmen treffend als „rechtliches Nullum" qualifiziert: „Es kann nicht klagen und nicht verklagt werden; es ist unfähig Verträge zu schließen oder eigene Rechte geltend zu machen. Handeln muss immer die Mutter- oder eine Tochtergesellschaft, die allerdings nicht im Namen des multinationalen Unternehmens auftreten kann, sondern höchstens im Namen der Mutter- und/oder Tochtergesellschaften."

682 *Bulmann*, S. 31; *Weilert*, ZaöRV 2009, S. 883 (885).

683 *Thürer*, ZaöRV 2000, S. 557 (587).

weltweiten Tochtergesellschaften ausgeübt wird.[684] Gerade in diesen Fällen entsteht eine „Grauzone", die den Unternehmen ein Handeln im rechtsfreien Raum ermöglicht. *Stiglitz* hat darauf hingewiesen, dass sich das Verhalten multinationaler Unternehmen „im Ausland" oftmals wesentlich vom Verhalten „zuhause" (also am Sitz der Muttergesellschaft) unterscheidet und dabei angefügt: „This may be the result of differences in public sensitivities, especially differences in moral sensibilities to foreigners (rationalized with arguments like, 'they are lucky to have a job')."[685] Vor allem in der Geltung dieser „Doppelmoral" lässt sich eine Eigenart erkennen, die das Wesen multinationaler Unternehmen charakterisiert und sie von anderen – lokal, regional oder international agierenden – Unternehmen unterscheidet.[686]

Diese rechtlichen und tatsächlichen Spezifika bedingen Folgewirkungen für die Steuerungsfähigkeit multinationaler Unternehmen. Insbesondere führen deren Struktur und Organisation nicht selten zu unüberwindbaren Hindernissen, wenn es darum geht, diese Unternehmen als Einheit zu Adressaten direkter Verpflichtungen zu machen.[687] Weil sich multinationale Unternehmen auf einer „ständigen Suche" nach den für sie jeweils optimalen rechtlichen und wirtschaftlichen Rahmenbedingungen befinden, profitieren sie maßgeblich sowohl von einem globalen Gefälle in Bezug Arbeitsbedingungen und Umweltstandards als auch einem fehlenden Interesse und einer fehlenden Fähigkeit nationaler Regierungen, diese zu beseitigen.[688] Gerade hier liegt ein potentieller Mehrwert einer Steuerung von CSR: Diese hat zumeist das multinationale Unternehmen als Ganzes im Blick und ist damit geeignet, ein Stück weit jene Fragmentierung zu kompensieren, die durch Staatsgrenzen und verschiedene Rechtsregime entstanden ist. Verantwortung im Sinne der CSR trägt neben den Tochtergesellschaften auch das Mutterunternehmen für den Konzernverbund als Ganzes, das somit auch für etwaige Verstöße von Zulieferunternehmen (moralisch) haftbar gemacht werden kann. Dieser Weg mag aus rechtlicher Sicht unkonventionell erscheinen, aber er trägt den wirtschaftlichen Gegebenheiten einer

---

684 *Emeseh* et al., German Law Journal 2010, S. 230 (236); *Gatto*, Multinational Enterprises and Human Rights, S. 13.

685 *Stiglitz*, Am. U. Int'l L. Rev. 2008, S. 451 (480).

686 Als weitere Kennzeichen führt *Stiglitz* neben der wirtschaftlichen Stärke (die oft größer ist als diejenige der Staaten, mit denen sie interagieren) und der Fähigkeit, sich gegen Haftung abschirmen und Gewinne frei verschieben zu können, auch das Potential an, schwache Verwaltungsstrukturen, fehlendes technisches Know-how und Informationsdefizite in Entwicklungsländern zum eigenen Vorteil ausnutzen zu können. Zudem weist er auf die Möglichkeit hin, dass multinationale Unternehmen über die eigene wirtschaftliche Stärke hinaus zumeist auch auf den politischen Druck der Regierungen ihrer Heimatstaaten zurückgreifen können, um noch günstigere Produktionsbedingungen in den Verhandlungen mit Drittstaaten erzielen zu können, siehe *Stiglitz*, Am. U. Int'l L. Rev. 2008, S. 451 (476 ff.).

687 In Bezug auf menschenrechtliche Verpflichtungen *Gatto*, Multinational Enterprises and Human Rights, S. 13 f.

688 *Geldermann*, S. 37; *Bulmann*, S. 31.

globalisierten Wirtschaft hinreichend Rechnung. Dies gilt insbesondere auch für die Flexibilität, die in aller Regel notwendig sein wird, um das Steuerungsziel der CSR auf Ebene multinationaler Unternehmen erreichen zu können. Die Effektivität eines jeden rechtlichen Standards im Kontext des Handelns multinationaler Unternehmen wird vor allem durch die Geschwindigkeit herausgefordert, mit der Entscheidungen auf Unternehmensebene heute getroffen und umgesetzt werden.[689] Die Steuerung der CSR, so scheint es, hat diese „Geschwindigkeit" im Blick, etwa dann, wenn Mindeststandards für die Offenlegung nichtfinanzieller Informationen definiert werden, die von den Unternehmen einerseits die Einhaltung eines gewissen „Mindestniveaus" erfordern, ihnen aber andererseits genügend Raum für eine individuelle Berücksichtigung der unternehmensspezifischen Situation belassen.

b. Kleine und mittlere Unternehmen

Neben multinationalen Unternehmen geraten zunehmend auch KMU in den Fokus der CSR. Wie bereits angedeutet entspricht diese Konfrontation von KMU mit Fragestellungen der CSR nicht zwangsläufig der öffentlichen Wahrnehmung, in der das Konzept der Unternehmensverantwortung „unweigerlich" mit multinationalen Unternehmen und solchen Unternehmen in Verbindung gebracht wird, deren Kunden Endverbraucher sind.[690] Mit der öffentlichen Empfindung korrespondiert eine Reserviertheit der Wissenschaft gegenüber einer vertieften Auseinandersetzung mit der Thematik der CSR auf Ebene der KMU. Während etwa die Folgewirkungen des Verhaltens multinationaler Unternehmen auf den internationalen Menschenrechtsschutz Gegenstand zahlreicher Untersuchungen bilden, wurden vergleichbare Auseinandersetzungen in Bezug auf die Tätigkeit von KMU bislang kaum unternommen.[691] Die so beschriebene öffentliche Wahrnehmung ebenso wie die wissenschaftliche Zurückhaltung verblüffen in Anbetracht der volkswirtschaftlichen Bedeutung, die KMU zukommt. Allein in Deutschland sind etwa 3,65 Millionen Unternehmen (das entspricht 99,6 % aller Unternehmen der Privatwirtschaft) der Größenklasse der KMU zuzuordnen, die zusammen einen Jahresumsatz von 2,128 Billionen Euro erwirtschaften.[692] Auch die Tätigkeit von KMU in ausländischen Märkten (in denen

689 *Gatto*, Multinational Enterprises and Human Rights, S. 15, verbunden mit dem Schluss: „Consequently, legal standards, in order to be effective, should be applied with reference to a similar framework that is supranational in scope." Mit Blick auf die CSR siehe auch *Emeseh* et al., German Law Journal 2010, S. 230 (236 f.).

690 *Mosters*, S. 44. So auch KOM(2001) 366 endg., S. 3: „Vorreiter in der Entwicklung der sozialen Verantwortung der Unternehmen [...] sind hauptsächlich größere Unternehmen, doch agieren Unternehmen aller Art – öffentliche wie private, einschließlich der KMU und der Genossenschaften – bereits sozial verantwortlich."

691 Eine Übersicht über relevante Veröffentlichungen zum Themenbereich CSR und KMU findet sich bei *Fassin*, Business Ethics: A European Review 2008, S. 364 (365).

692 Vgl. die Daten des *Instituts für Mittelstandsforschung* (IfM) aus dem Jahr 2011, abgedruckt im Flyer „Informationen zum Mittelstand aus erster Hand", abrufbar

CSR-Themen eine besondere Relevanz erlangen) ist in den vergangenen Jahren deutlich angestiegen. So ist bereits jedes zweite deutsche Kleinunternehmen auf Auslandsmärkten aktiv, und selbst Kleinstunternehmen exportieren ihre Waren zunehmend in das außereuropäische Ausland.[693] Allein diese Zahlen lassen die Bedeutung erkennen, die KMU in praktischer Hinsicht für die weltweite Durchsetzung grundlegender CSR-Standards einnehmen.

Zur Bestimmung des Begriffs der KMU wird überwiegend auf die Empfehlung der EU-Kommission aus dem Jahr 2003[694] zurückgegriffen. Die hier vorgeschlagene Einordnung orientiert sich an quantitativen Schwellenwerten in Bezug auf Mitarbeiterzahlen und Jahresumsatz bzw. Jahresbilanzsummen.[695] Als Kleinstunternehmen gelten danach solche Betriebe, die weniger als 10 Mitarbeiter beschäftigen *und* einen Jahresumsatz *oder* eine Jahresbilanzsumme von höchstens 2 Millionen Euro aufweisen. Kleine Unternehmen sind hingegen Betriebe mit weniger als 50 Mitarbeitern und einem Jahresumsatz bzw. einer Jahresbilanzsumme von höchstens 10 Millionen Euro, während mittlere Unternehmen weniger als 250 Mitarbeiter beschäftigen und einen Jahresumsatz von höchstens 50 Millionen Euro oder eine Jahresbilanzsumme von höchstens 43 Millionen Euro erwirtschaften.[696]

Aus der Größe und Struktur der KMU ergeben sich einige Besonderheiten, die auch im Rahmen einer Steuerung durch CSR zu berücksichtigen sind. Schon die enorme Diversität der Zielgruppe „KMU“ erschwert dabei eine einheitliche Beurteilung der Steuerungsbedingungen. Der KMU-Definition unterfällt eine nicht zu überschauende Vielzahl von Betrieben, die sich an einer ebenso großen Vielzahl von Geschäftsmodellen und Unternehmensleitbildern orientiert. Darüber hinaus sind KMU im Gegensatz zu multinationalen Unternehmen auch durch weniger „förmliche“ Strukturen und offenere Kontrollsysteme gekennzeichnet.[697] Dies führt

---

im Internet unter: http://www.ifm-bonn.org/fileadmin/data/redaktion/ueber_uns/ifm-flyer/IfM-Flyer-2014.pdf (Stand: 21.01.2016).

693 Demnach führten im Jahr 2011 mehr als 5000 Kleinstunternehmen Waren in die USA aus, mehr als 3000 exportierten Güter nach China und jeweils 2000 nach Indien und Japan, vgl. *IfM*, „Informationen zum Mittelstand aus erster Hand“, abrufbar im Internet unter: http://www.ifm-bonn.org/fileadmin/data/redaktion/ueber_uns/ifm-flyer/IfM-Flyer-2014.pdf (Stand: 21.01.2016). Siehe dementsprechend folgerichtig auch KOM(2001) 366 endg., S. 7: „Dass sich das Konzept auch in den KMU, einschließlich der Kleinstunternehmen, stärker etabliert, ist unerlässlich, denn diese Unternehmen leisten den größten Beitrag zu Wirtschaftsleistung und Beschäftigung.“

694 Empfehlung der Kommission vom 6.5.2003 betreffend der Definition der Kleinstunternehmen sowie der kleinen und mittleren Unternehmen, 2003/361/EG, ABlEU Nr. L 124, 20.05.2003, S. 36.

695 Art. 2 im Anhang der Empfehlung, 2003/361/EG, ABlEU Nr. L 124, 20.05.2003, S. 36.

696 Hinzu kommt die sog. „Konzernklausel", nach der das jeweilige Unternehmen keine Beteiligung von einem Viertel oder mehr des Gesellschaftskapitals durch ein Großunternehmen aufweisen darf.

697 *Fassin*, Business Ethics: A European Review 2008, S. 364 (365).

vor allem dazu, dass KMU für die Öffentlichkeit weniger sichtbar agieren und dementsprechend lediglich bis zu einem gewissen Grad einer zivilgesellschaftlichen Kontrolle unterliegen.[698] Berührungspunkte zwischen KMU und der CSR bestehen vor allem in Situationen, in denen sich KMU selbst auf ausländischen Märkten betätigen, in denen sie Geschäftsbeziehungen zu zweifelhaften Drittunternehmen unterhalten oder in denen sie in ihrer Funktion als Zulieferer für multinationale Unternehmen aktiv werden.[699]

Gerade die letztgenannte Konstellation, in der KMU ihre Produkte an multinationale Unternehmen weitergeben und damit Bestandteil deren Lieferkette werden, ist einer der Hauptgründe für die zunehmende Fokussierung der CSR auf diese Unternehmensgruppe. Dabei sehen sich multinationale Unternehmen, wie bereits dargestellt, vermehrt einem äußeren Druck ausgesetzt, sich einheitlich für den gesamten Konzern (und insbesondere auch für dessen Zulieferer) auf die Einhaltung nachhaltiger Produktionsstandards zu verpflichten. Dies führt automatisch zu einem größeren Druck auf diejenigen KMU, die mit dem Verbund des multinationalen Unternehmens in Berührung kommen. Die Art und Weise, wie dieser Druck an die Zulieferunternehmen weitergegeben wird, unterscheidet sich im Einzelfall. Eine der häufigsten Varianten bildet jedoch auch hier eine Bindung über Verhaltenskodizes, in denen die Zulieferer (meist KMU) die Beachtung grundlegender Produktionsstandards (oft unter Bezugnahme auf menschenrechtliche Verpflichtungen) gewährleisten. Vermehrt werden diese Kodizes auch in die vertraglichen Vereinbarungen (insbesondere in die Allgemeinen Geschäftsbedingungen – AGB) zwischen multinationalen- und Zulieferunternehmen aufgenommen und berechtigen im Falle des Verstoßes zu verschiedenartigen Sanktionen.[700]

Schon vor der Aufnahme vertraglicher Beziehungen mit multinationalen Unternehmen, die aufgrund ihres Volumens für viele KMU eine besondere – wenn nicht gar existentielle – Bedeutung haben, sehen sich die Zulieferer häufig einer erheblichen Drucksituation ausgesetzt, da multinationale Unternehmen schon den Abschluss von Rahmen- und Lieferverträgen von der Einhaltung hoher CSR-Standards abhängig machen. Insofern lässt sich konstatieren, dass eine Verhaltenssteuerung bei KMU vor allem „mittelbar über die transnational tätigen Unternehmen" erfolgt, deren eigener Verantwortlichkeitsbereich sich durch die CSR erheblich erweitert hat.[701] Dabei gilt es auch, die Perspektive der im Einzelfall betroffenen KMU im Blick zu behalten und diese vor einer Überforderungssituation und daraus möglicherweise resultierender „Frustrationen" zu schützen.[702]

---

698 *Bretschger,* S. 72, der auf die Schwierigkeit hinweist, „vergangenes Verhalten sichtbar zu machen und dadurch die Beobachtungsbasis zu verbessern."

699 *Mosters,* S. 46; *Bretschger,* S. 72.

700 *Bretschger,* S. 76.

701 *Bretschger,* S. 73.

702 Sehr eindeutig in Bezug auf mögliche Frustrationen auf Seiten der KMU: *Fassin,* Business Ethics: A European Review 2008, S. 364 (372): „The absence of ethical behaviour by buyers at many larger companies is at the bottom of the frustration

Eine der zentralen Fragen, die sich für KMU im Rahmen des CSR-Konzepts ergibt, ist diejenige, wie die mit der Implementierung der unternehmerischen Verantwortung verbundenen finanziellen und personellen Mehrkosten aufgefangen werden können. Gerade für kleinere Unternehmen ist es dabei problematisch, dass zum einen bestimmte Anforderungen (etwa im Hinblick auf die Einführung eines betrieblichen Umweltmanagementsystems) mit zum Teil erheblichen Aufwendungen verbunden sind, die das Unternehmen überlasten können, und dass zum anderen externe Beratungsleistungen, auf welche multinationale Unternehmen im Bereich der CSR zugreifen, für KMU oft nicht verfügbar sind.[703]

Schließlich wird eine erfolgreiche Steuerung von KMU in aller Regel erfordern, die gesellschaftlichen Rahmenbedingungen für deren wirtschaftliches Agieren zu beachten. Mehr noch als multinationale Unternehmen sind KMU gesellschaftlich eingebettet, gerade in den Gemeinden und Regionen, in denen sie ansässig sind. Diese gesellschaftliche Nähe wirkt sich stark auf die Wettbewerbsfähigkeit der KMU aus, etwa bei der Erschließung von Kundenkreisen oder bei der Anwerbung von Fachpersonal als Arbeitgeber.[704] Darüber hinaus bildet sie jedoch auch einen maßgeblichen Beweggrund für das gesellschaftliche Engagement vieler KMU, der durch entsprechende Rahmenbedingungen aktiviert und gefördert werden kann. Der CSR-Ansatz vieler KMU zeichnet sich demnach vor allem durch eine enge Ausrichtung an den Interessen der unmittelbar mit dem Unternehmen verbundenen Stakeholder-Gruppen (Mitarbeiter und Kunden) aus.[705] Dieses spezifische Interesse der KMU kann durch eine hoheitliche CSR-Politik aufgegriffen und aktiviert werden.[706]

4. Steuerungsinstrumente einer hoheitlichen CSR-Politik

Dem Hoheitsträger stehen zur Erreichung seiner CSR-politischen Ziele zahlreiche Instrumente zur Verfügung. Der im Folgenden zu leistende systematisierende Überblick über das Instrumentarium der CSR beschränkt sich auf diejenigen Maßnahmen, die durch staatliche Organe einerseits und supranationale Organe (gemeint

felt by SME leaders. [...] Many SMEs have a large company as their major client, and are dependent on them for a vital part of their turnover. They suffer from the power play of buyers from the larger companies."

703 *Bretschger*, S. 73; *Fassin*, Business Ethics: A European Review 2008, S. 364 (368, 373).

704 KOM(2001) 366 endg., S. 13.

705 *Fassin*, Business Ethics: A European Review 2008, S. 364 (372).

706 Beispielhaft dazu etwa Mitteilung der Kommission an den Rat, das Europäische Parlament, den Europäischen Wirtschafts- und Sozialausschuss und den Ausschuss der Regionen, Umsetzung des Lissabon-Programms der Gemeinschaft. Eine zeitgemässe KMU-Politik für Wachstum und Beschäftigung, KOM(2005) 551 endg. vom 10.11.2005, S. 5, in der die große Bedeutung der KMU „[...] als Faktor für den wirtschaftlichen und sozialen Zusammenhalt auf lokaler und regionaler Ebene" betont wird.

sind hier solche der EU) andererseits geschaffen und genutzt werden. Ohne damit den Wert und die Bedeutung der mannigfaltigen Steuerungsbeiträge rein privater Initiativen zu verkennen, geschieht dies vor allem deshalb, weil so die Konturen und Handlungsoptionen eines sich entwickelnden hoheitlichen „Rechts der CSR" aufgezeigt werden können. Dies ist auch insoweit folgerichtig, als dass gerade der europäische CSR-Diskurs ein von politischen Gremien maßgeblich angestoßenes und nach wie vor hauptsächlich von diesen „besetztes Thema"[707] darstellt.

Der Begriff der Steuerungsinstrumente bezeichnet hier die Maßnahmetypen, mit denen der Hoheitsträger seine Strategien und Ziele im Feld der CSR-Politik zu erreichen versucht.[708] Das Spektrum der in Betracht zu ziehenden Instrumente hoheitlichen Handelns hat sich in den letzten Jahrzehnten kontinuierlich erweitert. Dies gilt auch für zahlreiche Bereiche, die heute von dem Oberbegriff der CSR umfasst werden. Die Ursachen für die zunehmende Diversifizierung der (rechtlichen) Handlungsformen des Staates sind ebenso zahlreich wie komplex. Zu einer tiefgreifenden Änderung der hoheitlichen Handlungsmöglichkeiten und Handlungsrealitäten haben jedoch insbesondere der Ausbau des Wohlfahrtsstaates und die damit einhergehende Ausweitung des staatlichen Kompetenzbereichs geführt. *Dreier* etwa hat bereits frühzeitig und treffend für das moderne Verwaltungsrecht konstatiert, dass dieses vermehrt „[...] von polygonalen Rechtsverhältnissen, faktischen Einwirkungen und vielfältigen, tief gespaltenen Bewirkungsformen mit diffusen Betroffenheitsgraden"[709] geprägt ist. Gerade Gegenstände der wohlfahrtsstaatlichen Politik, die sowohl gestaltend als auch zukunftssichernd wirken sollen, „sperren" sich in aller Regel einer (rein) imperativen Steuerung und eignen sich „nur in sehr begrenztem Maß" für einen „Einsatz des Mediums Macht".[710] Diese Überlegungen sind von besonderer Relevanz auch für die Thematik der CSR. Denn gerade das Konzept der Unternehmensverantwortung umfasst wohlfahrtsstaatliche Kernforderungen insoweit, als dass von den Unternehmen ein verantwortungsbewusstes Handeln mit dem Ziel gefordert wird, zur Steigerung des sozialen und materiellen Wohlergehens der durch die Unternehmensaktivitäten betroffenen Stakeholder beizutragen. Auch der Versuch einer staatlichen Aktivierung unternehmerischen Verantwortungspotentials wird demzufolge vermehrt alternative Formen staatlichen Handelns in den Blick nehmen müssen.

Aber nicht nur die zunehmende Erschließung wohlfahrtsstaatlicher Handlungsbereiche, sondern auch andere Entwicklungen haben eine allgemeine Diskussion im Hinblick auf die Steuerungsfähigkeit des (imperativen) Rechts ausgelöst- und zu einem Überdenken des rechtlichen Handlungsinstrumentariums geführt. Ursächlich dafür sind neben der wachsenden staatlichen Aufgabenlast, der steigenden Komplexität und Dynamik der Regelungsgegenstände und den gleichzeitig immer enger

707 *Aßländer*, Jahrbuch für Recht und Ethik 2010, S. 3 (8).
708 Vgl. in Bezug auf Instrumente des Umweltrechts *Leifer*, S. 7.
709 *Dreier*, Staatswissenschaften und Staatspraxis 1993, S. 647 (650).
710 *Grimm*, in: Ders., Steuerungsfähigkeit des Rechts, S. 291 (297).

werdenden öffentlichen Haushalten vor allem auch zum Teil gravierende Vollzugsdefizite, die das „klassische" imperative Recht begleiten.[711] Gerade im Hinblick auf derartige Vollzugsdefizite hat sich vermehrt die Erkenntnis durchgesetzt, dass sich die für einen Steuerungserfolg unverzichtbare Kooperationsbereitschaft auf Seiten der Steuerungsobjekte nur bedingt erzwingen lässt, insbesondere dann nicht, wenn die rechtliche Norm und die daraus resultierenden Vollzugsmaßnahmen den eigenen (insbesondere ökonomischen) Interessen der Adressaten zuwiderlaufen.[712] Verstärkt werden diese Zweifel an der Tauglichkeit der „*command-and-control-regulation*" mit Blick auf die CSR auch durch Interessenskonflikte zwischen staatlichen und wirtschaftlichen Akteuren im ökonomischen und ökologischen Bereich.[713]

Um diese und andere Steuerungskomplikationen zu umgehen, geraten immer mehr die Belange der Steuerungsobjekte in den Fokus einer modernen Steuerung durch Recht, was sich nicht zuletzt auch auf die Ausgestaltung des Handlungsinstrumentariums auswirkt. Rechtliche Vorgaben beschränken sich vermehrt auf die Bereitstellung eines institutionellen Rahmens. Mit Blick etwa auf den unternehmerischen Umweltschutz soll dieser Rahmen den Unternehmen zwar einerseits Anstöße dazu geben, Fragen des Umweltschutzes in der strategischen Unternehmensplanung hinreichend zu berücksichtigen, gleichzeitig andererseits jedoch auch Spielräume für die Umsetzung belassen, „[...] so dass notwendige Korrekturen auch allokationseffizient und somit marktwirtschaftlich sinnvoll erfolgen können."[714] Die sich in der „Bereitstellung eines institutionellen Rahmens" ausdrückende größere Freiheit auf Seiten der Steuerungsobjekte geht in aller Regel mit einer größeren Flexibilität zugunsten des staatlichen Steuerungssubjekts einher. Insbesondere soll es dadurch gelingen, präventiv handeln und Spannungslagen schon im Entscheidungsprozess berücksichtigen zu können, um auf diese Weise die gegenseitige Akzeptanz der getroffenen Maßnahmen erhöhen zu können.[715]

All diese Entwicklungen haben insgesamt dazu geführt, dass (rechtliche) Steuerung nicht mehr ausschließlich hierarchisch begriffen wird.[716] Neben den Einzeleingriff sind zunehmend indirekt wirkende Steuerungsmittel getreten, die der vormals ausschließlich „gebietende" bzw. „verbietende" Staat sogar dort anwendet, wo ihm eine imperative Steuerung faktisch und rechtlich möglich wäre.[717] Diese neuartigen Steuerungsformen sind bislang lediglich in Teilen rechtlich erfasst

---

711 Eingehend zur Steuerungsdiskussion *Sparwasser* et al., Umweltrecht, S. 64 ff.

712 *Hoffmann-Riem*, WiVerw. 1983, S. 120 (123).

713 *Henneke*, NuR 1991, S. 267 (268); *Sparwasser* et al., Umweltrecht, S. 65 ff.

714 Vgl. *Kloepfer*, DB 1993, S. 1125 (1125).

715 Siehe etwa mit Blick auf die Ansiedlung von Industriebetrieben oder die Genehmigung potentiell umweltbelastender Großanlagen *Kunig/Rublack*, JURA 1990, S. 1 (1).

716 Aus politikwissenschaftlicher Sicht bei *Göhler* et al., PVS 2010, S. 691 (693).

717 Siehe zum Wandel hin zum „kooperativen Staat", zum „Verhandlungsstaat" oder „präzeptoralen Staat" *Dreier*, Staatswissenschaften und Staatspraxis 1993, S. 647 (650); *Grimm*, in: Ders., Steuerungsfähigkeit des Rechts, S. 291 (297).

worden. Hoheitsträger, so die Erkenntnis, kooperieren gerade mit Unternehmen auch jenseits gesetzlich geregelter Entscheidungsverfahren und rechtlich anerkannter Handlungsnormen in vielfältiger Weise und versuchen, allgemein akzeptierte Lösungsmöglichkeiten hervorzubringen.[718] Diese Kooperationen gehen zum Teil so weit, dass von einer „Informalisierung formalisierter Instrumente“[719] gesprochen wird, also etwa vom Phänomen des ausgehandelten Gesetzes. Damit steigt zugleich die Verantwortung auf Seiten der Steuerungsobjekte – im Falle der CSR auf Seiten der Unternehmen. Von diesen werden entsprechende Beiträge positiv erwartet.

Ob sich jedoch in Anbetracht dessen im Ergebnis vom „Fernziel“ eines kooperativ erarbeiteten, eher vereinbarten Rechts[720] sprechen lässt, muss jedoch bezweifelt werden. Treffender erscheint es, den Wandel im hoheitlichen Handlungsinstrumentarium als sinnvolle Ergänzung und Anpassung an die Steuerungsrealitäten einer globalisierten Welt zu begreifen. Schon aus Rechtsgründen erscheint eine „völlige Preisgabe“ tradierter hierarchischer Steuerung weder wünschenswert noch realisierbar:[721] So belegen im Zusammenhang mit der CSR schon die zahlreichen und immer wiederkehrenden Berichte über offensichtlich „unverantwortliches“ unternehmerisches Handeln (gerade) in weniger entwickelten Staaten, dass der Staat als Steuerungsakteur mit seinem Handlungsinstrumentarium des Rechts durchaus gebraucht wird, jedenfalls um seiner Schutzverantwortung gerecht zu werden. Dies gilt umso mehr, als es nicht zuletzt die Unternehmen als Steuerungsobjekte selbst sind, die an den Hoheitsträger appellieren, dieser möge seiner Steuerungsverantwortung gerecht werden (etwa zur Schaffung fairer Marktbedingungen).

Wenngleich es somit nicht um einen Verzicht auf hierarchische Steuerung geht, dann jedoch um eine Komplettierung durch ein „Zusammenspiel von Ordnungsrecht und Anreizpolitik“[722], das in einer sinnvollen Dosierung zu einer angemessenen Entlastung hoheitlichen Handelns beitragen und den Steuerungserfolg insgesamt erhöhen kann. Gerade im Rahmen der CSR und der dieser zugrunde liegenden internationalen Perspektive ist dieses Zusammenspiel ebenso offenkundig wie unentbehrlich. Zu Recht lässt sich diesbezüglich von einem „Mehrebenensystem“ sprechen, in dem rechtlich verbindliche wie unverbindliche Anforderungen an die Unternehmen auf unterschiedlichen Regelungsebenen neben- und miteinander wirken können und so einen „Rechtspluralismus“ herausbilden, in dem innovative Ansätze entstehen.[723] Die Herausforderung einer staatlichen CSR-Politik besteht

---

718 *Sparwasser* et al., Umweltrecht, S. 65.

719 *Kloepfer*, in: König/Dose, Instrumente und Formen staatlichen Handelns, S. 329 (331).

720 Siehe so einschränkend für den Bereich des Umweltrechts *Kloepfer*, NuR 1993, S. 353 (354).

721 *Meßerschmidt*, S. 362 f.; *Ramsauer*, in: Koch, Umweltrecht, S. 114 (136), der zu Recht betont, dass eine generelle Leitlinie der Subsidiarität staatlich-hoheitlichen Handelns gegenüber kooperativ-privatem Handeln ungeeignet ist.

722 *Kloepfer*, ZaU 1996, S. 56 (66).

723 *Kocher/Krajewski*, KJ 2013, S. 2 (5).

insoweit darin, Kooperationsbereitschaft auf Seiten der Unternehmen zu stimulieren, gleichzeitig jedoch ein Mindestmaß an Unternehmenspflicht zu garantieren.[724]

In Anbetracht dieser Erwägungen bietet es sich an, im Rahmen der folgenden Systematisierung der Steuerungsinstrumente der CSR an die vor allem im Umweltrecht gebräuchliche Klassifizierung der Instrumente nach deren Wirkungsweise beim Adressaten anzuknüpfen und insoweit zwischen Instrumenten der direkten und der indirekten Verhaltenssteuerung zu unterscheiden.[725] Direkt wirken dabei vor allem „klassisch" administrative Kontrollinstrumente wie Gebote, Verbote und Auflagen, während indirekte Instrumente eher durch die „Hintertür" beeinflussen, etwa indem sie ein Influenzieren, Informieren, Verhandeln oder Empfehlen ermöglichen. Nicht verkannt werden soll mit dieser Einteilung, dass sich in der Literatur andere (sinnvolle) Systematisierungen des staatlichen Handlungsinstrumentariums auf dem Gebiet der CSR herausgebildet haben, etwa diejenigen, die nach Bindungsgrad[726] oder nach Zielrichtung[727] der Instrumente unterscheiden. Gleichwohl erscheint eine Unterteilung nach der Wirkungsweise am besten geeignet, die rechtlichen Elemente einer Verhaltenssteuerung der CSR herauszuarbeiten, auch wenn eine randscharfe Abgrenzung nicht immer möglich ist, da auch klassisch administrative Instrumente verstärkt einem Wandel unterliegen und auch das Ordnungsrecht zuweilen „indirekt" wirkt.[728] Ohnehin bleibt gerade die CSR – wie bereits dargestellt – auf einen sinnvollen „Instrumentenverbund" angewiesen, der im Sinne einer intelligenten Mischung im jeweiligen Einzelfall das unternehmerische Handeln leitet.[729] Nur mit dieser Verbindung der Instrumente wird das Ziel der CSR, einer durch die Stakeholder begleiteten Entwicklung von verbindlichen Standards der „guten" Unternehmensführung[730] erreicht werden können.

a. Leitprinzipien eines „Rechts der CSR"

Bevor eine entsprechende Systematisierung vorgenommen wird, sollen potentielle „Leitprinzipien" benannt werden, die sowohl die Wahl als auch den Gebrauch des

---

724 Vgl. in Bezug auf den staatlichen Umweltschutz *Hoffmann-Riem*, WiVerw. 1983, S. 120 (123).

725 Siehe zu der Unterteilung im Umweltrecht etwa *Hoppe* et al., Umweltrecht, S. 136; *Kloepfer*, Umweltrecht, S. 224 f.; *Leifer*, S. 8. Kritisch zu dieser Einteilung („verwaltungswissenschaftlich"; „juristisch substanzlos") *Meßerschmidt*, S. 356.

726 So *Albareda* et al., Journal of Business Ethics 2007, S. 391 (392): „mandatory"; „facilitating"; „partnering"; „endorsing".

727 *Steurer*, in: Schneider/Schmidpeter, Corporate Social Responsibility, S. 731 (735 f.): „Bewusstseinsbildung"; „Verbesserung der Transparenz"; „Förderung sozial verantwortlicher Investitionen"; „Führung durch Vorbild".

728 *Meßerschmidt*, S. 357; *Leifer*, S. 8.

729 Siehe zum Instrumentenverbund („Instrumenten-Mix") im Umweltrecht *Kloepfer*, in: König/Dose, Instrumente und Formen staatlichen Handelns, S. 329 (357); *Meßerschmidt*, S. 362.

730 *Kocher/Krajewski*, KJ 2013, S. 2 (5).

hoheitlichen Handlungsinstrumentariums auf dem Gebiet der CSR bestimmen und damit gleichfalls als Grundprinzipien eines sich entwickelnden „Rechts der CSR“ ausgemacht werden können. Aufgrund der thematischen Nähe bietet sich dafür eine Anlehnung an das Umweltrecht an, wo sich mit dem Vorsorge-, Verursacher- und Kooperationsprinzip eine „Prinzipientrias“ fest etabliert hat.[731] Anerkannt ist unterdessen, dass es sich bei derartigen Grundprinzipien zunächst um politische Leitbilder handelt, die den hoheitlichen Akteuren einen Handlungsauftrag auferlegen und insoweit noch einer rechtlichen Konkretisierung und Ausgestaltung bedürfen.[732] Als Grundprinzipien erfüllen sie eine interpretationsleitende Funktion und dienen der Ausfüllung von Lücken, Ermessens- und Beurteilungsspielräumen sowie als Auslegungsdirektiven in Zweifelsfällen.[733] Die überwiegende Ansicht in der Literatur geht heute davon aus, dass derartige Prinzipien trotz ihres hohen Abstraktionsgrades rechtliche Bindungswirkung entfalten und insbesondere der Tätigkeit des Gesetzgebers konkrete Vorgaben setzen.[734] Unbestritten gilt dies jedenfalls für den Bereich des Europarechts, wo einzelne Grundprinzipien primärrechtlich verankert sind (so etwa das Vorsorge-, Ursprungs- und Verursacherprinzip in Art. 191 Abs. 2 AEUV oder der Nachhaltigkeitsgrundsatz in Art. 3 EUV). Hier wird das Handeln der Union unmittelbar auf ein entsprechendes Schutzniveau verpflichtet, was in etwa einer „rechtlich verbindliche[n] Selbstverpflichtung des Gesetzgebers“[735] entspricht.

Als Grundprinzipien eines „Rechts der CSR“, die als Leitprinzipien der hoheitlichen CSR-Politik eine Richtschnur geben und bei der Wahl und Anwendung des Handlungsinstrumentariums zu beachten sind, kommen vor allem das Kooperationsprinzip, der Nachhaltigkeitsgrundsatz und das Vorsorgeprinzip in Betracht.

aa. Kooperationsprinzip

Für den CSR-Diskurs besonders ertragreich erweisen sich die für das umweltrechtliche Kooperationsprinzip entwickelten Grundsätze, die sich im Wesentlichen auf die Rahmenbedingungen hoheitlicher Steuerung der unternehmerischen Verantwortung übertragen lassen. Kooperation umfasst danach (in Abgrenzung zum einseitig-hoheitlichen Handeln des Staates) zunächst sämtliche Formen des Zusammenwirkens von Staat und Gesellschaft.[736] Die spezifische Forderung des

731 Auf europarechtlicher Ebene wird zudem auf das Ursprungsprinzip Bezug genommen. Siehe allgemein zu den Prinzipien des Umweltrechts etwa *Erbguth/Schlacke,* § 3, Rn. 1 ff.; *Schmidt/Kahl,* S. 10 ff.; *Kloepfer,* Umweltrecht, S. 168 ff.

732 *Hoppe* et al., Umweltrecht, S. 25.

733 *Ramsauer,* in: Koch, Umweltrecht, S. 114 (129); *Sparwasser* et al., Umweltrecht, S. 67; *Appel,* in: Koch, Umweltrecht, S. 41 (53 f.).

734 *Kloepfer,* Umweltrecht, S. 169.

735 *Kloepfer,* Umweltrecht, S. 172.

736 *Sparwasser* et al., Umweltrecht, S. 82, wo Kooperation als „permanenter, ubiquitärer und unvermeidlicher Vorgang“ des Umweltrechts identifiziert wird. Auch diese Kennzeichnung lässt sich auf die CSR übertragen.

Kooperationsprinzips bezieht sich auf eine verstärkte Zusammenarbeit zwischen staatlichen und gesellschaftlichen Kräften in den steuerungsrelevanten Willensbildungs- und Entscheidungsprozessen. Angestrebt wird ein „faires" Zusammenwirken mit dem Ziel, die Informationslage und die Akzeptanz der Beteiligten zu verbessern und damit insgesamt zu einem „ausgewogenen Verhältnis" zwischen individuellen Freiheiten und gesellschaftlichen Bedürfnissen beizutragen.[737]

Über derartige Vorteile hinaus soll es dem Staat im Wege der Kooperation auch ermöglicht werden, sich den auf gesellschaftlicher Ebene vorhandenen Sachverstand zu eigen zu machen. Dabei wird dem Hoheitsträger in Anbetracht seiner Verpflichtung auf das Gemeinwohl trotz des geforderten Grades an Kooperation eine Führungsverantwortung zugestanden.[738] Letztlich gilt es daher von staatlicher Seite, die bereits benannten Vorteile der Kooperation mit den gegebenenfalls drohenden Nachteilen (zu denen etwa auch eine „Einigung auf den kleinsten gemeinsamen Nenner zählt") im Einzelfall abzuwägen.[739]

Ein so verstandenes Kooperationsprinzip bildet die Grundlage des hoheitlichen CSR-Instrumentariums und prägt zahlreiche Kooperationsformen zwischen staatlichen Behörden und Unternehmen. Zu denken ist in diesem Zusammenhang etwa an gegenseitige Absprachen oder Zusagen ebenso wie an Selbstverpflichtungen oder die Institutionalisierung von unternehmensinternen Überwachungspflichten. Auch auf internationaler Ebene prägt das Kooperationsprinzip immer mehr Initiativen, die dem Bereich der CSR zugerechnet werden können. Beispielhaft illustrieren lässt sich dies etwa anhand des *„Protect, respect and remedy"*-Referenzrahmens des Sonderbeauftragten des VN-Generalsekretärs zum Thema Wirtschaft und Menschenrechte, der neben der staatlichen Verantwortung zum Schutz der Menschenrechte (*„state duty to protect"*) auch auf der Pflicht der Unternehmen aufbaut, den Schutz der Menschenrechte zum Bestandteil ihrer Unternehmenskultur zu machen (*„corporate responsibility to respect"*).[740] Durch die Festschreibung gleichrangiger staatlicher und privater Verantwortungsbeiträge kann der Referenzrahmen als Modellfall der Anwendung des Kooperationsprinzips im Rahmen der Unternehmensverantwortung betrachtet werden.

bb. Nachhaltigkeitsgrundsatz

Als weiteres Leitprinzip einer hoheitlichen CSR-Politik lässt sich das Nachhaltigkeitsprinzip anführen. Dies gilt in besonderem Maße für den CSR-Diskurs, der durch die europäischen Institutionen angestoßen wird, die durch die Bestimmungen in

737 *Hoppe* et al., Umweltrecht, S. 27; *Appel*, in: Koch, Umweltrecht, S. 41 (64). Kritisch bezüglich des konkret handlungsleitenden Inhalts des Kooperationsprinzips („lapidarer Aufruf zur Zusammenarbeit") *Sparwasser* et al., Umweltrecht, S. 84.

738 *Erbguth/Schlacke*, § 3, Rn. 17.

739 Vgl. auch zu weiteren potentiellen Nachteilen *Sparwasser* et al., Umweltrecht, S. 84.

740 Vgl. UN Doc. A/HRC/17/31. Ausführlich zu diesem Referenzrahmen siehe die Darstellung in Abschnitt „E." der Arbeit.

Art. 3 Abs. 3 und 5 EUV an das Nachhaltigkeitsprinzip als Vertragsziel und Grundnorm für den Integrationsprozess unmittelbar gebunden sind. Gerade im Rahmen des geltenden und noch zu schaffenden europäischen Rechts entfaltet der Gedanke der Nachhaltigkeit eine „prägende Kraft“ als Interpretationshilfe und als Rahmen für die Lösung von Zielkonflikten.[741] Trotz der Vielgestaltigkeit und Komplexität des Begriffs der Nachhaltigkeit sowie der daraus resultierenden Schwierigkeit, dem Prinzip „rechtlich brauchbare Leitlinien“[742] zu entnehmen, lässt sich doch ein Kern jedenfalls dergestalt identifizieren, dass Hoheitsträger durch ihr Handeln für eine intergenerative Harmonisierung der wirtschaftlichen und sozialen Entwicklung mit den langfristigen ökologischen Interessen der Menschheit zu sorgen haben.[743] Schon die bereits herausgearbeiteten engen inhaltlichen Verknüpfungen zwischen den Konzepten der Nachhaltigkeit und der unternehmerischen Verantwortung legen nahe, dass ein generelles Leitprinzip der Nachhaltigkeit durchaus geeignet ist, der hoheitlichen CSR-Politik als Richtschnur zu dienen. Dies gilt insbesondere für die vom Nachhaltigkeitsprinzip besonders betonten Gedanken der Wahrung der Interessen der zukünftigen Generationen und der Schaffung eines Ausgleichs zwischen Industrie- und Entwicklungsländern („Nachhaltigkeit im weiten Sinne“). Beide Gedanken sind von hoher Relevanz für den CSR-Diskurs, der von den Unternehmen ein verantwortungsvolles Handeln sowohl im Hinblick auf die Ressourcenverwendung als auch hinsichtlich der Produktionsbedingungen entlang der globalen Wertschöpfungskette einfordert.

cc. Vorsorgeprinzip

Von Bedeutung für die hoheitliche CSR-Politik ist schließlich der im umweltrechtlichen Vorsorgeprinzip zum Ausdruck kommende Gedanke der Prävention. Schon das Entstehen von aus unternehmerischen Aktivitäten resultierenden Gefahren oder Schäden für Mensch und Umwelt soll danach durch planendes, vorsorgendes und abwehrendes Handeln nach Möglichkeit verhindert werden.[744] Auch das Vorsorgeprinzip hat vor allem auf Ebene des Europarechts einen weit vorangeschrittenen Institutionalisierungsgrad erreicht und prägt dort das Handeln der Union nicht nur im Bereich des Umweltschutzes. Mit der Qualität als Rechtsprinzip enthält es dort auch verbindliche Vorgaben für die Unionsorgane und dient als Auslegungsmittel für die Mitgliedstaaten.[745] Mit der überdurchschnittlich starken Betonung des von Staat und Unternehmen gemeinsam zu beachtenden Vorsorgegedankens geht eine im Rahmen der CSR eher schwach ausgeprägte Diskussion um das Verursacherprinzip einher. Zwar umfasst die Idee der Unternehmensverantwortung (selbstredend) auch die

---

741 *Appel*, in: Koch, Umweltrecht, S. 41 (62).
742 *Sparwasser* et al., Umweltrecht, S. 74.
743 *Schmidt/Kahl*, S. 16 f.; *Appel*, in: Koch, Umweltrecht, S. 41 (62).
744 Insofern lautet der Grundsatz „Schadensvermeidung statt Schadensbehebung“, *Hoppe* et al., Umweltrecht, S. 26; *Erbguth/Schlacke*, § 3, Rn. 3.
745 *Appel*, in: Koch, Umweltrecht, S. 41 (57).

allgemeine Regulierungslogik, dass diejenigen Unternehmen, die durch eigenes oder zurechenbares Handeln eine Gefahrenlage geschaffen oder einen Schaden verursacht haben, auch für die daraus resultierenden Folgen einzustehen haben.[746] Auch erfährt die Erkenntnis des Verursacherprinzips im Rahmen der CSR Zuspruch, dass eine Beeinträchtigung in aller Regel am wirksamsten und ökonomisch effizientesten durch den Verursacher selbst behoben werden kann.[747] All diese Übereinstimmungen vermögen jedoch an der generellen Ausrichtung der CSR nichts zu ändern, die auf eine präventive Handlungsanleitung zugunsten der Unternehmen zielt und der das Haftungsrecht im Allgemeinen und dessen Grundsätze im Speziellen eher fremd zu sein scheinen.

b. Direkte Verhaltenssteuerung als Ausnahme

Mit der Betonung des Kooperationsprinzips korrespondiert eine zurückhaltende Verwendung hoheitlicher Instrumente direkter Verhaltenssteuerung, die im Bereich der CSR eine Ausnahme bilden. Allgemeines Kennzeichnen derartiger Instrumente direkter Verhaltenssteuerung ist, dass sie bestimmte Zustände und Handlungen gestatten oder gebieten und dadurch die Einhaltung von Vorschriften gewährleisten wollen.[748] Dafür wird den Steuerungsobjekten ein bestimmtes Verhalten, das in einem Handeln, Dulden oder Unterlassen bestehen kann, zwingend – entsprechend dem „Modus des Befehls" – vorgegeben.[749] Der individuelle Entscheidungsspielraum wird folgerichtig eingeschränkt und ein Verstoß gegen den Verhaltensbefehl direkt steuernder Instrumente führt unmittelbar zur Rechtswidrigkeit des Verhaltens und eröffnet die Möglichkeit des Einsatzes von Zwangsmitteln.[750] Zu den „klassischen" Instrumenten der direkten Verhaltenssteuerung zählen unmittelbare gesetzliche Gebote und Verbote, administrative Kontrollinstrumente sowie Handlungs- und Duldungspflichten.[751] Die Vor- und Nachteile der Instrumente der direkten Verhaltenssteuerung liegen auf der Hand. Während sie einerseits für ein hohes Maß an rechtsstaatlicher Klarheit und Berechenbarkeit sorgen und damit die „Treffsicherheit" der Verhaltenssteuerung insgesamt erhöhen, führen sie andererseits aufgrund ihrer „Starrheit" zu einem hohen Vollzugs- und Überwachungsaufwand und bergen die Gefahr einer möglichen Überregulierung.[752]

---

746 Siehe allgemein zum umweltrechtlichen Verursacherprinzip *Hoppe et al.*, Umweltrecht, S. 45; *Ramsauer*, in: Koch, Umweltrecht, S. 114 (132 f.); *Erbguth/Schlacke*, § 3, Rn. 11.

747 Vgl. die Grundgedanken des Verursacherprinzips bei *Sparwasser* et al., Umweltrecht, S. 77.

748 *Leifer*, S. 8.

749 *Kloepfer*, Umweltrecht, S. 237.

750 *Meßerschmidt*, S. 365; *Kloepfer*, Umweltrecht, S. 238.

751 *Hoppe* et al., Umweltrecht, S. 137; *Schwartmann*, S. 19 ff.

752 *Kloepfer*, Umweltrecht, S. 238; *Meßerschmidt*, S. 370.

Trotz ihrer untergeordneten Stellung ergeben sich für Instrumente der direkten Verhaltenssteuerung auch im Rahmen der CSR Anknüpfungspunkte. Zu denken ist dabei zunächst daran, dass gesetzliche Gebote und Verbote in aller Regel darauf abzielen, einen gewissen „Mindeststandard" abzusichern und damit durch den Hoheitsträger vor allem in Konstellationen eingesetzt werden, die sich durch eine besondere „Schwere" auszeichnen und sich einer einzelfallbezogenen abwägenden Entscheidung entziehen.[753] Davon betroffen ist insbesondere der Bereich der Gefahrenabwehr, in dem dem Staat zur Wahrung seiner Schutz- und Rahmenverantwortung ein Rückgriff auf „weichere" Steuerungsmittel in aller Regel versagt ist. Für die CSR gewinnt dies an Relevanz etwa im Rahmen des Schutzes elementarer Rechte der Belegschaft, hauptsächlich auf dem Gebiet des Arbeitsschutzes. Aber auch zahlreiche andere Regelungsgebiete, in denen sich Unternehmen zwingenden gesetzlichen Bestimmungen ausgesetzt sehen, lassen sich entsprechend dem weiten Begriffsverständnis der CSR diesem Bereich zuordnen. So werden etwa zwingende gesetzliche Bestimmungen zum Schutz der Daten und der Privatsphäre der Belegschaft ebenso in den Kontext der CSR gestellt wie gesetzliche Ausfuhrverbote für Technologien, mit denen potentiell Menschenrechte in Drittstaaten verletzt werden können.[754] Auch administrative Kontrollinstrumente lassen sich als Instrumente zur Steuerung von Unternehmensverantwortung verstehen, so etwa der Erlaubnisvorbehalt im Industrieanlagenrecht, dessen sicherheitstechnische Anforderungen primär in den (CSR-relevanten) Bedürfnissen des Umwelt-, Gesundheits- und Arbeitsschutzes begründet sind.[755] Gerade der Bereich des Umweltschutzes, als einer Säule der unternehmerischen Verantwortung, ist stark geprägt durch Anzeige-, Auskunfts-, Betreiber-, Duldungs- und Mitwirkungspflichten der Unternehmen, die insgesamt der direkten Verhaltenssteuerung unterfallen. Diese Lesart, nach der auch Formen der direkten Verhaltenssteuerung mittels gesetzlicher Ge- und Verbote sowie administrativer Kontrollinstrumente dem Konzept der CSR zuzurechnen sind, entspricht vor allem auch dem weiten CSR-Verständnis der EU-Kommission, nach dem Unternehmensverantwortung nur dann wahrgenommen werden kann, „[...] wenn die geltenden Rechtsvorschriften und die zwischen Sozialpartnern bestehenden Tarifverträge eingehalten werden".[756]

Über den Schutz von Mindeststandards hinaus entfalten Instrumente der direkten Verhaltenssteuerung Bedeutung für die CSR auch als „Drohkulisse", die den indirekten Formen hoheitlicher Steuerung eine stärkere Geltung verleiht. In besonderem Maße gilt dies für sog. „normvertretende Absprachen", die zwischen Staat und Wirtschaft (einzelnen Unternehmen oder Unternehmensverbänden) „freiwillig" in

---

753 *Kloepfer*, Umweltrecht, S. 271.

754 Zu beiden Beispielen siehe Europäisches Parlament Bericht *Howitt*, Bericht über soziale Verantwortung der Unternehmen: Förderung der Interessen der Gesellschaft und ein Weg zu einem nachhaltigen und integrativen Wiederaufschwung, A7-0023/2013, 29.01.2013, S. 14, 20.

755 *Meßerschmidt*, S. 366.

756 KOM(2011) 681 endg., S. 7.

der Erwartung abgeschlossen werden, dass von Seiten des Hoheitsträgers einstweilen auf eine direkte Verhaltenssteuerung (v.a. im Wege gesetzlicher Vorgaben) verzichtet wird. Zur Wirksamkeit derartiger Absprachen sind glaubhafte gesetzliche Handlungsalternativen in Form von wirkungsvollen Ge- und Verboten geradezu unerlässlich. Jedenfalls in dieser Rolle im Hintergrund, die den zu steuernden Unternehmen im Idealfall jederzeit gewahr ist und sie zu einem stärkeren Engagement ermutigt, kommt auch den Instrumenten der direkten Verhaltenssteuerung im Rahmen der CSR eine Bedeutung zu.

c. Indirekte Verhaltenssteuerung als Regel

Demgegenüber nehmen indirekt wirkende Instrumente der hoheitlichen Verhaltenssteuerung im Rahmen der CSR eine überragende Stellung ein. Bei dieser Steuerungsform wird dem Steuerungsobjekt grundsätzlich die Wahl gelassen („Letztentscheidungsrecht"), wie es den an ihn gestellten Erwartungen nachkommt. Der indirekten Steuerung geht es dabei vor allem darum, auf die Motivationslage der Akteure dergestalt Einfluss zu nehmen, dass diese denjenigen (rechtmäßigen) Handlungsvarianten den Vorzug gewähren, die dem festgelegten Steuerungsziel am weitesten entsprechen.[757] Dies erfolgt auf „unterschiedlich angelegten, verhaltenspsychologischen Wegen"[758], die vor allem die innere Motivationslage der Steuerungsobjekte im Blick haben. Die sich daraus im Vergleich zu den Instrumenten der direkten Verhaltenssteuerung ergebenden größeren Handlungsspielräume können sich insgesamt sowohl auf die eingesetzten Steuerungsmittel als auch auf das zu erreichende Steuerungsziel beziehen, wobei im letzteren Fall der Flexibilitätsgrad deutlich höher ist. In dieser Konstellation wird dann eine bestimmte Verhaltenserwartung gerade nicht vorgegeben, sondern lediglich offen formuliert (in Bezug auf die CSR etwa allgemein eine Steigerung der Umweltperformance des Unternehmens oder eine Verbesserung der Produktionsbedingungen in Drittländern) und durch Druckmittel „flankiert".[759] Gemein ist den Instrumenten der indirekten Verhaltenssteuerung das Ziel, die Eigeninteressen der Betroffenen zu mobilisieren.[760] Erreicht wird dieses Ziel im Wesentlichen auch durch eine Aufwertung der Stellung der Steuerungsobjekte. Diese geraten gegenüber dem Hoheitsträger zunehmend in eine „Verhandlungsrolle" und erhalten dadurch die Gelegenheit, die staatlichen Steuerungsprogramme „[...] nicht nur von außen zu beeinflussen, sondern im Innern mitzubestimmen."[761]

757 *Erbguth/Schlacke*, § 5, Rn. 82.
758 *Henneke*, NuR 1991, S. 267 (268).
759 Siehe so zur indirekten Steuerung im Umweltrecht *Meßerschmidt*, S. 372.
760 *Ramsauer*, in: Koch, Umweltrecht, S. 114 (144); *Leifer*, S. 10.
761 *Grimm*, in: Ders., Steuerungsfähigkeit des Rechts, S. 291 (298). Siehe dazu auch *Dreier*, Staatswissenschaften und Staatspraxis 1993, S. 647 (659): „[...] die Dynamik und Komplexität der modernen Industriegesellschaft zwingen den Gesetzgeber, sich hier partiell mit vagen Generalklauseln, Kompromißformeln und offenen

Die Vor- und Nachteile einer indirekten Verhaltenssteuerung stellen sich gewissermaßen spiegelbildlich zu jenen der direkten Verhaltenssteuerung dar. So sind als Vorteile vor allem die aus der größeren Freiheit für die Betroffenen resultierende (potentiell) stärker ausgeprägte Normbefolgungsbereitschaft, die Anreizwirkung für ein überobligatorisches Verhalten sowie die durch einen „schlankeren Staat" zu erzielenden Einsparungsmöglichkeiten für die öffentliche Hand zu nennen.[762] Negativ kann sich der den Steuerungsobjekten zugestandene Handlungsspielraum hingegen im Hinblick auf das Gebot der rechtsstaatlichen Klarheit und Lenkungsschärfe auswirken, da sich ein ganz bestimmtes Ergebnis aufgrund des (rein) influenzierenden Charakters der Instrumente (zumeist) nicht mit absoluter Sicherheit erzielen lässt.[763]

Die in Betracht zu ziehenden Instrumente einer so verstandenen indirekten Steuerung sind breit gestreut. Für die CSR bietet sich im Folgenden in Anlehnung an vergleichbare Unterteilungen im Umweltrecht[764] eine Systematisierung der indirekten hoheitlichen Instrumente anhand von fünf möglichen Steuerungskategorien an: Zu unterscheiden ist zwischen einer Steuerung durch ökonomische Anreize, einer Steuerung durch Information, einer Steuerung durch Betriebsorganisation, einer Steuerung durch Konsens und einer Steuerung durch „regulierte Selbstregulierung". Dabei gilt freilich ähnlich wie schon bei der generellen Unterscheidung zwischen direkten und indirekten Instrumenten, dass eine Abgrenzung nicht immer trennscharf vorzunehmen ist, es also Zwischenformen geben kann oder die Zuordnung vom Standpunkt des Betrachters abhängt.

aa. Steuerung durch ökonomische Anreize

Eine hoheitliche Steuerung durch das Setzen ökonomischer Anreize zielt darauf ab, die jeweils herrschenden Marktkräfte in den Dienst des Steuerungsziels zu stellen und dabei an das wirtschaftliche Eigeninteresse der Steuerungsobjekte zu appellieren.[765] Dies gelingt dadurch, dass der Hoheitsträger im Hinblick auf seine politische Zielformulierung bestimmte Verhaltensweisen wirtschaftlich attraktiv bzw. unattraktiv macht, indem er diese prämiert oder verteuert.[766] Gerade mit Blick auf

---

Zielvorgaben zu begnügen. In allen diesen Fällen ist das Gesetz nicht mehr das abgeschlossene und mechanisch umzusetzende Produkt politischer Willensbildung, sondern im Grunde nur die erste Phase eines arbeitsteiligen Vorganges sozialgestaltender Rechtsverwirklichung."

762 *Kloepfer*, in: König/Dose, Instrumente und Formen staatlichen Handelns, S. 329 (330). Aufgrund ihrer freiheitsschonenderen Tendenz werden Instrumente indirekter Steuerung in aller Regel auch politisch leichter durchzusetzen sein, vgl. *Kloepfer*, Umweltrecht, S. 282.

763 *Hoppe* et al., Umweltrecht, S. 203; *Kloepfer*, Umweltrecht, S. 282.

764 *Kloepfer*, Umweltrecht, S. 280; *Erbguth/Schlacke*, § 5, Rn. 82; *Hoppe* et al., Umweltrecht, S. 203.

765 *Lübbe-Wolff*, NVwZ 2001, S. 481 (483).

766 Das Verhalten wird entsprechend monetarisiert und wird so zum unmittelbaren Kostenfaktor, *Volkmann*, JuS 2001, S. 521 (524).

die CSR scheint dieses Steuerungsvorgehen besonders naheliegend, denn die Steuerungsobjekte (Unternehmen) sind von ihrer rechtlichen und betriebswirtschaftlichen Konstitution her jedenfalls auf die Erzielung von Einnahmen angewiesen und werden in aller Regel auch eine Gewinnerzielungsabsicht verfolgen. Die Vermeidung von Kosten bzw. die Erzielung eines wirtschaftlichen Vorteils nimmt damit für Unternehmen eine hohe Priorität ein, weshalb eine indirekte Steuerung durch ökonomische Instrumente eine „Hebelwirkung" entfalten kann. Im Übrigen entspricht eine derartige Steuerungsform, die sich die wirtschaftlichen Gegebenheiten zu eigen macht, am ehesten den Forderungen, die aus Sicht der Wirtschaftswissenschaften an ein effektives hoheitliches Steuerungshandeln zu stellen sind. So werden etwa von Seiten der Umweltökonomie Grundbedingungen dergestalt formuliert, dass dem Verursacher entstandene Externe Kosten angelastet („internalisiert") werden, individuelle Kosten von Umweltnutzungen hinreichend Berücksichtigung finden und darüber hinaus genügend Anreize dazu bestehen, Umweltnutzungen zu minimieren.[767]

Als Instrumente einer hoheitlichen Steuerung durch das Setzen ökonomischer Anreize kommen im Rahmen der CSR vor allem Abgaben, Subventionen, die Vergabe öffentlicher Aufträge, Zertifikats- und Kompensationslösungen sowie Maßnahmen im Bereich der Unternehmenshaftung in Betracht.

(1) Abgaben

Hoheitlich festgesetzte Abgaben sind in all ihren rechtstechnischen Ausprägungen (Steuern, Gebühren, Beiträge, Sonderabgaben) dazu geeignet, indirekt auf das Verhalten von Unternehmen Einfluss zu gewinnen, insbesondere indem sie unerwünschtes Verhalten „verteuern" und damit „am Preis" ansetzen.[768] Mit den verschiedenen Abgabemodellen soll vor allem eine Kompensation erfolgen, also eine Internalisierung der externen Kosten, die die Unternehmen durch ihre Geschäftsaktivitäten auslösen und die sie sonst nicht selbst (sondern die Allgemeinheit) tragen würden.[769] Insoweit geht es primär um die hoheitliche Auferlegung besonderer Kosten zum Ausgleich eines gezogenen Vorteils.[770] Von besonderer Relevanz ist das Steuerungsinstrument der Abgabe für Unternehmen im Rahmen der ökologischen Dimension der CSR. Hier haben sich zahlreiche Abgabeformen etabliert, die jeweils eine unterschiedliche Zielrichtung verfolgen. Unterscheiden lassen sich insofern Umweltfinanzierungs-, Umweltnutzungs-, Umweltlenkungs- und Umweltausgleichsabgaben.[771] Der Aspekt der hoheitlichen Steuerung tritt dabei am

767 Vgl. zur Umweltökonomie und deren Kritik am geltenden Ordnungsrecht *Sparwasser* et al., Umweltrecht, S. 101 f.

768 *Lübbe-Wolff*, NVwZ 2001, S. 481 (486); *Volkmann*, JuS 2001, S. 521 (524); *Schwartmann*, S. 24 f.

769 *Ramsauer*, in: Koch, Umweltrecht, S. 114 (166).

770 *Hoffmann-Riem*, WiVerw. 1983, S. 120 (131).

771 *Erbguth/Schlacke*, § 5, Rn. 95 ff.

deutlichsten bei den „Umweltlenkungsabgaben“ zum Vorschein, die gleichzeitig auf eine Verminderung von Belastungen und auf eine Etablierung alternativer Verhaltensweisen zielen und zumeist so gestaltet sind, dass bei entsprechend verträglichen Handlungsformen die Zahlung der Abgabe vermieden werden kann.

Bedeutung im Rahmen der CSR können Abgaberegelungen Bedeutung auch im Hinblick auf einen verantwortungsvollen Umgang der Unternehmen mit natürlichen Ressourcen gewinnen. Illustrieren lässt sich dies etwa am Beispiel des Wasserrechts, das in Deutschland entsprechend den Vorgaben der jeweiligen Landeswassergesetze die Behörden dazu ermächtigt, ein Wasserentnahmeentgelt („Wasserpfennig“) für die Entnahme und Ableitung von Grundwasser und Oberflächenwasser zu erheben. Entsprechend dem Ziel[772] der Entgelterhebung, einen Anreiz für einen ressourcenschonenden Umgang mit dem Allgemeingut Wasser zu setzen, handelt es sich bei der Abgabe um eine Lenkungsabgabe. Dabei enthalten die Landeswassergesetze zum Teil Ermäßigungstatbestände für Unternehmen, die Grundsätze der Unternehmensverantwortung in ihre Betriebsabläufe integriert haben. So sieht etwa die Bestimmung des § 106 Wassergesetz Baden-Württemberg[773] eine Ermäßigung von 25 Prozent des geschuldeten Entgelts für die Verwendung von Grundwasser zugunsten solcher Unternehmen vor, die im Rahmen ihrer Betriebsführung auf ein Umweltmanagementsystem (EMAS oder ISO-14001) zurückgreifen und „[...] einen haushälterischen, sparsamen sowie rationellen Einsatz des verwendeten Grundwassers gewährleisten.“ Dabei behält jedoch der Hoheitsträger insoweit die Kontrolle über das Verfahren, als dass eine Ermäßigung nur auf Antrag erfolgt und die Entscheidung über Gewährung der Ermäßigung im Rahmen des Festsetzungsverfahrens erfolgt. Vergleichbare Bestimmungen finden sich auch in anderen Bereichen des (Umwelt-)Rechts. Vor allem im Immissionsschutzrecht wird Unternehmen und Anlagenbetreibern ein überobligatorisches Verhalten dadurch nähergebracht, dass entsprechende Vergünstigungen und Ausnahmetatbestände in Aussicht gestellt werden.

Dabei sehen sich Abgabeninstrumente im Rahmen der CSR ebenso wie allgemein im Recht zum Teil nicht unerheblichen Bedenken ausgesetzt. Neben der Kritik der Wirkungsunschärfe (bzw. der fehlenden Steuerungsgenauigkeit) und der Problematik der Bestimmung der richtigen Abgabenhöhe gehören dazu vor allem Befürchtungen, der Staat könne Abgaben unter dem Vorwand der Verhaltenssteuerung schlicht zur Einnahmeerzielung nutzen.[774] Für die CSR besonders relevant ist zudem

772 Siehe dazu auch Art. 9 Abs. 1 Richtline des Europäischen Parlaments und des Rates v. 23.10.2000 zur Schaffung eines Ordnungsrahmens für Maßnahmen der Gemeinschaft im Bereich der Wasserpolitik, Nr. 2000/60/EG, ABlEG, 20.12.2000, Nr. L 327, S. 1, wo es heißt: „Die Mitgliedstaaten sorgen [...] dafür, dass die Wassergebührenpolitik angemessene Anreize für die Benutzung darstellt, Wasserressourcen effizient zu nutzen, und somit zu den Umweltzielen dieser Richtlinie beiträgt [...].“

773 Artikel 1 des Gesetzes vom 03.12.2013 (GBl. S. 389), in Kraft getreten am 22.12.2013 bzw. 01.01.2014.

774 Siehe ausführlicher zu diesen Punkten *Sparwasser* et al., Umweltrecht, S. 111 f.

die Gefahr von schädlichen Substitutionsmöglichkeiten, zu denen insbesondere die Produktionsverlagerung ins Ausland zählt.[775] So kann es passieren, dass einzelne Unternehmen – ganz im Gegensatz zu den durch die Abgaberegelung anvisierten überobligatorischen Anstrengungen – die ihnen drohenden finanziellen Mehrkosten durch das „Outsourcing“ einzelner oder ganzer Produktionsschritte zu umgehen versuchen. Darüber hinaus besteht das Risiko, dass die von den Unternehmen zu leistenden Abgaben in Form von Preiserhöhungen an die Endverbraucher „weitergegeben“ werden, was ebenfalls zu Belastungsungleichheiten führen kann.[776] Auch dies ist für die CSR insofern ein besonders sensibler Punkt, als dass den Stakeholdern der Unternehmen (und damit auch deren Kunden) im Rahmen des Konzepts der Unternehmensverantwortung eine große Bedeutung für die Durchsetzung und Kontrolle der einzelnen Maßnahmen zukommt. Preiserhöhungen – zumal wenn sie von den Unternehmen mit Verweis auf Abgaberegelungen gerechtfertigt werden – drohen dann die dem Konzept der CSR seitens der Kunden entgegengebrachte Unterstützung zu unterminieren.

International zeichnet sich im Bereich der hoheitlichen CSR-Steuerung durch Abgabenregelungen zudem eine neue Entwicklung ab. So wurde in einer Novelle des indischen Aktiengesetzes aus dem Jahr 2013 erstmals eine Bestimmung aufgenommen, die Unternehmen ab einer bestimmten Größenordnung dazu verpflichtet, einen Betrag, der mindestens 2 Prozent der durchschnittlichen Nettojahresgewinne der vorangegangenen drei Geschäftsjahre entspricht, für die unternehmenseigene CSR-Politik aufzuwenden.[777] Vorgesehen ist dabei, dass die Unternehmen die CSR-Ausgaben auf die lokalen Gemeinden bzw. Regionen konzentrieren, in denen sie produzieren. Die Umsetzung der Vorschrift wird durch eine „*comply-or-explain*“-Regelung gesichert.[778] Obwohl es sich bei einer derartigen Statuierung einer obligatorischen CSR-Abgabe aufgrund des potentiell in Frage kommenden weiten Adressatenkreises nicht um eine öffentlich-rechtliche Abgabe im Sinne des diesem

---

775 *Kloepfer*, Umweltrecht, S. 304.

776 *Sparwasser* et al., Umweltrecht, S. 123.

777 Vgl. Art. 135 Companies Act, 2013 abgedruckt in: The Gazette of India, Extraordinary, Part II – Section 1, New Delhi, Friday, August 30, 2013/BHADRAPADA 8, 1935 (SAKA).

778 Art. 135 Abs. 5 Companies Act, 2013 lautet:
„The Board of every company referred to in sub-section (1), shall ensure that the company spends, in every financial year, at least two per cent. of the average net profits of the company made during the three immediately preceding financial years, in pursuance of its Corporate Social Responsibility Policy:
Provided that the company shall give preference to the local area and areas around it where it operates, for spending the amount earmarked for Corporate Social Responsibility activities:
Provided further that if the company fails to spend such amount, the Board shall, in its report made under clause (o) of sub-section (3) of section 134, specify the reasons for not spending the amount."

Abschnitt zugrundeliegenden hoheitlichen Handlungsinstrumentariums handelt und obwohl sich ein derartiges Instrument durch seinen hohen Verbindlichkeitsgrad und seine ausdrückliche Zweckbindung auch dem Bereich der direkten Verhaltenssteuerung zurechnen ließe, lässt sich die Regulierungstechnik gerade für das Feld der CSR als progressiv bewerten. Dies gilt insbesondere für die von der Abgabenregelung umfasste Verbindung von freiwilligen und verpflichtenden Elementen. So wird dem Unternehmen trotz des hoheitlich festgesetzten Satzes von 2 Prozent des durchschnittlichen Nettojahresgewinns ein großer Spielraum hinsichtlich der konkret zu tätigen Ausgaben zugestanden. Dabei könnte sich wiederum die begriffliche Weite des Terminus „*Corporate Social Responsibility Policy*" als nachteilig erweisen. Auch bleibt abzuwarten, ob sich dieses Instrument der hoheitlich festgesetzten, verbindlichen CSR-Abgabe aufgrund des damit verbundenen Eingriffs in die Eigentumsrechte der Unternehmen und deren unternehmerische Freiheit auf andere Rechtsordnungen übertragen lässt.

(2) Direkte und indirekte Subventionen

Aus Sicht der Unternehmen bilden „positiv" wirkende Subventionen das Gegenstück zu den „negativ" wirkenden Abgaben im Spektrum der hoheitlichen, ökonomisch-wirkenden Steuerungsinstrumente. Bei Subventionen handelt es sich um Zuwendungen aus öffentlichen Mitteln in Form von vermögenswerten Leistungen an (natürliche oder juristische) Privatpersonen, die zumindest in Teilen ohne marktmäßige Gegenleistung gewährt werden und dazu beitragen sollen, Ziele im öffentlichen Interesse zu verwirklichen.[779] Zu den von den Subventionsempfängern zu verwirklichenden „Zielen im öffentlichen Interesse" können auch eine Reihe von Intentionen mit hoher CSR-Affinität gezählt werden, wie etwa die Förderung des Umweltschutzes oder die (globale) Realisierung der Menschenrechte. Allgemein unterscheiden lässt sich zwischen direkten Subventionen (Leistungssubventionen) und indirekten Subventionen (Verschonungssubventionen). Während erstere direkte finanzielle Leistungen in Form von Zuschüssen, Zuwendungen, Darlehen oder auch Bürgschaften umfassen, geht es bei indirekten Subventionen um einen Verzicht auf eine öffentlich-rechtliche Geldforderung, vor allem um eine Steuervergünstigung.[780]

Die möglichen im Rahmen der CSR in Betracht kommenden Anknüpfungspunkte für eine hoheitliche Förderung sind breit gestreut. Mit Blick auf die ökologische Dimension der Unternehmensverantwortung werden vor allem Subventionen im Gegenzug zum Verzicht auf Umweltbelastungen und zur Unterstützung der Einführung umweltfreundlicher Produktionsverfahren genannt.[781] Unter praktischen Gesichtspunkten stehen dabei sowohl „Förderungs-" als auch „Anpassungssubventionen" im Vordergrund, mit denen es den Unternehmen ermöglicht werden soll, sich Zukunftstechnologien zu erschließen und sich an neue Wirtschafts- und

779 *Schwartmann*, S. 25; *Ramsauer*, in: Koch, Umweltrecht, S. 114 (165).
780 *Sparwasser* et al., Umweltrecht, S. 119.
781 *Kloepfer*, Umweltrecht, S. 291.

Technologieformen anzupassen.[782] Neuerdings werden jedoch auch Formen der direkten Subvention diskutiert, die stärker die soziale Dimension der CSR in den Fokus rücken. Dies gilt in besonderem Maße für die Überlegung, im Rahmen der Vergabe von staatlichen Ausfuhrkrediten und Exportkreditgarantien menschenrechtliche Aspekte stärker in Betracht zu ziehen und die Umwelt- und Sozialauswirkungen der beantragten Projekte zum bindenden Bestandteil der Prüfung der Förderungswürdigkeit zu machen.[783] Damit soll einerseits sichergestellt werden, dass unverantwortliches unternehmerisches Handeln, das negative soziale oder ökologische Konsequenzen nach sich zieht, keine finanzielle Unterstützung erfährt und dass andererseits verantwortungsbewusste Unternehmen neben einer wirtschaftlichen Absicherung ihrer Transaktionen auch eine politische Unterstützung erhalten können. Dies gilt in ähnlichem Umfang auch für Verträge über Finanzierungen von Handel und Entwicklung, die privaten Akteuren durch EU-Investitionsfaszilitäten der Europäischen Investitionsbank oder der Europäischen Bank für Wiederaufbau und Entwicklung gewährt werden und die jeweils sog. „Menschenrechtsklauseln" enthalten, mit denen unter Verweis auf internationale Standards (insbesondere solche der OECD und der VN) die Einhaltung entsprechender Standards und zumeist auch Rechenschaftspflichten kodifiziert werden.[784] Auch Steuervergünstigungen für an den Maßstäben der CSR orientierte Unternehmen kommen als indirekte Subventionen in Betracht. Gerade ökologische Steueranreize spielen dabei (nach wie vor) eine große Rolle.[785]

Ähnlich wie Abgaberegelungen sehen sich jedoch auch Subventionen als Instrumente der indirekten Verhaltenssteuerung – zum Teil scharfer – Kritik ausgesetzt. Dabei tritt vor allem die mit staatlichen Subventionen zwangsläufig verbundene Intervention in das Marktgeschehen hervor, die nicht selten zu Wettbewerbsverzerrungen und damit verbundenen Effizienzproblemen führt.[786] Beinahe folgerichtig werden Subventionen in all ihren Ausformungen daher als „unwirtschaftliche Instrumente" gekennzeichnet, die – obwohl sie Lenkung anstreben – vielfach lediglich „Mitnahmeeffekte" bewirkten.[787] Bei allen Bedenken gilt es jedoch für eine hoheitliche CSR-Förderung durch Subventionen insbesondere auch die Grenzen des Beihilfeverbots des Art. 107 AEUV zu beachten, zumal eine umfassende Staatssubventionierung vor dem Hintergrund zunehmend beschränkter öffentlicher Ausgabemöglichkeiten weder realistisch noch erstrebenswert erscheint.

---

782 Dies kann etwa auch in der Um- oder Nachrüstung von Altanlagen bestehen, siehe *Ramsauer*, in: Koch, Umweltrecht, S. 114 (166).
783 Bericht *Howitt*, A7-0023/2013, 29.01.2013, S. 14 f.
784 Bericht *Howitt*, A7-0023/2013, 29.01.2013, S. 16.
785 Etwa *Albareda* et al., Journal of Business Ethics 2007, S. 391 (398).
786 *Sparwasser* et al., Umweltrecht, S. 123.
787 *Meßerschmidt*, S. 384.

(3) Vergabe öffentlicher Aufträge

Immer bedeutender werdende ökonomische Instrumente der indirekten Verhaltenssteuerung von Unternehmen stellen das öffentliche Beschaffungswesen und die damit einhergehende Vergabe öffentlicher Aufträge dar. In Anbetracht der Weite der Thematik und den sich daraus ergebenden rechtlichen und politischen Fragestellungen soll an dieser Stelle nur ein grundlegender Überblick über das Feld der „ethischen Beschaffung“ gegeben werden.[788]

Dabei suggerieren schon der tatsächliche Umfang des öffentlichen Beschaffungswesens und die in einzelnen Bereichen faktisch bestehende Marktmacht der öffentlichen Hand, dass hoheitliche Stellen durch ihre Kaufentscheidungen prinzipiell dazu in der Lage sind, auf die sich an den Ausschreibungen beteiligenden Unternehmen massiv steuernd Einfluss zu nehmen. So beträgt allein in der EU der Anteil öffentlicher Beschaffungen am Bruttoinlandsprodukt rund 16 Prozent.[789] In Anbetracht dieser volkswirtschaftlichen Relevanz wird vom Staat gefordert, dass dieser seinen Einfluss geltend macht, mit gutem Beispiel vorangeht und als „steuernder Nachfrager von gemeinwohlorientierten Dienstleistungen“ auftritt, der „knappe Ressourcen in Form von Marktchancen verteilt.“[790] Neben der Stimulanz von Formen der ökologischen Unternehmensführung soll der öffentliche Auftraggeber zunehmend auch Anreize für die Fortentwicklung des sozialverantwortlichen Managements am Markt geben.[791] Dabei ist das hoheitliche Beschaffungswesen jedoch zugleich an die zum Teil engen Vorgaben des (europäischen) Vergaberechts gebunden. Dieses zielt einerseits auf die Ermöglichung einer sparsamen Haushaltsführung und die Erhöhung der wirtschaftlichen Effizienz des Staatshandelns ab und soll andererseits durch das Kriterium der Transparenz Korruption bekämpfen und einen freien Wettbewerb sichern.[792]

In aller Regel stellt demzufolge das wichtigste im Rahmen des Vergaberechts zu beachtende Zuschlagskriterium die Wirtschaftlichkeit des Angebots dar. Aufbauend auf den gesamtgesellschaftlichen Diskussionen zum Thema Nachhaltigkeit, die vor allem auch im Feld der CSR geführt werden, haben sich jedoch vermehrt

---

788 Unter ethischer Beschaffung wird eine Beschaffungspolitik verstanden, bei der öffentliche Auftraggeber die weltweiten Arbeitsbedingungen bei der Herstellung von Waren oder der Erbringung von Dienstleistungen berücksichtigen. Terminologisch unterscheiden lässt sich dies von anderen Beschaffungsformen wie der ökologischen oder sozialen Beschaffung. Auch diese Formen kommen als Steuerungsinstrument im Rahmen der hier zu untersuchenden hoheitlichen CSR-Politik in Betracht. Vgl. grundlegend zu der Thematik *Mosters,* S. 69 ff.

789 *Meßerschmidt,* S. 424.

790 *Sparwasser* et al., Umweltrecht, S. 138 f.

791 *Europäische Kommission,* Sozialorientierte Beschaffung. Ein Leitfaden für die Berücksichtigung sozialer Belange im öffentlichen Beschaffungswesen, S. 5, abrufbar im Internet unter: http://www.ec.europa.eu/social/BlobServlet?docId=6457&langId=de (Stand: 21.01.2016).

792 *Meßerschmidt,* S. 426.

Bestrebungen herausgebildet, das Kriterium der Wirtschaftlichkeit um weitere sozial-, gesellschafts- und umweltpolitische Zielvorstellungen zu ergänzen, die lange Zeit als „vergabefremde Kriterien" gegolten hatten und deren Einbeziehung in die Vergabeentscheidung rechtswidrig gewesen war.[793] Dass eine solche Erweiterung des bei der Vergabeentscheidung zu beachtenden Zielkatalogs unter vergaberechtlichen Gesichtspunkten jedenfalls nicht unproblematisch ist, legt schon die Überlegung nahe, dass zusätzliche Anforderungen im Regelfall den Bieterkreis derjenigen Unternehmen, die die weitergehenden Kriterien erfüllen können, einengen und folgerichtig zu einer Erhöhung des Angebotspreises führen werden.[794] Hinzukommt, dass es insbesondere bei sozialen Aspekten, die sich auf die Produktionsbedingungen und weniger auf das eigentliche „Endprodukt" beziehen, häufig an einem produktspezifischen Zusammenhang fehlt, der für die Vergabeentscheidung eigentlich im Fokus steht.

Trotz dieser grundsätzlichen Bedenken, hat sich das Vergaberecht in den vergangenen Jahren immer weiter für vormals „vergabefremde Kriterien" geöffnet und sich damit verstärkt zu einem Instrument der Wirtschafts- und Unternehmenslenkung entwickelt. Zum Ausdruck kommt dies insbesondere auch in den drei europäischen Richtlinien zur Modernisierung des EU-Vergaberechts[795], die im April 2014 in Kraft getreten sind und von den nationalen Gesetzgebern innerhalb von zwei Jahren umzusetzen sind. Dort sind nunmehr zahlreiche Möglichkeiten vorgesehen, die es der öffentlichen Hand ausdrücklich ermöglichen, soziale und auch ökologische Kriterien bei der Auftragsvergabe hinreichend zu berücksichtigen. So legt etwa Art. 67 Abs. 2 der Richtlinie über die Vergabe öffentlicher Aufträge fest, dass die Bestimmung des wirtschaftlich günstigsten Angebots anhand einer Bewertung auf der Grundlage des Preises oder der Kosten erfolgt, und „[...] das beste Preis-Leistungs-Verhältnis

793 Siehe etwa explizit die Forderung bei Europäisches Parlament *Baldassarre*, Bericht zur sozialen Verantwortung der Unternehmen: Rechenschaftspflichtiges, transparentes und verantwortungsvolles Geschäftsgebaren und nachhaltiges Wachstum, A7-0017/2013, 28.01.2013, S. 6: „[Das Europäische Parlament] unterstütz das Ziel, soziale und ökologische Erwägungen besser in das öffentliche Auftragswesen zu integrieren; plädiert in diesem Zusammenhang für die Beseitigung des Zuschlagskriteriums nach dem niedrigsten Preis und für die Übertragung von mehr Verantwortung an die Beteiligten einer Unterauftragsvergabe [...]."

794 *Ziekow*, S. 10.

795 Dazu zählen die Richtlinie des Europäischen Parlaments und des Rates vom 26.02.2014 über die öffentliche Auftragsvergabe und zur Aufhebung der Richtlinie 2004/18/EG, Nr. 2014/24/EU, ABlEU, 2014, Nr. L 94, S. 65 („Richtlinie über die Vergabe öffentlicher Aufträge"); die Richtlinie des Europäischen Parlaments und des Rates vom 26.02.2014 über die Vergabe von Aufträgen durch Auftraggeber im Bereich der Wasser-, Energie- und Verkehrsversorgung sowie der Postdienste und zur Aufhebung der Richtlinie 2004/17/EG, Nr. 2014/25/EU, ABlEU, 2014, Nr. L 94, S. 243 („Sektorenrichtlinie"); sowie die Richtline des Europäischen Parlaments und des Rates vom 26.02.2014 über die Konzessionsvergabe, Nr. 2014/23/EU, ABlEU, 2014, Nr. L 94, S. 1 („Konzessionsrichtlinie").

beinhalten [kann], das auf der Grundlage von Kriterien – unter Einbeziehung qualitativer, umweltbezogener und/oder sozialer Aspekte – bewertet wird, die mit dem Auftragsgegenstand des betreffenden öffentlichen Auftrags in Verbindung stehen."[796] Vorgesehen ist darüber hinaus die Möglichkeit, dass öffentliche Auftraggeber spezifische Bedingungen für die Auftragsausführung bestimmen, die u.a. umweltbezogene und soziale Belange umfassen können (Art. 70 Richtlinie über die Vergabe öffentlicher Aufträge). Voraussetzung ist dafür jedoch, dass ein sachlicher Zusammenhang zwischen der gesetzten Bedingung und dem Auftragsgegenstand besteht und dass auf die Bedingung in den Auftragsunterlagen eindeutig hingewiesen wird. Schließlich werden die Mitgliedstaaten über die Bestimmung des Art. 18 Abs. 2 der Richtlinie über die Vergabe öffentlicher Aufträge dazu verpflichtet, Sorge zu tragen, dass die Auftragnehmer bei Ausführung der Aufträge nicht nur die geltenden umwelt-, sozial- und arbeitsrechtlichen Vorschriften einhalten, sondern darüber hinaus auch eine Reihe internationaler Übereinkommen, zu denen insbesondere die Kernarbeitsnormen der ILO zählen.[797]

All diese Bestimmungen, die insgesamt zu einer Aufwertung der sozialen und umweltbezogenen Belange im Rahmen der Vergabeentscheidung führen, tragen dazu bei, dass die Bedeutung des Vergaberechts als Instrument der indirekten Verhaltenssteuerung (auch) der CSR weiter zunehmen wird. Bereits heute sind eine ganze Reihe von Kriterien mit starkem CSR-Bezug anerkannt, die sich unter den Oberbegriff des „sozialen Belangs" subsumieren lassen und damit potentiell zum Gegenstand der Auswahlentscheidung gemacht werden können. Die EU-Kommission zählt dazu unter anderem die Förderung von Beschäftigungschancen, die Förderung von „menschenwürdiger Arbeit" (insbesondere die Einhaltung der Kernarbeitsnormen), die Förderung der Einhaltung von arbeitsrechtlichen und sozialen Bestimmungen, die Unterstützung der sozialen Eingliederung und die Förderung von Organisationen der Sozialwirtschaft, die Berücksichtigung von Aspekten des „fairen Handels", die Förderung freiwilliger Selbstverpflichtungen der Unternehmen zu CSR sowie den Schutz vor Menschenrechtsverletzungen und die Förderung der weltweiten Achtung der Menschenrechte.[798] Inwieweit eine Aufnahme derartiger Kriterien in den Ausschreibungstext sinnvoll und rechtlich zulässig ist, entzieht sich dabei freilich einer generellen Beurteilung und ist im jeweiligen Einzelfall, insbesondere mit Blick auf den jeweiligen Auftragsgegenstand, zu bestimmen. Allein die Möglichkeit der Berücksichtigung entsprechender Kriterien kann jedoch schon die Steuerungsleistung des Vergaberechts im Hinblick auf die unternehmerische Verantwortung erhöhen. Dies gilt gerade auch vor dem Hintergrund, dass

---

796 Vgl. Art. 67 Abs. 2 Richtlinie über die Vergabe öffentlicher Aufträge, ABlEU, 2014, Nr. L 94, S. 134.

797 Vgl. Anhang X der Richtlinie über die Vergabe öffentlicher Aufträge, ABlEU, 2014, Nr. L 94, S. 223.

798 *Europäische Kommission*, Sozialorientierte Beschaffung. Ein Leitfaden für die Berücksichtigung sozialer Belange im öffentlichen Beschaffungswesen, S. 7 ff.

unverhältnismäßig (preis-)günstige Angebote zunehmend hinterfragt und sogar obligatorisch abgelehnt werden, wenn der Verdacht nahe liegt, dass der niedrige Preis nur durch einen Verstoß gegen nationale und internationale sozial-, arbeits- oder umweltrechtliche Vorschriften erzielt werden kann.[799]

Einen Bedeutungszuwachs hat das Steuerungsinstrument der Vergabe aus Sicht der CSR schließlich auch durch die zunehmende Bezugnahme öffentlicher Ausschreibungen auf unterschiedlichste Gütesiegel, insbesondere solche aus den Bereichen Umwelt und „fairer Handel", erhalten. Diese Entwicklung hat der europäische Gesetzgeber nunmehr zum Anlass genommen, um aufbauend auf der Rechtsprechung des EuGH[800] im Rahmen der Novellierung des europäischen Vergaberechts die Anforderungen zu präzisieren, unter denen eine entsprechende Bezugnahme erfolgen kann. Demnach können hoheitliche Stellen nunmehr grundsätzlich den Nachweis entsprechender Gütezeichen verlangen, soweit die darin vorgegebenen Anforderungen auf nachprüfbaren und nicht-diskriminierenden Kriterien beruhen und mit dem Auftragsgegenstand in Verbindung stehen, die Einführung im Rahmen eines transparenten Verfahrens erfolgt und die Gütezeichen unabhängig und für alle Betroffenen zugänglich sind.[801] Für das Konzept der Unternehmensverantwortung ist diese Nachweismöglichkeit insofern relevant, als Gütesiegel (wie noch zu zeigen sein wird) ebenfalls ein wichtiges CSR-Instrument darstellen. Insofern ist es dem Hoheitsträger nunmehr möglich, über das Instrument des Vergaberechts auf eine stärkere Verbreitung entsprechender Siegel hinzuwirken und damit indirekt auf die unternehmerische Verantwortungspolitik Einfluss zu nehmen.

(4) Zertifikats- und Kompensationslösungen

Speziell für die ökologische Dimension der CSR sind Umweltzertifikate und Kompensationsmodelle als Formen der indirekten Verhaltenssteuerung von Relevanz.

---

799 Vgl. Beweggrund 103 der Richtlinie über die Vergabe öffentlicher Aufträge, ABlEU, 2014, Nr. L 94, S. 85: „Eine Ablehnung sollte obligatorisch sein in Fällen, in denen der öffentliche Auftraggeber festgestellt hat, dass die vorgeschlagenen ungewöhnlich niedrigen Preise oder Kosten daraus resultieren, dass verbindliche sozial-, arbeits- oder umweltrechtliche Unionsvorschriften oder mit dem Unionsrecht in Einklang stehende nationale Rechtsvorschriften oder internationale arbeitsrechtliche Vorschriften nicht eingehalten werden."

800 Siehe dazu insbesondere EuGH, Urteil v. 10.05.2012 – Rs. C-368/10 –, VergabeR 2012, S. 569 ff. In dem diesem Verfahren zugrundliegenden Sachverhalt hatte der Auftraggeber (die Provinz Nordholland) den Nachweis eines EKO-Siegels für ökologische Produktion und eines Gütezeichens der Gesellschaft MAX HAVELAAR zur Sicherstellung des fairen Handels zum obligatorischen Zuschlagskriterium erklärt. Dabei handelt es sich jeweils um privatrechtliche Gütezeichen niederländischen Ursprungs.

801 Siehe Art. 43 der Richtlinie über die Vergabe öffentlicher Aufträge, ABlEU, 2014, Nr. L 94, S. 122. Möglich ist es für die Wirtschaftsteilnehmer, vergleichbare Gütezeichen nachzuweisen, soweit diese gleichwertige Anforderungen statuieren.

Beide Lösungen beruhen auf einem „marktwirtschaftlichen Ansatz“ und werden daher aus Sicht der Ökonomie anderen Formen der indirekten Verhaltenssteuerung (insbesondere der Steuerung durch Abgaben) vorgezogen.[802] Konkret handelt es sich bei Zertifikatslösungen um eine Form der staatlichen Mengensteuerung, die bestimmte Umweltnutzungen mit staatlichen Nutzungsrechten versieht und diese zum Gegenstand des Wirtschaftsverkehrs macht.[803] Dafür werden etwa im Fall des Emissionshandels Höchstgrenzen für die Gesamtemission hoheitlich festgesetzt, Anteile gebildet und in Zertifikaten verbürgt, die dann am Markt frei gehandelt in der Erwartung gehandelt werden können, dass sich der Preis aus Angebot und Nachfrage ergibt.[804] Im Zuge einer periodischen Verknappung der handelbaren Zertifikate und einer daraus resultierenden Verteuerung der Preise soll den emittierenden Unternehmen so ein kontinuierlicher Anreiz zur Emissions- und Kostenvermeidung gegeben werden. Damit soll den Steuerungsobjekten insgesamt ein großes Maß an „Entscheidungsflexibilität“ verbleiben, dem Hoheitsträger gleichzeitig aber die Nichtüberschreitung fester Standards zugesichert werden.[805]

Gerade mit Blick auf das auf Ebene der EU durch die „Emissionshandels-Richtlinie“[806] begründete Emissionshandelssystem sind jedoch zunehmend Zweifel an dessen Funktionsfähigkeit entstanden. Diese sind vor allem darauf zurückzuführen, dass es den hoheitlichen Stellen nicht gelungen ist, die Zahl der am Markt gehandelten Zertifikate soweit zu verknappen, dass den Unternehmen ein Anreiz für eine entsprechende Emissionsvermeidung gegeben werden könnte.[807] Ablesen lässt sich dies anhand der Tatsache, dass sich der Preis für die Zertifikate seit Jahren auf einem extrem niedrigen Niveau bewegt. Die fehlende Steuerungswirkung, die vom europäischen Emissionshandelssystem ausgeht, hat auch grundlegende Kritik an derartigen Zertifikatslösungen hervorgerufen. Dabei geht es nicht nur um die hohen Transaktionskosten und den erheblichen Verwaltungsaufwand, der mit einem derartigen System verbunden ist, sondern auch um die praktische Erkenntnis, dass sich Zertifikatslösungen bislang nur dort als effizient erwiesen haben, wo „ein deutliches Innovationsgefälle im Bereich der Vermeidungstechnologie bestand“, was jedenfalls auf innereuropäischer Ebene kaum noch gegeben sein dürfte.[808] Übertragen lassen sich diese Gedanken auch auf sog. Kompensationsmodelle, bei denen es sich um eine Abwandlung des Zertifikatsmodells in dergestalt handelt, dass mehrere Unternehmen in einem „Verbund“ zusammengefasst werden, innerhalb dessen

---

802 *Lübbe-Wolff*, NVwZ 2001, S. 481 (486).

803 *Sparwasser* et al., Umweltrecht, S. 105; *Meßerschmidt*, S. 383.

804 *Erbguth/Schlacke*, § 5, Rn. 104; *Hoppe* et al., Umweltrecht, S. 211.

805 *Hoffmann-Riem*, WiVerw. 1983, S. 120 (133).

806 Richtlinie des Europäischen Parlaments und des Rates vom 13.10.2003 über ein System für den Handel mit Treibhausgasemissionszertifikaten in der Gemeinschaft und zur Änderung der Richtlinie 96/61/EG des Rates, Nr. 2003/87/EG, ABlEU, 2003, Nr. L 275, S. 32.

807 *Ramsauer*, in: Koch, Umweltrecht, S. 114 (169 f.).

808 *Sparwasser* et al., Umweltrecht, S. 108.

eine Überemission des einen Unternehmens nur dann zulässig ist, wenn sie durch eine Unteremission eines anderen Unternehmens im selben Verbund kompensiert wird.[809]

(5) Unternehmenshaftung

Ein weiteres Instrument der Steuerung durch ökonomische Anreize stellt schließlich der Bereich der Unternehmenshaftung dar. Obwohl das Haftungsrecht primär durch den Gedanken der Schadenskompensation geprägt ist, verfolgt es nach überwiegender Ansicht darüber hinaus auch einen Präventivzweck dergestalt, dass das Risiko künftiger Schadensersatzleistungen den Einzelnen zu einem schadensvermeidenden Verhalten veranlassen soll.[810] Damit stellt die Art und Weise der Ausgestaltung des Haftungsrechts – insbesondere die Frage nach dem Rückgriff auf unterschiedliche Formen der Handlungs- oder Gefährdungshaftung – letztlich eine Möglichkeit für den Gesetzgeber dar, indirekt steuernd auf das Verhalten der Steuerungsobjekte Einfluss zu nehmen. Im Rahmen der CSR spielt das Instrument jedoch eine eher untergeordnete Rolle. Dies hängt maßgeblich mit dem bereits dargestellten Steuerungsgedanken der Kooperation zusammen, der ganz im Gegensatz zu dem dem Haftungsrecht zugrundeliegenden Verursacherprinzip weniger auf eine Prävention durch Abschreckung setzt.

Gleichwohl sind Fragen der Unternehmenshaftung auch im Rahmen des Konzepts der Unternehmensverantwortung zuletzt verstärkt diskutiert worden. Dies hängt vor allem mit der Rechtsprechung US-amerikanischer Bundesgerichte zum *Alien Tort Claims Act* (ATCA)[811] (der auch als *Alien Tort Statute* – ATS bezeichnet wird) zusammen, der sich in den vergangenen 30 Jahren nicht nur zu einem „führenden Instrument zur Ahndung von Menschenrechtsverletzungen durch Unternehmen“[812] entwickelt hat, sondern auch eine weltweit geführte Diskussion über Unternehmensverantwortung angestoßen hat.[813] In seiner heutigen Form bestimmt der bereits aus dem Jahr 1789 stammende ATCA eine Zuständigkeitszuweisung zugunsten der US-Bundesgerichtsbarkeit, über von Ausländern geltend gemachte Schadensersatzansprüche für Delikte zu befinden, die in Verletzung des Völkerrechts begangen wurden, wobei letzeres neben dem Völkergewohnheitsrecht auch solche völkerrechtlichen Verträge umfasst, deren Vertragspartei die

809 *Erbguth/Schlacke*, § 5, Rn. 106; *Kloepfer*, Umweltrecht, S. 330.

810 Ein dritter Zweck („Effizienzförderungszweck“) besteht im Bereich des Umweltrechts darin, umweltgefährdende Produktionsprozesse mit einer strengen Umwelthaftung zu belasten und dadurch betroffene Produkte und Dienstleistungen tendenziell zu verteuern, siehe dazu insgesamt *Kloepfer*, Umweltrecht, S. 455.

811 28 U.S.C. § 1350.

812 *Schaub*, AVR 2011, S. 124 (124). Dazu auch *Seibert-Fohr*, ZaöRV 2003, S. 195 (196 f.).

813 Siehe etwa *Chomsky*, Suffolk Transnat'l L. Rev. 2010, S. 461 (470) („global movement“).

USA sind.[814] Nachdem dem ATCA über Jahrzehnte praktisch keinerlei Beachtung geschenkt worden war, wurde die Norm erst im Jahr 1980 in der Rechtssache *Filártiga v. Peña-Irala* wieder aufgegriffen, bei dem nach einem mehrjährigen Verfahren vor einem New Yorker Bundesgericht ein paraguayischer Polizeioffizier wegen einer schweren Folterung mit Todesfolge in Paraguay zu einer hohen Geldstrafe verurteilt wurde.[815] Aufbauend auf diesem Verfahren wurden in der Folgezeit auch Ansprüche gegen Unternehmen geltend gemacht, wobei zu den ersten und bekanntesten anhängig gemachten Klagen diejenigen gegen *Texaco* wegen Umweltverschmutzungen in Ecuador (1993), gegen *Unocal* wegen Menschenrechtsverletzungen in Myanmar (1996) und gegen *Royal Dutch Shell* wegen Menschenrechtsverletzungen in Nigeria (1996) zählten.[816] Allein die Tatsache, dass die eingereichten Klagen von den Gerichten zur Prüfung angenommen wurden und zum Teil im Abschluss von Vergleichen zwischen den Parteien endeten, führte zu einer „unüberschaubaren Anzahl“[817] von ATCA-Verfahren, in denen neben schwerwiegenden Menschenrechtsverstößen auch Verletzungen von arbeits- und umweltrechtlichen Standards von multinationalen Unternehmen in Entwicklungsländern gerügt wurden.[818] Trotz der hohen Anzahl der eingereichten Klagen kam es jedoch in keinem der Fälle zu einer Verurteilung eines Unternehmens.

Nach einem Urteil des Obersten Gerichtshofs der Vereinigten Staaten aus dem Jahr 2013 in der Rechtssache *Kiobel v. Royal Dutch Petroleum Co.*[819] scheint die Zukunft derartiger Verfahren jedoch ungewisser denn je zu sein. Grundlage des Falles bildete eine auf den ATCA gestützte Schadensersatzklage einer nigerianischen Witwe gegen den niederländischen Shell-Konzern, dem eine Verstrickung in die Umstände des Todes des Mannes der Klägerin und allgemein in Menschenrechtsverletzungen in Nigeria vorgeworfen wurde. Dabei hatte das Gericht insbesondere die Frage zu beantworten, ob der ATCA auch für eine rein extraterritoriale Anwendung offen steht. In seinem Urteil sprach sich das Gericht eindeutig gegen eine extraterritoriale Anwendung der Vorschrift in einer Fallkonstellation aus, in der weder die schädigende Handlung noch die Kläger oder Beklagten einen faktischen Bezug zu den Vereinigten Staaten darlegen können, auch wenn die beteiligten Richter im Hinblick auf die Begründung ihrer Ablehnung zum Teil unterschiedliche Ansichten vertreten.[820] Welche Auswirkungen diese deutliche Einschränkung des Anwendungsbereichs des ATCA für zivilrechtliche Schadensersatzklagen in

---

814 Der englische Originaltext des ATCA lautet: „*The district courts shall have original jurisdiction of any civil action by an alien for a tort only, committed in violation of the law of nations or a treaty of the United States.*“

815 *Filártiga v. Peña-Irala*, 577 F.Supp. 860, 867 (D.C.N.Y 1984).

816 *Schaub*, AVR 2011, S. 124 (127 f.).

817 *Köster*, S. 50.

818 *Seibert-Fohr/Wolfrum*, AVR 2005, S. 153 (153).

819 *Kiobel v. Royal Dutch Petroleum Co.*, 133 S.Ct. 1659 (2013).

820 Siehe ausführlich zur Begründung des Urteils und den „concurring opinions“ *Stewart*, Am. J. Int'l L. 2013, S. 601 (606 ff.).

Bezug auf Menschenrechtsverletzungen von Unternehmen haben werden, bleibt abzuwarten. Bereits jetzt steht jedoch fest, dass zukünftige, auf den ATCA gestützte Klagen vor US-Bundesgerichten ohne einen entsprechenden territorialen oder personalen Bezug zu den Vereinigten Staaten keine Aussicht auf Erfolg haben werden.

Bereits vor dem Urteil des Obersten Gerichtshofs hatte die durch den ATCA begründete globale Deliktshaftung Kritik hervorgerufen. Im Raum standen dabei unter anderem der Vorwurf des „Justizimperialismus“ und die damit verbundene Anschuldigung eines Eingriffs in nationale Souveränitätsrechte.[821] Derartige Kritik scheint jedoch trotz einzelner Auswüchse überzogen. Insbesondere übersieht sie, dass es sich bei dem durch den ATCA ermöglichten Zugang zu amerikanischen Zivilgerichten um das bislang einzige Forum handelt(e), mit dem Opfer von zum Teil gravierenden Menschenrechtsverletzungen weltweit eine Kompensation erstreiten können (konnten).[822] Vergleichbare Rechtsschutzmöglichkeiten in anderen Staaten sind bislang nicht erkennbar. Dies hängt nicht nur mit der Tatsache zusammen, dass US-amerikanische Gerichte den Verfahren in der Regel überdurchschnittliche Streitwerte zugrunde legen, sondern vor allem auch damit, dass das Haftungsrisiko nicht (wie etwa in Deutschland) durch die klägerische Partei getragen wird, was gerade die Klageerhebungsmöglichkeiten von NGOs, deren Mitwirkung in Konstellationen mit Bezug zu Entwicklungsländern in aller Regel essentiell ist, deutlich erleichtert.[823]

Insgesamt haben die Entwicklungen rund um die ATCA/ATS-Rechtsprechung in den Vereinigten Staaten illustriert, dass das Haftungsrecht eine sinnvolle Ergänzung anderer CSR-Instrumente darstellen kann und sich insbesondere dazu eignet, mögliches unternehmerisches Fehlverhalten offenzulegen und dadurch den Druck auf multinationale Unternehmen im Hinblick auf ein verantwortliches Verhalten in Drittstaaten zu erhöhen.[824] Eine der zentralen Herausforderungen, die sich dem Gesetzgeber in diesem Zusammenhang stellt, ist dabei die Frage, ob und wie sich die unternehmerische Verantwortung für die Wertschöpfungskette als spezifische Aufsichts- bzw. Sorgfaltspflicht im Haftungsrecht abbilden lässt. Zu denken wäre hier etwa nicht nur an Formen der Haftung aufgrund eigener Pflichtverletzung, sondern auch an solche der Durchgriffs- oder Konzernhaftung. Folgerichtig wird auch im Rahmen der europäischen CSR-Diskussion immer wieder die Forderung erhoben, durch eine Änderung der Bestimmungen des internationalen Privatrechts, insbesondere derjenigen der Verordnungen

821 Siehe die Darstellung weiterer Bedenken und Kritik bei *Geldermann,* S. 57.
822 *Schaub*, AVR 2011, S. 124 (170).
823 *Seibert-Fohr/Wolfrum*, AVR 2005, S. 153 (184).
824 *Chomsky*, Suffolk Transnat'l L. Rev. 2010, S. 461 (474); *Garcia*, Sw. J. Int'l L. 2011, S. 285 (305).

„Brüssel-I"[825] und „Rom-II"[826], den Zugang zu Rechtsbehelfen für Opfer von Menschenrechtsverletzungen durch Aktivitäten europäischer Unternehmen außerhalb der EU zu verbessern, etwa durch Einführung eines Prinzips der Notzuständigkeit („*forum necessitatis*").[827] Dies könnte trotz – oder gerade wegen – der sich wandelnden Rechtsprechungspraxis in den Vereinigten Staaten ein wichtiger Beitrag im Hinblick auf die Vereinbarung von Mindeststandards sein, welcher die auf internationaler Ebene entstanden Rechtsschutzlücken schlie*ßen* und dadurch die Steuerungsfähigkeit des Staates vergrößern könnte.[828] Dabei gilt es freilich jedoch auch, die „[...] (funktionale) Leistungsfähigkeit von haftungs- und versicherungsrechtlichen Lösungen"[829] nicht zu überschätzen und diese durch andere Instrumente der CSR zu ergänzen.

bb. Steuerung durch Information

Eine enorme Bedeutung kommt dem Steuerungsinstrument der Information im Rahmen der hoheitlichen CSR-Politik zu. Informationen – gleich welcher Art – sind für sich genommen zunächst neutral. Ihren konkreten Gehalt erhalten sie zumeist erst durch die Intention desjenigen, der auf die Information zurückgreift und diese verwendet. Im Falle hoheitlicher Informationen sind diese daher im Hinblick auf die durch sie im jeweiligen Einzelfall staatlicherseits angestrebte Verhaltenssteuerung zu bewerten.[830] Eine hoheitliche Steuerung durch Information ist stark subjektiv geprägt: Angesetzt wird zumeist am Wissen und an den Wertvorstellungen der Bürger, die entsprechend beeinflusst und dadurch in eine bestimmte Richtung gelenkt werden sollen.[831] Dabei können Informationen sowohl staats- als auch bürgerbezogen wirken. So ist es einerseits etwa notwendig, dass der Staat selbst über die notwendigen Informationen verfügt, um seinen komplexen Steuerungs- und Gestaltungsaufgaben nachkommen zu können. Andererseits können Informationen gezielt an Bürger weitergegeben werden, um so verhaltenssteuernde Folgewirkungen beim Steuerungsobjekt auszulösen.[832]

---

825 Verordnung des Rates vom 22.12.2000 über die gerichtliche Zuständigkeit und die Anerkennung und Vollstreckung von Entscheidungen in Zivil- und Handelssachen, Nr. 44/2001, ABlEG, 2001, Nr. L 12, S. 1.

826 Verordnung des Europäischen Parlaments und des Rates vom 11.07.2000 über das auf außervertragliche Schuldverhältnisse anzuwendende Recht („Rom II"), Nr. 864/2007, ABlEU, 2007, Nr. L 199, S. 40.

827 Bericht *Howitt*, A7-0023/2013, 29.01.2013, S. 20.

828 *Seibert-Fohr/Wolfrum*, AVR 2005, S. 153 (185).

829 *Kloepfer*, Umweltrecht, S. 453.

830 *Eifert*, DÖV 1994, S. 544 (546). Dort auch die Ergänzung: „Über eine solche Präzisierung läßt sich Information als Regelungsinstrument begreifen und gestalten und die aufzubauende ‚öffentliche Informationsordnung' kann auch auf die Institute sonstiger Verwaltungsrechtsbereiche zurückgreifen."

831 *Kloepfer*, Staatliche Information als Lenkungsmittel, S. 8.

832 *Kloepfer*, Staatliche Information als Lenkungsmittel, S. 7 f.

Gerade die zweite Dimension, in der Informationen gezielt als staatliches Lenkungsmittel eingesetzt werden, ist für die CSR, die auf die Aktivierung der Stakeholder als Bestandteil einer „informierten Öffentlichkeit" angewiesen ist, von besonderer Relevanz. Hinzukommt, dass auch die Unternehmen selbst von einem hohen Informationsgrad abhängen, um der ihnen von der CSR zugeschriebenen gesellschaftlichen Rolle entsprechen zu können. Demnach ist – wie *Kloepfer* zurecht betont – eine „solide Informationsbasis" gerade zur Stärkung der Eigenverantwortlichkeit der Unternehmen in zweierlei Hinsicht „unabdingbar": Erstens um die teilweise Aufgabenverlagerung vom Staat auf die Wirtschaft überhaupt verantworten zu können, zweitens um der Bedeutung der Information als „Grundvoraussetzung des ökonomisch-rationalen unternehmerischen Handelns" gerecht werden zu können.[833] Aber auch außerhalb der CSR entspricht der Gedanke einer Steuerung durch Information, in dessen Rahmen der Staat seinen Bürgern „[n]icht als Gebietender, sondern als Informierender"[834] gegenübertritt, dem modernen Governance-Gedanken *„regulation by publication"*, der unter anderem im Europarecht Niederschlag in der allgemeinen Transparenzvorschrift des Art. 11 EUV gefunden hat.[835] Grob unterscheiden lässt sich im Folgenden zwischen zwei Formen der hoheitlichen Steuerung durch Information: Einer „aktiven" Steuerung durch hoheitliche Informationspolitik und einer „passiv" ausgerichteten Steuerung durch Ermöglichung des Zugangs zu hoheitlichen Informationen.

(1) Aktiv: Hoheitliche Informationspolitik

Hoheitsträger sind immer stärker in den gesellschaftlichen Diskurs eingebunden und nehmen aktiv daran teil. Dies umfasst insbesondere auch das Mitwirken staatlicher Stellen an öffentlichen Meinungs- und Bewusstseinsbildungsprozessen, sowohl mit dem Ziel der Akzeptanzförderung für eigenes Verhalten als auch zur Beeinflussung gesellschaftlicher Verhaltensweisen.[836] Insofern verfolgen alle von hoheitlichen Stellen aktiv beigesteuerten Informationsbeiträge eine bestimmte Intention. Diese Intention, die gleichzeitig eine bestimmte Wertung enthält, führt dazu, dass es sich auch bei rein informatorischem Handeln des Staates in aller Regel um eine Form der geistigen Einflussnahme und damit um „Herrschaftsausübung" im eigentlichen Sinn handelt.[837] Dies gilt vor allem auch deshalb, da gerade hoheitliche Informationen aus gesellschaftlicher Perspektive über ein hohes Maß an Glaubwürdigkeit und Legitimität verfügen. Daher wäre es verfehlt, aus der Tatsache, dass der Hoheitsträger

833 *Kloepfer*, NuR 1993, S. 353 (354).

834 *Gramm*, Der Staat 1991, S. 51 (52).

835 *Meßerschmidt*, S. 404.

836 *Kloepfer*, Staatliche Information als Lenkungsmittel, S. 14. *Gramm*, Der Staat 1991, S. 51 (51) stellt aufgrund von Maß und Umfang der staatlichen Mitwirkung an derartigen Prozessen gar die These auf, „[...] dass es kaum einen Lebensbereich gibt, zu dem staatliche Stellen nicht etwas zu sagen hätten."

837 *Gramm*, Der Staat 1991, S. 51 (51).

bei einer aktiven Steuerung durch Information auf das Mittel des Zwangs verzichtet und stattdessen auf Formen des Appells und der Motivation zurückgreift, auf die (rechtliche) Unverbindlichkeit des Handelns als Ganzes zu schließen.[838]

Die Zielrichtungen und Maßnahmen einer aktiven hoheitlichen Informationspolitik können sich mit Blick auf die CSR unterscheiden. Ein zentrales Ziel ist jedoch vor allem die Erzeugung von „Markttransparenz". Dabei geht es darum, den Abnehmern von Waren und Dienstleistungen der Unternehmen eine informierte Kaufentscheidung zu ermöglichen und es ihnen zu erlauben, von ihren Präferenzen (etwa in Bezug auf nachhaltige Produktionsformen) tatsächlich Gebrauch zu machen.[839] Ein wichtiges Instrument der Steuerung durch Information bilden dabei Produktkennzeichnungen und -siegel, die zum Teil unter hoheitlicher Mitwirkung die Aufmerksamkeit auf bestimmte Produkte, Produktgruppen oder Produktionsverfahren lenken und dabei helfen, durch Transparenz den „Marktmechanismus" in Gang zu setzen.[840] Über die Schaffung von Markttransparenz hinaus geht es der Steuerung durch aktive hoheitliche Informationspolitik aber auch um Aufklärung und Beratung. Obwohl dies zumeist weniger „direkt" erfolgt, ist jedoch auch diese Form des hoheitlichen Informierens für ein verantwortliches unternehmerisches Handeln unerlässlich. Insofern gilt, dass oftmals erst eine entsprechende Informationspolitik, die die jeweiligen Erwartungen kommuniziert, es den Unternehmen ermöglicht, sich ein Urteil über ihre Verantwortungsbereiche zu bilden und mögliche eigenverantwortete Verhaltensweisen in der Unternehmenspraxis umzusetzen.[841] Zur Erreichung dieser Informationsgrundlage stehen zahlreiche Maßnahmen zur Verfügung. Zu denken ist etwa an Hinweise, Aufrufe, Berichte oder Mitteilungen. Gemein ist all diesen Formen, dass es sich dabei eher um eine „allgemeine Beratung" handelt, die auf eine generelle Bewusstseinsbildung abzielt und damit primär auf die Einhaltung von sozial-moralischen Verhaltensstandards.[842] Oftmals steht jedoch auch die gezielte Einflussnahme auf die Meinungsbildung in der Bevölkerung im Vordergrund, vor allem dann, wenn es bei den gewählten Maßnahmen um behördliche Warnungen (die auf ein Unterlassen zielen) oder Empfehlungen (die auf ein aktives Handeln zielen) geht. Dabei legt der Hoheitsträger ein bestimmtes Verhalten

---

838 Oftmals wird es sogar so sein, dass es aus Sicht der Steuerungsobjekte schwieriger ist, sich der indirekten hoheitlichen Steuerung zu entziehen, vor allem dann, wenn das auch der Verhaltenssteuerung durch aktive Informationspolitik „[...] immanente Element der Freiwilligkeit durch Markt, Politik und öffentliche Meinung zum ‚freiwilligen Zwang' denaturiert.", vgl. *Kloepfer*, Staatliche Information als Lenkungsmittel, S. 20.

839 *Lübbe-Wolff*, NVwZ 2001, S. 481 (488); *Meßerschmidt*, S. 408.

840 Dazu *Hoppe* et al., Umweltrecht, S. 219 f.; *Lübbe-Wolff*, NVwZ 2001, S. 481 (488 f.).

841 So in Bezug auf das „verantwortungsbewusste" Handeln der Bürger im Allgemeinen *Kloepfer*, Staatliche Information als Lenkungsmittel, S. 10.

842 *Hoppe* et al., Umweltrecht, S. 219 f.. Nicht ausgeschlossen ist, dass diese Bewusstseinsbildung zu einem späteren Zeitpunkt zu Rechtsnormen erstarkt, siehe *Kloepfer*, Staatliche Information als Lenkungsmittel, S. 15.

nahe, ohne dies anzuordnen.[843] Aus rechtlicher Sicht ist diese Form der Einflussnahme schon daher nicht unproblematisch, da von staatlicher Seite eingefordert wird, etwas zu tun, das nicht geboten ist bzw. etwas zu unterlassen, das nicht verboten ist.

Aus praktischer CSR-Sicht werden zahlreiche Maßnahmen diskutiert, die dem Bereich der aktiven Hoheitspolitik zuzurechnen sind. Dazu zählen die bereits erwähnten Produktkennzeichnungen, die den Konsumenten eine Orientierung für ihre Produktwahl geben sollen. Neben zahlreichen Kennzeichnungen auf nationaler Ebene (wie etwa dem „Blauen Engel"[844] in Deutschland, an dessen Vergabe das Bundesministerium für Umwelt, Naturschutz, Bau und Reaktorsicherheit sowie das Umweltbundesamt beteiligt sind) existiert auch ein europäisches Umweltzeichen, das auf einem gemeinschaftlichen Vergabesystem beruht und nicht nur auf die Förderung der Verwendung von Produkten mit beschränkten Umweltauswirkungen abzielt, sondern auch auf die Weitergabe von Informationen und Ratschlägen an die Verbraucher.[845] Dabei erfolgt die Begutachtung der jeweiligen Produkte unter Zugrundelegung des gesamten Lebenszyklus. Die Kriterien der (zeitlich befristeten) Vergabe des europäischen Umweltzeichens werden in Vereinbarungen für bestimmte Produktgruppen und durch Entscheidungen der EU-Kommission bestimmt.[846]

Um neben der ökologischen auch die soziale Dimension der CSR ins Blickfeld zu rücken und Verbrauchern und Investoren damit ein umfassenderes Bild über das jeweilige unternehmerische Engagement zu geben, wird zunehmend auch die Einführung eines europäischen Sozialgütesiegels gefordert.[847] Dabei stellt sich jedoch die Schwierigkeit, aussagekräftige Kriterien zu identifizieren, die geeignet sind, verlässlich Auskunft über die CSR-Aktivitäten der Unternehmen zu geben. Zur Sicherstellung der Funktionsfähigkeit der Kennzeichnungen sind zudem regelmäßig stattfindende Prüfungen und Auditierungen unumgänglich. Ähnlich wie Produktkennzeichnungen zielen auch hoheitliche Auszeichnungssysteme auf die Sichtbarmachung unternehmerischen Engagements. So prämiert etwa der jährlich unter der Schirmherrschaft des Bundesarbeitsministeriums vergebene „CSR-Preis der Bundesregierung" vorbildliche und innovative Unternehmen in vier Unternehmensgrößenklassen, die sich darum bem*ü*hen, ihre gesamte Geschäftstätigkeit sozial, ökologisch und ökonomisch verträglich zu gestalten.[848] Die Einführung einer

843 *Kloepfer*, in: König/Dose, Instrumente und Formen staatlichen Handelns, S. 329 (332).

844 Siehe http://www.blauer-engel.de/ (Stand: 21.01.2016).

845 Siehe Verordnung des Europäischen Parlaments und des Rates vom 17.07.2000 zur Revision des gemeinschaftlichen Systems zur Vergabe des Umweltzeichens, Nr. 1980/2000, ABlEU, 2007, Nr. L 237, S. 1.

846 *Meßerschmidt,* S. 410.

847 Bericht *Howitt*, A7-0023/2013, 29.01.2013, S. 23 sowie Bericht *Baldassarre*, A7-0017/2013, 28.01.2013, S. 5.

848 Vgl. http://www.csr-preis-bund.de/csr-preis.html (Stand: 21.01.2016).

vergleichbaren Prämierung ist auch auf europäischer Ebene geplant.[849] Entsprechend dem Sinn und Zweck als Steuerungsinstrument sollte im Zentrum dieser Auszeichnungen jedoch weniger die individuelle Würdigung einzelner Unternehmen stehen, als vielmehr das Aufzeigen möglicher von den Unternehmen zu folgenden Implementierungswege.

Zu weiteren Formen einer aktiven hoheitlichen Informationspolitik auf dem Gebiet der CSR zählen auch die zahlreichen CSR-Informationspublikationen, die sich neben die Unternehmen selbst an alle relevanten Stakeholder-Gruppen richten. Ein sinnvolles Instrument aus hoheitlicher Sicht kann zudem die regelmäßige Erhebung von Daten darstellen, die sich etwa mit der Sicht der Bevölkerung auf die Thematik der CSR und der Glaubwürdigkeit damit verbundener Unternehmensstrategien befassen. Insbesondere könnten derartige Umfragen Schwachstellen aufzeigen und zu einer Anpassung der hoheitlichen CSR-Politik beitragen. Auch die Initiierung, Einrichtung und (institutionelle und finanzielle) Unterstützung von sog. „Multistakeholder-Foren" bildet einen Bestandteil der CSR-Steuerung durch Information. Insbesondere dienen diese Foren dem Austausch von Strategien und Informationen und sollen ein gegenseitiges Lernen ermöglichen.[850]

Schließlich umfasst eine Steuerung durch Information auch die hoheitliche Verantwortung, Maßnahmen gegen irreführende und falsche Informationen über die Wahrnehmung von CSR durch die Unternehmen und über die ökologischen und sozialen Auswirkungen ihrer Erzeugnisse und Dienstleistungen zu ergreifen.[851] Derartige Maßnahmen sind vor allem deshalb von Bedeutung, da die Gefahr des *„Greenwashing"* durch die hohe Zahl unternehmerischer Selbstverpflichtungen im Bereich der CSR besonders hoch ist und die Verhinderung unlauterer Darstellungen sowohl für den Schutz des Wettbewerbs aber auch der Verbraucher essentiell ist.[852] Auch hoheitliche Maßnahmen gegen irreführende Informationen dienen damit letztlich dem Schutz und der Aufrechterhaltung der Markttransparenz.

(2) Passiv: Zugang zu hoheitlichen Informationen

Neben einer eigenen aktiven Informationspolitik können sich hoheitliche Stellen auch darauf beschränken, Zugang zu den von ihnen gewonnenen und verarbeiteten Informationen zu gewähren. Die Bereitstellung von transparenten, vor allem aber unabhängigen Informationen an eine interessierte Öffentlichkeit (zu der insbesondere auch eine kritische Medienlandschaft zählt) ist grundsätzlich

849 Dazu auch die Forderungen des Europäischen Parlaments im Bericht *Howitt*, A7-0023/2013, 29.01.2013, S. 22 sowie im Bericht *Baldassarre*, A7-0017/2013, 28.01.2013, S. 5.

850 Siehe eine Übersicht zu diesen und anderen hoheitlichen CSR-Handlungsoptionen im Feld *„raising awareness"* bei *Albareda* et al., Journal of Business Ethics 2007, S. 391 (398).

851 Bericht *Baldassarre*, A7-0017/2013, 28.01.2013, S. 6.

852 Grundlegend *Kocher*, GRUR 2005, S. 647 (647 ff.); *Ernst*, WRP 2010, S. 1304 (1304 ff.).

dazu geeignet, auf das Verhalten der Unternehmen Einfluss zu nehmen, weshalb dem Informationszugangsrecht eine mittelbar verhaltenssteuernde Wirkung zukommt.[853] Europaweit einheitlich ist ein derartiges Recht vor allem im Hinblick auf den Zugang zu Umweltinformationen durch die Umweltinformationsrichtlinie 2003/4/EG[854] vorgesehen. Bereits das im Jahr 1998 unterzeichnete und 2001 in Kraft getretene „Übereinkommen über den Zugang zu Informationen, die Öffentlichkeitsbeteiligung an Entscheidungsverfahren und den Zugang zu Gerichten in Umweltangelegenheiten", die sog. „Aarhus-Konvention", bestimmt in ihrem Art. 4 einen umfassenden Anspruch auf Zugang zu hoheitlichen Umweltinformationen.[855] Vorgesehen ist dabei jeweils ein „Jedermann-Recht" auf freien Zugang zu Informationen über die Umwelt, die bei einer Behörde oder bei einem unter staatlicher Aufsicht stehenden Dritten vorhanden sind, sowie ein damit korrespondierender einklagbarer Anspruch. Vom Zugangsanspruch umfasst sind nicht nur Informationen über die Umwelt als solche (etwa der Zustand von Gewässern, Luft, Böden, Tier- und Pflanzenschutz oder der natürlichen Lebensräume), sondern auch Angaben über menschliche (und unternehmerische) Tätigkeiten und Maßnahmen, die sich positiv auf den Zustand der Umwelt auswirken oder diesen negativ beeinträchtigen (können).[856]

Das Ziel der Schaffung von informatorischen Zugangsrechten besteht vor allem in der Mobilisierung einer Öffentlichkeit als „Gegenmacht"[857] zu einem missbräuchlichen unternehmerischen Handeln und damit gleichzeitig in der Entlastung hoheitlicher Kontroll- und Vollzugstätigkeit. Insofern ist die Information lediglich das „Mittel zum Zweck". Den Stakeholdern ebenso wie der Allgemeinheit wird es ermöglicht, die Bedeutung unternehmerischer Vorhaben besser einschätzen und daraus Konsequenzen für das eigene Verhalten ziehen zu können.[858] Darüber hinaus sollen umfassende Zugangsrechte gerade auf dem Gebiet der Umwelt allerdings auch der gesamten staatlichen Umweltpolitik einen „Schub" geben, weshalb sie eine „instrumentelle Querschnittsfunktion" erfüllen: So sollen etwa auch die Entscheidungen der Umweltverwaltung transparenter gemacht, die Akzeptanz von Umweltmaßnahmen gestärkt und die Umwelterziehung (sowohl auf Seiten der Unternehmen als auch der Bevölkerung) unterstützt werden.[859]

---

853 *Hoppe* et al., Umweltrecht, S. 218.

854 Richtlinie des Europäischen Parlaments und des Rates vom 28.01.2003 über den Zugang der Öffentlichkeit zu Umweltinformationen und zur Aufhebung der Richtlinie 90/313/EWG des Rates, Nr. 2003/4/EG, ABlEU, 2003, Nr. L 41, S. 26. In Deutschland wurden die Bestimmungen der Richtlinie durch das Umweltinformationsgesetz (UIG) vom 22.12.2004 (BGBl. I S. 3704) umgesetzt.

855 Ausführlich dazu *Schwerdtfeger*, S. 27 ff.

856 *Frenz*, S. 164 f.; *Hoppe* et al., Umweltrecht, S. 222.

857 *Volkmann*, JuS 2001, S. 521 (523).

858 *Ramsauer*, in: Koch, Umweltrecht, S. 114 (160).

859 *Frenz*, S. 164 f.; *Eifert*, DÖV 1994, S. 544 (546).

Dabei muss jedoch aus der gerade auch bei der CSR zu berücksichtigenden Perspektive der Unternehmen beachtet werden, dass das mit informatorischen Zugangsrechten zwangsläufig verbundene Prinzip der Verwaltungsöffentlichkeit nicht zu einer Aushöhlung der unternehmerischen Interessen führt. Dies gilt insbesondere für das Betriebs- und Geschäftsgeheimnis, an dessen Geheimhaltung das Unternehmen ein berechtigtes wirtschaftliches Interesse geltend machen kann. Davon umfasst sind alle Tatsachen, die im Zusammenhang mit einem wirtschaftlichen Geschäftsbetrieb stehen, nur einem begrenzten Personenkreis bekannt sind und nach dem Willen des Geschäftsinhabers geheim gehalten werden sollen.[860] Folgerichtig gilt es, im Rahmen einer Güterabwägung einen angemessenen Ausgleich zwischen dem Informationsinteresse der Öffentlichkeit und dem Interesse der Unternehmen am Schutz ihrer Geschäftsgeheimnisse und persönlichen Daten zu finden. Gerade verhindert werden sollte dabei ein „gläsernes Unternehmen"[861], das sich Nachteilen in Bezug auf seine Wettbewerbs- und Innovationsfähigkeit ausgesetzt sieht. Gleichwohl ist der Ausnahmetatbestand des Betriebs- und Geschäftsgeheimnisses eng auszulegen und jedenfalls dann nicht anzuwenden, wenn Anhaltspunkte für ein unternehmerisches Fehlverhalten gegeben sind.[862]

Damit stellen Zugangsrechte zu hoheitlichen Informationen auch für die CSR ein von staatlicher Seite in Betracht zu ziehendes effektives Instrument der indirekten Verhaltenssteuerung dar. Unter rechtspolitischen Gesichtspunkten wäre dabei zu überlegen, das bislang auf ökologische Informationen beschränkte Zugangsrecht auf andere, insbesondere von den Behörden erhobene soziale Unternehmensdaten zu erweitern. Dies würde vor allem auch einer Stärkung der betriebsorganisatorischen Instrumente (insbesondere demjenigen der unternehmerischen Offenlegungspflichten) dienen, auf die im Folgenden Abschnitt einzugehen ist.

cc. Steuerung durch Betriebsorganisation

Weitere indirekt wirkende Instrumente der hoheitlichen CSR-Politik lassen sich dem Bereich der „Steuerung durch Betriebsorganisation" zuordnen. Dazu zählen neben den von staatlicher Seite den Unternehmen aufgegebenen Offenlegungspflichten auch die Pflicht zur Einsetzung von Unternehmensbeauftragten und die hoheitliche Mitwirkung an unternehmensbezogenen Audit-Verfahren. Gemein ist all diesen Instrumenten, dass der Hoheitsträger zwar selbst Einfluss auf die unternehmensinternen Strukturen nimmt und diese in seinem Sinne zu gestalten versucht, er jedoch gleichzeitig auf eine Mitwirkung der betroffenen Unternehmen

860 *Meßerschmidt*, S. 405 unter Verweis auf die Begriffsbestimmung in Art. 39 Abs. 2 des „Übereinkommens über handelsbezogene Aspekte der Rechte des geistigen Eigentums" (TRIPS). Auch § 9 Abs. 1 Nr. 3 UIG bestimmt eine Ausnahme vom Anspruch auf Zugang zu Umweltinformationen, falls durch das Bekanntgeben der Information Betriebs- oder Geschäftsgeheimnisse zugänglich gemacht würden.

861 *Meßerschmidt*, S. 406 f.

862 *Hoppe* et al., Umweltrecht, S. 228.

angewiesen ist. Besonders essentiell ist die Mitwirkung der Unternehmen dann, wenn eine Verlagerung staatlicher Aufgaben stattfindet. Denn nur dort, wo adäquate Unternehmensstrukturen bestehen, die gewährleisten, dass der aus Sicht der Unternehmen bestehende größere Freiraum verantwortungsvoll genutzt wird, ist dem Hoheitsträger eine Aufgabenverlagerung und ein damit verbundener (Teil-) Rückzug überhaupt faktisch möglich.[863] Diese Strukturen auf Unternehmensebene zu schaffen, ist das Ziel der betriebsorganisatorischen Instrumente. Dafür setzen sie auf eine Steigerung der Eigenverantwortung der Unternehmen ebenso wie auf eine Erhöhung der Transparenz des Unternehmenshandelns. Aufgrund ihrer Struktur, die verpflichtende und freiwillige Elemente miteinander verbindet, überkommen sie nicht nur die Dichotomie zwischen direkter und indirekter Steuerung, sondern stehen als „eigentümliche Zwischenform“[864] gewissermaßen sinnbildlich für die CSR als Ganzes.

(1) Offenlegungspflichten

Durch hoheitliche Stellen determinierte betriebliche Offenlegungspflichten entwickeln sich immer mehr zu einem der wichtigsten indirekten Steuerungsinstrumente auf dem Gebiet der CSR.[865] Dabei wird von den Unternehmen in periodischen Abständen eine Information (zumeist in Form der Berichterstattung als Teil der Rechnungslegung) über bestimmte staatlicherseits festgelegte Kriterien eingefordert, die im Falle der CSR etwa Auskünfte zu Sozial-, Umwelt- und Arbeitnehmerbelangen, der Achtung der Menschenrechte oder der Bekämpfung von Korruption umfassen können. Aus Sicht des Hoheitsträgers geht es bei betrieblichen Offenlegungspflichten weniger um die Verbesserung der behördlichen Zugriffsmöglichkeiten als vielmehr um eine Stärkung der Eigenverantwortlichkeit der Untenrehmen durch Einführung einer Selbstkontrolle, die in aller Regel ein gewisses Maß an Transparenz voraussetzt.[866] Sichergestellt werden soll darüber hinaus eine möglichst effiziente Zusammenarbeit der Unternehmen mit staatlichen Stellen, die Kenntnisse über die jeweiligen betrieblichen Maßnahmen voraussetzt.[867]

---

863 Siehe in Bezug auf einen Rückzug des Staates aus „Teilaufgaben des Umweltschutzes“ *Kloepfer*, Umweltrecht, S. 374.

864 *Kloepfer*, Umweltrecht, S. 375.

865 Vgl. die ausführliche Darstellung des CSR-Instrumentes der betrieblichen Offenlegungspflichten, insbesondere im Hinblick auf nichtfinanzielle Informationen, im Abschnitt „F.“ dieser Arbeit.

866 *Kloepfer*, Umweltrecht, S. 381; *ders.*, NuR 1993, S. 353 (358). Dazu auch *Jasch*, in: Schneider/Schmidpeter, Corporate Social Responsibility, S. 501 (501): „Ebenso wichtig ist aber die durch eine kontinuierliche Berichterstattung angeregte innerbetriebliche Veränderung, die durch eine konsequente Unternehmensstrategie zur Umsetzung der gesellschaftlichen Verantwortung und den in der Folge etablierten Management- und Kennzahlensystemen etabliert wird.“

867 *Kloepfer*, DB 1993, S. 1125 (1127).

Eher indirekt sorgen Offenlegungspflichten zudem für eine größere Markttransparenz. Bereits erläutert wurde, dass auch nichtfinanzielle Informationen nach verbreiteter Ansicht einen den Unternehmenswert beeinflussenden Faktor der Unternehmenstätigkeit darstellen können, weshalb zahlreiche Unternehmen eine darauf bezogene Kommunikation verstärkt als „Werttreiber" betrachten.[868] Infolgedessen hat die Zahl der (meist großen) Unternehmen, die in regelmäßigen Abständen „freiwillig" entsprechende Nachhaltigkeits- oder CSR-Berichte veröffentlichen, in den vergangenen Jahren stark zugenommen. Eine derartige Berichterstattung, die etwa über Strategien, Erfolge und Rückschritte im Bereich der sozialen und ökologischen Unternehmensführung Auskunft geben soll, steht zum Teil gleichberechtigt neben Finanz-, Lage- und Governanceberichten, die in ihrer Gesamtheit Aufschluss über die Unternehmenssituation geben sollen.[869]

Als problematisch – vor allem weil die Wirksamkeit und Vergleichbarkeit der einzelnen Berichte erschwerend – hat sich dabei jedoch die Tatsache erwiesen, dass die Gestaltung der Nachhaltigkeits- bzw. CSR-Berichte hauptsächlich in das subjektive Ermessen der betroffenen Unternehmen gestellt ist, da es an einer entsprechenden Definition allgemeinverbindlicher Leistungsparameter mangelt.[870] Diese Definition vorzunehmen, dabei unabhängige Kontroll- und Durchsetzungsmöglichkeiten zu etablieren und dadurch die Effektivität der Berichterstattung insgesamt zu erhöhen sowie bestehende „Informationsdefizite" auszugleichen, ist eine Aufgabe des Hoheitsträgers, die er durch verbindliche Offenlegungspflichten erreichen kann.[871] Insbesondere soll es damit auch gelingen, die für das Konzept der CSR so bedeutsamen Marktmechanismen zu mobilisieren, indem durch die Benennung von festen Bezugswerten der CSR eine Transparenz und Vergleichbarkeit geschaffen wird, die es Verbrauchern (und Investoren) ermöglicht, sich leicht einen Überblick über die gesellschaftlichen Auswirkungen der Unternehmenstätigkeit zu verschaffen.[872]

Verstehen lassen sich betriebliche Offenlegungspflichten auch als Ausdruck der Sozialpflichtigkeit des Eigentums: Dort, wo Unternehmen aufgrund ihrer Größe und ihres wirtschaftlichen Potentials in der Lage sind, gesamtgesellschaftliche Interessen wie etwa die Menschenrechte massiv zu beeinflussen, liegt es im Allgemeininteresse zu erfahren, wie diese die Unternehmen ihrer Verantwortung gerecht werden.[873] Gleichzeitig verfolgen Publizitätspflichten jedoch auch eine unternehmensinterne Dimension, die in der Optimierung der innerbetrieblichen Management- und Kontrollprozesse besteht. Mehr als andere Instrumente der Verhaltenssteuerung auf dem Gebiet der CSR bieten Offenlegungspflichten damit dem Hoheitsträger die

---

868 *Beiersdorf*, S. 117.

869 *Berndt* et al., BB 2014, S. 363 (363).

870 So die zutreffende Kritik bei *Haller/Ernstberger*, BB 2006, S. 2516 (2517).

871 Vgl. in Bezug auf unternehmerische Selbstverpflichtungen *Kocher/Wenckebach*, KJ 2013, S. 18 (23 f.).

872 Bericht *Howitt*, A7-0023/2013, 29.01.2013, S. 23; Bericht *Baldassarre*, A7-0017/2013, 28.01.2013, S. 7.

873 *Kloepfer*, NuR 1993, S. 353 (357).

Möglichkeit, durch die Art und Weise der Ausgestaltung verschiedene rechtspolitische Anliegen flexibel zu berücksichtigen.

(2) Unternehmensbeauftragte

Ein weitergehendes – weil stärker in die unternehmerische Gestaltungs- und Organisationsfreiheit der Unternehmensleitung eingreifendes – Instrument der indirekten betriebsorganisatorischen Verhaltenssteuerung stellt die obligatorische Bestellung von Unternehmensbeauftragten dar. Dabei handelt es sich um Funktionsträger innerhalb des Unternehmens, die vom Gesetzgeber im Wege des Organisationszwanges institutionalisiert werden und zumeist direkt der Unternehmensleitung zugeordnet sind.[874] Die hoheitliche Verpflichtung zur Bestellung spezieller Beauftragter erfolgt bereichsspezifisch zumeist dort, wo besonders schutzwürdige Belange aus Sicht des Hoheitsträgers eine erhöhte Wachsamkeit erfordern. Im deutschen Unternehmensrecht reicht die Bandbreite der gesetzlich geregelten Formen von Unternehmensbeauftragten etwa vom Betriebsbeauftragten für Immissionsschutz (§§ 53–58 BImSchG) über den Gefahrgutbeauftragten (§§ 1 ff. GbV) bis hin zum Beauftragten für den Datenschutz (§ 4f BDSG). Hinzu kommen freiwillige Formen wie der Umweltschutzbeauftragte auf Grundlage der EMAS-Verordnung. Für alle Unternehmensbeauftragten gilt, dass sie jeweils Einfluss auf die Unternehmensleitung ausüben sollen. Dabei sind die jeweiligen Aufgaben der Beauftragten zumeist einer der vier „Hauptfunktionen" zuzuweisen, zu denen die Kontrollfunktion (Gefahrenabwehr), die Initiativfunktion (Gefahrenvorsorge), die Informationsfunktion (Gefahrenauflösung) und die Repräsentationsfunktion zählen.[875] Im Kern sollen die Unternehmensbeauftragten damit vor allem das Unternehmen betriebsintern beraten, weshalb ihnen teilweise sogar ein Vortragsrecht gegenüber der Geschäftsleitung gesetzlich zugesichert ist.[876]

Der tieferliegende (und für das Konzept der CSR bedeutungsvollere) Zweck der obligatorischen Bestellung von Unternehmensbeauftragten ist jedoch ähnlich wie im Bereich der Offenlegungspflichten in der Institutionalisierung eines Verfahrens der Eigenkontrolle auf Unternehmensebene zu sehen. Durch diese Form der organisierten Eigenverantwortung sollen nicht nur der Vollzug des Rechts auf Seiten des Unternehmens verstärkt und eine Kooperationsbeziehung zwischen Staat und Unternehmen geschaffen, sondern zugleich auch Anreize für eine unternehmerische Selbststeuerung gegeben werden.[877] Hinzu tritt das von hoheitlicher Stelle verfolgte „Kalkül", dass darin besteht, durch „Implantation" öffentlicher Interessen in das Unternehmen die Kommunikation innerhalb des Unternehmens zu verändern

874 *Kloepfer*, DB 1993, S. 1125 (1126).
875 Vgl. die Kategorisierung bei *Rittner/Dreher*, S. 316 f.; *Kloepfer*, DB 1993, S. 1125 (1126).
876 *Lübbe-Wolff*, NVwZ 2001, S. 481 (491); *Kloepfer*, Umweltrecht, S. 376.
877 *Meßerschmidt*, S. 369; *Ramsauer*, in: Koch, Umweltrecht, S. 114 (163).

und damit das Ziel des Schutzes dieser Interessen den Unternehmen als „originäre Unternehmensaufgabe" näherzubringen.[878]

Institutionell gesehen handelt es sich bei den Unternehmensbeauftragten ausschließlich um Angestellte der Unternehmen, die weder direkt noch indirekt an den Hoheitsträger gebunden sind, insbesondere nicht in Form eines Beleihungs- oder Auftragsverhältnisses, welches einer gewollten Integration in die Betriebsabläufe entgegenstehen würde.[879] Gleichwohl sind derartige Unternehmensbeauftragte aus rechtlicher Sicht von sogenannten „CSR-", „Nachhaltigkeits-" oder auch „Compliance-Beauftragten" der Unternehmen zu unterscheiden, die, ohne dass eine hoheitliche Organisationspflicht bestehen würde, immer häufiger durch autonome („freiwillige") Entscheidung der Unternehmen mit der Aufgabe eingesetzt werden, die unternehmensinterne Praxis in den ihnen zugewiesenen Organisationsbereichen zu überwachen, weitergehende Strategien zu entwickeln und bestimmte Dokumentations- und Berichterstattungsaufgaben (etwa für den Vorstand) wahrzunehmen. Schon die Rechtsprechung des BGH, der etwa für den unternehmensintern bestellten „Compliance Officer" in einem *obiter dictum* das Bestehen einer Garantenpflicht im Sinne des § 13 Abs. 1 StGB angenommen hat[880], belegt jedoch die Tatsache, dass sich auch derartige rein „freiwillig" vorgenommene Bestellungen nicht in einem rechtlichen Ausnahmebereich bewegen. Hier schließt sich gerade aus Sicht der CSR die rechtspolitische Frage an, ob es aus Sicht des Hoheitsträgers (nicht) sinnvoller ist, den rechtlichen Rahmen der – in der Unternehmenspraxis gerade großer, international agierender Konzerne bereits weit verbreiteten – „freiwilligen" CSR-Beauftragten durch einheitliche Vorgaben zu konkretisieren, wie dies bei anderen hoheitlich bestellten Unternehmensbeauftragten (etwa in den Bereichen Arbeits-, Daten- und Umweltschutz) bereits geschehen ist.

Nicht verkannt werden darf dabei jedoch, dass das Instrument des Unternehmensbeauftragten (insbesondere im Vergleich zu anderen indirekt wirkenden Instrumenten der CSR-Verhaltenssteuerung) einige Schwächen und Nachteile aufweist. Dabei geht es vor allem um die Tatsache, dass den Unternehmen durch die „bürokratische" Bestellung der Beauftragten oftmals Mehrkosten entstehen. Dies führt dazu, dass die Beauftragten oft als „Fremdkörper" im eigenen Unternehmen betrachtet werden.[881] Erschwerend kommt hinzu, dass es den obligatorischen Unternehmensbeauftragten unternehmensintern trotz ihrer hoheitlichen Bestellung oft an den „notwendigen Wahrnehmungsmöglichkeiten" mangelt, die es ihnen erlauben würden, effektiv auf das Unternehmensverhalten Einfluss nehmen zu können.[882] Schließlich ist *Rittner/Dreher* zuzustimmen, die in der „inflationäre[n] Tendenz",

---

878 *Köck*, DVBl. 1994, S. 27 (30).
879 *Kloepfer*, Umweltrecht, S. 377.
880 BGH-Urteil v. 17.7.2009 – 5 StR 394/08, Rn. 27.
881 Kritisch insbesondere *Rittner/Dreher*, S. 311 („[...] weder Staatskommissar, verlängerter Arm der Behörde, noch Repräsentant der Belegschaft oder Ombudsman").
882 *Kloepfer*, Umweltrecht, S. 379.

über das Institut des Unternehmensbeauftragten private Unternehmen zur Durchsetzung öffentlicher Interessen zu verpflichten, vor allem einen Beleg für die „[...] bedenkliche Erosion des staatlichen Vertrauens in die Unternehmensleitungen" erkennen.[883] Da die CSR gerade im Gegenteil dazu auf einem Vertrauensverhältnis zwischen Staat und Unternehmen aufbaut (Kooperationsprinzip), wird man dem Instrument des obligatorisch bestellten Unternehmensbeauftragten im Rahmen des Konzepts der unternehmerischen Verantwortung eher eine nachgeordnete Stellung zuzuweisen haben.

(3) Audit-Verfahren

Ein weiteres Instrument der indirekten Verhaltenssteuerung durch Betriebsorganisation stellt die hoheitliche Entwicklung von Rahmenbedingungen für Systeme der unternehmerischen Selbstkontrolle dar, die im Wege sog. Audit-Verfahren erfolgt. Das wichtigste (und für den Bereich der CSR gegenwärtig einzige) derartige Verfahren bildet das die ökologische Dimension betreffende und von der EU initiierte EMAS-Umweltauditsystem, bei dem es sich um ein freiwilliges, wenngleich öffentlich kontrolliertes System zur kontinuierlichen Verbesserung des betrieblichen Umweltschutzes handelt.[884] Ursprünglich beruhte das gemeinschaftsweite EMAS-Verfahren auf der Verordnung „EMAS I"[885], die jedoch mittlerweile durch zwei weitere Verordnungen (Verordnung „EMAS II"[886] und Verordnung „EMAS III"[887]) inhaltlich angepasst und erweitert wurde.

Insgesamt zielt das EMAS-Verfahren auf eine nachhaltigere Industriepolitik. Dies soll erreicht werden durch eine kontinuierliche Verbesserung der Umweltleistung der Unternehmen im Wege der Einrichtung und Anwendung von Umweltmanagementsystemen, der systematischen, objektiven und regelmäßigen Bewertung der Leistungsfähigkeit dieser Systeme, der Veröffentlichung von Informationen über die Umweltleistung, des Führens eines offenen Dialogs mit der Öffentlichkeit und anderen interessierten Stakeholdern sowie der aktiven Beteiligung und Schulung

---

883 *Rittner/Dreher*, S. 311.

884 *Erbguth/Schlacke*, § 5, Rn. 120.

885 Verordnung (EWG) des Rates vom 10.7.1993 über die freiwillige Beteiligung gewerblicher Unternehmen an einem Gemeinschaftssystem für das Umweltmanagement und die Umweltbetriebsprüfung, Nr. 1836/93, ABlEG, 1993, Nr. L 168, S. 1 („EMAS I").

886 Verordnung des Europäischen Parlaments und des Rates vom 19.3.2001 über die freiwillige Beteiligung von Organisationen an einem Gemeinschaftssystem für das Umweltmanagement und die Umweltbetriebsprüfung (EMAS), Nr. 761/2001/EG, ABlEG, 2001, Nr. L 114, S. 1 („EMAS II").

887 Verordnung des Europäischen Parlaments und des Rates vom 25.11.2009 über die freiwillige Teilnahme von Organisationen an einem Gemeinschaftssystem für Umweltmanagement und Umweltbetriebsprüfung und zur Aufhebung der Verordnung (EG) Nr. 761/2001 sowie der Beschlüsse der Kommission 2001/681/EG und 2006/193/EG, Nr. 1221/2009, ABlEU, 2009, Nr. L 342, S. 1 („EMAS III").

der Arbeitnehmer des Unternehmens.[888] Aus politischer Sicht geht es somit primär um eine Stärkung der Eigenverantwortlichkeit der Unternehmen im Hinblick auf die Bewältigung der durch ihre Tätigkeit entstandenen Umweltfolgen und eine damit einhergehende Zurückführung der hoheitlichen Kontrolltätigkeit.[889]

In technischer Hinsicht enthält das Umweltaudit weder materielle Verhaltensstandards noch umweltrelevante Grenzwerte, sondern beschränkt sich auf prozedurale Vorgaben, die in einem mehrstufigen Verfahren abgebildet werden und entsprechend einem „Soll-Ist-Abgleich" Verbesserungspotenziale aufzeigen sollen. Dabei stehen im Zentrum dieses Verfahrens neben der unternehmensspezifischen und –autonomen Festlegung einer Umweltpolitik, eines Umweltprogramms und eines Umweltmanagementsystems die periodisch durchzuführende Umweltbetriebsprüfung und die darauf beruhende (und durch einen unabhängigen Umweltgutachter zu bestätigende) Umwelterklärung.[890] Nur diejenigen Unternehmen, die sämtliche Verfahrensschritte erfolgreich durchlaufen und zur Stärkung der Transparenz die relevanten Informationen der Öffentlichkeit zur Verfügung gestellt haben, erhalten eine Standortregistrierung und sind dazu berechtigt, das EMAS-Logo im Geschäftsverkehr zu verwenden.

Hinsichtlich der Anreize für die Unternehmen, sich dem Umweltaudit zu unterziehen, ist zwischen marktrelevanten Vorteilen und ordnungsrechtlichen Privilegierungen zu unterscheiden. Demnach können am EMAS-Verfahren beteiligte Unternehmen in aller Regel mit umweltspezifischen Kostensenkungen, günstigeren Versicherungskonditionen und gesteigerten Absatzchancen für ihre Produkte rechnen.[891] Zu den ordnungsrechtlichen Privilegierungen zählen etwa Erleichterungen in Bezug auf Genehmigungsverfahren, Anzeige-, Mitteilungs- oder Berichtspflichten. Deutlicher noch als bei anderen Formen der indirekten Verhaltenssteuerung zeigt sich im Falle des EMAS-Systems, wie der Hoheitsträger durch die Gewährung von finanziellen und verfahrensrechtlichen Vorteilen lenkend Einfluss zu nehmen versucht. Trotz des Bestehens derartiger Privilegierungen ist die Zahl der in der Privatwirtschaft durchgeführten EMAS-Zertifizierungen nach einer anfänglich großen Nachfrage in den vergangenen Jahren deutlich zurückgegangen und stagniert mittlerweile auf einem eher niedrigen Niveau.[892]

Nichtsdestotrotz kann das EMAS-Verfahren als Modellfall einer Verzahnung und gegenseitigen Ergänzung öffentlicher und privater Steuerungsmethoden im Bereich der CSR angeführt werden. Dies gilt insbesondere für das zur Steigerung

888 Vgl. die Bestimmung der Zielsetzung in Art. 1 EMAS III.

889 *Hoppe* et al., Umweltrecht, S. 214; *Kloepfer*, Umweltrecht, S. 384; *Frenz,* S. 175.

890 Siehe ausführlich zu den prozeduralen Aspekten des EMAS-Verfahrens *Schmidt/Kahl,* S. 58 ff.; *Erbguth/Schlacke,* § 5, Rn. 121.

891 *Kloepfer*, Umweltrecht, S. 385 f.

892 So ist nach Angaben des Deutschen Industrie- und Handelskammertags die Zahl der am EMAS beteiligten Organisationen in Deutschland im Zeitraum der Jahre 2004 bis 2013 von 1564 auf 1228 gesunken, siehe die Zahlen auf dem offiziellen Informationsportal http://www.emas.de [Stand: 21.01.2016].

der ökologischen Unternehmensverantwortung installierte Kontrollverfahren des Umweltaudits, das die internen Betriebsprüfungen durch externe Validierungen ergänzt, für die wiederum der Hoheitsträger konkrete Rahmenbedingungen bestimmt hat.[893] Auch die den Parametern „Transparenz" und „Öffentlichkeit" im Rahmen des Umweltaudits beigemessene Bedeutung kann insoweit als beispielhaft angeführt werden. Über das durch EMAS geschaffene, europaweit einheitliche Umweltaudit hinaus wird zunehmend auch die Entwicklung vergleichbarer hoheitlich initiierter Audit-Verfahren gefordert, die stärker die soziale Dimension der CSR berücksichtigen („Sozialaudit").[894] Dabei würde der Mehrwert eines derartigen hoheitlich entwickelten Sozialaudits ähnlich wie bei den anderen betriebsorganisatorischen Instrumenten gerade in der Standardisierung bestehen und zudem bereits bestehenden (privatwirtschaftlichen) Ansätzen eine höhere Glaubwürdigkeit vermitteln.[895]

dd. Steuerung durch Konsens

Den stärksten Ausdruck innerhalb des indirekten Steuerungsinstrumentariums der CSR erfährt das Kooperationsprinzip im Rahmen der Steuerung durch Konsens, zu der neben vertraglichen Übereinkünften vor allem „informelle" Absprachen zu zählen sind. Gemein haben die dem Bereich der Steuerung durch Konsens zuzurechnenden Instrumente ihren Verzicht auf einseitigen hoheitlichen Zwang, der jeweils durch ein „Tauschverhältnis" im Sinne einer „Verknüpfung von Leistungen und Gegenleistungen" zwischen Hoheitsträger und Privaten ersetzt wird, wobei das Verhältnis von Kooperation und Druck im Einzelfall variieren kann.[896] Der große Vorteil einer Steuerung durch Konsens wird zumeist in der Vollzugserleichterung erkannt. Dem liegt die Erkenntnis zugrunde, dass derjenige, der sich aktiv in den Prozess der Aushandlung der jeweiligen „Steuerungskonditionen" einbringen kann, in aller Regel auch ein größeres Vollzugsinteresse aufweisen wird. Aus Sicht des Hoheitsträgers zeichnen sich die Instrumente einer Steuerung durch Konsens zudem durch eine größere inhaltliche und zeitliche Flexibilität aus, die es erlaubt, im Einzelfall „passgenauere" Lösungen zu finden. Dabei entfalten sowohl Verträge als auch Absprachen ihre volle Wirksamkeit zumeist erst dann, wenn sie im Rahmen eines Verbunds mit „klassischen" Instrumenten der Verhaltenssteuerung zur Anwendung kommen. Hierbei gilt, dass je glaubwürdiger die „Drohkulisse" eines möglichen Rückzugs auf das Ordnungsrecht auf Seiten des Hoheitsträgers aufgebaut wird, desto größer zumeist die Bereitschaft des Bürgers (bzw. im Falle der CSR des

---

893 Dazu auch *Frenz,* S. 175.

894 So etwa Bericht *Howitt*, A7-0023/2013, 29.01.2013, S. 21; *Albareda* et al., Journal of Business Ethics 2007, S. 391 (398).

895 So unterwerfen sich bereits heute zahlreiche Unternehmen Pflichten in Bezug auf Monitoring und Kontrolle gegenüber privaten Zertifizierungsagenturen im Rahmen der Beantragung kommerzieller oder gemeinnütziger CSR-Label, vgl. *Kocher/Wenckebach*, KJ 2013, S. 18 (20 f.).

896 *Kloepfer*, Umweltrecht, S. 397 f.

Unternehmens) sein wird, sich konstruktiv an konsensualen Übereinkünften zu beteiligen.[897]

(1) Verträge

Der Abschluss von Verträgen (sowohl privatrechtlichen als auch öffentlich-rechtlichen) spielt als Steuerungsmittel im Rahmen der CSR lediglich eine untergeordnete Rolle. Dies gilt vor allem für die nationale Perspektive der hoheitlichen CSR-Steuerungspolitik. Zu denken ist hier etwa an die bereits unter dem Punkt „Vergabe öffentlicher Aufträge" dargestellten Fälle, in denen der Hoheitsträger im Rahmen von Beschaffungsvorgängen die ausführenden Unternehmen über vertragliche Klauseln direkt oder indirekt auf die Wahrung von Grundsätzen der CSR verpflichtet.

In einem ähnlichen – wenngleich von der praktischen Bedeutung deutlich größerem – Zusammenhang stehen vertragliche Bestimmungen, die als Instrument der hoheitlichen CSR-Steuerung (und CSR-Förderung) im Bereich der Entwicklungszusammenarbeit (EZA) eingesetzt werden. Hier ist es dem Hoheitsträger möglich, über die Definition von Zielvorgaben für die Vergabe von Entwicklungsgeldern[898] hinaus auch im Wege der „Konditionalität" noch langfristig auf das Verhalten des Empfängers der entsprechenden Mittel Einfluss zu nehmen. Unter Konditionalität ist dabei jede Regelung zu verstehen, von der ein Geber einseitig die Zahlung von Entwicklungshilfegeldern abhängig macht bzw. an deren Nicht-Einhaltung er Sanktionen knüpft.[899]

Denkbar ist eine derartige CSR-Steuerung im Zusammenhang mit der EZA sowohl direkt durch eine zweckgebundene Vergabe von Mitteln an die Unternehmen selbst (etwa im Zuge von Entwicklungspartnerschaften zur Einführung von sozialen und ökologischen Standards in der Zulieferindustrie oder durch Gründung von vorhabenbezogenen Public-Private-Partnerships) als auch indirekt durch den Abschluss von Finanzierungsvereinbarungen mit den Regierungen der Nehmerstaaten, wie dies grundsätzlich im Rahmen der EZA der EU geschieht. So gliedern sich in vertragstechnischer Hinsicht etwa die von der EU geschlossenen Finanzierungsvereinbarungen in einen projektbezogenen speziellen Teil („*special conditions*") und einen als Annex durch die Union einseitig gestellten generellen Teil („*general conditions*"), der in Form von Allgemeinen Geschäftsbedingungen (AGB) Regelungen über Durchführung, Zahlung, Gerichtsstand und Sanktionen enthält.[900] Dabei lassen die in den AGB enthaltenen Sanktionsklauseln den Unionsorganen ausreichend Raum für die Berücksichtigung allgemeiner Normen und für eine damit verbundene „verfassungsrechtliche Konditionalisierung". Dazu zählen insbesondere die seit den

897 *Kloepfer*, Umweltrecht, S. 399.
898 Diese werden auch als „Official Development Assistance" (ODA) bezeichnet, siehe *Dann*, EuR-Beiheft 2 / 2008, S. 107 (107 f.).
899 Dabei kann zwischen ex-ante und ex-post Konditionalität unterschieden werden, vgl. die Definition bei *Dann*, Entwicklungsverwaltungsrecht, S. 401.
900 Ausführlich *Dann*, Entwicklungsverwaltungsrecht, S. 360.

1990er Jahren in die Finanzierungsvereinbarungen (aber auch Partnerschafts- und Handelsabkommen) integrierten „Menschenrechtsklauseln", die im Sinne von Wesentlichkeitsklauseln den Respekt vor Menschenrechten und demokratischen bzw. rechtsstaatlichen Grundsätzen zu einen wesentlichen Vertragsbestandteil erheben, der bei Verletzung zu zahlreichen einseitigen Reaktionsmöglichkeiten, insbesondere auch der Aussetzung von Zahlungen, berechtigt.[901] Damit ist dem Hoheitsträger ein wirksames vertragsrechtliches Instrument an die Hand gegeben, mit dem er (auch) auf die Einhaltung von Grundsätzen der CSR Einfluss gewinnen kann.[902]

Folgerichtig wird im Rahmen der europäischen CSR-Diskussion zunehmend die Forderung erhoben, entsprechende Klauseln stärker als bisher auf die spezifischen Belange der CSR auszurichten. Konkret geht es dabei um den Vorschlag, sämtliche Verträge über Handel und Entwicklung, mit denen Unternehmen direkt oder indirekt ein Zugang zu Investitionsfazilitäten der EU, der Europäischen Investitionsbank oder der Europäischen Bank für Wiederaufbau und Entwicklung gewährt wird, Klauseln enthalten, die die Einhaltung internationaler CSR-Standards und darauf bezogener Rechenschaftspflichten und Beschwerdemechanismen vorschreiben.[903] Entsprechend dieser Forderung zeichnet sich auf europäischer Ebene vermehrt eine Praxis ab, nach der im Rahmen von (Frei-)Handelsabkommen in vertraglichen Bestimmungen ausdrücklich auf das Konzept der CSR Bezug genommen wird. So heißt es etwa in Art. 271 Abs. 3 des im Jahre 2013 in Kraft getretenen Handelsübereinkommens der EU mit Kolumbien und Peru: „Die Vertragsparteien kommen überein, vorbildliche Geschäftspraktiken im Zusammenhang mit sozialverantwortlichem Handeln zu unterstützen."[904] Auch wenn derartige Bestimmungen aufgrund ihrer Stellung in den Abkommen und ihrer Ausgestaltung im Einzelfall zu weniger

---

901 So bestimmt etwa Art. 9 Abs. 2 Cotonou-Abkommen: „Die Achtung der Menschenrechte, die demokratischen Grundsätze und das Rechtsstaatsprinzip [...] sind wesentliche Elemente dieses Abkommens." Siehe auch *Hoffmeister*, S. 88 f. Zu potentiellen Reaktionsmöglichkeiten zudem *Weiß*, S. 41 f.

902 Aufgrund der Tatsache, dass derartige Wesentlichkeits- und Sanktionsklauseln zumeist einseitig durch die EU in Form von AGB gestellt werden und es daher am sonst für Verträge charakteristischen Element der Aushandlung mangelt, erscheint es auch vertretbar, diese insgesamt dem Bereich der „Steuerung durch ökonomische Anreize" zuzuordnen. Damit geht auch die Überlegung einher, dass gerade innerhalb der EZA einige Nehmerstaaten von der Gewährung entsprechender Mittel wirtschaftlich abhängig sind.

903 Bericht *Howitt*, A7-0023/2013, 29.01.2013, S. 16.

904 Vgl. Handelsübereinkommen zwischen der Europäischen Union und ihren Mitgliedstaaten einerseits sowie Kolumbien und Peru andererseits, abgedr. in ABlEU, 2012, Nr. L 354, S. 3. Treffender erscheint in diesem Zusammenhang die englische Sprachfassung die wie folgt lautet: „The Parties agree to promote best business practices related to corporate social responsibility." Ähnliche Bestimmungen enthalten das 2012 geschlossene Assoziationsabkommen zwischen der EU und einzelnen Staaten Zentralamerikas sowie das aus dem Jahr 2011 stammende Freihandelsabkommen zwischen der EU und Südkorea.

weitreichenden Sanktionsmöglichkeiten berechtigen als die „Menschenrechts- und Demokratieklauseln“, sind sie dennoch geeignet, dem Handeln der Vertragsparteien eine generelle Richtung zu verleihen und sie insbesondere auf eine allgemeine CSR-Förderung zu verpflichten. Obwohl durch die Abkommen selbst lediglich die auf beiden Seiten beteiligten Hoheitsträger direkt berechtigt und verpflichtet werden, ist doch eine zumindest mittelbare Steuerungswirkung (auch) für die Unternehmen wahrscheinlich.

(2) Absprachen

Eine größere Bedeutung als vertraglichen Vereinbarungen kommt konsensorientierten Absprachen zwischen Hoheitsträgern und Unternehmen im Rahmen der CSR zu. Nach der gängigen rechtswissenschaftlichen Systematisierung sind derartige Absprachen dem Bereich des „informalen“ oder „informellen“ Verwaltungshandelns zuzuordnen, der alle Praktiken und Handlungsweisen umfasst, die sich nicht einer der standardisierten Handlungsformen des Verwaltungsrechts zuordnen lassen.[905] Ähnlich wie vertragliche Vereinbarungen basieren auch Absprecheregelungen auf einem Tauschverhältnis, bei dem beide Seiten etwas „anzubieten“ haben. Im Gegensatz zu Verträgen werden Absprachen jedoch bewusst „nicht-rechtlich“ gehalten, was jedenfalls ihr Zustandekommen und die aus ihren Bestimmungen resultierenden Folgewirkungen betrifft.[906] Demnach enthalten Absprachen weder rechtlich verbindliche Verhaltensaussagen noch einklagbare Erfüllungsansprüche. Dass Hoheitsträger und Unternehmen dennoch von dieser Handlungsform Gebrauch machen, belegt die Tatsache, dass rechtliche Regelungen den Beteiligten in einzelnen Situationen als „zu starr, zu umständlich, zu zeit- und kostenaufwändig, zu konfliktbeladen oder sonstwie unzweckmäßig“[907] erscheinen. Freilich ist der vermeintliche Verzicht auf das ausschließlich rechtliche Handlungsinstrumentarium nicht mit einer mangelnden Steuerungswirkung oder schwächeren Verbindlichkeit der Absprecheregelungen zu verwechseln. Vielmehr begründen im Wege konsensualer

905 *Dreier*, Staatswissenschaften und Staatspraxis 1993, S. 647 (648); *Volkmann*, JuS 2001, S. 521 (523). Nach *Bohne*, VerwArch. 1984, S. 343 (344) erfasst der Begriff „[...] alle rechtlich nicht geregelten Tathandlungen, die der Staat anstelle von rechtlich geregelten Verfahrenshandlungen oder Rechtsfolgeentscheidungen wählt, die jedoch zur Herbeiführung des beabsichtigten Erfolges auch in den von der Rechtsordnung bereitgestellten öffentlich-rechtlichen oder privatrechtlichen Handlungsformen hätten erfolgen können.“

906 *Brohm*, DVBl. 1994, S. 133 (134); *Kloepfer, in: König/Dose*, Instrumente und Formen staatlichen Handelns, S. 329 (333). *Frenz*, Selbstverpflichtungen, S. 220 f. hat hingegen herausgearbeitet, dass jedenfalls theoretisch auch bindende Absprachen zwischen Staat und Unternehmen möglich sind, ohne dass es sich dabei zwangsläufig um einen Vertrag handeln muss. Dies gilt etwa dann, wenn auf einen mühsam ausgehandelten, die Einzelheiten im Detail regelnden Vertragstext zugunsten einer lediglich die groben Linien bestimmenden mündlichen Absprache verzichtet wird.

907 *Bohne*, VerwArch. 1984, S. 343 (346).

Absprachen getroffene Vereinbarungen politische, wirtschaftliche oder moralische, mithin faktische Bindungen, die die Erwartung enthalten, dass die Vereinbarung eingehalten wird, gerade auch weil der Gegenseite an einer Einhaltung gelegen ist.[908] Hinzukommt, dass auch Absprachen auf die Strukturen und Verfahren des Rechts angewiesen sind und zumeist im beiderseitigen Bewusstsein getroffen werden, dass der Hoheitsträger jederzeit von seinem rechtlichen Handlungsinstrumentarium Gebrauch machen kann. Insoweit ist es zutreffend, die systematische Stellung von Absprachen zwischen Staat und Unternehmen „im Schatten des Rechts“[909] oder „in einer Grauzone zwischen rechtlichen und faktischen Bindungen“[910] zu verorten.

Von den für gewöhnlich unterschiedenen Absprachefomen ist für die CSR vor allem die sog. „normvertretende Absprache“ (die auch als „normabwendende“ oder „normersetzende“ Absprache bezeichnet wird) von praktischer Bedeutung. Dabei versichern Wirtschaftsverbände oder einzelne Unternehmen, durch ein bestimmtes Verhalten oder durch eine „freiwillige“ Selbstbeschränkung zur Lösung eines konkreten (gesamtgesellschaftlichen) Problems beizutragen, woraufhin der Hoheitsträger im Gegenzug ein (einstweiliges) Absehen von normativer Regulierung in Aussicht stellt. Dabei wirkt der Hoheitsträger selbst lediglich vermittelnd im Hintergrund mit, wobei er jedoch durch konkrete Anregungen das Zustandekommen der unternehmerischen Initiativen (etwa durch das Setzen einer Frist) induziert oder bereits zustande gekommene freiwillige Maßnahmen finanziell unterstützt.[911] Der hoheitlicherseits in Aussicht gestellte Verzicht auf eine Normierung durch Gesetz, Rechtsverordnung oder Satzung (bzw. Verordnung oder Richtlinie auf europäischer Ebene) erfolgt dabei zumeist nicht ausdrücklich in Form einer Erklärung, sondern ergibt sich eher aus den zwischen den Beteiligten durchgeführten Verhandlungen oder aus den Gesamtumständen.[912] *Bohne* hat bereits früh drei „Mindestbedingungen“ herausgearbeitet, die normvertretende Absprachen erfüllen müssen, um eine geeignete Alternative zur Rechtsverordnung darstellen zu können. Explizit handelt es sich dabei um den Zweck der Absprache, der in der Erhaltung eines für Staat und Wirtschaft ökologisch und ökonomisch akzeptablen *status quo* bestehen muss, um den Inhalt, der eine ohnehin laufende technische oder wirtschaftliche Entwicklung unterstützen muss, und schließlich um die Rahmenbedingungen, die insbesondere eine Begrenzung auf eine überschaubare Anzahl von Unternehmen erfordern.[913]

---

908 Weshalb auch der Bruch derartiger Absprachen faktische Sanktionen nach sich zieht („Quasi-Bindungswirkung“), vgl. *Marburger/Gebhard*, in: Endres/Marburger, Gesellschaftliche Selbstregulierung, S. 1 (37); *Ramsauer*, in: Koch, Umweltrecht, S. 114 (172); *Erbguth/Schlacke*, § 5, Rn. 113.

909 *Dreier*, Staatswissenschaften und Staatspraxis 1993, S. 647 (649).

910 *Kloepfer*, in: König/Dose, Instrumente und Formen staatlichen Handelns, S. 329 (333).

911 *Hoppe* et al., Umweltrecht, S. 233.

912 *Bohne*, VerwArch. 1984, S. 343 (361). Insofern werden normvertretende Absprachen auch als moralisch wirkende „*gentlemen's agreement*“ bezeichnet.

913 *Bohne*, VerwArch. 1984, S. 343 (366).

Darüber hinaus sollten normvertretende Absprachen auch konkrete Zielwerte enthalten, um im Einzelfall überprüfen zu können, ob die Wirtschaft ihren Verpflichtungen nachgekommen ist.[914] Übersehen wird zuweilen, dass normvertretende Absprachen insbesondere durch die damit verbundene Selbstbeschränkung zu zum Teil nicht unerheblichen Folgewirkungen führen können. So werden häufig auch die (wirtschaftlichen) Interessen Dritter berührt, die an den Absprácheregelungen eigentlich nicht beteiligt sind, jedoch etwa als Zulieferunternehmen mittelbar davon betroffen sind.[915]

Beispiele für normvertretende Absprachen zwischen Hoheitsträgern und Unternehmen mit Bezug zum Konzept der CSR finden sich etwa in der Bundesrepublik Deutschland seit den 1970er Jahren immer häufiger. Als eine der ersten Absprachen wird in diesem Kontext die Selbstbeschränkung der Zigarettenindustrie aus dem Jahr 1971 genannt, mit der diese einem gesetzlichen Verbot der Fernsehwerbung für Tabakwaren zuvorkommen wollte.[916] Zu den neueren Beispielen zählen etwa die „Vereinbarung zwischen der Regierung der Bundesrepublik Deutschland und der deutschen Wirtschaft zur Klimavorsorge" vom 9. November 2000, die „Vereinbarung zwischen der Bundesregierung und den Spitzenverbänden der deutschen Wirtschaft zur Förderung der Chancengleichheit von Frauen und Männern in der Privatwirtschaft" vom 2. Juli 2001 sowie die „Vereinbarung zwischen der Regierung der Bundesrepublik Deutschland und der deutschen Wirtschaft zur Steigerung der Energieeffizienz" vom 1. August 2012. Obwohl unter formellen Gesichtspunkten eine rein einseitige Selbstverpflichtungsregelung (und damit gerade nicht auf „Tausch" beruhend), lässt sich im internationalen Kontext auch das bereits erwähnte „Abkommen zum Brand- und Gebäudeschutz in Bangladesch" als normvertretende Absprache werten. Dies gilt vor allem vor dem Hintergrund, dass das Abkommen im unmittelbaren zeitlichen Kontext des tragischen Gebäudeeinsturzes entstand und damit geeignet war, nicht nur der kritischer werdenden Öffentlichkeit, sondern insbesondere auch dem bangladeschischen Hoheitsträger die Handlungsbereitschaft der Textilindustrie zu signalisieren.

Schon diese Auswahl an Beispielen kann als Beleg die zunehmende praktische Bedeutung derartiger Absprachen als Instrument der unternehmerischen Verhaltenssteuerung gewertet werden. Ein Indiz für diese Bedeutung stellt etwa auch die Tatsache dar, dass die Bundesregierung die Vereinbarung zur Steigerung der Energieeffizienz aus dem Jahr 2012 erstmals im Bundesanzeiger veröffentlicht[917]

---

914 Oft werden die Absprachen jedoch bewusst vage gehalten, was eine entsprechende Überprüfung erschwert, siehe *Frenz*, Selbstverpflichtungen, S. 222.

915 *Kloepfer*, in: König/Dose, Instrumente und Formen staatlichen Handelns, S. 329 (344).

916 *Dreier*, Staatswissenschaften und Staatspraxis 1993, S. 647 (654). Weitere Beispiele zu Selbstbeschränkungen der Industrie vor allem in Bezug auf die Reduzierung der Verwendung von umwelt- und gesundheitsschädlichen Stoffen wie Asbest, PCB oder FCKW finden sich bei *Erbguth/Schlacke*, § 5, Rn. 114.

917 Vgl. BAnz AT, 16.10.2012, B1, S. 1.

und diese damit auch dem äußeren Anschein nach in die Nähe einer verbindlichen Regelung gerückt hat. Insgesamt bilden normvertretende Absprachen damit gerade aus Sicht des Hoheitsträgers nicht mehr nur die Ausnahme, sondern stellen ein „probates Mittel“[918] der Verhaltenssteuerung von Unternehmen dar, das (wie andere Formen des informellen Handelns auch) mit zahlreichen Vorteilen verbunden ist. Dazu zählt etwa die Entlastung der hoheitlichen „Entscheidungsinstanz“ von „Entscheidungsverantwortung“ ebenso wie die Möglichkeit, effektivere und flexiblere Lösungen zu finden, die es insbesondere erlauben, schneller auf unerwartete Veränderungen zu reagieren.[919] Gleichwohl stehen diesen Vorteilen auch gewichtige Nachteile gegenüber. Dies gilt insbesondere für die Tatsache, dass normvertretende Absprachen bislang verfahrensrechtlich nicht erfasst sind. Daraus folgt nicht nur die Gefahr, dass verfassungs- und primärrechtliche Wertungen zum Legislativverfahren umgangen und damit das jeweilige institutionelle Gleichgewicht gestört werden[920], sondern auch die Problematik, dass es für die Beteiligten „[...] je nach Größe ihres Macht- und Tauschpotentials unterschiedliche Durchsetzungschancen“ gibt.[921] Umso wichtiger ist es, dass auch normvertretende Absprachen in einen rechtlichen und institutionellen Rahmen eingebettet werden und sich der Hoheitsträger der „Reservefunktion“ des Ordnungsrechts bewusst bleibt.

ee. Steuerung durch „regulierte Selbstregulierung“

Von enormer praktischer Bedeutung für das Konzept der CSR ist der Bereich der unternehmerischen Selbstregulierung. Die weit überwiegende Mehrzahl der großen Unternehmen verfügt heute über CSR-bezogene Selbstverpflichtungen. Üblicherweise erfolgt diese Selbstregulierung in Form der Implementierung eines Verhaltenskodex, der der Öffentlichkeit zugänglich gemacht wird und in mehr oder weniger detaillierter Form die wesentlichen Punkte der unternehmensinternen CSR-Politik enthält.[922] Obwohl es sich bei der Entscheidung über das „Ob“ und „Wie“ der Implementierung eines Verhaltenskodex auf den ersten Blick um eine rein innerbetriebliche Angelegenheit handelt, die folgerichtig dem Bereich der hoheitlichen Steuerung entzogen wäre, hat sich zunehmend die Erkenntnis durchgesetzt, dass auch bei derartigen Formen der gesellschaftlichen Selbstregulierung zur Entfaltung

---

918 So die Gesamtbeurteilung normvertretender Absprachen im Bereich des Umweltrechts bei *Dreier*, Staatswissenschaften und Staatspraxis 1993, S. 647 (654).

919 Siehe die Darstellung möglicher Vorzüge bei *Brohm*, DVBl. 1994, S. 133 (138); *Dreier*, Staatswissenschaften und Staatspraxis 1993, S. 647 (656 f.).

920 Dies gilt insbesondere für auf Ebene der EU geschlossene – und in der Regel von der Kommission initiierte – normvertretende Absprachen, an denen für gewöhnlich auch das Europäische Parlament und der Rat zu beteiligen wären, vgl. *Meßerschmidt*, S. 419.

921 *Brohm*, DVBl. 1994, S. 133 (139), der darin gar die Gefahr eines „Rechts- und Sozialdarwinismus“ erkennt.

922 *Mosters*, S. 56.

ihrer größtmöglichen Wirkung in aller Regel nicht gänzlich auf einen hoheitlichen Steuerungsbeitrag verzichtet werden kann.[923] Dies gilt einerseits für die bereits angesprochene „Reservefunktion" des einseitig hoheitlichen Rechts, mit der der Hoheitsträger im Falle des Versagens selbstregulativer Strukturen korrigierend eingreifen kann. Andererseits kann der Hoheitsträger auch einen „Korridor für eigenverantwortliches Handeln" schaffen, indem er die zulässigen Verhaltensalternativen begrenzt und auf den Vorgang der gesellschaftlichen Selbstregulierung damit in seinem Sinne Einfluss nimmt.[924] Diese Form der hoheitlichen Einflussnahme lässt sich auch als „regulierte Selbstregulierung" bezeichnen. Das Spezifikum der regulierten Selbstregulierung, die dem Konzept der „dezentralen Kontextsteuerung" nach *Willke* am nächsten kommt, besteht in einer Verschiebung der hoheitlichen Steuerungsverantwortung weg von der Erfüllungsverantwortung hin zur Regulierungs-, Überwachungs-, Beobachtungs- und Aufgabenverantwortung.[925]

(1) Begriff der Selbstregulierung

Die genaue Begriffsbestimmung der zuweilen auch als „Selbstregelung", „Selbstkontrolle" oder „Selbstverantwortung" bezeichneten[926] gesellschaftlichen Selbstregulierung gestaltet sich als schwierig. Nach der häufig zitierten und auch hier bereits erwähnten Definition von *Schmidt-Preuß* umfasst der Begriff „[...] die individuelle oder kollektive Verfolgung von Privatinteressen in Wahrnehmung grundrechtlicher Freiheiten zum legitimen Eigennutz" und grenzt sich damit insbesondere von der hoheitlichen Steuerung ab, bei der es um die einseitige Gestaltung von Lebensverhältnissen durch einen Träger öffentlicher Gewalt geht.[927] Insgesamt ist dieser Definition mit Blick auf die CSR unter dem Vorbehalt zuzustimmen, dass im Wege der gesellschaftlichen Selbstregulierung auch öffentliche Interessen verfolgt werden können, zumal eine eindeutige Unterscheidung zwischen öffentlichen und privaten Interessen nicht immer eindeutig vorgenommen werden kann und zumeist von den inneren Motivationsmustern der Steuerungssubjekte abhängen wird. So bilden etwa Bezugnahmen auf den Schutz und die Durchsetzung internationaler Menschenrechtsstandards zunehmend Bestandteil unternehmerischer Selbstregulierungsinitiativen. Zudem ermöglicht es gerade das Element des Gemeinwohlbezugs,

923 *Leifer,* S. 62.
924 *Volkmann,* JuS 2001, S. 521 (525).
925 *Sparwasser* et al., Umweltrecht, S. 124; *Schwartmann,* S. 25.
926 Siehe die Beispiele und Nachweise bei *Leifer,* S. 40.
927 *Schmidt-Preuß,* VVDStRL 56 (1997), S. 160 (162 f.); *Martin,* S. 29. Siehe auch die Definition von *Di Fabio,* VVDStRL 56 (1997), S. 235 (241): „Von Selbstregulierung kann dann gesprochen werden, wenn eine öffentliche Aufgabe von gesellschaftlichen Kräften außerstaatlich, insbesondere innerhalb des Marktes, in organisierter Form übernommen wird, wobei der Staat ein konkretes Interesse an der Erfüllung hat, die Organisationen stützt und auf diese substantiell einwirkt."

eine Abgrenzung von gewöhnlichen privatrechtlichen Willenserklärungen vorzunehmen.[928]

Konstitutiv für den Begriff der gesellschaftlichen Selbstregulierung erscheint vielmehr, dass sowohl das Steuerungssubjekt als auch das Steuerungsobjekt auf Ebene der Gesellschaft (und eben nicht auf Ebene des Hoheitsträgers) angesiedelt sind und im Wege der Selbstregulierung auf ihren eigenen Rechts- und Interessenkreis Einfluss nehmen. Insofern besteht der Grundgedanke der gesellschaftlichen Selbstregulierung gerade in der Ordnung der eigenen Lebensverhältnisse.[929] Gesellschaftliche Selbstregulierung fungiert so als Substitution für den Erlass hoheitlicher Vorschriften. Möglich ist es allerdings auch, dass eine private Regelsetzung etwa dort erfolgt, wo der Gesetzgeber ansonsten gar nicht hätte eingegriffen können.[930] Ein weiteres Element, das die gesellschaftliche Selbstregulierung in aller Regel, wenngleich nicht zwangsläufig, auszeichnet, ist jenes der Freiwilligkeit. Demnach verbleibt den gesellschaftlichen Akteuren zumeist ein Handlungsspielraum dergestalt, dass keine Rechtspflicht besteht, die jeweilige Selbstregulierungsmaßnahme zu erlassen oder den darin statuierten Verhaltensanordnungen nachzukommen.[931] Denkbar ist jedoch auch, dass die gesellschaftliche Selbstregulierung als Reaktion auf eine hoheitliche Aufgabendelegierung hin erfolgt und insoweit staatlicherseits intendiert und antizipiert wurde. Der Inhalt der gesellschaftlichen Selbstregulierungen kann dabei „alle nur denkbaren Leistungen und Formen des Tuns oder Unterlassens“ umfassen, wobei zur Steigerung der Effektivität der Selbstregulierung neben der Normbildung selbst auch Bestimmungen zu deren Durchsetzung enthalten sein sollten.[932] In Betracht kommt neben schriftlichen und mündlichen Erklärungen und Verträgen auch ein rein konkludentes Verhalten.[933]

(2) Bedeutung der Selbstregulierung

Über die Bedeutung und die Auswirkungen der zunehmenden Emergenz von Systemen gesellschaftlicher Selbstregulierung (innerhalb wie außerhalb der CSR) herrscht noch keine abschließende Klarheit. Unbestritten zielen Formen der Selbstregulierung jedoch primär auf die freie gesellschaftliche Entfaltung und auf die Mobilisierung von Eigenverantwortung, was sie nicht zuletzt unter verfassungsrechtlichen Gesichtspunkten gegenüber stärker freiheitsbeschränkenden Instrumenten des Ordnungsrechts als vorzugswürdig erscheinen lässt. Damit ist jedoch prinzipiell noch keine Aussage über die dem Hoheitsträger im Rahmen der gesellschaftlichen Selbstregulierung zugewiesene Rolle getroffen. Dieser übt zwar einerseits Verzicht, indem er den sich selbst regulierenden gesellschaftlichen Akteuren im Sinne des

928 *Frenz*, Selbstverpflichtungen, S. 427.
929 *Leifer*, S. 47.
930 *Buck-Heeb/Dieckmann*, S. 15.
931 *Leifer*, S. 47.
932 *Herberg*, S. 92.
933 *Buck-Heeb/Dieckmann*, S. 15 f. m.w.N.

Kooperationsprinzips öffentliche Aufgaben zur eigenständigen Wahrnehmung überlässt und dies gleichzeitig mit der Übertragung einer damit korrespondierenden Verantwortung für die Zielerreichung verbindet.[934] Andererseits hält er jedoch auch einen Rechtsrahmen bereit, mit dem die gesellschaftlichen Akteure über die Verfolgung von individuellem Eigennutz hinaus auf die Achtung der freien Entfaltung anderer Marktteilnehmer verpflichtet- und die Erreichung weitergehender Gemeinwohlziele sichergestellt werden.[935]

Dieser Aufgabe, der sich der Hoheitsträger auch im Rahmen der Steuerungsform der Selbstregulierung stellen muss, entspricht eine Herausforderung, der sich das hoheitliche Recht als Ganzes gegenüber gestellt sieht. Zu Recht lässt sich etwa fragen, ob die mit gesellschaftlicher Selbstregulierung scheinbar zwangsläufig verbundene sinkende Verbindlichkeit der festgeschriebenen Verhaltensanordnungen letztlich nicht zu einer Aushöhlung des formalen Rechts beiträgt und es insbesondere seiner Funktion beraubt, Erwartungssicherheit herzustellen.[936] Als ungewiss gilt zudem, wie sich unterschiedliche Formen von Selbstregulierung auf die Unterschiede von öffentlichem Recht und Privatrecht auswirken, die zunehmend nivelliert zu werden scheinen. Hier jedenfalls spricht vieles dafür, dass gesellschaftliche Selbstregulierung einen Prozess der Verzahnung von öffentlichem Recht und Privatrecht anzustoßen scheint.[937]

Die aus Sicht der CSR spannendste, sich aus der wachsenden Bedeutung der gesellschaftlichen Selbstregulierung ergebende Frage ist jedoch diejenige, inwiefern derartige Formen der unternehmerischen Eigenbegrenzung dazu geeignet sind, als Kompensation für das oft konstatierte „Vollzugsdefizit" des hoheitlichen Rechts zu dienen. Diesbezüglich scheinen Selbstregulierungssysteme den Vorteil zu besitzen, eine „soziale Ordnung" herstellen zu können, die weder an eine die einzelnen Akteure verbindende Kultur noch an die Zugehörigkeit zu derselben Rechtsordnung gebunden ist.[938] So erkennt etwa *Muchlinski* gerade in der Selbstregulierungspraxis multinationaler Unternehmen das Entstehen von „[...] *transnational systems of informal regulation* [...], *beyond the positive law of the nation state or of international law, resulting in order maintenance systems that are unconnected with any particular territory.*"[939] In der Tat sind es vor allem Selbstregulierungen der Wirtschaft, die unternehmens-, konzern- oder branchenweite Geltung beanspruchen können und damit auch dort (weltweit) einheitliche Standards festschreiben, wo das nationale Recht an seine Grenzen stößt und das Völkerrecht (noch) keinen adäquaten Ersatz geschaffen hat. Speziell in diesen Situationen können Formen der gesellschaftlichen Selbstregulierung ganz im Gegenteil zum Vorwurf der durch sie beförderten

934 Dabei erfolgen Aufgaben- und Verantwortungsübertragung ohne eine entsprechende Einräumung von Hoheitsbefugnissen, *Frenz*, Selbstverpflichtungen, S. 428.

935 *Brehme*, S. 58 f.

936 *Herberg*, S. 113.

937 *Buck-Heeb/Dieckmann*, S. 31.

938 *Herberg*, S. 92.

939 *Muchlinski*, Multinational Enterprises and the Law, S. 113.

Informalität sogar im Sinne einer quasi-vertraglichen Regelung Vertrauen schaffen (etwa gegenüber den Geschäftspartnern), das – soweit es objektiv berechtigt ist – der Rechtsfunktion der Erwartungssicherung jedenfalls nahe kommt.[940]

(3) Verhaltenskodizes als prägende Form der unternehmerischen Selbstregulierung

Als wichtigstes Instrument einer derartigen unternehmerischen Selbstregulierung – und gleichzeitig als eines der wichtigsten CSR-Instrumente überhaupt – haben sich sog. Verhaltenskodizes („*Codes of Conduct*") etabliert, die in der Praxis auch als „Richtlinien", „Deklarationen", „Prinzipien" oder „Ehrenkodizes" („*Codes of Ethics*") bezeichnet werden. Im Folgenden werden zunächst die wesentlichen Merkmale dieser Form der gesellschaftlichen Selbstregulierung herausgearbeitet, bevor anschließend erörtert wird, ob, und wenn ja, wie der Hoheitsträger im Wege der Steuerungsform der „regulierten Selbstregulierung" Einfluss auf Gestaltung und Anwendung der Kodizes nehmen kann.

(a) Begriff und Arten

Im Rahmen der internationalen Beziehungen wird der Begriff des Verhaltenskodex bereits seit mehreren Jahrzehnten verwendet, sowohl innerhalb als auch außerhalb des CSR-Diskurses.[941] Allgemein steht der Begriff für niedergeschriebene Regeln, die auf ein bestimmtes Verhaltens beim Adressaten zielen, und von Staaten, Internationalen Organisationen, NGOs, einzelnen natürlichen oder juristischen Personen sowie deren Zusammenschlüssen geschaffen werden.[942] Kodizes mit Relevanz für die CSR enthalten Vorgaben für das Verhalten von Unternehmen und gestalten sich zumeist als innerbetrieblich oder überbetrieblich festgelegte Grundsatzerklärungen. Dabei lassen sich aufbauend auf dieser weiten Begriffsbestimmung aus Sicht der CSR ausgehend von der Urheberschaft insgesamt vier verschiedene Arten von Verhaltenskodizes unterscheiden.[943] Eine erste Variante bilden rein unternehmensintern entwickelte und implementierte Kodizes, sog. „*Company Codes*", die auf das einzelne Unternehmen beschränkte Verhaltensstandards enthalten. Zur zweiten Gruppe der „*Trade Association Codes*" zählen solche Standards, die von Unternehmenszusammenschlüssen, Branchen- oder Wirtschaftsverbänden erlassen

---

940 *Herberg*, S. 116.

941 Einer der ersten Kodizes, der speziell das Verhalten von Unternehmen zum Gegenstand hatte, war der ICC-Kodex zur Werbepraxis („*ICC Code of Advertising Practice*"), der bereits im Jahr 1937 von der Internationalen Handelskammer verabschiedet wurde, *Friedrich*, MPEPIL, Codes of Conduct, Rn. 4.

942 *Hennings*, S. 53. Vgl. auch die Definition bei *Friedrich*, MPEPIL, Codes of Conduct, Rn. 1: „Codes of conduct are regulatory instruments consisting of written sets of rules and principles which can deal with very specific or more general areas of regulatory concern, but always focus on a certain desirable conduct of the addressees."

943 *Rudolph*, in: Mullerat, Corporate Social Responsibility, S. 365 (369 ff.); *Koeltz*, S. 76 f.

werden und einheitliche Vorgaben für eine Mehrzahl von Unternehmen enthalten. Verhaltenskodizes, die Unternehmen mit einzelnen oder mehreren Stakeholder-Gruppen ausgehandeln und umgesetzen, werden zumeist als *„Multi-Stakeholder Codes"* bezeichnet. Neben Vereinbarungen mit NGOs und/oder einzelnen Bevölkerungsgruppen zählen dazu insbesondere auch die mit Arbeitnehmervertretern geschlossenen und an anderer Stelle bereits erwähnten IFAs.[944] Eine letzte Gruppe bilden schließlich solche Verhaltenskodizes, die auf Ebene einer Internatinalen Organisation (dazu zählen mit Blick auf die CSR vor allem die ILO, die OECD und die VN) verabschiedet werden, sog. *„Intergovernmental Codes"*. Nicht selten wird gerade der letzten Gruppe von Kodizes ein besonders hohes Maß an Autorität beigemessen, weshalb ihnen eine Vorbildfunktion zugeschrieben wird und sie zum Teil auch als *„Model Codes"* bezeichnet werden.[945] Gemein ist den unterschiedlichen Gruppen von Verhaltenskodizes jeweils ihr Bestreben, das unternehmerische Verhalten positiv im Sinne der CSR zu beeinflussen. Dies führt zum Teil zu übereinstimmenden Regelungen, zumal eine derart vorgenommene Systematisierung nicht als abschließend zu betrachten ist und Mischformen möglich sind.[946]

Ausgehend von einer derartigen Systematisierung handelt es sich lediglich bei den ersten beiden Gruppen, den rein unternehmensintern entwickelten *„Company Codes"* sowie – mit Abstrichen – den für mehrere Unternehmen einheitlich geltenden *„Trade Association Codes"*, um Formen der (echten) unternehmerischen Selbstregulierung. Nur bei diesen Varianten handelt es sich um einseitig von Unternehmensseite formulierte Verpflichtungen zur Gewährleistung von Verhaltensstandards und Verfahrensrichtlinien für unternehmerisches Handeln in Bezug auf qualitative, soziale und umweltrechtliche Mindeststandards.[947] Inwiefern unternehmensbezogene Verhaltenskodizes durch das Element der Freiwilligkeit gekennzeichnet sind, lässt sich zumeist nicht pauschal beantworten. Zwar wird es in aller Regel so sein, dass die Formulierung ebenso wie die Anwendung entsprechender Verhaltenskodizes (bzw. der Beitritt zu derartigen Initiativen) freiwillig sind und die Unternehmen im Rahmen der Umsetzung über einen großen Gestaltungsspielraum verfügen.[948] Denkbar ist allerdings auch, dass die Kodizes „echte Verpflichtungen" enthalten oder über ihre Integration in andere CSR-Instrumente (etwa Gütesiegel

944 Aufgrund des „dialogischen Prozesses ihres Entstehens", der „die Ziele der Regelungen selbst" widerspiegelt, werden IFAs auch als „konsequente Weiterentwicklung" der rein unternehmensinternen Verhaltenskodizes bezeichnet, vgl. *Thüsing*, RdA 2010, S. 78 (79); *Geldermann,* S. 113.

945 Dazu zu zählen sind jedoch zum Teil auch Kodizes, die von einzelnen oder mehreren NGOs entworfen wurden, weshalb sich die Kategorie des *„Model Code"* nicht für eine Systematisierung nach der Urheberschaft eignet. Vgl. auch die Beschreibung der Zielrichtung von *„Model Codes"* bei *Rudolph,* in: Mullerat, Corporate Social Responsibility, S. 365 (371).

946 *Thüsing*, RdA 2010, S. 78 (79).

947 *Koeltz,* S. 74 f.

948 *Birk*, GRUR 2011, S. 196 (196).

oder Zertifizierungen) wenigstens mittelbar Bindungswirkung entfalten.[949] Indirekt (vertraglich) verpflichtet auf die inhaltlichen Bestimmungen der Kodizes werden teilweise auch die Zuliefer- und Subunternehmen entlang der Lieferkette.

(b) Inhalt

Inhaltlich orientieren sich die Verhaltenskodizes als Ausdruck unternehmerischer Selbstregulierung an den generellen Steuerungszielen der CSR. Allgemein formuliert bedeutet dies, dass die Kodizes zumeist „dauerhafte Aufgaben" adressieren, insbesondere solche, die aus den „Grundproblemen der industriellen Produktion mit ihren Risiken und Restrisiken" resultieren.[950] Im Übrigen lassen sich pauschale Aussagen über den Inhalt der Kodizes aufgrund der großen Bandbreite möglicher Unternehmenskontexte kaum treffen. So hängt deren inhaltliche Gestaltung etwa von der Branche und der Größe des sich selbst regulierenden Unternehmens, vom Internationalisierungsgrad der Geschäftsaktivitäten und von den jeweiligen gesellschaftlichen Rahmenbedingungen an den Produktionsstandorten ab.[951] Zu den am häufigsten innerhalb der Unternehmenskodizes thematisierten Bereichen zählen jedoch Vorgaben für die Arbeits- und Produktionsbedingungen und den Schutz von Umwelt und Menschenrechten. Dabei orientieren sich Formulierung und Gestaltung der Kodizes an den Referenzstandards Internationaler Organisationen. Teilweise umfasst sind zudem speziellere Themen wie etwa Verbraucher- und Datenschutz oder Korruptionsprävention.

Nicht selten formulieren Verhaltenskodizes vergleichsweise neue und innovative Normen, weshalb ihnen auch über den individuellen Bereich der Verhaltenssteuerung hinaus das Potenzial zugesprochen wird, als „Vorboten" der rechtlichen Entwicklung zu fungieren.[952] Auch in Bezug auf ihre Normativität reichen die in den Kodizes getroffenen Aussagen von „effektiv einschränkender Selbstregulierung" bis hin zu „vagen Erklärungen über Geschäftspraktiken".[953] Unterscheiden lässt sich demnach zwischen unternehmensinternen Direktiven, die der Unternehmensleitung und den Subunternehmern bzw. Zulieferern konkrete Verhaltensvorgaben vorgeben („*compliance codes*"), allgemeinen Leitsätzen, die generelle Aussagen zum ethischen oder verantwortungsbewussten Unternehmenshandeln enthalten

---

949 *Kocher/Wenckebach*, KJ 2013, S. 18 (20 f.); *Geldermann*, S. 113.

950 *Herberg*, ZfRSoz 2001, S. 25 (26).

951 Insofern existiert im Hinblick auf den Inhalt der Unternehmenskodizes keine allgemeingültige Lösung, vgl. *Lundblad*, in: Mullerat, Corporate Social Responsibility, S. 365 (388).

952 Siehe allgemein in Bezug auf Verhaltenskodizes *Friedrich*, MPEPIL, Codes of Conduct, Rn. 1: „Codes of conduct tend to promulgate comparatively new and innovative norms which announce and reflect eras of change and are often harbingers of legal progression in areas where binding rules are non-existent or insufficiently developed."

953 *Hennings*, S. 55.

(„*corporate credos*") sowie Erklärungen zur Unternehmensphilosophie, die lediglich Auskunft über die Einstellungen und Überzeugungen der Unternehmensführung erteilen („*management philosophy statements*").[954]

Für sämtliche Formen der Unternehmenskodizes gilt dabei, dass sie weder in zeitlicher noch in personeller Hinsicht beschränkt sind, sie mithin unbefristet gelten und sich an die gesamte Öffentlichkeit wenden, insbesondere jedoch an die Angestellten, Kunden und Geschäftspartner des Unternehmens sowie die Regierungen.[955] Während der allgemeinen Öffentlichkeit und den relevanten Stakeholder-Gruppen damit ein Zugang zu unternehmensrelevanten CSR-Informationen gegeben werden soll, zielen die Kodizes in Bezug auf die Mitarbeiter und die Unternehmensleitung darauf ab, diesen Beurteilungskriterien und Verhaltensempfehlungen an die Hand zu geben, um damit die rechtlichen Risiken des Unternehmenshandelns zu reduzieren.[956] Verstärkt wird die inhaltliche Wirkung der Unternehmenskodizes dadurch, dass sie – was insbesondere für multinationale Unternehmen von Belang ist – konzern- und damit länderübergreifende Geltung beanspruchen können.

(c) Rechenschafts- und Kontrollmechanismen

Die Implementierung der in den Verhaltenskodizes vorgegebenen Verhaltensstandards ebenso wie die darauf bezogenen Rechenschafts- und Kontrollmechanismen werden zu Recht als Schwachstellen der unternehmerischen Selbstregulierung ausgemacht.[957] Dies hängt jedoch nicht zwangsläufig mit der Tatsache zusammen, dass die Unternehmenskodizes entsprechend dem Konzept der gesellschaftlichen Selbstregulierung zumeist auf freiwilliger Basis verabschiedet werden. So werden etwa (obwohl die Unternehmen bei einem Verstoß gegen ihre Kodizes zumeist keine rechtlichen Sanktionen zu fürchten haben) moralische Erwartungen an das Unternehmen geweckt, die zusammen mit dem Druck der Öffentlichkeit jedenfalls teilweise dazu geeignet sind, die fehlende rechtliche Bindungswirkung zu subsituieren.[958] Darüber hinaus beziehen sich auch die freiwilligen Unternehmenskodizes inhaltlich häufig auf rechtlich verbindliche Regelungen (etwa im Bereich der Arbeits- und Menschenrechte), weshalb es insgesamt durchaus zutreffend erscheint, ihren Charakter als „[...] *mixture of voluntary and binding norms combined in an overall non-binding instrument*"[959] zu beschreiben. Den Bereich der unternehmensinternen Freiwilligkeit und Unverbindlichkeit verlassen aber auch Unternehmenskodizes jedenfalls dort, wo ihre Einhaltung zum verbindlichen Vertragsbestandteil

954 *Rudolph*, in: Mullerat, Corporate Social Responsibility, S. 365 (375).
955 *Herberg*, ZfRSoz 2001, S. 25 (27).
956 *Lundblad*, in: Mullerat, Corporate Social Responsibility, S. 365 (391); *Hennings*, S. 55.
957 *Ruggie*, Am. J. Int'l L. 2007, S. 819 (836) („Achilles heel of self-regulatory arrangements").
958 *Mosters*, S. 57.
959 *Friedrich*, MPEPIL, Codes of Conduct, Rn. 1.

erklärt wird, wie dies immer häufiger insbesondere in den Liefervereinbarungen zwischen einem Unternehmen und seinem Lieferanten geschieht.[960] In diesen Fällen führt ein Bruch der Verpflichtungen der jeweiligen Verhaltenskodizes zu den allgemeinen zivilrechtlichen Sanktionsmöglichkeiten.

Der Grund dafür, dass gerade die Implementations-, Rechenschafts- und Kontrollmechanismen als Schwachstellen der Unternehmenskodizes wahrgenommen werden, ist jedoch hauptsächlich darauf zurück zuführen, dass die bereits existierenden Prozesse weder besonders ausgefeilt sind noch einheitlich umgesetzt werden und es folgerichtig an einem breiten Konsens über ihre Anwendung fehlt.[961] Zu derartigen Mechanismen sind üblicherweise Monitoring-, Berichterstattungs- und Auditverfahren zu zählen. Dabei haben vor allem Monitoring- und Auditverfahren, soweit sie von unabhängigen externen Gutachtern durchgeführt werden, das Potential, die Unternehmen zu einer verbesserten Implementierung der selbstgeschaffenen Verhaltensstandards zu bewegen und Schwachstellen aufzuzeigen.[962] Eines der bekanntesten und in der Unternehmenspraxis verbreitesten Beispiele für eine extern durchgeführte unabhängige Auditierung und Zertifizierung stellt der Standard SA8000 der NGO „*Social Accountability International*" (SAI) dar.[963] Dabei müssen sich die Unternehmen, um die Zertifizierung zu erhalten, in regelmäßigen Abständen einer Prüfung unterziehen und in ihren Verhaltenskodizes Mindestanforderungen etwa in den Bereichen Gesundheitsschutz, Arbeitssicherheit, Arbeitszeit und Lohnniveau garantieren. Der von den Unternehmen zu „kontrollierende" und zu „verantwortende" Bereich umfasst auch an der Produktion beteiligte Zulieferunternehmen, wobei die Zertifizierung jeweils nur für eine einzelne Produktionseinheit, nicht jedoch für die gesamte Wertschöpfungskette durchgeführt wird.[964]

Soweit derartige Implementations- und Kontrollmechanismen der unternehmerischen Selbstregulierung lediglich innerbetrieblich vorgenommen (so etwa bei Stichprobenkontrollen oder Schulungsmaßnahmen) werden, droht insbesondere der für die Öffentlichkeit und die Stakeholder aus den Kodizes zu erzielende Mehrwert verloren zu gehen. Dem kann durch eine weitergehende Institutionalisierung unabhängiger Rechenschafts- und Kontrollmechanismen entgegen gewirkt werden.

---

960 *Lundblad*, in: Mullerat, Corporate Social Responsibility, S. 365 (391).

961 *Ruggie*, Am. J. Int'l L. 2007, S. 819 (836).

962 Siehe auch die Darstellung zu den drei Umsetzungsmechanismen bei *Mosters*, S. 58 ff.

963 Im Jahr 2013 waren insgesamt 3258 Produktionsstätten in 72 Ländern mit mehr als 2 Millionen Arbeitnehmern durch den SA8000 zertifiziert, vgl. http://www.saasaccreditation.org/certfacilitieslist (Stand: 21.01.2016).

964 Ausführlich zu den Anforderungen und dem Verfahren des SA8000 *Gilbert/Rasche*, Business Ethics Quarterly 2007, S. 187 (197 ff.).

(d) Kritik

Die Implementierungsschwächen und die unzureichend ausgebildeten Rechenschafts- und Kontrollmechanismen stellen nicht nur die größte inhaltliche Schwachstelle der Unternehmenskodizes dar, sondern stehen (zwangsläufig) auch im Zentrum der öffentlichen Kritik an der unternehmerischen Selbstregulierung. Nicht selten werden die Kodizes etwa als „reine PR-Übungen" oder gar als „Täuschung der Öffentlichkeit" wahrgenommen.[965] In der Tat haben fehlende einheitliche Standards dazu geführt, dass die Kodizes teilweise so abstrakt formuliert werden, dass ein unmittelbar selbstregulierender Beitrag nicht mehr erkannt werden kann (dies gilt insbesondere für „*corporate credos*" und „*management philosophy statements*"). Dabei führt die „Elastizität" der Formulierung dazu, dass es nicht nur der Allgemeinheit, sondern auch den Unternehmen selbst erschwert wird, das eigene Verhalten und die Leistungsfähigkeit an den selbstgegebenen Vorgaben zu messen.[966] Weitere Kritikpunkte sind zudem, dass die Kodizes die Unternehmen häufig nur zu etwas verpflichten, wozu sie ohnehin bereits verpflichtet sind, dass Verpflichtungen eingegangen werden, die an sämtlichen in- und ausländischen Standorten tatsächlich gar nicht zu befolgen sind und dass damit letztlich hoheitliche Regulierung durch etwas ersetzt werden soll, das nicht gleichwertig ist.[967] Hinzu kommt, dass gerade Unternehmen ohne Kundenkontakt aufgrund des fehlenden Drucks der Öffentlichkeit in aller Regel weniger geneigt sein werden, sich verbindliche Selbstverpflichtungen aufzuerlegen, was möglicherweise Wettbewerbsverzerrungen nach sich ziehen kann.

All diesen Bedenken stehen jedoch auch zahlreiche Vorteile der Selbstregulierungsform des unternehmerischen Verhaltenskodex gegenüber, die es zu berücksichtigen gilt. Schon die tatsächliche Beobachtung, dass die Zahl der freiwillig auf Unternehmensebene implementierten Kodizes seit den 1990er Jahre sprunghaft angestiegen ist und heute so gut wie jedes größere Unternehmen über eine entsprechende Selbstverpflichtung verfügt, lässt sich nur bedingt auf eine zunehmend sensiblere und gleichfalls immer besser informierte und organisierte Öffentlichkeit zurückführen.[968] Vielmehr haben auch auf Unternehmensseite gesammelte positive Erfahrungen mit Formen der Selbstregulierung zu der zunehmenden Verbreitung von Verhaltenskodizes in der Unternehmenspraxis beigetragen. Als anerkannt gilt dabei etwa, dass die Kodizes das Unternehmensimage aufbessern, eine interne Prozessoptimierung anstoßen und dadurch die Wirtschaftlichkeit des Unternehmenshandelns insgesamt erhöhen.[969] Gleichzeitig führen die Kodizes dazu, dass das

965 *Schaub*, Grundlagen der Regulierung multinationaler Unternehmen, S. 249; *Geldermann*, S. 112.

966 *Ruggie*, Am. J. Int'l L. 2007, S. 819 (836).

967 *Herberg*, ZfRSoz 2001, S. 25 (29 f.).

968 *Schaub*, Grundlagen der Regulierung multinationaler Unternehmen, S. 247; *Geldermann*, S. 112.

969 *Hennings*, S. 61.

Thema der Unternehmensverantwortung auf Unternehmensebene präsent bleibt. Nicht außer Acht gelassen werden darf zudem, dass sich Unternehmen oftmals einem direkten Druck durch Wettbewerber ausgesetzt sehen, die ihr unternehmerisches Handeln bereits an entsprechenden Leitlinien ausrichten und sich insofern als verantwortungsbewusste Marktteilnehmer präsentieren. Neben diese Überlegungen von Unternehmensseite treten zudem die Vorteile, die sich der Hoheitsträger mit dem Konzept der unternehmerischen Selbstregulierung verspricht. Dazu zählt insbesondere die Hoffnung, im Wege eines flexiblen und innovativen Regulierungsinstruments diejenige „Lücke" füllen zu können, die durch die Globalisierung der Geschäftsaktivitäten der Unternehmen entstanden ist.[970] Gezielt sollen dafür die „regulative Kraft der Zivilgesellschaft" genutzt und die Marktstrukturen so verändert werden, dass ein „Wettbewerb um den ‚besten' Code" entsteht.[971]

(4) Regulierte Selbstregulierung

Die negativen Aspekte und die inhaltlichen Schwächen der Unternehmenskodizes zu korrigieren, ohne dabei auf die Vorteile der (unternehmerischen) Selbstregulierung verzichten zu müssen, ist das Ziel des Steuerungskonzepts der „regulierten Selbstregulierung". Dabei wird die gesellschaftliche Selbstregulierung gewissermaßen zu einem hoheitlichen Steuerungsinstrument umgeformt, indem sie in den Dienst der Gemeinwohlerfüllung gestellt wird.[972] Im Gegensatz zur direkten hoheitlichen Regulierung beschränkt sich der Hoheitsträger im Rahmen der regulierten Selbstregulierung auf die „Initiierung, Anleitung und Absicherung" der eigenverantwortlichen Aufgabenerfüllung der privaten Akteure.[973] Zwischen den zumeist als „Polen" beschriebenen Handlungsmodi der hoheitlich imperativen Regulierung und der rein gesellschaftlichen Selbstregulierung lässt sich die regulierte Selbstregulierung konsequenterweise in der Mitte ansiedeln. Zum Ausdruck kommt die Mittelstellung nicht nur dadurch, dass auf die gesellschaftliche Eigendynamik (insbesondere deren Wissen und Initiative) zur Erreichung von Gemeinwohlzielen zurückgegriffen wird, sondern auch dadurch, dass die regulierte Selbstregulierung die Elemente von „Hierarchie und Verhandlung" miteinander in Einklang bringt.[974] Der Hoheitsträger bleibt dabei zunächst im Hintergrund, trägt jedoch die „Gewährleistungsverantwortung" und bürgt damit insgesamt für die Zielrealisierung.

Wie der Hoheitsträger seiner Verantwortung nachkommt sicherzustellen, dass die Privaten Akteure die ihnen anvertrauten Gemeinwohlziele auch tatsächlich

---

970 Insofern sind Unternehmenskodizes nicht nur ein Hinweis sondern auch eine Reaktion auf eine „mögliche Neuverteilung der Verantwortlichkeiten zwischen Staat und Wirtschaft", zumal sie auch „strukturelle Ähnlichkeiten" mit dem hoheitlich geschaffenen Recht aufweisen, siehe *Herberg*, ZfRSoz 2001, S. 25 (25).

971 *Hennings*, S. 61.

972 *Salzborn*, S. 43.

973 *Sparwasser* et al., Umweltrecht, S. 124.

974 *Becker*, S. 49 f.; *Brehme*, S. 58; *Martin*, S. 29 f.

erreichen, ist eine Frage des Einzelfalls. *Trute* hat als „Ordnungsprinzipien der regulierten Selbstregulierung“ insofern vor allem Informations-, Evaluations- und Kontrollbefugnisse ausgemacht.[975] Grundsätzlich setzt der Hoheitsträger zumeist nicht nur Anreize zur Selbstregulierung oder beschränkt sich auf eine reine Implementierungskontrolle, sondern er definiert zugleich gestalterisch einen verbindlichen (Rechts-)Rahmen für die Wahrnehmung dieser Eigenverantwortung, indem er inhaltliche Kriterien benennt, Zielvorgaben macht und/oder prozedurale Verfahrensregeln festlegt. Eine „kontinuierliche Beeinflussung“ der gesellschaftlichen Selbstregulierung im Sinne der hoheitlichen Steuerungsziele kann dabei auch dadurch erfolgen, dass staatlicherseits der den privaten Akteuren eingeräumte Spielraum bei der Optionenwahl und -konkretisierung eingeengt wird.[976]

Auf die CSR übertragen kann die regulierte Selbstregulierung damit Bedeutung vor allem dort erlangen, wo es darum geht, den Unternehmenskodizes zu mehr Glaubwürdigkeit und Sichtbarkeit zu verhelfen. Dies kann etwa durch die hoheitliche Vorgabe von inhaltlichen Mindeststandards der Selbstregulierung erreicht werden, durch die die Transparenz des unternehmerischen Handelns im Bereich der CSR insgesamt erhöht und zudem verhindert wird, dass die Kodizes „als bloße Werbemaßnahmen missbraucht und delegitimiert werden.“[977] Auch ist es möglich, dass hoheitlicherseits auf die unternehmerischen Implementationsinstanzen Einfluss genommen wird.[978] So kann der Hoheitsträger (auf europäischer Ebene insbesondere durch die EU-Kommission) etwa formal eine Anerkennung der unternehmerischen Selbstregulierung erklären. Dies kann im Interesse der Rechtssicherheit nicht nur geboten sein, sondern zugleich der jeweiligen Verpflichtungserklärung ein größeres Maß an Bindungswirkung und Legitimität verleihen.[979] Ein weiterer Anwendungsfall der regulierten Selbstregulierung mit Bezug zum Konzept der CSR bildet die hoheitliche Mitwirkung an der Erstellung von Modellkodizes und Normierungsverfahren im Rahmen von zumeist privatrechtlich konstituierten Gremien (wie etwa der „*Global Reporting Initiative*“ – GRI oder der ISO). Bei all diesen Beispielen wird das unternehmerische Engagement jeweils durch einen verbindlichen rechtlichen Rahmen im Sinne des hoheitlichen Steuerungsziels kanalisiert.

Insgesamt unterstreichen die Überlegungen des Steuerungskonzepts der regulierten Selbstregulierung zwei Aspekte, die gleichsam als Funktionsbedingungen

975 *Trute*, DVBl. 1996, S. 950 (954).

976 *Leifer*, S. 56 f. Insgesamt folgt das Steuerungskonzept der regulierten Selbstregulierung damit im Wege eines „eigenartigen Mischungsverhältnisses“ aus rechtlichem bzw. faktischem Druck und Freiwilligkeit dem Prinzip der Verantwortungsteilung bei der Erfüllung öffentlicher Aufgaben, siehe *Volkmann*, JuS 2001, S. 521 (525); *Brehme*, S. 58.

977 *Kocher/Wenckebach*, KJ 2013, S. 18 (28).

978 *Becker*, S. 51. Das Umweltauditsystem EMAS schafft hingegen sowohl Anreize zur selbstregulativen Normsetzung als auch Vorgaben zu deren Implementation (Selbstprüfung, Selbstkontrolle, Selbstverbesserung), siehe *Leifer*, S. 56.

979 *Meßerschmidt*, S. 416 f.

der Steuerung unternehmerischen Verhaltens insgesamt betrachtet werden können: Einerseits ist es notwendig, die „Lebenswirklichkeit" der Steuerungsobjekte im Blick zu behalten und dabei die „Eigenlogik gesellschaftlicher Teilbereiche" für die Durchsetzung öffentlicher Steuerungsziele zu nutzen.[980] Dies darf andererseits jedoch nicht zum Entstehen von Legitimationsdefiziten oder zur Aushöhlung bzw. Herabsetzung von Gemeinwohlzielen führen. Daher ist der Hoheitsträger aufgerufen, die Freiheitsgrade und Handlungsspielräume der gesellschaftlichen Selbstregulierung anzuleiten. Gerade vor dem Hintergrund, dass es nicht selten das „Damoklesschwert des Ordnungsrechts"[981] ist, dass den unternehmerischen Selbstregulierungsbeitrag induziert, sollten Formen der regulierten Selbstregulierung eher als Ergänzung denn als Alternative ordnungsrechtlicher Steuerungsinstrumente betrachtet werden.[982]

d. Instrumentenwahl

Die hier vorgenommene Systematisierung der Steuerungsinstrumente kann als Beleg für die Vielfalt der dem Hoheitsträger im Bereich der CSR zur Verfügung stehenden Handlungsmöglichkeiten gewertet werden. In aller Regel liegt die Entscheidung darüber, welches Instrument im Einzelfall am besten geeignet ist, um von den Unternehmen ein unter sozialen, ökologischen und ökonomischen Gesichtspunkten verantwortliches Handeln einfordern zu können, im Ermessen des Hoheitsträgers. Ohnehin wird es sich in Anbetracht der Breite und Komplexität der mit der CSR verbundenen Themen zumeist um einen „Instrumentenverbund" handeln, bei dem im Wege der direkten Verhaltenssteuerung Lösungen im Bereich der Gefahrenabwehr sichergestellt werden, während die Mittel der indirekten Verhaltenssteuerung situativ und flexibel weitergehende Ziele realisieren.[983] Zu den üblicherweise vom Hoheitsträger im Rahmen seines Auswahlermessens zu berücksichtigenden „Koordinaten" der Kosteneffizienz und Vollzugseignung treten im Falle der CSR speziellere Überlegungen, zu denen etwa die Praktikabilität, die Akzeptanz, die (politische) Durchsetzbarkeit, die Innovationsoffenheit, die Wettbewerbskonformität und die wirtschaftspolitische Eignung (d.h. größtmögliche Reduzierung volkswirtschaftlicher Risiken) der anzuwendenden Maßnahmen zählen.[984]

---

980 *Martin*, S. 30 f.

981 *Volkmann*, JuS 2001, S. 521 (525).

982 *Sparwasser* et al., Umweltrecht, S. 125. Dort auch die treffende Metapher: „Schnell erliegt man der Illusion, der Staat würde steuern und die Gesellschaft rudern, wo die tatsächliche Herrschaft über die Art und Weise der Erfüllung öffentlicher Aufgaben längst bei den privaten Akteuren liegt."

983 Für das Umweltrecht *Kloepfer*, in: König/Dose, Instrumente und Formen staatlichen Handelns, S. 329 (357); *Meßerschmidt*, S. 362.

984 Insbesondere stehen der Erhalt von Arbeitsplätzen und Wirtschaftskraft im Fokus des Hoheitsträgers, vgl. auch die Aufzählung der Kritierien der Instrumentenwahl im Umweltrecht bei *Sparwasser* et al., Umweltrecht, S. 139; *Kloepfer*, Umweltrecht, S. 223.

Insgesamt gilt es bei der durch den Hoheitsträger vorzunehmenden Instrumentenwahl aber vor allem auch zu berücksichtigen, dass eine erfolgreiche öffentliche CSR-Politik jeweils nur dann gelingen kann, wenn die darin vorgesehenen Maßnahmen auf Führungsebene der Unternehmen mitgetragen werden. Gerade weil die Letztverantwortung für Um- und Durchsetzung eines verantwortlichen Handelns in Produktion, Vertrieb und Planung von den Unternehmensleitungen zu tragen ist, erscheint es angebracht, die Aufgabe des hoheitlichen Rechts in diesem Zusammenhang weniger darin zu sehen, „exakte Entscheidungskriterien" zu formulieren, als vielmehr einen institutionellen Rahmen bereitzustellen, mit dem den Unternehmen zwar Anstöße gegeben werden, ihnen aber zugleich ein Freiraum zugestanden wird, ihre Verantwortung gegenüber der Allgemeinheit wahrzunehmen.[985] Stärker noch als andere Bereiche der hoheitlichen Steuerung steht die auf Kooperation angewiesene öffentliche CSR-Politik somit unter dem Vorbehalt des Grundsatzes der Verhältnismäßigkeit.

V. Zwischenergebnis: CSR und Recht

Aufbauend auf den bisherigen Überlegungen lässt sich der Begriff der „CSR" als Oberbegriff für verschiedenste Formen der Beeinflussung unternehmerischer Verantwortung in ökonomischer, sozialer und ökologischer Hinsicht verstehen. Die Formen der Beeinflussung können dabei variieren. So appelliert die CSR teilweise an die Unternehmensmoral und bewegt sich sodann in einem außerrechtlichen Bereich. Umfasst sein können jedoch auch rechtliche „Formen der Beeinflussung". Dabei steht jeweils der Begriff der „Steuerung" unternehmerischen Verhaltens im Vordergrund. Gerade die Steuerungsfunktion als eine der zentralen Funktionen des Rechts sieht sich seit mehreren Jahrzehnten einem nachhaltigen Wandel ausgesetzt, der sich neben anderen Aspekten vor allem auch auf Globalisierungstendenzen zurückführen lässt. In seinem Bestreben, auch unter den gewandelten gesellschaftlichen Realitäten weiterhin ein notwendiges Maß an Steuerungseffizienz entfalten zu können, hat sich das „Recht" dabei angepasst und seine äußere Gestalt zum Teil verändert. Ablesen lässt sich dies auch an der CSR, die – soweit sie Formen einer rechtlichen Steuerung umfasst – vor allem auf alternativen und indirekten Wegen der Beeinflussung unternehmerischen Verhaltens jenseits der „klassischen" Kategorien von Befehl und Zwang aufbaut. Selbst wenn es dabei nicht möglich ist, „CSR" oder „Unternehmensverantwortung" aufgrund der Weite des Begriffs als Rechtsbegriff im engeren Sinne zu verstehen, haben die bisherigen Ausführungen doch belegt, dass rechtliche Anknüpfungspunkte des Konzepts jedenfalls in zweifacher Hinsicht bestehen: Einerseits umfasst die CSR eine innere Perspektive, bei der sich Unternehmen und deren Zusammenschlüsse selbst Regeln mit normativer Wirkung im Bereich der Unternehmensverantwortung (hauptsächlich im Wege des Erlasses von Unternehmens- bzw. Branchenkodizes) setzen. Andererseits gehört zu der CSR

985 *Kloepfer*, DB 1993, S. 1125 (1125).

jedoch auch eine äußere Perspektive, in der durch externes (zumeist hoheitliches) Handeln auf die Unternehmen eingewirkt wird. Nicht selten sind die innere und äußere „Perspektive“ dabei insoweit miteinander verbunden, als Druck von „außen“ unternehmerisches Verantwortungspotenzial nach „innen“ aktivieren soll.

1. Binnenrecht: CSR als globale Lex Mercatoria

In seiner Binnenperspektive umfasst die CSR normative Regeln, die ihre steuernde Wirkung innerhalb eines oder zwischen verschiedenen Unternehmen entfalten. Dazu zählen vor allem die in ihrem Inhalt und ihrer Wirkung skizzierten Verhaltenskodizes, die maßgeblich zum Entstehen eines weit verbreiteten Regimes der Selbstregulierung im Bereich der CSR beigetragen haben. Auch wenn die Schaffung und Implementierung entsprechender Richtlinien in der Unternehmenspraxis zumeist auf „freiwilliger“ Basis erfolgt, erzeugen sie doch auf Seiten der Stakeholder eine tatsächliche Erwartungshaltung, die einer rechtlichen Bindungswirkung nahekommt. Aus rechtlicher Sicht relevanter ist jedoch, dass auch derartige freiwillige Selbstregulierungen rechtliche Folgewirkungen nach sich ziehen können, vor allem vor dem Hintergrund, dass ihnen zumeist eine „quasi-vertragliche“ Wirkung zukommt. Bedeutend ist insofern auch die Praxis, dass international agierende Unternehmen ihre ausländischen Vertragspartner (Zulieferer) vermehrt vertraglich auf die Einhaltung bestimmter CSR-Mindeststandards, wie sie etwa in Verhaltenskodizes niedergelegt sind, verpflichten. Die Bedeutung resultiert dabei daraus, dass im Wege einer derartigen Verpflichtung Standards der Unternehmensverantwortung global verbreitet werden und so jedenfalls in Teilen das Steuerungsdefizit kompensiert werden kann, das durch fehlende staatliche Handlungsmöglichkeiten im globalen Raum entstanden ist. In dieser Perspektive eines sich aus den Unternehmen heraus entwickelnden Steuerungsrahmens für verantwortliches Handeln entspricht die CSR dem, was *Teubner* als neue „Lex Mercatoria“ beschrieben hat, also eine globale Ordnung der internationalen Wirtschaft, die sich überwiegend unabhängig von einer hoheitlichen Steuerung im Wege der transnationalen Selbstregulierung privater Akteure konstituiert.

2. Außenrecht: CSR als hoheitliche Steuerung von Unternehmensverantwortung

Die äußere Perspektive des Verhältnisses zwischen CSR und Recht umfasst diejenigen Normen, die von außen an die Unternehmen herangetragen werden und zu einem „verantwortlichen“ Unternehmenshandeln beitragen sollen. Insofern erscheint es angemessen, von einem (hoheitlichen) „Recht der CSR“ zu sprechen. Kennzeichen dieses Rechts bildet sein auf Kooperation und Prävention aufbauender Steuerungsansatz. In inhaltlicher Hinsicht drückt sich dies darin aus, dass die unterschiedlichen Steuerungsinstrumente vor allem auf eine Erhöhung der Transparenz des unternehmerischen Verantwortungshandelns ausgerichtet sind. Dafür greift das Recht der CSR auf Normen zurück, die auf eine indirekte Steuerung etwa durch ökonomische

Anreize, durch Information und durch Betriebsorganisation abzielen. In ihrer Gesamtheit geht es diesen Normen darum, die Grundlagen für eine innerbetriebliche CSR zu legen und deren Wirksamkeit zu erhöhen. Dazu zählt auch, dass im Wege der beschriebenen Transparenz marktwirtschaftliche Kontrollmechanismen aktiviert, also etwa Verbraucher in die Lage versetzt werden sollen, verantwortliches Handeln zu belohnen. Als Charakteristikum des Rechts der CSR lässt sich insofern auch festhalten, dass rechtliche Regeln zur Aktivierung des unternehmerischen Verantwortungspotentials immer die Handlungsrationalitäten der Steuerungsobjekte (Unternehmen) im Blick haben. Dies führt dazu, dass CSR-Normen als verhältnismäßig „weich" erscheinen, auf Zwang verzichten und stattdessen auf Kooperation ausgerichtet sind. Dieser Ansatz muss sich jedoch nicht (wie von mancher Seite unterstellt) zwangsläufig nachteilig auf die vom Recht der CSR zu erreichenden Steuerungsziele auswirken. Ganz im Gegenteil, bringen die Instrumente und der Inhalt des Rechts der CSR einen intelligenten Steuerungsansatz zum Ausdruck, der den Steuerungsrealitäten einer globalisierten Wirtschaft gerecht wird, ohne dabei das auch vor dem Hintergrund dieser Realitäten notwendige Mindestmaß an (staatlicher) Gewährleistungsverantwortung in Frage zu stellen.

VI. Exkurs: Die gesellschaftsrechtliche Diskussion um das „Unternehmensinteresse"

Über den Gedanken einer hoheitlichen Steuerung unternehmerischen Verhaltens hinaus ergeben sich rechtliche Anknüpfungspunkte der CSR auch im Aktienrecht. Dort lässt sich vor allem die seit mehreren Jahrzehnten zum Teil kontrovers geführte Diskussion um das sog. „Unternehmensinteresse" als rechtliches Spiegelbild der (betriebs-)wirtschaftlichen Shareholder-/Stakeholder-Value-Debatte verstehen.[986] Ähnlich zu den aus Sicht der Ökonomie vorgebrachten Argumenten geht es auch bei der rechtlichen Diskussion letztlich um die allgemeine Frage, an welchen übergreifenden Zielen und Zwecken ein privatwirtschaftlich betriebenes Unternehmen seine Geschäftsaktivitäten auszurichten hat. Obwohl diese allgemeine Frage ebenso wie die spezifische Diskussion, ob die Zielkonzeption eines eigenständigen „Unternehmensinteresses" dazu geeignet ist, den jeweils führenden Gesellschaftsorganen eine materielle Richtlinie für ihre Leitungsentscheidung zu geben, hauptsächlich für das Gebilde der Aktiengesellschaft (AG) gestellt wird, lassen sich die damit verbundenen Wertungsfragen auch auf andere Rechtsformen entsprechend übertragen.[987] Zur Komplettierung des Bildes der rechtlichen Rahmenbedingungen der CSR soll

986 Dazu *Forstmoser* in FS Simon, S. 207 (222): „Juristen und Ökonomen sprechen [...] nicht die gleiche Sprache. Daher wurde bisher kaum bemerkt, dass die Shareholder-/Stakeholder-Value-Diskussion auch – und sogar viel früher – in der Jurisprudenz geführt worden ist, wenn auch mit anderer Terminologie [...]."

987 Das gilt insbesondere für die GmbH, siehe *Grigoleit*, S. 332.

diese Diskussion im Folgenden überblicksartig nachvollzogen und anschließend bewertet werden.

1. Aktienrechtliche Ausgangslage

Ausgangspunkt der aktienrechtlichen Diskussion um das Unternehmensinteresse bildet die Vorschrift des § 76 Abs. 1 AktG, der den Vorstand der Gesellschaft dazu berechtigt und verpflichtet, die AG unter eigener Verantwortung zu leiten. Gegenstand der Leitungsverantwortung des Vorstands bildet das Unternehmen in seiner Gesamtheit.[988] Die Offenheit der Formulierung und die daraus entnommene – scheinbar unbegrenzte – Weite der Leitungsverantwortung haben zu Auseinandersetzungen über die Frage geführt, ob, und wenn ja, wo der dem Vorstand im Rahmen seiner Leitungsaufgabe eingeräumte Ermessensspielraum an seine Grenzen stößt.

a. Leitungsverantwortung des Vorstands

Schon der Inhalt der Aufgabe der „Leitung", die über die Norm des § 76 Abs. 1 AktG dem Vorstand als Kollegialorgan zugewiesen ist, ergibt sich nicht ohne Weiteres aus dem Gesetz. Die überwiegende Ansicht in der Literatur gewinnt eine inhaltliche Konkretisierung durch Abgrenzung zum Begriff der „Geschäftsführung", wie er etwa in § 77 Abs. 1 AktG enthalten ist. Danach handelt es sich bei der Leitung der Gesellschaft um einen herausgehobenen Teilbereich der Geschäftsführung, bei dem es um die Führungsaufgabe des Vorstands geht, während die „einfache" Geschäftsführung jedwede tatsächliche oder rechtsgeschäftliche Tätigkeit der AG umfasst.[989] Hingewiesen wird in diesem Zusammenhang jedoch auch darauf, dass „subsumtionsfähige Unterscheidungskriterien" zwischen Leitung und Geschäftsführung in aller Regel nicht bestehen, weshalb sich die Abgrenzung nicht selten an betriebswirtschaftlichen Kriterien orientiert.[990] Dem Bereich der Leitungsverantwortung sind demnach vor allem solche Entscheidungen und Aktivitäten zuzuordnen, die für die langfristige Positionierung der Gesellschaft von Relevanz sind oder mit einem gesteigerten Maß an unternehmerischem Risiko verbunden sind, wie etwa wichtige Personalentscheidungen oder Beschlüsse zu Fragen der Ausrichtung, der Koordination, der Struktur und der Kontrolle des Unternehmens. In all diesen Bereichen gesteht § 76 Abs. 1 AktG dem Vorstand für sein unternehmerisches Handeln einen eigenverantwortlichen Entscheidungsbereich zu.

---

988 Damit bezieht sich die Leitungsverantwortung nicht etwa nur auf die Leitung der Gesellschaft als ein Verband zusammengeschlossener Gesellschafter. *Henze*, BB 2000, S. 209 (209).

989 *Hüffer*, AktG, § 76, Rn. 7.

990 *Henze*, BB 2000, S. 209 (210); *Hüffer*, AktG, § 76, Rn. 8.

b. *Weisungsfreiheit und Ermessensspielraum des Vorstands*

Notwendige Voraussetzung eines derartigen eigenverantwortlichen Entscheidungsbereichs ist, dass der Vorstand seine Beschlüsse weisungsfrei treffen und vollständig auf das ihm eingeräumte Ermessen zurückgreifen kann. Für den Vorstand nicht bindend sind demzufolge insbesondere Weisungen anderer Gesellschaftsorgane, die in den von seiner Leitungsverantwortung umfassten Zuständigkeitsbereich fallen. Von seinem unternehmerischen Ermessen umfasst sind hingegen alle Entscheidungen über Zielkonzeption, Organisation, (innere) Führungsgrundsätze und Geschäftspolitik des in Form der AG verfassten Unternehmens.[991] Insgesamt gewährt § 76 Abs. 1 AktG dem Vorstand damit nicht nur eine große unternehmerische Freiheit, sondern auch eine „herausgehobene Leitungsverantwortung“, die ihm eine unabhängige Stellung insbesondere im Verhältnis zu den Aktionären garantiert.[992]

Diese starke und autonome dem Vorstand durch Gesetz vermittelte Stellung innerhalb der AG führt beinahe zwangsläufig zu der Frage, welchen Beschränkungen und inhaltlichen Vorgaben der Vorstand im Rahmen der Ausübung seines Leitungsermessens unterliegt. Dabei muss eine erste Beschränkung notwendigerweise in all jenen zwingenden gesetzlichen (vor allem gesellschafts-, arbeits- und ordnungsrechtlichen) Bestimmungen gesehen werden, die das Vorstandshandeln inhaltlich konkretisieren und insoweit beschneiden. Außer dieser allgemeingültigen rechtlichen Schranke für das Leitungsermessen trifft den Vorstand nach überwiegender Ansicht jedoch auch eine darüber hinaus gehende zweite Pflicht, die darin besteht, diejenigen (vor allem wirtschaftlichen und sozialen) Vorgaben zu beachten, die sich aus der Vielzahl von Einzelinteressen der am Unternehmen beteiligten oder darauf bezogenen Anspruchsgruppen ergeben.[993] Diesem Gedanken liegt die Idee zugrunde, dass es sich bei dem von der Gesellschaft betriebenen Unternehmen um einen „interessenpluralen Organismus“ handelt, in dem „persönliche und sachliche Werte zu einer sozialen und wirtschaftlichen Einheit integriert sind“ und der unter anderem den – nicht selten divergierenden – Interessen der Anteilseigner, der Arbeitnehmer und der Allgemeinheit ausgesetzt ist.[994] Diese sämtlichen im Unternehmen zusammenlaufenden Interessen aufzugreifen, miteinander in Einklang zu bringen und daraus eine für den Vorstand verbindliche Handlungsanweisung zu

---

991 *Mertens/Cahn*, in: Zöllner/Noack, KölnerKomm-AktG, § 76, Rn. 9; *Raiser/Veil*, Recht der Kapitalgesellschaften, S. 121.

992 Vor allem kann in diesem Zusammenhang nicht von einem „Mandatsverhältnis“ zwischen Vorstand und Aktionären gesprochen werden, vgl. *Hüffer*, AktG, § 76, Rn. 12a.

993 *Mertens/Cahn*, in: Zöllner/Noack, KölnerKomm-AktG, § 76, Rn. 14; *Schilling*, BB 1997, S. 373 (377); *Raiser/Veil*, Recht der Kapitalgesellschaften, S. 121; *Semler/Spindler*, in: MüKo-AktG, Vor § 76, Rn. 85.

994 Anders jedoch die Gesellschaft selbst, bei der es sich um einen „interessenmonistische[n] Verband der Kapitalgeber“ handelt, *Hefermehl/Spindler*, in: MüKo-AktG, § 76, Rn. 56. Siehe auch *Hüffer*, AktG, § 76, Rn. 12.

entwickeln, ist eines der mit der Figur des „Unternehmensinteresses" verbundenen Kernanliegen. Gerade die Bestimmung einer konkreten Verhaltensrichtlinie erweist sich jedoch sowohl in der Literatur als auch in der Rechtsprechung als eine der größten mit dem Konzept des „Unternehmensinteresses" verbundenen Schwierigkeiten. Zurückführen lassen sich diese Probleme vor allem auf ein uneinheitliches Verständnis des Begriffs und der Bedeutung des „Unternehmensinteresses", zumal der Terminus selbst vom Gesetz an keiner Stelle explizit verwendet wird.[995]

2. Begriff und Bedeutung des Unternehmensinteresses

Um den Bedeutungsgehalt des „Unternehmensinteresses" im Einzelfall näher bestimmen zu können, ist es hilfreich, zunächst dessen begriffliche und inhaltliche Entwicklung aufzuzeigen und sodann nachzuvollziehen, welche Einzelinteressen auf das in der AG verfasste Unternehmen Einfluss nehmen.

a. Historische Entwicklung

Diskussionen über die Zielkonzeption unternehmerischen Handelns begleiten das privatwirtschaftliche Unternehmertum seit jeher. Mit Blick auf das deutsche Aktienrecht werden die Vorläufer des „Unternehmensinteresses" jedoch vor allem in den Auseinandersetzungen um die Lehre des „Unternehmens an sich" gesehen.[996] Zurückführen lassen sich die Diskussionen um die Lehre des „Unternehmens an sich" auf *Walther Rathenaus* Veröffentlichung „Vom Aktienwesen"[997], die kontrovers aufgenommen- und auf Widerspruch insbesondere durch *Fritz Hausmann* gestoßen sind.[998] *Rathenau* hatte seine Thesen auf die Beobachtung gestützt, dass sich aufgrund der gestiegenen gesamtwirtschaftlichen Bedeutung auch das tatsächliche Erscheinungsbild der damaligen AGs gewandelt habe und sich diese insbesondere von ihren Kapitalgebern emanzipiert hätten. Daraus folgerte er, dass die Gesellschaften zunehmend ihre eigenen Interessen verfolgten, die als nicht weniger schutzberechtigt anzusehen seien als die Interessen der Aktionäre.[999] Gleichzeitig erachtete es *Rathenau* für notwendig, die Herauslösung der AG aus der Verpflichtung auf die Aktionärsinteressen durch eine Verpflichtung auf die Interessen des Gemeinwohls zu kompensieren.[1000]

Gesetzlich umgesetzt wurde die verstärkte Inanspruchnahme privatwirtschaftlicher Unternehmen durch den Staat im Interesse der Allgemeinheit sodann durch die Norm § 70 AktG 1937, der (als Vorläufer der heutigen Bestimmung des § 76 Abs. 1

995 *Birke,* S. 155.
996 *Riechers,* S. 189.
997 *Rathenau,* Vom Aktienwesen. Eine geschäftliche Betrachtung, Berlin 1918.
998 Auf Hausmann geht auch der (eigentlich negativ belegte) Begriff des „Unternehmens an sich" zurück, siehe dazu *Birke,* S. 158.
999 *Bähr,* in: Ders./Banken, Wirtschaftssteuerung im Nationalsozialismus, S. 35 (37).
1000 *Birke,* S. 157; *Riechers,* S. 189.

AktG) bestimmte: „*Der Vorstand hat unter eigener Verantwortung die Gesellschaft so zu leiten, wie das Wohl des Betriebes und seiner Gefolgschaft und der gemeine Nutzen von Volk und Reich es fordern.*“ Im Hinblick auf das innergesellschaftliche Gefüge wurde damit vor allem eine Schwächung der Stellung der Hauptversammlung gegenüber dem Vorstand erreicht. Der Vorstand sollte weder als Organ noch als Treuhänder der Gesellschafter fungieren, sondern vielmehr als Leiter des Unternehmens der Gesellschaft, der das Wohl des Betriebes wahrnehmen und notfalls auch gegen die Interessen der Aktionäre verteidigen sollte.[1001] Charakteristisch war zudem die ausdrückliche Verpflichtung der Unternehmensleitung auf das Wohl der Allgemeinheit („gemeine Nutzen von Volk und Reich“), gerade weil aufgrund des Fehlens einer Stufungsbestimmung die Gleichwertigkeit der Interessen des Gemeinwohls mit denjenigen der Anteilseigner und Arbeitnehmer festgeschrieben wurde.

Die Regelung des § 70 AktG 1937 galt fort bis zur Neufassung des Aktiengesetzes im Jahr 1965, die unter anderem auch die heute geltende Vorschrift des § 76 Abs. 1 AktG einführte. Im Gegensatz zur Bestimmung des § 70 AktG 1937 ist der Vorstand nunmehr nach dem Wortlaut des § 76 Abs. 1 AktG nicht mehr auf die Berücksichtigung einzelner, näher spezifizierter Interessen festgelegt. Gleichwohl soll nach der auch heute noch überwiegenden Ansicht der Zielbestimmungskatalog des § 70 AktG 1937 (Aktionäre, Arbeitnehmer, Allgemeinheit) fortgelten. Begründen lässt sich dies zunächst mit der Gesetzgebungsgeschichte des § 76 Abs. 1 AktG. Demnach wurde im Laufe des Gesetzgebungsverfahren zwar bewusst von einer dem § 70 AktG 1937 vergleichbaren Zielkonzeption Abstand genommen, dies jedoch gleichfalls nur unter dem Hinweis, „es ... [verstehe] sich von selbst und ... [brauche] daher nicht ausdrücklich im Gesetz bestimmt werden“, dass der Vorstand der AG bei seinen Entscheidungen auch die Interessen der Arbeitnehmer sowie der Allgemeinheit zu berücksichtigen habe.[1002] Eine andere Argumentationslinie knüpft an die durch § 70 AktG 1937 geschaffene und durch § 76 Abs. 1 AktG weiter institutionalisierte herausgehobene innergesellschaftliche Stellung des Vorstands als Leitungsorgan an. Diese herausgehobene Bedeutung lasse sich im Hinblick auf die geschichtliche Entwicklung nur dann rechtfertigen, wenn der Leitungsfunktion des Vorstands auch eine Bindung an das Gemeinwohl als Korrelat zur Eigenverantwortlichkeit immanent sei.[1003]

Aufgegriffen wurde die Vorstellung von der interessenpluralen Leitungsverantwortung des Vorstands der AG schließlich auch durch die Figur des „Unternehmensinteresses“, die begrifflich erstmals durch die Rechtsprechung in den 1970er Jahren

---

1001 *Groh*, DB 2000, S. 2153 (2155). Obwohl damit zugleich das der nationalsozialistischen Ideologie entspringende „Führerprinzip“ in das Aktienrecht überführt wurde, liegen die Wurzeln der Bestimmung bereits in der Weimarer Republik, siehe zur Gesetzgebungsgeschichte *Bähr*, in: Ders./Banken, Wirtschaftssteuerung im Nationalsozialismus, S. 35 (35 ff.).

1002 Hier zitiert nach *Birke*, S. 170 m.w.N., der im Übrigen das Argument der Weitergeltung des § 70 AktG 1937 jedoch ablehnt.

1003 *Raisch* in FS für Hefermehl, S. 347 (353).

erwähnt und im Folgenden durch die Literatur im Rahmen der Diskussionen um das Mitbestimmungsgesetz von 1976 und der Versuche zur Schaffung eines Unternehmensrechts zunehmend als „Topos für die Ausrichtung der Vorstandstätigkeit“[1004] aufgegriffen sowie inhaltlich untermauert wurde. Ziel des Ansatzes des „Unternehmensinteresses“ ist es letztlich, einen Ausgleich zwischen denjenigen Ansprüche zu schaffen, die durch die verschiedenen Stakeholder-Gruppen an das durch die Gesellschaft als „wirtschaftliche und soziale Organisations- und Wirkungseinheit“[1005] betriebene Unternehmen gestellt werden. Zur inhaltlichen Präzisierung der Figur des Unternehmensinteresses bietet es sich an, sich einen Überblick über die in Betracht kommenden Einzelinteressen zu verschaffen, wobei zwischen solchen Interessen zu unterscheiden ist, die „im“ Unternehmen bestehen und solchen, die „am“ Unternehmen geltend gemacht werden.

b. Interessen „im“ Unternehmen

Eine erste Gruppe von Interessen, mit denen sich der Vorstand im Rahmen seiner Leitungsverantwortung auseinander zu setzen hat, sind diejenigen Interessen, die innerhalb des Unternehmens selbst verfolgt werden. Dazu zählen vor allem die Interessen der Aktionäre und der Arbeitnehmer.[1006] Ohne damit eine Aussage über die jeweilige Gewichtung treffen zu wollen, lässt sich jedenfalls konstatieren, dass diese unternehmensinternen Interessen schon aufgrund ihrer ständigen Präsenz und Sichtbarkeit auf Unternehmensebene die Leitungsentscheidungen des Vorstands nachhaltiger beeinflussen, als die Interessen „am“ Unternehmen.

aa. Aktionärsinteressen

Die Anteilseigner ermöglichen es der AG durch ihre Beteiligung an deren Grundkapital, ein gewinnerzielendes Unternehmen zu errichten und dessen Stellung am Markt durch weitere Investitionen nachhaltig zu stärken. Damit sind deren Interessen letztlich die „Triebfeder des unternehmerischen Handelns“, weshalb ihnen innerhalb des „Interessen-Kanons“ des Unternehmensinteresses eine „nicht herunterzuspielend[e] Bedeutung“ zukommt.[1007] Das Haupt- und zumeist auch einzige Interesse der Gruppe der Anteilseigner liegt in einem angemessenen Ertrag des von ihnen investierten Kapitals, also in einer Beteiligung des von der Gesellschaft erwirtschafteten Gewinns in Form der Dividendenausschüttung. Diesem Interesse wird der Vorstand jedenfalls dann gerecht, wenn er eine „zumindest ausreichende“ Rentabilität des Geschäftsbetriebs sicherstellt und eine adäquate Verzinsung des

1004 *Schmidt/Spindler* in FS für Kübler, S. 515 (S. 544).
1005 *Mertens/Cahn*, in: Zöllner/Noack, KölnerKomm-AktG, § 76, Rn. 6.
1006 So auch die Einteilung bei *Semler/Spindler*, in: MüKo-AktG, Vor § 76, Rn. 86.
1007 *Kort*, AG 2012, S. 605 (609).

von den Aktionären eingesetzten Kapitals erzielt.[1008] Darüber hinaus gilt es, die Interessen der künftigen potentiellen Anleger zu wahren.

Nicht übersehen werden darf dabei jedoch, dass es sich bezüglich der Zielvorstellungen der Aktionäre nur bis zu einem gewissen Grad um eine homogene Interessengruppe handelt. So legt schon ein Blick auf die unterschiedlichen Motivationen und Ziele des Aktienerwerbs der einzelnen Aktionärsgruppen (Großaktionär, Kleinaktionär, Belegschaftsaktionär, Finanzinvestor, strategischer Investor) nahe, dass es sich dabei eher um ein ganzes „Interessenbündel" als um ein einheitliches Einzelinteresse handelt.[1009] Dies kann im Einzelfall die durch den Vorstand zu lösende Aufgabe der Konsensbildung erheblich erschweren. Im Übrigen ist trotz der großen wirtschaftlichen und unternehmerischen Bedeutung, die den Aktionären zukommt, zu beachten, dass dem Vorstand die Aufgabe zufällt, als Sachwalter der Gesellschaft als Ganzes zu fungieren, weshalb er sich gerade im Verhältnis zu den Aktionären seine Pflicht zur eigenverantwortlichen Leitung der Gesellschaft fortwährend zu erstreiten hat.[1010]

bb. Arbeitnehmerinteressen

Auch die Interessen der Arbeitnehmer wirken fortwährend auf das Unternehmenshandeln ein und müssen daher im Rahmen der Leitungsverantwortung des Vorstands abgebildet werden. Dies geschieht einerseits bereits durch die Beachtung der zwingenden arbeits- und mitbestimmungsrechtlichen Vorgaben, die – im Falle ihrer Umsetzung – geeignet sind, die Einhaltung wesentlicher Mindeststandards aus Sicht der Arbeitnehmer zu garantieren. Andererseits steht es dem Vorstand innerhalb seines unternehmerischen Leitungsermessens jedoch auch frei, über das gesetzlich geforderte Mindestmaß hinauszugehen. Dies tut er etwa dann, wenn er (weit) übertarifliche Gehälter zahlt oder Arbeitsbedingungen schafft, die darauf Rücksicht nehmen, dass der Betrieb ein „[...] wesentlicher Teil der sozialen oder kulturellen Umwelt des Arbeitnehmers"[1011] ist. Zuweilen wird auch angenommen, dass das Recht des Vorstands, über die gesetzlichen Mindestanforderungen hinauszugehen, auch zu einer Pflicht werden kann. Ein den Aktionärsinteressen vergleichbares Kernanliegen, das die unterschiedlichen Gruppen der Arbeitnehmerschaft miteinander verbindet, ist in der Erhaltung (ggf. auch Schaffung) von Arbeitsplätzen und der Zahlung eines die Lebensumstände sichernden Lohnes zu erkennen.[1012] Um dies erreichen zu können, sind letztendlich auch die Arbeitnehmerinteressen auf ein rentabel wirtschaftendes Unternehmen fokussiert. Ein Zielkonflikt ist jedenfalls

---

1008 *Clemm* in FS für Ritter,S. 675 (680).

1009 *Bürgers/Israel*, in: Bürgers/Körber, AktG, § 76, Rn. 12; *Raisch* in FS für Hefermehl, S. 347 (348).

1010 *Mertens/Cahn*, in: Zöllner/Noack, KölnerKomm-AktG, § 76, Rn. 32; *Kort*, in: Hopt/Wiedemann, Großkommentar AktG, § 76, Rn. 54.

1011 *Mertens/Cahn*, in: Zöllner/Noack, KölnerKomm-AktG, § 76, Rn. 10.

1012 *Clemm* in FS für Ritter, S. 675 (680); *Raisch* in FS für Hefermehl, S. 347 (350 f.).

dann denkbar, wenn die von Seiten der Arbeitnehmer geltend gemachten Interessen unsachgemäß oder unvernünftig sind und die wirtschaftliche Existenz des Unternehmens als Ganzes gefährden.

c. Interessen „am" Unternehmen

Verschiedene außerhalb des Unternehmens stehende Gruppen können eigene Interessen am Unternehmen geltend machen. Dazu zählen Gläubiger, Kunden, Lieferanten, Kreditinstitute und öffentliche Institutionen.[1013] Von besonderer Relevanz (und zugleich besonders umstritten) ist die Frage, ob ein privatwirtschaftliches Unternehmen zugleich die Interessen der Allgemeinheit zu berücksichtigen hat und insoweit in den Dienst der unmittelbaren Gemeinwohlrealisierung gestellt werden kann.

aa. Gläubigerinteressen

Exemplarisch für eine Reihe von anderen spezifischen Interessensgruppen sollen an dieser Stelle lediglich die Belange der Gläubiger erwähnt werden, deren Erwartungen an das Unternehmen im Übrigen zumeist gleichlaufend sind mit (beispielsweise) denjenigen der Lieferanten und Kreditinstitute. Allgemein geht es ihnen um eine Realisierung der jeweils gegen das Unternehmen bestehenden Ansprüche und damit letztlich um das im Interesse der Gläubiger zu wahrende Ziel der unternehmerischen Kapitalerhaltung als Untergrenze des Rentabilitätsziels.[1014] Ebenso wie die Interessen anderer Stakeholder-Gruppen können auch die Gläubigerinteressen mit den Unternehmensbelangen als Ganzes in Konflikt geraten. Dies gilt etwa dann, wenn die Unternehmensleitung in der Erwartung der Erzielung eines überdurchschnittlich hohen Gewinns einer risikobehafteten Geschäftsstrategie folgt, die in ihrer Gesamtheit dazu geeignet ist, das Ausfallrisiko gegenüber den Gläubigern des Unternehmens zu erhöhen.[1015] Auch in derartigen Fällen ist es die Aufgabe des Vorstands, die jeweils bestehenden Interessen zu berücksichtigen und in einen angemessenen Ausgleich zueinander zu bringen.

bb. Gemeinwohlinteressen

Auch den Interessen und Erwartungen der Allgemeinheit sehen sich privatwirtschaftliche Unternehmen ausgesetzt. Insofern ist mittlerweile überwiegend anerkannt, dass das Handeln des Vorstands dem Gemeinwohl zwar einerseits nicht zuwiderlaufen darf, andererseits jedoch auch keine Pflicht des Unternehmens besteht, öffentliche Belange aktiv zu fördern.[1016] Fraglich ist dabei, was im Einzelfall unter den Begriffen „Gemeinwohl" bzw. „Wohl der Allgemeinheit" zu verstehen

---

1013 *Semler/Spindler*, in: MüKo-AktG, Vor § 76, Rn. 87.
1014 *Raisch* in FS für Hefermehl, S. 347 (350).
1015 *Junge* in FS für von Caemmerer, S. 547 (550).
1016 *Kort*, AG 2012, S. 605 (610).

ist.[1017] Eine erste Konkretisierung könnte in der zuweilen in der öffentlichen Diskussion erhobenen Forderung gesehen werden, dass die Unternehmen über ihre Kernkompetenz – die wirtschaftliche Wertschöpfung – hinaus auch einen moralischen, sozialen und (sogar) politischen Beitrag zum Gemeinwesen zu leisten haben und auf diesem Weg gesellschaftliche Werte mit umsetzen. Ausdruck finden diese Erwartungen etwa in dem an die Unternehmen gerichteten Verlangen, auf die Herstellung gesundheits- und umweltschädlicher Produkte zu verzichten oder gar bestimmte Produktionsverfahren und -standorte zu meiden.[1018] Eine zweite weniger weitgehende Möglichkeit der Konkretisierung des Begriffs des „Gemeinwohls" besteht in der Beschränkung der gegenüber den Unternehmen geltend gemachten Interessen auf solche volkswirtschaftlicher Art. Danach ist die Allgemeinheit zwar zunächst an einem derart rentablen Geschäftsbetrieb interessiert, der den Erhalt des Unternehmens auf längere Sicht gewährleistet, erwartet darüber hinaus jedoch auch ein „gesamtwirtschaftlich sinnvolles Verhalten" des Unternehmens.[1019] Unter einem derart sinnvollen Verhalten lässt sich etwa bereits „[...] die Weckung eines Bewusstseins der Mitverantwortung für die möglichst baldige Beseitigung der regionalen, nationalen, europäischen Krisensituationen in wirtschaftlicher und sozialer Hinsicht [...]"[1020] verstehen. Angesprochen ist damit die Figur des *„good corporate citizen"* („guter Unternehmensbürger"), die wiederum auf der Idee gründet, dass das Unternehmen fester Bestandteil der gesellschaftlichen Ordnung und deshalb den durch diese Ordnung gegebenen (sozialen) Pflichten unterworfen ist.[1021] Letztlich bringen die Gemeinwohlinteressen damit zum Ausdruck, dass es sich bei Unternehmen um „normale" gesellschaftliche Akteure handelt, deren gemeinwohlbezogene Rechte und Pflichten denen natürlicher Personen gleichen.

(1) Zulässigkeit der Berücksichtigung

Dass auch Gemeinwohlinteressen im Rahmen der unternehmerischen Leitungsverantwortung grundsätzlich berücksichtigungsfähig sind, wird im wissenschaftlichen Schrifttum mittlerweile (wieder) überwiegend anerkannt. Fraglich ist jedoch, wie sich eine derartige Berücksichtigung rechtfertigen lässt. Neben dem aus der Gesetzgebungsgeschichte entnommenen – und bereits skizzierten – Argument einer Fortgeltung der in § 70 AktG 1937 enthaltenen Gemeinwohlklausel versuchen

1017 *Kort*, in: Hopt/Wiedemann, Großkommentar AktG, § 76, Rn. 60, der die Begriffe als „sehr diffus" kennzeichnet.

1018 *Hefermehl/Spindler*, in: MüKo-AktG, § 76, Rn. 75. Siehe auch zum Beispiel der an das Unternehmen adressierten politischen Erwartungen *Mertens/Cahn*, in: Zöllner/Noack, KölnerKomm-AktG, § 76, Rn. 34: „Vertretbar kann es sein, auf geschäftliche Beziehungen in einem Land, dessen Strukturen von Unfreiheit, Rassismus, religiöser Intoleranz oder Missachtung der Menschenrechte geprägt sind, zu verzichten."

1019 *Raisch* in FS für Hefermehl, S. 347 (354).

1020 *Clemm* in FS für Ritter, S. 675 (689).

1021 *Fleischer*, AG 2001, S. 171 (175); *Hefermehl/Spindler*, in: MüKo-AktG, § 76, Rn. 56.

andere Legitimationsansätze eine Berücksichtigung von Gemeinwohlbelangen auf Vorstandsebene verfassungsrechtlich zu erklären. Dazu zählt vor allem das Argument, dass die AG über die Bestimmung des Art. 14 Abs. 2 GG an den Grundsatz der Sozialpflichtigkeit des Eigentums gebunden sei, der somit auch für den Vorstand eine verbindlich zu beachtende Richtlinie für dessen Leitungsverantwortung darstelle.[1022] Legitimiert wird eine Gemeinwohlbindung zudem mit einer Verpflichtung der AG auf die im GG zum Ausdruck kommende allgemeine Werteordnung, wobei im Einzelfall umstritten (und ungeklärt) ist, inwiefern darauf jeweils eine ein privatwirtschaftliches Unternehmen bindende Obliegenheit gestützt werden kann, geschweige denn ob sich dem GG tatsächlich eine Ausrichtung auf eine bestimmte Wirtschaftsordnung („soziale Marktwirtschaft") entnehmen lässt.[1023]

Jenseits der verfassungsrechtlichen Argumentation wird auf den wirtschaftlichen Nutzen einer gemeinwohlverpflichteten Unternehmensleitung hingewiesen. Danach soll die Förderung des Gemeinwohls insgesamt dazu beitragen, dass die gesellschaftliche Akzeptanz des Unternehmens erhöht und dadurch der Unternehmenserfolg nachhaltig gesichert wird.[1024] Hinzu kommt, dass dem Vorstand im Hinblick auf die konkrete Ausgestaltung seiner Leitungsverantwortung ein großer Emessensspielraum zugesprochen wird. Davon umfasst sind in aller Regel auch Entscheidungen über die Gewichtung von Gemeinwohlbelangen, zumal dann, wenn es dem Vorstand darum geht, sich im Wege einer gemeinwohlbezogenen Geschäftspolitik die Kundenloyalität und das Vertrauen weiterer gesellschaftlicher Gruppen gegenüber dem Unternehmen zu erhalten.[1025] Schließlich lässt sich auch aus den auf nationaler und internationaler Ebene verfolgten Bestrebungen, eine hoheitliche Formalisierung der CSR zu erreichen, ein Argument für die Befugnis der Vorstände ableiten, Gemeinwohlinteressen im Rahmen ihrer Leitungsverantwortung zu berücksichtigen. So erkennt etwa *Kort* explizit in der europäischen CSR-Politik und den Ansätzen der OECD die Grundzüge der Ausprägung einer *„best practice"* für multinationale Unternehmen, die trotz ihres *„soft law"*-Charakters dazu geeignet ist,

---

1022 *Laub*, AG 2002, S. 308 (309); *Mertens/Cahn*, in: Zöllner/Noack, KölnerKomm-AktG, § 76, Rn. 33; *Fleischer*, AG 2001, S. 171 (175).

1023 *Bürgers/Israel*, in: Bürgers/Körber, AktG, § 76, Rn. 12; *Kort*, in: Hopt/Wiedemann, Großkommentar AktG, § 76, Rn. 62.

1024 Vgl. *Mertens/Cahn*, in: Zöllner/Noack, KölnerKomm-AktG, § 76, Rn. 33: „Dass die Aktiengesellschaft als good corporate citizen auftritt, ein vielfältiges Netz sozialer und politischer Kontakte aufbaut und sich an sozialen, politischen und kulturellen Aktivitäten beteiligt oder sich über das gesetzlich gebotene Maß hinaus für Belange des Umweltschutzes engagiert, ist Voraussetzung für ihre soziale Akzeptanz, ohne die wiederum die wirtschaftlich erfolgreiche Verfolgung des Unternehmensgegenstandes auf Dauer nicht gesichert ist."

1025 *Fleischer*, AG 2001, S. 171 (175). Jedenfalls führt eine innerhalb des unternehmerischen Ermessens getroffene Entscheidung zur Berücksichtigung von Gemeinwohlbelangen nicht zwangsläufig zur Schadensersatz-pflichtigkeit gegenüber der Gesellschaft, siehe *Hefermehl/Spindler*, in: MüKo-AktG, § 76, Rn. 71.

einen Rechtmäßigkeitsmaßstab für die Beurteilung des Vorstandshandelns im Hinblick auf die internationale Gemeinwohlbindung der Unternehmen zu statuieren.[1026]

(2) Zurückhaltungsgebot?

Auch wenn es dem Vorstand folgerichtig grundsätzlich unbenommen ist, auf Gemeinwohlinteressen innerhalb seiner Leitungsfunktion Bezug zu nehmen, bleibt fraglich, in welchem Umfang dies geschehen kann. Eine realistische Betrachtung wird es etwa erfordern, den Interessen der Anteilseigner und Arbeitnehmer – schon aufgrund ihrer größeren Nähe zu Vorstand und Unternehmen – eine gegenüber den Belangen des Gemeinwohls vorrangige Bedeutung zuzusprechen.[1027] Dabei ist vom Vorstand insbesondere zu fordern, dass er Entscheidungen mit Gemeinwohlbezug mit der „Sorgfalt eines pflichtbewussten Unternehmers" trifft und Vermögensopfer zu Lasten des Gesellschaftskapitals, über das er mit der Gewissenhaftigkeit eines Treuhänders zu verfügen hat, nur dort eingeht, wo dies zum Fortkommen der Gesellschaft oder zur Steigerung deren Ansehens vonnöten ist.[1028] Geboten ist damit ein vom Vorstand durchzuführender sorgsamer Abwägungsprozess, in den vor allem auch die wirtschaftlichen und tatsächlichen Möglichkeiten des einzelnen Unternehmens einzustellen sind. Falsch wäre es jedoch, darin ein generelles Zurückhaltungsgebot zulasten des Vorstands bei der Berücksichtigung von Gemeinwohlinteressen im Rahmen der Leitungsverantwortung zu erkennen. Vielmehr hat das Leitungsorgan der AG einen breiten Ermessensspielraum auch dann, wenn es darüber zu befinden hat, in welchem Maß öffentliche Zwecke verfolgt und möglicherweise auf Gewinne verzichtet werden.[1029]

d. Unternehmensinteresse als Interessenausgleich

Insgesamt sieht sich damit das Unternehmen einer Vielzahl von Interessen aus ganz unterschiedlichen Richtungen ausgesetzt. All diese Interessen aufzugreifen, ihre Integration in die Geschäftspolitik zu fördern und so gewissermaßen eine „Klammer" für das gesamte Unternehmenshandeln zu bilden, wird als das Ziel des „Unternehmensinteresses" ausgegeben.[1030] Damit hebt sich das „Unternehmensinteresse" vom „Gesellschaftsinteresse" – das auf die Interessen der einzelnen Gesellschafter und deren Verbund gerichtet ist – dadurch ab, dass es „[...] auf das Unternehmen als Bezugspunkt der Interessen aller am Unternehmen beteiligten Stakeholder"

1026 *Kort*, in: Hopt/Wiedemann, Großkommentar AktG, § 76, Rn. 60, 63.
1027 *Kort*, AG 2012, S. 605 (610).
1028 *Mertens/Cahn*, in: Zöllner/Noack, KölnerKomm-AktG, § 76, Rn. 34.
1029 *Mertens/Cahn*, in: Zöllner/Noack, KölnerKomm-AktG, § 76, Rn. 35.
1030 *Junge* in FS für von Caemmerer, S. 547 (549), der dies als „anspruchsvolle Aufgabe" bezeichnet.

gerichtet ist.[1031] Aufgabe des Vorstands ist es dabei im Rahmen seiner Leitungsverantwortung die im bzw. am Unternehmen geltend gemachten Interessen stets aufs Neue zu ermitteln, gegeneinander abzuwägen und im Sinne einer praktischen Konkordanz zu einem angemessenen Ausgleich zu bringen.[1032] Dies setzt in aller Regel auch eine eigene normative Bewertung der Interessen voraus, die jedoch vom weiten Leitungsermessen des Vorstands gedeckt wird. Deutlich zeigt sich anhand der auf Ebene der Unternehmensleitung vorzunehmenden Bewertung und Abwägung auch, dass es sich beim „Unternehmensinteresse" weder um die bloße Summe aller Einzelinteressen noch um deren kleinsten gemeinsamen Nenner handelt.[1033] Vielmehr steht hinter dem Unternehmensinteresse ein von den Einzelinteressen losgelöstes Gesamtinteresse, das versucht, den Führungsakteuren des Unternehmens eine Richtschnur für deren Handlungsentscheidungen zu geben.

Fraglich ist dabei jedoch, ob die das Unternehmensinteresse in seiner Gesamtheit ausmachenden Einzelinteressen in einer bestimmten Wertigkeit oder Rangfolge zueinander stehen und damit im Rahmen des skizzierten Abwägungsprozesses unterschiedlich zu bewerten sind. Vertreten wird insofern etwa, dass die Belange der Aktionäre und Gesellschaftsgläubiger „naturgemäß"[1034] aufgrund der zahlreichen der gesellschaftsrechtlichen Bestimmungen eher im Blickfeld des Vorstands stünden als die von außerhalb an das Unternehmen herangetragenen Interessen.[1035] Nichtsdestotrotz lehnt die überwiegende Ansicht in der Literatur eine das unternehmerische Ermessen und den Vorstandsauftrag zum Interessenausgleich beschränkende Rangfolge oder Stufung der Einzelinteressen im Ergebnis ab. Danach ist es Aufgabe und Recht des Vorstands, die Integration der beteiligten Interessen durch deren pflichtgemäße und eigenverantwortliche Abwägung zu erreichen, dabei keinem der Einzelinteressen einen prinzipiellen Vorrang einzuräumen und insbesondere darauf zu achten, dass keiner der Interessenträger bei der Entscheidung vollständig vernachlässigt wird.[1036] Im Ergebnis ist dieser Ansicht zuzustimmen, zumal eine offene, auf ein Präjudiz in die eine oder andere Richtung verzichtende Interessenintegrationsbefugnis des Vorstands schon in Anbetracht der Vielfalt und der Komplexität der im Einzelfall in Betracht zu ziehenden Einzelinteressen als die angemessenere und für die Unternehmenspraxis realistischere Lösung erscheint.

1031 *Schmidt/Spindler* in FS für Kübler, S. 515 (S. 542). Häufiger verwendet wird auch die Kennzeichnung des Unternehmensinteresses als „Resultante" aller unternehmensrelevanten Interessen, siehe die Nachweise bei *Birke,* S. 161.

1032 *Hefermehl/Spindler*, in: MüKo-AktG, § 76, Rn. 57 sowie *Bürgers/Israel*, in: Bürgers/Körber, AktG, § 76, Rn. 13, wo das Unternehmensinteresse als „Zielmotiv der Leitung" gekennzeichnet wird.

1033 *Junge* in FS für von Caemmerer, S. 547 (551).

1034 *Henze*, BB 2000, S. 209 (212).

1035 *Kort*, in: Hopt/Wiedemann, Großkommentar AktG, § 76, Rn. 64, der daraus eine „Stufung" der Interessen entnimmt.

1036 *Raisch* in FS für Hefermehl, S. 347 (354); *Hüffer*, AktG, § 76, Rn. 12b; *Semler/Spindler*, in: MüKo-AktG, Vor § 76, Rn. 88.

e. *Rezeption in der Rechtsprechung*

Die Figur des „Unternehmensinteresses" stößt auch auf Ebene der Rechtsprechung auf Zustimmung. Sowohl der BGH als auch das BVerfG erkennen seit den 1970er Jahren in ständiger Rechtsprechung das „Unternehmensinteresse" als Handlungsmaxime des Vorstands einer AG an.[1037] So urteilte der BGH erstmals 1975 im Rahmen einer Entscheidung, die sich mit der Verschwiegenheitspflicht von Aufsichtsratsmitgliedern beschäftigte, dass neben den Aufsichtsratsmitgliedern der Aktionäre auch die Aufsichtsratsmitglieder der Arbeitnehmer einheitlich an das Interesse des Unternehmens gebunden seien, das sich zumeist – wenngleich nicht immer – „[...] mit den Interessen der im Aufsichtsrat repräsentierten Gruppen decken wird."[1038] Das BVerfG befasste sich vier Jahre später, im Rahmen seines Urteils zur Frage der Verfassungsmäßigkeit des Mitbestimmungsgesetzes, mit der Frage nach den vom Vorstand im Rahmen seiner Leitungsverantwortung zu berücksichtigenden Interessen. Dabei stellte das Gericht kurz – und ohne weitere Begründung – fest, dass dem Vorstand als Vertretungsorgan und Leitungsorgan „[...] die Wahrung von Interessen aufgegeben ist, die nicht notwendig diejenigen der Anteilseigner sein müssen."[1039]

An den Grundsätzen dieser frühen eher allgemein formulierten- und auf konkrete inhaltliche Vorgaben verzichtenden Rechtsprechung haben die Gerichte festgehalten. Dabei wird die Existenz der Figur des „Unternehmensinteresses" zumeist als gegeben vorausgesetzt und auf eine Definition oder Benennung von inhaltlichen Kriterien verzichtet. Allgemein ist es jedoch anerkannt, dass gerade der BGH dabei im Sinne der Stakeholder-Theorie vor allem die Interessen der Aktionäre, der Arbeitnehmer, der Gesellschaftsgläubiger und der Allgemeinheit im Blick hat.[1040] In diese Richtung weist auch eine Entscheidung aus dem Jahr 2002, in der der BGH über die Untreuestrafbarkeit (§ 266 StGB) von Mitgliedern des Vorstands wegen Zuwendungen aus dem Vermögen einer AG zu befinden hatte. Darin betonte das Gericht unter anderem, dass sich der Vorstand als Träger der Unternehmensfunktion nicht der Einsicht verschließen dürfe, dass die AG „[...] für ein dauerhaft erfolgreiches Wirtschaften auf den Rückhalt aller Bezugsgruppen angewiesen ist."[1041] Insbesondere sei dem Vorstand daher auch in der Frage, „[...] welchen Aufwand er für soziale Zwecke treibt, auf welche Gewinne er aus ethischen Gründen verzichtet und für welche sozialen, politischen und kulturellen Zwecke er Mittel der Gesellschaft einsetzt, ein breiter Ermessensspielraum zuzuerkennen."[1042]

1037 Vgl. die Nachweise bei *Semler/Spindler*, in: MüKo-AktG, Vor § 76, Rn. 84.
1038 BGH, 05.06.1975 – 11 ZR 156/73 – BGHZ 64, 325 (331).
1039 BVerfGE 50, 290, Rn. 154.
1040 *Henze*, BB 2000, S. 209 (216).
1041 BGH, Urt. v. 6.12.2001 – 1 StR 215/01 (LG Offenburg), NJW 2002, S. 1585 (1586).
1042 BGH, NJW 2002, S. 1585 (1586).

3. Diskussion um die Orientierung des Unternehmensinteresses

Trotz der grundsätzlich anerkannten – und in Rechtsprechung wie Literatur akzeptierten – Zielrichtung des „Unternehmensinteresses", die auf den Ausgleich und die Integration der gegenüber dem Unternehmen geltend gemachten Interessen gerichtet ist, hat sich parallel zum Aufkommen der Shareholder-Debatte in den vergangenen 20 Jahren auch im aktienrechtlichen Schrifttum ein Streit über die inhaltliche Orientierung der Figur des „Unternehmensinteresses" entwickelt. Dabei geht es um die Frage, ob trotz des Bestehens einer Vielzahl von – als solcher in ihrer Legitimität nicht angezweifelten – Einzelinteressen aufgrund der erwerbswirtschaftlichen Struktur der AG den Belangen der Aktionäre zumindest im Rahmen der Leitungsverantwortung des Vorstands eine Priorität zuzugestehen ist. Zugespitzt formuliert stehen sich dabei eine „monistische" und eine „pluralistische" Zielkonzeption gegenüber.

a. Grundsatz: Bestandserhaltung und Rentabilität

Als weitgehend konsentierter und insoweit ermessensleitender bzw. ermessensbeschränkender inhaltlicher Grundsatz des „Unternehmensinteresses" gilt zunächst, dass der Bestand des Unternehmens und dessen dauerhafte Rentabilität zu sichern sind.[1043] Während die Erhaltung von Substanz, Kapital und Selbstständigkeit des Unternehmens dabei die Funktion eines „kleinsten gemeinsamen Nenners" oder einer Untergrenze des Unternehmensziels erfüllt, geht der Gedanke der Rentabilität darüber hinaus, indem er voraussetzt, dass der Bestand der Gesellschaft nur dann gesichert werden kann, wenn diese rentabel arbeitet, Gewinn erwirtschaftet und sich im Einzelfall bietende Geschäftschancen wahrnimmt.[1044] Der Anknüpfungspunkt für den Begriff der „Rentabilität" wird dabei in aller Regel die Eigenkapitalrentabilität der Gesellschaft sein. Letztlich fokussiert die Forderung nach Bestandserhaltung und Rentabilität das Unternehmensinteresse damit auf die wirtschaftlichen Aufgaben eines Unternehmens. Gerade unter marktwirtschaftlichen Bedingungen bilden Rentabilität und Wettbewerbsfähigkeit die „Grundvoraussetzung" für den Fortbestand der im Wettbewerb konkurrierenden Unternehmen und damit zugleich auch für die Verfolgung sämtlicher anderer im und am Unternehmen bestehenden Einzelinteressen.[1045] Ein profitabel wirtschaftendes, in seinem Bestand nicht gefährdetes

---

1043 Siehe etwa *Bürgers/Israel*, in: Bürgers/Körber, AktG, § 76, Rn. 11; *Clemm* in FS für Ritter, S. 675 (679); *Fleischer*, AG 2001, S. 171 (173); *Hüffer*, AktG, § 76, Rn. 13; *Raisch* in FS für Hefermehl, S. 347 (349).

1044 Vgl. die Nachweise bei *Birke*, S. 162 ff.; *Raiser/Veil*, Recht der Kapitalgesellschaften, S. 121.

1045 *Clemm* in FS für Ritter, S. 675 (685); *Grigoleit*, S. 332 f. *Schilling*, BB 1997, S. 373 (379) kennzeichnet das gemeinsame Interesse der beteiligten Gruppen an Bestand und

Unternehmen steht folgerichtig in der Mehrzahl der Fälle im Einklang mit den Belangen der Aktionäre, der Arbeitnehmer, der Gläubiger und des Gemeinwohls.

Das gemeinsame Interesse an einem rentablen Unternehmen bedingt die Erzielung eines angemessenen Gewinns. Schon aufgrund der Notwendigkeit, Kapital dort einzusetzen, wo es volkswirtschaftlich am wirksamsten ist, sowie vor dem Hintergrund der Tatsache, dass ein auf die Erzielung von Gewinn verzichtendes Unternehmen über kurz oder lang vom Markt verschwinden würde, ist eine angemessene Gewinnerzielungsabsicht auch vom Begriff der Rentabilität und damit von der Figur des „Unternehmensinteresses" umfasst.[1046] Gleichzeitig induziert der zumeist verwendete Verweis auf die „Angemessenheit" der Gewinnerzielung jedoch, dass es sich dabei weder um ein kurzfristig zu verfolgendes Ziel noch um ein Streben nach Gewinnmaximierung „um jeden Preis" handeln kann. Im Kern geht es um eine dauerhafte, am langfristigen Bestand des Unternehmens und seiner Rentabilität orientierte Gewinnerzielungsabsicht.

b. Monistische Zielkonzeption

Obwohl damit das generelle Bedürfnis nach einer angemessenen Gewinnerzielung als ein die Belange aller Stakeholder-Gruppen verbindendes Element des „Unternehmensinteresses" grundsätzlich anerkannt ist, hat sich ein Streit um die Frage nach dem richtigen Maß der Gewinnverfolgung entwickelt. Im Zentrum der Diskussion steht dabei das Verhältnis der Aktionärsgruppe zu anderen Anspruchs- und Interessengruppen, deren Belange zum Teil vom Gewinnziel abweichen können.[1047] Eine hier zugespitzt als „monistisch"[1048] gekennzeichnete Auffassung in der Literatur spricht sich in derartigen Fällen, in denen die Berücksichtigung anderer als der Aktionärsinteressen nicht mit einer unmittelbaren Gewinnrealisierung verbunden ist, dafür aus, von der Verfolgung dieser Interessen abzusehen und stattdessen der Unternehmensleitung allein die Maxime der Gewinnsteigerung (als zentrales Interesse der Aktionärsgruppe) aufzuerlegen.

Gerechtfertigt wird diese Betrachtung des Gewinnziels als „absolute Verhaltensmaxime" und die damit einhergehende Bevorzugung der Gruppe der Anteilseigner mit Argumenten, die denjenigen des Shareholder-Value Ansatzes nahestehen. So etwa damit, dass die Aktionäre zwar im Gegensatz zu anderen Interessengruppen

---

dauerhafter Rentabilität als „eine Art Integrationsebene oder normativer Schmelztiegel".

1046 *Hefermehl/Spindler*, in: MüKo-AktG, § 76, Rn. 61; *Mertens/Cahn*, in: Zöllner/Noack, KölnerKomm-AktG, § 76, Rn. 21; *Junge* in FS für von Caemmerer, S. 547 (554 f.).

1047 *Grigoleit*, S. 333.

1048 Dass sich die Unternehmensleitung im Sinne einer „monistischen" Zielkonzeption ausschließlich an den Interessen der Aktionäre auszurichten habe, wird heute – im Gegensatz zur Diskussion von vor 15 Jahren – kaum noch vertreten. Wohl aber finden sich Stimmen, die sich für eine Bevorzugung bzw. ein Primat der Interessen der Aktionäre aussprechen.

die AG finanzierten, als „Restbetragsbeteiligte" jedoch nur das erhielten, was nach Erfüllung sämtlicher Gläubigeransprüche übrig bliebe.[1049] Hinzu komme, dass eine Nutzenmaximierung zugunsten der Aktionärsgruppe ohnehin unter der „Nebenbedingung" erfolge, dass mittelbar auch die anderen Interessengruppen von der Gewinnverfolgung profitierten, wie etwa die Arbeitnehmer durch Sicherung ihrer Beschäftigung oder die Allgemeinheit durch Einnahmen aus Steuern und Sozialabgaben.[1050] Ferner seien die Interessen anderer Stakeholder-Gruppen bereits in zahlreichen zwingenden gesetzlichen Bestimmungen enthalten (etwa dem Arbeits-, Sozial- oder Umweltrecht), während die Belange der Anteilseigner keinen vergleichbaren Schutz genössen. Außerdem vermittle eine am Gedanken des Shareholder Value orientierte Konkretisierung der Leitungsverantwortung dem Vorstand eine verbindliche und damit praktikable Handlungsanleitung.[1051]

Gerade letztere Aufgabe verfehle eine allgemeine Verpflichtung auf das „Unternehmensinteresse". Im Vergleich zu den klaren, sich aus dem Gesellschaftszweck ergebenden Interessen der Aktionäre, verbiete sich eine Bindung an die „Leerformel" des „Unternehmensinteresses" schon deshalb, weil es unmöglich sei, deren Inhalt konsistent zu bestimmen.[1052] Aufgrund der Unbestimmtheit des Begriffes des „Unternehmensinteresses" führe dieser eher dazu, die Kompetenzen und Verfahren der Abwägung zu verwischen, als einen konkreten Handlungsauftrag an die Unternehmensleitung zu geben. Insbesondere räume dieses Leitmotiv dem Vorstand einen zu großen Ermessensspielraum ein, der sich der gerichtlichen Kontrolle weitgehend entziehe und damit die Verantwortung des Vorstands letztlich auflöse.[1053] Soweit die Figur des „Unternehmensinteresses" darauf ziele, Unternehmen die Verfolgung von „sozialen" Interessen bzw. solchen des Gemeinwohls aufzuerlegen, gelte es ohnehin zu beachten, dass eine derartige Auferlegung in einem Rechts- und Sozialstaat nicht in das Belieben des einzelnen Vorstands gestellt sein könne, sondern hoheitlich vom demokratisch legitimierten und an die Grundrechte gebundenen Gesetzgeber durchzuführen sei.[1054] In Anbetracht der nach wie vor festzustellenden breiten Akzeptanz der Formel des „Unternehmensinteresses" liege daher der Verdacht nahe, dass diese einer „*political correctness*" entspringe oder in Wahrheit auf rechtspolitischen Motiven gründe.[1055] Aufgrund der geltenden aktienrechtlichen Bestimmungen sei es daher nicht möglich, das Gewinnziel als absoluten Leitungsmaßstab für den

---

1049 *Vedder*, in: Grigoleit, AktG, § 76, Rn. 16; *Grigoleit*, S. 333.
1050 *Ballwieser* in FS für Moxter, S. 1377 (1390); *Grigoleit*, S. 334.
1051 *Kort*, in: Hopt/Wiedemann, Großkommentar AktG, § 76, Rn. 54.
1052 *Zöllner*, AG 2003, S. 2 (7); *Birke*, S. 160 f.
1053 *Kübler* in FS für Zöllner, S. 321 (334); *Hefermehl/Spindler*, in: MüKo-AktG, § 76, Rn. 58.
1054 *Vedder*, in: Grigoleit, AktG, § 76, Rn. 16.
1055 *Birke*, S. 198. Ähnlich weitgehend in seiner Ablehnung *Zöllner*, AG 2003, S. 2 (8): „Die Lehre vom Unternehmensinteresse ist daher nichts weiter als eine die wahren Zusammenhänge verschleiernde Ideologie."

Vorstand durch ein – wie auch immer verstandenes – „Unternehmensinteresse“ zu beschränken, geschweige denn zu verdrängen.

c. *Pluralistische Zielkonzeption*

Die weit überwiegende Ansicht in der Literatur lehnt trotz der mit dem Konzept des „Unternehmensinteresses“ verbundenen Unschärfe eine absolute am Wohl der Anteilseigner ausgerichtete Orientierung am verbandsrechtlichen Gewinnziel ab. Vielmehr habe der Vorstand entsprechend der Handlungsanleitung der Figur des „Unternehmensinteresses“ sämtliche in Betracht kommenden Interessen des Unternehmens und der Unternehmensbeteiligten zu berücksichtigen, wozu etwa auch die Belange der Allgemeinheit zählten. Die Pflicht zur Erhaltung der Rentabilität und zur Erreichung eines angemessenen Gewinns beschränke sich auf das Erwirtschaften einer „Mindestrendite“, darüber hinaus stehe es jedoch im Ermessen der Unternehmensleitung zu entscheiden, welchen anderen Interessen bzw. inwieweit diesen im Rahmen des Unternehmenshandelns Rechnung getragen werden könne.[1056] Trotz des großen Ermessensspielraums, der es dem Vorstand ermögliche, innerhalb des „Unternehmensinteresses“ den Maßstab für sein Handeln festzulegen, handele es sich dabei um eine justitiable und von der Rechtsprechung anerkannte Handlungsmaxime, die im Übrigen auch mit dem allgemeinen volkswirtschaftlichen Interesse korrespondiere, „[...] dass die zur Wertschöpfung fähige Organisation von Produktionsfaktoren einen positiven Beitrag zum Wirtschaftsprozess leistet und Zerschlagungsverluste, die nicht in einer Verbesserung der Wirtschaftsstruktur ihren Ausgleich finden, vermieden werden.“[1057] Das dem Vorstand eingeräumte weite Ermessen sei zudem vom Gesetzgeber so gewollt. Insbesondere könne dem Gesetzeswortlaut weder ein Recht noch eine Pflicht entnommen werden, dass sich der Vorstand bei der Erfüllung seiner Leitungsaufgabe allein von Aktionärsinteressen leiten lassen solle, zumal der Gesellschaftszweck die AG nicht auf eine kurzfristige Gewinnmaximierung festlege, sondern zur dauerhaften Sicherung der Rentabilität verpflichte.[1058] Das „Unternehmensinteresse“ trage diesem Aspekt hinreichend Rechnung und fungiere nicht nur als Leitlinie für eine Interessenabwägung, sondern zugleich auch als „Schranke“ für alle Interessen im Unternehmen.[1059] Damit könne auch das Gewinnziel ggf. durch konfligierende Interessen beschränkt werden.

Mit der in § 76 Abs. 1 AktG niedergelegten Leitungsaufgabe des Vorstands habe der Gesetzgeber zudem das Leitbild eines kompetenziell starken, wenngleich verantwortungsbewusst handelnden Leitungsorgans verbunden. Damit nicht vereinbar sei es insbesondere, den Vorstand in ein rechtliches oder tatsächliches Abhängigkeitsverhältnis zu einer der im oder am Unternehmen beteiligten Interessengruppen zu stellen, etwa ein Mandatsverhältnis zwischen Vorstand und Aktionären

1056 *Groh*, DB 2000, S. 2153 (2156).
1057 *Mertens/Cahn*, in: Zöllner/Noack, KölnerKomm-AktG, § 76, Rn. 22.
1058 *Hüffer*, AktG, § 76, Rn. 12; *Laub*, AG 2002, S. 308 (309).
1059 *Junge* in FS für von Caemmerer, S. 547 (556); *Grigoleit*, S. 332.

anzunehmen.[1060] Dies würde zu einer unangemessenen Einschränkung des Entscheidungsspielraums des Vorstands führen und zur Folge haben, dass sowohl die Definition des Unternehmenserfolges als auch die dazu einsetzbaren Mittel inadäquat „verrechtlicht" würden.[1061] Ohnehin gelte es zu beachten, dass die vormals ungeschriebene interessenpluralistische Ausrichtung des „Unternehmensinteresses" nunmehr ausdrücklich auch in die Bestimmungen des DCGK aufgenommen worden sei. Dieser stelle mit „sehr klaren Worten" die Verpflichtung von Vorstand und Aufsichtsrat heraus, im Einklang mit den Prinzipien der sozialen Marktwirtschaft für den Bestand des Unternehmens zu sorgen und dabei die Belange der Aktionäre, Arbeitnehmer und der sonstigen dem Unternehmen verbundenen Gruppen zu berücksichtigen.[1062]

Insgesamt sei damit festzustellen, dass nicht alle Aufwendungen der Gesellschaft zwangsläufig und unmittelbar dem Ziel der Gewinnerzielung dienen müssten, sondern in einem angemessenen Rahmen auch „kulturelle, soziale und staatsbürgerliche Zwecke" verfolgt werden könnten, die es der Gesellschaft erlaubten, sich als *„good corporate citizen"* zu positionieren.[1063] Dies könne am ehesten durch eine kontnuierliche Beachtung der Handlungsmaximen des „Unternehmensinteresses" erreicht werden, das die heterogenen Interessen integriere und insbesondere auch die Zweckverfolgung der Aktionäre in gewisser Weise zugunsten anderer – vor allem sozialer und öffentlicher – Aspekte relativiere.[1064]

d. Stellungnahme

Bei einer nüchternen Bestandsaufnahme der geltenden aktienrechtlichen Regelungen muss festgestellt werden, dass weder eine interessenpluralistische- (*„Stakeholder Value"*) noch eine interessenmonistische, vor allem eine aktionärsbezogene Zielkonzeption (*„Shareholder Value"*) zwingend vorgeschrieben sind.[1065] Das Gesetz ist insoweit auf den ersten Blick indifferent. Unbestritten ist auch, dass jede AG – soweit in der Satzung nichts anderes bestimmt ist – zur Gewinnerzielung verpflichtet ist; dies allein schon deshalb, da das durch die Gesellschaft betriebene Unternehmen sonst kaum in der Lage wäre, sein Überleben und seine Unabhängigkeit zu

1060 *Hüffer*, AktG, § 76, Rn. 12a.

1061 *Mertens/Cahn*, in: Zöllner/Noack, KölnerKomm-AktG, § 76, Rn. 37.

1062 *Raiser/Veil*, Recht der Kapitalgesellschaften, S. 121; *Kort*, AG 2012, S. 605 (606). Der DCGK in der Fassung vom 13. Mai 2013 bestimmt in Ziffer 4.1.1: „Der Vorstand leitet das Unternehmen in eigener Verantwortung im Unternehmensinteresse, also unter Berücksichtigung der Belange der Aktionäre, seiner Arbeitnehmer und der sonstigen dem Unternehmen verbundenen Gruppen (Stakeholder) mit dem Ziel nachhaltiger Wertschöpfung."

1063 *Semler/Spindler*, in: MüKo-AktG, Vor § 76, Rn. 81.

1064 *Raisch* in FS für Hefermehl, S. 347 (363); *Hefermehl/Spindler* in: MüKo-AktG, § 76, Rn. 64; *Laub*, AG 2002, S. 308 (309).

1065 *Ulmer*, AcP 2002, S. 143 (158).

wahren.[1066] Dies trägt auch den Interessen der Gesellschafter Rechnung, als deren „Veranstaltung“ sich die AG letztlich darstellt: Haben sich diese auf eine erwerbswirtschaftliche Betätigung der Gesellschaft verständigt, ist damit dem Vorstand die Gewinnerzielung verbindlich aufgegeben, was sogar teilweise einem Handeln nach einer gemäßigten „Shareholder Value“-Maxime entsprechen kann.[1067] Zuzustimmen ist den Anhängern einer im Interesse der Anteilseigner vorzunehmenden Gewinnausrichtung des Unternehmenshandelns auch in ihrer Kritik an der Unbestimmtheit des interessenpluralistischen Ansatzes. Grundsätzlich gilt: Je weiter die Handlungsvorgaben für die Unternehmensleitung formuliert werden, desto geringer die Steuerungsfunktion und desto größer die Gefahr, dass die tatsächliche Verantwortungsübernahme des Vorstands zwischen den einzelnen Verantwortungsebenen verloren zu gehen droht.[1068]

Falsch wäre es jedoch, aus dieser Kritik auf einen generellen Verzicht auf die Berücksichtigung anderer Interessen bzw. schon auf deren Nachgeordnetheit zu schließen. Nicht nur die Gesetzgebungsgeschichte des § 76 Abs. 1 AktG, sondern auch die aktuelle Fassung des DCGK legen eindeutig den Schluss nahe, dass die vorrangige Berücksichtigung einer einzelnen Interessengruppe nicht dem Interesse des Unternehmens als Ganzes entsprechen kann. Auch die dem Vorstand durch das Gesetz eingeräumte unabhängige Stellung, die insbesondere in seinem weiten unternehmerischen Ermessen und seiner Weisungsfreiheit zum Ausdruck kommt, lässt sich historisch und teleologisch nur so erklären, dass damit eine Institution zum Ausgleich der möglicherweise divergierenden Interessen geschaffen werden sollte. Unangebracht wäre es, diese starke – und vom Gesetzgeber gewollte – Stellung durch eine Bindung an das Wohl der Aktionäre beschränken zu wollen.

Am sinnvollsten erscheint es letztlich, die Handlungsmaxime des „Unternehmensinteresses“ als nachhaltige Steigerung des Unternehmenswertes zu begreifen, wie dies auch der DCGK zum Ausdruck bringt.[1069] Durch die Betonung der „Nachhaltigkeit“ der Wertsteigerung wird insbesondere herausgestellt, dass die Gewinnorientierung als solche zwar nicht in Frage gestellt wird, sie jedoch im Interesse aller Stakeholder-Gruppen angemessen, langfristig und dauerhaft von der Unternehmensleitung ausgelegt und angewendet werden muss.[1070] Eine so verstandene Zielkonzeption der Leitungsverantwortung des Vorstands ist durchaus geeignet, die Interessensgegensätze des „monistischen“ und des „pluralistischen“ Ansatzes zu überkommen. Jedenfalls verwehrt sind dem Vorstand damit Entscheidungen, die sich gegen das Unternehmen selbst kehren (können), die also nicht auf dessen

1066 *Semler/Spindler*, in: MüKo-AktG, Vor § 76, Rn. 79.
1067 *Groh*, DB 2000, S. 2153 (2158).
1068 *Kort*, AG 2012, S. 605 (608).
1069 So heißt es in der Präambel des DCGK: „Der Kodex verdeutlicht die Verpflichtung von Vorstand und Aufsichtsrat, im Einklang mit den Prinzipien der sozialen Marktwirtschaft für den Bestand des Unternehmens und seine nachhaltige Wertschöpfung zu sorgen (Unternehmensinteresse).“
1070 *Forstmoser* in FS Simon, S. 207 (232).

langfristigen Erfolg gerichtet sind oder dessen Rentabilität oder Bestand gefährden können.[1071] Darüberhinaus führt die Offenheit der aktienrechtlichen Vorschriften aber dazu, dass der Vorstand eine ganze Bandbreite von Zielsetzungen und Interessen verfolgen kann. Ernüchternd kann diese Erkenntnis allerdings nur dann sein, wenn man auf der Suche nach einer verbindlichen gesetzlichen Handlungsanweisung ist, die es in Anbetracht der Vielzahl im Einzelfall zu berücksichtigender Entscheidungskomponenten gar nicht geben kann. Letztlich haben, wie *Ulmer* zutreffend herausgearbeitet hat, die Offenheit und (Interessen-)Pluralität damit den Vorteil, dass sie die Flexibilität der AG als Rechtsform „[...] auch gegenüber den Herausforderungen des globalen Wettbewerbs" unterstreichen.[1072]

1071 *Mertens/Cahn*, in: Zöllner/Noack, KölnerKomm-AktG, § 76, Rn. 18.
1072 *Ulmer*, AcP 2002, S. 143 (159).

E. Der internationale CSR-Diskurs

Die bisherigen Ausführungen haben sich auf nationale Steuerungsansätze beschränkt und die dort angesiedelten hoheitlichen Handlungsoptionen und -potentiale aufgezeigt. Das so entstandene Bild der Konturen eines (sich im Entstehen befindenden) „Rechts der CSR" wäre jedoch unvollständig, ohne einen Blick auf die international erarbeiteten Steuerungsansätze zu werfen. Die Bedeutung, die gerade derartige Ansätze für die weitere Formalisierung und Prozeduralisierung der CSR einnehmen, kann kaum überschätzt werden und ist eng verknüpft mit den sich aus der Internationalisierung und Globalisierung der Wirtschaft ergebenden positiven wie negativen Herausforderungen. So wird etwa auch aufgrund der Vielzahl öffentlichkeitswirksamer Unternehmensskandale der Begriff der CSR in der öffentlichen Debatte oft fälschlicherweise als Synonym für die Geschäftsaktivitäten (westlicher) multinationaler Unternehmen in Schwellen- und Entwicklungsländern verwendet. Obwohl es sich bei der CSR insgesamt – wie bereits dargelegt – um ein tiefergehendes und umfassenderes Konzept der Unternehmenssteuerung handelt, kann in dieser öffentlichen Wahrnehmung jedoch zugleich auch einerseits ein Beleg für die Problematik des internationalen Wirtschaftens- und andererseits ein Hinweis auf das sich aus der CSR in diesem Zusammenhang ergebende Potential gesehen werden: Dort, wo nationale Ansätze zu kurz greifen, bedarf es einer internationalen Verständigung, die über Staatsgrenzen hinaus einen Konsens über wesentliche Inhalte und Verfahren der CSR definiert.

Die internationalen Bemühungen, eine derartige Verständigung zu erreichen, lassen sich bis in die 1970er Jahre zurückverfolgen, als sich Entwicklungsländer (in ihrer Funktion als Gaststaaten) durch die Geschäftsaktivitäten multinationaler Unternehmen in ihrer nationalen Souveränität beschränkt sahen und der Öffentlichkeit gewahr wurde, dass das unternehmerische Verhalten etwa in den Bereichen Umwelt und Soziales nicht selten in einem starken Widerspruch zu den geltenden gesetzlichen Bestimmungen ihrer jeweiligen Heimatstaaten stand.[1073] Das Ergebnis der Diskussionen und Anstrengungen bildeten (und bilden) insbesondere Verhaltenskodizes, die durch Internationale Organisationen verabschiedet wurden und Vorschriften enthalten, mit denen grenzüberschreitend tätige Unternehmen zur Beachtung bestimmter Produktions- und Verhaltensstandards bewegt werden sollen.[1074] Ohne einer ausführlichen Auseinandersetzung vorwegzugreifen, lässt sich jedenfalls behaupten, dass den allermeisten dieser Kodizes gemein ist, dass sie sich direkt an die Unternehmen selbst – und nicht etwa an deren Heimat- oder Gaststaaten – richten und dass sie sich dabei gleichzeitig allenfalls der Kategorie

1073 *Schaub*, Grundlagen der Regulierung multinationaler Unternehmen, S. 222; *Muchlinski*, Multinational Enterprises and the Law, S. 656.

1074 *Mosters*, S. 46.

des *„soft law"* zuordnen lassen, weshalb sie auch als „abgemilderte Form" einer direkten internationalen Regulierung bezeichnet werden.[1075] Trotz der aus dieser Charakterisierung folgenden Einstufung als „unverbindlich", darf dabei insgesamt nicht übersehen werden, dass die Kodizes ihre Existenz nicht selten gerade ihrer „Flexibilität" verdanken. So weist *Hennings* etwa zutreffend darauf hin, dass auch die CSR zu jenen Bereichen auf der internationalen Regulierungsagenda gezählt werden kann, „[...] die ohne Möglichkeit der Wahl von soft law aufgrund fehlenden Konsenses gänzlich unbearbeitet geblieben wären"[1076]. Der Zweck der so geschaffenen Instrumente ist daher zunächst in der Vorgabe von grundsätzlichen Verhaltensstandards zu sehen. Darüber hinaus erfüllen die Kodizes jedoch auch eine wichtige Funktion als internationale „Benchmarks", also als Maßstab bzw. Modell für vergleichbare private (oft sogar unternehmensinterne) Standards. Vermehrt wird zudem in Investitionsverträgen zwischen privaten Investoren und Staaten Bezug auf die Kodizes genommen, was als weiterer Beleg für ihre faktische Bedeutung verstanden werden kann.[1077]

Über die Arbeit Internationaler Organisationen hinaus wird – vergleichbar der nationalen Ebene – der internationale CSR-Diskurs auch durch private Steuerungsbeiträge, sei es durch NGOs, internationale Gewerkschafts-, Branchen- oder Arbeitgeberverbände, geprägt. All diese Institutionen bringen sich mit eigenen (Selbst-) Regulierungsvorschlägen ein, die unterschiedliche Interessen widerspiegeln und zudem einen unterschiedlichen Verbreitungsgrad erreichen. Ein besonderer, weil anspruchsvoll und ganzheitlich formulierter, CSR-Ansatz, der auch den internationalen Diskurs nachhaltig prägt, ist derjenige der EU. Dabei lässt sich die „Komplexität" der europäischen CSR-Politik auf den Anspruch zurückführen, nicht „nur" eine Gesamtverbesserung der weltweiten Produktionszustände erreichen zu wollen, sondern darüber hinaus auch Verbesserungen für den ohnehin bereits „[...] von hohen Maßstäben geprägten europäischen Binnenmarkt"[1078] zu erzielen.

All diese internationalen und europäischen Instrumente zur Steuerung unternehmerischen Handelns auf dem Gebiet der CSR machen in ihrer Gesamtheit dasjenige aus, was hier als „internationaler CSR-Diskurs" überschrieben wird. Die folgenden Ausführungen, die einen Überblick über die wesentlichen Inhalte und Zielrichtungen dieser Instrumente geben sollen, beschränken sich in Anbetracht der Vielfalt der in Betracht kommenden Standards auf diejenigen, die aufgrund ihrer Urheberschaft und ihres Verbreitungsgrades als die einflussreichsten und das unternehmerische Verhalten prägendsten angesehen werden können.

1075 *Schaub*, Grundlagen der Regulierung multinationaler Unternehmen, S. 222; *Jägers*, S. 99.

1076 Zumal die „Bereitschaft zum Konsens größer ist, wenn die Folge [...] überschaubar bleibt", vgl. *Hennings*, S. 134.

1077 *Schaub*, Grundlagen der Regulierung multinationaler Unternehmen, S. 222.

1078 *Mosters*, S. 46.

I. Steuerungsansätze Internationaler Organisationen

Auf Ebene der Internationalen Organisationen widmen sich vor allem die OECD, die ILO und die VN zum Teil bereits seit mehreren Jahrzehnten der Thematik des verantwortlichen globalen Wirtschaftens. Insbesondere die Bandbreite der unter dem Dach der VN vorgeschlagenen und umgesetzten Initiativen belegt dabei die Vielfalt und die inhaltliche Diskrepanz der zur Steuerung unternehmerischen Verhaltens auf internationaler Ebene vorgeschlagenen Instrumente.

1. OECD: Leitsätze für multinationale Unternehmen

Ein den internationalen CSR-Diskurs nach wie vor nachhaltig beeinflussendes Instrument stellen die „*OECD Guidelines for Multinational Enterprises*“[1079] (im Folgenden: OECD-Leitsätze) dar, die am 21. Juni 1976 als Annex zur „*Declaration on International Investment and Multinational Enterprises*“[1080] (im Folgenden: OECD-Erklärung) verabschiedet wurden. Die OECD-Leitsätze wurden insgesamt fünfmal – in den Jahren 1979, 1984, 1991, 2000 und zuletzt 2011[1081] – überarbeitet, modifiziert und zum Teil ergänzt. Diese Revisionen lassen sich insgesamt als Ausdruck des Wandels und der inhaltlichen Weiterentwicklung des Konzepts der Unternehmensverantwortung verstehen.

a. Rahmenbedingungen

Die ursprüngliche Fassung der OECD-Leitsätze entstand vor dem Hintergrund der Diskussionen der 1960er und 1970er Jahre um die Bedeutung multinationaler Unternehmen sowie deren Auswirkungen auf die nationalen Arbeitsbedingungen und den internationalen Handelsverkehr.[1082] Ziel der Verabschiedung der Leitsätze war es damals nicht nur, einer stärker werdenden Kritik an den Geschäftsaktivitäten multinationaler Unternehmen entgegen zu treten und insgesamt das Investitionsklima zu verbessern, sondern zugleich auch einen Gegenentwurf zu anderen (verbindlicheren) Regelungsvorhaben (vor allem demjenigen der UNCTAD) vorzulegen.[1083] Im Gegensatz zu diesen anderen weitergehenden Vorhaben waren die Leitsätze ursprünglich nicht darauf ausgelegt, das Verhalten der international agierenden Unternehmen „wirksam zu reglementieren“, was sich bereits an der Tatsache ablesen lässt, dass die Leitsätze als Anlage eines Abkommens zur Erleichterung des internationalen Handels verfasst wurden.[1084] Diese ursprüngliche Zielrichtung wurde

---

1079 Abgedruckt in: International Legal Materials 15 (1976), S. 969 ff.

1080 Abgedruckt in: International Legal Materials 15 (1976), S. 967 ff.

1081 Die aktuelle Fassung der OECD-Leitsätze ist abrufbar im Internet unter: http://www.oecd.org/daf/inv/mne/48808708.pdf (Stand: 21.01.2016).

1082 *Mosters*, S. 46.

1083 *Schaub*, Grundlagen der Regulierung multinationaler Unternehmen, S. 223.

1084 *Hennings*, S. 138.

jedoch im Laufe der Jahre verstärkt zugunsten umfassenderer Verhaltensvorgaben aufgegeben. Nunmehr versuchen die OECD-Leitsätze eine angemessene Balance zwischen staatlichen Interessen und denjenigen der Investoren und der Öffentlichkeit zu finden.

In ihrer Gesamtheit werden die Leitsätze als Ausdruck eines gemeinsamen Wertefundaments der OECD-Staaten verstanden, wobei davon ausgegangen werden kann, dass sich die einzelnen Leitsätze als Empfehlungen der Mitgliedstaaten in Bezug auf verantwortliches Wirtschaften nicht nur direkt an die Unternehmen richten, sondern zugleich auch Erwartungen der Staatengemeinschaft formulieren.[1085] Inhaltlich geht es den Leitsätzen vor allem darum, Mindeststandards für das unternehmerische Verhalten in den jeweiligen Gaststaaten festzuschreiben und insofern jedenfalls für faire Wettbewerbsbedingungen zu sorgen.[1086] Gleichzeitig sollen es die Leitsätze den Unternehmen erleichtern, durch Beachtung der darin vorgesehenen Bestimmungen einen positiven Beitrag zur wirtschaftlichen, ökologischen und sozialen Entwicklung zu leisten.[1087] Inwieweit es die Leitsätze schaffen (können), diese zum Teil sehr hohen Erwartungen und Ziele zu erreichen, wird unterschiedlich bewertet. Unbenommen ist den Leitsätzen jedoch, dass es sich bei ihnen um das erste und zugleich „[...] einzige direkt intergouvernemental verhandelte und multilateral gebilligte Regelwerk für CSR"[1088] handelt. Dieser Aspekt ist schon insofern von nicht zu unterschätzender Bedeutung, als gerade in der OECD jene Staaten versammelt sind, die nach wie vor Ausgangspunkt eines Großteils der weltweit getätigten ausländischen Direktinvestitionen und zugleich Sitz der weit überwiegenden Zahl der als „multinational" zu qualifizierenden Unternehmen sind.[1089] Unter Berücksichtigung dieser Rahmenbedingungen ist *Catá Backer* zuzustimmen, dass die Leitsätze in ihrer aktualisierten Form das Potenzial dazu haben, als ein „[...] important instrument for shaping globalisation" zu wirken.[1090] Deutlich wird dies auch daran, dass die OECD-Leitsätze vermehrt außerhalb der OECD auf Akzeptanz stoßen: So zählen neben den 34 Mitgliedstaaten der OECD heute auch Ägypten, Argentinien, Brasilien, Lettland, Litauen, Marokko, Rumänien und Peru zu den Unterzeichnerstaaten der Leitsätze.

1085 *Catá Backer*, Melbourne J. of Int'l L. 2009, S. 258 (261, 268); *Aguirre*, Afr. Hum. Rts. L.J. 2005, S. 239 (250); *Weschka*, ZaöRV 2006, S. 625 (647); *Köster*, S. 91.

1086 *Goldmann*, in: Cassese et al., Global Administrative Law, S. 131 (131).

1087 *Chirwa*, S. Afr. J. on Hum. Rts. 2006, S. 76 (82).

1088 *Brankamp*, MRM 2010, S. 41 (42); ebenso *Černič*, HanseLR 2008, S. 71 (71).

1089 *Johnston*, in: Mullerat, Corporate Social Responsibility, S. 243 (247).

1090 Siehe *Catá Backer*, Melbourne J. of Int'l L. 2009, S. 258 (268), der jedoch noch weiter geht und mit Blick auf die Leitsätze annimmt: „They will also be a standard that corporations themselves can use to demonstrate that they are important agents of positive change throughout the developing as well as the developed world."

b. Inhalt

Inhaltlich umfassen die Leitsätze Mindeststandards in einer Reihe von Bereichen, mit denen die Unternehmen im Rahmen ihrer internationalen Geschäftsaktivitäten in Berührung kommen können. Sowohl der Anwendungsbereich als auch die inhaltlichen Vorgaben sind im Zuge der letzten Revisionen stetig erweitert worden. Immer weiter in den Fokus gerückt ist dabei vor allem der Bereich der Menschenrechte.

aa. Anwendungsbereich

Die OECD-Leitsätze richten sich an jedes Unternehmen, das in oder aus einem Staat tätig ist, der die Leitsätze unterzeichnet hat. Obwohl die Leitsätze ihrem Titel nach nur für „multinationale" Unternehmen Anwendung finden, stellt der dem materiellen Teil vorangestellte Abschnitt „Begriffe und Grundsätze" ausdrücklich klar, dass sowohl für multinationale als auch für nationale Unternehmen „[...] die gleichen Erwartungen hinsichtlich ihres Verhaltens [gelten]."[1091] Anwendung finden können die Leitsätze entsprechend den Voraussetzungen und Kapazitäten grundsätzlich auch auf KMU.[1092] Mit Blick auf multinationale Unternehmen wird zudem festgelegt, dass die Leitsätze alle Unternehmenseinheiten, d.h. sowohl das Mutterunternehmen als auch die (unabhängigen) Tochtergesellschaften, umfassen. Alle Unternehmen werden explizit dazu aufgefordert, ihre Geschäftspartner, einschließlich der Zulieferfirmen und Unterauftragnehmer, zur Anwendung von Grundsätzen des verantwortlichen unternehmerischen Handelns, das im Einklang mit den OECD-Leitsätzen steht, zu ermutigen.[1093]

Während die Leitsätze in ihrer ursprünglichen Fassung noch auf Unternehmen beschränkt waren, die innerhalb eines Unterzeichnerstaates tätig waren, gelten sie nunmehr auch für solche Unternehmen, die ihre Tätigkeit aus einem Unterzeichnerstaat „heraus" ausüben.[1094] Diese Erweiterung des Anwendungsbereichs hat zu einer „Globalisierung" der OECD-Leitsätze geführt. Diese finden nunmehr Anwendung auch auf dem Territorium von Nicht-Unterzeichnerstaaten, solange das Unternehmen seinen (Haupt-) Sitz in einem Unterzeichnerstaat hat. In Anbetracht der Herkunft einer Vielzahl der größten international agierenden Unternehmen ist folglich davon auszugehen, dass die meisten dieser Unternehmen den Bestimmungen der Leitsätze unterfallen.[1095]

1091 *OECD*, OECD-Leitsätze für multinationale Unternehmen, Abschn. „I. Begriffe und Grundsätze", Ziff. 5, S. 20.

1092 *Brankamp*, MRM 2010, S. 41 (42).

1093 *OECD*, OECD-Leitsätze für multinationale Unternehmen, Abschn. „II. Allgemeine Grundsätze", Ziff. 13, S. 23. Dazu auch *Mosters*, S. 47, der die Bestimmung zwar als „bemerkenswert" kennzeichnet, jedoch zurecht auch auf dessen Vagheit verweist.

1094 *Hennings*, S. 136; *Weschka*, ZaöRV 2006, S. 625 (647 f.); *Chirwa*, S. Afr. J. on Hum. Rts. 2006, S. 76 (82).

1095 *Černič*, HanseLR 2008, S. 71 (78).

Formal ist zudem zu beachten, dass, obwohl sich die Leitsätze ihrem Wortlaut nach auch an die Unternehmen selbst richten, Partner der Erklärung lediglich die unterzeichnenden Staaten bleiben. Diese bringen durch ihre Unterstützungserklärung der Leitsätze ihre Erwartung zum Ausdruck, dass die auf ihrem Staatsgebiet operierenden oder niedergelassenen Unternehmen die in den Leitsätzen niedergelegten Standards achten.[1096]

bb. Materielle Vorgaben

In materieller Hinsicht umfassen die OECD-Leitsätze generelle Prinzipien und Standards, die von den Unternehmen zusätzlich zu den jeweils einschlägigen nationalen und internationalen gesetzlichen Bestimmungen beachtet werden sollen.[1097] Die Auswahl einzelner Prinzipien ebenso wie deren Formulierung hat sich seit Bestehen der Leitsätze mehrfach gewandelt. Damit einhergegangen ist jedenfalls in Teilen eine Neuakzentuierung der Leitsätze in ihrer Gesamtheit. So stand im Vordergrund der älteren Fassungen jeweils die Regelung des Verhältnisses der Unternehmen zu ihren Gaststaaten, insbesondere die Festlegung einer Neutralitätspflicht der Unternehmen und eines damit verbundenen Einmischungsverbots in die inneren Staatsangelegenheiten.[1098] Ebenfalls umfasst von den frühen Auflagen der Leitsätze waren Bestimmungen zur Korruptionsprävention, zur Offenlegung unternehmensrelevanter Informationen, zur Vermeidung von Wettbewerbsbeschränkungen und zum Wissenschafts- und Technologietransfer. Zu den spezielleren Vorgaben zählten zudem etwa Festlegungen auf die Einräumung und den Schutz kollektiver Arbeitsrechte sowie die Zusage, bei Verhandlungen über die Arbeitsbedingungen nicht mit Betriebsverlagerungen ins Ausland zu drohen.[1099]

Inhaltliche Erweiterungen und Anpassungen erfolgten durch die Neufassung von 1984 im Hinblick auf den Verbraucherschutz, durch die Neufassung von 1991 im Hinblick auf den Umweltschutz und schließlich – nach dem Scheitern der Verhandlungen über das Multilaterale Investitionsabkommen (MAI) – durch die Neufassung von 2000 im Hinblick auf die Menschenrechte. Seit der Aktualisierung im Jahr 2011 sind die materiellen Vorgaben in zehn Abschnitte gegliedert. Dabei handelt es sich neben den „Allgemeinen Grundsätzen“ um die Bereiche Offenlegung von Informationen, Menschenrechte, Beschäftigung und Beziehungen zwischen den Sozialpartnern, Umwelt, Bekämpfung von Bestechung, Verbraucherinteressen, Wissenschaft und Technologie, Wettbewerb und Besteuerung. Mit dieser Bandbreite an Themen decken die OECD-Leitsätze nunmehr das gesamte Spektrum des Konzepts der Unternehmensverantwortung ab. Betont wird dabei jeweils auch das Vorsorgeprinzip. Ergänzt werden die teilweise eher allgemein gehaltenen materiellen Vorgaben der

---

1096 *Mosters*, S. 47; *Muchlinski*, Multinational Enterprises and the Law, S. 476.
1097 *Chirwa*, S. Afr. J. on Hum. Rts. 2006, S. 76 (82); *Černič*, HanseLR 2008, S. 71 (79).
1098 *Hennings*, S. 136; *Jägers*, S. 103.
1099 *Schaub*, Grundlagen der Regulierung multinationaler Unternehmen, S. 223.

Leitsätze durch umfassende Erläuterungen, die sich unmittelbar an das jeweilige Kapitel anschließen.

Verallgemeinernd lässt sich mit Blick auf die bereichsspezifischen Vorgaben feststellen, dass diese in ihrer Gesamtheit darauf abzielen sicherzustellen, dass Mindeststandards des verantwortlichen unternehmerischen Handelns gewahrt werden, dass die Unternehmen ihre Geschäftsaktivitäten im Einklang mit den staatlichen Politiken der Gaststaaten verfolgen und dass die gegenseitige Vertrauensbasis zwischen Unternehmen und Gesellschaft erhalten bleibt und gestärkt wirkt.[1100] Zur Erreichung dieser Ziele zeigen die Leitsätze zahlreiche Wege auf, wie der jeweilige unternehmerische Fortschritt unterstützt werden kann. Neben dem förmlichen Umsetzungsverfahren zählt dazu insbesondere auch das Bestreben, einen Dialog zwischen Unternehmen, Stakeholdern und staatlichen Stellen anzustoßen.[1101]

cc. Menschenrechte

Exemplarisch belegen lässt sich der Wandel der inhaltlichen Ausrichtung der OECD-Leitsätze am Themenfeld der unternehmerischen Menschenrechtsverantwortung. Hatten die ersten Fassungen der Leitsätze noch eine ausdrückliche Referenz auf die Menschenrechte vermieden, wurde erstmals durch die Überarbeitung im Jahr 2000 eine Empfehlung aufgenommen, dass Unternehmen jedenfalls diejenigen menschenrechtlichen Verpflichtungen zu beachten haben, die völkerrechtlich für die Staaten verbindlich sind, in denen sich die Unternehmen betätigen.[1102] Damit wurde zugleich klargestellt, dass die Unternehmen Menschenrechte nicht nur im Verhältnis zu ihrer Belegschaft, sondern zugleich auch im Verhältnis zu allen anderen von ihren Aktivitäten betroffenen Personen zu wahren haben.[1103] Ausdrücklich normiert wurden zudem das Verbot von Kinder- und Zwangsarbeit.

Im Zuge der letzten Revision im Jahr 2011[1104] erfolgte eine abermalige deutliche Aufwertung der unternehmerischen Menschenrechtsverantwortung innerhalb der Leitsätze. Enthalten ist nunmehr nicht nur die in den „Allgemeinen Bestimmungen" niedergelegte Erwartung, dass Unternehmen „[d]ie international anerkannten Menschenrechte der von ihrer Tätigkeit betroffenen Personen respektieren" sollen[1105], sondern zugleich ein eigener Abschnitt, der den Inhalt dieser Erwartung im einzelnen konkretisiert.[1106] Bestimmt ist darin, dass die Unternehmen allgemein

---

1100 *Černič*, HanseLR 2008, S. 71 (79); *Muchlinski*, Multinational Enterprises and the Law, S. 477.

1101 *Johnston*, in: Mullerat, Corporate Social Responsibility, S. 243 (246).

1102 *Köster*, S. 92.

1103 *Hennings*, S. 136; *Bretschger*, S. 14.

1104 Siehe dazu ausführlich *Huarte Melgar* et al., 2011 Update of the OECD Guidelines.

1105 *OECD*, OECD-Leitsätze für multinationale Unternehmen, Abschn. „II. Allgemeine Grundsätze", Ziff. 2, S. 22.

1106 *OECD*, OECD-Leitsätze für multinationale Unternehmen, Abschn. „IV. Menschenrechte", S. 36.

eine Verletzung der Menschenrechte vermeiden sollen (Ziff. 1), insbesondere im Kontext der eigenen Unternehmensaktivitäten (Ziff. 2). Erweitert wird diese Vermeidungspflicht zudem auf komplexere Fälle, in denen das Unternehmen zwar nicht unmittelbar durch eigene Aktivitäten, jedoch mittelbar aufgrund von Geschäftsbeziehungen oder durch eigene Produkte oder Dienstleistungen mit negativen Menschenrechtsauswirkungen in Berührung kommen (Ziff. 3). In diesen Fällen wird von den Unternehmen erwartet, dass sie ihren Einfluss geltend machen, „[...] um auf den Verursacher der negativen menschenrechtlichen Auswirkungen mit dem Ziel einzuwirken, die fraglichen Auswirkungen zu verhindern oder zu mindern."[1107] Weitere Bestimmungen legen den Unternehmen die Verabschiedung einer fundierten Grundsatzerklärung zur Wahrung der Menschenrechte (Ziff. 4), die regelmäßige Durchführung eines *„Due Diligence*"-Verfahrens zur Ermittlung der tatsächlichen und potentiellen Auswirkungen auf die Menschenrechte (Ziff. 5) sowie die Einrichtung eines Wiedergutmachungsmechanismus für den Fall der Verletzung von Menschenrechten durch die unternehmerische Geschäftspraxis (Ziff. 6) nahe. Neben dieser inhaltlichen Präzisierung hat jedoch vor allem auch die „Entkopplung" der Menschenrechtsverantwortung der Unternehmen von derjenigen der jeweiligen Gaststaaten zu einer inhaltlichen Aufwertung und Stärkung des Menschenrechtsfokus innerhalb der Leitsätze beigetragen. Während die Unternehmen vor der Revision des Jahres 2011 lediglich dazu aufgefordert waren, die Menschenrechte entsprechend den Verpflichtungen der Gaststaaten zu respektieren, bestimmen die Erläuterungen zum Menschenrechtsteil nunmehr unmissverständlich, dass „[d]ie Tatsache, dass ein Staat einschlägige nationale Gesetze nicht durchsetzt bzw. eingegangene internationale Menschenrechtsverpflichtungen nicht umsetzt oder dass er diesen Gesetzen bzw. internationalen Verpflichtungen möglicherweise zuwiderhandelt, [...] nicht die Verantwortung der Unternehmen [verringert], die Menschenrechte zu achten."[1108]

Deutlich wird am Beispiel der Menschenrechte somit insgesamt, dass sich der Schwerpunkt der OECD-Leitsätze vom Gebot der Nicht-Einmischung in die inneren Angelegenheiten der Gaststaaten immer weiter in Richtung der Erwartung an die Unternehmen verschoben hat, eine proaktivere Haltung gegenüber dem internationalen Menschen- und Arbeitsrechtsschutz einzunehmen.[1109]

c. *Rechtswirkungen und Umsetzungsverfahren*

Im Gegensatz zu vergleichbaren Instrumenten anderer Internationaler Organisationen sehen die OECD-Leitsätze ein umfassendes Umsetzungs- und Kontrollverfahren

---

1107 *OECD*, OECD-Leitsätze für multinationale Unternehmen, „Erläuterungen zu den Menschenrechten", Ziff. 43, S. 39.

1108 *OECD*, OECD-Leitsätze für multinationale Unternehmen, „Erläuterungen zu den Menschenrechten", Ziff. 38, S. 37.

1109 So auch das Resümee bei *Jägers,* S. 106.

vor. Dieses ist jedenfalls in Teilen dazu geeignet, für die sonst fehlende rechtliche Bindungswirkung zu kompensieren.

aa. Grundsatz: Freiwilligkeit

Hinsichtlich möglicher Rechtswirkungen der OECD-Leitsätze ist zu unterscheiden: Für die Unternehmen selbst bestehen keine rechtlichen Pflichten, ihre Geschäftsaktivitäten an den Leitsätzen zu orientieren. Dabei handelt es sich vielmehr um Standards mit Empfehlungscharakter, die auf dem Prinzip der Freiwilligkeit aufbauen.[1110] Eine Umsetzung der Leitsätze in der Unternehmenspraxis ist folgerichtig rechtlich nicht einklagbar. Eine rechtliche Bindung gehen jedoch diejenigen Staaten ein, die die Leitsätze unterzeichnen, indem sie sich dazu verpflichten, deren Bestimmungen zu fördern und für die Einrichtung der vorgesehenen Umsetzungs- und Kontrollmechanismen Sorge zu tragen.[1111] Hinzukommt, dass sich die Regierungen im Falle von Konflikten mit den Leitsätzen das Recht einräumen, internationale Streitschlichtungsmechanismen anzuwenden und zu fördern.[1112] Dies kann als Hinweis dafür gesehen werden, dass sich die beteiligten staatlichen Stellen jedenfalls um eine größere Geltungskraft der Leitsätze bemühen. Nicht übersehen werden darf somit, dass die Leitsätze die Erwartungen der unterzeichnenden Staaten an ein verantwortliches unternehmerisches Handeln zusammenfassen.[1113] Gerechtfertigt ist es deshalb zumindest, den OECD-Leitsätzen den Status als Soft Law zuzuerkennen.[1114] Dies gilt insbesondere auch vor dem Hintergrund, dass die Leitsätze zusätzlich zu ihren materiellen Empfehlungen ein detailliertes Umsetzungs- und Kontrollverfahren vorsehen.

1110 *Schmalenbach*, AVR 2001, S. 57 (67); *Mosters*, S. 48; *Chirwa*, S. Afr. J. on Hum. Rts. 2006, S. 76 (83). Dies ergibt sich eindeutig auch aus dem Wortlaut der Leitsätze, deren Empfehlungen von den Unternehmen jeweils beachtet werden „sollten". Vgl. auch die ausdrückliche Klarstellung in Ziff. 1 der „Begriffe und Grundsätze" der Leitsätze: „Die Beachtung der *Leitsätze* durch die Unternehmen beruht auf dem Prinzip der Freiwilligkeit und hat keinen rechtlich zwingenden Charakter."

1111 *Weschka*, ZaöRV 2006, S. 625 (649); *Černič*, HanseLR 2008, S. 71 (71). *Johnston*, in: Mullerat, Corporate Social Responsibility, S. 243 (247) erkennt daher in den Leitsätzen „[...] a unique combination of voluntary and binding elements."

1112 *Brankamp*, MRM 2010, S. 41 (41).

1113 *Černič*, HanseLR 2008, S. 71 (79).

1114 *Goldmann*, in: Cassese et al., Global Administrative Law, S. 131 (131). Ob es jedoch allein aufgrund des langen – mittlerweile fast 40-jährigen – Bestehens der Leitsätze gerechtfertigt ist, diese als „standard practice for corporate operations" zu begreifen, muss jedoch schon aufgrund der dargestellten inhaltlichen Änderungen und Anpassungen bezweifelt werden. Anders jedoch *Aguirre*, Afr. Hum. Rts. L.J. 2005, S. 239 (250).

bb. Umsetzungs- und Kontrollverfahren

Das Umsetzungsverfahren, das der Überwachung der Einhaltung der Empfehlungen und gegebenenfalls deren Korrektur dient, wird in einem den OECD-Leitsätzen angefügten „Teil II“ beschrieben. Beteiligt sind an diesem Verfahren neben den Unternehmen und staatlichen Stellen auch Arbeitgeber- und Arbeitnehmerverbände.[1115] Eines der wichtigsten Elemente dieses Verfahrens stellen dabei die sog. „Nationalen Kontaktstellen“ (NKS) dar, zu deren Einrichtung sich die Teilnehmerstaaten mit Unterzeichnung der Leitsätze verpflichten. Wie sich diese NKS zusammensetzen und unter welcher Leitung sie stehen, bestimmen die Leitsätze nicht. Die bisherige Praxis in den Teilnehmerstaaten zeigt, dass die NKS entweder einzelnen oder mehreren Ministerien, einem Zusammenschluss verschiedener Institutionen (Regierung, Arbeitgeberverbände, Gewerkschaften, NGOs) oder einer unabhängigen Expertenkommission zugewiesen sind.[1116] Von den NKS sind vor allem vier Aufgabenbereiche wahrzunehmen:

- der Bekanntheitsgrad der OECD-Leitsätze soll erhöht und deren Anwendung gefördert werden;
- die Zusammenarbeit mit anderen NKS und Regierungen soll gestärkt und deren Verfahren inhaltlich begleitet werden;
- Anfragen, die sich aus der Anwendung der Leitsätze ergeben sollen beantwortet werden;
- Hinweisen auf Verstöße gegen die Leitsätze soll nachgegangen und gegebenenfalls eine gütliche Einigung zwischen den Parteien in einem strukturierten Verfahren vermittelt werden.[1117]

Die Arbeit der NKS wird in den „verfahrenstechnischen Anleitungen“ des Umsetzungsverfahrens auf die „Schlüsselkriterien“ der „Sichtbarkeit, Zugänglichkeit, Transparenz und Rechenschaftspflicht“ verpflichtet.[1118] Weitere darüber hinausgehende prozessuale Anforderungen bestehen auch im Falle vorgebrachter Verstöße gegen die Leitsätze nicht. Diese werden vielmehr dezentral von den einzelnen NKS festgelegt. Für gewöhnlich werden die jeweiligen NKS jedoch in derartigen Fällen im Nachgang zu einer Beschwerde[1119] zunächst eigene Ermittlungen anstellen, externe Expertisen von Arbeitgeberverbänden und Gewerkschaften einholen, sich

1115 *Hennings*, S. 137.

1116 *Brankamp*, MRM 2010, S. 41 (43). In Deutschland ist die NKS dem Bundesministerium für Wirtschaft und Energie zugewiesen.

1117 *Catá Backer*, Melbourne J. of Int'l L. 2009, S. 258 (269 f.); *Brankamp*, MRM 2010, S. 41 (43 f.); *Černič*, HanseLR 2008, S. 71 (84); *Mosters*, S. 48; *Weschka*, ZaöRV 2006, S. 625 (649).

1118 *OECD*, OECD-Leitsätze für multinationale Unternehmen, Teil II, Abschn. „Verfahrenstechnische Anleitungen“, S. 81.

1119 Seit der Revision des Jahres 2000 können sämtliche natürliche und juristische Personen eine Beschwerde gegen einen vermeintlichen Verstoß eines Unternehmens gegen die OECD-Leitsätze bei der zuständigen NKS einreichen.

mit anderen NKS austauschen und darauf aufbauend nach einer einvernehmlichen, außergerichtlichen Lösung im Rahmen eines Mediations- und Streitschlichtungsverfahrens suchen.[1120] Für gewöhnlich endet das Verfahren (unabhängig davon ob eine Lösung erzielt werden konnte oder nicht) mit der Veröffentlichung eines Berichts, in dem gegebenenfalls auch Vorschläge zur Umsetzung der Leitsätze gemacht werden können. Sämtliche Verfahrensschritte sind durch das Kooperationsprinzip gekennzeichnet. Dazu gehört auch, dass unternehmenssensible Daten vertraulich behandelt und (wenn überhaupt) erst am Ende des Verfahrens veröffentlicht werden.[1121] Im Übrigen sind die NKS aufgrund des freiwilligen Charakters der Leitsätze weder dazu berechtigt, Sanktionen zu verhängen, noch können die Unternehmen dazu gezwungen werden, sich an den Verfahren zu beteiligen.[1122] Die Tatsache, dass sich die Unternehmen in der weit überwiegenden Mehrzahl der Fälle gleichwohl dennoch an den Verfahren vor den NKS beteiligen, lässt sich einerseits auf den Druck der Öffentlichkeit und das Eigeninteresse an der Vermeidung von Reputationsverlusten zurückführen, kann jedoch andererseits auch als Beleg für das Funktionieren des auf Kooperation basierenden Verfahrens gewertet werden.[1123]

Neben den NKS sieht das Umsetzungsverfahren auch die Einrichtung des Ausschusses für internationale Investitionen und multinationale Unternehmen (CIME) vor, der gewissermaßen als „Dachorganisation" aller NKS fungiert und Beratungs- und Kontrollfunktionen wahrnimmt. Im Rahmen des CIME werden in regelmäßigen Abständen sämtliche Fragen bezüglich der Leitsätze und deren Implementierung unter anderem mit dem Beratenden Ausschuss der Wirtschaft (BIAC) und dem Gewerkschaftlichen Beratungsausschuss (TUAC) sowie NGOs diskutiert.[1124]

cc. Praktische Bedeutung

Die OECD-Leitsätze zählen nach wie vor zu den für die (unternehmerische) Praxis bedeutendsten CSR-Instrumenten, die auf Ebene Internationaler Organisationen verabschiedet und umgesetzt wurden. Dies gilt insbesondere in ihrer Funktion als Benchmarks für von den Unternehmen selbst zu schaffende und zu implementierende Verhaltenskodizes.[1125] Dabei erweist es sich insbesondere als vorteilhaft, dass die

---

1120 *Brankamp*, MRM 2010, S. 41 (44); *Catá Backer*, Melbourne J. of Int'l L. 2009, S. 258 (269 f.). Das vor den NKS durchgeführte Verfahren ist jedoch selbst kein schiedsgerichtliches Streitverfahren.

1121 *Weschka*, ZaöRV 2006, S. 625 (649). Dieser Grundsatz der Vertrautheit steht freilich in einem Konflikt zu dem das gesamte Verfahren vor den NKS eigentlich kennzeichnenden Prinzip der Transparenz.

1122 *Schaub*, Grundlagen der Regulierung multinationaler Unternehmen, S. 225; *Mosters*, S. 48.

1123 Siehe etwa die positive Bewertung bei *Wouters/Ryngaert*, Geo. Wash. Int'l L. Rev. 2009, S. 939 (944).

1124 Dazu *Brankamp*, MRM 2010, S. 41 (44); *Chirwa*, S. Afr. J. on Hum. Rts. 2006, S. 76 (83).

1125 *Mosters*, S. 48.

Leitsätze in regelmäßigen Abständen einer Revision unterzogen und die zum Teil abstrakten inhaltlichen Erwartungen durch umfassende Erläuterungen präzisiert werden. Hinzu kommt, dass die Leitsätze auch Modellcharakter für andere (private wie öffentliche) Instrumente entfalten, ohne sich dabei selbst den Innovationen dieser Instrumente zu verschließen.[1126] Belegen lässt sich die praktische Bedeutung der Leitsätze etwa auch anhand der Tatsache, dass die EU in ihren Freihandels- und Assoziierungsabkommen nunmehr einheitlich Bezug auf die Leitsätze nimmt. Aufgegriffen und eingefordert werden die Leitsätze auch von NGOs und nationalen wie internationalen Gewerkschaften. Außerdem wird die Vergabe von Export- und Investitionskrediten immer häufiger an die Einhaltung von Standards der OECD-Leitsätze gebunden.[1127]

Vor diesem Hintergrund der Stakeholderübergreifenden Akzeptanz der Leitsätze lässt sich durchaus davon sprechen, dass die Leitsätze wenigstens eine „vertrauensbildende Wirkung" zwischen Unternehmen, Gaststaaten, Gesellschaft, Gewerkschaften und NGOs entfalten.[1128] Dazu trägt auch das detailliert konstruierte Umsetzungs- und Kontrollverfahren bei, das seit der Neufassung des Jahres 2000 nicht nur durch eine von jedermann erhobene Beschwerde angestoßen werden kann, sondern zudem auch die Beteiligung aller relevanten Gruppen in Form von Konsultationen und Anhörungen umfasst. Zwar ist nicht zu übersehen, dass die Heimatstaaten der Unternehmen die von den Leitsätzen vorgesehenen Kontrollmöglichkeiten nicht immer vollends ausschöpfen[1129], insgesamt haben sich die OECD-Leitsätze jedoch als ein (im Rahmen seiner Möglichkeiten) erfolgreich funktionierendes Instrument der globalen Steuerung unternehmerischen Verhaltens fest etabliert.

2. ILO: Dreigliedrige Grundsatzerklärung

Ein weiteres zentrales Instrument des internationalen CSR-Diskurs stellt die 1977 verabschiedete „Dreigliedrige Grundsatzerklärung über multinationale Unternehmen und Sozialpolitik" der ILO (im Folgenden: Dreigliedrige Grundsatzerklärung)

1126 Dies gilt etwa für den „Global Compact" oder die „Global Sullivan Principles", siehe *Chirwa*, S. Afr. J. on Hum. Rts. 2006, S. 76 (84).

1127 *Johnston*, in: Mullerat, Corporate Social Responsibility, S. 243 (248).

1128 *Schaub*, Grundlagen der Regulierung multinationaler Unternehmen, S. 225. Deutlich weitergehender *Catá Backer*, Melbourne J. of Int'l L. 2009, S. 258 (274): „ Indeed, these proceedings suggest that the *MNE Guidelines* serve as something like an autonomous transnational system, subject principally to its own substantive rules that incidentally draw on an aggregated and generalised municipal and international law as a basis for the application of its norms." [Hervorhebung im Original].

1129 Dies meist aus Sorge, die Wettbewerbsfähigkeit des eigenen Standortes zu schwächen, siehe *Hennings*, S. 139.

dar, die letztmals im März 2006 einer Neufassung unterzogen wurde.[1130] Entsprechend der Struktur der ILO handelt es sich bei der Dreigliedrigen Grundsatzerklärung um ein gemeinschaftliches Instrument von Regierungen, Arbeitgeber- und Arbeitnehmerorganisationen, die neben den Unternehmen selbst auch zu den Adressaten der Erklärung zählen.[1131]

a. Rahmenbedingungen

Ebenso wie die Annahme der OECD-Leitsätze erfolgte auch die Verabschiedung der Dreigliedrigen Grundsatzerklärung im Kontext des Wandels des internationalen Wirtschafts- und Handelssystems in den 1970er Jahren. Ziel der ILO war es vor allem, mit der Dreigliedrigen Grundsatzerklärung auf die immer stärker zu Tage tretende internationale Konkurrenzsituation für die Arbeitsnachfrage, auf die Multinationalisierung von Unternehmensformen und auf die daraus resultierenden Befürchtungen der Gaststaaten zu reagieren.[1132] Dementsprechend fand bereits im Oktober 1972 unter dem Dach der ILO ein erstes Expertentreffen zwischen Regierungen, Arbeitgeber- und Arbeitnehmerorganisationen zum Thema der „Beziehung zwischen multinationalen Unternehmen und Sozialpolitik" statt.[1133] Der im Rahmen dieser Konsultationen eingeleitete Prozess führte fünf Jahre später zur Verabschiedung der Dreigliedrigen Grundsatzerklärung. Seit ihrer ursprünglichen Annahme wurde die Grundsatzerklärung zwar mehrfach aktualisiert, dabei jedoch inhaltlich kaum verändert. Insgesamt bildet die Erklärung das erste, auf Ebene einer Internationalen Organisation verabschiedete CSR-Instrument, das eine universelle Gültigkeit beansprucht.[1134]

b. Inhalt

Als übergeordnetes Ziel gibt die Dreigliedrige Grundsatzerklärung an, „[...] den positiven Beitrag, den multinationale Unternehmen zum wirtschaftlichen und sozialen Fortschritt leisten können", fördern und dabei gleichzeitig „[...] die Schwierigkeiten, zu denen es durch ihre verschiedenen Tätigkeiten kommen kann",

1130 Die deutsche Fassung der aktuellen Auflage der Dreigliedrigen Grundsatzerklärung ist abrufbar unter: http://www.ilo.org/wcmsp5/groups/public/---ed_emp/---emp_ent/documents/publication/wcms_179118.pdf (Stand: 21.01.2016).

1131 *Bretschger*, S. 18; *Aguirre*, Afr. Hum. Rts. L.J. 2005, S. 239 (250); *Weilert*, ZaöRV 2009, S. 883 (913).

1132 *Mosters*, S. 49.

1133 *Chirwa*, S. Afr. J. on Hum. Rts. 2006, S. 76 (85).

1134 Im Gegensatz zu den OECD-Leitsätzen, deren Wirkungskreis zunächst geografisch auf die Unterzeichnerstaaten aus dem Kreise der Mitgliedstaaten der OECD beschränkt war, *Rudolph*, ILO, in: Mullerat, Corporate Social Responsibility, S. 217 (217).

vermindern und beheben zu wollen.[1135] Dafür enthält die Erklärung zum Teil detaillierte Bestimmungen in insgesamt 59 Artikeln, die den Abschnitten „Allgemeine Maßnahmen"; „Beschäftigung" („Beschäftigungsförderung", „Chancengleichheit und Gleichbehandlung", „Sicherheit der Beschäftigung"); „Ausbildung"; „Arbeits- und Lebensbedingungen" („Löhne, Leistungen und Arbeitsbedingungen", „Mindestalter", „Arbeitsschutz") und „Arbeitsbeziehungen" („Vereinigungsfreiheit und Vereinigungsrecht", „Kollektivverhandlungen", „Beratungen", „Behandlung von Beschwerden", „Beilegung von Arbeitskonflikten") zugeordnet sind. Bereits die Aufzählung dieser Überschriften suggeriert, dass die Dreigliedrige Grundsatzerklärung – entsprechend der Ausrichtung der ILO – ihren inhaltlichen Schwerpunkt auf grundlegende arbeitsrechtliche Normen legt, wie sie etwa auch in den Konventionen und Empfehlungen der ILO enthalten sind.[1136] Seit ihrer Aktualisierung im Jahr 2001 nimmt die Grundsatzerklärung etwa auch ausdrücklich Bezug auf die ILO-Erklärung über grundlegende Rechte bei der Arbeit und damit auf die darin enthaltenen „Kernarbeitsnormen".

In sämtlichen erwähnten Bereichen fordert die Erklärung von den Unternehmen die im Einzelfall jeweils bestmögliche Geschäftsmethode ein, die unter anderem auch die entwicklungsbezogenen Prioritäten, die sozialen Ziele und die sozialen Strukturen der Gaststaaten hinreichend berücksichtigt.[1137] Als Mindeststandard wird insoweit vorgegeben, dass die einschlägigen nationalen und internationalen rechtlichen Bestimmungen eingehalten und die lokalen Gepflogenheiten am Produktionsstandort befolgt werden. Zwar führt die inhaltliche Fokussierung der Dreigliedrigen Grundsatzerklärung auf den Bereich der Arbeitsrechte zu einer deutlichen Verengung des abgedeckten Bereichs im Vergleich zu anderen Instrumenten, dies wird jedoch zumindest teilweise dadurch kompensiert, dass die Erklärung in den erfassten Bereichen zumeist deutlich präziser formuliert ist.[1138] Im Übrigen darf nicht übersehen werden, dass die Dreigliedrige Grundsatzerklärung bereits seit ihrer Verabschiedung 1977 einen klaren Menschenrechtsbezug aufweist, der auch über den Bereich der arbeitsrechtlichen Menschenrechte hinausgeht und die Unternehmen allgemein zur Beachtung der Menschenrechte auffordert. Explizit verweist die Erklärung etwa auf die wesentlichen Menschenrechtsdokumente der VN.[1139] Ähnlich

---

1135 *ILO*, Dreigliedrige Grundsatzerklärung über multinationale Unternehmen und Sozialpolitik, 4. Aufl. 2006, Ziff. 2.

1136 *Köster*, S. 93; *Schaub*, Grundlagen der Regulierung multinationaler Unternehmen, S. 226; *Rudolph*, ILO, in: *Mullerat*, Corporate Social Responsibility, S. 217 (217).

1137 *Jägers*, S. 111.

1138 *Mosters*, S. 49; *Weschka*, ZaöRV 2006, S. 625 (645).

1139 Vgl. *ILO*, Dreigliedrige Grundsatzerklärung über multinationale Unternehmen und Sozialpolitik, 4. Aufl. 2006, Ziff. 8.: „Sie [Alle von dieser Erklärung betroffenen Parteien] sollten die Allgemeine Erklärung der Menschenrechte und die entsprechenden, von der Generalversammlung der Vereinten Nationen angenommenen Internationalen Pakte sowie die Verfassung der Internationalen Arbeitsorganisation und ihre Grundsätze einhalten, nach denen die Freiheit der Meinungsäußerung

wie die in dieser Hinsicht nunmehr überarbeiteten OECD-Leitsätze fordert auch die Dreigliedrige Grundsatzerklärung die betroffenen Unternehmen dazu auf, die Menschenrechte unabhängig von der Praxis des jeweiligen Gaststaates zu achten.[1140] Hingegen verzichtet die Grundsatzerklärung im Gegensatz zu den Leitsätzen auf eine Aussage über die von Zulieferunternehmen zu berücksichtigenden Standards ebenso wie auf die Benennung von Kriterien für deren Auswahl.[1141]

c. *Rechtswirkungen*

Vergleichbar mit den OECD-Leitsätzen handelt es sich auch bei der Dreigliedrigen Grundsatzerklärung um ein freiwilliges Instrument der CSR-Steuerung. Zwar war ursprünglich vorgesehen, die Grundsatzerklärung als verbindlichen Vertrag zu verabschieden, dies scheiterte jedoch an den Vorstellungen der Arbeitgeberseite, die eine freiwillige Übereinkunft präferierte.[1142] Formal handelt es sich daher bei der Erklärung lediglich um eine „unverbindliche Richtlinie" mit Empfehlungscharakter („Soll"-Form der Vorschriften) für Unternehmen, Regierungen, Arbeitnehmer- und Arbeitgeberverbände.[1143] Der freiwillige Charakter der Dreigliedrigen Grundsatzerklärung ergibt sich nicht nur aus der Verfassung der ILO, die den Erlass bindender Rechtsinstrumente durch den Verwaltungsrat nicht vorsieht,[1144] vielmehr bringt die Erklärung dies auch mit ihrem Wortlaut selbst zum Ausdruck.[1145] Mit dem freiwilligen Charakter der Erklärung korrespondiert das Fehlen einer Pflicht der Mitgliedstaaten, die darin enthaltenen Bestimmungen auf nationaler Ebene umzusetzen bzw. Folgemaßnahmen zu erlassen.

Anders als im Rahmen der OECD-Leitsätze ist der Umsetzungs- und Überwachungsmechanismus der Dreigliedrigen Grundsatzerklärung vergleichsweise schwach ausgestaltet.[1146] So soll die Anwendung lediglich durch ein sog. „*Follow-up*"-Verfahren

---

und der Vereinigung für den anhaltenden Fortschritt unerlässlich ist." Dazu auch *Chirwa*, S. Afr. J. on Hum. Rts. 2006, S. 76 (85); *Jägers*, S. 111.

1140 *ILO*, Dreigliedrige Grundsatzerklärung über multinationale Unternehmen und Sozialpolitik, 4. Aufl. 2006, Ziff. 9.

1141 *Mosters*, S. 49.

1142 *Chirwa*, S. Afr. J. on Hum. Rts. 2006, S. 76 (86); *Hennings*, S. 141.

1143 *Weilert*, ZaöRV 2009, S. 883 (913); *Weschka*, ZaöRV 2006, S. 625 (646).

1144 *Koeltz*, S. 159.

1145 Vgl. *ILO*, Dreigliedrige Grundsatzerklärung über multinationale Unternehmen und Sozialpolitik, 4. Aufl. 2006, Ziff. 7: „Diese Erklärung stellt Grundsätze auf den Gebieten Beschäftigung, Ausbildung, Arbeits- und Lebensbedingungen und Arbeitsbeziehungen auf, die Regierungen, Arbeitgeber- und Arbeitnehmerverbände und multinationale Unternehmen freiwillig beachten sollten; ihre Bestimmungen haben keinerlei beschränkende oder sonstige Wirkung auf Verpflichtungen, die sich aus der Ratifizierung irgendeines IAO-Übereinkommens ergeben."

1146 Auch wenn die Funktionen („review, correction and creative function") durchaus vergleichbar sind mit denjenigen des Umsetzungsverfahrens der OECD-Leitsätze, siehe *Jägers*, S. 112.

überwacht werden.[1147] Dabei werden in regelmäßigen Abständen (alle drei bis vier Jahre) Daten bei den Mitgliedstaaten, Arbeitnehmer- und Arbeitgeberorganisationen abgefragt, ausgewertet und gegebenenfalls in die Aktualisierung der Grundsatzerklärung eingebracht. Konkret soll es dabei gelingen, die Umsetzung der Grundsatzerklärung nachzuvollziehen und bestehende Schwierigkeiten zu identifizieren. Ergänzt wird das Berichtsverfahren seit 1986 durch einen Streitbeilegungsmechanismus, bei dem Arbeitgeber- bzw. Arbeitnehmerverbände bei Streitigkeiten über die Anwendung oder Interpretation der Grundsatzerklärung nach vorheriger Anhörung der nationalen Regierungen das „*Subcommittee on Multinational Enterprises*" der ILO anrufen können, das sodann einen Lösungsvorschlag unterbreitet.[1148] Dabei entfällt jedoch die Möglichkeit der negativen Publizität, da die an Streitigkeiten beteiligten Unternehmen in den Veröffentlichungen namentlich nicht genannt werden dürfen.[1149]

Mit Blick auf die Bedeutung der Dreigliedrigen Grundsatzerklärung im Rahmen der internationalen CSR-Debatte lässt sich damit einerseits feststellen, dass diese eine Zusammenfassung der globalen Erwartungen an multinationale Unternehmen enthält und aufgrund ihrer Annahme im Konsens durch den Verwaltungsrat der ILO, der aus Vertretern von Regierungen, Arbeitnehmern und Arbeitgebern besteht, auch eine vergleichsweise hohe politische und moralische Verbindlichkeit für sich in Anspruch nehmen kann.[1150] Damit kann die Erklärung jedenfalls als Referenzpunkt für die Entwicklung vergleichbarer Unternehmenskodizes dienen.[1151] Gleichwohl darf andererseits nicht übersehen werden, dass die Dreigliedrige Grundsatzerklärung nicht nur rechtlich unverbindlich ist und keinen (den OECD-Leitsätzen vergleichbaren) durchgreifenden Implementierungsmechanismus enthält, sondern etwa auch für die unmittelbar Betroffenen keine direkte Beschwerdemöglichkeit bereithält.[1152] Gerade diese fehlenden Umsetzungs- und Kontrollmöglichkeiten haben die praktische Bedeutung der Dreigliedrigen Grundsatzerklärung im Vergleich zu anderen Instrumenten Internationaler Organisationen in der jüngeren Vergangenheit stagnieren lassen.

3. Vereinte Nationen

Auch unter dem Dach der VN wird seit mehreren Jahrzehnten über die Stellung von (insbesondere multinationalen) Unternehmen im globalen Wirtschaftssystem

---

1147 Ausführliche Darstellung des Verfahren bei *Bretschger*, S. 19 f. Dazu auch *Chirwa*, S. Afr. J. on Hum. Rts. 2006, S. 76 (87); *Weschka*, ZaöRV 2006, S. 625 (647).

1148 Dem *Subcommittee* gehören Vertreter von Seiten der Regierungen, der Arbeitnehmer und der Arbeitgeber an, siehe dazu *Hennings*, S. 142; *Chirwa*, S. Afr. J. on Hum. Rts. 2006, S. 76 (87 f.).

1149 *Jägers*, S. 113.

1150 *Clapham*, S. 218; *Bretschger*, S. 20; *Weilert*, ZaöRV 2009, S. 883 (913); *Aguirre*, Afr. Hum. Rts. L.J. 2005, S. 239 (250 f.); *Jägers*, S. 115.

1151 *Mosters*, S. 50; *Chirwa*, S. Afr. J. on Hum. Rts. 2006, S. 76 (88).

1152 *Hennings*, S. 143.

und deren Verantwortung für die Erreichung internationaler Entwicklungsziele diskutiert. Die Vielzahl der im Kontext der VN vorgeschlagenen und zum Teil umgesetzten Steuerungsinstrumente kann gleichzeitig als Spiegelbild der Entwicklung der internationalen CSR-Debatte in den zurückliegenden vierzig Jahren gesehen werden.

a. UNCTC

Ausgangspunkt der Auseinandersetzung der VN mit der Thematik der CSR bildeten die Arbeiten des „*United Nations Centre on Transnational Corporations*" (UNCTC), das sich über beinahe zwei Dekaden vor allem um die Ausarbeitung eines international akzeptierten Verhaltenskodexes bemühte, daran jedoch scheiterte und anschließend aufgelöst wurde.

aa. Rahmenbedingungen

Auch die Gründung des UNCTC erfolgte vor dem Hintergrund der Diskussionen der 1970er Jahre. Im Zentrum stand dabei die Frage nach der Verantwortung der Unternehmen gegenüber den Staaten des Globalen Südens.[1153] Auf Anraten einer 20-köpfigen Expertengruppe setzte der Wirtschafts- und Sozialrat der VN (ECOSOC) 1974 das UNCTC und eine „*UN Commission on Transnational Corporations*" mit dem Ziel ein, das Wirken multinationaler Unternehmen im Verhältnis zu den jeweiligen Gaststaaten zu untersuchen und Lösungsvorschläge für sich ergebende Problemlagen zu entwickeln.[1154] Gleichzeitig sollten die Arbeit des UNCTC und der Kommission dem Wunsch der Industrienationen nach einer Stärkung der Investitionssicherheit Rechnung tragen. All diesen Erwartungen sollte durch die Formulierung eines umfassenden und weltweite Geltung beanspruchenden Entwurfs eines Verhaltenskodex begegnet werden, der neben Verhaltensregeln für multinationale Unternehmen und deren Pflichten gegenüber den Gaststaaten und der lokalen Bevölkerung auch deren Rechte hätte bestimmen sollen.[1155] Nach der Vorlage von verschiedenen Entwürfen, deren Inhalte und Verbindlichkeitsgrade sich im Laufe der Zeit zum Teil erheblich gewandelt hatten ohne dass ein Kompromiss zwischen Industrie- und Entwicklungsländern hätte erreicht werden können, wurde die Arbeit am Kodex schließlich 1992 eingestellt und das UNCTC zwei Jahre

---

1153 Großen Einfluss auf die Diskussionen der 1970er Jahre und die darin vorgebrachten Befürchtungen der Entwicklungsländer hatte insbesondere die Verwicklung US-amerikanischer Konzerne in den chilenischen Militärputsch vom 11. September 1973, siehe *Jägers*, S. 120.

1154 ECOSOC Resolution 1913 (LVII) vom 5. Dezember 1974. Zu den Untersuchungsfeldern zählten insbesondere die Themenkomplexe Eigentum und Kontrolle, Kapitalfluss und Zahlungsbilanzen, Technologie, Arbeitsverhältnissen, Verbraucherschutz, Wettbewerb und Marktstrukturen, Übernahmepreissetzung, Besteuerung und Offenlegung von Informationen sowie Evaluierung, vgl. *Hennings*, S. 144.

1155 *Schaub*, Grundlagen der Regulierung multinationaler Unternehmen, S. 226.

später in die UNCTAD eingegliedert. Zu den wesentlichen Streitpunkten, die zum Scheitern der Verhandlungen führten, zählten unterschiedliche Vorstellungen über den Fokus des Kodex (Investitionsschutz oder Unternehmensregulierung), über die Rechtsnatur des Kodex (verbindlich und durchsetzbar oder freiwillig) sowie über die Jurisdiktion.[1156]

bb. Inhalt

Der letzte vom UNCTC vorgelegte und in dessen Rahmen diskutierte Vorschlag eines Verhaltenskodex datiert auf den Juni 1990.[1157] Aufgrund der darin enthaltenen Bestimmungen gilt der Kodex als eines der umfangreichsten und anspruchsvollsten Instrumente, die jemals zur Steuerung unternehmerischen Verhaltens im Rahmen einer Internationalen Organisation entworfen wurden.[1158] Inhaltlich waren die Vorgaben sowohl an Unternehmen als auch an Regierungen adressiert. Mit Blick auf die Unternehmen waren die Bestimmungen in einen „berechtigenden“ und einen „verpflichtenden“ Abschnitt gegliedert. Als herausgehoben und ambitioniert kann dabei insbesondere gesehen werden, dass der Kodex sowohl auf sog. „*should*“- als auch auf „*shall*“-Klauseln („*Zebra Code*“) zurückgriff.[1159] Damit enthielt der Entwurf im Gegensatz zu den vergleichbaren Instrumenten von OECD und ILO in Teilen auch verbindliche Bestimmungen. So umfasste der Kodex etwa ein verbindliches Diskriminierungsverbot (Art. 14) und eine verpflichtende Bestimmung, die von den Unternehmen das Einfrieren ihrer Zusammenarbeit mit der südafrikanischen Apartheid-Regierung einforderte (Art. 15). Ergänzt wurden die inhaltlichen Vorgaben durch ein unverbindliches Berichtssystem, in dem die einzelnen Regierungen das UNCTC in regelmäßigen Abständen über die von ihnen getroffenen Maßnahmen zur Einführung und Umsetzung des Kodex informiert hätten und das UNCTC selbst durch den ECOSOC jährlich der Generalversammlung der VN Bericht erstattet hätte.[1160] Letztlich scheiterte der Versuch der Schaffung eines umfassenden und – mit Blick auf die verbindlichen Bestimmungen im Bereich der Menschenrechte – weitgehenden globalen Verhaltenskodex für unternehmerisches Handeln jedoch am großen Interessenpluralismus der im Rahmen des ECOSOC versammelten Staatengemeinschaft.

1156 *Hennings*, S. 144 f. Zudem hatte sich im Laufe der Arbeit des UNCTC die Bewertung der Tätigkeit multinationaler Unternehmen gewandelt. Siehe dazu *Schaub*, Grundlagen der Regulierung multinationaler Unternehmen, S. 228.

1157 Proposed Text of the Draft Code of Conduct on Transnational Corporations, ECOSOC Doc. E/1990/94, 12. Juni 1990.

1158 *Jägers*, S. 121.

1159 *Hennings*, S. 146.

1160 Ausführlich dazu *Jägers*, S. 122 ff.

b. Global Compact

Nach dem Scheitern des UNCTC dauerte es zunächst einige Jahre, bis mit dem „*Global Compact*" ein neuer Versuch auf Ebene der VN unternommen wurde, das Thema der Unternehmensverantwortung im Rahmen eines einheitlichen und geordneten Verfahrens aufzugreifen. Die Global Compact-Initiative unterscheidet sich aufgrund ihres Inhalts, ihres Verfahrens und ihrer Zielrichtung maßgeblich von anderen – insbesondere den bereits vorgestellten – Steuerungsinstrumenten des internationalen CSR-Diskurses. Insofern wäre es unangebracht, die Arbeitsweise des Global Compact in einen Vergleich mit anderen Instrumenten zu stellen, um daraus Rückschlüsse auf dessen Wirksamkeit und Bedeutung ziehen zu wollen.

aa. Rahmenbedingungen

Angestoßen wurde der Global Compact durch den damaligen VN-Generalsekretär Kofi Annan im Januar 1999 auf dem Weltwirtschaftsforum. Die operative Phase startete ein Jahr später unter Beteiligung der Internationalen Handelskammer (ICC) und zunächst 50 multinationalen Unternehmen. Der Global Compact war die erste vergleichbare Initiative des VN-Generalsekretärs, die sich speziell mit der Thematik der Unternehmensverantwortung auseinandersetzte.[1161] Das Hauptziel des Global Compact besteht in der Schaffung eines Rahmens für den Dialog zwischen den VN und der internationalen Geschäftswelt über die sozialen Fragen der Globalisierung.[1162] Beigetragen werden soll damit zu einer stabileren und gerechteren Entwicklung auf den Weltmärkten.[1163] Beim Global Compact geht es folgerichtig weder um die Regulierung von Unternehmensaktivitäten durch einen allgemeinverbindlichen internationalen Mechanismus noch um die Entwicklung eines präzise formulierten Verhaltenskodex. Vielmehr versteht sich die Initiative selbst als „pragmatisch ausgerichtetes und entwicklungsoffenes Dialog- und Lernforum", bei dem die kooperative Einbindung der Unternehmen in die Arbeit der VN und ihrer Sonderorganisationen im Vordergrund steht.[1164] Appelliert wird an ein aufgeklärtes Eigeninteresse der Unternehmen, sich die Grundwerte der internationalen Gemeinschaft zu eigen zu machen und sich für diese im Rahmen der Geschäftstätigkeit einzusetzen. Aus rechtlicher Sicht handelt es sich beim Global Compact nicht um einen völkerrechtlichen Vertrag, sondern um eine gegenüber der in den VN verfassten Staatengemeinschaft verkündete Selbstverpflichtung der Unternehmen und damit um eine „[...] aus völkerrechtlicher Sicht innovative Form der Unternehmenseinbindung".[1165]

1161 *Adeyeye*, S.Y.B.I.L. 2007, S. 141 (146).

1162 *Schaub*, Grundlagen der Regulierung multinationaler Unternehmen, S. 231; *Zerk*, S. 258.

1163 *Köster*, S. 90.

1164 *Nowrot*, UN-Norms, S. 22; *Adeyeye*, S.Y.B.I.L. 2007, S. 141 (146); *Geldermann*, S. 119.

1165 *Weilert*, ZaöRV 2009, S. 883 (914).

bb. *Inhalt*

Der Prozess des Lernens, des Dialogs und der Projektpartnerschaft[1166] ist inhaltlich auf zehn Prinzipien in Form von Mindeststandards fokussiert, zu deren Einhaltung und Förderung sich die dem Global Compact beitretenden Unternehmen verpflichten. Die Prinzipien umfassen allgemeine Bestimmungen in den Bereichen Menschenrechte, Arbeitsrechte (Koalitionsfreiheit, Recht auf Kollektivverhandlungen, Verbot der Zwangsarbeit, Abschaffung der Kinderarbeit, Diskriminierungsverbot), Umweltschutz und Korruptionsprävention.[1167] Grundlage der in den zehn Prinzipien enthaltenen Bestimmungen bilden die AEMR, die ILO-Erklärung über fundamentale Prinzipien und Rechte bei der Arbeit, die Grundsätze der Erklärung von Rio über Umwelt und Entwicklung sowie die VN-Konvention gegen Korruption.[1168] Auffallend ist dabei, dass die Prinzipien betont weit gefasst sind und ausnahmslos in der „Soll"-Form gehalten werden. Deutlich wird dabei das Bestreben des Global Compact, einen flexiblen Rahmen für die „Kooperation" bzw. „Partnerschaft" zwischen den VN und den Unternehmen zu schaffen.[1169] Darüber hinaus soll den Unternehmen auf diesem Wege der Freiraum gegeben werden, die Prinzipien so in ihre internen Prozesse und Strategien zu integrieren, wie dies im Hinblick auf die jeweilige Unternehmenssituation am sinnvollsten und erfolgversprechendsten erscheint.[1170] Erforderlich soll es dafür jedenfalls sein, dass der Global Compact und die darin enthaltenen Prinzipien zum integralen Bestandteil der Unternehmenskultur gemacht und auf Führungsebene in die Entscheidungsprozesse einbezogen werden sowie gegenüber anderen Unternehmen und Stakeholdern für eine verantwortliche Unternehmensführung eingetreten wird.

Der Beitritt zum Global Compact steht allen interessierten Unternehmen und Organisationen offen.[1171] In prozeduraler Hinsicht können die interessierten Unternehmen ihre Teilnahme am Global Compact durch eine schriftliche und an den Generalsekretär der VN adressierte Beitrittserklärung erreichen, in der sich die Unternehmensleitung jeweils dazu verpflichtet, den Global Compact und die zehn Prinzipien umzusetzen, die übergreifenden Ziele der VN zu fördern und jährlich eine Fortschrittsmitteilung einzureichen.[1172] Mit dem Beitritt zum Global Compact sind die Teilnehmer dazu aufgerufen, einen sich nach der Höhe des Jahresumsatzes berechnenden jährlichen finanziellen Beitrag zu leisten, der durch die Stiftung des

---

1166 *Corell*, in: Mullerat, Corporate Social Responsibility, S. 235 (235); *Weschka*, ZaöRV 2006, S. 625 (650).

1167 In seiner ursprünglichen Fassung enthielt der Global Compact lediglich neun Prinzipien. Das zehnte Prinzip (Korruptionsbekämpfung) wurde erst 2004 eingefügt, siehe *Chirwa*, S. Afr. J. on Hum. Rts. 2006, S. 76 (89).

1168 *Köster*, S. 91.

1169 *Zerk*, S. 259.

1170 *Corell*, in: Mullerat, Corporate Social Responsibility, S. 235 (239).

1171 Teilnehmer des Global Compact können darüber hinaus auch Wirtschaftsverbände, Gewerkschaften, NGOs und nichtprivatwirtschaftliche Einheiten sein.

1172 *Weilert*, ZaöRV 2009, S. 883 (914); *Weschka*, ZaöRV 2006, S. 625 (651).

Global Compact erhoben, verwaltet und für verschiedene Programme und Projekte eingesetzt wird.

cc. Rechtswirkungen

Entsprechend dem Ziel des Global Compact, an das „aufgeklärte Eigeninteresse" der Unternehmen zu appellieren, ist die Initiative als freiwilliges Forum und Netzwerk konzipiert, aus dem sich keine Rechtspflichten für die teilnehmenden Unternehmen ergeben.[1173] Durch ihre Teilnahme verpflichten sich die Unternehmen zunächst nur, einen jährlichen Bericht über die von ihnen getroffenen Maßnahmen zur Umsetzung und Verwirklichung der im Global Compact enthaltenen Prinzipien zu veröffentlichen („*Communication on Progress*"). Umfassen muss dieser Bericht dabei jedenfalls eine erneute Bekräftigung der Ziele des Global Compacts, eine Beschreibung der in den vier Themenbereichen (Menschenrechte, Arbeitsrechte, Umweltschutz und Korruptionsbekämpfung) seit dem Beitritt bzw. letzten Bericht konkret vorgenommenen Maßnahmen sowie eine Bewertung, inwieweit die vorgenommenen Ziele erreicht wurden. Die von den Unternehmen erstellten Berichte werden der Öffentlichkeit über den Internetauftritt des Global Compact zugänglich gemacht. Weitergehende Umsetzungs- oder Kontrollmechanismen waren zunächst nicht vorgesehen.[1174] Nach anhaltender öffentlicher Kritik an der Durchsetzungsschwäche des Global Compact wurde das Kontrollverfahren im Juni 2004 um einen „Sanktionsmechanismus" erweitert: Kommt ein Unternehmen in zwei aufeinander folgenden Jahren seiner Berichtspflicht entweder nicht oder unvollständig nach, so wird es auf der Internetseite des Global Compact als „nicht-kommunizierend" gekennzeichnet und kann im Folgenden von der Teilnahme am Global Compact ausgeschlossen werden.[1175] Ferner wurde eine Beschwerdemöglichkeit für Jedermann geschaffen, mit der das Büro des Global Compacts auf systematische oder schwerwiegende Verstöße eines teilnehmenden Unternehmens gegen die Prinzipien der Übereinkunft aufmerksam gemacht und eine interne Untersuchung eingeleitet werden können.[1176]

Trotz der Verschärfung des Überwachungsverfahrens sieht sich der Global Compact auch heute noch zum Teil starker Kritik ausgesetzt. Diese bezieht sich neben der fehlenden Verbindlichkeit der Prinzipien vor allem auch auf deren inhaltliche Ausgestaltung. Insbesondere die auf die Menschenrechtsverantwortung der Unternehmen zielenden ersten beiden Prinzipien des Global Compacts seien aufgrund ihrer weiten Formulierung derart unbestimmt und räumten den Unternehmen einen derart weiten Ermessensspielraum ein, dass sich daraus weder ein konkreter Handlungsauftrag noch eine effektive Überprüfungsmöglichkeit ableiten

1173 *Förster*, RIW 2008, S. 833 (835); *Köster*, S. 90.
1174 *Nowrot*, UN-Norms, S. 22.
1175 *Weschka*, ZaöRV 2006, S. 625 (652).
1176 *Köster*, S. 91; *Weilert*, ZaöRV 2009, S. 883 (914).

ließen.[1177] Befürchtet wird dabei letztlich, dass die fehlenden Kontrollmöglichkeiten einzelnen Unternehmen erlauben, sich den „guten Ruf" der VN zunutze zu machen, indem sie offiziell ihren Beitritt zum Global Compact erklären, ohne jedoch ihre interne Unternehmenspolitik tatsächlich an den Prinzipien der Übereinkunft zu orientieren.[1178] Im Übrigen führe schon der unsichere völkerrechtliche Status das Global Compact dazu, dass dessen konzeptioneller Rahmen zwangsläufig schwach ausgeprägt- und nur bedingt dazu geeignet sei, auf das unternehmerische Verhalten Einfluss zu nehmen.[1179]

Trotz dieser zum Teil berechtigten Kritik darf insgesamt jedoch nicht übersehen werden, dass es sich bei dem Global Compact um das gegenwärtig in der unternehmerischen Praxis am weitesten akzeptierte und verbreitete CSR-Instrument einer Internationalen Organisation handelt. Gegenwärtig verzeichnet der Global Compact mehr als 12.000 Teilnehmer aus über 145 Ländern der Welt. Gerade der verhältnismäßig große Verbreitungsgrad bei Unternehmen aus Entwicklungsländern ist dabei als besonders bemerkenswert einzustufen, da sich eine Mehrzahl dieser Unternehmen im Rahmen des Global Compacts erstmals mit Fragen eines formalisierten Prozesses der CSR befassen dürfte.[1180] Auch die übergreifenden Ziele des Global Compacts, eine Möglichkeit des gegenseitigen Austauschs und des Lernens für Unternehmen und Stakeholder-Gruppen zu schaffen, sind grundsätzlich zu begrüßen. Jedenfalls hat die Initiative schon aufgrund ihres hohen Bekanntheitsgrades dazu beigetragen, das weltweite Bewusstsein für die Thematik der CSR zu schärfen und die beteiligten Unternehmen zu einem Prozess der Selbstreflexion zu animieren.[1181] Insoweit kann die durch den Global Compact erzeugte Publizität jedenfalls teilweise den schwach ausgestalteten, institutionellen Umsetzungs- und Kontrollprozess kompensieren.

c. *UN Draft Norms*

Parallel zu der Entwicklung des Global Compacts befasste sich auch die *Unterkommission für die Förderung und den Schutz der Menschenrechte der Vereinten Nationen*, ein Unterorgan der VN-Menschenrechtskommission[1182], mit der Thematik der unternehmerischen Menschenrechtsverantwortung. Nach mehrjährigen Beratungen verabschiedete die Unterkommission im August 2003 einen Katalog mit 23 Normen unter dem Titel *„Norms on the Responsibility of Transnational Corporations and*

1177 *Chirwa*, S. Afr. J. on Hum. Rts. 2006, S. 76 (91); *Weschka*, ZaöRV 2006, S. 625 (651).

1178 In Anspielung an die Farbe der VN wird in diesem Zusammenhang auch vom Phänomen des *„bluewashing"* gesprochen, siehe *Geldermann*, S. 120; *Weschka*, ZaöRV 2006, S. 625 (651).

1179 *MacLeod*, European Public Law 2007, S. 671 (696).

1180 *Schaub*, Grundlagen der Regulierung multinationaler Unternehmen, S. 231.

1181 *Weilert*, ZaöRV 2009, S. 883 (915).

1182 Die Menschenrechtskommission der VN ist seit Juni 2006 abgelöst durch den Menschenrechtsrat der VN.

Other Business Enterprises with Regard to Human Rights"[1183] (im Folgenden: UN Draft Norms), die spezifische Vorgaben für das Verhältnis von (multinationalen) Unternehmen zu den Menschenrechten enthalten. Das Ergebnis des Ausarbeitungsprozesses, insbesondere die thematische Tiefe und der Verpflichtungsgrad der Normen, grenzt die UN Draft Norms nicht nur fundamental von der Initiative des Global Compact ab, sondern kann zugleich auch als einer der ambitioniertesten Ansätze für die Entwicklung von unternehmerischen Verhaltensvorgaben im Bereich der Menschenrechte überhaupt bezeichnet werden.[1184] Die VN-Menschenrechtskommission, der die Normen zur weiteren Diskussion vorgelegt waren, hat diesen keinerlei rechtliche Verbindlichkeit zugestanden.[1185] Dass die UN Draft Norms in naher Zukunft noch Rechtsverbindlichkeit erlangen können, muss heute mehr denn je bezweifelt werden. Als problematisch und in der internationalen Staatengemeinschaft weder konsensfähig noch völkerrechtlich akzeptiert hat sich dabei insbesondere der weitgehende Verpflichtungsgrad der Normen erwiesen.

aa. Rahmenbedingungen

Ausgehend von einer Studie zum Thema Wirtschaft und Menschenrechte und öffentlichkeitswirksamer Unternehmensskandale in den 1990er Jahren hatte die Unterkommission 1998 eine Arbeitsgruppe eingerichtet, deren Auftrag es war, die Methoden und Aktivitäten multinationaler Unternehmen zu untersuchen.[1186] Bereits auf ihrer ersten Sitzung beschloss die Arbeitsgruppe, die Entwicklung eines auf Menschenrechtsstandards aufbauenden Verhaltenskodex für Unternehmen in Betracht zu ziehen. Dabei wurde später ein Konsens darüber erzielt, dass ein rein freiwilliger Kodex nicht ausreichen würde, weshalb der Arbeitsgruppe im Jahr 2001 ausdrücklich das Mandat durch die Unterkommission erteilt wurde, einen Katalog von rechtlich bindenden Normen für das Verhältnis von multinationalen Unternehmen und Menschenrechten zu entwerfen.[1187] Insbesondere war die Arbeitsgruppe im Rahmen dieses Mandats auch dazu aufgerufen, Möglichkeiten der Schaffung eines Kontrollmechanismus zu prüfen, der Kompensationsmöglichkeiten für Opfer

---

1183 *United Nations Norms on the Responsibilities of Transnational Corporations and Other Business Enterprises with Regard to Human Rights*, UN Doc. E/CN.4/Sub.2/2003/12/Rev.2(2003), vom 13.8.2003. Verabschiedet wurde auch ein erläuternder Kommentar zu den Normen, siehe *Commentary on the Norms on the Responsibilities of Transnational Corporations and Other Business Enterprises with Regard to Human Rights*, UN Doc. E/CN.4/Sub.2/2003/38/Rev.2 (2003) (im Folgenden: Kommentar).

1184 *Nowrot*, Die Friedenswarte 2004, S. 119 (136).

1185 Dazu wäre die VN-Menschenrechtskommission selbst nach den Bestimmungen der VN-Charta auch nicht befugt gewesen, vgl. *Emmerich-Fritsche*, AVR 2007, S. 541 (546).

1186 *Ruggie*, Am. J. Int'l L. 2007, S. 819 (820); *Strohscheidt*, Vereinte Nationen 2005, S. 138 (139).

1187 Vgl. *Sub-Commission on the Protection and Promotion of Human Rights*, Resolution 2001/3, U.N. Doc. E/CN.4/SUB.2/RES/2001/3 (2001), Ziff. 4.

von Menschenrechtsverletzungen durch Unternehmen sowie deren Sanktionierung umfassen sollte.[1188] Schon durch die Wahl des Titels der „Normen" sollte dabei zum Ausdruck gebracht werden, dass diese – im Gegensatz zu anderen Instrumenten des internationalen CSR-Diskurses – normativ bindende Standards enthalten sollten.

bb. Inhalt

Der innovative (weil ambitionierte) Ansatz der UN Draft Norms kommt sowohl in den materiellen Bestimmungen als auch im vorgesehenen Umsetzungsverfahren zum Ausdruck.

(1) Materielle Bestimmungen

Die Präambel und Art. 1 bekräftigen zunächst, dass nach dem Regelungsverständnis der UN Draft Norms staatliche Stellen die Hauptverantwortung für die Sicherung, Förderung und Durchsetzung der Menschenrechte in ihrem jeweiligen Hoheitsbereich tragen. Neu ist dabei jedoch die Ergänzung der staatlichen Menschenrechtsverantwortung um eine vergleichbare Unternehmensverantwortung, die gemäß der Bestimmung des Art. 1 UN Draft Norms die Pflicht der Unternehmen umfasst, „*[w]ithin their respective spheres of activity and influence [...] to promote, secure the fulfilment of, respect, ensure respect of and protect human rights recognized in international as well as national law, including the rights and interests of indigenous peoples and other vulnerable groups.*" Näher spezifiziert wird die Pflicht der Unternehmen zur Achtung und zum Schutz der Menschenrechte in Abs. 4 der Präambel. Aufgeführt ist dort ein Katalog von mehr als 30 verschiedenen internationalen und regionalen Menschenrechtsquellen, zu denen grundlegende Abkommen und Verträge zahlreicher Internationaler Organisationen innerhalb und außerhalb des Systems der VN zählen. Mit dieser umfassenden Bezugnahme bringen die UN Draft Norms einerseits ein breites Menschenrechtsverständnis zum Ausdruck, das neben den bürgerlichen und politischen auch die wirtschaftlichen, sozialen und kulturellen Rechte umfasst, und erklären andererseits den in den jeweiligen Verträgen materialisierten Menschenwürdegehalt als für die Unternehmen unmittelbar verbindlich.[1189]

Die so verstandene allgemeine Menschenrechtsverantwortung der Unternehmen wird in den Art. 2–14 der Draft Norms weiter präzisiert. Konkret umfasst sind dabei etwa das Verbot der Diskriminierung am Arbeitsplatz, das Verbot von Zwangsarbeit, die Abschaffung von Kinderarbeit, das Recht auf Koalitionsfreiheit, das Recht auf einen angemessenen und existenzsichernden Lohn und das Recht auf angemessene Ernährung und sauberes Trinkwasser. Thematisiert werden zudem die unternehmerische Menschenrechtsverantwortung in Konfliktsituationen, insbesondere Kriegs- und Bürgerkriegssituationen, Fragen des Umwelt- und Verbraucherschutzes

1188 *Chirwa*, S. Afr. J. on Hum. Rts. 2006, S. 76 (93).

1189 *Emmerich-Fritsche*, AVR 2007, S. 541 (547); *Strohscheidt*, Vereinte Nationen 2005, S. 138 (139); *Backer*, Colum. Hum. Rts. L. Rev. 2006, S. 287 (341 f.).

sowie der Korruptionsbekämpfung. Bezüglich des Arbeitsschutzes verpflichtet die Bestimmung des Art. 4 UN Draft Norms die Unternehmen dazu, neben den jeweils anwendbaren nationalen Vorschriften und Standards auch die geltenden internationalen Menschenrechtsnormen zu berücksichtigen (womit vor allem die Bestimmungen der einschlägigen ILO-Konventionen gemeint sind).[1190]

(2) Implementation

Neben der umfassenden materiellen Menschenrechtsbindung der Unternehmen sehen die UN Draft Norms auch einen detaillierten Implementationsprozess vor, der sowohl unternehmensinterne als auch unternehmensexterne Elemente umfasst. Im Hinblick auf die unternehmensinterne Umsetzung tragen die Bestimmungen den Unternehmen zunächst verbindliche Überwachungspflichten auf. Danach soll jedes Unternehmen innerbetriebliche Vorschriften erlassen, verbreiten und anwenden, die die Beachtung der UN Draft Norms in den Geschäftsaktivitäten sicherstellen.[1191] Davon umfasst sind etwa auch eine entsprechende Unterweisung und Fortbildung der Mitarbeiter sowie eine kontinuierliche Evaluierung der unternehmensinternen Prozesse. Erreicht werden soll zudem, dass die Unternehmen Geschäftsbeziehungen nur zu solchen Geschäftspartnern aufnehmen und unterhalten, die mindestens ein dem Inhalt der UN Draft Norms vergleichbares Schutzniveau gewährleisten.[1192] Neben der Überwachungspflicht werden die Unternehmen zudem dazu verpflichtet, in regelmäßigen Abständen relevante Informationen über die Umsetzung der Bestimmungen der Draft Norms offenzulegen und in Form eines Berichts der Öffentlichkeit zugänglich zu machen. Die Berichte sollen den VN und relevanten Stakeholder-Gruppen dabei helfen, die Umsetzung der Normen zu verifizieren.[1193] Neu im Vergleich zu anderen Instrumenten des internationalen CSR-Diskurses war darüber hinaus die in Art. 18 der Draft Norms enthaltene Verpflichtung der Unternehmen, denjenigen Personen schnellstmöglich und in angemessener Weise Schadensersatz zu gewähren, denen aufgrund eines Verstoßes gegen die materiellen Bestimmungen der Normen ein Schaden entstanden ist.

Ergänzt wird das umfangreiche unternehmensinterne Umsetzungs- und Kontrollverfahren schließlich durch ein externes Überwachungsverfahren seitens der VN. Grundlage dieser außerhalb des Unternehmens stattfindenden Kontrolle und Evaluierung sollen neben den veröffentlichten Berichten der Unternehmen auch

---

1190 Vgl. auch den Überblick über die materiellen Bestimmungen bei *Strohscheidt*, Vereinte Nationen 2005, S. 138 (139 f.); *Ragnwaldh/Konopik*, in: Mullerat, Corporate Social Responsibility, S. 251 (255 ff.).

1191 Art. 15 S. 1 der *UN Draft Norms* bestimmt: „As an initial step towards implementing these Norms, each transnational corporation or other business enterprise shall adopt, disseminate and implement internal rules of operation in compliance with the Norms."

1192 *Ragnwaldh/Konopik*, in: Mullerat, Corporate Social Responsibility, S. 251 (258).

1193 *Chirwa*, S. Afr. J. on Hum. Rts. 2006, S. 76 (95).

die Erkenntnisse von Stakeholder-Gruppen der Unternehmen und eingereichte Beschwerden von Betroffenen bilden (Art. 16 UN Draft Norms).

cc. Rechtswirkungen

Nachdem die Unterkommission die Normen verabschiedet und an die VN-Menschenrechtskommission weitergeleitet hatte, empfahl diese dem ECOSOC zwar unter anderem die durch die Nomen herausgearbeitete Bedeutung der Menschenrechtsverantwortung multinationaler Unternehmen zu bestätigen.[1194] Gleichzeitig betonte sie im Rahmen derselben Empfehlung jedoch auch, dass der vorgelegte Entwurf keinerlei Rechtswirkungen erzeuge und dass die Unterkommission kein Mandat zur Erarbeitung eines derartigen Normenkataloges besessen habe und in diesem Zusammenhang keine *„monitoring function"* ausüben solle.[1195] Gerade im Rahmen der Diskussionen auf Ebene der VN-Menschenrechtskommission war die Kritik an den UN Draft Norms besonders deutlich zu Tage getreten. Insbesondere die an den Beratungen teilnehmenden Unternehmen sowie deren Verbände (aber auch die überwiegende Mehrzahl der Industriestaaten) argumentierten, dass die Normen unpräzise Menschenrechtsstandards privatisieren würden und dadurch höchst subjektive, politisch motivierte Klagen nach sich ziehen könnten.[1196] Die scharfe Kritik, die als Reaktion auf die durch die Nomen vorgesehene umfassende Schaffung völkerrechtlicher Pflichten für private Unternehmen zu verstehen ist, hat maßgeblich dazu beigetragen, dass die UN Draft Norms über das Stadium des Entwurfs nicht hinausgekommen sind und sich nicht zu einem rechtlich verbindlichen Vertragsdokument entwickeln konnten.[1197] Da die Draft Norms seit ihrer Verabschiedung durch die Unterkommission weder in einen völkerrechtlichen Vertrag aufgenommen wurden noch den Stand von Völkergewohnheitsrecht erreicht haben, erzeugen sie bis zum jetzigen Zeitpunkt keinerlei rechtliche Unternehmenspflichten.[1198]

Dass sich dieser Status zukünftig doch noch ändern könnte, erscheint heute beinahe ausgeschlossen.[1199] Obwohl es den Draft Norms gelungen ist, einen Überblick

---

1194 UN Doc. E/CN.4/2004/L.11/Add.7, 81.

1195 *Ruggie*, Am. J. Int'l L. 2007, S. 819 (821); *Nowrot*, Die Friedenswarte 2004, S. 119 (137); *Hillemanns*, German L. J. 2003, S. 1065 (1068 f.).

1196 Siehe etwa die Darstellung der Kritik bei *Bretschger*, S. 29.

1197 In ihrer Entscheidung zur Frage der Menschenrechtsverantwortung von multinationalen Unternehmen aus dem Jahr 2004 stellt die Menschenrechtskommission gar fest, dass es sich bei den UN Draft Norms nicht einmal um „soft law" handele, vgl. Decision 2004/116, Commission on Human Rights, 60th Session, United Nations, Geneva 2005.

1198 Ein völkerrechtlich zwingender Grund, der es einem VN-Gremium aus Regierungsvertretern verwehren würde, die Normen zu verabschieden und ihnen damit Rechtswirkung zukommen zu lassen, ist hingegen nicht ersichtlich, vgl. *Strohscheidt*, Vereinte Nationen 2005, S. 138 (140).

1199 Noch kurz vor Beendigung der Arbeiten hatte der an der Ausarbeitung der UN Draft Norms als Vorsitzender der Unterkommission maßgeblich beteiligte *David*

über die verschiedensten menschenrechtlichen Pflichtenpositionen der Unternehmen zu geben und damit deren Menschenrechtsverantwortung zu konkretisieren, verbleiben nicht zu übersehende Zweifel an ihrer rechtsdogmatischen Konstruktion. So bestimmen die Draft Norms etwa, dass auch rechtlich unverbindliche Menschenrechtserklärungen und Dokumente, wie die „*United Nations Millenium Declaration*“ oder die „*Rio Declaration on the Environment and Development*“ einen Teilbereich der unternehmerischen Menschenrechtspflichten ausmachen. Gerade in diesem Punkt ist *Köster* in seiner Kritik zuzustimmen, würde doch ein derartiges Verständnis der unternehmerischen Menschenrechtsverantwortung bedeuten, „[...] dass private Unternehmen *de lege lata* unmittelbar an all die dort genannten Instrumente gebunden sind, unabhängig, ob es sich um verbindliche Verträge oder unverbindliche Empfehlungen oder Erklärungen handelt.“[1200] Zurückhaltung sollte insbesondere da geboten sein, wo eine Vermischung staatlicher und unternehmerischer Verantwortungsbereiche droht und Unternehmen sogar Pflichten auferlegt werden sollen, die über diejenigen von Staaten hinausgehen.[1201]

d. VN-Leitprinzipien für Wirtschaft und Menschenrechte

Da sich nach dem Scheitern der UN Draft Norms vor der Menschenrechtskommission schnell abzeichnete, dass sich das Projekt der Schaffung einer völkerrechtlich verbindlichen, unmittelbaren unternehmerischen Menschenrechtsverantwortung aufgrund mangelnder Konsensfähigkeit innerhalb der VN in einer „diplomatischen Sackgasse“[1202] befindet, wurde die neue Funktion des Sonderbeauftragten des VN-Generalsekretärs zum Thema „Wirtschaft und Menschenrechte“ geschaffen und mit *John Ruggie* besetzt.[1203] Dieser distanzierte sich in seiner knapp sechsjährigen Arbeit inhaltlich vom Konzept der Draft Norms und legte stattdessen im Jahr 2008

Weissbrodt jedoch betont: „Although a few countries have already indicated their support for the Norms, as yet there does not appear to be an international consensus on the place of businesses and other nonstate actors in the international legal order. The Norms, like numerous other UN recommendations and declarations, have started as ‘soft’ law. As with the drafting of almost all human rights treaties, the United Nations begins with declarations, principles, or other soft-law instruments. Such steps are necessary to develop the consensus required for treaty drafting.“, vgl. *Weissbrodt/Kruger*, Am. J. Int’l L. 2003, S. 901 (914).

1200 *Köster*, S. 89.

1201 *Schaub*, Grundlagen der Regulierung multinationaler Unternehmen, S. 231. Zutreffend in diesem Zusammenhang auch *Muchlinski*, Multinational Enterprises and the Law, S. 536: „Equally, while there is a strong basis in moral and legal thought to make private actors accountable for violations of human rights, corporations should not become scapegoats for failures of governance on part of host governments, which retain ultimate responsibility for human rights violations, as stressed in the opening paragraph of the UN norms.“

1202 *von Bernstorff*, AVR 2011, S. 34 (35).

1203 UN Doc. E/CN.4/RES-2005-69.

mit dem „*Protect, Respect and Remedy*"-Framework[1204] (im Folgenden: Rahmenwerk) und im Jahr 2011 mit den „*Guiding Principles on Business and Human Rights*"[1205] (im Folgenden: Leitprinzipien) ein eigenes Konzept vor, das operationalisierbare Prinzipien für das Verhältnis von Unternehmen zu den Menschenrechten enthält. Im Gegensatz zu den UN Draft Norms hat das Konzept des Sonderbeauftragten großen Zuspruch der beteiligten Stakeholder innerhalb wie außerhalb des Systems der VN erfahren und ist im Begriff, sich zu einem allgemein akzeptierten Referenzpunkt der unternehmerischen Menschenrechtsverantwortung als Teil des internationalen CSR-Diskurs zu entwickeln.[1206]

aa. Rahmenbedingungen

Die Arbeit des Sonderbeauftragten beruhte auf einem umfassenden Mandat. Zu seinen Hauptaufgaben zählte neben der Identifizierung und Klärung bestehender Standards der unternehmerischen Menschenrechtsverantwortung und -haftung auch die Klärung der Rolle staatlicher Akteure im Themenfeld „Wirtschaft und Menschenrechte".[1207] Im Kern zielte die Arbeit des Sonderbeauftragten jedoch vor allem darauf ab, einen im Vergleich zu den UN Draft Norms konsensfähigeren Mechanismus zu entwickeln. Dies bedingte nach Ansicht derjenigen (Industrie-) Staaten, die die Draft-Norms abgelehnt hatten, vor allem den Entwurf eines aus Sicht der Unternehmen weniger verbindlichen Konzepts, welches zwar einerseits die unternehmerische Menschenrechtsverantwortung im Blick behalten sollte, andererseits jedoch die staatliche Schutzverantwortung stärker in den Vordergrund rücken sollte.[1208] Das Streben nach einem möglichst breiten und von allen Seiten akzeptierten Ergebnis fand auch Ausdruck in der Arbeit des Sonderbeauftragten, der im Verlauf des Entwicklungsprozesses darum bemüht war, neben den Industrie- und Entwicklungsländern auch Vertreter von NGOs und der Wirtschaft in die Ausarbeitung der Leitprinzipien einzubeziehen.[1209] Folgerichtig stieß dann der aus dem mehrjährigen Konsultationsprozess mit Vertretern aus Politik, Wirtschaft und Zivilgesellschaft resultierende Abschlussbericht des Sonderbeauftragten im März 2011 – ganz im Gegensatz zu den UN Draft Norms – auf ungeteilte Zustimmung des Menschenrechtsrats.[1210]

1204 *United Nations Human Rights Council*, Protect, Respect and Remedy: a Framework for Business and Human Rights, 7. April 2008, UN Doc. A/HRC/8/5.

1205 *United Nations Human Rights Council*, Guiding Principles on Business and Human Rights: Implementing the United Nations "Protect, Respect and Remedy" Framework, 21. März 2011, UN Doc. A/HRC/17/31.

1206 Dazu auch *Jochnik/Rabeus*, Suffolk Transnat'l L. Rev. 2010, S. 413 (419).

1207 Vgl. *United Nations Human Rights Council*, Resolution 2005/69, 15. April 2005, UN Doc. *E/CN.4/20051L.87*, Ziff. 1.

1208 *von Bernstorff*, AVR 2011, S. 34 (35 f.).

1209 *Jochnik/Rabeus*, Suffolk Transnat'l L. Rev. 2010, S. 413 (420).

1210 UN Doc. A/HRC/17/31; *Massoud*, KJ 2013, S. 7 (7).

bb. Inhalt

Kernbestandteil des von *Ruggie* vorgeschlagenen Konzepts bildet das Rahmenwerk aus dem Jahr 2008, das inhaltlich auf drei „Säulen" aufbaut: der *„state duty to protect"* (staatliche Schutzpflicht vor Menschenrechtsverletzungen), der *„corporate responsibilty to respect"* (unternehmerische Verantwortung, Menschenrechte zu achten) und dem *„access to remedy"* (Abhilfe- und Wiedergutmachungsmechanismus für Opfer unternehmerischer Menschenrechtsverletzungen). Diese Säulen bilden zusammen das Gerüst eines Referenzrahmens, der durch die Leitprinzipien weiter konkretisiert wurde. Die Leitprinzipien selbst umfassen 31 Artikel und legen dar, wie Staaten und Unternehmen das Rahmenwerk in der Praxis umsetzen können. In ihrer Gesamtheit zielen die Leitprinzipien und der Referenzrahmen darauf ab, potentielle Menschenrechtsverletzungen im Zusammenhang mit wirtschaftlichen Aktivitäten von Unternehmen frühzeitig zu erkennen und präventiv zu verhindern.

(1) Staatliche Schutzpflicht

Die erste Säule des Konzepts des Sonderbeauftragten greift auf die bereits aus anderen VN-Menschenrechtskonventionen bekannte – und insoweit völkerrechtlich akzeptierte – Figur der staatlichen Schutzpflicht zurück und stellt diese in den Dienst der Regulierung des Verhaltens ausländischer Unternehmen.[1211] Gefordert wird dabei im Wesentlichen, dass Staaten Schutz vor Menschenrechtsverletzungen gewähren, die in ihrem Hoheitsgebiet und/oder ihrer Jurisdiktion von Dritten (einschließlich Unternehmen) verübt werden (Ziff. 1). Praktisch bedingt eine derartige Pflicht, dass durch wirksame Gesetzgebung und gerichtliche Entscheidungen entsprechende Verletzungen verhütet werden sowie gegebenenfalls Vorwürfen nachgegangen und tatsächlich stattgefundene Verletzungen geahndet und kompensiert werden. Mit Blick auf mögliche Menschenrechtsverletzungen von Unternehmen sind die Staaten insbesondere dazu aufgerufen, ein entsprechendes Schutzniveau im Bereich des Arbeits- und Umweltrechts zu gewährleisten, aber auch lokale Gemeinden vor möglichen negativen Unternehmenshandlungen zu schützen. Neben der Sicherstellung eines entsprechenden Regulierungsniveaus umfasst die Schutzpflicht auch die kontinuierliche Überwachung der Anwendung und Durchsetzung der geschaffenen Regelungen (Ziff. 3).

Inhaltlich ist die in den Leitprinzipien konkretisierte staatliche Schutzpflicht auf den jeweils eigenen Territorial- bzw. Jurisdiktionsbereich beschränkt. Keine Berücksichtigung gefunden hat damit die „progressive Position", die eine Erweiterung

1211 *von Bernstorff*, AVR 2011, S. 34 (36). Siehe auch die Ausführungen in Abgrenzung zu den UN Draft Norms bei *Ruggie*, Am. J. Int'l L. 2007, S. 819 (828): „All sides agree that the state is the primary duty bearer in relation to human rights. But its duty to protect against third-party abuses of rights, including by business entities, had received relatively little attention in the debate surrounding the draft Norms. This neglect is surprising inasmuch as international law firmly establishes that states have such a duty within their jurisdiction."

der staatlichen Schutzpflichten auch auf extraterritoriale Sachverhalte fordert.[1212] Vielmehr beschränken sich das Rahmenwerk und die Leitprinzipien in diesem Zusammenhang auf den völkerrechtlich akzeptieren Grundsatz, wonach eine extraterritoriale Jurisdiktion nur in Ausnahmefällen und unter Beachtung bestimmter Mindestanforderungen ausgeübt werden kann.[1213] Außerhalb des formal rechtlichen Bereichs, weisen die Leitprinzipien den Staaten immerhin eine politische Rolle zu, auf das Verhalten „eigener" Unternehmen im Ausland im Sinne einer stärkeren Menschenrechtsorientierung Einfluss zu nehmen. So fordert etwa die Bestimmung der Ziff. 7 der Leitprinzipien staatliche Stellen insbesondere dazu auf, Unternehmen, die in Konfliktregionen aktiv sind, durch Beratung und Risikoeinschätzung zu unterstützen.

(2) Unternehmerische Achtungsverantwortung

Die zweite Säule des Rahmenwerks, die „*corporate responsibility to respect human rights*", umfasst die Erwartung an Unternehmen, Menschenrechte im Rahmen ihrer geschäftlichen Aktivitäten zu achten, sowie die sich daraus möglichweise ergebenden Ansprüche.[1214] Konkret gliedert sich diese Säule in die Erwartung, dass die Unternehmen negativ die Beeinträchtigung von Menschenrechten Anderer vermeiden und positiv nachteiligen menschenrechtlichen Auswirkungen, an denen sie beteiligt sind, begegnen (Ziff. 11). Dies gilt sowohl für negative Auswirkungen, die unmittelbar aus der eigenen Tätigkeit resultieren, als auch für solche Folgen, die sich erst mittelbar aus einer Geschäftsbeziehung oder aus den angebotenen Produkten bzw. Dienstleistungen ergeben (Ziff. 13). Entsprechen können die Unternehmen ihrer Achtungsverantwortung gemäß Ziff. 15 der Leitprinzipien vor allem dann, wenn sie sich in einer Grundsatzverpflichtung zu ihrer Menschenrechtsverantwortung bekennen („*policy commitment*"), ein Verfahren zur Gewährleistung der menschenrechtlichen Sorgfaltspflicht einrichten („*human rights due diligence*") sowie einen Wiedergutmachungsmechanismus für den Fall etwaiger nachteiliger menschenrechtlicher Auswirkungen bereithalten („*processes to enable the remediation*"). Insbesondere dem „*due diligence*"-Verfahren kommt dabei die Aufgabe zu, die Menschenrechte in die betriebliche Risikoprüfung zu integrieren und sie damit zu einem Bestandteil des alltäglichen (wirtschaftlichen) Betriebsablaufs zu machen.

1212 *Massoud*, KJ 2013, S. 7 (10).

1213 Voraussetzung ist etwa, dass der Handelnde oder das Opfer Staatsangehörige des jeweiligen Staates sind, dass die in Frage stehende Tat erhebliche nachteilige Auswirkungen auf den Staat nach sich zieht oder dass es um die Verfolgung bestimmter internationaler Verbrechen geht. Hinzu kommt, dass ein allgemeiner Verhältnismäßigkeitstest durchgeführt wird und die angestrebte Jurisdiktionsausübung nicht zu einer Einmischung in die inneren Angelegenheiten eines anderen Staates führt, *Ruggie*, Am. J. Int'l L. 2007, S. 819 (830).

1214 *Massoud*, KJ 2013, S. 7 (11).

Schon sprachlich grenzt sich die Unternehmensverantwortung („*responsibility*") der zweiten Säule dabei bewusst von der staatlichen Schutzpflicht („*duty*") der ersten Säule ab. Eine direkte menschenrechtliche Bindung der Unternehmen enthalten die Leitprinzipen – ganz im Gegensatz zu den UN Draft Norms – nicht. Vielmehr wird betont, dass der menschenrechtliche Verantwortungsbereich der Unternehmen von Fragen der rechtlichen Haftung und Durchsetzung deutlich zu unterscheiden ist.[1215] *Ruggie* selbst hatte bereits früh darauf hingewiesen, dass der Vorschlag einer direkten völkerrechtlichen Bindung der Unternehmen gegenwärtig weder politisch machbar noch rechtlich durchsetzbar sei, weshalb es in einem ersten Schritt angemessener sei, das internationale (Rechts-)Regime horizontal zu erweitern und sich dabei auf die staatliche Schutzpflicht zu konzentrieren, deren Inhalte es zu klären und stufenweise zu kodifizieren gelte.[1216]

(3) Zugang zu Abhilfe und Wiedergutmachung

Die dritte Säule des Rahmenwerks und der Leitprinzipien sieht schließlich das Vorhandensein effektiver Abhilfe- und Wiedergutmachungsmechanismen für den Fall vor, dass Unternehmen eine Menschenrechtsverletzung zu verantworten haben. Obwohl in diesem Zusammenhang zwischen gerichtlichen und außergerichtlichen sowie zwischen staatlichen und nicht-staatlichen Mechanismen unterschieden wird, lässt sich die dritte Säule zunächst als Ausfluss der staatlichen Schutzpflicht verstehen.[1217] Aufgerufen sind insofern vor allem staatliche Stellen, die geeignete Maßnahmen treffen „müssen", um durch „gerichtliche, administrative, gesetzgeberische oder andere Mittel" dafür Sorge zu tragen, dass die Betroffenen Zugang zu wirksamer Abhilfe erhalten (Ziff. 25). Dem hingegen „sollten" auch die Unternehmen selbst Beschwerdemechanismen auf operativer Ebene bereithalten oder sich an derartigen Mechanismen beteiligen (Ziff. 29). Unklar bleibt dabei, welche Schritte staatlicherseits zu erfüllen sind, um einen „effektiven" Mechanismus sicherzustellen, auch wenn der Kommentar insoweit jedenfalls betont, dass die Unabhängigkeit der Gerichte nicht durch Korruption oder wirtschaftlichen oder politischen Druck beschränkt und die Arbeit von Menschenrechtsverteidigern nicht behindert werden dürften.[1218] Ergänzend zu staatlichen und unternehmerischen Mechanismen werden zudem industrieweite Multi-Stakeholder und andere gemeinschaftliche Initiativen

1215 Kritisch dazu *Massoud*, KJ 2013, S. 7 (11): „Statt Pflichten (duties), wie sie Staaten obliegen, wird Unternehmen der diffuse Begriff der Verantwortung (responsibility) zugeordnet. Es bleibt nicht mehr offen, welche Implikation der Begriff responsibility haben sollte. Zwischen dem, was Staaten und Unternehmen jeweils zu leisten haben, wird damit eine klare Trennung gezogen. Durch eine enge Lesart der Guiding Principles wird die Verantwortung der Unternehmen jenseits verbindlichen Rechts verortet."

1216 *Ruggie*, Am. J. Int'l L. 2007, S. 819 (838).

1217 *Massoud*, KJ 2013, S. 7 (12).

1218 Siehe Kommentar Ziff. 26. Dazu auch Kritik bei *Massoud*, KJ 2013, S. 7 (12).

dazu aufgefordert, wirksame Beschwerdemechanismen zur Verfügung zu stellen (Ziff. 30). Damit grenzt die dritte Säule die Leitprinzipien insgesamt deutlich von vergleichbaren anderen internationalen CSR-Instrumenten ab. Obwohl aus Sicht der Betroffenen zweifellos von großer Bedeutung, verweisen diese anderen Dokumente mit Blick auf die Abhilfe- und Wiedergutmachungsmöglichkeiten bestenfalls auf einen unverbindlichen und intransparenten Beschwerdemechanismus (etwa die NKS der OECD-Leitsätze), der in der Praxis kaum angewandt wird. Jedenfalls gehen die Leitprinzipien in diesem Punkt einen Schritt weiter, indem sie das Verhalten nicht nur präventiv zu steuern versuchen, sondern notfalls auch die Möglichkeit einer (gerichtlichen) Wiedergutmachung erreichen wollen.

cc. Rechtswirkungen

Auch beim Rahmenwerk und den Leitprinzipien handelt es sich zunächst lediglich um unverbindliche Empfehlungen des Sonderbeauftragten. Eine Pflicht der Staaten oder Unternehmen, diese Empfehlungen umzusetzen, besteht nicht. Dies ergibt sich schon aus dem Wortlaut der dem operativen Teil der Leitprinzipien vorangestellten „*General Principles*“, in denen es heißt: „*Nothing in these Guiding Principles should be read as creating new international law obligations, or as limiting or undermining any legal obligations a State may have undertaken or be subject to under international law with regard to human rights.*“ An der fehlenden rechtlichen Verbindlichkeit vermochte auch die einstimmige Annahme des Rahmenwerks und der Leitprinzipien durch den VN-Menschenrechtsrat nichts zu ändern. Zwar handelt es sich bei einer derartigen Annahme jeweils um eine Resolution – und damit um einen formellen Rechtsakt – eines Hauptorgans der VN, die jedoch gleichfalls lediglich eine unverbindliche Empfehlung an die Staatengemeinschaft zum Ausdruck bringt.[1219]

Trotz (oder gerade ob) ihrer fehlenden rechtlichen Verbindlichkeit sind die Leitprinzipien auf breite Akzeptanz in Politik und Wirtschaft gestoßen. Im Gegensatz zu den langjährigen – und letztlich gescheiterten – Arbeiten am Verhaltenskodex des UNCTC und der UN Draft Norms haben es das Rahmenwerk und die Leitprinzipien des Sonderbeauftragten vor allem geschafft, den bis dahin innerhalb der VN bestehenden Interessenkonflikt zwischen den „entwickelten“ Staaten einerseits und den „Entwicklungsländern“ andererseits zu überkommen und dabei neben den Unternehmen selbst auch die Zivilgesellschaft einzubeziehen. Nicht zuletzt aufgrund der Tatsache, dass die Leitprinzipien aufgrund der selbst als solcher identifizierten „Regelungslücke“ im globalen Wirtschaftsraum darum bemüht sind, auf die Belange und Interessen der Unternehmen Rücksicht zu nehmen und deren Menschenrechtsverantwortung als Teil des operativen Betriebes darzustellen, hat die Arbeit des Sonderbeauftragten durchaus das Potential, die internationale CSR-Debatte als Referenzpunkt nachhaltig zu beeinflussen. Darauf deutet auch die Bezugnahme

---

1219 *Massoud*, KJ 2013, S. 7 (9).

der Arbeiten anderer Internationaler Organisationen auf die Leitprinzipien hin.[1220] Der Erfolg des Rahmenwerks und der Leitprinzipien ist damit weniger mit deren Rechtsverbindlichkeit als vielmehr mit deren Aufgreifen und Umsetzung in der staatlichen und unternehmerischen Praxis verbunden.

e. *Rio+20 und die „Group of Friends of Paragraph 47"*

Die jüngste Initiative, die sich unter dem Dach der VN (wenngleich mit diesen nicht formal verbunden) im Themenfeld der CSR gegründet hat, ist die *„Group of Friends of Paragraph 47"*. Dabei handelt es sich um eine auf Brasilien, Dänemark, Frankreich und Südafrika zurückgehende Staateninitiative[1221], die sich im Nachgang der Konferenz der VN über nachhaltige Entwicklung („Rio+20", UNCSD) seit Juni 2012 um eine Stärkung der Praxis der unternehmerischen Nachhaltigkeitsberichterstattung und eine darauf bezogene Verbreitung staatlicher Politiken bemüht. Die Staatengruppe beruft sich dabei auf die Bestimmungen des Abschlussdokuments der UNCSD, wo es in Ziff. 47 (deutsche Fassung) heißt: „Wir anerkennen die Bedeutung der Berichterstattung über unternehmerische Nachhaltigkeit und legen den Unternehmen, insbesondere den börsennotierten Unternehmen und den Großunternehmen, nahe, die Aufnahme von Nachhaltigkeitsinformationen in ihren Berichtszyklus zu erwägen."[1222] Nicht zufällig handelt es sich bei den Gründungsmitgliedern der Gruppe um jene Staaten, deren nationale gesellschaftsrechtliche Vorschriften die gegenwärtig umfassendsten Regelungen in Bezug auf Berichterstattung und Offenlegung nichtfinanzieller Informationen enthalten und die insofern als „führend" auf diesem Gebiet bezeichnet werden können. Folgerichtig erkennt auch die „Charta" der Staatengruppe in der Nachhaltigkeitsberichterstattung einen „[...] *key way to assume corporate responsibility and to demonstrate a company's long-term economic value.*"[1223] Dabei bekennen sich die Mitglieder der Gruppe unter anderem zu einem stärkeren staatlichen Engagement bei der Schaffung einer „Kultur der unternehmerischen Transparenz", vor allem durch die Schaffung und Durchsetzung verbindlicher wie unverbindlicher Vorschriften.[1224]

1220 Ausdrücklich beziehen sich etwa die aktuelle Auflage der OECD-Leitsätze für multinationale Unternehmen und die aktuelle CSR-Strategie der Europäischen Kommission auf das Rahmenwerk bzw. die Leitprinzipien.

1221 Mittlerweile sind auch Chile, Kolumbien, Norwegen, Österreich und die Schweiz der Gruppe beigetreten.

1222 *Generalversammlung der Vereinten Nationen*, Die Zukunft, die wir wollen, Resolution 66/288 v. 11.09.2012, A/RES/66/288.

1223 Siehe Charter of the Group of Friends of Paragraph 47 on Corporate Sustainability Reporting, abrufbar im Internet unter: https://www.globalreporting.org/SiteCollectionDocuments/para47/Group-of-Friends-of-Paragraph-47-Charter.pdf (Stand: 21.01.2016).

1224 So heißt es in der Charter: „Governments play an essential role in ensuring the effective application of laws and regulations, as well as creating a culture of

4. Zur Bedeutung der Steuerungsbeiträge Internationaler Organisationen

Der hier erfolgte Überblick über die wichtigsten Steuerungsbeiträge Internationaler Organisationen kann zunächst als Beleg für die große Bedeutung gesehen werden, die der Thematik der CSR auf der internationalen Agenda beigemessen wird. Gleichzeitig lässt sich an der im Rahmen Internationaler Organisationen geführten Diskussion um die Unternehmensverantwortung der hohe Politisierungsgrad der Thematik ablesen. Dabei wird das zum Teil seit Jahrzehnten stattfindende „Ringen" zwischen verschiedenen Staatengruppen um Inhalt und Bedeutung der einzelnen Steuerungsinstrumente seit einigen Jahren noch durch die unmittelbar vorgetragenen Diskussionsbeiträge wirtschaftlicher und zivilgesellschaftlicher Interessengruppen ergänzt, die im Rahmen ihres Strebens nach einer aktiveren Akteursrolle auch den Rechts- und Meinungsfindungsprozess auf internationaler Ebene zu beeinflussen versuchen.

Die weit überwiegende Zahl der auf Ebene Internationaler Organisationen verabschiedeten Steuerungsinstrumente, die sich der Thematik der CSR zurechnen lassen, ist insoweit rechtlich „unverbindlich", als die darin enthaltenen Bestimmungen lediglich Empfehlungscharakter besitzen und deren Umsetzung von Staaten wie von Unternehmen „freiwillig" zu leisten ist. Dort, wo ein anderer Weg im Sinne der Statuierung einer unmittelbaren völkerrechtlichen Rechtspflicht der Unternehmen eingeschlagen wurde (UN Draft Norms), stieß das Vorhaben nicht auf die erhoffte Zustimmung der Staatengemeinschaft. Indem Internationale Organisationen die Thematik der CSR dennoch weiter verfolgen und in regelmäßigen Abständen neue „freiwillige" Instrumente entwickeln bzw. bestehende überarbeiten, bringen sie trotz allem die Erwartung zum Ausdruck, dass sich Unternehmen wie Staaten auch ohne die rechtsverbindliche Anordnung oder Androhung von Sanktionen in ihrem Verhalten an den in den Instrumenten statuierten Vorgaben orientieren.[1225]

Die wesentliche Bedeutung der Steuerungsbeiträge Internationaler Organisationen besteht folgerichtig in der Schaffung eines Modells oder eines gemeinsamen Bezugsrahmens, der den Steuerungsbeiträgen einzelner Staaten oder den Selbststeuerungsbeiträgen einzelner Unternehmen eine Richtschnur gibt und zugleich auf die internationale CSR-Debatte im Sinne der Vorgabe bestimmter Mindeststandards Einfluss nimmt. So gehört etwa eine Bezugnahme auf die OECD-Leitsätze heute zum „Standardrepertoire" sämtlicher Drittstaatsvereinbarungen der EU in

---

corporate transparency. Many Governments have already shown that there are different ways of promoting sustainability reporting, such as a mix of soft and hard law, market regulation, public procurement provisions, and financial regulation. Several have created laws, procedures or guidelines on corporate sustainability reporting."

1225 *Nowrot*, Die Friedenswarte 2004, S. 119 (138).

Handelssachen.[1226] Nicht zuletzt aufgrund der immer weiter steigenden Zahl derartiger Verweisungen und Bezugnahmen wird in der Literatur bereits seit längerem diskutiert, ob sich die Steuerungsbeiträge Internationaler Organisationen trotz ihres „*soft law*"- Charakters als Grundzüge eines sich im Entstehen befindenden (Gewohnheits-) Rechts der internationalen CSR begreifen lassen.[1227] Ob es dabei jedoch in naher oder ferner Zukunft innerhalb der Staatengemeinschaft zu einer allgemeinen Übung und einer darauf bezogenen Rechtsüberzeugung zu der Frage kommen kann, ob und wie der Bereich der Unternehmensverantwortung zu regulieren sein soll, muss eher bezweifelt werden. Davon unberührt ist jedoch die Tatsache, dass auch die bereits existierenden Steuerungsinstrumente normative Wirkungskraft insofern entfalten können, als sie einen wichtigen Beitrag zur „Verdichtung des rechtlichen Ordnungszustands im internationalen System"[1228] leisten.

Ohnehin entscheidet aber die Frage nach dem Verbindlichkeitsgrad der einzelnen Steuerungsbeiträge nach hier vertretener Auffassung heute nicht (mehr) allein über die Bedeutung der durch Internationale Organisationen entwickelten CSR-Standards. Im Vordergrund sollte vielmehr die Frage nach der Fähigkeit des einzelnen Instruments stehen, auf das Handeln von Unternehmen (und Staaten) tatsächlich Einfluss zu nehmen. Dabei scheint die Möglichkeit eben jener tatsächlichen Einflussnahme gerade durch die jüngsten Initiativen (insbesondere die Leitprinzipien des Sonderbeauftragten) eher gestiegen als gesunken zu sein. Während es etwa vor wenigen Jahren noch zutreffend war, den regulatorischen Rahmen der CSR auf internationaler Ebene als „*unclear*" zu kennzeichnen[1229], folgt die internationale CSR-Debatte heute beinahe ausnahmslos den von *Ruggie* als solchen identifizierten „Säulen" („*Protect, Respect and Remedy*"). Trotz vermeintlicher Unverbindlichkeit zeichnet sich gerade aufgrund der Konsensfähigkeit dieses Ansatzes dessen ungleich größeres „tatsächliches" Steuerungspotential ab. Dazu gehört schließlich auch, dass sich die Auseinandersetzung mit der Thematik der CSR auf Ebene Internationaler

---

1226 Dies gilt etwa auch für die mit den Vereinigten Staaten von Amerika im Rahmen des Transatlantischen Wirtschaftsrates im April 2012 vereinbarten „*Shared Principles for International Investment*". Dort heißt es unter Ziff. 6 („*Responsible Business Conduct*"): „Governments should urge that multinational enterprises operate in a socially responsible manner. To this end, the European Union and the United States intend to promote responsible business conduct, in general, and adherence by third countries to the OECD Guidelines for Multinational Enterprises, in particular." Siehe *Statement of the European Union and the United States on Shared Principles for International Investment* vom 10. April 2012, abrufbar im Internet unter: http://trade.ec.europa.eu/doclib/docs/2012/april/tradoc_149331.pdf (Stand: 21.01.2016).

1227 Dazu vor allem *Zerk*, S. 262 ff., die als Schlagworte eines derartigen internationalen Rechts der CSR u.a. „minimum international health, safety and environmental standards", „supply chain responsibility" und „sustainable development" diskutiert.

1228 *Nowrot*, Die Friedenswarte 2004, S. 119 (138) m.w.N.

1229 Černič, HanseLR 2008, S. 71 (S. 99).

Organisationen in inhaltlicher Hinsicht (ganz im Gegensatz zu den allgemeinen Auseinandersetzungen in den 1970er und 1980er Jahren) nunmehr auf das Schlüsselthema der „Menschenrechte" verständigt zu haben scheint.[1230]

Mit Blick auf die zukünftige Ausrichtung der internationalen CSR-Debatte wäre vor allem eine von den Internationalen Organisationen zu leistende qualitative Schärfung von Inhalt und Bestimmtheit der bereits existierenden Instrumente zu erwarten. Weniger im Vordergrund stehen sollte hingegen deren quantitative Erweiterung. Insofern lässt sich die – mit Blick auf IFAs getroffene – Aussage *Thüsings* beinahe eins zu eins auf die Arbeit Internationaler Organisationen übertragen: „Nicht immer mehr und immer umfangreicher – doch immer klarer und immer dichter sollten die Vereinbarungen sein, wollen sie überzeugende Instrumente der *Corporate Social Responsibility* und effektive Mittel eines weltweiten Arbeitnehmerschutzes sein."[1231]

II. Multi-Stakeholder-Initiativen und private Steuerungsinstrumente

Neben den Steuerungsbeiträgen Internationaler Organisationen nehmen auch private Akteure starken Einfluss auf die internationale CSR-Debatte. Vor allem NGOs versuchen durch eigene Regulierungsinstrumente oder im Rahmen von Mulit-Stakeholder-Initiativen, auf Inhalt und Richtung der weiteren Entwicklung des Konzepts der Unternehmensverantwortung im globalen Raum Einfluss zu gewinnen. Gleichzeitig hat das Aufkommen von NGOs dazu geführt, dass die private Beteiligung an der internationalen CSR-Debatte heute kaum noch auf das individuelle Engagement Einzelner zurückgeht, wie es etwa in den 1970er und 1980er Jahren noch der Fall war, sondern vermehrt die Züge einer „organisierten Lobbyarbeit" annimmt.[1232] Jedenfalls in Teilen versuchen NGOs, die sich als Repräsentanten einer internationalen „Zivilgesellschaft" verstehen, durch ihr Wirken für den tatsächlich stattfindenden (bzw. lediglich als solchen wahrgenommenen) Rückzug des Staates zu kompensieren. Dabei steht im Vordergrund ihres Wirkens nicht selten ein Misstrauen gegenüber staatlichen Stellen und deren Fähigkeit bzw. Willen, effektive und umfassende Regulierungsvorhaben zu realisieren, um etwa auf die Auslandsaktivitäten von Unternehmen Einfluss zu gewinnen.[1233] Bei aller gebotenen Vorsicht vor Generalisierungen lässt sich mit Blick auf den Inhalt der Vielzahl der privaten internationalen CSR-Initiativen ein Wandel insoweit erkennen, als verstärkt eine größere (Rechts-)Verbindlichkeit der Maßnahmen gefordert wird. Während etwa noch in den 1990er Jahren die Forderung nach freiwilligen Instrumenten zur Verbesserung der internationalen Arbeits- und Sozialstandards im Vordergrund stand,

1230 *Jägers*, S. 130.
1231 *Thüsing*, RdA 2010, S. 78 (93) [Hervorhebung im Original].
1232 *Mosters*, S. 55.
1233 *Schaub*, Grundlagen der Regulierung multinationaler Unternehmen, S. 241 f.

liegt ein Fokus heute vermehrt auf der nationalen und internationalen gesetzlichen Verankerung einer entsprechenden rechtsverbindlichen „Rechenschaftspflicht".[1234] Neben der Beteiligung durch eigene Steuerungsbeiträge erfüllen private Akteure eine wichtige Funktion vor allem im Hinblick auf die Kontrolle und Durchsetzung weltweiter CSR-Standards. Indem sie etwa die Tätigkeiten multinationaler Unternehmen überwachen und diese gegebenenfalls öffentlich anprangern, definieren sie zugleich den Spielraum der unternehmerischen *„license to operate"* (die auch als *„franchise from society"* bezeichnet wird).[1235]

Ohne damit an dieser Stelle einen auch nur ansatzweise vollständigen Überblick geben zu können, lassen sich die privaten Steuerungsbeiträge im Rahmen der internationalen CSR-Debatte jedenfalls anhand der folgenden Gruppen kategorisieren, wobei auch Überschneidungen im Einzelfall möglich sind: Zunächst unterstützen private Akteure die Ausarbeitung von Multi-Stakeholder-Initiativen durch ihren spezifischen Sachverstand in arbeits- und menschenrechtlichen Fragen sowie im Bereich des Umweltschutzes und übernehmen darüber hinaus wesentliche Umsetzungs- und Kontrollaufgaben. Zu den bekanntesten unter Beteiligung privater Akteure entstandenen und umgesetzten internationalen CSR-Instrumenten zählen die GRI und die *Ethical Trading Initiative.* Eine zweite Gruppe bilden private internationale Zertifizierungsmechanismen wie etwa der Nachhaltigkeitsprüfungsstandard *„AA 1000"* von *AccountAbility* und private Sozial- und Gütesiegel (Labels) wie etwa diejenigen des *Marine Stewardship Councils* (MSC), des *Forest Stewardship Councils* (FSC) und des bereits dargestellten *Kimberley Process Certification Scheme.* In der Regel erfolgt die Zertifizierung bzw. der Verleih des Siegels dabei auf der Grundlage eines von der jeweiligen Organisation selbst entworfenen Verhaltenskodex.[1236] Zwar sind derartige Initiativen freiwillig, nicht zuletzt Gütesiegel können sich jedoch in einzelnen Branchen zu einem „unverzichtbaren Standard" entwickeln und damit quasi-normative Wirkung entfalten.[1237] Zur dritten Gruppe gehören schließlich die durch private Initiativen entworfenen Modellkodizes, die branchenspezifische oder sektorenübergreifende Mindeststandards enthalten, wie etwa die *Global Sullivan Principles*[1238], die *Amnesty International Human Rights Principles for Companies* oder die *Clean Clothes Campaign* (CCC).

III. International Framework Agreements

Nur der Vollständigkeit halber sei auch auf die bereits an verschiedenen Stellen erwähnten IFAs und *Global Framework Agreements* (GFAs) hingewiesen, die eine

1234 So mit Blick auf die Forderungen von „GlobalisierungskritikerInnen" *Wick/Wötzel*, KJ 2008, S. 340 (345).

1235 *Schaub*, Grundlagen der Regulierung multinationaler Unternehmen, S. 245.

1236 *Mosters*, S. 56.

1237 *Schaub*, Grundlagen der Regulierung multinationaler Unternehmen, S. 245.

1238 Dazu *Rudolph*, Sullivan Principles, in: Mullerat, Corporate Social Responsibility, S. 221 (221 ff.).

immer größer werdende Bedeutung im Rahmen des Prozesses der Formalisierung der internationalen CSR einnehmen.[1239] Relevanz entfalten die zwischen einem multinationalen Unternehmen und einer (internationalen) Branchengewerkschaft geschlossen IFAs/GFAs vor allem für die Globalisierung einheitlicher Arbeitsrechte und für die Institutionalisierung eines Dialogs zwischen Unternehmensführung und (weltweiter) Belegschaft zu. Obwohl auch derartige Rahmenvereinbarungen ihren Schwerpunkt nicht auf die Bewirkung von Rechtsfolgen legen und der Rechtsweg nicht selten sogar explizit ausgeschlossen ist, entfalten IFAs/GFAs eine faktische Verbindlichkeit jedenfalls insoweit, als sie als „Instrument demonstrierter *Corporate Social Responsibility*"[1240] nach außen hin bekannt gegeben werden und zugleich dazu geeignet sind, den Maßstab gesetzgeberischer Generalklauseln zu konkretisieren und als Grundlage nationaler Tarifverhandlungen zu dienen.[1241]

IV. Die Entwicklung der europäischen CSR-Politik

Die Bemühungen um Formulierung einer kohärenten CSR-Strategie im Kontext der EU unterscheiden sich schon aufgrund ihrer inhaltlichen Struktur aber auch aufgrund des damit verfolgten Anspruchs wesentlich von den bisher dargestellten Instrumenten des internationalen CSR-Diskurses. Diese Beobachtung lässt sich jedoch erst für die vergangenen 15 Jahre konstatieren, in denen sich die Thematik der Unternehmensverantwortung zu einem eigenen Politikfeld innerhalb der EU entwickelt und als solches ressortübergreifend etabliert hat. Eben jener einheitliche Politikentwurf unterscheidet den heutigen Stand der CSR von früheren Ansätzen innerhalb der EG bzw. EU. So standen Einzelfragen der Unternehmensverantwortung bereits seit Jahrzehnten auf der europäischen Agenda, auch wenn ältere Ansätze zumeist eher als Reaktion auf einzelne (internationale) Krisen denn als proaktiver Politikansatz entstanden sind, dem es um die zukunftsgerichtete Lösung spezifischer Probleme geht.[1242] Am vorläufigen Ende der Entwicklung der europäischen CSR-Politik steht heute die zunehmende Verrechtlichung deren Grundlagen und Rahmenbedingungen mit dem Ziel, dem Konzept der Unternehmensverantwortung dadurch insgesamt eine größere Effektivität und Legitimität zu verleihen. Dieser „letzte Schritt" der Verrechtlichung war in Anbetracht der zuvor betonten „Freiwilligkeit" der CSR nicht zwangsläufig zu erwarten. Verstehen lässt er sich jedoch durch einen

1239 Nach Angaben des Europäischen Gewerkschaftsinstituts beläuft sich die Zahl der gegenwärtig umgesetzten IFAs und GFAs auf 132, wovon die überwiegende Mehrzahl von europäischen multinationalen Unternehmen abgeschlossen wurden, siehe die Übersicht bei http://www.ewcdb.eu/list_intl_framework_agreements.php (Stand: 21.01.2016).

1240 *Thüsing*, RdA 2010, S. 78 (92) [Hervorhebung im Original].

1241 *Thüsing*, RdA 2010, S. 78 (93); *Gatto*, Multinational Enterprises and Human Rights, S. 175.

1242 *Gatto*, Multinational Enterprises and Human Rights, S. 174.

Blick auf die vorangegangene Entwicklung des europäischen CSR-Politikdiskurses, insbesondere durch das (vermeintliche) Scheitern alternativer Ansätze.

1. Vorläufer und Frühformen europäischer CSR-Steuerung

Ebenso wie die OECD, die ILO und die VN setzte sich auch die EG erstmals im Rahmen der internationalen Diskussionen um das Wesen und die Geschäftsaktivitäten multinationaler Unternehmen in den 1970er Jahren mit Fragen auseinander, die heute unter den Begriff der CSR im weiteren Sinne subsumiert werden können. Ein umfassendes Konzept einer Politik gegenüber multinationalen Unternehmen mit spezifischen Maßnahmen entwarf etwa die Kommission bereits 1973 in ihrer Mitteilung „Die Multinationalen Unternehmen im Rahmen der Gemeinschaftsvorschriften“[1243], die zwar auf Zustimmung des Wirtschafts- und Sozialausschusses und des Europäischen Parlaments stieß, später jedoch von der Kommission wieder zurückgenommen und nicht weiterverfolgt wurde.[1244] Im Gegensatz zu den Steuerungsbemühungen anderer Internationaler Organisationen, wurde im Rahmen der EG jedoch nach dem Scheitern dieser ersten Initiative zunächst nicht weiter an der Entwicklung eines vergleichbar umfassenden Instruments im Bereich der CSR gearbeitet. Politische Priorität genossen vielmehr der Schutz und die Stärkung europäischer multinationaler Unternehmen im internationalen Wettbewerb.

a. Südafrika-Kodex der EG-Staaten

Vor dem Hintergrund der sich zuspitzenden innpolitischen Lage in Südafrika, den immer deutlicher zutage tretenden Menschenrechtsverstößen des Apartheidstaates und den daraus resultierenden öffentlichen Forderungen nach einem wirtschaftlichen Boykott einigten sich die Außenminister der damaligen EG-Staaten am 20. September 1977 auf einen „Verhaltenskodex für Unternehmen mit Tochtergesellschaften, Zweigniederlassungen oder Vertretungen in Südafrika“[1245] (im Folgenden: Südafrika-Kodex). Obwohl es sich dabei unter formal rechtlichen Gesichtspunkten nicht um ein Instrument der EG, sondern vielmehr um eine von den Regierungen der Mitgliedstaaten im Rahmen der Europäischen Politischen Zusammenarbeit (EPZ)

1243 Die Multinationalen Unternehmen im Rahmen der Gemeinschaftsvorschriften, Mitteilung der Kommission der Europäischen Gemeinschaften an den Rat, übermittelt am 8. November 1973, abgedruckt in: Bulletin der Europäischen Gemeinschaften 1973/15, S. 26 ff.

1244 *Brewer/Young*, Journal of World Trade 1995, S. 33 (36).

1245 Europäischer Verhaltenskodex für Unternehmen mit Tochtergesellschaften, Zweigniederlassungen oder Vertretungen in Südafrika v. 20.9.1977, abgedruckt in: Bulletin der Europäischen Gemeinschaften 1977/9, S. 51ff.

lancierte Initiative handelte[1246], wird der Südafrikakodex heute regelmäßig als Vorläufer einer einheitlichen europäischen CSR-Politik betrachtet.[1247]

aa. Rahmenbedingungen

Das primäre Ziel des Südafrika-Kodex lag in der Verbesserung der Arbeits- und Lebensbedingungen der nicht-weißen Arbeiterschaft in Südafrika. Bereits zum Zeitpunkt des Bestehens des Kodex war umstritten, ob dieser darüber hinaus auch einen Beitrag zur „Überwindung des Systems der Apartheid durch friedlichen Wandel" insgesamt leisten sollte[1248] oder lediglich auf den „Abbau der Rassentrennung in den Betrieben, soweit diese darauf Einfluss haben", beschränkt war[1249]. Unbestritten sollten die Bestimmungen des Kodex jedoch sicherstellen, dass sich europäische Unternehmen bei ihren geschäftlichen Aktivitäten in Südafrika an gewissen vorgegebenen Mindeststandards orientieren, um dadurch dem Vorwurf einer Beteiligung an der staatlichen Diskriminierungspolitik zu entgehen.[1250] Nach einer Verschärfung der inhaltlichen Vorgaben 1985 blieb der Südafrika-Kodex bis zum Einsetzen der politischen Transitionsphase 1993 in Kraft. Die faktische Bedeutung und Wirkungskraft des Kodex wird rückblickend eher kritisch beurteilt. Als Beleg dient dabei vor allem die Tatsache, dass einzelne Unternehmen trotz der 16-jährigen Geltungsdauer des Kodex wesentliche Mindestziele nicht erreicht haben.[1251]

bb. Inhalt

Die inhaltlichen Bestimmungen des Südafrika-Kodex waren an Unternehmen mit Sitz in einem Mitgliedstaat der EG gerichtet, die Geschäftsbeziehungen mit Südafrika unterhielten. Nicht unmittelbar vom Anwendungsbereich der Vorschriften erfasst waren rechtlich selbstständige Tochtergesellschaften in Südafrika sowie

---

1246 Auch an den Vorbereitungsarbeiten des Südafrika-Kodex waren Gemeinschaftsorgane nicht beteiligt, obwohl eine Zuständigkeit für eine derartige Regelung im Bereich der Außenwirtschaft wohl hätte bejaht werden können, siehe *von Bülow*, RIW 1979, S. 600 (600).

1247 *Gatto*, Multinational Enterprises and Human Rights, S. 175 ff.; *De Schutter*, Accountability of Multinationals, S. 58 f.

1248 *Hailbronner*, RIW 1982, S. 111 (111).

1249 *von Bülow*, RIW 1979, S. 600 (600): „Weder zielt er [der Südafrikakodex] auf verfassungsrechtliche Änderungen ab noch ist er eine Maßnahme im Vorfeld eines Wirtschaftsboykotts."

1250 *De Schutter*, Accountability of Multinationals, S. 58. Dabei wurde die Zielsetzung des Kodex von zahlreichen Unternehmen durchaus geteilt, erstaunlicherweise jedoch weniger aus politischen oder moralischen Gründen, sondern vielmehr aus der Erkenntnis heraus, dass „[...] sie auf der Linie einer für die weitere wirtschaftliche Zukunft des Landes unvermeidlichen Entwicklung liegt und auch vielfach die Führung der Betriebe erleichtern kann", *von Bülow*, RIW 1979, S. 600 (600).

1251 Siehe dazu etwa die Zahlen bei *De Schutter*, Accountability of Multinationals, S. 59 m.w.N.

Investitionen von rechtlich selbständigen Tochtergesellschaften mit Sitz in Ländern außerhalb der EG.[1252] In den Geltungsbereich fallende Unternehmen waren dazu aufgerufen, durch spezifische Maßnahmen im innerbetrieblichen Bereich zu einem Abbau der Diskriminierungspolitik beizutragen. Konkret bezog sich dies auf die Abschaffung der „Rassentrennung" am Arbeitsplatz, die Garantie der Koalitionsfreiheit, die Gewährung sozial- und familienpolitischer Hilfen für Wanderarbeiter, die Zahlung nicht-diskriminierender Löhne mit einem um 50% über dem Minimum liegenden Mindestlohn, die Schaffung gleicher Aufstiegschancen und die Bewilligung freiwilliger Sozialleistungen für die nicht-weiße Belegschaft (Nr. 1–6). Neben der Beachtung dieser Vorgaben sollten die betroffenen Unternehmen zudem einmal jährlich in einem Bericht Auskunft über von ihnen erzielten Fortschritte bei der Implementierung des Kodex geben und dabei unter anderem auf die Größe und Situation der in ihrem Betrieb vorhandenen nicht-weißen Belegschaft eingehen (Nr. 7a). Diese Berichte sollten an die einzelnen nationalen Regierungen weitergeleitet und sodann im Kreise der EG-Regierungen gemeinsam geprüft werden (Nr. 7c).[1253]

In einem deutlichen Kontrast standen die inhaltlichen Bestimmungen des Südafrika-Kodex damit zu den in etwa zeitgleich entwickelten Instrumenten der OECD (Leitsätze) und der ILO (Dreigliedrige Grundsatzerklärung). Während Letztere in ihren ursprünglichen Fassungen einen besonderen Fokus darauf legten, die nationale Souveränität der Gaststaaten vor der wirtschaftlichen Macht der multinational agierenden Unternehmen zu schützen, zielte der Südafrika-Kodex ganz im Gegenteil auf eine bewusste, durch die Unternehmen zu leistende Beeinflussung der sozialen und politischen Verhältnisse im Gaststaat (Südafrika) ab.[1254]

cc. *Rechtswirkungen*

Die Bestimmungen des Südafrika-Kodex waren für die von dessen Anwendungsbereich erfassten Unternehmen rechtlich nicht bindend, was sich bereits aus der Formulierung des Kodex ergab („Soll"-Form). Auch wurden dessen Bestimmungen nicht in innerstaatliches Recht überführt.[1255] Vielmehr stellte der Kodex eine gemeinsame Empfehlung der Regierungen der EG-Mitgliedstaaten an die europäischen Unternehmen dar, die die inhaltlichen Bestimmungen „durch einen Prozess freiwilliger schrittweiser Selbstbeschränkung" erreichen und die Verhaltensgrundsätze „als vernünftige Grundlage ihrer wirtschaftlichen Aktivitäten in Südafrika" akzeptieren sollten.[1256] Eine – wenn auch schwache – mittelbare rechtliche Verbindlichkeit konnte in Deutschland jedoch dadurch erreicht werden, dass die Bundesregierung die Gewährung von Ausfuhrkrediten für Geschäfte mit Südafrika davon abhängig machte,

1252 *von Bülow*, RIW 1979, S. 600 (600 f.).
1253 Zu den inhaltlichen Bestimmungen des Südafrika-Kodex siehe *Engel*, S. 256; *Hailbronner*, RIW 1982, S. 111 (111).
1254 *Hailbronner*, RIW 1982, S. 111 (112) („verlängerter Arm der Außenpolitik").
1255 *von Bülow*, RIW 1979, S. 600 (601).
1256 *Hailbronner*, RIW 1982, S. 111 (112).

dass die jeweiligen Unternehmen eine Erklärung abgaben, in der sie unter anderem die Zielsetzungen des Südafrika-Kodexes billigten.[1257] Auch die EG-Mitgliedstaaten selbst wurden durch den Kodex rechtlich nicht verpflichtet. Eine derartige Pflicht wäre lediglich in Betracht gekommen, wenn der Kodex in Form eines förmlichen Beschlusses des Ministerrates zustande gekommen wäre, worauf jedoch bewusst verzichtet wurde.[1258] Eine politische Verpflichtungswirkung der Regierungen der EG-Mitgliedstaaten durch den Südafrika-Kodex wurde jedoch insoweit anerkannt, als diese auf die ihrer Jurisdiktionshoheit unterliegenden Unternehmen und Privatpersonen im Sinne der Bestimmungen des Kodex einzuwirken hatten.[1259]

b. Entwurf eines Rahmenkodex für europäische Unternehmen des Europäischen Parlaments

Einen ersten Versuch der Etablierung eines formalisierten und strukturierten CSR-Verfahrens auf europäischer Ebene stellten eine Entschließung des Europäischen Parlaments und der darin enthaltene Entwurf eines Rahmenkodex für europäische Unternehmen dar.

aa. Rahmenbedingungen

Vor dem Hintergrund der durch den Südafrika-Kodex gesammelten Erfahrungen – und insbesondere den als solche identifizierten Unzulänglichkeiten[1260] – geriet die Thematik der Unternehmensverantwortung ab Mitte der 1990er Jahre vermehrt auch in den Fokus des Europäischen Parlaments. Nach mehrjährigen internen Beratungen verabschiedete das Parlament am 15. Januar 1999 eine „Entschließung zu EU-Normen für in Entwicklungsländern tätige europäische Unternehmen im Hinblick auf die Entwicklung eines europäischen Verhaltenskodex“[1261]. Die darin enthaltenen Leitlinien eines in Zukunft zu entwickelnden „Modellkodex“ zur Steuerung des Verhaltens europäischer Unternehmen in Drittstaaten gelten bis heute

---

1257 Dazu *Engel*, S. 256.

1258 Tatsächlich handelte es sich bei dem Kodex daher lediglich um eine formlose gemeinsame Erklärung der Regierungen der Mitgliedstaaten der EG, siehe *Hailbronner*, RIW 1982, S. 111 (112).

1259 *Müller*, S. 20 f.

1260 Rückblickend wurde vor allem der ineffiziente Überwachungsmechanismus des Südafrika-Kodex kritisiert, der den Unternehmen keine EG-weit einheitlichen Berichterstattungsanforderungen auferlegte und folgerichtig nicht dazu geeignet war, einen Vergleich der Unternehmensaktivitäten zu ermöglichen, um daraus Rückschlüsse auf die Wirkweise des Kodex zu ziehen, siehe *Gatto*, Multinational Enterprises and Human Rights, S. 176.

1261 Entschließung des Europäischen Parlaments vom 15.01.1999 zu EU-Normen für in Entwicklungsländern tätige europäische Unternehmen im Hinblick auf die Entwicklung eines europäischen Verhaltenskodex, Dok. A4-0508/98, ABl. 1999, Nr. C 104, S. 180 ff.

als eines der ambitioniertesten CSR-Projekte im Kontext der EU.[1262] Vorgesehen war dabei ein „evolutionärer Ansatz" (Ziff. 10), der im Sinne einer „kontinuierlichen Verbesserung" in einem ersten Schritt zunächst die Schaffung eines freiwilligen, europaweit einheitlichen Kodex vorgesehen hätte, um daraus sodann in einem zweiten Schritt verbindliche „Normen" entwickeln zu können. Grundlegende Intention des Europäischen Parlaments war es jedoch vor allem, ein in allen EU-Mitgliedstaaten vergleichbar hohes Regelungsniveau für die Geschäftstätigkeiten europäischer Unternehmen in Entwicklungsstaaten zu schaffen.[1263]

bb. Inhalt

In inhaltlicher Hinsicht war die Entschließung vor allem um einen Ausgleich zwischen freiwilligen und verbindlichen Ansätzen zur Förderung der Unternehmensverantwortung bemüht. Betont wurde demnach einerseits der positive Beitrag, den freiwillige Initiativen von Wirtschaft, Industrie, Gewerkschaften und NGOs zur Förderung eines verantwortlichen unternehmerischen Handelns leisteten, während andererseits festgestellt wurde, dass derartige Initiativen nationale wie internationale Rechtsetzung weder „ersetzen" noch „an den Rand drängen" dürften (Ziff. 1).

Im Zentrum der Forderungen der Entschließung stand jedoch die Idee der Entwicklung eines „exemplarischen Verhaltenskodex für europäische Unternehmen". Dabei verzichtete das Europäische Parlament in seiner Entschließung zunächst auf eine detaillierte Aufzählung möglicher Inhalte des perspektivisch zu verabschiedenden Kodex. Bezug genommen wurde diesbezüglich stattdessen auf einen Katalog internationaler Mindeststandards, zu denen neben den OECD-Leitsätzen und der Dreigliedrigen Grundsatzerklärung der ILO auch zahlreiche weitere grundlegende Abkommen und Dokumente der VN, der OECD und der ILO in den Bereichen Menschen- und Arbeitsrechte sowie Umweltschutz und Korruptionsbekämpfung zählten (Ziff. 12). Näher bestimmt wurde in der Entschließungsbegründung lediglich das Ziel eines solchen „Rahmenkodex". Dieser sollte insbesondere ermöglichen, „[...] Mindeststandards in bezug auf Umwelt-, Gesundheits- und Sicherheitsbedingungen am Arbeitsplatz, den Verzicht auf Zwangs- oder Kinderarbeit sowie die Achtung der Rechte der Frauen und der indigenen Völker sowie die Achtung der grundlegenden Menschenrechte zu gewährleisten."[1264] Darüber hinaus sollte die „Rechenschaftspflicht der Unternehmen" insgesamt gestärkt werden. Vom Anwendungsbereich des Kodex umfasst sein sollten neben den Unternehmen selbst auch deren Vertragspartner, Subunternehmer, Lieferanten und Lizenznehmer.[1265]

1262 So etwa *Gatto*, Multinational Enterprises and Human Rights, S. 179.

1263 *Koeltz*, S. 146.

1264 Siehe den Auszug aus der Entschließungsbegründung im Bericht *Howitt*, Bericht über EU-Nomen für in Entwicklungsländern tätige Europäische Unternehmen – Entwicklung eines europäischen Verhaltenskodex, A4-0508/98, 17.12.1998, S. 19.

1265 Siehe dazu auch Ziff. 4 der Entschließung, in der das Europäische Parlament fordert, dass auch bereits bestehende freiwillige Kodizes „Arbeitskräfte im

Eine zweite zentrale Forderung bezog sich auf die Schaffung eines ständigen „europäischen Überwachungsrahmens“ (als „*European Monitoring Platform – EMP*“ bezeichnet), der eine größere Transparenz und Verbindlichkeit der Unternehmenskodizes garantieren sollte. Vorgeschlagen wurde diesbezüglich, dass sich die EMP als ein Gremium bestehend aus unabhängigen Experten sowie einem Ausschuss mit Vertretern der europäischen Wirtschaft, der internationalen Gewerkschaften und einzelnen NGOs konstituieren sollte.[1266] Aufgabe der EMP sollte es sein, Beschwerden wegen Verstößen gegen den Kodex entgegenzunehmen und diese anhand freiwillig eingereichter oder bei den Unternehmen, Gewerkschaften, Arbeitgeberverbänden oder sonstigen dritten Personen angeforderten Informationen zu überprüfen (Ziff. 18). Schließlich war der EMP die Kompetenz zugewiesen, besonders gute Beispiele („*best practices*“) aus der Unternehmenspraxis zu sammeln und zu veröffentlichen, um damit allgemein den Dialog über die von europäischen Unternehmen etablierten Systeme zur Durchsetzung sozial verantwortlichen Handelns zu fördern.[1267] Nicht vorgesehen waren hingegen Sanktionsmöglichkeiten zulasten der Unternehmen. Vielmehr lag der Entschließung die Strategie zugrunde, durch jährlich zu verfassende und zu veröffentlichende Berichte sowie durch Anhörungen und Fallstudien (mithin durch Transparenz) den Druck auf die Unternehmen dergestalt zu erhöhen, dass sich diese aus Eigeninteresse an dem im Rahmenkodex enthaltenen Vorgaben orientieren würden.

cc. Bewertung

Insgesamt lässt sich die Entschließung des Europaparlaments als erster Versuch eines formalisierten und strukturierten CSR-Verfahrens auf Ebene der EU qualifizieren, zumal die Forderungen nach Entwicklung eines Modellkodex und Einrichtung eines einheitlichen Überwachungsrahmens eingebettet wurden in einen Katalog weiterer auf Ebene der EU zu verfolgender Maßnahmen zur Förderung der CSR. Dabei werden gerade die in der Entschließung angestellten detaillierten Überlegungen zu möglichen Umsetzungs- und Kontrollverfahren auch im Rahmen der heutigen Auseinandersetzungen um eine Regulierung der Unternehmensaktivitäten in Drittstaaten immer wieder aufgegriffen. Nichtsdestotrotz wurden die wesentlichen Forderungen der Entschließung aufgrund fehlender Unterstützung seitens der Kommission auf europäischer Ebene zunächst nicht weiterverfolgt. Die Kommission skizzierte vielmehr wenige Monate nach Verabschiedung der Entschließung im Parlament erste Grundlinien einer „eigenen“ CSR-Politik und legte damit

informellen Bereich, bei Subunternehmern und in Freihandelszonen“ von ihrem Geltungsbereich erfassen.

1266 Bericht *Howitt*, A4-0508/98, 17.12.1998, S. 20. Deutlich wird dabei der durch die Einbindung nicht-staatlicher Akteure verfolgte „Multi-Stakeholder-Ansatz“ der Entschließung, siehe dazu auch *Gatto*, Multinational Enterprises and Human Rights, S. 180.

1267 *Koeltz*, S. 143 f.

den Grundstein für eine die europäischen CSR-Diskussionen im Wesentlichen bis heute kennzeichnenden institutionellen Spaltung zwischen Parlament und Kommission.[1268] Obwohl den Ideen des Parlaments damit im Einzelfall keine praktische Umsetzung beschieden war, muss schon die Tatsache, dass überhaupt eine Diskussion innerhalb der Kommission über die europäische CSR-Politik angestoßen wurde, rückblickend als ein wesentlicher Erfolg der Arbeiten des Parlamentes gewertet werden.

2. Formalisierung und Politisierung unternehmerischer Verantwortung: Die CSR-Politik der Kommission

Nach dem Europaparlament griff auch der Europäische Rat die Thematik der CSR auf. So wurde etwa in die Schlussfolgerungen des Sondergipfels des Europäischen Rates von Lissabon im März 2000[1269] ausdrücklich ein besonderer Appell „an das soziale Verantwortungsgefühl der Unternehmerschaft“[1270] aufgenommen. Bekräftigt wurde dieses Bekenntnis des Rates zur CSR darüber hinaus auch in der Europäischen Sozialagenda.[1271] Derart aufgefordert begann schließlich auch die Kommission sich des Themas der Unternehmensverantwortung anzunehmen. Die daraus resultierenden Arbeiten und Studien haben die CSR innerhalb von nur zehn Jahren zu einem formalisierten Dialog und zu einem fest etablierten, bereichsübergreifenden Bestandteil der europäischen Wirtschafts- und Sozialpolitik werden lassen. Dabei spiegelt sich in den seitens der Kommission im Verlauf dieser Periode veröffentlichten Mitteilungen nicht nur ein Wandel der politischen Akzentuierung, sondern auch eine Veränderung des Konzepts der CSR insgesamt, die zugleich Aufschluss über dessen zukünftige Ausrichtung zu geben vermag.

a. Grünbuch zur sozialen Verantwortung von Unternehmen

Ausgangspunkt einer derart formalisierten CSR-Politik der Kommission bildete das im Juli 2001 veröffentlichte Grünbuch „Europäische Rahmenbedingungen für die

---

1268 Wobei sich die „Spaltung” vor allem auf Fragen nach dem Verbindlichkeitsgrad der zu verfolgenden CSR-Politik bezieht, siehe *Lux* et al., in: Mullerat, Corporate Social Responsibility, S. 279 (280).

1269 Bei den Schlussfolgerungen handelt es sich um die sogenannte „Lissabon-Strategie“, nach der sich die EU innerhalb von zehn Jahren zum wettbewerbsfähigsten und dynamischsten wissensgestützten Wirtschaftsraum der Welt entwickeln sollte.

1270 Dabei bezog sich der Appell vor allem auf „die bewährten Praktiken für das lebenslange Lernen, die Arbeitsorganisation, die Chancengleichheit, die soziale Integration und die nachhaltige Entwicklung“, vgl. Europäischer Rat, Schlussfolgerungen des Vorsitzes, Lissabon, 23. und 24. März 2000, Ziff. 39.

1271 Europäischer Rat, Europäische Sozialagenda, auf der Tagung des Europäischen Rates in Nizza am 7., 8. und 9. Dezember angenommen, 2001/C 157/02, ABl. 2001, Nr. C 157, S. 4 ff.

soziale Verantwortung von Unternehmen"[1272]. Dieses enthielt einige grundlegende Überlegungen zum Mehrwert der CSR für Unternehmen, zur Rolle der Zivilgesellschaft, zu den „richtigen" Mechanismen und Umsetzungsformen sowie – vor allem – zu Förderungs- und Unterstützungsmöglichkeiten seitens der Union.[1273] Wichtigstes Anliegen des Grünbuchs war es jedoch, eine „umfassende Debatte" über Inhalt und Gestaltung der CSR auf europäischer Ebene anzustoßen (Ziff. 7). Um selbst Einfluss auf Inhalt und Richtung dieser noch zu führenden Debatte zu nehmen, formulierte die Kommission im Rahmen des Grünbuchs eigene Überlegungen und Vorstellungen zum Inhalt und zu den Rahmenbedingungen des Konzepts der Unternehmensverantwortung.[1274]

Inhaltlich beruhte das dem Grünbuch zugrunde liegende CSR-Verständnis der Kommission auf dem Aspekt der Freiwilligkeit.[1275] Betont wurde dabei, dass das Konzept der CSR vor allem Verpflichtungen der Unternehmen anspreche, „[...] die über ohnehin einzuhaltende gesetzliche und vertragliche Verpflichtungen hinausgehen" (Ziff. 3). Gleichfalls hervorgehoben wurde dabei jedoch die Erwartung, dass sich europäische Unternehmen im Rahmen ihrer Geschäftstätigkeiten von den national wie international anerkannten Standards zum Schutz der Umwelt und der Menschen- und Arbeitsrechte leiten lassen.[1276] Explizit nahm die Kommission in diesem Zusammenhang Bezug auf den „umfassenderen Kontext" des Global Compact, der Dreigliedrigen Grundsatzerklärung und der „Kernarbeitsnormen" der ILO sowie der OECD-Leitsätze, in die sich das europäische CSR-Konzept zu „integrieren" habe (Ziff. 17). Den inhaltlichen Anknüpfungspunkt des CSR-Verständnisses der Kommission bildete neben dem Prinzip der Freiwilligkeit auch das sog. „Drei-Säulen-Modell" („*triple-bottom-line*"),[1277] wonach das Unternehmen unter Beachtung von wirtschaftlichen Zielwerten sowie sozialen und umweltbezogenen Aspekte zu führen ist, um einen nachhaltigen Unternehmenserfolg zu erreichen.[1278] Mit der CSR verbundene Aufwendungen sollten demzufolge „nicht als Kosten", sondern als

1272 KOM(2001) 366 endg. vom 18.7.2001.

1273 *MacLeod*, European Public Law 2007, S. 671 (680).

1274 *Bergkamp*, European Environmental Law Review 2002, S. 136 (138).

1275 Etwa KOM(2001) 366 endg., Ziff. 8: „Die soziale Verantwortung der Unternehmen ist im Wesentlichen eine freiwillige Verpflichtung der Unternehmen, auf eine bessere Gesellschaft und eine sauberere Umwelt hinzuwirken."

1276 *Koeltz*, S. 147; *Muchitsch*, S. 3.

1277 *MacLeod*, European Public Law 2007, S. 671 (680); *Lux* et al., in: Mullerat, Corporate Social Responsibility, S. 279 (281).

1278 KOM(2001) 366 endg., Ziff. 11, S. 2: „Obwohl die primäre Aufgabe eines Unternehmens darin besteht, Gewinne zu erzielen, können Unternehmen gleichzeitig einen Beitrag zur Erreichung sozialer und ökologischer Ziele leisten, indem sie die soziale Verantwortung in ihre grundsätzliche Unternehmensstrategie, ihre Managementinstrumente und ihre Unternehmensaktivitäten einbeziehen."

„Investitionen" betrachtet werden (Ziff. 12).[1279] Weitere inhaltliche Schwerpunkte des Grünbuchs umfassten auch die Bereiche Stakeholder-Partizipation, Menschenrechte (Ziff. 52–58) und Verantwort entlang der Wertschöpfungskette (Ziff. 47–51).

Neben der Formulierung inhaltlicher Anforderungen an die Unternehmensverantwortung, befasste sich das Grünbuch auch mit der Rolle staatlicher Stellen innerhalb der CSR. Insgesamt wies die Kommission dabei trotz der Freiwilligkeit der CSR auch der Politik eine „tragende Rolle" zu, die einen angemessenen Rahmen für die Verbreitung von CSR-Standards in der unternehmerischen Praxis zu schaffen habe.[1280] Ziel der eigenen Aktivitäten der Kommission sollte es vor allem sein, „gesamteuropäische Rahmenbedingungen" zu schaffen, mittels derer durch die Erarbeitung von „Grundzügen und Instrumentarien" und durch die „Förderung von Best Practice und innovativen Ideen" die Qualität und die einheitliche Umsetzung der CSR gefördert werden könnten (Ziff. 18).[1281] Schließlich könnten staatliche Stellen die „Glaubwürdigkeit" der CSR auch dadurch erhöhen, dass sie sich zusammen mit anderen Stakeholdern wie etwa Gewerkschaften und NGOs um eine kontinuierliche und unabhängige Kontrolle unternehmerischer Verhaltenskodizes bemühten (Ziff. 58) und durch konkrete Vorgaben die Voraussetzungen für Transparenz und Vergleichbarkeit von Berichterstattung schafften (Ziff. 66).

Kennzeichnend für den im Grünbuch enthaltenen Vorschlag einer europäischen CSR-Politik war damit das Nebeneinander von freiwilligen, regulativen und marktorientierten Maßnahmen.[1282] Vorgesehen war ein europaweit einheitlicher Rahmen, der die freiwilligen Steuerungsbeiträge der Unternehmen vergleichbarer und wirksamer machen und dabei gleichzeitig die Grundlagen dafür schaffen sollte, dass Stakeholder-Gruppen (vor allem NGOs) ihrer vorgesehen Kontrolltätigkeit besser hätten nachkommen können. Ziel war es dabei nicht, öffentliche Verantwortlichkeiten auf den Privatsektor zu übertragen, sondern die Aktivitäten hoheitlicher Stellen sinnvoll zu ergänzen.[1283]

b. Erste Mitteilung zur sozialen Verantwortung der Unternehmen

Aufbauend auf ihren im Grünbuch angestellten Überlegungen und den dazu eingegangenen Stellungnahmen[1284] veröffentlichte die Kommission im Juli 2002 ihre

1279 Deutlich nahm die Kommission dabei Bezug auf die „*Business Case*"-Argumentation, siehe *Lux* et al., in: Mullerat, Corporate Social Responsibility, S. 279 (284).

1280 *Muchitsch*, S. 3 f.; *Enneking*, Geo. Wash. Int'l L. Rev. 2009, S. 903 (907).

1281 *De Schutter*, European Law Journal 2008, S. 203 (207); *Bergkamp*, European Environmental Law Review 2002, S. 136 (139).

1282 *Muchitsch*, S. 4.

1283 *Lux* et al., in: Mullerat, Corporate Social Responsibility, S. 279 (281).

1284 Insgesamt kamen mehr als 250 verschiedene Mitgliedstaaten, Unternehmensverbände und Organisationen der Zivilgesellschaft dem Aufruf zur Abgabe von Stellungnahmen nach. Diese enthielten zum Teil stark divergierende Vorstellungen über Inhalt und Ausrichtung einer zukünftig zu entwickelnden europäischen

„Mitteilung betreffend die soziale Verantwortung der Unternehmen: ein Unternehmensbeitrag zur nachhaltigen Entwicklung".[1285] Darin enthalten waren im Wesentlichen eine Zusammenfassung der Ergebnisse des Konsultationsprozesses sowie erste Konkretisierungen einer gemeinsamen EU-Strategie zur Förderung der CSR. Die Mitteilung richtete sich sowohl an die europäischen Institutionen und Mitgliedstaaten als auch an die Sozialpartner und Einzelunternehmen.[1286] Deutlich zum Ausdruck kam dabei eine Neuakzentuierung der Kommission, die sich im Rahmen ihrer Mitteilung von den im Grünbuch vertretenen Positionen teilweise distanzierte oder diese inhaltlich abschwächte.[1287] War etwa das Grünbuch noch von einem „Nebeneinander" von freiwilligen unternehmerischen Maßnahmen und begleitenden verpflichtenden Elementen auf staatlicher Ebene ausgegangen, wurde nunmehr betont, dass CSR dem Kerngeschäft der Unternehmen nicht „aufgepfropft" werden solle.[1288] Auch auf die im Grünbuch enthaltene Forderung nach einer Aufwertung der unternehmerischen Berichterstattung im Bereich der CSR durch einheitliche Vorgabe eines Berichterstattungsformats oder der zu verwendenden Indikatoren wurde nunmehr mit dem Hinweis verzichtet, dass sich über „Flexibilität" gewährleisten lasse, dass die Berichterstattung „jedem einzelnen Unternehmen angemessen" sei.[1289]

Handlungsbedarf für Maßnahmen auf Unionsebene erkannte die Kommission lediglich im Hinblick auf die Förderung von Konvergenz und Transparenz bereits bestehender CSR-Instrumentarien wie etwa in der unternehmerischen Praxis akzeptierter Kodizes, Managementstandards, Gütesiegel und Berichterstattungspflichten.[1290] Im Übrigen sollte sich die Rolle staatlicher Stellen und der Politik im Rahmen der CSR jedoch weniger auf die Schaffung von Rahmenbedingungen, sondern mehr auf das Ermöglichen eines Erfahrungsaustausches sowie auf die Moderation eines Dialogs der Stakeholder konzentrieren.[1291] Dafür sah die Kommissionsmitteilung die Einrichtung eines „*European Multi-Stakeholder-Forum on CSR*" (EMS-Forum) vor. Ziel des EMS-Forums sollte es sein, Transparenz und Konvergenz von CSR-Praktiken durch den „Austausch von Erfahrungen" zwischen den Akteuren, durch die „Erarbeitung eines einheitlichen Ansatzes und gemeinsamer Leitlinien für die

CSR-Politik, siehe *MacLeod*, European Public Law 2007, S. 671 (680); *Enneking*, Geo. Wash. Int'l L. Rev. 2009, S. 903 (908).

1285 *Europäische Kommission*, Mitteilung der Kommission betreffend die soziale Verantwortung der Unternehmen: ein Unternehmensbeitrag zur nachhaltigen Entwicklung, KOM(2002) 347 endg. vom 2.7.2002.

1286 *Koeltz*, S. 151.

1287 *Muchitsch*, S. 5.

1288 KOM(2002) 347 endg., S. 6.

1289 KOM(2002) 347 endg., S. 16.

1290 Auch wurde seitens der Kommission angeregt, Möglichkeiten der Anwendung des EMAS-Ansatzes auf die soziale Leistung der Unternehmen zu prüfen, siehe KOM(2002) 347 endg., S. 16. Dazu auch *De Schutter*, European Law Journal 2008, S. 203 (209 f.).

1291 *Muchitsch*, S. 5.

EU“ und durch die „Ermittlung und Analyse von Bereichen, in denen zusätzliche Maßnahmen auf EU-Ebene angezeigt sind“, zu fördern.[1292]

Nachdem sich das EMS-Forum innerhalb weniger Monate im Oktober 2002 als reines Diskussions- und Austauschforum konstituiert hatte[1293], legte es nach knapp zweijähriger Arbeit im Juni 2004 der Kommission seinen Abschlussbericht vor, in dem jedoch aufgrund der mangelenden Kompromissfähigkeit zwischen Arbeitgeber- und Arbeitnehmerseite keine Vorschläge für eine kohärentere CSR-Politik auf europäischer Ebene enthalten waren.[1294] Die offensichtliche Unfähigkeit des EMS-Forums, das ihr zugewiesene Mandat auszufüllen, wurde dabei zugleich als Beleg für das Scheitern der auf „Moderation“ beschränkten CSR-Politik der Kommission verstanden, der es nicht gelungen war, die unterschiedlichen Interessengruppen zur Erarbeitung eines Minimalkonsens über eine zukünftige europäische CSR-Politik zu bewegen.[1295]

c. Zweite Mitteilung zur sozialen Verantwortung der Unternehmen

Mit ihrer im März 2006 veröffentlichten zweiten Mitteilung zur CSR[1296] versuchte die Kommission, der aus dem Scheitern des EMS-Forums resultierenden öffentlichen Kritik entgegenzutreten und der europäischen CSR-Politik eine neue Struktur zu verleihen. Erstaunlicherweise führte die dabei vorgenommene (abermalige) Neuausrichtung ihrer CSR-Politik jedoch nicht zu einer Korrektur des bestehenden Ansatzes im Wege einer Rückkehr zum „teilregulatorischen“ Ansatz des Grünbuchs, sondern – ganz im Gegenteil – zu einer vollständigen Deregulierung, Flexibilisierung und damit letztlich einhergehenden inhaltlichen Entleerung des Konzepts

1292 KOM(2002) 347 endg., S. 19. Dem unter dem Vorsitz der Kommission tagenden Forum gehörten 18 Unternehmens- und Gewerkschaftsverbände sowie NGOs an. Daneben wurde elf Internationalen Organisationen ein Beobachterstatus zuerkannt, dazu *Koeltz,* S. 152; *Gatto,* Multinational Enterprises and Human Rights, S. 167 ff.

1293 Nicht umfasst von der Kompetenz des EMS-Forums waren etwa weitgehende Überwachungs- und Beschwerdemöglichkeiten, wie sie noch für die vom Europäischen Parlament geforderte EMP vorgesehen waren, *De Schutter,* European Law Journal 2008, S. 203 (212).

1294 Der Abschlussbericht *European Multistakeholder Forum on CSR,* Final results & recommendations, Final Report vom 29. Juni 2004 ist abrufbar im Internet unter: http://www.corporatejustice.org/IMG/pdf/CSR_ 20Forum_20final_20report.pdf (Stand: 21.01.2016).

1295 Siehe etwa die Kritik bei *De Schutter,* European Law Journal 2008, S. 203 (215).

1296 *Europäische Kommission,* Mitteilung der Kommission an das Europäische Parlament, den Rat und den Europäischen Wirtschafts- und Sozialausschuss. Umsetzung der Partnerschaft für Wachstum und Beschäftigung: Europa soll auf dem Gebiet der sozialen Verantwortung der Unternehmen führend werden, KOM(2006) 136 endg. vom 22.3.2006.

der CSR.[1297] Grundlage der Umorientierung der Kommission bildete nicht nur ein gewandeltes Verständnis über die Rollenverteilung zwischen Politik und Unternehmen, sondern auch eine veränderte Konzeption der Unternehmensverantwortung an sich: CSR sollte vor allem als Mittel zur Steigerung von Wettbewerbsfähigkeit und Innovationskraft, zur Schaffung eines positiveren Images von Unternehmen und Unternehmern in der Gesellschaft und zur Stärkung der Integration der Arbeitsmärkte fungieren.[1298] Praktisch nicht thematisiert wurden hingegen Fragen nach spezifischen gesellschaftlichen Pflichten- und Verantwortungsbereichen der Unternehmen. Festgestellt wurde lediglich, dass die vermeintlichen Zielsetzungen der CSR nur durch eine „engere Zusammenarbeit mit den Unternehmen" erreicht werden könnten, nicht jedoch durch „zusätzliche Verpflichtungen und administrative Anforderungen" an die Unternehmen, die sich letztlich gar als „kontraproduktiv" erweisen könnten.[1299] Dabei wurde auch der mit dem EMS-Forum zunächst verfolgte auf einen inklusiven Stakeholder-Dialog ausgerichtete CSR-Prozess zugunsten der Schaffung eines „Europäischen Bündnisses für CSR" aufgegeben. Dieses sollte als freiwilliger Zusammenschluss (ausschließlich) interessierten europäischen Unternehmen unabhängig von deren Größe offenstehen und einen „allgemeinen Rahmen" für Initiativen im Bereich der CSR bilden.[1300]

d. Dritte Mitteilung zur sozialen Verantwortung der Unternehmen

Die jüngste „Kehrtwende"[1301] der europäischen CSR-Politik erfolgte schließlich im Oktober 2011, als die Kommission ihre dritte und bislang letzte Mitteilung zur CSR vorlegte.[1302] Im Gegensatz zu den beiden früheren Mitteilungen zielt die Kommission mit ihrer aktuellen Strategie nun nicht mehr auf eine weitere Flexibilisierung der CSR, sondern vielmehr auf deren inhaltliche Stärkung durch staatliche Begleitmaßnahmen im Sinne einer „[...] intelligente[n] Kombination aus freiwilligen Maßnahmen und nötigenfalls ergänzenden Vorschriften"[1303]. Konkret soll das verstärkte staatliche Engagement im Bereich der CSR insbesondere dazu beitragen, die Transparenz bestehender unternehmerischer Beiträge zu fördern, Marktanreize zu schaffen und die Rechenschaftspflicht der Unternehmen zu erhöhen.

Deutlichster Ausdruck der neuerlichen konzeptionellen Umgestaltung der europäischen CSR-Politik bildet dabei die Neudefinition des Begriffs der CSR. War dieser

1297 *De Schutter*, European Law Journal 2008, S. 203 (216).

1298 Vgl. KOM(2006) 136 endg., S. 4 f. Dazu auch *Muchitsch*, S. 83, der in diesem Zusammenhang von einer „Instrumentalisierung" der CSR spricht, nach der „die Unternehmen anstelle der Gesellschaft zum Anspruchsträger" erhoben würden.

1299 KOM(2006) 136 endg., S. 3.

1300 KOM(2006) 136 endg., S. 6 f.; dazu auch *De Schutter*, European Law Journal 2008, S. 203 (216).

1301 *Schrader*, ZUR 2013, S. 451 (454).

1302 KOM(2011) 681 endg. vom 25.10.2011.

1303 KOM(2011) 681 endg., S. 9.

seit dem Grünbuch definiert worden „[...] als ein Konzept, das den Unternehmen als Grundlage dient, auf freiwilliger Basis soziale Belange und Umweltbelange in ihre Unternehmenstätigkeit und in die Wechselbeziehungen mit den Stakeholdern zu integrieren“[1304], versteht die aktuelle Mitteilung darunter nur noch schlicht die „Verantwortung von Unternehmen für ihre Auswirkungen auf die Gesellschaft“[1305]. Damit verzichtet die Kommission im Gegensatz zu älteren Mitteilungen und Stellungnahmen mit ihrer neuen, breit gefassten Definition erstmals auf das bis dahin „begriffsbildende Element der Freiwilligkeit“, was sich treffend als „Paradigmenwechsel in der CSR-Politik“[1306] kennzeichnen lässt. Dies gilt vor allem auch deshalb, da die neue Definition den mitgliedstaatlichen wie dem unionalen Gesetzgeber(n) in praktischer Hinsicht einen deutlich erweiterten Anknüpfungspunkt für verbindliche Regulierungsmaßnahmen im Bereich der CSR bietet. Auch der in der aktuellen CSR-Mitteilung als solcher bezeichnete „Aktionsplan“[1307] der Kommission, der die insgesamt im weiteren Verlauf der Mitteilung genannten und von der Kommission zu verfolgenden Einzelmaßnahmen im Bereich der CSR zusammenfasst, enthält zahlreiche Elemente, die ohne verbindliche Regelungsanordnung kaum Wirksamkeit entfalten dürften. Dabei betont die Kommission jedoch auch, dass sich die europäische CSR-Strategie in den „Kernbestand“ der international anerkannten Grundsätze und Leitlinien (genannt werden die Instrumente der ILO, der OECD und der VN) einzuordnen habe, die den „globalen CSR-Rahmen“ ausmachten.[1308] Besondere Beachtung schenkt die Kommission in diesem Kontext den Leitprinzipien des Sonderbeauftragten für Wirtschaft und Menschenrechte, zu deren Umsetzung sich die Kommission einerseits selbst bekennt und andererseits alle europäischen Unternehmen dazu verpflichtet, „[...] ihrer Verantwortung gerecht [zu] werden und die Menschenrechte ein[zu]halten, so wie dies in den Leitprinzipien der Vereinten Nationen festgelegt ist“[1309].

3. Verrechtlichung: Zum gegenwärtigen Stand der europäischen CSR-Debatte

Der von der dritten und letzten CSR-Mitteilung vorgezeichnete Weg einer durch hoheitliche Regulierung zu unterstützenden Weiterentwicklung freiwilliger unternehmerischer CSR-Beiträge wird durch die Kommission seit der Veröffentlichung

---

1304 KOM(2001) 366 endg., Ziff. 20.

1305 KOM(2011) 681 endg., S. 7.

1306 *Schrader*, ZUR 2013, S. 451 (454).

1307 Dieser Aktionsplan enthält Verpflichtungen für die Kommission und Anregungen für Unternehmen, Mitgliedstaaten und andere Stakeholder-Gruppen. Geplant ist, dass der Aktionsplan zukünftig zum Gegenstand der Beitrittsverhandlungen mit Beitrittskandidaten werden soll und verstärkt in die GASP der Union einfließt. Siehe dazu KOM(2011) 681 endg., S. 10 ff.

1308 KOM(2011) 681 endg., S. 8.

1309 KOM(2011) 681 endg., S. 17.

der Mitteilung kontinuierlich und graduell weiterverfolgt. Insofern ist es zutreffend, von einer zunehmenden Verrechtlichung der europäischen CSR-Politik zu sprechen, jedenfalls aber von einer Verrechtlichung der Rahmenbedingungen der Unternehmensverantwortung in Europa. Beispielhaft für diese Normierungsbemühungen, die in ihrer Gesamtheit darauf abzielen, die Wirksamkeit und Transparenz der einzelnen unternehmerischen CSR-Beiträge zu erhöhen, ist etwa der Versuch der Kommission, Mindestinformationsstandards über Anlageprodukte für Kleinanleger im Rahmen einer Verordnung verbindlich festzuschreiben.[1310] Ziel einer derartigen Informationsauflage ist es, Kunden (Bürger, Unternehmen, Behörden etc.), die ihr Kapital in einzelne Unternehmen investieren, eine verlässliche Informationsgrundlage über Inhalt und Umsetzung ihrer CSR-Standards zu verschaffen, um so eine ethische und verantwortungsvolle Investitionsentscheidung zu ermöglichen.[1311]

In einem ähnlichen Zusammenhang steht das Bemühen der Kommission um Schaffung der rechtlichen Rahmenbedingungen einer Pflicht zur Offenlegung nichtfinanzieller Informationen durch größere Unternehmen im Rahmen ihrer jährlichen Berichterstattung.[1312] Weitere rechtlich verbindliche Maßnahmen im Kontext der aktuellen CSR-Strategie bilden der Vorschlag, das sog. „*Greenwashing*“ als irreführendes Marketing durch eine Verschärfung der Richtlinien über unlautere Geschäftspraktiken zu erschweren[1313] sowie das Vorhaben, Unternehmen der mineralgewinnenden Industrie (Erdöl, Erdgas und Bergbau) und der Holzindustrie zur Korruptionsprävention und zur Offenlegung von Zahlungen an staatliche Stellen zu verpflichten.[1314] Ein weiteres Beispiel für den Prozess der zunehmenden Verrechtlichung der Rahmenbedingungen zur Förderung der CSR ist schließlich der Bereich der öffentlichen Auftragsvergabe. Hier ist es nach der jüngsten Novellierung der

1310 *Europäische Kommission*, Vorschlag für eine Verordnung des Europäischen Parlaments und des Rates über Basisinformationsblätter für Anlageprodukte, KOM(2012) 352 endg. vom 3.7.2012.

1311 Konkret sollen dabei Anbieter eines Anlageproduktes dazu verpflichtet werden, im Rahmen eines Basisinformationsblattes Angaben zu der Frage zu machen, „[...] ob der Anlageproduktanbieter spezielle Ergebnisse im Bereich Umwelt, Soziales oder gute Unternehmensführung entweder in Bezug auf seine Geschäftsausübung oder in Bezug auf das Anlageprodukt anstrebt“, wobei die Angaben auch Auskünfte zu den „angestrebten Ergebnissen“ und den „dazu eingesetzten Mitteln“ enthalten sollen, vgl. Art. 8, Ziff. 2, (b), iii) des Verordnungsvorschlags KOM(2012) 352 endg., S. 25. Siehe zum Bereich des „Ethischen Investment“ auch KOM(2011) 681 endg., S. 13 f.

1312 Siehe dazu ausführlich die Darstellungen in Arbeit „F.“ dieser Arbeit.

1313 *Schrader*, ZUR 2013, S. 451 (454).

1314 Europäische Kommission, Vorschlag für eine Richtlinie des Europäischen Parlaments und des Rates zur Änderung der Richtlinie 2004/109/EG zur Harmonisierung der Transparenzanforderungen in Bezug auf Informationen über Emittenten, deren Wertpapiere zum Handel auf einem geregelten Markt zugelassen sind, sowie der Richtlinie 2007/14/EG der Kommission, KOM(2011) 683 endg. vom 25.10.2011, S. 9 f., 18.

Vorschriften zum europäischen Vergaberecht nunmehr ausdrücklich möglich, bei der Ermittlung des günstigsten Angebots auch umweltbezogene und/oder soziale Aspekte zu berücksichtigen.[1315]

In ihrer Gesamtheit bilden diese Einzelmaßnahmen den rechtlichen Rahmen der europäischen CSR-Politik, die durch zahlreiche weitere rechtlich unverbindliche Steuerungsinstrumente ergänzt wird. Weshalb die Kommission im Rahmen ihrer aktuellen Mitteilung letztlich dazu übergegangen ist, CSR im weitestmöglichen Sinne als „Verantwortung der Unternehmen für ihre Auswirkungen auf die Gesellschaft" zu verstehen und durch eine rechtlich verbindliche Form der „Kontextsteuerung" zu fördern, kann nur vermutet werden. Neben einer veränderten volkswirtschaftlichen Gesamtsituation und dem offensichtlichen Scheitern des zuvor verfolgten Politikansatzes einer Selbstregulierung (insbesondere des EMS-Forums und des „Europäischen Bündnisses für CSR") dürfte dabei aber vor allem der auf internationaler Ebene in Form der Leitprinzipien des Sonderbeauftragten erzielte Konsens eine nicht unerhebliche Rolle gespielt haben. Insbesondere der ersten „Säule" der Leitprinzipien, der staatlichen Schutzpflicht, versucht die Kommission mit ihrem Streben nach Normativität und Konvergenz Genüge zu tun. Der Schwerpunkt des rechtlichen Rahmens der europäischen CSR-Politik liegt dabei auf der Schaffung von „Transparenz". Diese soll es sowohl den Unternehmen selbst als auch deren Stakeholdern – von der Belegschaft über die Kunden bis hin zu NGOs und hoheitlichen Stellen – ermöglichen, im Wege der (Selbst-) Kontrolle Reichweite und Umsetzung der unternehmerischen Verantwortungsübernahme zu überprüfen und daraus Rückschlüsse auf mögliche Optimierungspotentiale zu ziehen.

4. Die europäische CSR-Politik im Kontext des primären Unionsrechts

Inhaltlich domestiziert wird die europäische CSR-Politik durch die Bestimmungen des Primärrechts. Insbesondere einzelne der sich aus den Zielvorgaben des Art. 3 EUV und der sog. „Querschnittsklausel" des Art. 9 AEUV ergebenden Handlungsaufträge an den Unionsgesetzgeber weisen eine zum Teil große Parallelität zu den Zielbestimmungen der Unternehmensverantwortung auf. Dabei hat gerade die durch den Vertrag von Lissabon bewirkte „Aufwertung sozialer Belange"[1316] im Rahmen der europäischen Verträge die „Passgenauigkeit" zwischen CSR und europäischer Politikausrichtung nochmals deutlich verstärkt. Insofern muss der soeben identifizierte Prozess der Verrechtlichung der europäischen CSR-Politik auch im Kontext einer durch die Revision des europäischen Primärrechts bewirkten Neuausrichtung des Handelns der Union gesehen werden.

1315 Vgl. Art. 67 der Richtlinie über die Vergabe öffentlicher Aufträge.
1316 *Nowak*, S. 236.

a. Zielbestimmungen der Union (Art. 3 EUV)

Die Zielbestimmungen des Art. 3 EUV umschreiben „[...] das, worauf das Handeln der Union gerichtet sein soll."[1317] Zu den wichtigsten Funktionen der Vorschrift zählt neben der Bestimmung eines abstrakten Aufgabenrahmens auch die Kompetenzsteuerung, im Sinne des Ausfüllens der vertraglichen Kompetenzen der Union.[1318] Adressat der Vorschrift ist der Unionsgesetzgeber, dessen politisches Handeln sich an den in Art. 3 EUV enthaltenen Richtlinien auszurichten hat. Von den dort aufgeführten Zielbestimmungen, die dem inneren und äußeren Handeln der Union eine Richtung geben sollen, lassen sich einzelne in einem direkten Kontext der CSR verorten.

aa. Binnenziele

Art. 3 Abs. 3 EUV legt die nach innen wirkenden Binnenziele des Unionshandelns fest. Dazu zählt insbesondere die Errichtung eines Binnenmarktes, dessen allgemeine Charakteristika[1319] durch weitere Anforderungen präzisiert werden. Umfasst ist davon unter anderem die Verpflichtung auf eine „nachhaltige Entwicklung", auf eine „in hohem Maße wettbewerbsfähige soziale Marktwirtschaft" und auf ein „hohes Maß an Umweltschutz". Angesprochen wird damit vor allem die Wirtschaftsverfassung des Binnenmarktes, die gemäß Art. 120 AEUV ihrem Grundsatz nach auf „eine offene Marktwirtschaft mit freiem Wettbewerb" ausgerichtet ist. Gleichwohl lässt sich den erwähnten Zielbestimmungen des Art. 3 Abs. 3 EUV, deren heutige Form und systematische Stellung im Wesentlichen ein Ergebnis der Vertragsreform von Lissabon darstelllt, zumindest eine „veränderte Akzentsetzung" dergestalt entnehmen, dass der offene Markt (und damit die darin agierenden Unternehmen) eine Flankierung durch soziale und ökologische Aspekte erfährt.[1320]

(1) Nachhaltige Entwicklung

Übergreifendes Ziel des Handelns der Unionsorgane innerhalb des Binnenmarktes bildet das Hinwirken auf eine „nachhaltige Entwicklung", deren Grundlage die „Preisstabilität" und ein „ausgewogenes Wirtschaftswachstums" bilden. Entsprechend des Nachhaltigkeitsverständnisses, das sich seit den Arbeiten der „*Brundlandt*-Kommission" auf internationaler Ebene fest etabliert hat, wird der europäische

---

1317 *Becker*, in: Schwarze, EU-Kommentar, Art. 3 EUV, Rn. 1.

1318 *Terhechte*, in: Grabitz/Hilf/Nettesheim, Das Recht der Europäischen Union, Art. 3 EUV, Rn. 8, 10.

1319 Siehe die Legaldefinition in Art. 26 Abs. 2 AEUV: „Der Binnenmarkt umfasst einen Raum ohne Binnengrenzen, in dem der freie Verkehr von Waren, Personen, Dienstleistungen und Kapital gemäß den Bestimmungen der Verträge gewährleistet ist."

1320 Dazu *Hatje*, Wirtschaftsverfassung im Binnenmarkt, in: von Bogdandy/Bast, Europäisches Verfassungsrecht, S. 801 (811).

Gesetzgeber damit auf eine dauerhafte, auch die Interessen der nachfolgenden Generationen berücksichtigende Integration ökonomischer, ökologischer und sozialer Standards verpflichtet. Dabei steht jeweils nicht der kurzfristige Erfolg, sondern die Sicherung eines langfristig hohen Schutzniveaus im Vordergrund.[1321] Aufgrund der Abstraktheit und Zielpluralität sowie den daraus resultierenden weiten Ermessensspielräumen wird es in aller Regel schwer sein, dem Nachhaltigkeitsgebot des Art. 3 EUV konkrete Handlungspflichten zu entnehmen. Wirkung entfaltet die Bestimmung vor allem als Auslegungsdirektive für die spezielleren Maßnahmen- und Umsetzungsbestimmungen des Primärrechts.[1322] Dies gilt etwa für die „umweltrechtliche Querschnittsklausel" des Art. 11 AEUV, die der Umsetzung des Grundsatzes der nachhaltigen Entwicklung dient und unter anderem sämtliches Wirtschaften unter den Vorbehalt der ökologischen Tragfähigkeit stellt.[1323] Als übergeordneter Leitbegriff der Zielbestimmungen des Art. 3 Abs. 3 EUV vermag die Verpflichtung das Handeln der Union auf eine „nachhaltige Entwicklung" jedoch zudem sowohl negative Unterlassens- als auch positive Leistungspflichten für den europäischen Gesetzgeber zu begründen. Dabei gilt es jeweils, die wirtschaftliche Entwicklungsfähigkeit des Binnenmarktes (und der darin agierenden Unternehmen) mit dem langfristigen Schutz von Mensch und Umwelt in Einklang zu bringen.[1324]

(2) Wettbewerbsfähige soziale Marktwirtschaft

Erst durch den Vertrag von Lissabon in den Zielkatalog des Unionsrechts aufgenommen wurde die Verpflichtung der Union auf „eine in hohem Maße wettbewerbsfähige soziale Marktwirtschaft", die auf „Vollbeschäftigung" und „sozialen Fortschritt" abzielt. Auch wenn das Gemeinschaftsrecht bereits vor dem Inkrafttreten des Vertrages von Lissabon die Möglichkeit von bereichsspezifischen Interventionen zugunsten sozial- oder strukturpolitischer Belange vorsah,[1325] lässt sich in der expliziten Betonung der Sozialbezogenheit der Marktwirtschaft eine „bewusste konzeptionelle Neuorientierung"[1326] erkennen, zumal die jetzige Formulierung das frühere Leitbild einer offenen Marktwirtschaft mit freiem Wettbewerb aus dem Zielkatalog des Art. 3 EUV verdrängt hat. Verstärkt wird dieser Eindruck noch durch die Tatsache, dass auch weitere Zielbestimmungen des Art. 3 EUV ausdrücklich Bezug auf die „soziale Dimension" der Union nehmen (so etwa die Aufforderung an den Unionsgesetzgeber, „soziale Ausgrenzung und Diskriminierung" zu bekämpfen und „soziale Gerechtigkeit und sozialen Schutz" zu fördern) und dass die sozialen Grundrechte der Union inhaltlich durch die Art. 27–34 der nunmehr

1321 *Heintschel von Heinegg*, in: Vedder/Heintschel von Heinegg, Europäisches Unionsrecht, Art. 3 EUV, Rn. 11.
1322 *Windoffer*, S. 78.
1323 *Käller*, in: Schwarze, EU-Kommentar, Art. 11 AEUV, Rn. 16.
1324 *Käller*, in: Schwarze, EU-Kommentar, Art. 11 AEUV, Rn. 16.
1325 *Schroeder*, S. 355.
1326 *Bieber/Epiney/Haag*, S. 99.

rechtsverbindlichen Grundrechtecharta präzisiert werden. Erkennen lässt sich in dieser Neuakzentuierung jedenfalls das (politische) Bestreben, nicht nur eine „partielle Neuausrichtung des europäischen Sozialrechts" zu bewirken, sondern zugleich auch einen engeren Zusammenhang zwischen „ökonomischer Prosperität und sozialen Verpflichtungen" herzustellen.[1327] Auch wenn es aufgrund der Beibehaltung der „alten" Zielformulierung einer offenen Marktwirtschaft mit freiem Wettbewerb an anderen Stellen im Primärrecht (v.a. Art. 119 Abs. 1 und 2, Art. 120 Abs. 2, Art. 127 Abs. 1 und 3 AEUV) kaum möglich ist, von einem „echte[n] juristisch relevante[n] Paradigmenwechsel"[1328] zu sprechen, lässt sich der „neuen" Formulierung („soziale Marktwirtschaft") jedoch ein materieller Inhalt dergestalt entnehmen, dass zwischen den Elementen der Freiheit, der sozialen Gerechtigkeit und der Eigenverantwortung stets aufs Neue eine praktische Konkordanz herzustellen ist.[1329] Nicht vereinbar damit wäre insbesondere ein Politikansatz, der die ohnehin weitgehend liberalisierten Märkte gänzlich sich selbst überlassen und auf jegliche Kontroll- und Korrekturmaßnahmen verzichten würde. Insofern kann die Zielformulierung der „sozialen Marktwirtschaft" auch als Auftrag an den europäischen Gesetzgeber verstanden werden, für ein Mindestmaß an hoheitlicher (rechtlicher) Steuerung zu sorgen.

(3) Umweltschutz

Ebenso wie das Ziel der Schaffung einer sozialen Marktwirtschaft die „soziale Dimension" des Prinzips der nachhaltigen Entwicklung konkretisiert, formt der Auftrag der Gewährleistung eines hohen Umweltschutzniveaus deren „ökologische Dimension" aus. Dabei wird der Umweltschutz in einen unmittelbaren Zusammenhang mit verschiedenen volkswirtschaftlichen Zielsetzungen (ausgewogenes Wirtschaftswachstum, Preisstabilität, Vollbeschäftigung) gestellt, was im Übrigen dem auf internationaler Ebene seit der UNCED von 1992 überwiegend vertretenen Verständnis einer engen gegenseitigen Verknüpfung ökonomischer und ökologischer Ziele entspricht.[1330] Materiell macht es die Verpflichtung der Union auf ein hohes Maß an Umweltschutz und auf eine Verbesserung der Umweltqualität im Kontext der nachhaltigen Entwicklung etwa nötig, erneuerbare Naturgüter nur im Rahmen ihrer Regenerationsfähigkeit zu nutzen, von nichterneuerbaren Gütern lediglich schonend Gebrauch zu machen und die Freisetzung schädlicher Stoffe an die Regenerationsfähigkeit der Umwelt anzupassen.[1331] Durchzusetzen ist diese

---

1327 *Nowak*, S. 236 f. m.w.N. Auch lässt sich von einer „Entwicklung der ursprünglichen Wirtschaftsgemeinschaft hin zu einer ‚Sozialgemeinschaft'" sprechen, siehe *Becker*, in: Schwarze, EU-Kommentar, Art. 3 EUV, Rn. 13.

1328 *Nowak*, S. 237.

1329 Allgemein zu Inhalt und Geltungsanspruch des Konzepts der sozialen Marktwirtschaft in der Gegenwart *Aßländer*, zfwu 2011, S. 200 (206).

1330 *Heintschel von Heinegg*, in: Vedder/Heintschel von Heinegg, Europäisches Unionsrecht, Art. 3 EUV, Rn. 12.

1331 *Jarass*, ZUR 2011, S. 563 (565).

Pflicht gegebenenfalls auch im Verhältnis zu den innerhalb des Binnenmarktes agierenden natürlichen und juristischen Personen. Dabei betont die Vorschrift des Art. 191 Abs. 3 AEUV, die das Ziel des Umweltschutzes konkretisiert, dass die Union bei der Erarbeitung ihrer Umweltpolitik zugleich die „[...] wirtschaftliche und soziale Entwicklung der Union insgesamt sowie die ausgewogene Entwicklung ihrer Regionen" zu berücksichtigen hat. Insgesamt hat der Umweltschutz durch die Erwähnung im Zielkatalog des Art. 3 eine deutliche Aufwertung auf Ebene der EU erfahren und stellt nunmehr einen gleichwertigen und integralen Bestandteil der Unionsentwicklung dar.

bb. Außenpolitische Ziele

Art. 3 Abs. 5 EUV erweitert den Zielkatalog unionalen Handelns um eine außenpolitische Dimension. Soweit die darin genannten Ziele Fragen der Gemeinsamen Außen- und Sicherheitspolitik (GASP) berühren, werden sie vor allem durch die Bestimmung des Art. 21 EUV weiter konkretisiert. Grundlage der außenpolitischen Zielsetzungen der Union bildet das Bekenntnis, in den Beziehungen zur übrigen Welt die eigenen „Werte und Interessen" fördern zu wollen. Dazu zählen mit Blick auf die Entwicklung der Union vor allem grundlegende Strukturprinzipien wie Demokratie, Rechtsstaatlichkeit, Menschenrechte und die Achtung des Völkerrechts (Art. 21 EUV). Über die Förderung eigener Werte und Interessen hinaus verpflichtet aber die Bestimmung des Art. 3 Abs. 5 S. 2 EUV die Union außerdem dazu, sich in ihren Beziehungen zur internationalen Gemeinschaft von einem Bündel weiterer Richtlinien leiten zu lassen, die im Wesentlichen denjenigen Richtlinien entsprechen, die das Handeln der Union nach innen bestimmen.[1332] Alles in allem bringen die inhaltlich weit gesteckten Zielformulierungen des Art. 3 Abs. 5 EUV in ihrer „Wertedimension" zugleich ein „gesteigertes Selbstbewusstsein der Union im internationalen Kontext" zum Ausdruck.[1333] Dies lässt sich durchaus auch (und gerade) für die auf die internationale Förderung von Standards der Unternehmensverantwortung ausgerichtete europäische CSR-Politik bestätigen, wobei in diesem Kontext aus dem Zielkatalog des Art. 3 Abs. 5 EUV insbesondere die Verpflichtung der Union auf eine „globale nachhaltige Entwicklung", auf einen „freien und gerechten Handel" und auf den „Schutz der Menschenrechte" von Belang ist.

(1) Globale nachhaltige Entwicklung

Besonders deutlich wird die Parallelität zwischen Binnen- und Außenzielen der Union anhand des Beispiels der nachhaltigen Entwicklung, die es nach Maßgabe des Art. 3 Abs. 5 nicht nur im unionsinternen, sondern zugleich auch im „globalen" Kontext zu verfolgen gilt. Ebenso wie nach „innen" soll die Union demnach auch

1332 *Becker*, in: Schwarze, EU-Kommentar, Art. 3 EUV, Rn. 16.
1333 *Terhechte*, in: Grabitz/Hilf/Nettesheim, Das Recht der Europäischen Union, Art. 3 EUV, Rn. 61.

im Rahmen ihrer Politik nach „außen" langfristig denken, dabei die Interessen zukünftiger Generationen im Blick behalten und im Übrigen für einen angemessen Ausgleich zwischen ökonomischen, ökologischen und sozialen Belangen sorgen. Damit handelt es sich bei der Forderung nach nachhaltiger Entwicklung auch innerhalb der unionalen Außenpolitik letztlich um einen „unbestimmten politischen Zielbegriff"[1334] im Sinne eines „Meta-Ziels des Integrationsprozesses"[1335]. Ein spezifischer außenpolitischer Gehalt lässt sich jedoch dem Konzept der nachhaltigen Entwicklung insoweit entnehmen, als es in seinem Kern ein Grundrecht der Schwellen- und Entwicklungsländer auf wirtschaftliche Entwicklung und auf Gleichbehandlung mit den Industrieländern enthält.[1336] Daraus kann wiederum auch eine Verpflichtung der Unionsorgane folgen, sich etwa im Rahmen von Verhandlungen mit Drittstaaten über den Abschluss eines Investitionsabkommens für einen angemessenen und „fairen" Ausgleich zwischen den Interessen der „eigenen" (europäischen) Unternehmen und den Anliegen der Gaststaaten einzusetzen.

(2) Freier und gerechter Handel

Eng damit verbunden ist die Zielsetzung, für einen „freien und gerechten" globalen Handel zu sorgen. Während sich das Ziel eines „freien" Handels im Wege einer Öffnung des Binnenmarktes, eines weltweiten Abbaus von Zöllen und Handelshemmnissen und einer Wahrung der Rechte und Prinzipien des Welthandelsrechts konkretisieren lässt[1337], entzieht sich der Begriff eines „gerechten" Handels einer vergleichbaren inhaltlichen Bestimmung. Jedoch stellt die Formulierung des Art. 3 Abs. 5 das Ziel eines gerechten Handels unter anderem in einen Zusammenhang mit der globalen Armutsbekämpfung und der internationalen Solidarität, weshalb sich die Aufforderung jedenfalls dergestalt konkretisieren lässt, dass die Union jeglicher Form des „Wirtschaftsimperialismus zu Lasten insbesondere der Entwicklungsländer" eine Absage erteilt.[1338] Die Erwähnung des Ziels eines freien und gerechten Handels im Zielkatalog des Art. 3 EUV trägt damit insgesamt der politischen Realität Rechnung, dass gerade auch die gemeinsame Handelspolitik der Union mehr als nur wirtschaftliche Bedeutung hat und Handelsabkommen „Transmissionsriemen

---

1334 *Kaufmann-Bühler*, in: Grabitz/Hilf/Nettesheim, Das Recht der Europäischen Union, Art. 21 EUV, Rn. 19.

1335 *Terhechte*, in: Grabitz/Hilf/Nettesheim, Das Recht der Europäischen Union, Art. 3 EUV, Rn. 62.

1336 Dazu *Kahl*, in: Ders., Nachhaltigkeit als Verbundbegriff, S. 1 (32 f.).

1337 Siehe auch die Bestimmung des Art. 206 AEUV: „Durch die Schaffung einer Zollunion nach den Artikeln 28 bis 32 trägt die Union im gemeinsamen Interesse zur harmonischen Entwicklung des Welthandels, zur schrittweisen Beseitigung der Beschränkungen im internationalen Handelsverkehr und bei den ausländischen Direktinvestitionen sowie zum Abbau der Zollschranken und anderer Schranken bei."

1338 *Heintschel von Heinegg*, in: Vedder/Heintschel von Heinegg, Europäisches Unionsrecht, Art. 3 EUV, Rn. 26.

anderer europäischer Interessen sind", zu denen etwa Sicherheit, Armutsbekämpfung, Entwicklung, Demokratisierung und Menschenrechte zählen.[1339]

(3) Schutz der Menschenrechte

Schließlich verpflichtet Art. 3 Abs. 5 EUV die Union auch dazu, in ihren internationalen Beziehungen einen Beitrag zum Schutz der Menschenrechte zu leisten. Die Forderung, sich für die universelle Achtung und Durchsetzung menschenrechtlicher Verpflichtungen einzusetzen, steht dabei in einem allgemeinen Kontext der Förderung von Rechtsstaatlichkeit. Verlangt wird von der Union nicht nur, dass diese die Menschenrechte und deren Einhaltung weltweit „propagiert" und schützt, sondern auch ihre eigenen internationalen Wirtschaftsbeziehungen „im Lichte der Menschenrechte" gestaltet und vollzieht.[1340] Besonders deutlich wird dies etwa am Bereich des internationalen Schutzes der Rechte der Kinder, der in der Zielbestimmung des Art. 3 Abs. 5 EUV besonders hervorgehoben wird.[1341] Diese Hervorhebung verpflichtet die Union dazu, jeglichem Missbrauch von Kindern – etwa auch durch Kinderarbeit – entgegenzuwirken. So hat die Union zwar wirtschaftliche Anreize zu setzen, die die jeweiligen Länder in die Lage versetzen, das Verbot der Kinderarbeit zu beachten.[1342] Gleichzeitig muss sie konsequenterweise jedoch auch geeignete Maßnahmen treffen um zu verhindern, dass europäische Unternehmen im Rahmen ihrer geschäftlichen Aktivitäten in Drittstaaten in einen Konflikt mit den Rechten der Kinder geraten.

cc. Bindungswirkung der Zielvorgaben

Einigkeit besteht darüber, dass die Zielvorgaben des Art. 3 EUV nicht nur lediglich politische Programmsätze enthalten, sondern rechtlich verbindliche Ziele statuieren, zu deren Erreichung die Union verpflichtet ist.[1343] Auch wenn die Vorschrift keinesfalls als Kompetenz- oder Aufgabenzuweisungsnorm verstanden werden darf und es aufgrund der inhaltlichen Weite der jeweiligen Zielformulierungen im Einzelfall nur sehr eingeschränkt möglich ist, den darin enthaltenen Bestimmungen konkrete Handlungsvorgaben zu entnehmen, stellen die Ziele in ihrer Gesamtheit dennoch eine Richtschnur für das Handeln der Union dar und determinieren das politische Ermessen des Unionsgesetzgebers. Nach innen wirken die Ziele dabei zugleich als „Aufgabenrahmen", der seit jeher einen „Dreh- und Angelpunkt des

1339 *Weiß*, in: Grabitz/Hilf/Nettesheim, Das Recht der Europäischen Union, Art. 206 AEUV, Rn. 9.
1340 *Heintschel von Heinegg*, in: Vedder/Heintschel von Heinegg, Europäisches Unionsrecht, Art. 3 EUV, Rn. 28.
1341 Kritisch zu dieser Hervorhebung einer einzelnen Personengruppe *Becker*, in: Schwarze, EU-Kommentar, Art. 3 EUV, Rn. 16.
1342 *Heintschel von Heinegg*, in: Vedder/Heintschel von Heinegg, Europäisches Unionsrecht, Art. 3 EUV, Rn. 28.
1343 *Geiger*, in: Geiger/Khan/Kotzur, Art. 3 EUV, Rn. 2.

gesamten Integrationsprozesses"[1344] dargestellt hat. Besondere praktische Relevanz entfaltet der Zielkatalog des Art. 3 EUV darüber hinaus auch als Auslegungshilfe für den EuGH.

Aber auch außerhalb des Bereichs der unmittelbaren Gesetzgebung müssen die Zielvorgaben beachtet werden. Dies gilt insbesondere für die Verabschiedung von Empfehlungen und Stellungnahmen, für den Entwurf langfristiger Strategien und Planungen sowie für Maßnahmen zur Koordinierung der Wirtschafts- und Sozialpolitik.[1345] Damit bilden die Ziele des Art. 3 EUV auch die Grundlage der politischen Formulierung der unionalen CSR-Politik und deren Umsetzung durch rechtlich verbindliche wie unverbindliche Maßnahmen. Dem Hinwirken auf ein verantwortliches unternehmerisches Handeln innerhalb wie außerhalb des Binnenmarktes ist damit ein spezifischer Rahmen gesetzt, auch wenn sich dessen konkrete Umsetzung durch eine breite Einschätzungsprärogative der europäischen Legislative auszeichnet.[1346] Nicht zuletzt aber die durch die Vertragsreform von Lissabon bewirkte Aufwertung sozialer Belange innerhalb des Zielkatalogs der sonst liberal ausgerichteten Wirtschaftsverfassung der Union kann – im Kontext der CSR gesehen – durchaus als ein Bekenntnis zu einem stärkeren Engagement der Unionsorgane gewertet werden. Auch wenn private Unternehmen selbst weder direkt an die Zielbestimmungen des Art. 3 EUV gebunden sind, noch deren Erfüllung (oder Beachtung) von ihnen eingefordert werden kann, ist jedoch eine mittelbare Bindung auch privater Unternehmen an die Zielbestimmungen über das die Ziele konkretisierende Sekundärrecht nicht ausgeschlossen.[1347]

b. Soziale Querschnittsklausel (Art. 9 AEUV)

Die „soziale Querschnittsklausel" des Art. 9 AEUV stellt eine Neuerung dar, die erst durch den Vertrag von Lissabon in das Primärrecht eingefügt wurde. Ziel der Vorschrift ist es, die sozialen Zielbestimmungen des Art. 3 Abs. 3 EUV in den „politisch operativen Teil" der Verträge zu überführen, dabei die soziale Dimension der Union weiter zu stärken und insbesondere das unionale Prinzip des freien und unverfälschten Wettbewerbs „sozial zu mediatisieren".[1348]

1344 *Terhechte*, in: Grabitz/Hilf/Nettesheim, Das Recht der Europäischen Union, Art. 3 EUV, Rn. 9.

1345 *Becker*, in: Schwarze, EU-Kommentar, Art. 3 EUV, Rn. 6.

1346 *Terhechte*, in: Grabitz/Hilf/Nettesheim, Das Recht der Europäischen Union, Art. 3 EUV, Rn. 28.

1347 Siehe allgemein für private Akteure, *Terhechte*, in: Grabitz/Hilf/Nettesheim, Das Recht der Europäischen Union, Art. 3 EUV, Rn. 27.

1348 *Schorkopf*, in: Grabitz/Hilf/Nettesheim, Das Recht der Europäischen Union, Art. 9 AEUV, Rn. 7, 10; *Gassner*, in: Vedder/Heintschel von Heinegg, Europäisches Unionsrecht, Art. 9 AEUV, Rn. 3.

aa. Inhalt

Die inhaltlichen Bestimmungen der Querschnittsklausel des Art. 9 AEUV entfalten ihre Wirkung in sämtlichen der Union nach dem Primärrecht zugewiesenen Kompetenz- und Aufgabenfeldern. Gleichwohl handelt es sich bei der Vorschrift weder um eine Rechtsgrundlage für das Handeln der Union noch um eine Grundlage zur Schaffung neuer Unionskompetenzen im Bereich der europäischen Sozialpolitik. Ziel der Klausel ist es allein sicherzustellen, dass bestimmte soziale Anforderungen im Rahmen der Gestaltung der jeweiligen Politik- und Tätigkeitsfelder Berücksichtigung finden.[1349] Als konkrete „Anforderungen" nennt die Vorschrift dabei die Schaffung eines hohen Beschäftigungsniveaus, die Gewährleistung eines angemessenen sozialen Schutzes, die Bekämpfung sozialer Ausgrenzung sowie die Sicherstellung eines hohen Niveaus der allgemeinen und beruflichen Bildung und des Gesundheitsschutzes. Im Wesentlichen entnommen sind diese Teilziele den Vorschriften der Art. 145–168 AEUV, die die inhaltlichen Anforderungen weiter konkretisieren. Art. 9 EUV selbst enthält keine spezifischen Direktiven, wie die Unionsorgane die Teilziele umzusetzen haben. Vielmehr wird der Union ein breiter Beurteilungs- und Ermessensspielraum zugestanden, wobei soziale Belange jedoch keinen allgemeinen Vorrang vor anderen Belangen des Unionshandelns genießen.[1350] Genüge getan wird der Querschnittsklausel bereits dann, wenn die Union darlegen kann, im Rahmen ihrer rechtlich verbindlichen wie unverbindlichen Handlungen die „soziale Dimension" des einzelnen Regelungsgegenstandes „mitgedacht" und hinreichend „berücksichtigt" zu haben.[1351] Folgerichtig bleibt auch die gerichtliche Kontrolle des EuGH allein auf die Frage beschränkt, ob die sozialen Belange entweder gar nicht in eine Ermessensentscheidung einbezogen wurden oder die eingeräumten Ermessensgrenzen offenkundig und erheblich verkannt worden sind.[1352]

bb. Bedeutung

Als entsprechend schwach lassen sich auch die konkreten aus der Vorschrift des Art. 9 AEUV ableitbaren rechtlichen Folgewirkungen beschreiben. Der spezifische Beitrag der sozialen Querschnittsklausel besteht daher vor allem in deren Signalwirkung gegenüber der Gesellschaft bzw. dem „Europa der Bürger". Verdeutlicht werden sollte durch die Einführung der Klausel ebenso wie durch die Integration des Leitziels der „sozialen Marktwirtschaft", dass die Union ihr Handeln nicht allein an freien Marktkräften unter Wettbewerbsbedingungen ausrichtet, sondern

1349 *Gassner*, in: Vedder/Heintschel von Heinegg, Europäisches Unionsrecht, Art. 9 AEUV, Rn. 4.

1350 *Gassner*, in: Vedder/Heintschel von Heinegg, Europäisches Unionsrecht, Art. 9 AEUV, Rn. 15.

1351 *Schorkopf*, in: Grabitz/Hilf/Nettesheim, Das Recht der Europäischen Union, Art. 9 AEUV, Rn. 6.

1352 *Kotzur*, in: Geiger/Khan/Kotzur, Art. 9 AEUV, Rn. 8.

wirtschaftliche Integrationsschritte vermehrt mit sozialen Belangen verzahnt.[1353] Primärrechtlich verankert wird mit der Vorschrift des Art. 9 AEUV damit das hinter dem Konzept des „Europäischen Sozialmodells“[1354] stehende Leitbild einer sozialpolitischen Einrahmung bzw. Korrektur der ökonomischen Freiheiten des Integrationsprozesses.[1355] Neben der Neugestaltung des Zielkatalogs des Art. 3 EUV lässt sich dem Primärrecht damit mit der Vorschrift des Art. 9 AEUV ein weiteres Argument für die Förderung sozialpolitischer Belange entnehmen, wie sie etwa auch im formalisierten Steuerungsansatz der Union zur Thematik der CSR zum Ausdruck kommen. Geltung gewinnt die soziale Querschnittsklausel wie alle Zielformulierungen im Übrigen im Rahmen der Auslegung und Interpretation des Sekundärrechts. So gilt es beispielsweise auch, die im Folgenden zu behandelnden Offenlegungspflichten des europäischen Bilanzrechts, die hier beispielhaft für die Funktionsweise des regulatorischen Rahmens der CSR in Europa stehen sollen, anhand der Vorgaben der soeben skizzierten primärrechtlichen Zielorientierungen des Art. 3 EUV und des Art. 9 AEUV zu messen.

1353 *Schorkopf*, in: Grabitz/Hilf/Nettesheim, Das Recht der Europäischen Union, Art. 9 AEUV, Rn. 8 f.

1354 Kritisch zum Begriff des „Europäischen Sozialmodells“, der „jedenfalls für die rechtswissenschaftliche Analyse heuristisch bedeutungslos“ sei und „eher als chimärenhafte politische Kampfvokabel“ tauge, *Gassner*, in: Vedder/Heintschel von Heinegg, Europäisches Unionsrecht, Art. 9 AEUV, Rn. 14.

1355 *Rebhahn*, in: Schwarze, EU-Kommentar, Art. 9 AEUV, Rn. 2.

F. Nichtfinanzielle Offenlegungspflichten als Beispiel des regulatorischen Rahmens für CSR im Europarecht

Unternehmerische Transparenz hat sich zum „Schlüsselbegriff" der öffentlichen CSR-Politik entwickelt. Dazu beigetragen hat vor allem der Druck, den verschiedenste zivilgesellschaftliche Organisationen seit Ende der 1990er Jahre auf (multinationale) Unternehmen ausgeübt haben. Von den Unternehmen wurde (und wird) dabei die Veröffentlichung von Informationen über Produkte, Herstellungsverfahren und allgemein über Geschäftsaktivitäten eingefordert. Aufgegriffen wurde dieser Druck zunächst durch die Unternehmen selbst, die sich in immer größer werdender Zahl darum bemühen, die nachgefragten Informationen in unterschiedlichsten Berichtsformaten bereitzustellen. Zuletzt hat jedoch auch der öffentliche Diskurs rund um die Thematik der unternehmerischen Transparenz deutlich zugenommen, wobei der Gesetzgeber die Statuierung bestimmter „Offenlegungspflichten" als wesentlichen Anknüpfungspunkt hoheitlicher Steuerung im Bereich der CSR identifiziert hat. Während das Feld der unternehmerischen CSR-Berichterstattung ursprünglich stark durch Formen privater (Selbst-) Regulierung geprägt war, sieht es sich heute vermehrt einem Prozess der formellen und materiellen hoheitlichen Determinierung ausgesetzt.[1356]

Besonders deutlich ist dieser Prozess dabei auf Ebene der EU nachzuvollziehen. Durch die Vereinheitlichung von Berichterstattungsstandards soll hier vor allem einer „Fragmentierung der rechtlichen Rahmenbedingungen"[1357] entgegengewirkt werden. Eher indirekt erfolgt dabei im Wege einer Anpassung der Vorschriften des europäischen Bilanzrechts zugleich der Versuch der Steuerung der Unternehmensverantwortung. Dabei handelt es sich weniger um eine direkte Steuerung im Wege des Diktierens präziser Verhaltenspflichten, als vielmehr um eine indirekte Steuerung durch Schaffung von Öffentlichkeit, die dem oben beschriebenen Bereich einer „Steuerung durch Betriebsorgansiation" zuzuordnen ist. Die folgenden Ausführungen geben einen Überblick über Entwicklung, Inhalt und Funktionsweise der europäischen Vorschriften zur „Offenlegung nichtfinanzieller Informationen", die den Kernbestandteil der rechtlichen Rahmenbedingungen der europäischen CSR-Politik ausmachen. Das sich aus den Ausführungen ergebende Bild über die Funktion des Rechts im Rahmen der CSR ist dabei über den engen Bereich der

1356 *Lambooy*, S. 33.

1357 *Europäische Kommission*, Vorschlag für eine Richtlinie des Europäischen Parlaments und des Rates zur Änderung der Richtlinien 78/660/EWG und 83/349/EWG des Rates im Hinblick auf die Offenlegung nichtfinanzieller und die Diversität betreffender Informationen durch bestimmte große Gesellschaften und Konzerne, KOM(2013) 207 endg. vom 16.4.2013, S. 3 f.

Offenlegungspflichten hinaus als beispielhaft für die europäischen Bemühungen um Steuerung der Unternehmensverantwortung zu verstehen.[1358]

I. Der rechtspolitische Hintergrund

Der bereits dargestellte Wandel der öffentlichen Erwartungshaltung an Inhalt und Funktion eines privatwirtschaftlichen Unternehmens hat sich zunehmend auch auf den Umgang mit Unternehmensinformationen im Rahmen der unternehmerischen Berichterstattung niedergeschlagen. Dabei haben letztlich ein verändertes Informationsbedürfnis, ein immer größer werdender Kreis der Adressaten unternehmensrelevanter Informationen und eine daraus resultierende Anpassung einzelner Vorschriften des (europäischen) Bilanzrechts zu einem „Umdenken" bei der Offenlegungspraxis der Unternehmen geführt.[1359] Als weitgehend konsentiert gilt heute, dass eine reine („traditionelle") finanzielle Berichterstattung dem immer komplexer werdenden ökonomischen Umfeld der Unternehmen nicht mehr gerecht wird.[1360] Dies ergebe sich nicht nur aus der in der ökonomischen Realität häufig zu beobachtenden Differenz zwischen Markt- und Buchwert der Unternehmen, sondern vor allem auch aus der Tatsache, dass die Darstellung rein monetärer Entwicklungen zumeist vergangenheitsbezogen und damit ungeeignet sei, Auskunft über die gegenwärtige Lage und die zukünftige Entwicklung des Unternehmens zu geben.[1361] Viele Unternehmen sehen sich daher mit der Erwartung konfrontiert, immaterielle Werte stärker in der Unternehmenspublizität zu berücksichtigen und mit der Offenlegung nicht nur auf finanzielle Informationen zu erfassen, sondern darüber hinaus umfangreiche Lage-, Governance- und Nachhaltigkeitsberichte aufzustellen.[1362] Welche Bedeutung der Umgang mit Informationen schon heute für die Unternehmen hat, lässt sich auch an der Tatsache ablesen, dass diese Informationen selbst, ebenso wie

---

1358 Soweit im Rahmen der folgenden Ausführungen von „Offenlegungs-", „Transparenz-" oder „Publizitätspflichten" die Rede ist, erfolgt dies im untechnischen Sinne, ohne dass der Wortwahl eine differenzierende Funktion zukommen soll. Siehe ausführlich zur uneinheitlichen Terminologie, *Merkt*, S. 6 ff.; *Petsch*, S. 39 f.

1359 *Jasch*, in: Schneider/Schmidpeter, Corporate Social Responsibility, S. 501 (501).

1360 *Beiersdorf*, S. 125.

1361 Siehe dazu etwa *Krzus*, IRZ 2011, S. 271 (274): „In general, the model provides a backwards-looking review of performance and does not provide enough relevant information for decision-making today. There is not enough focus on the needs of investors, analysts, and the wider community of stakeholders. In many corporate annual reports, there is little substantive disclosure about strategy, innovation, people, customer loyalty and the business risks related to climate change, water scarcity, and evolving public policy and regulatory issues." Ferner *Jasch*, in: Schneider/Schmidpeter, Corporate Social Responsibility, S. 501 (501).

1362 *Berndt* et al., BB 2014, S. 363 (363).

deren Kommunikation, zunehmend einen den Unternehmenswert beeinflussenden Faktor („Werttreiber") darstellen.[1363]

Dabei stellt die Abbildung von Fragen der CSR im Rahmen der unternehmerischen Rechnungslegung die Unternehmen selbst nicht selten vor zahlreiche „technische" Schwierigkeiten. Primäre Aufgabe des Rechnungswesens ist es etwa, leistungswirtschaftliche Vorgänge monetär abzubilden.[1364] Die Orientierung der Unternehmensführung an Aspekten der CSR (im Sinne einer „*CSR Performance*") erfolgt hingegen in aller Regel an einem „[...] nicht monetär messbaren, pluralistischen, vielschichtigen, äußerst komplexen und schwerlich abbildbaren Leistungsmaßstab", der zudem „mehrdimensional definiert" ist und in dessen Rahmen „konfligierende Leistungsziele und -ausprägungen ständig gegenseitig abzuwägen sind."[1365] Trotz dieser Schwierigkeiten, haben sich in der Berichterstattungspraxis im Wesentlichen zwei Möglichkeiten herausgebildet, wie Unternehmen ihren CSR-relevanten Informationen Publizität verschaffen können. Zu unterscheiden ist dabei zwischen der Offenlegung von Informationen im Rahmen eines eigenständigen Nachhaltigkeits- bzw. CSR- Berichts und der sog. „integrierten Berichterstattung". Während bei der integrierten Berichterstattung die monetär bewertbaren leistungswirtschaftlichen Vorgänge im Rahmen eines einzigen Berichts um CSR-Informationen ergänzt werden, die „die Wechselbeziehungen des Unternehmens mit der Gesellschaft"[1366] widerspiegeln sollen, werden derartige Informationen bei einem eigens erstellten CSR-Bericht getrennt dargestellt. Ziel beider Formen der CSR-Berichterstattung ist es, entscheidungsnützliche vergangenheits- und zukunftsorientierte Informationen über das unternehmerische Verantwortungsbewusstsein einschließlich ökologischer und sozialer Aspekte offenzulegen und diese damit den internen und externen Stakeholder-Gruppen des Unternehmens zugänglich zu machen, um so insgesamt ein „differenziertes Gesamtbild" des berichtenden Unternehmens zu zeichnen.[1367]

Gerade der Gedanke der Mobilisierung der Anspruchsgruppen des Unternehmens stellt dabei einen zentralen Aspekt der CSR-Berichterstattung dar. Publizität soll die Stakeholder-Gruppen insbesondere in die Lage versetzen, im Wege des Konsums ihren Einfluss auf die Gestaltung und Anwendung von Standards der Produktion und des Handels geltend zu machen.[1368] Dabei macht sich die Forderung nach größerer Transparenz des unternehmerischen Handelns den nach wie vor zu verzeichnenden Trend zu eigen, wonach Marktakteure sowohl auf den Kapital- (SRI) als auch auf den Produktmärkten (nachhaltiger Konsum) verstärkt ihr Anlage- und Konsumverhalten an CSR-relevanten Informationen (etwa an der Einhaltung

1363 Vgl. *Beiersdorf*, S. 117.
1364 *Günther*, in: Schneider/Schmidpeter, Corporate Social Responsibility, S. 357 (360).
1365 *Haller/Ernstberger*, BB 2006, S. 2516 (2516).
1366 *Günther*, in: Schneider/Schmidpeter, Corporate Social Responsibility, S. 357 (367).
1367 Siehe die Intentionsbeschreibung des Nachhaltigkeitsberichts bei *Müller/Stawinoga*, IRZ 2013, S. 117 (118).
1368 *Kocher* et al., Verantwortung braucht Transparenz, S. 12.

bestimmter sozialer oder ökologischer Mindeststandards) orientieren.[1369] Dieses Anlage- und Konsumverhalten soll dabei einerseits die Funktion einer „Sanktion" für „unverantwortlich" handelnde Unternehmen erfüllen und andererseits den Unternehmen als Anreiz dienen, hohe Standards anzusetzen und über deren Umsetzung zu berichten. So gesehen, ist der wichtigste externe Effekt der Berichterstattung in der Schaffung von Vertrauen zwischen Unternehmen und Stakeholdern zu sehen.[1370] Unternehmensintern soll die erhöhte Transparenz den Unternehmen zugleich dabei helfen, nichtfinanzielle Risiken und Chancen besser zu erkennen und zu managen, um dadurch ihre Ergebnisse zu optimieren.[1371]

Um diese Ziele und positiven Folgewirkungen in der Praxis tatsächlich zu aktivieren, ist ein in quantitativer und qualitativer Hinsicht vergleichbares Berichterstattungsniveau erforderlich. Gerade an dieser Vergleichbarkeit und Effektivität mangelt es jedoch einzelnen Berichterstattungsformen in der Praxis, die oftmals subjektiv gestaltet sind und einheitliche Leistungsparameter vermissen lassen.[1372] Die Folge der uneinheitlichen Berichtspraxis sind Informationsasymmetrien und -defizite, die den Marktakteuren ihre Entscheidungsfindung im Einzelfall erschweren. Gerade vor dem Hintergrund der Erkenntnis, dass Informationen in der Regel nicht freiwillig offenbart werden, hat sich der Weg, der hoheitlichen Determinierung von Inhalt und Umfang unternehmerischer Offenlegungspflichten, in den vergangenen Jahren zu einem zentralen Instrument der öffentlichen CSR-Politik entwickelt.[1373] Dabei lässt sich ein Wandel in der Funktionsweise dieser auf Transparenz zielenden öffentlichen CSR-Politik verzeichnen: Waren frühere regulatorische Vorgaben im Bereich der Offenlegung nichtfinanzieller Informationen oftmals noch „skandal- und krisengetrieben"[1374] und auf den Einzelfall beschränkt, stellt der heutige Politik- und Regulierungsansatz Publizität und Transparenz bewusst in einen umfassenderen Kontext der Unternehmensverantwortung. Dies lässt sich insbesondere auf europäischer Ebene ablesen, wo die Bemühungen um Schaffung einer rechtlichen Offenlegungspflicht im Hinblick auf nichtfinanzielle Informationen im Rahmen des europäischen Bilanzrechts ein wesentliches Element der CSR-Politik bilden.[1375]

1369 *Keltsch*, S. 49 f.

1370 *Gietl* et al., ZfU 2013, S. 62 (62).

1371 KOM(2013) 207 endg., S. 2

1372 Was nicht selten zum Vorwurf führt, Unternehmen würden ihre Berichte als reine PR-Instrumente missbrauchen, siehe *Haller/Ernstberger*, BB 2006, S. 2516 (2517).

1373 *Kocher/Wenckebach*, KJ 2013, S. 18 (24); *Keltsch*, S. 40.

1374 Siehe unter Bezugnahme auf die Finanzmarktkrise und prominente Korruptionsfälle *Berndt* et al., BB 2014, S. 363 (363).

1375 Ohnehin ist auch das europäische Verbraucherrecht insoweit durch ein „Informationsdogma" geprägt, als dessen Kernanliegen der Abbau von Informationsdefiziten im Verhältnis zwischen Unternehmen und Verbrauchern ist, siehe *Kocher* et al., Verantwortung braucht Transparenz, S. 12.

II. Rechnungslegung und die Offenlegung nichtfinanzieller Informationen

Das regulatorische Instrument der Statuierung bilanzrechtlicher Offenlegungspflichten im Hinblick auf ausgewählte nichtfinanzielle Informationen zielt auf eine indirekte Steuerung der unternehmerischen CSR-Praxis. Dabei werden die Rechnungslegungspflichten dahingehend erweitert, dass Unternehmen ihre ohnehin zu erteilenden Auskünfte bezüglich Lage und Entwicklung der Gesellschaft auf Themen mit CSR-Relevanz zu erweitern haben. Um Formen und Darstellungsmöglichkeiten dieser „nichtfinanziellen Informationen" allgemein und im Kontext der europäischen Regulierungsinitiative einordnen zu können, ist es zunächst notwendig, sich die Zielsetzung hoheitlich festgesetzter Rechnungslegungsvorschriften zu verdeutlichen.

1. Sinn und Zweck der Rechnungslegung

Nach überwiegender Auffassung erfüllen Vorschriften, die Unternehmen zur bilanzrechtlichen Rechnungslegung verpflichten, im Wesentlichen drei Funktionen: Eine Dokumentations-, eine Ausschüttungsbemessungs- und eine Informationsfunktion.[1376] Dabei lässt sich ein Wandel in der Funktionsbeschreibung feststellen, der vor allem auf die Entwicklung des Kapitalmarktrechts, aber auch auf die sich wandelnden Strukturen der Unternehmen und auf die damit verbundenen gesellschaftlichen Erwartungen zurückzuführen ist. So zielten Rechnungslegungsvorschriften ursprünglich vor allem auf die Dokumentation der Geschäftsverhältnisse und die Selbstinformation der Unternehmensführung, die zu einem „seriösen Geschäftsgebaren" angehalten werden sollte.[1377] Erst später wurde das Bilanzrecht vermehrt auch als Informationsinstrument verstanden, mit dem die in wirtschaftlicher Hinsicht mit dem Unternehmen verbundenen Gruppen (vor allem die Kapitalgeber und Gläubiger) grundsätzlich über den Stand und die Entwicklung der Gesellschaft in Kenntnis gesetzt werden sollten. Die mit der Offenlegung nichtfinanzieller Informationen und der CSR-Berichterstattung verbundene Idee, über die Eigentümer des Unternehmens hinaus auch einem weiteren Kreis von Stakeholdern (Arbeitnehmer, Gewerkschaften, NGOs, lokale Gemeinschaften) und der Allgemeinheit Zugang zu unternehmensrelevanten Informationen zu verschaffen, stellt hingegen erst eine neuere Entwicklung dar, die dem Bilanzrecht noch bis vor Kurzem fremd war.

a. Dokumentation

Grundlage der Rechnungslegung stellt die Dokumentation des Unternehmensgeschehens dar. Dokumentation meint dabei den der eigentlichen Informationsvermittlung vorausgehenden Prozess der Informationserfassung im Sinne eines

1376 *Palmes*, S. 80.
1377 *Petsch*, S. 49 f.

vollständigen, richtigen und systematischen Aufschreibens aller Geschäftsvorgänge des Unternehmens, um im Rahmen des Jahresabschlusses umfassend Auskunft über die wirtschaftliche Lage geben zu können.[1378] Konkret erfasst werden dabei alle im Geschäftsjahr entstandenen und verbrauchten Werte, also die Güterbewegungen, Zahlungsvorgänge und der Wertbestand des Unternehmens.[1379] Normativ durchgesetzt wird die Dokumentationsfunktion im Wege der Schaffung einer allgemeinen gesetzlichen Buchführungspflicht, wie sie beispielsweise in Deutschland in § 238 HGB niedergelegt ist. Danach muss die Buchführung inhaltlich jeweils so beschaffen sein, dass sie einem „sachverständigen Dritten innerhalb angemessener Zeit" einen Überblick über Lage und Entwicklung des Unternehmens vermitteln kann. Ziel der Dokumentation ist es damit zugleich das unternehmerische Handeln zu beurkunden: Durch die umfassende Aufzeichnung der Geschäftsvorgänge sollen Urkundenbeweise erstellt und gesammelt werden, mit denen auch rückwirkend Vorgänge und Ereignisse rekonstruiert werden können.[1380]

b. Ausschüttungsbemessung

Eine weitere gesetzliche Funktion der Rechnungslegung besteht in der „Zahlungs-" bzw. „Ausschüttungsbemessung". Dabei soll der Jahresgewinn als Basis einer vorsichtig bemessenen Ausschüttung ermittelt werden, wobei die Möglichkeit der Gewinnentnahme zum Teil durch gesellschaftsspezifische Restriktionen beschränkt wird.[1381] Verstehen lässt sich die Ausschüttungsbemessungsfunktion damit als Ausdruck des vom Gesetzgeber verfolgten Prinzips der nominellen Kapitalerhaltung, das auf einen gerechten Ausgleich zwischen dem „Verdienst- und Sicherungsziel" der unternehmerischen Tätigkeit ausgerichtet ist.[1382] Dadurch, dass die Bestimmung des entziehbaren Betrages zunächst die Festlegung des Jahresgewinns erfordert, bildet die Ausschüttungsbemessungsfunktion zugleich Grundlage der jährlichen Unternehmensbesteuerung.[1383]

c. Information

Die aus Sicht der unternehmerischen Praxis wichtigste Funktion der Rechnungslegung stellt jedoch die Informationsfunktion dar, in deren Kontext auch die für die hoheitliche CSR-Politik relevante Schaffung gesetzlicher Offenlegungspflichten im

---

1378 *Baetge/Kirsch/Thiele*, Bilanzen, S. 94 f.; *Walter*, S. 198.

1379 *Palmes*, S. 80.

1380 Dies bedingt zugleich, dass der Informationsumfang für die Dokumentationsfunktion äußerst weit ist, „da ja im Grundsatz für alle nur denkbaren Streitfälle Urkundenbelege zusammengetragen werden sollen", vgl. *Bitz/Schneeloch/Wittstock*, S. 41.

1381 *Hüttche*, S. 27.

1382 *Walter*, S. 199.

1383 *Palmes*, S. 82.

Hinblick auf nichtfinanzielle Informationen anzusiedeln ist. Mit Blick auf den Adressaten- und Wirkungskreis der im Rahmen der Rechnungslegung veröffentlichen Unternehmensinformationen sind die Funktionen der Selbst- und der Fremdinformation zu unterscheiden.

aa. Selbstinformation

Zunächst dient die unternehmerische Rechnungslegung als Instrument der Selbstinformation der Unternehmen. Dies gilt vor allem für solche Unternehmen, die sich nicht als Kapitalgesellschaft konstituiert haben und folgerichtig keinem externen Anlegerkreis Rechenschaft schulden. Hier wird das Unternehmen im Wege der Rechnungslegung gezwungen, sich in regelmäßigen Abständen einen Überblick über seine finanziellen Verhältnisse zu verschaffen („Rechenschaft gegenüber sich selbst").[1384] Aber auch bei Kapitalgesellschaften, bei denen die Rechnungslegung zugleich als Mittel der Information der Kapitalgeber fungiert, dient der Abschluss der Unternehmensleitung zugleich als Instrument der internen Steuerung, Planung und Kontrolle.[1385] Vorausgesetzt wird dabei, dass das jeweilige Unternehmen, um die finanzielle Lage und Entwicklung planmäßig und systematisch abbilden zu können, zunächst die dafür notwendigen Informationen über seine Geschäftstätigkeit und sein Umfeld sammelt und unternehmensintern auswertet.[1386] Dabei – so die Annahme – kann das Unternehmen vergangene Investitionsentscheidungen überprüfen, künftige optimieren und so einen kontinuierlichen Prozess der innerbetrieblichen Veränderung einleiten.[1387] Finanziellen wie nichtfinanziellen Gefahren für das Unternehmen soll auf diesem Wege präventiv begegnet werden.

bb. Fremdinformation

Über die Selbstinformation der Unternehmen hinaus dient die Rechnungslegung auch als Instrument der Information zahlreicher anderer mit dem Unternehmen verbundener Anspruchsgruppen. Unbestritten gilt dies für die gegenwärtigen und potentiellen Aktionäre sowie für die Gläubiger des Unternehmens. Ob es sich bei der Rechnungslegung darüber hinaus auch um ein Instrument der Information weiterer Stakeholder-Gruppen oder sogar der Allgemeinheit handelt, ist hingegen umstritten.

(1) Aktionäre und Gläubiger

Zu den externen Rechnungslegungsadressaten der Unternehmen zählen zu allererst deren Aktionäre und Gläubiger. Diese sollen in die Lage versetzt werden, die

1384 *Baetge/Kirsch/Thiele*, Bilanzen, S. 95.
1385 *Scherrer*, S. 16.
1386 *Palmes*, S. 80 f.
1387 *Jasch*, in: Schneider/Schmidpeter, Corporate Social Responsibility, S. 501 (501); *Baetge/Kirsch/Thiele*, Bilanzen, S. 95.

wirtschaftliche Lage des Unternehmens einzuschätzen und dessen weitere Entwicklung zu prognostizieren, um insbesondere rechtzeitig zu erkennen, ob infolge einer Verschlechterung der wirtschaftlichen Lage der Fortbestand des Unternehmens gefährdet ist.[1388] Im Übrigen benötigen gegenwärtige und potentielle Anleger diese Informationen, um über den Ankauf, den Verkauf oder das Halten von Unternehmensanteilen entscheiden zu können, während Gläubiger in aller Regel aufgrund der ihnen durch die Unternehmen zur Verfügung gestellten Informationen über die Vergabe, Verlängerung oder Rückzahlung von Krediten befinden.[1389] Indem Aktionäre und Gläubiger diese Informationen in periodischen Abständen von den Unternehmen als Bestandteil der Rechnungslegung bereit gestellt bekommen, werden letztlich auch der Funktionsschutz des Marktes und der Individualschutz der Marktteilnehmer sichergestellt.[1390] Dies ergibt sich im Übrigen auch aus den wesentlichen inhaltlichen Koordinaten, die durch die Rechnungslegung abzudecken sind. So muss etwa der Jahresabschluss nach § 264 Abs. 2 HGB ein den tatsächlichen Verhältnissen entsprechendes Bild der „Vermögens-, Finanz- und Ertragslange" des Unternehmens vermitteln.[1391] Davon umfasst sind sämtliche finanzielle Unternehmenskennzahlen, die für die von den Aktionären und Gläubigern zu treffenden Entscheidungen von Bedeutung sind.

(2) Stakeholder

Fraglich ist jedoch, ob die Informationsfunktion der Rechnungslegung zugleich der Aufklärung eines größeren Stakeholder-Kreises der Unternehmen, bestehend etwa aus Kunden, Arbeitnehmern, Gewerkschaften, Lieferanten, Behörden, NGOs und lokalen Gemeinschaften, dienen soll. Gerade die im Kontext der CSR erhobene Forderung an die Unternehmen nach Offenlegung bestimmter nichtfinanzieller Informationen zielt auf einen Adressatenkreis, der zum Teil weit über denjenigen der Aktionäre und Gläubiger der Unternehmen hinausreicht. So sollen etwa Verbraucher über den Zugang zu Informationen in ihrer Souveränität gestärkt werden („mündiger Verbraucher"), indem durch die Festschreibung von Offenlegungspflichten „[...] Gegengewichte zur überlegenen Marktmacht unternehmerischer Marktteilnehmer geschaffen werden."[1392] Gestärkt werden soll ein derartiges Gegengewicht noch durch verschiedenste Interessensorganisationen der „internationalen

1388 Siehe *Scherrer,* S. 13. Von den „wichtigsten Bilanzadressaten" spricht auch *Buchholz,* S. 21.

1389 *Buchholz,* S. 21 f.

1390 *Merkt,* in: Baumbach/Hopt, HGB, § 325, Rn. 1. Dort auch die Ergänzung: „Offenlegung bzw. Publizität bildet damit das Korrelat der Marktteilnahme."

1391 Die Vermögenslage meint dabei die Struktur des Nettovermögens und die Bewertung der Vermögenswerte und Schulden, die Finanzlage enthält eine Gegenüberstellung von fristigkeitsbezogenem Vermögen und Kapital und die Ertragslage umfasst die Ergebnisquellen des Unternehmens, siehe *Scherrer,* S. 13.

1392 *Kocher* et al., Verantwortung braucht Transparenz, S. 12 m.w.N.

Zivilgesellschaft", deren Kampagnen zumeist auf entsprechenden Unternehmensinformationen aufbauen. Über derartige rechtspolitische Überlegungen hinaus werden fundierte Informationen jedoch verstärkt auch aktiv von den unternehmensexternen Anspruchsgruppen selbst nachgefragt. So sind etwa Arbeitnehmer an der Bestandsfestigkeit ihres Unternehmens und dessen künftiger Beschäftigungs- und Lohnpolitik interessiert, während für die allgemeine Öffentlichkeit Informationen über den zu erwartenden Beitrag zur Wirtschaftskraft einer Stadt, einer Region oder eines ganzen Staates von Belang sind.[1393] Und schließlich gewähren auch die Unternehmen selbst in immer größer werdendem Umfang ihren Stakeholdern Zugang zu unternehmensrelevanten Informationen, um sich auf diese Weise die gesellschaftliche Akzeptanz für ihr wirtschaftliches Handeln zu sichern („*license to operate*") und um ihr Image bzw. ihre Reputation zu pflegen oder überhaupt erst aufzubauen.[1394]

Vor diesem Hintergrund geht die überwiegende Auffassung in der Literatur heute davon aus, dass auch ein Interesse der allgemeinen Öffentlichkeit (und damit der Stakeholder im weiteren Sinne) an der Rechnungslegung zumindest von solchen (Groß-)Unternehmen besteht, denen eine gesteigerte volkswirtschaftliche Bedeutung zukommt.[1395] Derartige Überlegungen sind zudem keine Novität. Bereits das deutsche Publizitätsgesetz[1396] aus dem Jahr 1969 war von dem Bestreben gekennzeichnet, Großunternehmen unabhängig von ihrer Rechtsform „dem kritischen Blick der Öffentlichkeit auszusetzen"[1397]. Als am Unternehmen Beteiligte, denen ein berechtigtes Interesse zukomme, sich über den Stand und die Entwicklung des Unternehmens zu unterrichten, erwähnte die Regierungsbegründung dabei die gegenwärtigen und künftigen Lieferanten und Abnehmer, Arbeitnehmer, Geldgeber und alle Stellen, die wirtschafts- und sozialpolitische Entscheidungen mit Auswirkungen auf das Unternehmen treffen.[1398] Letztlich ist es daher überzeugend, zu den schutzwürdigen Adressaten der Informationsfunktion der Rechnungslegung auch den Kreis der mit dem Unternehmen verbundenen Stakeholder zu zählen, zumal

---

1393 *Baetge/Thiele* in FS für Beisse, S. 11 (15).

1394 *Jasch*, in: Schneider/Schmidpeter, Corporate Social Responsibility, S. 501 (501). Dazu auch *Krzus*, IRZ 2011, S. 271 (272): „Transparency in reporting is an important vehicle for rebuilding public trust. Reporting provides insights into how a company views itself and its role in society. It communicates a company's performance, both good and bad. It creates commitments to improve future performance and establishes accountability for meeting objectives."

1395 *Baetge/Thiele* in FS für Beisse, S. 11 (13). Kritisch jedoch *Bitz/Schneeloch/Wittstock*, S. 46, nach denen es fraglich ist, „[...] inwieweit es rechtspolitisch geboten erscheint, die Erfüllung der Informationsbedürfnisse einer insoweit nicht näher spezifizierten Öffentlichkeit durch entsprechende Publizitätsvorschriften zu erzwingen."

1396 Gesetz über die Rechnungslegung von bestimmten Unternehmen und Konzernen vom 15.8.1969.

1397 *Palmes*, S. 213.

1398 BT-Drs. V/3197, S. 13 (14), zitiert nach *Palmes*, S. 213.

ein derartiges Verständnis auch den internationalen Rechnungslegungsstandards zugrunde liegt.[1399]

Dabei darf jedoch nicht das einer so verstandenen Informationsfunktion zugrundliegende übergreifende (und gerade für die Forderung nach der Offenlegung nichtfinanzieller Informationen im Kontext der CSR relevante) rechtspolitische Anliegen aus den Augen verloren werden: Demnach geht es bei der Rechnungslegung primär nicht um die Befriedigung eines spezifischen Informationsbedürfnisses der Allgemeinheit, sondern vielmehr um eine Disziplinierung der Verantwortlichen der Unternehmen, die durch allgemein zugängliche Informationen einem verschärften öffentlichen Druck und einer öffentlichen Kontrolle ausgesetzt werden sollen.[1400]

2. Formen der Offenlegung

Im Hinblick auf die Publizität der Berichterstattung der Unternehmen gilt es im Wesentlichen zwei Formen der Offenlegung zu unterscheiden: Die freiwillige Offenlegung und die Offenlegung aufgrund einer gesetzlichen Rechtspflicht.

a. Gesetzlich angeordnete Offenlegung

Gesetzlich angeordnete Offenlegungspflichten für Unternehmen sind äußerst vielgestaltig. Mit Blick auf die Rechnungslegungspublizität lässt sich nach dem Anknüpfungspunkt der Offenlegung zwischen kapitalmarktrechtlicher und gesellschaftsrechtlicher Offenlegung differenzieren[1401]: Während kapitalmarktrechtliche Offenlegungspflichten[1402] auf die Kapitalmarktinanspruchnahme abstellen und folgerichtig nur jene Unternehmen binden, deren Anteile am Kapitalmarkt gehandelt werden, knüpfen gesellschaftsrechtliche Offenlegungspflichten[1403] an die Organisationsform des Unternehmens an und entfalten ihre Wirkung etwa nur bei haftungsbeschränkten Gesellschaftsformen. Gemein ist den gesetzlich angeordneten Offenlegungspflichten neben ihrer normativen Bindungswirkung auch ihre thematische Zielgerichtetheit, die jeweils durch eine präzise Beschreibung der inhaltlichen Publizitätsanforderungen durch den Gesetzgeber erreicht wird. Gerichtet

---

1399 *Baetge/Thiele* in FS für Beisse, S. 11 (14).

1400 *Palmes*, S. 214, die insofern zutreffend von „Rückkopplungseffekten" spricht.

1401 So die Unterscheidung bei *Walter*, S. 200.

1402 Zu den kapitalmarktrechtlichen Offenlegungspflichten zählen in Deutschland die Bilanz-, Gewinn- und Verlustrechnung, die Eigenkapitalveränderungsrechnung, die Kapitalflussrechnung, der Jahresfinanzbericht und der Halbjahresfinanzbericht.

1403 (Ggf. größenabhängige) Gesellschaftsrechtliche Offenlegungspflichten umfassen etwa die Publizität des Jahresabschlusses, des Lageberichts, des Berichts des Aufsichtsrats und des Vorschlags über die Verwendung des Ergebnisses ggf. unter Benennung des Überschusses bzw. Fehlbetrags.

sind gesetzliche Offenlegungspflichten an eine grundsätzlich unbestimmte Zahl von Adressaten.

b. *Freiwillige Offenlegung*

Freiwillige Offenlegungsformen sind hingegen gesetzlich nicht determiniert. Dazu zählen auch im Wege der vertraglichen Vereinbarung oder der Selbstregulierung begründete Publizitätspflichten.[1404] Gerade auch mit Blick auf die unternehmerische Berichterstattung im Bereich der CSR lässt sich von einer großen Bedeutung der freiwilligen Publizität in der Unternehmenspraxis sprechen. Der Grund für den hohen Stellenwert der freiwilligen Offenlegung von Informationen ist im wachsenden Wettbewerbsdruck zwischen den Unternehmen zu erkennen: Berichterstattung wird dabei weniger als Last, sondern als Möglichkeit der Selbstdarstellung oder gar als Grundlage einer kunden- oder nachhaltigkeitsbezogenen Geschäftsstrategie begriffen.[1405] Unterscheiden lassen sich verschiedene Anknüpfungspunkte der Freiwilligkeit bei der Offenlegung: So kann es im Rahmen gesetzlicher Offenlegungspflichten zur Publikation von „Zusatzangaben" kommen, es können gänzlich eigenständige, gesetzlich nicht vorgesehene Informationen offengelegt werden, oder es kann zusätzlich zu der gesetzlich vorgesehenen Offenlegungsform noch zu einer Offenlegung in einer anderen Form kommen.[1406] Die große Verbreitung von Formen der freiwilligen Offenlegung und Berichterstattung in der unternehmerischen Praxis kann insgesamt als Beleg dafür gesehen werden, dass auch derartige Formen der Publizität grundsätzlich dazu geeignet sind, gesetzliche Offenlegungspflichten funktional zu ergänzen (bzw. deren Fehlen teilweise zu kompensieren) und zu einem Abbau von Informationsasymmetrien beizutragen.[1407] Dabei darf jedoch nicht übersehen werden, dass eine zusätzliche (freiwillige) Offenlegung zumindest potenziell dazu geeignet ist, zu einer Über- und Desinformation zu führen, die Vergleichbarkeit der einzelnen Berichte zu erschweren und die Offenlegung damit grundsätzlich zu entwerten.[1408] All diese Probleme werden im Regelfall der gesetzlich angeordneten Offenlegung umgangen.

3. Nichtfinanzielle Informationen

Zentral für den betriebsorganisatorischen Steuerungsansatz, unternehmerische CSR im Wege der Rechnungslegung zu fördern, ist der Begriff der „nichtfinanziellen Informationen" (auch als „nichtfinanzielle Leistungsindikatoren" bezeichnet). Dabei sollen zahlenbasierte finanzielle Offenlegungspflichten der Unternehmen um Angaben ergänzt werden, die eine tiefergehende Analyse der wirtschaftlichen Lage des

1404 *Walter*, S. 200.
1405 *Merkt*, S. 423.
1406 *Merkt*, S. 423 f.
1407 *Walter*, S. 206 f.
1408 *Merkt*, S. 424.

Unternehmens ermöglichen.[1409] Im Wege der (verpflichtenden) Publizität soll indirekt der Druck auf die Unternehmen erhöht werden, CSR-relevante ökologische und soziale Belange verstärkt in die Geschäftstätigkeit zu integrieren. Der Begriff der nichtfinanziellen Information ist selbst nicht definiert. In Abgrenzung zu den sonstigen Leistungsindikatoren der Rechnungslegung werden darunter jedoch alle nicht oder nur schwer quantifizierbaren Belange, Umstände und Faktoren nichtfinanzieller Art zusammengefasst, die potentiell für den Geschäftsverlauf und die Lage des Unternehmens von Bedeutung sein und die voraussichtliche Unternehmensentwicklung wesentlich beeinflussen können.[1410] Neben historischen Informationen umfassen nichtfinanzielle Leistungsindikatoren auch Zukunftseinschätzungen wie geplante Investitionen oder Zukunftsstrategien.[1411]

Exemplarisch wird zur Konkretisierung des Begriffs der nichtfinanziellen Information zumeist auf Arbeitnehmer- und Umweltbelange abgestellt. So umfassen „klassische" nichtfinanzielle Leistungsindikatoren etwa Angaben über betriebliche Sozialleistungen, über Entlohnungssysteme und Gehaltsstrukturen, über Aus- und Weiterbildung sowie über Arbeits- und Gesundheitsschutz im Unternehmen.[1412] Hinzu kommen Erklärungen zum Schutz der Menschenrechte sowie zur Produktverantwortung. Umweltbelange werden etwa offengelegt mittels Angaben über unternehmensbezogene Umweltschutzprogramme oder Umweltstrategien, über Emissionen oder über den Energie-, Material- und Wasserverbrauch.[1413] Aber auch sämtliche anderen Informationen, wie die Unternehmen ihrer gesellschaftlichen Verantwortung in der Praxis nachkommen, stellen im Rahmen der Publizität zu berücksichtigende Indikatoren dar. Dazu zählen auch „immaterielle Werte" wie Angaben zu Kundenstamm und Kundenzufriedenheit, zu Lieferantenbeziehungen und zum sozialen, kulturellen und karitativen Engagement des Unternehmens.[1414] Soweit der Gesetzgeber im Rahmen einer gesetzlich angeordneten Offenlegungspflicht auf eine nähere inhaltliche Bestimmung des unbestimmten Rechtsbegriffs der „nichtfinanziellen Informationen" verzichtet, verbleibt den Unternehmen somit ein großer Ermessensspielraum bei der Konkretisierung des Begriffs im Rahmen ihrer Berichterstattung.

1409 *Schmiel/Jansen*, in: Heidel/Schall, Handelsgesetzbuch, § 289, Rn. 50; *Grottel*, in: Beck Bil-Komm., § 289, Rn. 100.

1410 *Grottel*, in: Beck Bil-Komm., § 289, Rn. 100; *Palmes*, S. 50 f.; *Keltsch*, S. 58 f.

1411 *Scharlau*, S. 201.

1412 *Merkt*, in: Baumbach/Hopt, HGB, § 289, Rn. 3; *Keltsch*, S. 59.

1413 *Palmes*, S. 50. Dazu auch: *Europäische Kommission*, Empfehlung der Kommission zur Berücksichtigung von Umweltaspekten in Jahresabschluss und Lagebericht von Unternehmen: Ausweis, Bewertung und Offenlegung, ABl. EG Nr. L 156 vom 13.6.2001, S. 33.

1414 *Grottel*, in: Beck Bil-Komm., § 289, Rn. 105 f.

4. Darstellung nichtfinanzieller Informationen

Die Darstellung der so verstandenen nichtfinanziellen (CSR-) Informationen im Rahmen der Rechnungslegung kann auf unterschiedliche Art und Weise erfolgen. Denkbar ist zunächst die Veröffentlichung eines eigenständigen CSR- bzw. Nachhaltigkeitsberichts durch das Unternehmen, in dem umfassend über die betriebliche CSR-Politik Auskunft gegeben wird und damit zugleich die relevanten nichtfinanziellen Informationen offengelegt werden. Als weniger umfangreich gestaltet sich für gewöhnlich die Bezugnahme auf ausgewählte nichtfinanzielle Leistungsindikatoren im Rahmen der Lageberichterstattung. Darüber deutlich hinaus geht die sog. „integrierte Berichterstattung", bei der gezielt eine Interdependenz zwischen finanziellen und nichtfinanziellen Leistungsindikatoren innerhalb eines abgeschlossenen Berichts hergestellt wird, um dadurch den Informationsnutzen sowohl für Investoren als auch für alle anderen Stakeholder des Unternehmens zu erhöhen.[1415] Unabhängig von der konkreten Form der Darstellung lässt sich seit mehreren Jahren ein globaler Trend verzeichnen, nach dem die Offenlegung nichtfinanzieller Informationen im Wege der hoheitlichen Gesetzgebung induziert wird. Zu den Staaten, die einzelne oder alle Unternehmen durch normative Vorgaben zur Veröffentlichung entsprechender CSR-Informationen im Rahmen eigenständiger Berichtsformate oder des Jahresabschlusses verpflichten, zählen Argentinien, China, Dänemark, Frankreich, Indien, Indonesien, Malaysia, Südafrika, Schweden und die Vereinigten Staaten.[1416] Schon diese (nicht abschließende) Liste gänzlich unterschiedlicher Staaten kann als Beleg für die hohe praktische Relevanz der Thematik der CSR-Berichterstattung und ihrer globalen Dimension interpretiert werden.

a. Nachhaltigkeits- / CSR-Berichterstattung

Bei den eigens durch die Unternehmen verfassten und veröffentlichten CSR-Berichten (die häufig auch als „Nachhaltigkeitsberichte" bezeichnet werden) handelt es sich um eigene Instrumente der Rechnungslegung, die der „Konkretisierung des unternehmerischen Verantwortungsbewusstseins gegenüber der Öffentlichkeit"[1417] dienen. Dabei bezieht sich der spezifische durch die Berichte offengelegte Informationsgehalt zumeist auf die ökonomischen, ökologischen und sozialen Aspekte des betrieblichen Handelns und deren gegenseitige Wechselwirkungen. Weitere verallgemeinerungsfähige, über die grundsätzliche Orientierung an den drei „Dimensionen" der CSR (bzw. drei „Säulen" der Nachhaltigkeit) hinausgehende inhaltliche Kriterien weisen die Berichte jedoch nicht auf. Kennzeichnend für die Berichte in der unternehmerischen Praxis ist daher ihre große thematische Vielfalt.[1418] Im Gegensatz zu den Rechnungslegungsinstrumenten der Finanzberichterstattung

---

1415 *Schmalenbach-Gesellschaft*, BB 2013, S. 875 (875).

1416 Siehe etwa die Übersicht aus dem Jahr 2011 bei *Krzus*, IRZ 2011, S. 271 (273).

1417 *Müller/Stawinoga*, IRZ 2013, S. 117 (118).

1418 Kritisch dazu *Moutchnik*, in: Fifka, CSR und Reporting, S. 77 (86).

umfasst die Publizität über nichtfinanzielle Leistungsindikatoren jedoch sowohl vergangenheits- als auch zukunftsorientierte Angaben, die in ihrer Gesamtheit darauf angelegt sind, ein „differenziertes Gesamtbild der berichtenden Gesellschaft" zu zeichnen.[1419] Ein solches „glaubwürdiges", „anschauliches" und „umfassendes" Bild des Unternehmens und dessen wahrgenommener Verantwortung soll den Stakeholdern durch die in den CSR-Berichten zusammengefassten Informationen vermittelt werden. Voraus geht der Offenlegung der Informationen dabei nicht selten eine explizite Analyse der Anliegen und Themen der verschiedenen Stakeholder-Gruppen.[1420] Ziel der Berichte ist es damit jedenfalls auch, neben einer soliden Informations- auch eine gesicherte Vertrauensgrundlage zur Unternehmensumwelt zu schaffen und zu erhalten.

b. Lageberichterstattung

Neben der Veröffentlichung in einem „abgeschlossenen" CSR-Bericht der Unternehmen kann auf nichtfinanzielle Informationen auch im Rahmen der handelsrechtlichen Rechnungslegungsvorschriften Bezug genommen werden. Von den der unternehmerischen Publizitätspflicht unterliegenden Rechnungslegungsinstrumenten erweist sich dabei insbesondere der durch das europäische Bilanzrecht geprägte[1421] Lagebericht als dasjenige Instrument, das derartige Informationen am besten abzubilden vermag. Beim Lagebericht handelt es sich um ein rechtlich wie funktional eigenständiges Berichterstattungsinstrument der jährlichen Pflichtpublizität. Inhaltlich umfasst der Lagebericht eine Darstellung des Geschäftsverlaufs und der Lage der Gesellschaft im Bilanzzeitraum einschließlich einer Analyse des Geschäftsergebnisses (vgl. § 289 Abs. 1 S. 1, 2 HGB). Während die Darstellung des Geschäftsverlaufs dabei rückblickend auf den Gang der Geschäfte im Berichtszeitraum Bezug nimmt, geht es bei der Darstellung der Lage der Gesellschaft um eine Beurteilung der gegenwärtigen Situation der Gesellschaft sowie um eine Prognose ihrer zukünftigen Entwicklung. Ziel des Berichts ist es insgesamt, den Berichtsadressaten mit einem schutzwürdigen Informationsinteresse diejenigen geschäftserheblichen Informationen zu vermitteln, die zwar nicht im Jahresabschluss oder den dazu gehörenden Erläuterungen enthalten sind, deren Einbeziehung jedoch notwendig ist, um „ein den tatsächlichen Verhältnissen entsprechendes wirtschaftliches Gesamtbild von der Lage der Gesellschaft"[1422] zu erhalten. Dafür muss im Rahmen der Berichterstattung des Lageberichts insbesondere vorausschauend die wahrscheinliche zukünftige Entwicklung der Gesellschaft dargestellt werden, einschließlich

1419 *Müller/Stawinoga*, IRZ 2013, S. 117 (118).

1420 *Jasch*, in: Schneider/Schmidpeter, Corporate Social Responsibility, S. 501 (503).

1421 Siehe zur Entwicklung des Lageberichts als Rechnungslegungsinstruments vor dem Hintergrund des europäischen Bilanzrechts, *Palmes*, S. 29 ff.

1422 *Scharlau*, S. 129.

einer Bewertung der damit möglicherweise in Verbindung stehenden wesentlichen Chancen und Risiken.[1423]

Neben der Informationsfunktion erfüllt der Lagebericht zugleich eine Rechenschaftsfunktion, wobei der Vorstand bzw. die Geschäftsführung darzulegen hat, wie sich das Unternehmen auf dem Gesamtmarkt positioniert und welche Strategie gegenüber dem unmittelbaren wirtschaftlichen Umfeld verfolgt wird. Gerade die Tatsache, dass der Lagebericht dabei weniger auf finanziellen Kennzahlen als vielmehr auf einer inhaltlichen und strategischen Einschätzung der Unternehmensleitung aufbaut, macht ihn attraktiv für eine Bezugnahme auf die nichtfinanziellen und CSR-relevanten Leistungsindikatoren des Unternehmens. Dies gilt auch vor dem Hintergrund, dass sich der Lagebericht im Vergleich zu den anderen Instrumenten der Pflichtpublizität durch eine erhöhte „Lesbarkeit" auszeichnet, was insbesondere den unternehmensexternen Stakeholdern des Unternehmens zugutekommt.

c. Integrierte Berichterstattung

Eine über die Lageberichterstattung hinausgehende Möglichkeit der Berücksichtigung nichtfinanzieller Informationen im Rahmen der formalisierten Rechnungslegung stellt das ganzheitliche Konzept der sog. „integrierten Berichterstattung" („*Integrated Reporting*") dar. Dabei sollen nichtfinanzielle Leistungsindikatoren dergestalt mit „klassischen" finanziellen Berichtselementen verbunden werden, dass im Rahmen eines einzelnen Berichts unter Berücksichtigung der Belange der Berichtsadressaten (Stakeholder) ein umfassendes Bild über das Unternehmen, sein Geschäftsmodell und seine Strategie entsteht. Mit diesem Ansatz geht das Konzept insgesamt deutlich sowohl über die separate CSR-Berichterstattung als auch über die Nennung einzelner nichtfinanzieller Kennziffern im Rahmen der Lageberichterstattung hinaus. Im Gegensatz zu einer bloßen additiven Aufzählung und Darstellung der jeweiligen Aspekte bemüht sich die integrierte Berichterstattung um deren „Integration", also um die gegenseitige Bezugnahme im Sinne des Aufzeigens von „Wirkungszusammenhängen" zwischen den jeweils „fundamentalen Bestandteilen nachhaltiger Wertschaffung."[1424]

aa. Inhalt

Inhaltlich umfasst ein integrierter Bericht eine Beschreibung des Beitrags der finanziellen und nichtfinanziellen Unternehmensstrategie zur gegenwärtigen und zukünftigen ökonomischen, ökologischen und sozialen Wertschöpfung des Unternehmens. Indem dieser Bericht eine ganzheitliche Bewertung der Leistungsfähigkeit des Unternehmens beinhaltet, soll den Berichtsadressaten eine ebenfalls ganzheitliche Analyse der Lage des Unternehmens unter Berücksichtigung seiner

---

1423 Siehe etwa die Regelung in § 289 Abs. 2 Nr. 2 HGB. Dazu auch *Müller/Stawinoga*, IRZ 2013, S. 117 (118).

1424 *Berndt* et al., BB 2014, S. 363 (363). Ähnlich auch *Krzus*, IRZ 2011, S. 271 (274).

voraussichtlichen Entwicklung (einschließlich der wesentlichen Chancen und Risiken) ermöglicht werden.[1425] Die größte Herausforderung aus Sicht der Unternehmen stellt dabei die „Integration" der einzelnen Berichtselemente dar. Integration meint nicht das bloße Nebeneinanderstellen einzelner Kapitel, sondern die Schaffung einer „Synthese" bzw. das „Ineinandergreifen" der finanziellen und nichtfinanziellen Bestandteile und die Berücksichtigung der dahinterliegenden Prozesse.[1426] Dies erfordert nicht zwangsläufig die Aufgabe anderer Berichtsformate (eigenständige Finanz-, Lage- oder CSR-Berichte), die sich im Übrigen auch inhaltlich nicht vollständig durch einen einzelnen integrierten Bericht ersetzen lassen.[1427] Aufgabe und Ziel des integrierten Berichts muss es vielmehr lediglich sein, eine „kondensierte" Darstellung der wesentlichen Faktoren vorzunehmen, die einzelnen Bereiche miteinander zu verknüpfen und Bezüge zu anderen Berichten herzustellen.[1428] Gelingen kann dies in aller Regel nur dann, wenn über die formelle Berücksichtigung der einzelnen Elemente innerhalb der eigentlichen Berichterstattung hinaus auch eine Unternehmenskultur des *„Integrated Thinking"* insbesondere auf Ebene der Unternehmensleitung herrscht, verstanden als „bewusstes Wahrnehmen der Beziehungen zwischen Funktionseinheiten und Kapitalien des Unternehmens", das zu „entsprechenden Entscheidungen und Handlungen führt."[1429] Im Gegensatz zu Formen der separaten Berichterstattung erfordert die integrierte Berichterstattung damit zumeist einen deutlichen Mehraufwand bezüglich der inhaltlichen Konzeptionierung, Aufbereitung und Vermittlung des Prozesses der Offenlegung. Dabei darf jeweils auch nicht die Gefahr verkannt werden, dass durch die Integration zu vieler Informationen das inhaltliche Verständnis des Berichts womöglich erschwert wird. Entscheidend ist somit, dass die Integration auf solche Berichtselemente beschränkt bleibt, die einen Beitrag zur „Steigerung der Entscheidungsnützlichkeit" des Berichts leisten können.[1430]

1425 *Schmalenbach-Gesellschaft,* BB 2013, S. 875 (875).

1426 *Moutchnik,* in: Fifka, CSR und Reporting, S. 77 (86). Siehe auch *Jasch,* in: Schneider/Schmidpeter, Corporate Social Responsibility, S. 501 (509): „Integration bedeutet die Analyse der Unternehmensprozesse auf Nachhaltigkeitsaspekte, integrierte Systeme der Datenerhebung für idente Systemgrenzen und eine Nachhaltigkeitsstrategie mit Verknüpfung zum Kerngeschäft und den operativen Unternehmensaktivitäten."

1427 Zudem lässt sich die Motivation, eine separate Nachhaltigkeits- bzw. CSR-Berichterstattung trotz Integration in den Geschäftsbericht fortzuführen, als Ausdruck des Bestrebens verstehen, die Umsetzung von Nachhaltigkeit bzw. CSR in der Unternehmensstrategie besonders zum Ausdruck zu bringen, vgl. *Fifka,* in: Ders., CSR und Reporting, S. 1 (9).

1428 *Schmalenbach-Gesellschaft,* BB 2013, S. 875 (877).

1429 *Berndt* et al., BB 2014, S. 363 (363 f.).

1430 *Müller/Stawinoga,* IRZ 2013, S. 117 (121).

bb. Zweck

Ziel der integrierten Berichterstattung ist es, die Effizienz, die Effektivität und den Informationsgehalt der unternehmerischen Berichterstattung so zu verbessern, dass den Adressaten der Offenlegung ein differenzierteres Gesamtbild der betrieblichen Tätigkeit vermittelt wird.[1431] Eine Effizienzsteigerung soll dabei durch eine Reduzierung der Anzahl der publizierten Berichtstypen erreicht werden, die Effektivität und der Informationsgehalt sollen hingegen durch eine Konzentration auf das für ein Verständnis der nachhaltigen Unternehmenslage „Wesentliche" gestärkt werden. Nicht zuletzt soll aber durch die Integration der Offenlegungselemente auch die Qualität der Berichterstattung verbessert werden. Insbesondere soll die Verknüpfung finanzieller und nichtfinanzieller Daten zu einer „realistischeren Abbildung des Chancen/Risiko-Profils eines Unternehmens"[1432] führen. Dazu beitragen kann vor allem auch, dass bei der integrierten Berichterstattung eine unmittelbare Abbildung der immateriellen Unternehmenswerte im Rahmen der Finanzberichterstattung erfolgt und Nachhaltigkeits- und CSR-Parameter damit stärker noch als sonst in das Blickfeld institutioneller Investoren und Anleger geraten. Aber auch auf Seiten der Unternehmen selbst sollen, so die Annahme in der Literatur, die Wahrnehmung der Bedeutung von CSR-Aspekten und nichtfinanziellen Informationen gestärkt- und das Ausmaß ihrer tatsächlichen Implementierung in der Unternehmenspraxis gesteigert werden. Integrierte Berichterstattung wird so als „logische Konsequenz moderner Unternehmensführung" und als Ausdruck „des erforderlichen Wandels überkommener Unternehmensberichterstattung" verstanden.[1433]

cc. Formalisierung

Ähnlich wie die CSR als Ganzes befindet sich auch die Idee der integrierten Berichterstattung in einem zunehmenden Prozess der Formalisierung. Dazu beigetragen haben vor allem Entwicklungen in Südafrika und dort die Arbeiten des „*Committee on Corporate Governance*" unter Leitung von *Mervyn E. King*, das in den Jahren 1994, 2002 und 2009 drei Berichte zur Corporate Governance veröffentlicht hat (King I-III), die zu den international anerkanntesten Standards der Aufsichtspraxis zählen.[1434] Dabei enthält der dritte Bericht aus dem Jahr 2009[1435] einen Leitfaden zur integrierten Berichterstattung (Kapitel 9).[1436] Dessen Anwendung und Umsetzung

---

1431 *Müller/Stawinoga*, IRZ 2013, S. 117 (120); *Schmalenbach-Gesellschaft*, BB 2013, S. 875 (878).

1432 *Schmalenbach-Gesellschaft*, BB 2013, S. 875 (878).

1433 *Berndt* et al., BB 2014, S. 363 (363).

1434 Ausführlich zu den Arbeiten des *King Committee* siehe *Naudé/Fourie*, in: Ulshöfer/Feuchte, Finanzmarktakteure, S. 193 (198 ff.).

1435 *The Institute of Directors in Southern Africa*, The King Report on Corporate Governance for South Africa.

1436 Dort heißt es u.a.: „Reporting should be integrated across all areas of performance, reflecting the choices made in the strategic decisions adopted by the board, and

stellt seit März 2010 eine zwingende Voraussetzung für Unternehmen dar, die an der Börse in Johannesburg notiert werden wollen.[1437] Über die Impulse des südafrikanischen *King Committee* hinaus befasst sich vor allem das *International Integrated Reporting Committee* (IIRC) mit der internationalen Formalisierung und Standardisierung der integrierten Berichterstattung. Das IIRC wurde als ein Fachgremium mit Vertretern aus Wissenschaft, Unternehmenspraxis, Prüfungsgesellschaften und Standardisierungsorganisationen gegründet, das sich um Schaffung eines umfassenden Rahmenkonzepts und einheitlicher Anwendungsrichtlinien der integrierten Berichterstattung bemüht. Eine erste Version eines derartigen Rahmenkonzepts wurde durch das IIRC im Dezember 2013 mit dem „*International <IR> Framework*"[1438] vorgelegt. Unter Verzicht auf die explizite Aufführung einzelner Kennzahlen oder Darstellungsmethoden beschränkt sich das Konzept auf die Formulierung von allgemeinen Prinzipien zur integrierten Berichtserstellung und betont dabei insbesondere, dass eine optimale Berichterstattung eine Kombination aus qualitativen und quantitativen Angaben erfordert.[1439] Inwieweit sich das Rahmenkonzept in den kommenden Jahren zu einem weltweit akzeptierten Standard der integrierten Berichterstattung entwickeln und dabei die Offenlegungspraxis der Unternehmen nachhaltig beeinflussen kann, bleibt abzuwarten.

5. Exkurs: Die „*Global Reporting Initiative*" als Referenzmodell

Zu einem derartigen international anerkannten Standard der Nachhaltigkeits- bzw. CSR-Berichterstattung hat sich bereits die „*Global Reporting Initiative*" (GRI) entwickelt, deren formelle und materielle Offenlegungsstandards mittlerweile „[...] weltweit die höchste Akzeptanz"[1440] genießen. Ansatz der GRI ist es, allen relevanten Stakeholder-Gruppen im Wege der regelmäßigen Berichterstattung Zugang zu nichtfinanziellen Leistungsindikatoren der Unternehmen zu verschaffen, um so deren CSR-Leistung nicht nur absolut, sondern zugleich auch relativ bewerten zu können.[1441] Aufgrund der überragenden Bedeutung, den der Orientierungsstandard des GRI-Leitfadens mittlerweile in der unternehmerischen Praxis erlangt hat, soll im Folgenden ein kurzer Überblick über dessen wesentliche Eckpunkte gegeben werden.

---

should include reporting in the triple context of economic, social and environmental issues.", vgl. *The Institute of Directors in Southern Africa*, The King Report on Corporate Governance for South Africa, S. 87.

1437 Siehe dazu auch *Berndt* et al., BB 2014, S. 363 (364).

1438 Abrufbar unter: http://www.theiirc.org/wp-content/uploads/2013/12/13-12-08-THE-INTERNATIONAL-IR-FRAMEWORK-2-1.pdf (Stand: 21.01.2016).

1439 Siehe ausführlicher dazu *Berndt* et al., BB 2014, S. 363 (364 ff.).

1440 So bereits im Jahr 2006 *Haller/Ernstberger*, BB 2006, S. 2516 (2517).

1441 *Rieth*, S. 219.

a. Entwicklung und Konzept der GRI

Die GRI entstand 1997 aus einer gemeinsamen Initiative der *Coalition for Environmentally Responsible Economics* (CERES) und des Umweltprogramms der Vereinten Nationen (UNEP).[1442] Wesentliches Ziel der Gründung war es, ein allgemeines Regelsystem der unternehmerischen Nachhaltigkeitsberichterstattung zu entwickeln, das die Praxis der Unternehmen in Bezug auf die Offenlegung nichtfinanzieller Informationen derjenigen der Finanzberichterstattung anpassen sollte und dabei insbesondere die Vergleichbarkeit, Verlässlichkeit, Überprüfbarkeit und Aktualität der Nachhaltigkeits- und CSR-Publizität erhöhen sollte.[1443] Zentrales inhaltliches Element der Arbeit der GRI bildet seit deren Gründung die umfassende Einbindung sämtlicher Stakeholder-Gruppen der CSR-Thematik (neben den Unternehmen selbst vor allem Arbeitnehmer- und Investorenvertreter sowie Menschenrechts- und Umweltschutzorganisationen), die sich auch in der institutionellen Struktur der GRI widerspiegelt.[1444] Hinter der starken Stakeholder-Orientierung der GRI steht das Bestreben, eine möglichst breite Autoritäts- und Legitimationsgrundlage für die selbst entwickelten Regelungen zu schaffen, deren Anspruch es ist, ein einheitliches und weltweit akzeptiertes Format der CSR- bzw. Nachhaltigkeitsberichterstattung darzustellen.[1445] Insofern versteht sich die GRI selbst auch als „Forum" oder „Plattform" des Austausches über und die Verbreitung von Formen der unternehmerischen CSR-Berichterstattung. Die „große Entwicklungsdynamik"[1446], der sich die GRI-Leitlinien zur Nachhaltigkeitsberichterstattung seit mehreren Jahren erfreuen, lässt sich vor allem an ihrer kontinuierlichen inhaltlichen Weiterentwicklung ablesen. So wurde aufbauend auf der ersten Fassung aus dem Jahre 2000 im Frühjahr 2013 bereits die vierte Generation („G4") der Leitlinien veröffentlicht.[1447] Sämtliche Überarbeitungen haben dabei die praktischen Erfahrungen der Unternehmen mit der jeweils vorausgegangenen Fassung berücksichtigt und die Leitsätze so zu einem komplexen und qualitativ anspruchsvollen Referenzrahmen für die unternehmerische Nachhaltigkeitsberichterstattung werden lassen. Dabei ist es schließlich auch

---

1442 Seit dem Jahr 2002 hat die GRI als unabhängige und gemeinnützige NGO und „Not-for-Profit Organization" ihren ständigen Sitz in Amsterdam.

1443 *Haller/Ernstberger*, BB 2006, S. 2516 (2518).

1444 So umfasst der Organisationsaufbau der GRI vor allem einen „*Stakeholder Council*", der die Anliegen der Stakeholder bei der Entwicklung der Leitlinien und bei der strategischen Ausrichtung der GRI vertritt. Die Zusammensetzung des Council soll in angemessener Weise die institutionelle und geographische Vielfalt der GRI widerspiegeln.

1445 *Rieth*, S. 219; *Haller/Ernstberger*, BB 2006, S. 2516 (2518).

1446 *Haller/Ernstberger*, BB 2006, S. 2516 (2516).

1447 Nachdem zunächst die zweite Generation der Leitlinien 2002 veröffentlicht worden war, wurde die dritte Generation „G3" im Herbst 2006 verabschiedet und durch die Version „G 3.1" im Frühjahr 2011 aktualisiert.

das Ziel der GRI, die Leitlinien zur Nachhaltigkeitsberichterstattung in den Kontext der Steuerungsinstrumente der internationalen CSR-Debatte zu stellen.[1448]

b. Leitlinien zur Nachhaltigkeitsberichterstattung

Das Ergebnis der inhaltlichen Arbeit der GRI bilden die „GRI-Leitlinien zur Nachhaltigkeitsberichterstattung", die Standards für Unternehmen zur Berichterstattung über die wirtschaftlichen, ökologischen und gesellschaftlichen Aspekte ihrer Tätigkeit, ihrer Produkte und ihrer Dienstleistungen enthalten.[1449] Die Leitlinien untergliedern sich in die sog. „Berichterstattungsgrundsätze und Standardangaben", die allgemeine Prinzipien der Berichterstattung (etwa bezüglich der abzudeckenden Angaben und Kriterien der Erstellung) festlegen, und in die „Umsetzungsanleitung", die vertiefende Erklärungen zur Anwendung und Auslegung der Grundsätze sowie zur Zusammensetzung der zu publizierenden Informationen enthält. Neben Unternehmen zählen auch sonstige „Organisationen", die einen Nachhaltigkeitsbericht über ihre Betriebsführung erstellen wollen, zu den Adressaten der Leitlinien. Dabei werden die Leitlinien freiwillig angewendet, ohne dass eine unmittelbare Verbindlichkeit besteht.[1450] Gerade in Bezug auf Unternehmen darf jedoch aufgrund des hohen Verbreitungsgrades der Leitlinien nicht übersehen werden, dass aufgrund des durch die Stakeholder-Gruppen aufgebauten Marktdrucks nicht selten ein faktischer Zwang zur Implementierung besteht. Beachtet werden sollte schließlich auch, dass es sich bei den Leitlinien weder um einen eigenständigen Verhaltenskodex noch um einen Managementansatz handelt, sondern ausschließlich um ein Instrument, das andere CSR-Standards ergänzt und deren Anwendung fördert, indem es Unternehmen (und andere Organisationen) dabei unterstützt, ihr Engagement „[...] systematisch zu überprüfen, zu ordnen und interessierten stakeholdern zur Ansicht und Diskussion zur Verfügung zu stellen."[1451]

aa. Berichterstattungsgrundsätze

Die Berichterstattungsgrundsätze der GRI-Leitlinien unterteilen sich in Grundsätze zur Bestimmung der „Berichtsinhalte" und zur Bestimmung der „Berichtsqualität". So wird bezüglich des Berichtsinhalts statuiert, dass die Berichterstattung der Unternehmen nicht nur in den „größeren Zusammenhang einer nachhaltigen Entwicklung" zu stellen und an den Erwartungen und Interessen der Stakeholder-Gruppen

---

1448 Die aktuelle Generation der GRI-Leitlinien G4 nimmt etwa ausdrücklich Bezug auf den Global Compact, die OECD-Leitsätze und die Leitprinzipien des Sonderbeauftragten für Wirtschaft und Menschenrechte, vgl. *Global Reporting Initiative*, G4 Leitlinien zur Nachhaltigkeitsberichterstattung – Berichterstattungsgrundsätze und Standardangaben, S. 88 ff.

1449 *Rieth*, S. 225.

1450 *Haller/Ernstberger*, BB 2006, S. 2516 (2518); *Rieth*, S. 225.

1451 *Rieth*, S. 226.

zu orientieren ist, sondern sich zugleich auf die wesentlichen Aspekte der Unternehmensauswirkungen zu beschränken und diese vollständig abzubilden hat.[1452] Ergänzt werden die Bestimmungen zum Inhalt der Berichte durch Anforderungen an die Berichtsqualität. Dabei gehen die Leitlinien davon aus, dass lediglich sachgerecht dargestellte Informationen einen Mehrwert für die Anspruchsgruppen der Unternehmen darstellen können, in dem Sinne, dass die Leistung der Unternehmen „fundiert und angemessen" beurteilt werden kann. Gefordert wird insofern, dass die Berichterstattung ausgewogen, genau, aktuell, klar, verlässlich und so zu erfolgen hat, dass Veränderungen in der Leitung im zeitlichen Verlauf analysiert und verglichen werden können.[1453]

bb. Standardangaben

Die Standardangaben unterteilen sich in „allgemeine Angaben", die von sämtlichen Organisationen im Rahmen ihres Nachhaltigkeitsberichts abzudecken sind, und in „spezifische Angaben", die in den Berichten ggf. nur teilweise angesprochen werden müssen. In ihrer Gesamtheit dienen die Standardangaben dazu, die inhaltlichen Berichtsanforderungen zu konkretisieren. So werden in den drei Kategorien „Wirtschaft", „Ökologie" und „Gesellschaft" einzelne Indikatoren aufgestellt, die eine Messung der Nachhaltigkeitsleistung der Unternehmen ermöglichen. Ergänzt werden die allgemeinen und spezifischen Angaben durch sog. „GRI-Branchenangaben" (früher: branchenbezogene Zusätze – *Sector Supplements*), die spezielle Anforderungen an die Berichterstattung für ausgewählte Branchen umfassen.

(1) Allgemeine Standardangaben

Mit Hilfe der allgemeinen Standardangaben soll ein genereller Überblick über die strategischen Themen der berichterstattenden Organisation gegeben werden, um so einen Kontext für die sich daran anschließende detailliertere Berichterstattung zu schaffen. Konkret werden die sieben Bereiche „Strategie und Analyse", „Organisationsprofil", „ermittelte wesentliche Aspekte und Grenzen", „Einbindung von Stakeholdern", „Berichtsprofil", „Unternehmensführung" sowie „Ethik und Integrität" angesprochen.[1454] Gefordert wird dabei etwa eine Erklärung des höchsten Entscheidungsträgers der Organisation (Vorstandsvorsitzender, Geschäftsführer, o.ä.) über den Stellenwert der Nachhaltigkeit für die Organisation und die Strategie der Organisation im Umgang mit dem Thema Nachhaltigkeit (Bereich „Strategie und Analyse"). Ferner sollen Werte, Grundsätze, Standards und Normen sowie interne und externe Verfahren offengelegt werden, die sich mit Fragen der Um- und

---

1452 *Global Reporting Initiative*, G4 Leitlinien zur Nachhaltigkeitsberichterstattung – Berichterstattungsgrundsätze und Standardangaben, S. 16 f.

1453 *Global Reporting Initiative*, G4 Leitlinien zur Nachhaltigkeitsberichterstattung – Berichterstattungsgrundsätze und Standardangaben, S. 17 f.

1454 *Global Reporting Initiative*, G4 Leitlinien zur Nachhaltigkeitsberichterstattung – Berichterstattungsgrundsätze und Standardangaben, S. 24 ff.

Durchsetzung eines ethischen und gesetzeskonformen Verhaltens der Organisation befassen. Explizit angesprochen werden sollen in diesem Kontext auch organisationsinterne Verfahren zum Umgang mit Meldungen über Bedenken in Bezug auf ethisch nicht vertretbares oder rechtswidriges Verhalten („*Whistleblowing*"). Insgesamt sollen es die offengelegten allgemeinen Standardangaben den Berichtsadressaten ermöglichen, sich ein Bild über die Gesamtstrategie der Organisation zu machen.

(2) Spezifische Angaben

Die spezifischen Leistungsindikatoren unterteilen sich entsprechend den drei Dimensionen der Nachhaltigkeit in „wirtschaftliche", „ökologische" und „gesellschaftliche" Angaben. Der Bereich der „gesellschaftlichen" Angaben gliedert sich wiederum in die Unterkategorien „Arbeitsbedingungen und menschenwürdige Beschäftigung", „Menschenrechte", „Gesellschaft" und „Produktverantwortung". Abgedeckt ist damit insgesamt eine große inhaltliche Bandbreite von Themen, die unter anderem auch sämtliche Themenbereiche der CSR erfasst. Insofern können an dieser Stelle nur beispielhaft einzelne von der GRI- Nachhaltigkeitsberichterstattung erfasste Indikatoren aufgezählt werden.[1455] Umfasst sind etwa die Themen „Marktpräsenz", „Beschaffung", „Ressourcenmanagement", „Arbeitssicherheit und Gesundheitsschutz", „Vielfalt und Chancengleichheit", „Kinderarbeit", „Zwangs- und Pflichtarbeit", „Rechte der indigenen Bevölkerung", „Korruptionsbekämpfung" sowie „Schutz der Privatsphäre des Kunden". Branchenspezifische Angaben enthalten die GRI-Branchenangaben, die spezielle Berichterstattungsanforderungen für gegenwärtig zehn Sektoren umfassen.[1456] Schon in Anbetracht dieser Vielfalt der von den Leitlinien erfassten Themen und aufgrund der daraus resultierenden Unmöglichkeit, sämtliche dieser Themen inhaltlich abzudecken, verlangen die Leitlinien von den berichterstattenden Organisationen eine Offenlegung nur insoweit, als eine derartige Publizität notwendig ist, um die wesentlichen wirtschaftlichen, ökologischen und gesellschaftlichen Auswirkungen der Organisation inhaltlich nachvollziehen und beurteilen zu können. Konkret zu erläutern ist jedoch die spezifische Anwendung der Berichtspflichten, und ob der vorgelegte Bericht den GRI-Leitlinien in Gänze oder nur in Teilen entspricht.[1457]

1455 Siehe die ausführliche Darstellung und Nennung der einzelnen Leistungsindikatoren in der Tabelle „Kategorien und Aspekte in den Leitlinien" bei *Global Reporting Initiative*, G4 Leitlinien zur Nachhaltigkeitsberichterstattung – Umsetzungsanleitung, S. 63.

1456 Die GRI-Branchenangaben wurden durch die Neufassung der GRI-Leitlinien im Jahr 2013 inhaltlich neu strukturiert. Zu den zehn erfassten Branchen zählen: Flughafenbetreiber, Bauträger und Immobilienhändler, Veranstaltungsorganisatoren, lebensmittelverarbeitende Betriebe, Bergbau- und Metallindustrie, Finanzdienstleister, Öl- und Gasindustrie, Energieversorger, Medien und NGOs.

1457 *Haller/Ernstberger*, BB 2006, S. 2516 (2524).

c. *Anwendung und Bedeutung*

Die nach den Maßstäben der GRI-Leitlinien erstellten Nachhaltigkeitsberichte sind von den einzelnen Organisationen internetbasiert, in elektronischer oder Papierform zu veröffentlichen, wobei die Wahl des Berichtsmediums vom Berichtszeitraum, von den Plänen hinsichtlich der Aktualisierung der Berichtsinhalte und von der Anzahl der potentiellen Nutzer der Berichte abhängig gemacht werden kann. Eine externe Prüfung der Berichte durch eine unabhängige Instanz (*Assurance*) ist nicht zwingend vorgeschrieben, wird jedoch den Unternehmen seitens der GRI nahegelegt. Sollte eine derartige Prüfung vorgenommen sein, wird zudem die Offenlegung des Ergebnisses der Prüfung empfohlen.[1458] Soweit der erstellte Bericht auf den Leitlinien der GRI aufbaut und bestimmte Mindestkriterien enthält, ist die Veröffentlichung zugleich der GRI anzuzeigen. Dieser Pflicht kann durch das Zusenden des Berichts in oder durch Registrierung des Berichts in der Online-Datenbank der GRI nachgekommen werden.[1459] Gegenwärtig umfasst die Datenbank mehr als 31.000 Berichte (davon ca. 22.000 Berichte nach dem GRI-Format) von mehr als 8.700 Organisationen.[1460]

Gerade in dieser breiten Akzeptanz in der globalen Unternehmenspraxis sind Bedeutung und spezifischer Mehrwert der GRI-Leitlinien zu sehen. Diese Verbreitung ist umso erstaunlicher, als es sich bei den Leitlinien um ein ausgesprochen anspruchsvolles Konzept der Berichterstattung handelt, das für die teilnehmenden Organisationen mit einem nicht unerheblichen personellen und finanziellen Mehraufwand verbunden ist. Dabei fällt es vor allem großen und multinational agierenden Unternehmen zunehmend schwer, sich einer Berichterstattung nach GRI-Standard zu entziehen. Die darin enthaltenen Informationen werden immer stärker von relevanten Stakeholder-Gruppen, insbesondere auch Investoren und Rating-Agenturen, nachgefragt. Hinzukommt, dass ein regelrechter Wettbewerb unter den Unternehmen um die Qualität der Berichterstattung entstanden ist. Aufgrund des hohen qualitativen Anspruchs der GRI-Berichterstattung ist es nicht nur möglich, den offengelegten Berichten Informationen über die „(Nicht-) Einhaltung nationaler Gesetze und internationaler Standards" zu entnehmen, sondern zugleich (in Abhängigkeit von Umfang und Inhalt des Berichts) eine Aussage darüber zu treffen, „ob und inwiefern ein Unternehmen sein CSR-Engagement konsistent verfolgt."[1461] Dies ist vor allem deshalb möglich, weil die GRI-Berichterstattung eine sämtliche Geschäftsprozesse abdeckende und inhaltlich umfassende Offenlegung erfordert. So lassen sich die GRI-Leitlinien als indirekt steuerndes CSR-Instrument verstehen, das im Gegensatz zu anderen Steuerungsinstrumenten, den gesamten Betrieb in den Blick nimmt und über selektive Einzelmaßnahmen hinausgeht. Insofern

---

1458 *Haller/Ernstberger*, BB 2006, S. 2516 (2523).

1459 *Global Reporting Initiative*, G4 Leitlinien zur Nachhaltigkeitsberichterstattung – Berichterstattungsgrundsätze und Standardangaben, S. 9.

1460 Vgl. http://database.globalreporting.org/ (Stand: 21.01.2016).

1461 *Rieth*, S. 256.

kann es nicht verwundern, dass der durch die GRI verfolgte erfolgreiche Ansatz einer Steuerung durch Transparenz zunehmend auch durch den Gesetzgeber im Wege einer hoheitlicherseits eingeforderten Pflicht zur Berichterstattung aufgegriffen wird.

III. Die geltenden Offenlegungspflichten des europäischen Bilanzrechts

Die Schaffung rechtlich verbindlicher Unternehmenspflichten im Hinblick auf die Offenlegung nichtfinanzieller Informationen als Bestandteil einer europäischen CSR-Politik erfolgt im Wege einer normativen Anpassung der Vorschriften des europäischen Bilanzrechts. Das europäische Bilanzrecht, das sich im Wesentlichen aus verschiedenen, seit Ende der 1960er Jahre durch den europäischen Gesetzgeber verabschiedeten und überarbeiteten Richtlinien zusammensetzt und zugleich den Kernbestend des EU-Gesellschaftsrechts ausmacht[1462], hat einen maßgeblichen Einfluss auf Inhalt und Gestalt der mitgliedstaatlichen Rechnungslegungs- und Publizitätsvorschriften genommen. Wesentliche Ziele der unionalen Harmonisierung des Bilanzrechts waren seit jeher, einen Wettbewerb zwischen den nationalen Gesetzgebern und Rechtsordnungen zu vermeiden, ein einheitliches Schutzniveau zu schaffen und dadurch insgesamt eine Mobilitätssteigerung der europäischen Gesellschaften im Binnenmarkt zu erreichen.[1463] Zugleich zielen die legislativen Maßnahmen des europäischen Gesetzgebers im Kontext des Bilanzrechts auch auf den Schutz sämtlicher Gesellschafter und Dritter, die mit einer Gesellschaft in Rechtsbeziehungen treten und dabei unabhängig vom jeweils anwendbaren mitgliedstaatlichen Gesellschaftsrecht auf eine vergleichbare Ausgestaltung der Organisations- und Schutzregelungen vertrauen können.[1464] Dies ergibt sich schon aus der primärrechtlichen Kompetenznorm des Art. 50 Abs. 2 lit. g AEUV, auf der die vom europäischen Gesetzgeber erlassenen Richtlinien des Bilanzrechts in ihrer Mehrzahl beruhen. Demzufolge werden die Organe der Union im Kontext der Niederlassungsfreiheit zur Koordinierung und Harmonisierung derjenigen „Schutzbestimmungen“ ermächtigt, „die in den Mitgliedstaaten den Gesellschaften [...] im Interesse der Gesellschafter sowie Dritter vorgeschrieben sind“.[1465] Entsprechend des Verweises dieser primärrechtlichen Kompetenzgrundlage auf die Interessen „Dritter“ beruhen auch die Vorschriften des europäischen Bilanzrechts auf einem breiten Anwendungsverständnis der Offenlegung. So hat etwa der EuGH bestätigt, dass zu den Adressaten der Bilanzpublizität neben den Gesellschafterm und

1462 *Grundmann*, § 14, Rn. 495, bezeichnet das Bilanzrecht als das „Herzstück“ des europäischen Gesellschaftsrechts.

1463 *Walter*, S. 72; *Palmes*, S. 29 f.

1464 *Jung*, in: Schwarze, EU-Kommentar, Art. 50 AEUV, Rn. 19.

1465 Neuere unternehmensrechtliche Richtlinien beruhen zudem generell auf der Vorschrift des Art. 50 AEUV oder auf Art. 50 Abs. 1 AEUV.

Gläubigern grundsätzlich auch alle anderen gegebenenfalls auch außerhalb der Gesellschaft stehenden Personen zählen, solange sie ein entsprechendes Interesse an den offengelegten Informationen geltend machen können.[1466] Ein Hauptzweck der das europäische Bilanzrecht ausmachenden Publizitätsrichtlinien ist es schließlich, die mitgliedstaatlichen Regelungen anzugleichen.[1467]

1. Die Entwicklung des Europäischen Bilanzrechts

Vor dem Hintergrund dieser Prämissen gilt es, im Folgenden zunächst den geltenden europarechtlichen Verpflichtungsrahmen für die unternehmerische Offenlegung aufzuzeigen und in diesem Rahmen dessen historische Entwicklung überblicksartig nachzuzeichnen. Ein besonderes Augenmerk ist dabei auf die sog. „Modernisierungsrichtlinie"[1468] zu legen, mit der die unternehmerische Lageberichterstattung erstmals um nichtfinanzielle Berichtselemente erweitert wurde. Das sich daraus ergebende Bild des europäischen Bilanzrechts und der nichtfinanziellen Offenlegungsbestimmungen bildet die Grundlage der aktuellen Reformbestrebungen im Kontext der europäischen CSR-Politik.

a. Publizitätsrichtlinie

Ausgangspunkt der europarechtlichen Harmonisierung des Bilanzrechts und der Begründung europarechtlicher Offenlegungspflichten bildete die sog. „Publizitätsrichtlinie"[1469], die zugleich die erste Richtlinie des europäischen Gesetzgebers auf dem Gebiet des Zivilrechts überhaupt darstellte.[1470] Gegenstand der Richtlinie war die Koordinierung der mitgliedstaatlichen Vorschriften über die Offenlegung wesentlicher Angaben betreffend die Gesellschaft. Allgemein enthielt

1466 Vgl. *EuGH*, Urt. v. 04.12.1997 – Rs. C-97/96 (Verband der deutschen Daihatsu-Händler e.V./Daihatsu Deutschland GmbH), Slg. 1997-I, 6843, ZIP 1997, S. 2155 (2156).

1467 Dies lässt sich schon dem Wortlaut der Kompetenznorm des Art. 50 Abs. 2 lit. g AEUV („koordinieren", „gleichwertig zu gestalten") entnehmen, vgl. *Jung*, in: Schwarze, EU-Kommentar, Art. 50 AEUV, Rn. 14. Inwiefern dabei jeweils eine Mindest- oder Vollharmonisierung erreicht werden soll, ist im Wege der Auslegung der jeweiligen Richtlinienbestimmungen zu beantworten, siehe dazu auch *Habersack/Verse,* S. 94 f.

1468 Richtlinie des Europäischen Parlaments und des Rates v. 18.06.2003 zur Änderung der Richtlinien 78/660/EWG, 86/635/EWG und 91/674/EWG über den Jahresabschluss und den konsolidierten Abschluss von Gesellschaften bestimmter Rechtsformen, von Banken und anderen Finanzinstituten sowie von Versicherungsunternehmen, Nr. 2003/51/EG, ABlEU, 2003, Nr. L 178, S. 16.

1469 Erste Richlinie des Rates v. 09.03.1968, Nr. 68/151/EWG, ABlEG, 1968, Nr. L 65, S. 8. Mittlerweile ersetzt durch Richtlinie 2009/101/EG v. 16.09.2009, ABlEU, 2009, Nr. L 258, S. 11.

1470 *Habersack/Verse,* S. 92.

die Publizitätsrichtlinie Bestimmungen über die Art der durch die Unternehmen zu veröffentlichenden Dokumente und die Form der Offenlegung.[1471] Konkret unterschied die Richtlinie dafür in Bezug auf die Offenlegung in den Art. 2–4 zwischen den Mitteln, Gegenständen und Wirkungen der Publizität. So wurden als Publizitätsmittel primäre (etwa das zentrale Register, das Handelsregister oder die Eintragung) und sekundäre (etwa die Verpflichtung der Gesellschaft, im Rechtsverkehr das zuständige Register, die Registernummer und den Sitz der Gesellschaft anzugeben) Maßnahmen aufgeführt (Art. 3 Abs. 1, Art. 4). Zu den offenzulegenden Gegenständen zählten nach Art. 2 Abs. 1 der Richtlinie etwa der Errichtungsakt bzw. die Satzung der Gesellschaft und deren Änderungen, die Besetzung der Organe, die Vertretungsbefugnis sowie die Bilanz und die Gewinn- und Verlustrechnung.

Übergreifender Zweck der Publizitätsrichtlinie war es vor allem, den Schutz dritter Parteien, insbesondere der Vertragspartner der Gesellschaft, sicherzustellen: Diese sollten nicht nur in die Lage versetzt werden, sich die für sie notwendigen Informationen über die Gesellschaft selbst zu beschaffen, sondern zugleich auf die Wirksamkeit der durch die Gesellschaft abgegebenen Willenserklärungen und auf deren Bestand vertrauen zu dürfen.[1472] Ein Recht zur Einsichtnahme in die für jede Gesellschaft beim zentralen Register bzw. Handelsregister geführte Akte sah die Richtlinie gleichwohl nicht vor, auch wenn sie es dem nationalen Gesetzgeber überließ, ein solches zu schaffen.[1473] Vorgesehen war hingegen die Schaffung von Sanktionsmöglichkeiten für den Fall, dass eine Gesellschaft auf die Offenlegung der Jahresbilanz oder die Nennung sekundärer Publizitätsmittel im Rechtsverkehr verzichtete (Art. 6).

b. Bilanzrichtlinie

Die vierte gesellschaftsrechtliche Richtlinie, die sog. „Bilanzrichtlinie"[1474], wurde 1978 verabschiedet und enthielt detaillierte Vorgaben für die inhaltliche Gestaltung und Gliederung der Bilanz, der Gewinn- und Verlustrechnung, des Anhangs und der Lageberichterstattung (materielle Publizität) sowie allgemeine Vorgaben zu den Bilanzierungsgrundsätzen und der Prüfung der Berichterstattung.[1475] Insgesamt beruhte die Bilanzrichtline auf der These von der „Publizität als Korrelat der Haftungsbeschränkung"[1476]. Ziel war es vor dem Hintergrund der Vielzahl gesetzlicher Offenlegungsregelungen in den Mitgliedstaaten ein gemeinschaftsweit einheitliches

1471 *Palmes,* S. 36; *Scharlau,* S. 191; *Walter,* S. 72 f.
1472 *Habersack/Verse,* S. 93.
1473 *Walter,* S. 73.
1474 Vierte Richtlinie des Rates v. 25.07.1978, Nr. 78/660/EWG, ABlEG, 1978, Nr. L 222, S. 11.
1475 *Jung,* in: Schwarze, EU-Kommentar, Art. 50 AEUV, Rn. 30; *Scharlau,* S. 191.
1476 *Walter,* S. 74.

System der Publizität der Rechnungslegung für Kapitalgesellschaften zu begründen, um so das Zusammenwachsen des gemeinsamen Marktes zu fördern.[1477]

Vorausgegangen waren der Verabschiedung langwierige Verhandlungen zwischen den Mitgliedstaaten. Im Kern ging es dabei um die dem deutschen bzw. englischen Bilanzrecht jeweils zugrundeliegenden unterschiedlichen Zweckbestimmungen der Unternehmenspublizität. Während die Rechnungslegung nach deutschem Verständnis vor allem die Funktion der Ausschüttungsbemessung zu erfüllen hat, steht für das englische Bilanzrecht die Aufgabe der Information der gegenwärtigen und künftigen Gläubiger über die Vermögens-, Finanz- und Ertragslage der Gesellschaft im Vordergrund (Grundsatz des „*true and fair view*"). Die Bilanzrichtlinie selbst integrierte schließlich beide Berichtstraditionen und ermöglichte es dabei den Mitgliedstaaten im Wege der Schaffung einer Vielzahl von Wahlmöglichkeiten, am jeweils eigenen Publizitätsverständnis festzuhalten.[1478] In inhaltlicher Hinsicht baute die Bilanzrichtlinie auf dem Grundsatz der Klarheit und Übersichtlichkeit des Jahresabschlusses auf (Art. 2 Abs. 2), nach dem die Berichterstattung so zu gestalten ist, dass die Dichte der offengelegten Angaben dem Informationsbedürfnis eines professionellen Betrachters entspricht.[1479] Gestattet wurde es den Mitgliedstaaten zudem, Ausnahmen und Befreiungen von der Berichterstattungs- und Offenlegungspflicht für KMU vorzusehen, wobei auf die Bilanzsumme, die Nettoumsatzerlöse und die Beschäftigtenzahl (Art. 11) abgestellt werden konnte.[1480]

c. *Konzernbilanzrichtlinie*

Erweitert wurde der Anwendungsbereich der Bilanzrichtlinie noch durch die „Konzernbilanzrichtlinie"[1481], die im Juni 1983 verabschiedet wurde. Da dem Konzern eine eigenständige Rechtssubjektivität fehlt, waren nach den Bestimmungen der Bilanzrichtlinie bei verbundenen Unternehmen zunächst lediglich die einzelnen Gesellschaften als rechtlich eigenständige Einheiten zur Aufstellung und Offenlegung eines Jahresabschlusses verpflichtet. Um auch dem Informationsbedürfnis des Rechtsverkehrs an der Vermögens-, Ertrags- und Finanzlage des Gesamtkonzerns Rechnung zu tragen, führte die Konzernbilanzrichtlinie eine Pflicht zur Erstellung eines konsolidierten Abschlusses und eines konsolidierten Lageberichts

1477 *Palmes*, S. 29 f. Insofern lässt sich die Bilanzrichtlinie auch als „Basisrichtlinie" beschreiben, die „das allgemeine Modell für die Rechnungslegung" auf europäischer Ebene enthält, vgl. *Grundmann*, § 14, Rn. 503.

1478 Vgl. ausführlich zu den Hintergründen der Richtlinie *Walter*, S. 75 f.

1479 *Grundmann*, § 14, Rn. 517. Zu den weiteren in der Richtlinie festgelegten Grundsätzen der Berichterstattung zählen das Prinzip der Stetigkeit (Art. 3) und das Prinzip hinreichender Genauigkeit und Darstellungstiefe (Art. 4, 5 und 7).

1480 *Roth/Weller*, S. 251.

1481 Siebente Richtlinie des Rates v. 13.06.1983, Nr. 83/349/EWG, ABlEG, 1983, Nr. L 193, S. 1.

ein.[1482] Anknüpfungspunkt dieser Konsolidierungspflicht stellt dabei die Möglichkeit der Beherrschung eines oder mehrerer Tochterunternehmen durch ein Mutterunternehmen dar.[1483] Voraussetzung für die Konsolidierungspflicht ist zudem, dass es sich entweder bei dem Mutterunternehmen oder einem oder mehreren seiner Tochterunternehmen um eine Kapitalgesellschaft (AG, KGaA oder GmbH) handelt (Art. 4 Abs. 1). Befreiungsmöglichkeiten bestanden wiederum für kleine und mittlere Konzerne (Art. 6 Abs. 1).

d. Offenlegungspflichten in anderen gesellschaftsrechtlichen Richtlinien

Auch in weiteren gesellschaftsrechtlichen Richtlinien finden sich verschiedene Berichterstattungs- und Offenlegungspflichten der Unternehmen. Zu nennen sind in diesem Zusammenhang insbesondere die sog. „Zweigniederlassungsrichtlinie "[1484], die Publizitätsanforderungen im Falle der Errichtung von inländischen Zweigniederlassungen durch ausländische Kapitalgesellschaften enthält, sowie die sog. „Kapitalgesellschaften & Co.-Richtlinie"[1485], die den Anwendungsbereich der Bilanzrichtlinie auf Personengesellschaften mit kapitalgesellschaftlicher Beteiligung (GmbH & Co. KG) erweitert.[1486] Auch die „Fair-Value-Richtlinie", deren Ziel die Anpassung der europäischen Rechnungslegungsvorschriften an die Entwicklungen auf internationaler Ebene ist, enthält bereichsspezifische Offenlegungspflichten. So umfasst die Richtlinie etwa eine Pflicht der Unternehmen, im Rahmen ihrer Lageberichterstattung Auskunft über die Ziele und Methoden ihres Risikomanagements in Bezug auf die verwendeten Finanzinstrumente zu geben.[1487] Gerade aus derart speziellen Publizitätspflichten lässt sich schließen, dass das europäische Bilanzrecht die Unternehmen zu einer umfassenden und bisweilen detaillierten Berichterstattung verpflichtet. Mit Blick auf die Entwicklung der Offenlegungspflichten lässt sich dabei – wie allgemein in Bezug auf die gesellschaftsrechtliche Harmonisierung – feststellen, dass die Maßnahmen der Rechtsangleichung „[...] zunehmend kleinschrittiger, detaillierter und differenzierter" geworden sind und dabei nicht nur den Mitgliedstaaten, sondern vermehrt auch den Unternehmen Wahlrechte belassen.[1488]

1482 Geschaffen wurde damit (für den Konzern als Betrachtungsgröße) eine Gesamtrechnungslegung, siehe *Grundmann,* § 14, Rn. 503; *Roth/Weller,* S. 251.

1483 Die so getroffene Regelung entspricht dem englischen Konzept, vgl. *Walter,* S. 81.

1484 Elfte Richtlinie des Rates v. 22.12.1989, Nr. 89/666/EWG, ABlEG, 1989, Nr. L 395, S. 36.

1485 Richtlinie des Rates v. 08.11.1990 zur Änderung der Richtlinien 78/660/EWG und 83/349/EWG über den Jahresabschluß bzw. den konsolidierten Abschluß hinsichtlich ihres Anwendungsbereichs, Nr. 90/605/EWG, ABlEG, 1990, Nr. L 317, S. 60.

1486 Siehe ausführlich zu beiden Richlinien *Walter,* S. 83 ff.

1487 Vgl. *Palmes,* S. 37 f.

1488 *Jung,* in: Schwarze, EU-Kommentar, Art. 50 AEUV, Rn. 21.

e. *Modernisierungsrichtlinie*

Einer der aus Sicht der CSR wichtigsten Publizitätsimpulse des europäischen Bilanzrechts ist von der Modernisierungsrichtlinie ausgegangen, die im Mai 2003 verabschiedet wurde und einzelne Vorschriften der Bilanz- und der Konzernbilanzrichtlinie ersetzt hat.[1489] Diese Bedeutung für die Unternehmensverantwortung resultiert vor allem aus den in der Modernisierungsrichtlinie enthaltenen, inhaltlich deutlich erweiterten Vorgaben für die Lageberichterstattung der Unternehmen, die insbesondere auch die Berücksichtigung nichtfinanzieller Leistungsindikatoren umfasst. Der durch die Modernisierungsrichtlinie geschaffene Offenlegungsrahmen bildet zugleich den Ausgangspunkt der aktuellen Reformbestrebungen im Zuge der Neuausrichtung der europäischen CSR-Politik.

aa. *Zielsetzung*

Ziel der Modernisierungsrichtlinie war es zunächst, die europäischen Bilanzrichtlinien an den sich zunehmend internationalisierenden Rechnungslegungsrahmen anzupassen und dabei insbesondere bestehende Konfliktpotentiale zu den *International Accounting Standards* (IAS) und den *International Financial Reporting Standards* (IFRS) abzubauen.[1490] Über eine derartige Harmonisierung europäischer Vorschriften mit internationalen Standards hinaus zielte die Richtlinie jedoch zugleich auch auf eine Modernisierung der unternehmerischen Lageberichterstattung. Dies wurde schon deshalb für notwendig erachtet, weil sich die Lageberichterstattung in der unternehmerischen Praxis in quantitativer wie qualitativer Hinsicht europaweit stark voneinander unterschied.[1491] Ziel war es demzufolge, durch eine Weiterentwicklung der größtenteils noch auf die Bilanzrichtlinie aus dem Jahr 1978 zurückgehenden Vorschriften zum Lagebericht die Qualität der Berichterstattung so zu steigern, dass den Berichtsadressaten aufgrund des Informationsgehalts der offengelegten Informationen ein den tatsächlichen Verhältnissen entsprechendes Bild der Gesellschaft vermittelt werden konnte.[1492] Erreicht werden sollte dies nach Auffassung der

---

1489 RL 2003/51/EG, ABlEU, 2003, Nr. L 178, S. 16.

1490 Bereits im Sommer 2002 waren die Rechnungslegungsvorschriften um eine EU-Verordnung zur Anwendung internationaler Rechnungslegungsstandards ergänzt worden, nach der der konsolidierte Abschluss von in der EU börsennotierten Unternehmen mit Wirkung ab dem 1. Januar 2005 gemäß IAS/IFRS zu erstellen ist, siehe Verordnung des Europäischen Parlaments und des Rates v. 19.07.2002 betreffend die Anwendung internationaler Rechnungslegungsstandards, Nr. 1606/2002/EG, ABlEG, 2002, Nr. L 243, S. 1. Siehe zu der Zielsetzung der Modernisierungsrichtlinie im Kontext der Internationalisierung der Rechnungslegung auch *Pfitzer* et al., Reform des Aktien-, Bilanz- und Aufsichtsrechts, S. 24.

1491 *Palmes*, S. 36.

1492 Nach der Richtlinienbegründung der Kommission reiche „[...] das Spektrum der Lageberichte von solchen, die tatsächlich zu einem besseren Verständnis des Jahresabschlusses beitragen, bis hin zu solchen, die lediglich stereotype

Kommission einerseits durch eine Steigerung der Homogenität der Lageberichterstattung und andererseits durch eine Erhöhung der inhaltlichen Aussagekraft der offengelegten Informationen.[1493]

bb. Reform der Lageberichterstattung

Die durch die Modernisierungsrichtlinie konkret realisierten Änderungen in Bezug auf die Lageberichterstattung umfassten vor allem drei jeweils umsetzungspflichtige Elemente. Ergänzt wurde zunächst die Pflicht zur verbalisierten Darstellung von Geschäftsverlauf und Lage der Gesellschaft um die dritte Komponente der Darstellung des Geschäftsergebnisses. Bezüglich der Komponenten Geschäftsverlauf, -ergebnis und Lage sollte die Darstellung dabei jeweils ausgewogen und umfassend formuliert sein und die Ausführlichkeit in einem angemessenen Verhältnis zur Geschäftstätigkeit stehen.[1494] Auch die zweite durch die Modernisierungsrichtlinie mit Blick auf die Lageberichterstattung geschaffene Neuerung bezog sich auf eine Erweiterung des inhaltlichen Berichtsumfangs. Demnach sollte der Lagebericht auch die „wesentlichen Risiken und Ungewissheiten" der Gesellschaft thematisieren. Erstmals wurde durch diese Klausel eine Form der Risikoberichterstattung verbindlich in den Lagebericht integriert.[1495] Die dritte Neuerung der Modernisierungsrichtlinie umfasste schließlich die Ausweitung der unternehmerischen Informationspflichten auf die nichtfinanziellen Leistungsindikatoren, die erstmals explizit den Katalog der Berichtspflichten des europäischen Bilanzrechts aufgenommen wurden.[1496] Gebunden wurde die nichtfinanziellen Berichtspflicht dabei an das Kriterium der Entscheidungsrelevanz: Eine Offenlegung der nichtfinanziellen Leistungsindikatoren muss demzufolge nur vorgenommen werden, „soweit" dies für das Verständnis des Geschäftsverlaufs, des Geschäftsergebnisses oder der Lage der Gesellschaft „erforderlich" und „angemessen" ist. Was im Einzelfall unter „nichtfinanziellen Leistungsindikatoren" zu verstehen ist, wurde durch die Richtlinie selbst nicht näher spezifiziert.

Formulierungen enthalten." Daher sei es wünschenswert, „[...] für eine größere Übereinstimmung bei der Qualität der Lageberichte und eine weiterreichende Orientierung im Hinblick auf den Informationsgehalt eines ‚den tatsächlichen Verhältnissen entsprechenden' Lageberichts zu sorgen.", siehe Kommission der Europäischen Gemeinschaften, Vorschlag für eine Richtlinie des Europäischen Parlaments und des Rates zur Änderung der Richtlinien 78/660/EWG, 83/349/EWG und 91/674/EWG über den Jahresabschluss und den konsolidierten Abschluss von Gesellschaften bestimmter Rechtsformen sowie Versicherungsunternehmen, KOM (2002) 259/2 – 2002/0112 (COD) vom 9.7.2002, S. 6 f.

1493 *Kirsch/Scheele*, WPg 2004, S. 1 (4).

1494 Siehe *Lambooy*, S. 149; *Grundmann*, § 14, Rn. 557, der auch darauf hinweist, dass zwischen den drei Komponenten zumindest Überschneidungen bestehen.

1495 *Kirsch/Scheele*, WPg 2004, S. 1 (5).

1496 *Pfitzer* et al., Reform des Aktien-, Bilanz- und Aufsichtsrechts, S. 26; *Palmes*, S. 36.

cc. Berücksichtigung nichtfinanzieller Leistungsindikatoren

Mit der Berücksichtigung nichtfinanzieller Leistungsindikatoren im Rahmen der Lageberichterstattung wurde zugleich erstmals eine Möglichkeit im europäischen Bilanzrecht geschaffen, CSR-relevante Daten in die unternehmerische Rechnungslegung zu integrieren. Dabei war die Idee der Kommunikation nichtfinanzieller Größen im Lagebericht zum Zeitpunkt der Verabschiedung der Modernisierungsrichtlinie weder neu noch innovativ: Gerade im internationalen Kontext hatten sich bereits seit Längerem verschiedenste Initiativen herausgebildet, die auf eine stärkere Berücksichtigung nichtfinanzieller Kennzahlen im Rahmen der unternehmerischen Berichterstattung ausgelegt waren, wie etwa die Standards der GRI. Aber auch auf europäischer Ebene wurden bereits zehn Jahre vor Verabschiedung der Modernisierungsrichtlinie Möglichkeiten der Bezugnahme von finanziellen auf nichtfinanzielle (vor allem ökologische) Informationen im Rahmen der Rechnungslegung diskutiert. So hatte die Kommission bereits 1992 in ihrem fünften Umweltaktionsprogramm[1497] eine Gemeinschaftsinitiative im Bereich der Rechnungslegung ankündigt, mit der Möglichkeiten der unternehmerischen Berichterstattung über finanzielle Aspekte des Umweltschutzes (etwa Aufwendungen für den Umweltschutz) konkretisiert werden sollten.[1498] Und auch die Verabschiedung der EMAS-Verordnung von 1993[1499] etablierte bereits ein System der unternehmerischen Öko-Berichterstattung. Insgesamt muss die durch die Modernisierungsrichtlinie begründete Pflicht zur Berichterstattung über nichtfinanzielle Leistungsindikatoren daher sowohl mit Blick auf den Kreis der davon erfassten („aufstellungspflichtigen“) Unternehmen als auch hinsichtlich der materiellen Anforderungen an die Berichtspflicht als moderat eingestuft werden.

(1) Aufstellungspflichtige Unternehmen

Das von der Modernisierungsrichtlinie eingeführte Gebot der Berücksichtigung nichtfinanzieller Leistungsindikatoren in der Berichterstattung findet grundsätzlich Anwendung auf alle Kapitalgesellschaften, die zur Aufstellung eines Lageberichts verpflichtet sind. Gleichzeitig gestattet es die Richtlinie den Mitgliedstaaten jedoch, KMU von der Offenlegungspflicht über nichtfinanzielle Informationen zu befreien.[1500] Begründet wird diese Möglichkeit seitens der Kommission mit dem aus einer

---

1497 *Europäische Kommission*, Fünftes gemeinschaftliches Aktionsprogramm für die Umwelt, ABlEG, 1993, Nr. C 138, S. 1.

1498 Vgl. *Scharlau*, S. 193.

1499 VO (EWG), Nr. 1836/93, ABlEG, 1993, Nr. L 168, S. 1.

1500 So heißt es in Art. 19 Abs. 4 der neuen europäischen Bilanzrichtlinie 2013/34/EU, die die bis dahin geltende Bilanzrichtlinie aus dem Jahr 1978 abgelöst hat: „Die Mitgliedstaaten können kleine und mittlere Unternehmen von der Verpflichtung gemäß Absatz 1 Unterabsatz 3 ausnehmen, soweit sie nichtfinanzielle Informationen betrifft.“, siehe Richtlinie des Europäischen Parlaments und des Rates v. 26.06.2013 über den Jahresabschluss, den konsolidierten Abschluss und damit

Berichtspflicht möglicherweise resultierenden Mehraufwand.[1501] Tatsächlich und in jedem Fall umfasst sind von einer entsprechenden Berichtspflicht folgerichtig lediglich große Kapitalgesellschaften.[1502] Da die Mitgliedstaaten von der Befreiungsklausel überwiegend Gebrauch gemacht haben[1503], ist der tatsächliche Anwendungsbereich der Offenlegungspflicht in der Unternehmenspraxis eher begrenzt.

(2) „Umweltbelange"

Was im Einzelnen unter „nichtfinanziellen Leistungsindikatoren" zu verstehen ist, wird weder in der Richtlinie selbst noch in der Richtlinienbegründung beschrieben. Insbesondere verzichtet die Richtlinie auf die Benennung und Definition einzelner Kriterien im Rahmen eines zusammenhängenden Berichtskatalogs.[1504] Von den beiden Kriterien („Umwelt- und Arbeitnehmerbelange"), die als einzige ausdrücklich genannt werden, lässt sich lediglich der Inhalt der Umweltbelange durch den in der Richtlinienbegründung enthaltenen Verweis auf die Kommissionsempfehlung zur Berücksichtigung von Umweltaspekten in Jahresabschluss und Lagebericht aus dem Jahr 2001[1505] näher bestimmen.[1506] Anliegen dieser für die Unternehmen rechtlich unverbindlichen Kommissionsempfehlung ist es, Anzahl und Vergleichbarkeit von umweltbezogenen Angaben in Jahresabschlüssen und Lageberichten

---

verbundene Berichte von Unternehmen bestimmter Rechtsformen und zur Änderung der Richtlinie 2006/43/EG des Europäischen Parlaments und des Rates und zur Aufhebung der Richtlinien 78/660/EWG und 83/349/EWG des Rates, Nr. 2013/34/EU, ABlEU, 2013, Nr. L 182, S. 19.

1501 Siehe RL 2003/51/EG, ABlEU, 2003, Nr. L 178, S. 17, Tz. 9.

1502 Nach der aktuellen Definition des europäischen Bilanzrechts sind dies solche Unternehmen, die am Bilanzstichtag mindestens zwei der drei folgenden Größenmerkmale überschreiten: eine Bilanzsumme von 20.000.000 EUR, einen Nettoumsatzerlös von 40.000.000 EUR oder eine durchschnittliche Mindestzahl von 250 Beschäftigten während des Geschäftsjahres, siehe Art. 3 Abs. 4 der RL 2013/34/EU, ABlEU, 2013, Nr. L 182, S. 19.

1503 So regelt etwa im deutschen Bilanzrecht die Vorschrift des § 289 Abs. 3 HGB, dass nichtfinanzielle Leistungsindikatoren nur von einer großen Kapitalgesellschaft zu berücksichtigen sind.

1504 Siehe dazu die Argumentation der Kommission im Richtlinienvorschlag, KOM (2002) 259/2 – 2002/0112 (COD) vom 9.7.2002, S. 7: „Auf detaillierte Bestimmungen wurde verzichtet, damit die Vorschriften nicht zu stereotypen Lageberichten führen. Außerdem lässt dieser Ansatz Spielraum für künftige Entwicklungen bei den besten Verfahrensweisen."

1505 Empfehlung der Kommission der Europäischen Gemeinschaften v. 30.05.2001 zur Berücksichtigung von Umweltaspekten in Jahresabschluss und Lagebericht von Unternehmen: Ausweis, Bewertung und Offenlegung, Nr. 2001/453/EG, ABlEG, 2001, Nr. L 156, S. 33.

1506 Durch die Nennung in der Richtlinienbegründung besitzt die Kommissionsempfehlung Vorbildcharakter für die Modernisierungsrichtlinie, vgl. *Kirsch/Scheele*, WPg 2004, S. 1 (9).

zu erhöhen und den berichterstattenden Gesellschaften diesbezüglich Gestaltungshinweise bereitzustellen. Zu den in der Empfehlung aufgeführten Vorschlägen für die inhaltliche Lageberichterstattung über Umweltbelange zählen die allgemeine Umweltstrategie des Unternehmens, Hinweise auf Umweltschutzmaßnahmen und -programme, umweltbezogene Unternehmensindikatoren einschließlich quantitativer Öko-Effizienz-Indikatoren, bereits erzielte und zukünftig zu erzielende Fortschritte auf dem Gebiet des Umweltschutzes, den Stand der Umsetzung von bereits erlassenen oder zu erwartenden Rechtsvorschriften sowie Hinweise auf einen etwaigen separat veröffentlichten Umweltbericht.[1507] All diese Kriterien können als Anhaltspunkte dafür dienen, was unter dem Begriff der Umweltbelange im Sinne der Modernisierungsrichtlinie zu verstehen ist. Selbstredend ist dabei, dass diese Kriterien nicht abschließend sind. Denkbar ist insofern etwa auch, dass sich eine Berichterstattung über nichtfinanzielle Umweltbelange am Leitfaden[1508] der Kommission zur EMAS-Umwelterklärung orientiert.[1509]

(3) „Arbeitnehmerbelange"

Weder in der Richtlinie selbst noch in den diese ergänzenden Empfehlungen ist der Begriff der Arbeitnehmernehmerbelange konkretisiert. Folgerichtig bleiben die Auswahl der Indikatoren zur Beschreibung der Arbeitnehmerbelange und deren Bewertung den Unternehmen selbst überlassen. In der kommentierenden Bilanzrechtsliteratur haben sich einzelne Themenkomplexe herausgebildet, anhand deren sich mögliche Berichtsthemen der nichtfinanziellen Arbeitnehmerbelange bestimmen lassen. Dazu zählen Angaben zu Größe, Struktur und Zusammensetzung der Arbeitnehmerschaft (einschließlich Informationen zu Altersstruktur, Fluktuation und Betriebszugehörigkeit), zum Personalaufwand (insbesondere im Hinblick auf die betrieblichen Entlohnungssysteme einschließlich Tarifabschlüssen mit Gewerkschaften, Gewinnbeteiligungen und Belegschaftsaktien), zu Ausbildungsstrukturen, Fortbildungsmaßnahmen und Mitarbeiterförderung, zu betrieblichen Sozialleistungen sowie zum betrieblichen Gesundheits- und Arbeitsschutz.[1510] Zu denken ist

1507 Diese Angaben sollten nach der Kommissionsempfehlung offenzulegen sein, „[...] sofern sie einen wesentlichen Einfluss auf das finanzielle Ergebnis oder den finanziellen Status des betreffenden Unternehmens haben.", vgl. KOM 2001/453/EG, ABlEG, 2001, Nr. L 156, S. 40, Anhang 4, Tz. 1, 2 a) – e).

1508 Der Leitfaden ist abgedruckt in Anhang I der Empfehlung der Kommission der Europäischen Gemeinschaften v. 07.09.2001 über Leitlinien für die Anwendung der Verordnung (EG) Nr. 761/2001 des Europäischen Parlaments und des Rates über die freiwillige Beteiligung von Organisationen an einem Gemeinschaftssystem für das Umweltmanagement und die Umweltbetriebsprüfung (EMAS), Nr. 2001/680/EG, ABlEG, 2001, Nr. L 247, S. 3.

1509 *Scharlau*, S. 201.

1510 *Grottel*, in: Beck Bil-Komm., § 289, Rn. 104; *Schmiel/Jansen*, in: Heidel/Schall, Handelsgesetzbuch, § 289, Rn. 51 jeweils unter Verweis auf deutsche Rechnungslegungsstandards.

darüber hinaus an Informationen über die Politik der innerbetrieblichen Mitbestimmung sowie zum Umgang mit Arbeitnehmervertretungen.

(4) Sonstige Belange

Die Modernisierungsrichtlinie begründet eine Pflicht zur Berücksichtigung entscheidungsrelevanter nichtfinanzieller Leistungsindikatoren, „einschließlich Informationen in Bezug auf Umwelt- und Arbeitnehmerbelange". Dabei indiziert die Verwendung des Begriffs „einschließlich", dass die Berichterstattung auch andere Themen als umwelt- und arbeitnehmerbezogene Angaben umfassen kann (bzw. sollte). Ebenso wie im Fall der Arbeitnehmerbelange verzichten sowohl die Richtlinie als auch deren Begründung auf eine Identifizierung möglicher weiterer von der Offenlegungspflicht erfasster Themenbereiche. Auch hier ist den Unternehmen jeweils ein großer Ermessensspielraum eingeräumt, welche Indikatoren sie im Einzelnen in ihre Berichterstattung aufnehmen. Diskutiert werden in diesem Zusammenhang vor allem Angaben zu den immateriellen Unternehmenswerten (etwa zum Kundenkreis, dessen Zusammensetzung und der Kundenzufriedenheit) sowie zu Maßnahmen im Bereich der „gesellschaftlichen Reputation" (etwa Sponsoring und karitative Zuwendungen sowie soziales und kulturelles Engagement des Unternehmens).[1511] Ergänzt werden diese Angaben um Informationen zu den Bereichen Forschung und Entwicklung, Produktqualität und Stakeholder-Beziehungen.[1512]

(5) Anwendung auf weltweite Gesellschaftsaktivitäten

Nicht selten ist das Gebot der Bezugnahme der Berichterstattung auf nichtfinanzielle Leistungsindikatoren gerade für solche Unternehmen besoners relevant, die über eigene Produktionsstandorte oder Tochterunternehmen in Drittstaaten (zumeist im außereuropäischen Ausland) mit schwächer ausgeprägten Schutzstandards verfügen. Im Falle von außereuropäischen Gesellschaftsaktivitäten hat sich die Lageberichterstattung über nichtfinanzielle Leistungsindikatoren auch auf diese zu beziehen, wenn das Mutterunternehmen seinen Sitz innerhalb der EU hat und nach europäischem Bilanzrecht zur Aufstellung eines (konsolidierten) Konzernlageberichts verpflichtet ist. Dabei sind neben dem Mutterunternehmen grundsätzlich alle unmittelbaren und mittelbaren, in- und ausländischen Tochterunternehmen ohne Rücksicht auf ihren Sitz in den Konzernabschluss (und damit in die Lageberichterstattung) einzubeziehen, soweit keine Befreiung von der Konzernrechnungslegungspflicht einschlägig ist (Weltabschlussprinzip).[1513] Insofern beinhaltet die Modernisierungsrichtlinie ausdrücklich auch eine Erweiterung der konsolidierten Lageberichterstattung um die Berücksichtigung nichtfinanzieller Leistungsindikatoren.[1514] Davon erfasste Konzerne

1511 *Grottel*, in: Beck Bil-Komm., § 289, Rn. 105 f.

1512 *Merkt*, in: Hopt/Ders., Bilanzrecht, § 289, Rn. 3; *Schmiel/Jansen*, in: Heidel/Schall, Handelsgesetzbuch, § 289, Rn. 53.

1513 Dazu *Förschle/Deubert*, in: BeckBil-Komm., § 294, Rn. 5 f.

1514 RL 2003/51/EG, ABlEU, 2003, Nr. L 178, S. 20.

haben folgerichtig auch Auskunft über ihre nichtfinanziellen Leistungen in Drittstaaten zu geben.[1515]

(6) Keine Anwendung auf Zulieferunternehmen

Nicht umfasst von der durch die Modernisierungsrichtlinie begründeten Pflicht zur Lageberichterstattung über nichtfinanzielle Informationen sind hingegen all jene in- und ausländischen Zulieferunternehmen, mit denen die berichterstattende Gesellschaft entlang der Wertschöpfungskette in Berührung kommt. Im Gegensatz zu Tochterunternehmen handelt es sich bei Zulieferbetrieben (in der Regel) um rechtlich selbstständige Unternehmen, die sich keinem beherrschenden Einfluss im rechtlichen (wohl aber häufig im faktischen) Sinne ausgesetzt sehen, folgerichtig keinen Bestandteil der Konzernstruktur bilden und somit auch nicht von der Konsolidierungspflicht der Berichterstattung erfasst werden. Auf eine (rechtlich zulässige) ausdrückliche Erweiterung der Lageberichterstattungspflicht im Hinblick auf Zulieferbetriebe wurde im Rahmen der Modernisierungsrichtlinie verzichtet.

2. Kritik am geltenden nichtfinanziellen Berichtsrahmen

Die Bewertung des durch die Modernisierungsrichtlinie geschaffenen Rahmens der nichtfinanziellen Lageberichterstattung muss folgerichtig differenziert ausfallen. Positiv hervorzuheben ist zunächst das generelle Bestreben der Richtlinie, den inhaltlichen Informationsgehalt der Lageberichterstattung durch eine Ergänzung der finanziellen Informationen um nichtfinanzielle Indikatoren anzuheben, um so den Berichtsadressaten eine verbesserte (weil umfassendere) Informationsgrundlage über das berichterstattende Unternehmen zu verschaffen. Mit dieser inhaltlichen Erweiterung unterstreicht die Richtlinie insgesamt auch die Relevanz, die einer sozial ausgerichteten und ökologisch orientierten Berichterstattung heute sowohl von Seiten der berichtenden Unternehmen selbst als auch von Seiten des die Informationen nachfragenden Kapitalmarkts bzw. der allgemeinen Öffentlichkeit beigemessen wird.[1516] Nicht verkannt werden darf schließlich auch, dass der mit der Richtlinie gewählte Weg der offenen Formulierung der Anforderungen an die nichtfinanzielle Lageberichterstattung den Unternehmen hinreichend Spielräume belässt, auf „unternehmensindividuelle und/oder branchenspezifische Besonderheiten“ einzugehen und dabei eine *„best practice“* der Berichterstattung zu entwickeln.[1517]

Gleichwohl dürfen jedoch nicht die Mängel übersehen werden, die sich aus eben jener Form der offenen (unbestimmten) Formulierung der Anforderungen an die Publizität für das Informationsniveau und die Vergleichbarkeit der unternehmerischen Lageberichterstattung ergeben. So führt insbesondere die fehlende inhaltliche

1515 Dazu und zur Bedeutung einer weltweiten Berichtspflicht für das Konzept der CSR siehe auch *Lambooy*, S.149.

1516 *Kirsch/Scheele*, WPg 2004, S. 1 (10 f.).

1517 *Kirsch/Scheele*, WPg 2004, S. 1 (10, 12).

Präzisierung des Rechtsbegriffs der „nichtfinanziellen Leistungsindikatoren" durch den europäischen Gesetzgeber zu einem (zu) großen Ermessenspielraum der Unternehmen bei der Frage, welche Informationen im Einzelfall Bestandteil der Berichterstattung bilden sollen und in welcher Tiefe die Darstellung dabei zu erfolgen hat.[1518] Verschärft wird dieses Problem noch durch die Tatsache, dass die Modernisierungsrichtlinie die Entscheidung, ob ein Unternehmen über nichtfinanzielle Leistungsindikatoren zu berichten hat oder nicht, an das das Kriterium der Entscheidungsrelevanz („soweit [...] erforderlich [...] und angebracht") koppelt. Stets erforderlich ist damit ein Bezug der Informationsvermittlung zur wirtschaftlichen Lage der Gesellschaft bzw. des Konzerns. Wann genau ein solcher Bezug aber besteht, bleibt jedoch unklar.

Auch bezüglich des Kriteriums der Entscheidungsrelevanz ist damit letztlich der berichterstattenden Gesellschaft ein Ermessensspielraum eingeräumt, der in der Unternehmenspraxis nicht selten zu einem faktischen Verzicht auf eine nichtfinanzielle Berichterstattung führt.[1519] Selbst wenn dabei zuzugestehen ist, dass die gesetzgeberische Ausformung der Lageberichterstattung einen ständigen „Balanceakt zwischen Über- und Unterregulierung"[1520] darstellt, leistet die Modernisierungsrichtlinie insgesamt nur einen sehr limitierten Beitrag zu der von Seiten der CSR geforderten „Transparenz" unternehmerischen Handelns. Dies gilt umso mehr, als die Richtlinie die Pflicht zur Offenlegung nichtfinanzieller Informationen auf große Kapitalgesellschaften beschränkt und auf eine Einbeziehung von Zulieferunternehmen verzichtet.

IV. Erweiterte Berichtspflichten: Die Richtlinie im Hinblick auf die Angabe nichtfinanzieller und die Diversität betreffender Informationen durch bestimmte große Gesellschaften und Konzerne

Für das Recht der Lageberichterstattung im Allgemeinen und die Pflicht zur Offenlegung nichtfinanzieller Informationen im Speziellen haben sich im Jahr 2014 „erhebliche Veränderungen" abgezeichnet.[1521] Den Hintergrund dieser Veränderungen bildete ein von der Kommission im Frühjahr 2013 vorgelegter Richtlinienvorschlag zur Änderung der Bilanzrichtlinie und der Konzernbilanzrichtlinie (die heute zusammengefasst sind in der Richtlinie 2013/34/EU) im Hinblick auf die Offenlegung nichtfinanzieller und die Diversität betreffender Informationen durch bestimmte große Gesellschaften und Konzerne.[1522] Anliegen dieses Vorschlags war es, die Pflicht

1518 *Keltsch,* S. 60.

1519 *Kocher* et al., Verantwortung braucht Transparenz, S. 24 erkennen gar eine „Beliebigkeit" in der Berichterstattungspraxis der Unternehmen.

1520 *Kirsch/Scheele,* WPg 2004, S. 1 (10).

1521 *Hommelhoff/Mattheus,* in: Großkomm. HGB, 5A, § 289 Rn. 1.

1522 *Europäische Kommission,* Vorschlag für eine Richtlinie des Europäischen Parlaments und des Rates v. 16.04.2013 zur Änderung der Richtlinien 78/660EWG und

der Unternehmen zur Offenlegung nichtfinanzieller Informationen neu zu ordnen und sie dabei inhaltlich zu präzisieren und zu erweitern. Der durch Vorlage des Richtlinienvorschlags auf europäischer Ebene angestoßene Gesetzgebungsprozess wurde im Jahr 2014 abgeschlossen. Nachdem das Europäische Parlament und der Europäische Rat einer überarbeiteten Fassung des Richtlinienvorschlags im April[1523] bzw. September[1524] 2014 zugestimmt hatten, erfolgte die Veröffentlichug der Richtlinie 2014/95/EU im Amtsblatt der EU am 15. November 2014[1525]. Neben der inhaltlichen Erweiterung und Präzisierung der nichtfinanziellen Berichtspflichten erfüllte die Kommission mit ihrem Vorschlag zugleich eines ihrer zentralen Versprechen aus der 3. Mitteilung zur CSR (2011), in der sie angekündigt hatte „[...] einen Vorschlag für eine Rechtsvorschrift über die Transparenz der sozialen und ökologischen Informationen [zu] präsentieren, die von den Unternehmen aller Branchen bereitgestellt werden."[1526] Die nunmehr erfolgte Änderung der Lageberichterstattung bildet folgerichtig mehr als eine einfache Reform des europäischen Bilanzrechts: Sie steht im Zentrum der europäischen Bemühungen um eine „Verrechtlichung" der CSR.[1527]

1. Begründung des Richtlinienvorschlags

Deutlich hervorgehoben wird der Bezug des Richtlinienvorschlags zur europäischen CSR-Politik in der Richtlinienbegründung. Dabei betont die Kommission, dass eine Erhöhung der nichtfinanziellen Transparenz den Unternehmen nicht nur dabei

83/349/EWG des Rates im Hinblick auf die Offenlegung nichtfinanzieller und die Diversität betreffender Informationen durch bestimmte große Gesellschaften und Konzerne, KOM (2013) 207 endg. – 2013/0110 (COD).

1523 *Europäisches Parlament*, Legislative Entschließung des Europäischen Parlaments v. 15.04.2014 zu dem Vorschlag für eine Richtlinie des Europäischen Parlaments und des Rates zur Änderung der Richtlinien 78/660/EWG und 83/349/EWG des Rates im Hinblick auf die Offenlegung nichtfinanzieller und die Diversität betreffender Informationen durch bestimmte große Gesellschaften und Konzerne (COM(2013)0207 – C7-0103/2013 – 2013/0110(COD)), P7_TA-PROV(2014)0368, auszugsweise vgl. Anhang, S. 334 ff.

1524 Die Zustimmung des Rates erfolgte am 29. September 2014, siehe die Pressemitteilung unter: http://www.consilium.europa.eu/uedocs/cms_data/docs/pressdata/en/intm/144945.pdf (Stand: 21.01.2014).

1525 Richtlinie des Europäischen Parlaments und des Rates v. 22.10.2014 zur Änderung der Richtlinie 2013/34/EU im Hinblick auf die Angabe nichtfinanzieller und die Diversität betreffender Informationen durch bestimmte große Unternehmen und Gruppen, Nr. 2014/95/EU, ABlEU, 2014, Nr. L 330, S. 1.

1526 KOM(2011) 681 endg., S. 14.

1527 Die folgenden Ausführungen beschränken sich auf die vom Richtlinienentwurf umfassten Vorschläge zur Erweiterung der nichtfinanziellen Berichtspflicht im engeren Sinne. Nicht eingegangen wird dabei insbesondere auf den ebenfalls im Richtlinienentwurf enthaltenen Vorschlag der Schaffung einer Offenlegungspflicht im Hinblick auf Informationen der Diversität.

helfen könne, die diesbezüglichen Chancen und Risiken besser zu erkennen und die Ergebnisse zu steigern, sondern zugleich auch die wachsende Nachfrage nach nichtfinanziellen Informationen und Nachhaltigkeitsaspekten von Seiten der Organisationen der Zivilgesellschaft, der lokalen Gebietskörperschaften und der Investoren zu befriedigen.[1528] Der bisher geltende (durch die Modernisierungsrichtlinie geschaffene) Rechtsrahmen für die Offenlegung nichtfinanzieller Informationen habe sich insgesamt als nicht wirksam genug erwiesen. So sei die gegenwärtige nichtfinanzielle Berichtspraxis der Unternehmen sowohl im Hinblick auf die Quantität als auch auf die Qualität der offengelegten Informationen mangelhaft. Tatsächlich berichteten nur 2.500 der insgesamt 42.000 Großunternehmen in der EU jährlich über ihre nichtfinanzielle Leistung, wobei die offengelegten Informationen zumeist nicht dem Informationsbedürfnis der Nutzer entsprächen und keine Vergleichbarkeit ermöglichten.[1529] Zurückzuführen sei der unbefriedigende Zustand neben einem Versagen des Marktes (unzureichende oder uneinheitliche Marktanreize) vor allem auch auf ein Versagen der mitgliedstaatlichen und unionalen Regulierung. Notwendig seien daher insgesamt „[k]larere Anforderungen und eine stärkere Konzentration auf aktuelle Themen“[1530], um eine Verbesserung der Relevanz, der Konsistenz und der Vergleichbarkeit der offengelegten nichtfinanziellen Informationen zu erreichen. Nur so könne die nichtfinanzielle Transparenz, die einen „Kernbestandteil einer jeden CSR-Politik“ ausmache, ihre volle Wirksamkeit entfalten.

2. Adressaten der Offenlegungspflicht

Vor dem Hintergrund dieser Überlegungen sieht die Richtlinie 2014/95/EU nunmehr die Ergänzung des in der aktuellen Bilanzrichtlinie (2013/34/EU) enthaltenen Rechts der Lageberichterstattung um einen neu zu schaffenden Art. 19a vor. Dieser konkretisiert in den Absätzen 1–6 Inhalt und Umfang der Pflicht zur Offenlegung nichtfinanzieller Informationen. Festgelegt ist in Art. 19a Abs. 1 UAbs. 1 auch, welche Unternehmen dem personellen Anwendungsbereich der nichtfinanziellen Berichtspflicht unterfallen. Verpflichtet zur Aufnahme einer nichtfinanziellen Erklärung in den Lagebericht sind demnach alle „[g]roßen Unternehmen, die Unternehmen von öffentlichem Interesse sind und am Bilanzstichtag das Kriterium erfüllen, im Durchschnitt mehr als 500 Mitarbeiter zu beschäftigen“.

a. Große Unternehmen

Der Begriff des „großen Unternehmens“ ist definiert in Art. 3 Abs. 4 der geltenden EU-Bilanzrichtlinie (2013/34/EU). Danach überschreitet ein großes Unternehmen am Bilanzstichtag mindestens zwei der Größenmerkmale in Bezug auf die Bilanzsumme (20.000.000 EUR), die Nettoumsatzerlöse (40.000.000 EUR) und die durchschnittliche

1528 KOM (2013) 207 endg., S. 2.
1529 KOM (2013) 207 endg., S. 5.
1530 KOM (2013) 207 endg., S. 3.

Zahl der während des Geschäftsjahres Beschäftigten (250). Dadurch, dass der neue Art. 19a jedoch lediglich große Unternehmen mit durchschnittlich 500 Mitarbeitern zur Aufstellung einer nichtfinanziellen Erklärung im Lagebericht verpflichtet[1531], wird der Kreis der vom personellen Anwendungsbereich der Offenlegungspflicht erfassten Unternehmen deutlich verkleinert. Faktisch eingeführt wird damit eine dem Bilanzrecht bis dahin fremd gewesene Kategorie des „größeren großen Unternehmens". Begründet wird die Beschränkung des Anwendungsbereichs der nichtfinanziellen Offenlegungspflicht seitens der Kommission mit dem Bestreben, „etwaigen übermäßigen Verwaltungsaufwand" in Grenzen halten zu wollen.[1532]

b. Unternehmen von öffentlichem Interesse

Eine zusätzliche Eingrenzung erfährt der personelle Anwendungsbereich der nichtfinanziellen Berichtspflicht durch die in Art. 19a Abs. 1 UAbs. 1 enthaltene Beschränkung auf solche großen Unternehmen, die „von öffentlichem Interesse" sind. Vom Begriff des „Unternehmens von öffentlichem Interesse" umfasst sind alle kapitalmarktorientierten Unternehmen sowie Kreditinstitute, Versicherungsunternehmen und Unternehmen, die von den Mitgliedstaaten als Unternehmen im öffentlichen Interesse bestimmt werden.[1533] Eine vergleichbare zusätzliche Beschränkung war im Richtlinienvorschlag der Kommission noch nicht enthalten[1534] und wurde erst nach Abschluss der informellen Trilog-Verhandlungen zwischen Parlament, Rat und Kommission in Richtlinie aufgenommen. Faktisch erreicht wurde dadurch eine abermalige deutliche Reduzierung des von der nichtfinanziellen Offenlegungspflicht erfassten Kreises europäischer Unternehmen. Der ursprüngliche Richtlinienvorschlag der Kommission sollte etwa 18.000 der insgesamt 42.000 europäischen Großunternehmen erfassen.[1535] Durch die Beschränkung auf belegschaftsstarke und kapitalmarktorientierte Großunternehmen unterfallen tatsächlich jedoch wohl nur ca. 6.000 EU-Unternehmen dem Anwendungsbereich der Richtlinie.[1536]

1531 Im Falle einer Unternehmensgruppe berechnet sich die durchschnittliche Mitarbeiterzahl auf konsolidierter Basis.

1532 Auch so sei die Richtlinie ausgewogen, da sie „[...] einen angemessenen Geltungsumfang der nichtfinanziellen Offenlegungspflichten" sicherstelle, vgl. KOM (2013) 207 endg., S. 8.

1533 Siehe die Legaldefinition in Art. 2 Nr. 1 lit. a) – d) der RL 2013/34/EU, ABlEU, 2013, Nr. L 182, S. 26 f.

1534 Von der dort vorgeschlagenen nichtfinanziellen Berichtspflicht waren hingegen alle „Gesellschaften, die im Durchschnitt des Geschäftsjahres mehr als 500 Mitarbeiter beschäftigen und am Bilanzstichtag entweder eine Bilanzsumme von mehr als 20 Mio. EUR oder einen Nettoumsatz von mehr als 40 Mio. EUR aufweisen" umfasst, vgl. KOM (2013) 207 endg., S. 13.

1535 KOM (2013) 207 endg., S. 8. Dazu auch *Lanfermann*, BB 2013, S. 1323 (1324); *Schrader*, ZUR 2013, S. 451 (458).

1536 So die Angaben auf dem Rechnungslegungsportal „IAS Plus", abrufbar unter http://www.iasplus.com/de/news/2014/april/eu-esg (Stand: 21.01.2016).

c. *Unternehmen im Konzernverbund*

Explizit ausgenommen von einer Offenlegungspflicht zu nichtfinanziellen Informationen sind gem. Art. 19a Abs. 3 Tochterunternehmen, die in den konsolidierten Lagebericht eines anderen Unternehmens (vor allem des Mutterunternehmens) einbezogen werden, soweit der konsolidierte Lagebericht die geforderten nichtfinanziellen Informationen auf Gruppenbasis offenlegt. Voraussetzung ist lediglich, dass das Tochterunternehmen unmittelbar oder mittelbar durch das Mutterunternehmen kontrolliert wird.[1537] Erkennbar wird an diesem Befreiungstatbestand für Tochterunternehmen innerhalb von Unternehmensgruppen, dass die neuen Vorschriften zur Offenlegung nichtfinanzieller Informationen zunächst nur auf eine verpflichtende besondere Berichterstattung auf Ebene der Konzernspitze abzielen und kleinere Gesellschaften der Gruppe nicht mit neuen Publizitätsvorschriften belastet werden sollen.[1538]

3. Inhalt der nichtfinanziellen Offenlegungspflicht

In inhaltlicher Hinsicht werden die in der Modernisierungsrichtlinie ausdrücklich aufgeführten Umwelt- und Arbeitnehmerbelange durch weitere nichtfinanzielle Indikatoren ergänzt. Nach Art. 19a Abs. 1 UAbs. 1 soll die von den erfassten Unternehmen zu leistende Lageberichterstattung eine Erklärung zu nichtfinanziellen Informationen enthalten, die sich nunmehr neben den nach wie vor enthaltenen Umwelt- und Arbeitnehmerbelangen „mindestens" auch auf Sozialbelange, auf die Achtung der Menschenrechte und auf die Bekämpfung von Korruption und Bestechung bezieht. Erreicht wird durch diese Benennung weiterer Indikatoren vor allem eine inhaltliche Konkretisierung der nichtfinanziellen Berichtspflicht. Davon umfasst sind nunmehr auch ausdrücklich alle das Konzept der CSR umfassende Themenbereiche. Verstärkt wird die Konkretisierung der inhaltlichen Offenlegungspflichten desweiteren noch durch die beabsichtigte Veröffentlichung einer erklärenden „Orientierungshilfe für die Berichterstattung" durch die Kommission, die als unverbindlicher Leitfaden den Unternehmen Anhaltspunkte zur Offenlegung geben soll.

a. *Umwelt- und Arbeitnehmerbelange*

In Bezug auf die aus der Modernisierungsrichtlinie übernommenen Kriterien der Umwelt- und Arbeitnehmerbelange ergeben sich keine inhaltlichen Abweichungen zu dem bereits geltenden Berichtsrahmen. Hervorzuheben ist jedoch, dass das Europäische Parlament in der Begründung seiner legislativen Entschließung zur Annahme der neuen nichtfinanziellen Offenlegungspflichten beide Indikatoren aufgegriffen und durch die Nennung von Themenbereichen weiter konkretisiert hat.

1537 Siehe Art. 2 Nr. 10 der RL 2013/34/EU, ABlEU, 2013, Nr. L 182, S. 27.
1538 *Lanfermann*, BB 2013, S. 1323 (1324).

Demnach sollte die von den Unternehmen zu verfassende Erklärung in Bezug auf Umweltbelange „[...] Einzelheiten der aktuellen und vorhersehbaren Auswirkungen der Geschäftstätigkeit des Unternehmens auf die Umwelt und gegebenenfalls die Gesundheit und die Sicherheit sowie zu der Nutzung erneuerbarer und/oder nicht erneuerbarer Energien, zu Treibhausgasemissionen, zum Wasserverbrauch und zur Luftverschmutzung enthalten."[1539]

Auch der Begriff der Arbeitnehmerbelange wird durch die Richtlinienbegründung des Parlaments erstmals näher spezifiziert. Danach sollte eine Erklärung über nichtfinanzielle Informationen in Bezug auf die Arbeitnehmerbelange etwa Angaben enthalten zur betrieblichen Umsetzung der Kernarbeitsnormen der ILO, zu Arbeitsbedingungen, zur Achtung der gewerkschaftlichen Rechte, zum Gesundheitsschutz und zur Sicherheit am Arbeitsplatz sowie zur „Achtung des Rechts der Arbeitnehmer, informiert und konsultiert zu werden".[1540] Zusammen mit der Berichtspraxis der Unternehmen, die sich auf Grundlage der Modernisierungsrichtlinie zu den Umwelt- und Arbeitnehmerbelangen in den vergangenen Jahren bereits entwickelt hat, verdichten die nunmehr durch das Europäische Parlament vorgenommenen Konkretisierungen den Berichterstattungsrahmen immer weiter, so dass sich so ein zunehmend präziser werdender Anforderungskatalog herausbildet.

b. Sozialbelange

Inhaltlich unbestimmt bleibt hingegen der neu in den Katalog der nichtfinanziellen Indikatoren aufgenommene Verweis auf die „Sozialbelange". Nahe liegt es dabei, einen engen Bezug der Sozialbelange zu den Arbeitnehmerbelangen anzunehmen. Anhaltspunkte darüber, was im Einzelfall vom Begriff der Sozialbelange umfasst sein könnte, enthält wiederum die Richtlinienbegründung der legislativen Entschließung des Europäischen Parlaments. Explizit genannt ist dort der etwa der „Dialog mit lokalen Gemeinschaften"[1541]. Allgemeiner formuliert lässt sich auch der vom Konzept der CSR geforderte und vom Unternehmen jeweils zu führende Stakeholderdialog unter den Bereich der „Sozialbelange" subsumieren. Zu denken ist jedoch auch an außerbetriebliche Zuwendungen (karitative Zwecke) und Förderungen (Sponsoring). Angesprochen wird zudem das bürgerschaftliche Engagement der Unternehmen (Corporate Citizenship). Aber auch innerbetrieblich kann von Sozialbelangen gesprochen werden, etwa dann wenn das Unternehmen Ausbildungsplätze auch für unterqualifizierte Bewerber bereitstellt oder Langzeitarbeitslosen eine berufliche Perspektive bietet.

1539 *EP*, Entschließung v. 15.04.2014, P7_TA-PROV(2014)0368, Tz. 7, auszugsweise vgl. Anhang, S. 334 ff.

1540 *EP*, Entschließung v. 15.04.2014, P7_TA-PROV(2014)0368, Tz. 7, auszugsweise vgl. Anhang, S. 334 ff.

1541 *EP*, Entschließung v. 15.04.2014, P7_TA-PROV(2014)0368, Tz. 7, auszugsweise vgl. Anhang, S. 334 ff.

c. Achtung der Menschenrechte

Einzugehen ist im Rahmen der nichtfinanziellen Erklärung nunmehr auch auf den Indikator der „Achtung der Menschenrechte". Aufgegriffen wurde damit die zweite Säule des Konzepts der Leitprinzipien des Sonderbeauftragten („unternehmerische Achtungsverantwortung"). Als Gradmesser für die von der Offenlegung erfassten nichtfinanziellen Informationen im Bereich der Menschenrechte kann daher auf die in den Leitprinzipien enthaltenen Sorgfaltspflichten abgestellt werden, die Unternehmen zu erfüllen haben, um ihrer Verantwortung zur Achtung der Menschenrechte gerecht zu werden. Dazu gehört jedenfalls auch eine Erklärung über die betriebliche Sorgfaltspolitik („*due diligence*"), mit der verhindert werden soll, dass Menschenrechte beeinträchtigt werden. Ebenfalls umfasst ist eine Erläuterung darüber, welche unternehmensinternen Vorschriften und Verfahrensweisen angewendet werden, um potentielle Menschenrechtsbeeinträchtigungen präventiv zu erkennen bzw. für bereits entstandene Beeinträchtigungen rückwirkend eine Wiedergutmachung zu leisten. Auch bezüglich des sachlichen Anwendungsbereichs der Offenlegungspflicht in Bezug auf die Menschenrechte können sowohl die Leitprinzipien des Sonderbeauftragten als auch der Global Compact als Anhaltspunkte dienen. Umfasst ist insofern jedenfalls der Kern der „international anerkannten Menschenrechte", bestehend aus der AEMR, dem IPbürgR, dem IPwskR und den Kernarbeitsnormen der ILO.

d. Bekämpfung von Korruption und Bestechung

Schließlich sind in die nichtfinanzielle Erklärung als Teil der Lageberichterstattung auch Angaben zur Korruptions- und Bestechungsbekämpfung durch das Unternehmen aufzunehmen. Ähnlich wie im Bereich der Menschenrechte ist dabei vor allem auf die unternehmensinternen Präventionsmechanismen einzugehen. Auch nach dem zehnten, der Korruptionsbekämpfung gewidmeten Prinzip des Global Compact sollen Unternehmen „[...] gegen alle Arten der Korruption eintreten, einschließlich Erpressung und Bestechung." Der neue nichtfinanzielle Offenlegungsrahmen des europäischen Bilanzrechts deckt damit nunmehr auch ausdrücklich sämtliche Prinzipien des Global Compact ab. Anhaltspunkte bezüglich des Berichterstattungsumfangs über die von Unternehmensseite getroffenen Maßnahmen zur Bekämpfung von Korruption und Bestechung lassen sich darüber hinaus auch den relevanten internationalen Abkommen und Verträgen zur Korruptionsbekämpfung entnehmen.[1542]

1542 Siehe dazu etwa *Wolf*, KJ 2008, S. 366 (366 ff.); *Ax* et al., Rechtshandbuch Korruptionsbekämpfung, S. 58 ff. Impulse für eine unternehmensinterne Politik der Korruptionsbekämpfung können auch den Empfehlungen und Gestaltungsvorschlägen zur unternehmerischen Selbstverpflichtung der ICC entnommen werden, siehe dazu *Muche*, S. 145 ff.

e. *Leitlinien zur Berichterstattung der Kommission*

Wichtiger als die Aufzählung weiterer einzelner Indikatoren erscheint aus Sicht der inhaltlichen Konkretisierung der nichtfinanziellen Offenlegungspflichten jedoch, dass Art. 2 der Richtlinie 2014/95/EU die Kommission dazu verpflichtet, „Leitlinien zur Methode der Berichterstattung über nichtfinanzielle Informationen" zu verfassen. Ziel dieser „unverbindlichen" Leitlinien soll es sein, den Unternehmen das Verfahren der Berichterstattung zu erleichtern, um dadurch sicher zu stellen, dass sich die Offenlegung insgesamt (auch aus Sicht der Berichtsadressaten) nur auf relevante, zweckdienliche und vergleichbare Informationen bezieht. Umfassen sollen die Leitlinien eine Konkretisierung der „wichtigsten allgemeinen und sektorspezifischen nichtfinanziellen Leistungsindikatoren" auf der Grundlage derzeit bewährter Verfahren und internationaler Entwicklungen.[1543] Vorgesehen ist, dass die Leitlinien bis zum 6. Dezember 2016 veröffentlicht werden. Dabei soll die Kommission vor der Formulierung der Leitlinien die „relevanten Interessenträger" konsultieren, wozu neben den Unternehmen selbst vor allem Investoren, Arbeitnehmer, staatliche Stellen und NGOs zu zählen sind. Welche Form und welchen Inhalt die zu formulierenden Leitlinien dann im Einzelnen haben werden, kann zum jetzigen Zeitpunkt nicht beurteilt werden. Grundsätzlich ist eine Konkretisierung durch eine Kommentierung der Berichtsanforderungen jedoch dazu geeignet, eine der wesentlichen Schwächen des nichtfinanziellen Berichtsrahmens der Modernisierungsrichtlinie, nämlich dessen inhaltliche Unbestimmtheit, zu korrigieren.

4. Umfang der nichtfinanziellen Offenlegungspflicht

Neben der inhaltlichen Konkretisierung sieht die Richtlinie in Art. 19a Abs. 1 UAbs. 1 lit. a) -e) auch eine bedeutende Präzisierung des Umfangs der von den Unternehmen zu leistenden nichtfinanziellen Berichtspflicht vor. In Bezug auf die soeben beschriebenen Einzelindikatoren der nichtfinanziellen Berichterstattung (Umwelt-, Sozial-, Arbeitnehmerbelange, Achtung der Menschenrechte, Bekämpfung von Korruption und Bestechung) werden die offenlegungspflichtigen Unternehmen zur Erläuterung ihres Geschäftsmodells, ihrer wesentlichen Konzepte (und deren Ergebnisse) sowie ihres Risikomanagements verpflichtet. Deutlich wird dabei, dass die Unternehmen nach dem neuen Recht der nichtfinanziellen Berichterstattung über eine reine Darstellung allgemeiner Grundsätze hinaus auch eine Leistungseinschätzung in den jeweiligen Bereichen vorzunehmen haben.[1544]

1543 Siehe die Erläuterung in *EP*, Entschließung v. 15.04.2014, P7_TA-PROV(2014)0368, Tz. 17.

1544 *Lanfermann*, BB 2013, S. 1323 (1324); *Schrader*, ZUR 2013, S. 451 (454).

a. Geschäftsmodell

Enthalten soll die nichtfinanzielle Erklärung nach Art. 19a Abs. 1 UAbs. 1 lit. a) zunächst eine kurze Beschreibung des Geschäftsmodells des Unternehmens bzw. der Gruppe. Diese Beschreibung soll dem Berichtsadressaten einen Überblick über den Kontext des vom Unternehmen vorgelegten Lageberichts vermitteln. Von der Beschreibung des Geschäftsmodells umfasst sind dabei Informationen, die helfen sollen, die unternehmensspezifischen Determinanten des geschäftlichen Erfolgs (bzw. Misserfolgs) zu verstehen und zu analysieren. Dazu gehört insbesondere auch eine Skizzierung der Art und Weise der Gewinnerzielung.

b. Nichtfinanzielle Unternehmensstrategie

Einzugehen ist darüber hinaus auf die vom Unternehmen in Bezug auf die in Art. 19a Abs. 1 UAbs. 1 einzeln aufgeführten nichtfinanziellen Leistungsindikatoren jeweils verfolgten Unternehmenskonzepte (Art. 19a Abs. 1 UAbs. 1 lit. b). Umfassen soll die Erläuterung der nichtfinanziellen Konzepte dabei auch eine Beschreibung „der angewandten Due-Diligence-Prozesse". Wichtig ist dabei, dass die Bestimmung einen konkreten Bezug der Unternehmensstrategie zu den fünf durch den europäischen Gesetzgeber identifizierten nichtfinanziellen Leistungsindikatoren verlangt. Eine allgemeine und zusammenhangslose Darstellung der betrieblichen CSR- bzw. Nachhaltigkeitsstrategie scheidet demzufolge aus.[1545] Aufgegriffen wurde mit der Forderung nach der Beschreibung der zur Wahrung der „Sorgfaltspflicht" durchgeführten Prozesse zudem eines der wesentlichen Kernthemen der Leitprinzipien des Sonderbeauftragten, dessen Konzept auf einer von den Unternehmen durchzuführenden „*human rights due diligence*" aufbaut.[1546] Nach dem Konzept des Sonderbeauftragten erfordert die unternehmerische Sorgfaltspflicht vor allem eine Prüfung in dreierlei Hinsicht: Zu analysieren haben Unternehmen, ob länderspezifische Menschenrechtsrisiken an ihren Produktionsstandorten bestehen, welche Auswirkungen ihre Aktivitäten (sowohl als Produzent als auch als Arbeitgeber und Nachbar) auf die Menschenrechte in diesem Kontext haben und ob durch geschäftliche Beziehungen zu Menschenrechtsverletzungen beigetragen wird.[1547] Im Kontext der Beschreibung der nichtfinanziellen Unternehmensstrategie ist daher

---

1545 Auch wenn sich eine CSR-Berichterstattung in der Offenlegungspraxis in aller Regel ohnehin an diesen Indikatoren orientiert.

1546 In einem Bericht des Sonderbeauftragten aus dem Jahr 2009 wird die „*human rights due diligence*" wie folgt definiert: „The Special Representative uses this term in its broader sense: a comprehensive, proactive attempt to uncover human rights risks, actual and potential, over the entire life cycle of a project or business activity, with the aim of avoiding and mitigating those risks.", vgl. Report of the Special Representative, UN Doc. A/HRC/11/13, S. 18, Tz. 71. Ferner *Massoud*, KJ 2013, S. 7 (11) m.w.N.

1547 Vgl. *Bretschger*, S. 152.

davon auszugehen, dass eine vergleichbare Analyse auch in Bezug auf die anderen Indikatoren vorgenommen werden muss.

c. Ergebnisse der nichtfinanziellen Unternehmensstrategie

Bezogen auf die nichtfinanzielle Unternehmensstrategie und die zur Wahrung der Sorgfaltspflicht angewandten Prozesse sind darüber hinaus auch gem. Art. 19a Abs. 1 UAbs. 1 lit. c) die in diesem Zusammenhang jeweils erzielten Ergebnisse darzustellen. Offensichtlich sollen damit die Unternehmen veranlasst werden, sich in regelmäßigen Abständen mit der Wirksamkeit und Relevanz der eigenen Strategien zu beschäftigen, um darauf aufbauend gegebenenfalls Verbesserungen vornehmen zu können. Zugleich soll den Berichtsadressaten ein Anhaltspunkt für die Unternehmensbewertung geliefert werden.

d. Nichtfinanzielle Risikopolitik

Ergänzt wird die Pflicht zur Beschreibung der nichtfinanziellen Unternehmensstrategie gem. Art. 19a Abs. 1 UAbs. 1 lit. d) um eine spezifischere Pflicht zur Erläuterung der wesentlichen nichtfinanziellen Risiken, die sich aus der Geschäftstätigkeit des Unternehmens ergeben. Gleichzeitig ist darzulegen, welches aktive Risikomanagement das Unternehmen in Bezug auf diese Risiken verfolgt. Die Richtlinienbegründung konkretisiert die Pflicht zur Risikoanalyse insoweit, als von der Offenlegung sowohl zukünftige Risiken erfasst sind, die potentiell schwerwiegende Auswirkungen nach sich ziehen können, als auch solche, die bereits eingetreten sind, wobei sich die Schwere der Auswirkungen nach „ihrem Ausmaß und Ernst" beurteilt.[1548] Dabei greift die Bestimmung von Unternehmensrisiken über die Grenzen des eigenen Unternehmens hinaus. So können die nachteiligen Auswirkungen sowohl aus der eigenen Tätigkeit des Unternehmens, als auch aus den eingegangenen Geschäftsbeziehungen resultieren. Davon umfasst sind folgerichtig auch Risiken, die entlang der Wertschöpfungskette des Unternehmens und entlang der Kette von Unterauftragnehmern entstehen.[1549] Integriert wird auf diesem Weg erstmals auch eine Berichtspflicht über den Bereich der externen Vertragsbeziehungen, der gerade vor dem Hintergrund der Globalisierung für die CSR von besonderer Bedeutung ist.

e. Unternehmensspezifische Bewertung nichtfinanzieller Indikatoren

Schließlich verpflichtet Art. 19a Abs. 1 UAbs. 1 lit. e) die offenlegungspflichtigen Unternehmen auch dazu, die für den jeweiligen Unternehmenskontext und die jeweilige Geschäftstätigkeit wichtigsten nichtfinanziellen Leistungsindikatoren aufzuführen und in die Analyse mit einzubeziehen.

1548 *EP*, Entschließung v. 15.04.2014, P7_TA-PROV(2014)0368, Tz. 8.
1549 *EP*, Entschließung v. 15.04.2014, P7_TA-PROV(2014)0368, Tz. 8.

5. Relevanzkriterium

Nicht überführt in den neuen Art. 19a wurde das in der Modernisierungsrichtlinie enthaltene Kriterium der Relevanz, nach dem Unternehmen ihre Lageberichterstattung nur dann auf nichtfinanzielle Informationen zu erstrecken haben, „soweit" dies für das Verständnis des Geschäftsverlaufs, des Geschäftsergebnisses oder der Lage der Gesellschaft „erforderlich" und „angemessen" ist. Vielmehr gilt die Pflicht zur Aufnahme einer nichtfinanziellen Erklärung in den Lagebericht nach Art. 19a Abs. 1 UAbs. 1 vorbehaltlos für alle vom Anwendungsbereich der neuen Regelung erfassten Unternehmen („[...] nehmen in den Lagebericht eine nichtfinanzielle Erklärung auf"). Zwar muss die nichtfinanzielle Erklärung in inhaltlicher Hinsicht nach wie vor nur diejenigen Angaben enthalten, „[...] die für das Verständnis des Geschäftsverlaufs, des Geschäftsergebnisses, der Lage des Unternehmens sowie der Auswirkungen seiner Tätigkeit erforderlich sind". Zwingend („mindestens") einzugehen hat die Erklärung jedoch auf die fünf in Art. 19a Abs. 1 UAbs. 1 aufgeführten nichtfinanziellen Einzelindikatoren, die sämtliche aus Sicht der CSR relevanten Informationen abdecken.[1550] Ein weiter Ermessensspielraum, wie er den offenlegungspflichtigen Unternehmen nach den Bestimmungen der Modernisierungsrichtlinie noch eingeräumt war, besteht damit nach neuem Recht weder in der Frage des „Ob" noch in der Frage des „Wie" der nichtfinanziellen Publizität. Der vom neuen Recht geschaffene nichtfinanzielle Berichterstattungsrahmen ist folgerichtig deutlich erweitert und in qualitativer Hinsicht nur noch bedingt mit dem alten zu vergleichen.

6. Öffnungsklausel für die integrierte Berichterstattung

Zusätzlich ergänzt werden die Bestimmungen zur nichtfinanziellen Berichterstattung auch um eine Öffnungsklausel im Hinblick auf die integrierte Berichterstattung. Danach soll die nichtfinanzielle Erklärung der Unternehmen nach Art. 19a Abs. 1 UAbs. 3 (wenn angebracht) „[...] auch Hinweise auf im Jahresabschluss ausgewiesene Beträge und zusätzliche Erläuterungen dazu" enthalten. Demzufolge hat die qualitativ ohnehin gesteigerte nichtfinanzielle Berichterstattung nicht zusammenhanglos zu erfolgen, sondern soll Bezüge zu den finanziellen (quantitativen) Berichtselementen der Unternehmenspublizität herstellen. In welcher Form dies im Einzelfall zu erfolgen hat, konkretisiert die Richtlinie nicht. Erreicht werden könnte eine Konkretisierung jedoch etwa durch einen Verweis der von der Kommission zu veröffentlichenden Leitlinien auf das vor Kurzem veröffentlichte Rahmenwerk der IIRC.

1550 Insofern haben sich auch die bisher fakultativ genannten Kriterien „zu einem Pflichtenkatalog gehärtet", siehe *Schrader*, ZUR 2013, S. 451 (454).

7. Öffnungsklausel für nationale, unionsbasierte und internationale Rahmenwerke

Eine weitere Öffnungsklausel ist in Art. 19a Abs. 1 UAbs. 5 vorgesehen. Danach sollen sich die von der nichtfinanziellen Offenlegungspflicht erfassten Unternehmen im Rahmen ihrer Berichterstattung auf nationale, unionsbasierte oder internationale Rahmenwerke stützen können. Falls sich die Unternehmen in ihrer Berichterstattungspraxis an einem dieser Rahmenwerke orientieren, ist dieses Instrument jeweils zu benennen. Welche Rahmenwerke der Unionsgesetzgeber dabei im Blick hat, ist in der Richtlinienbegründung des Europäischen Parlaments bzw. im Richtlinienvorschlag der Kommission sowie in Erwägungsgrund Nr. 9 der Richtlinie 2014/95/EU spezifiziert. Danach kommen als mögliche internationale Orientierungspunkte der Global Compact, die Leitprinzipien des Sonderbeauftragten für Unternehmen und Menschenrechte, die OECD Leitsätze für multinationale Unternehmen, die Dreigliedrige Grundsatzerklärung der ILO, die Leitlinien der GRI sowie der ISO 26000 Standard in Betracht. Auf europäischer Ebene wird auf das Umweltmanagement- und Umweltbetriebsprüfungssystem EMAS verwiesen.[1551] Abgedeckt sind mit dieser Aufzählung sämtliche relevanten Instrumente des internationalen CSR-Diskurses. Durch den Verweis auf die internationalen Rahmenwerke öffnet sich das europäische Bilanzrecht zugleich gegenüber diesen wichtigsten internationalen Initiativen, ohne einen weiteren davon losgelösten neuen Standard zu entwickeln. Da sich sämtliche der aufgeführten Instrumente darüber hinaus einem kontinuierlichen Revisionsprozess ausgesetzt sehen, sichert sich das europäische Offenlegungsrecht so zugleich eine notwendige Flexibilität gegenüber weiteren Fortentwicklungen der Berichterstattungspraxis auf internationaler Ebene.[1552] Dies gilt auch im Hinblick auf neue, zukünftig zu entwickelnde und international anerkannte Rahmenwerke.

8. Das „*comply-or-explain*"-Erfordernis

Verschärft werden die Vorschriften zur nichtfinanziellen Berichterstattung auch durch die Einführung einer „*comply-or-explain*"-Regelung in Art. 19a Abs. 1 UAbs. 2. Danach muss jedes (Mutter-)Unternehmen, das in Bezug auf einen oder mehrere der in Art. 19a Abs. 1 UAbs. 1 genannten fünf Einzelindikatoren keine gesonderte Strategie verfolgt, dies ausdrücklich begründen. Eine derart verschärfte Berichtspflicht ist dem Gesellschaftsrecht nicht fremd. So enthält das geltende europäische Gesellschaftsrecht in Bezug auf die von den Gesellschaften abzugebende Erklärung zur Unternehmensführung (sog. Corporate Governance-Erklärung) bereits seit längerem eine vergleichbare Verpflichtung. Danach hat das Unternehmen zu erklären, in welchen Punkten und aus welchen Gründen es von einem beschlossenen Unternehmensführungskodex abweicht bzw. warum es keinen entsprechenden Kodex

1551 Siehe *EP*, Entschließung v. 15.04.2014, P7_TA-PROV(2014)0368, Tz. 9; KOM (2013) 207 endg., S. 7.

1552 *Lanfermann*, BB 2013, S. 1323 (1324).

beschlossen hat.[1553] Die Berichtspraxis in Bezug auf die Corporate Governance-Erklärungen hat dabei gezeigt, dass die Wirksamkeit einer comply-or-explain-Vorschrift letztlich von der festgeschriebenen Reichweite der Pflicht zur Begründung der Abweichung abhängt.[1554]

In diesem Punkt scheint die von der Änderungsrichtlinie vorgesehene Regelung des Art. 19a Abs. 1 UAbs. 2 über die comply-or-explain-Vorschrift im Bereich der Corporate Governance hinauszugehen. Ausdrücklich vorgesehen ist nämlich, dass das Fehlen einer Strategie in Bezug auf einen nichtfinanziellen Leistungsindikator „klar" und „begründet" erläutert werden muss. Demzufolge wird ein bloßer Verweis der Unternehmen auf potentiell aus der nichtfinanziellen Berichterstattung resultierende Belastungen in personeller, verwaltungstechnischer oder finanzieller Hinsicht keine ausreichende Begründung darstellen. Auch in Bezug auf den Umfang der Erläuterung einer Abweichung wäre es hilfreich, wenn die Kommission eine Klarstellung im Rahmen der zu veröffentlichenden Leitlinien vornehmen würde. Als Vorbild könnte dafür die Empfehlung der Kommission vom 9. April 2014 zur Qualität der Berichterstattung über die Unternehmensführung[1555] dienen. Vorgesehen ist darin, dass Unternehmen, die von einem beschlossenen Kodex zur Unternehmensführung abweichen, im Rahmen ihrer Begründung darzulegen haben, in welcher Weise und aus welchen Gründen sie von der Empfehlung abgewichen sind, auf welchem innerbetrieblichen Weg die Entscheidung zur Abweichung getroffen wurde, ab wann gegebenenfalls wieder mit einer Einhaltung der Empfehlung zu rechnen ist und welche alternativen Vorgehensweisen gewählt wurden.[1556] Bestimmt ist außerdem, dass die Begründung hinreichend klar, präzise und umfassend formuliert sein und gut erkennbar präsentiert sein sollte, damit sie von Aktionären, Anlegern und sonstigen Beteiligten leicht zu verstehen und zu finden ist.[1557]

9. Befreiungstatbestände

Abgeschwächt werden die nichtfinanziellen Offenlegungspflichten der Unternehmen durch die in der neuen Regelung enthaltenen Befreiungstatbestände. Danach kann von einer entsprechenden Berichtspflicht abgesehen werden, soweit das Unternehmen einen gesonderten Bericht für dasselbe Geschäftsjahr erstellt hat oder nichtfinanzielle Informationen betroffen sind, deren Offenlegung dem Unternehmen ernsthaft schaden würde.

1553 Vgl. Art. 20 Abs. 1 lit. b) der RL 2013/34/EU, ABlEU, 2013, Nr. L 182, S. 19.

1554 *Kocher* et al., Verantwortung braucht Transparenz, S. 23.

1555 Europäische Kommission, Empfehlung der Kommission v. 9.4.2014 zur Qualität der Berichterstattung über die Unternehmensführung („Comply or Explain"), Nr. 2014/208/EU, ABlEU, Nr. L 109, 2014, S. 43.

1556 Empfehlung der Kommission 2014/208/EU, ABlEU, Nr. L 109, 2014, S. 43, Rn. 8.

1557 Empfehlung der Kommission 2014/208/EU, ABlEU, Nr. L 109, 2014, S. 43, Rn. 9 f.

a. Gesonderter publizierter Bericht

Nach Art. 19a Abs. 4 können die Mitgliedstaaten solche Unternehmen von der Pflicht zur Abgabe einer nichtfinanziellen Erklärung befreien, die einen gesonderten Bericht verfassen, der entweder gemeinsam mit dem Lagebericht offengelegt oder auf der Website des Unternehmens der Öffentlichkeit zugänglich gemacht wird. Ziel des europäischen Gesetzgebers ist es dabei offensichtlich, solchen Unternehmen, die bereits einen gesonderten, auf einem nationalen, unionsbasierten oder internationalen Rahmenwerk beruhenden CSR- bzw. Nachhaltigkeitsbericht verfassen, keine erweiterten Berichtspflichten aufzubürden. Jedoch ermöglicht es die weite Formulierung dieses Befreiungstatbestands den Unternehmen auch, „[...] abseits gängiger Standards CSR-Eigenlösungen vorzunehmen oder gezielt einen neuen, schwachen Standard zu entwickeln, um missliebigen Aspekten vorhandener Standards auszuweichen."[1558] Dies gilt vor allem deshalb, weil gesondert berichterstattende Unternehmen nach dem Wortlaut der Änderungsrichtlinie sowohl von der inhaltlichen Pflicht der Berichterstattung über die fünf Einzelindikatoren des Art. 19a Abs. UAbs. 1 („unabhängig [...] davon, ob der Bericht die in Absatz 1 vorgeschriebenen Informationen der nichtfinanziellen Erklärung umfasst") als auch vom „*comply-or-explain*"-Erfordernis befreit sind. Zumindest potentiell beinhaltet der Befreiungstatbestand des Art. 19a Abs. 4 somit die Gefahr einer deutlichen qualitativen Entwertung des neuen nichtfinanziellen Berichtsrahmens.

b. Ernsthafte Schädigung der Geschäftslage des Unternehmens

Eine weitere von den Mitgliedstaaten umzusetzende Ausnahmemöglichkeit von der Pflicht zur Abgabe einer nichtfinanziellen Erklärung sieht die Vorschrift des Art. 19a Abs. 1 UAbs. 4 vor. Danach können „in Ausnahmefällen" solche Informationen über künftige Entwicklungen und Belange von der Publizitätspflicht ausgenommen werden, deren Offenlegung „der Geschäftslage des Unternehmens ernsthaft schaden würde". Voraussetzung dieses Befreiungstatbestandes ist jedoch, dass dem Antrag auf Befreiung eine ordnungsgemäß begründete Einschätzung der Mitglieder der Verwaltungs-, Leitungs- und Aufsichtsorgane der Gesellschaft zugrunde liegt und dass trotz des Fehlens der von der Befreiung erfassten Informationen die verbleibende nichtfinanzielle Erklärung noch dazu geeignet ist, dem Adressaten ein den tatsächlichen Verhältnissen entsprechendes und ausgewogenes Verständnis des Geschäftsverlaufs, des Geschäftsergebnisses, der Lage des Unternehmens und der Auswirkungen seiner Tätigkeit zu vermitteln. Vor dem Hintergrund dieser Formulierung des Befreiungstatbestandes ist daher eine restriktive Auslegung und Anwendung dieser Ausnahmemöglichkeit geboten.

1558 So *Schrader*, ZUR 2013, S. 451 (456) noch in Bezug auf den Richtlinienvorschlag der Kommission, wobei sich diese Beobachtung auch auf die der legislativen Entschließung des Europäischen Parlaments zugrunde liegende sowie letztlich in Kraft getretene Richtlinienformulierung übertragen lässt.

10. Berichtsprüfung

Vorgesehen ist nach dem neuen Berichtsrahmen schließlich auch, dass die offengelegten nichtfinanziellen Informationen Gegenstand der Unternehmensprüfung bilden sollen. Zwingend sicherzustellen ist in den bilanzrechtlichen Bestimmungen der Mitgliedstaaten demnach, dass das generelle Vorliegen („Ob") von nichtfinanziellen Informationen den Gegenstand der Prüfung eines Abschlussprüfers oder einer Prüfgesellschaft bildet (Art. 19a Abs. 5). Optional können die Mitgliedstaaten außerdem bestimmen, dass darüber hinaus auch der Inhalt der in der nichtfinanziellen Erklärung enthaltenen Informationen („Wie") durch einen „unabhängigen Erbringer von Bestätigungsleistungen" überprüft wird (Art. 19a Abs. 6). Ziel einer derartigen unabhängigen Verifizierung durch externe Wirtschaftsprüfer ist es demnach vor allem, die Vergleichbarkeit und Relevanz der Berichtsinhalte der CSR-Erklärungen als Bestandteil des Lageberichts zu erhöhen.[1559]

11. Umsetzung

Die in der Änderungsrichtlinie enthaltenen Bestimmungen sind von den Mitgliedstaaten bis zum 6. Dezember 2016 in nationales Recht umzusetzen. Dabei ist vorzusehen, dass die neuen nichtfinanziellen Offenlegungspflichten auf alle vom Anwendungsbereich der Richtlinie erfassten Unternehmen für das am 1. Januar 2017 beginnende Geschäftsjahr oder während des Kalenderjahres 2017 Anwendung finden.

12. Zusammenfassung und Kritik

Insgesamt stellt der in der Richtlinie 2014/95/EU enthaltene Ansatz, große Gesellschaften zur Offenlegung nichtfinanzieller Informationen und der damit verbundenen Unternehmenspolitik zu verpflichten, den ersten umfassenden Versuch einer „normativen Verankerung"[1560] der europäischen CSR-Politik dar. Er bildet damit den vorläufigen Höhepunkt einer Entwicklung, die durch Veröffentlichung des Grünbuchs „Europäische Rahmenbedingungen für die soziale Verantwortung der Unternehmen" im Juli 2001 angestoßen wurde.

In rechtstatsächlicher Hinsicht lässt sich die in der Richtlinie enthaltene Revision des europäischen Rechts der Lageberichterstattung unterschiedlich bewerten. Schwachpunkte bestehen sowohl im Hinblick auf den verkürzten personellen Anwendungsbereich als auch im Hinblick auf potentielle Umgehungsmöglichkeiten. So wurde die ohnehin schon im Richtlinienvorschlag enthaltene Beschränkung des Anwendungsbereichs auf große Großunternehmen (ab 500 Mitarbeitern) im Rahmen der Trilogverhandlungen nochmals erheblich verstärkt durch die Einfügung des Merkmals der Kapitalmarktorientiertheit („Unternehmen von öffentlichem

1559 *Schrader*, ZUR 2013, S. 451 (456).

1560 *Hommelhoff/Mattheus*, in: Großkomm. HGB, 5A, § 289 Rn. 4.

Interesse"). Dies ist zu Recht auf Kritik gestoßen[1561], sind es doch im Gegensatz zu kleineren Unternehmen gerade die kapitalmarktorientierten Großunternehmen, die ohnehin bereits in größerer Zahl jährlich Auskunft über ihre nichtfinanziellen Leistungsparameter erteilen.

Noch problematischer erscheint jedoch, dass es den der nichtfinanziellen Berichtspflicht unterfallenden Unternehmen ermöglicht wird, sich durch die Veröffentlichung eines „gesonderten Berichts" den umfassenden Publizitätsanforderungen zu entziehen. Durch diesen breit formulierten Ausnahmetatbestand droht das übergeordnete Ziel der neuen Richtlinie, Vergleichbarkeit und Relevanz der nichtfinanziellen Berichterstattung zu erhöhen, gefährdet und dadurch die gesamte Lageberichterstattung inhaltlich entwertet zu werden. Obwohl es grundsätzlich zu begrüßen ist, dass es die Richtlinie den Unternehmen ermöglichen will, einen umfassenderen CSR- bzw. Nachhaltigkeitsbericht zu verfassen und diesen in den Kontext internationaler Rahmenwerke zu stellen, hätte gleichzeitig sichergestellt werden müssen, dass die berichterstattenden Unternehmen sich auch im Falle des Verfassens eines gesonderten Berichts an den inhaltlichen Mindestindikatoren zu orientieren haben. Insofern muss der ansonsten ambitionierte Ansatz der Richtlinie 2014/95/EU als inkonsequent bezeichnet werden.

Gleichwohl darf nicht übersehen werden, dass die in der Richtlinie statuierten Offenlegungspflichten insgesamt das Recht der nichtfinanziellen Berichterstattung auf eine neue und im unionalen Kontext bislang nicht gekannte Qualitätsstufe heben. Dies gilt vor allem im Hinblick auf den nunmehr verbindlich festgeschriebenen inhaltlichen Mindestrahmen der Offenlegung. Danach müssen die betroffenen Unternehmen zusätzlich zu dem um die Indikatoren der „Sozialbelange", „Achtung der Menschenrechte" und „Bekämpfung von Korruption und Bestechung" ergänzten Berichterstattungskatalog zukünftig zwingend auch ihre jeweiligen Unternehmenspolitiken beschreiben, darlegen welche Ergebnisse die Politiken erzielt haben, und erklären, wie die mit diesen Belangen verbundenen Risiken (auch entlang der Wertschöpfungskette) erfasst und gesteuert werden.

Deutlich wird die Aufwertung der nichtfinanziellen Berichterstattung auch in dem Bemühen des europäischen Gesetzgebers, die europäischen Vorschriften durch entsprechende Öffnungsklauseln sowohl im Kontext des internationalen CSR-Diskurses als auch der integrierten Berichterstattung zu verorten. Nicht zu verkennen ist dabei der Einfluss, den insbesondere das Rahmenwerk und die Leitprinzipien des Sonderbeauftragten für Wirtschaft und Menschenrechte auf die inhaltliche Gestaltung der Berichtspflichten ausgeübt haben. So zeichnen sich die nichtfinanziellen Offenlegungspflichten durch eine rechtsqualitative Stärkung der Menschenrechte und durch die Einführung der Verantwortungsdimension der unternehmerischen Sorgfaltspflichten („*due diligence*") aus.

1561 Insofern zutreffend etwa *Schrader*, ZUR 2013, S. 451 (455): „Dies erscheint unlogisch, da CSR am ehesten noch bei größeren Unternehmen verbreitet ist und es eher bei kleinen und mittleren Unternehmen eines Anstoßes bedarf."

Zu kritisieren ist in diesem Kontext allein, dass die von der Richtlinie benannten Referenzwerke der internationalen CSR-Politik zum Teil auf gänzlich unterschiedlichen Prämissen aufbauen und verschiedene Zielrichtungen verfolgen.[1562] Sinnvoll wäre es womöglich auch gewesen, die Liste der anerkannten nationalen, unionsbasierten und internationalen Rahmenwerke verbindlich festzuschreiben.[1563] Als positiv zu bewerten ist hingegen die von der Richtlinie vorgesehene externe Verifizierung der nichtfinanziellen Berichterstattung. Auch wenn nach der Richtlinie zunächst nur die Offenlegung nichtfinanzieller Informationen (bzw. eines gesonderten Berichts) überhaupt – also ohne eine inhaltliche Prüfumng der gemachten Angaben – zu erfolgen hat, ist auch dies bereits geeignet, den Druck auf die Unternehmen im Hinblick auf eine angemessene und vergleichbare Berichterstattung zu erhöhen.

Vor dem Hintergrund dieser qualitativen Erweiterungen des Rechts der nichtfinanziellen Berichterstattung greift es nach hier vertretener Auffassung zu kurz, die Änderungen lediglich als „[...] moderate Weiterentwicklung des bestehenden CSR-Rahmens“[1564] zu begreifen bzw. von einer Harmonisierung „[...] auf sehr niedrigem Niveau“[1565] zu sprechen. Vielmehr hat der Unionsgesetzgeber, der „um ein modernes und international wettbewerbsfähiges ‚enabling law‘ bemüht [ist]“[1566], mit der Richtlinie 2014/95/EU (erstmals) die Konturen eines rechtsverbindlichen Rahmens der europäischen CSR aufgezeigt. Dabei ist durchaus davon auszugehen, dass sich dieser Rahmen zukünftig noch erweitern und die darin enthaltenen Berichtspflichten weitere Unternehmen erfassen werden. Im Übrigen muss bedacht werden, dass der jetzt vorgesehene auf kapitalmarktorientierte Großunternehmen beschränkte Berichtsrahmen durchaus dazu geeignet ist, in vielen Branchen „Mitzieheffekte“ auszulösen.[1567]

In der Gesamtbetrachtung ist es schließlich schon jetzt beachtenswert, dass die Richtlinie zahlreiche der in den vorangegangenen Abschnitten als Charakteristika eines Rechts der CSR identifizierten Merkmale aufgreift. So determiniert der Gesetzgeber etwa indirekt ein Mindestmaß an inhaltlicher Qualität der Berichterstattung, indem er den Unternehmen zwingend abzudeckende Berichtselemente vorschreibt. Gleichzeitig ist es den Unternehmen jedoch freigestellt, sich im Sinne freiwilliger Selbstregulierung zu weitergehenden Offenlegungspflichten zu bekennen und sich in diesem Zusammenhang auf eine Reihe (international) anerkannter Referenzrahmen zu berufen. Darüber hinaus öffnet sich die Richtlinie den Gedanken der

---

1562 Während es sich etwa bei den Leitlinien der GRI um ein Konzept der Nachhaltigkeitsberichterstattung handelt, geht es bei den OECD-Leitsätzen für multinationale Unternehmen oder bei der Dreigliedrigen Grundsatzerklärung der ILO eher um die Erwartungen der internationalen Staatengemeinschaft an ein verantwortungsbewusstes unternehmerisches Handeln.

1563 *Schrader*, ZUR 2013, S. 451 (456).

1564 *Schrader*, ZUR 2013, S. 451 (455).

1565 *Lanfermann*, BB 2013, S. 1323 (1325).

1566 *Hommelhoff/Mattheus*, in: Großkomm. HGB, 5A, § 289 Rn. 7.

1567 *Schrader*, ZUR 2013, S. 451 (455).

Pluralität und der Partizipation. Die an der Thematik interessierten Stakeholder-Gruppen sind dazu aufgerufen, sich durch ihre Mitwirkung bei der Formulierung der die Offenlegung konkretisierenden Leitlinien an der Bestimmung des Umfangs der Berichtspflichten zu beteiligen. Zudem institutionalisiert die Richtlinie im Hinblick auf die Umsetzung der vorgegebenen Offenlegungspflichten private Mitwirkungsmöglichkeiten durch die Schaffung externer Prüfungskompetenzen. Insgesamt entsteht so der Prototyp eines regulatorischen Rahmens der CSR-Politik auf europäischer Ebene.

G. Zusammenfassung und Ausblick

„CSR“ ist eine in den Rechtswissenschaften bislang wenig beachtete und bearbeitete Thematik. Maßgeblicher Grund dafür ist die Komplexität der Materie, die eine einfache Systembildung erschwert. Ein genauerer Blick auf die Rahmenbedingungen legt jedoch den Schluss nahe, dass sich – trotz der qualitativen Disparität des der Unternehmensverantwortung zugeordneten Normenmaterials – das Thema der CSR insgesamt in einem Prozess der „Verrechtlichung“ befindet.

Ihre Aktualität beziehen Fragen der Unternehmensverantwortung vor allem aus einem gewandelten gesellschaftlichen Umfeld für unternehmerisches Handeln. Insbesondere die sich seit Beginn der 1990er Jahre verstärkenden Prozesse der Globalisierung und Privatisierung haben zu einer tatsächlichen Erweiterung der Einfluss- und Machtsphäre privater Unternehmen und damit zugleich zu gestiegenen gesellschaftlichen Erwartungen an ihre Aktivitäten geführt. Über ein erfolgreiches Wirtschaften hinaus wird von Unternehmen vermehrt ein zielorientierter Beitrag zu verschiedenen weiteren Verantwortungsdimensionen eingefordert.

Gesellschaftliche Erwartungen begleiten unternehmerisches Handeln seit jeher. Neu ist jedoch, dass sämtliche an die Unternehmen gestellten Erwartungen aufgegriffen und in einem einheitlichen und komplexen Konzept unter dem Oberbegriff der „CSR“ zusammengefasst werden. Gerade aufgrund der Komplexität und der Vielzahl (nicht selten auch der Widersprüchlichkeit) dieser Erwartungen an die Unternehmen, fällt es schwer, das Konzept prägnant und präzise zu definieren. Am ehesten geeignet erscheint es vor dem Hintergrund der Weite der Thematik, das (neue) Begriffsverständnis der EU-Kommission zugrunde zu legen und CSR als „die Verantwortung von Unternehmen für ihre Auswirkungen auf die Gesellschaft“ zu begreifen. Überwiegend konsentiert in Wissenschaft und Praxis ist insoweit jedenfalls, dass die CSR die gesellschaftlichen Auswirkungen der Unternehmen (anknüpfend an das Konzept der Nachhaltigkeit) in dreifacher Hinsicht thematisiert: Gefragt wird nach der Wahrnehmung von Unternehmensverantwortung in einer wirtschaftlichen, einer sozialen und einer ökologischen Perspektive.

Gerade in diesen drei Verantwortungssphären kommen die Erwartungen der mit dem Unternehmen (mehr oder weniger eng) verbundenen Anspruchs- und Interessensgruppen (Stakeholder) zum Ausdruck, um deren Befriedigung und Ausgleich es der CSR letztendlich geht. Die Frage, ob (und gegebenenfalls wie) diese Interessen in ein Stufenverhältnis zueinander zu setzen sind, insbesondere ob den Interessen der Eigentümer Vorrang vor anderen Interessen zu gewähren ist, bildet Gegenstand einer zum Teil kontrovers geführten wirtschafts- („Shareholder Value-“ vs. „Stakeholder-Theorie“) bzw. rechtswissenschaftlichen („Unternehmensinteresse“) Diskussion. Die CSR tendiert dabei dazu, sämtliche substantiiert vorgetragenen Interessen aller Stakeholder in einen angemessenen Ausgleich zueinander zu bringen und dabei jedenfalls *a priori* keiner Einzelgruppe einen unbedingten Vorrang einzuräumen.

Der Stakeholder-Begriff erlangt im Rahmen der CSR auch insofern Bedeutung, als sämtliche Interessensgruppen letztlich als Akteure betrachtet werden, die durch ihr Einwirken die Verantwortungswahrnehmung des Unternehmens aktivieren können. Gerade in dieser Perspektive eines „Einwirkens" stellt sich die CSR primär als ein Konzept der Steuerung von Unternehmenshandeln dar. So verstanden umfasst der Oberbegriff der „CSR" zahlreiche Möglichkeiten, mit denen ein „verantwortliches" Unternehmenshandeln stimuliert werden kann. Von großer Bedeutung sind dabei sowohl „interne" Instrumente der (Selbst-)Steuerung, mit denen Unternehmen ihr eigenes Handeln beeinflussen (zu denken ist hier vor allem an Verhaltenskodizes) als auch „externe" Instrumente, mit denen Stakeholder auf den Inhalt und die Durchführung der CSR-Politik der Unternehmen Einfluss nehmen. Gerade die außerhalb des Unternehmens stehenden Stakeholder verfügen dabei über eine große Bandbreite an Steuerungsinstrumenten. Dazu gehören unter anderem verschiedene Formen des Konsumentenboykotts, öffentlichkeitswirksame Kampagnen von NGOs oder (kritische) Berichterstattung in den Medien über „unverantwortliches" Unternehmenshandeln. All diese Steuerungsformen, die unter der Überschrift der „CSR" erfolgen, spielen sich in einem tatsächlichen und damit nichtrechtlichen Bereich ab.

Gerade das Element der Steuerung bildet jedoch auch den Anknüpfungspunkt eines rechtlichen Verständnisses der CSR. Immer mehr nationale, supranationale und internationale Hoheitsträger entwerfen eine eigene CSR-Politik, der es darum geht, verantwortliches Unternehmenshandeln zu aktivieren und damit steuernd auf die Unternehmen einzuwirken. Nur in Ausnahmefällen erfolgt eine Steuerung dabei auf direktem Wege in Form „klassischer" Instrumente des Ordnungsrechts, die auf Befehl und Zwang beruhen. Der typische Fall einer hoheitlichen Beeinflussung der Unternehmensverantwortung durch Recht ist vielmehr derjenige der indirekten Steuerung, bei der auf die Motivationslage der Unternehmen Einfluss genommen wird. Anknüpfend an entsprechende Systematisierungen „neuer" rechtlicher Handlungsformen in anderen Rechtsgebieten (vor allem im Umweltrecht) lässt sich im Falle der indirekten Steuerung als Bestandteil einer hoheitlichen CSR-Politik zwischen einer Steuerung durch ökonomische Anreize, einer Steuerung durch Information, einer Steuerung durch Betriebsorganisation, einer Steuerung durch Konsens und einer Steuerung durch „regulierte Selbstregulierung" unterscheiden. Gemein ist all diesen Steuerungsformen, dass die hoheitliche Verhaltenserwartung an die Unternehmen dabei nicht konkret vorgegeben, sondern lediglich offen formuliert wird. Dies bedingt zwangsläufig, dass den Unternehmen damit ein größeres Maß an Handlungsfreiheit zugestanden wird, als dies bei „klassisch" direkt steuernden rechtlichen Instrumenten der Fall ist.

Falsch wäre es jedoch, aus diesem den Steuerungsobjekten (Unternehmen) zugestandenen höheren Maß an Wahlfreiheit bezüglich ihrer Optionen auf eine Verortung der CSR im nichtrechtlichen Bereich zu schließen. Vielmehr lässt sich die Rechtsformenwahl des Hoheitsträgers im Bereich der CSR als Beispiel eines sich generell wandelnden Steuerungsverständnisses durch Recht auffassen. Dabei hat die „Krise des regulativen Staates" zum Entstehen neuer (indirekter) Steuerungsformen geführt, die – obwohl vermeintlich weniger verbindlich – sich dennoch des

Instruments des Rechts bedienen, das jedoch eher zur Schaffung eines allgemeinverbindlichen Rahmens oder sogar nur als „Drohkulisse“ im Hintergrund fungiert. Letztlich sind es nicht selten gerade die indirekten Steuerungsmittel, die dem Recht vor dem Hintergrund einer globalisierten Weltwirtschaft überhaupt erst ein Mindestmaß an Steuerungseffektivität erhalten. Dies vor allem deshalb, da indirekte Steuerung darauf setzt, die Unternehmen aufzuwerten, sie einzubinden und ihnen eine „Verhandlungsrolle“ zuzubilligen, anstatt ihnen einen Entzug aus ihrer Verantwortung (etwa durch Sitzverlagerung) zu ermöglichen.

Auch die Tatsache, dass Maßnahmen unter dem Oberbegriff der CSR nicht selten auf ihre (vermeintliche) „Freiwilligkeit“ verweisen, führt nicht zu ihrer rechtlichen Belanglosigkeit. Einerseits begründen auch rein „freiwillige“ CSR-Instrumente der Unternehmen eine gewisse Erwartungshaltung (und damit Verbindlichkeit) außerhalb des Unternehmens, die Grundlage rechtlicher Folgewirkungen sein kann. Andererseits sind häufig auch derartige „freiwillige“ Maßnahmen hoheitlich induziert und bauen auf einem Rahmen auf, der hoheitlich im nationalen oder internationalen Raum vorgegeben wurde. Schwieriger ist es hingegen, die Abgrenzung zwischen Recht und Moral im Falle der CSR vorzunehmen. Zwar umfasst die CSR Elemente einer Steuerung durch Recht, appelliert jedoch auch an das „unternehmerische Gewissen“ oder die „unternehmerische Moral“. Folgerichtig ist es daher, die Abgrenzung im Einzelfall festzulegen und CSR im Übrigen als ein „Steuerungsinstrument zwischen Recht und Moral“ zu begreifen.

In Anbetracht des fortgeschrittenen Grades der Globalisierung der Weltwirtschaft erscheint es konsequent, dass maßgebliche Steuerungsimpulse im Bereich der CSR auf internationaler Ebene entwickelt wurden und immer noch werden. Zu den wichtigsten Steuerungsakteuren zählen dabei Internationale Organisationen, vor allem die OECD, die ILO und die VN. Ihre CSR-Steuerungsinstrumente, die zum Teil seit Jahrzehnten einem kontinuierlichen Prozess der inhaltlichen Anpassung unterzogen werden, tragen vor allem zum Entstehen eines gemeinsamen Bezugsrahmens bei, der im Sinne eines internationalen *ordre public* die Erwartungen der Staatengemeinschaft an ein verantwortliches unternehmerisches Handeln formuliert. Insofern überrascht es nicht, dass gerade die Steuerungsansätze der Internationalen Organisationen auch auf nationaler (und unternehmerischer) Ebene aufgegriffen werden und dort die Grundlage des separat geschaffenen „Rechts der CSR“ bilden. Der internationale CSR-Diskurs zeigt zugleich, dass ebenso wie auf nationaler Ebene CSR-Steuerungsinstrumente gerade dann am effektivsten wirken, wenn sie auf Kooperation mit den Unternehmen ausgerichtet sind. Stärker reglementierende Instrumente (wie etwa die UN Draft Norms) konnten sich hingegen nicht durchsetzen. Entnehmen lässt sich dem internationalen CSR-Diskurs schließlich auch eine inhaltliche Dimension dergestalt, dass Unternehmensverantwortung zunehmend in einen Kontext zu den Menschenrechten gesetzt wird. Von Unternehmen wird dabei verlangt, Menschenrechte im Rahmen ihrer betrieblichen Tätigkeit zu „achten“. Damit tritt die neue Dimension der Achtungsverantwortung zunehmend neben die völkerrechtlich anerkannte Dimension der staatlichen Schutzverantwortung im Bereich der Menschenrechte. Insgesamt erfährt die CSR durch eine Kopplung an den Schutz und die Durchsetzung der internationalen Menschenrechte qualitativ (in rechtlicher wie tatsächlicher Hinsicht) eine deutliche Aufwertung.

Ein in inhaltlicher Hinsicht besonders ambitionierter CSR-Politikansatz wird seit Veröffentlichung des Grünbuchs „Europäische Rahmenbedingungen für die soziale Verantwortung von Unternehmen" im Juli 2001 auf Ebene der EU verfolgt. Auf Initiative des Europäischen Parlaments wird die europäische CSR-Politik dabei maßgeblich durch die EU-Kommission formuliert und inhaltlich gestaltet. Gerade die Entwicklung des europäischen CSR-Diskurses kann als Beleg für den Befund gesehen werden, dass ein auf hoheitliche Steuerung und Konzeptualisierung gänzlich verzichtender CSR-Ansatz in aller Regel wenig Erfolg verspricht (ablesbar vor allem anhand des Scheiterns des EMS-Forums). Spätestens seit Veröffentlichung der dritten Mitteilung zur CSR im Herbst 2011 zeichnet sich die europäische CSR-Politik folgerichtig durch ein stärkeres hoheitliches Engagement aus, was sich insbesondere in einer zunehmenden Verrechtlichung der Thematik der Unternehmensverantwortung ausdrückt. Dieser Prozess der Verrechtlichung muss jedoch nicht nur vor dem Hintergrund des Scheiterns alternativer Ansätze, sondern auch in Anbetracht der durch den Vertrag von Lissabon eingeleiteten Reform des europäischen Primärrechts als konsequent bezeichnet werden. Insbesondere die durch den Vertrag von Lissabon bewirkte „Aufwertung sozialer Belange" fügt sich ein in ein Verständnis der CSR als Steuerungsauftrag an den Gesetzgeber. Dies jedenfalls dergestalt, dass hoheitlicherseits ein Mindestmaß an „verantwortlichem" unternehmerischen Handeln sicherzustellen- und einem offensichtlich „unverantwortlichen" Handeln (innerhalb wie außerhalb Europas) gegebenenfalls gesetzlich vorzubeugen ist.

Eine so beschriebene „Verrechtlichung" der europäischen CSR-Politik knüpft an diejenigen Erkenntnisse an, die allgemein als Grundcharakteristika eines „Rechts der CSR" identifiziert werden können. Dem europäischen Gesetzgeber geht es weniger um eine direkte Steuerung als vielmehr um die Schaffung von rechtlichen Rahmenbedingungen, die europäische Unternehmen dazu anleiten sollen, ihrer Verantwortung nachzukommen. Ein wesentlicher Anknüpfungspunkt dieser rechtlichen Rahmenbedingungen stellt das Bemühen dar, unternehmerisches Handeln transparenter werden zu lassen. Transparenz, so der Ansatz, soll es zunächst den Unternehmen selbst ermöglichen, ihr eigenes Handeln im Hinblick auf eine Übereinstimmung mit den unternehmensinternen Verantwortungszielen zu überprüfen. Darüber hinaus soll eine größere Unternehmenstransparenz die Stakeholder in die Lage versetzen, ihren Einfluss auf die Unternehmen geltend zu machen. So können etwa Investoren ihre Investitionsentscheidungen und Konsumenten ihre Kaufentscheidungen anhand der von den Unternehmen veröffentlichten CSR-Informationen ausrichten. Durch Schaffung eines rechtlichen Transparenzrahmens sollen somit die Kräfte des Marktes aktiviert und ein indirekter Druck auf die Unternehmen aufgebaut werden.

Vor dem Hintergrund dieser Überlegungen lässt sich die nunmehr durch den europäischen Gesetzgeber beschlossene neue Richtlinie 2014/95/EU, mit der die Vorschriften des europäischen Bilanzrechts im Hinblick auf die Offenlegung nichtfinanzieller Informationen angepasst werden, als „Prototyp eines Rechts der CSR" identifizieren. Die Richtlinie verpflichtet größere europäische Unternehmen zur periodischen Veröffentlichung von CSR-relevanten Informationen. Damit reagiert der europäische Gesetzgeber auf die unzureichende Umsetzung bereits bestehender Publizitätsvorschriften im Hinblick auf die Offenlegung nichtfinanzieller Informationen. *De lege lata* führen die Bestimmungen des neuen Berichtsrahmens zu einer deutlichen qualitativen Anhebung des unternehmerischen CSR-Berichtsrahmens. Konkretisiert wird durch die neue Richtlinie nicht nur der inhaltliche Kontext der Berichterstattung (so etwa in Bezug auf Angaben zu den Themen Menschenrechte und Korruptionsbekämpfung), sondern auch ihr inhaltlicher Umfang. Positiv hervorzuheben ist zudem die beabsichtigte Veröffentlichung einer Orientierungshilfe für die Berichterstattung durch die EU-Kommission, die entsprechend dem kooperativen und integrativen Ansatz des CSR-Rechts unter Anhörung und Beteiligung der Unternehmen und ihrer Stakeholder erfolgen wird.

Zurückhaltend zu bewerten ist die neue Richtlinie im Hinblick auf den darin enthaltenen beschränkten personellen Anwendungsbereich und die vorgesehenen Umgehungsmöglichkeiten (insbesondere durch Veröffentlichung eines „gesonderten Berichts", für den die sonst geltenden inhaltlichen Anforderungen nicht gelten). Vor dem Hintergrund des kooperativen Ansatzes der CSR lassen sich jedoch auch diese vermeintlichen Schwachpunkte der neuen nichtfinanziellen Offenlegungspflicht erklären, vor allem dann, wenn man die neuen Publizitätsvorschriften als Signal des Gesetzgebers an die Unternehmen versteht, sich stärker im Themenfeld der CSR zu engagieren. Insofern belegt gerade die Entwicklung der europäischen CSR-Politik, dass eine Verrechtlichung im Sinne einer stärkeren regulativen Einrahmung der Thematik zumeist graduell verläuft und Weiterentwicklungen nach Ablauf einer gewissen „Prüffrist" erfolgen. Dies kann durchaus implizieren, dass der europäische Gesetzgeber zukünftig den nunmehr geschaffenen nichtfinanziellen Offenlegungsrahmen abermals anpasst und dabei etwa den personellen Anwendungsbereich erweitert oder bestehende Befreiungstatbestände enger fasst bzw. ganz streicht. Maßgebliches Kriterium einer derartigen Revision wird sodann der Umsetzungserfolg der jetzt geschaffenen nichtfinanziellen Berichtspflicht sein. Somit liegt es in der Macht der Unternehmen selbst, auf Inhalt und Ausmaß einer künftigen nichtfinanziellen Offenlegungspflicht Einfluss zu nehmen. Gerade darin kommt der kooperative Steuerungsansatz des CSR-Rechts zum Ausdruck.

Die Einordnung der nichtfinanziellen Offenlegungspflichten als „Prototyp" eines „Rechts der CSR" legt nahe, dass prospektiv weitere rechtliche Regelungen zu erwarten sind, mit denen Hoheitsträger (insbesondere der europäische Gesetzgeber) die Rahmenbedingungen für CSR weiter stärken und ein entsprechendes Engagement der Unternehmen induzieren werden. Überlegungen, *de lege ferenda* zu einer weiteren Stärkung der CSR zu gelangen, knüpfen an verschiedenen Steuerungsinstrumenten an. Eine sinnvolle und dem Kooperationsgedanken der CSR entsprechende Ergänzung gesetzlicher Offenlegungspflichten könnte etwa in dem ebenfalls betriebsorganisatorischen Instrument der verpflichtenden Bestellung eines „CSR-Beauftragten" als Form des Unternehmensbeauftragten gesehen werden. Aufgabe eines derartigen, insbesondere bei Großunternehmen zu bestellenden Beauftragten sollte es sein, die unternehmensinterne CSR-Politik zu koordinieren und dadurch die Eigenkontrolle des Unternehmens zu erhöhen. Nach „außen" würde den CSR-Beauftragten zugleich eine Garantenpflicht treffen, die die rechtliche Relevanz der CSR-Politik des Unternehmens verdeutlichen würde, ohne die Verantwortung des Unternehmens als Ganzes (insbesondere die Letztverantwortung der Geschäftsleitung) in Frage zu stellen.

Eine weitere sinnvolle Ergänzung des Instruments der Offenlegungspflichten (und gleichsam auf die Aktivierung unternehmerischer Selbst- wie öffentlicher Fremdkontrolle gerichtet) könnte in der Erweiterung bestehender Audit-Regelungen (auf europäischer Ebene insbesondere der EMAS-Verordnungen) um hoheitlicherseits festgelegte Sozialkriterien gesehen werden. Die so verstandenen „Umwelt- und Sozialaudits", mit denen sämtliche Themen der CSR abgedeckt werden könnten, würden die Unternehmen – stärker noch als dies bei Offenlegungspflichten der Fall ist – dazu verpflichten, sich frühzeitig und kontinuierlich mit dem Erfolg der eigenen CSR-Politik auseinanderzusetzen. Da zahlreiche Unternehmen schon vergleichbare Audits in ihrer betrieblichen Praxis anwenden, würde eine entsprechende rechtliche Regelung zugleich den Vorteil besitzen, einheitliche Wettbewerbsbedingungen zu schaffen.

Vor allem sollte es aber ein Anliegen des hoheitlich geschaffenen rechtlichen Rahmens der CSR sein, das bereits bestehende Selbstnormierungspotenzial der Unternehmen zu fördern und dabei für eine größere Vergleichbarkeit der von den Unternehmen geschaffenen CSR-Regeln zu sorgen. Dies beinhaltet insbesondere auch eine Stärkung der inhaltlichen Relevanz der in den „Verhaltenskodizes" abgegebenen Erklärungen im Sinne einer Verpflichtung der Unternehmen auf ihren Inhalt. Eine derartige Verpflichtung könnte (und sollte) der Gesetzgeber (etwa) durch eine unmissverständliche Anpassung der Vorschriften gegen den unlauteren Wettbewerb erreichen. Aber auch die in der neuen Transparenzrichtlinie vorgesehene unabhängige Verifizierung durch (private) Prüfungsgesellschaften ist geeignet, die Vergleichbarkeit und Relevanz der selbst geschaffenen CSR-Regeln zu fördern. Gerade weil die Unternehmen ihr eigenes Handeln selbst am stärksten steuern können, sollten die Gesetzgeber verhindern, dass dieses Potenzial verschwendet oder schlimmstenfalls gar zu einem bloßen Mittel der Außendarstellung der Unternehmen zweckentfremdet wird.

Neben diesen nach „innen" gerichteten Ansatzpunkten einer rechtlichen Normierung der Rahmenbedingungen der CSR sollte von Seiten des Gesetzgebers auch die „äußere" Perspektive im Blick behalten werden. Eine wie auch immer gestaltete hoheitliche CSR-Politik verspricht nur dann erfolgreich zu sein, wenn sie die Möglichkeiten und Bedingungen beachtet, die sich für die Unternehmen aus der Globalisierung der Weltwirtschaft ergeben. Ein singulärer, auf das Territorium eines einzelnen Nationalstaates beschränkter normativer CSR-Ansatz vermag dabei in aller Regel nur eine bedingte Steuerungswirkung zu entfalten. Umso vielversprechender ist es, wenn die rechtlichen Rahmenbedingungen der CSR auf internationaler oder, wie im Falle der EU, auf supranationaler Ebene formuliert werden. Eine günstige Gelegenheit für ein entsprechendes Bekenntnis zu einem nach „außen" gerichteten rechtlichen Rahmen der CSR bietet sich dem europäischen (wie dem amerikanischen) Hoheitsträger gegenwärtig etwa im Rahmen der Verhandlungen um das „Transatlantische Freihandelsabkommen" (TTIP). Dieses berührt zahlreiche Aspekte von großer CSR-Relevanz. So soll das Abkommen etwa Bestimmungen zu Industrie-, Gesundheits- und Umweltstandards ebenso enthalten wie Vorschriften zur öffentlichen Auftragsvergabe. Eine entsprechende Bezugnahme und Verpflichtung auf internationale Standards der CSR im Kontext des TTIP würde eine mittelbare Bindung eines Großteils der weltweit einflussreichsten Unternehmen nach sich ziehen und zudem ein starkes politisches Signal aussenden.

Bei allen „inneren" wie „äußeren" Regulierungsoptionen darf jedoch nicht übersehen werden, dass sich die Thematik der CSR nicht für eine „Vollregulierung" eignet. Schon terminologisch bedingt das Vorhandensein von (Unternehmens-) Verantwortung ein Mindestmaß an Freiheit und Flexibilität. Nur ein Unternehmen, das über einen Bereich verfügt, in dem es eigene Entscheidungen trifft, kann für die aus diesen Entscheidungen resultierenden Folgen „verantwortlich" gemacht werden. Insofern bedingt der Ruf nach wirtschaftlicher, sozialer und ökologischer Verantwortungsübernahme durch die Unternehmen, dass diesen ein Handlungsspielraum zugestanden wird, durch den sie ihrer geforderten Verantwortung gerecht werden können. Der Grat zwischen einer die Interessen der Stakeholder verletzenden Unterregulierung und einer die Interessen der Unternehmen verletzenden Überregulierung ist äußerst schmal. Das richtige Maß zu finden und dabei die Interessen aller Beteiligten auszutarieren, ist die schwierige, wenngleich nicht unlösbare Aufgabe des Gesetzgebers. Die rechtlichen Möglichkeiten, die ihm dabei gegeben sind, hat diese Arbeit aufgezeigt.

Literaturverzeichnis

Adeyeye, Adefolake O., Corporate Responsibility in International Law. Which Way to Go?, in: Singapore Year Book of International Law 2007, S. 141–61.

Adeyeye, Adefolake O., Corporate Social Responsibility of Multinational Corporations in Developing Countries. Perspectives on Anti-Corruption, Cambridge u.a. 2012, Zit.: Adeyeye, CSR in Developing Countries.

Aguirre, Daniel, Corporate social responsibility and human rights law in Africa, in: African Human Rights Law Journal 2005, S. 239–265.

Albareda, Laura / *Lozano*, Josep M. / *Tencati*, Antonio / *Midttun*, Atle / *Perrini*, Francesco, The changing role of governments in corporate social responsibility: drivers and responses, in: Business Ethics: A European Review 2008, S. 347–363.

Albareda, Laura / *Lozano*, Josep M. / *Ysa*, Tamyko, Public Policies on Corporate Social Responsibility: The Role of Governments in Europe, in: Journal of Business Ethics 74 (2007), S. 391–407.

Aman, Alfred C., Jr., The Limits of Globalization and the Future of Administrative Law: From Government to Governance, in: Indiana Journal of Global Legal Studies 8 (2001), S. 379–400.

Amstutz, Marc, Die soziale Verantwortung von Unternehmen im Europäischen Recht. Referat im Rahmen der Vortragsreihe „Rechtsfragen der Europäischen Integration", Bonn, den 12.01.2009, Bonn 2010, Zit.: Amstutz, Verantwortung von Unternehmen im Europäischen Recht.

Amstutz, Marc / *Karavas*, Vaios, Rechtsmutationen. Zu Genese und Evolution des Rechts im transnationalen Raum, in: Rechtsgeschichte 8 (2006), S. 14–32.

Amstutz, Marc / *Karavas*, Vaios, Weltrecht: Ein Derridasches Monster, in: Calliess, Gralf-Peter / Fischer-Lescano, Andreas / Wielsch, Dan / Zumbansen, Peer (Hrsg.), Soziologische Jurisprudenz. Festschrift für Gunther Teubner zum 65. Geburtstag, Berlin 2009, S. 645–672, Zit.: Amstutz/Karavas in FS für Teubner.

Appel, Ivo, Europäisches und nationales Umweltverfassungsrecht, in: Koch, Hans-Joachim, Umweltrecht, 4. Auflage, München 2014, S. 41–113, Zit.: Appel, in: Koch, Umweltrecht.

Arbeitskreis Externe Unternehmensrechnung der Schmalenbach-Gesellschaft für Betriebswirtschaft e. V., Integrated Reporting – Herausforderungen für die Finanzberichterstattung, in: BB 2013, S. 875–882, Zit.: Schmalenbach-Gesellschaft, BB 2013.

Aßländer, Michael S., Corporate Social Responsibility zwischen Philosophie und Praxis, in: Byrd, B. Sharon / Hruschka, Joachim / Joerden, Jan C. (Hrsg.), Jahrbuch für Recht und Ethik. Wirtschaftsethik und Recht, Band 18 (2010), S. 3–21, Zit.: Aßländer, Jahrbuch für Recht und Ethik 2010.

Aßländer, Michael S., Die Normierung des Guten. Gesellschaftliches Engagement auf dem Prüfstand, in: Braun, Sebastian (Hrsg.), Gesellschaftliches Engagement von Unternehmen. Der deutsche Weg im internationalen Kontext, Wiesbaden 2010, S. 187–201, Zit.: Aßländer, in: Braun, Gesellschaftliches Engagement von Unternehmen.

Aßländer, Michael S., Totgesagte leben länger. Die Wiedergeburt der Sozialen Marktwirtschaft angesichts der globalen Wirtschaftskrise?, in: zfwu: 2011, S. 200–221.

Ax, Thomas / *Schneider*, Matthias / *Scheffen*, Jacob, Rechtshandbuch Korruptionsbekämpfung. Prävention – Compliance – Vergabeverfahren – Sanktionen – Selbstreinigung, 2. Auflage, Berlin 2010, Zit.: Ax et al., Rechtshandbuch Korruptionsbekämpfung.

Baade, Hans W., The Legal Effects of Codes of Conduct for Multinational Enterprises, in: German Yearbook of International Law 22 (1979), S. 11–52.

Backer, Larry Catá, From Moral Obligation to International Law: Disclosure Systems, Markets and the Regulation of Multinational Corporations. In: Georgetown Journal of International Law 39 (2008), S. 591–653.

Backer, Larry Catá, Multinational Corporations, Transnational Law: The United Nations' Norms on the Responsibilities of Transnational Corporations as a Harbinger of Corporate Social Responsibility in International Law, in: Columbia Human Rights Law Review 37 (2006), S. 287–389.

Backer, Larry Catá, Rights and Accountability in Development ('RAID') v DAS Air and Global Witness v Afrimex: Small Steps towards an Autonomous Transnational Legal System for the Regulation of Multinational Corporations, in: Melbourne Journal of International Law 10 (2009), S. 258–308.

Backhaus-Maul, Holger, Verantwortung und Engagement von Unternehmen in der Sozialen Marktwirtschaft – der deutsche Institutionalisierungspfad unter globalen Einflüssen, in: Braun, Sebastian (Hrsg.), Gesellschaftliches Engagement von Unternehmen. Der deutsche Weg im internationalen Kontext, Wiesbaden 2010, S. 65–84, Zit.: Backhaus-Maul, in: Braun, Gesellschaftliches Engagement von Unternehmen.

Baer, Susanne, Rechtssoziologie. Eine Einführung in die interdisziplinäre Rechtsforschung, Baden-Baden 2011.

Baetge, Jörg / *Kirsch*, Hans-Jürgen / *Thiele*, Stefan, Bilanzen, 12. Auflage, Düsseldorf 2012, Zit.: Baetge/Kirsch/Thiele, Bilanzen.

Baetge, Jörg / *Thiele*, Stefan, Gesellschafterschutz versus Gläubigerschutz – Rechenschaft versus Kapitalerhaltung. Zu den Zwecken des deutschen Einzelabschlusses vor dem Hintergrund der internationalen Harmonisierung, in: Budee, Wolfgang Dieter / Moxter, Adolf / Offerhaus, Klaus (Hrsg.), Handelsbilanzen und Steuerbilanzen. Festschrift zum 70. Geburtstag von Prof. Dr. h.c. Heinrich Beisse, Zit.: Baetge/Thiele in FS für Beisse.

Bähr, Johannes, Unternehmens- und Kapitalmarktrecht im „Dritten Reich“: Die Aktienrechtsreform und das Anleihestockgesetz, in: Ders. / Banken, Ralf (Hrsg.), Wirtschaftssteuerung durch Recht im Nationalsozialismus. Studien zur Entwicklung des Wirtschaftsrechts im Interventionsstaat des „Dritten Reichs“, Frankfurt am Main 2006, S. 35–70, Zit.: Bähr, in: Ders./Banken, Wirtschaftssteuerung im Nationalsozialismus.

Ballwieser, Wolfgang, Adolf Moxter und der Shareholder Value-Ansatz, in: Ders. / Böcking, Hans-Joachim / Drukarczyk, Jochen / Schmidt, Reinhard H. (Hrsg.), Bilanzrecht und Kapitalmarkt. Festschrift für Adolf Moxter, Düsseldorf 1994, S. 1377–1405, Zit.: Ballwieser in FS für Moxter.

Bassen, Alexander / *Jastram*, Sarah / *Meyer*, Katrin, Corporate Social Responsibility. Eine Begriffserklärung, in: zfwu 2005, S. 231–236.

Baumbach, Adolf / *Hopt*, Klaus J., Handelsgesetzbuch: mit GmbH & Co., Handelsklauseln, Bank- und Börsenrecht, Transportrecht (ohne Seerecht), 36. Auflage, München 2014, Zit.: Bearbeiter, in: Baumbach/Hopt, HGB.

Becker, Florian, Kooperative und konsensuale Strukturen in der Normsetzung, Tübingen 2005.

Beiersdorf, Kati, Nachhaltigkeit in der Unternehmensberichterstattung. Erfordernis und Stand der Integration des Nachhaltigkeitskonzepts in die externe Finanzberichterstattung nach IFRS und Ansätze zur Ermittlung eines nachhaltigen Gewinns, Marburg 2012.

Bergkamp, Lucas, Corporate Governance and Social Responsibility: a New Sustainability Paradigm?, in: European Environmental Law Review 2002, S. 136–152.

Berndt, Thomas / *Bilolo*, Céline / *Müller*, Ludwig, International Integrated Reporting Framework: Leitfaden für eine moderne Unternehmensberichterstattung?, in: BB 2014, S. 363–367.

von Bernstorff, Jochen, Extraterritoriale menschenrechtliche Staatenpflichten und Corporate Social Responsibility. Wie weit geht die menschenrechtliche Verantwortung des Staates für das Verhalten eigener Unternehmen im Ausland?, in: AVR 49 (2011), S. 34–63.

Bhagwati, Jagdish, In Defense of Globalization, New York u.a. 2004.

Bieber, Roland / *Epiney*, Astrid / *Haag*, Marcel, Die Europäische Union. Europarecht und Politik, 9. Auflage, Baden-Baden 2011.

Birk, Axel, Corporate Responsibility, unternehmerische Selbstverpflichtungen und unlauterer Wettbewerb, in: GRUR 2011, S. 196–203.

Birke, Max, Das Formalziel der Aktiengesellschaft. Eine juristische und ökonomische Analyse der Pflicht der Organe der Aktiengesellschaft zur Berücksichtigung der Interessen von Nichtaktionären, Baden-Baden 2005.

Bitz, Michael / *Schneeloch*, Dieter / *Wittstock*, Wilfried, Der Jahresabschluss. Nationale und internationale Rechtsvorschriften, Analyse und Politik, 5. Auflage, München 2011.

Blowfield, Michael / *Frynas*, Jedrzej George, Setting new agendas: critical perspectives on Corporate Social Responsibility in the developing world, in: International Affairs 81 (2005), S. 499–513.

Boehme-Neßler, Volker, Unscharfes Recht. Überlegungen zur Relativierung des Rechts in der digitalisierten Welt, Berlin 2008.

von Bogdandy, Armin, Auswertung der rechtswissenschaftlichen Projekte, in: Mayntz, Renate / von Bogdandy, Armin / Genschel, Philipp / Lütz, Susanne (Hrsg.), Globale Strukturen und deren Steuerung: Auswertung der Ergebnisse eines Förderprogramms der VolkswagenStiftung, MPIfG Working Paper 05/11, Forschungsbericht aus dem Max-Planck-Institut für Gesellschaftsforschung, Köln, S. 19–62, Zit.: von Bogdandy, in: Mayntz et al., Globale Strukturen und deren Steuerung, abrufbar unter: http://www.mpifg.de/pu/workpap/fb1.pdf (Oktober 2014).

von Bogdandy, Armin / *Bast*, Jürgen (Hrsg.), Europäisches Verfassungsrecht. Theoretische und dogmatische Grundzüge, 2. Auflage, Berlin 2009, Zit.: von Bogdandy/Bast, Europäisches Verfassungsrecht.

von Bogdandy, Armin / *Dellavalle*, Sergio, Die Lex mercatoria der Systemtheorie. Verortung, Rekonstruktion und Kritik aus öffentlichrechtlicher Perspektive, in: Calliess, Gralf-Peter / Fischer-Lescano, Andreas / Wielsch, Dan / Zumbansen, Peer (Hrsg.), Soziologische Jurisprudenz. Festschrift für Gunther Teubner zum 65. Geburtstag, Berlin 2009, S. 695–715, Zit.: von Bogdandy/Dellavalle in FS für Teubner.

von Bogdandy, Armin, Demokratie, Globalisierung, Zukunft des Völkerrechts – eine Bestandsaufnahme, in: ZaöRV 63 (2003), S. 853–877.

Bohne, Eberhard, Informales Verwaltungs- und Regierungshandeln als Instrument des Umweltschutzes. Alternativen zu Rechtsnorm, Vertrag, Verwaltungsakt und anderen rechtlich geregelten Handlungsformen?, in: Verwaltungs-Archiv 75 (1984), S. 343–373.

Boulle, Laurence, The Law of Globalization: An Introduction, Austin / Boston u.a. 2009.

Bowen, Howard R., Social Responsibilities of the Businessman, New York 1953, Zit.: Bowen, Social Responsibilities of the Businessman.

Brankamp, Hauke, Die OECD-Leitsätze für multinationale Unternehmen: Funktionsweise und Umsetzung, in: Menschenrechtsmagazin 15 (2010), S. 41–50.

Brehme, Julia, Privatisierung und Regulierung der öffentlichen Wasserversorgung, Tübingen 2010.

Bretschger, Roman, Unternehmen und Menschenrechte. Elemente und Potenzial eines informellen Menschenrechtsschutzes, Zürich u.a. 2010.

Brewer, Thomas / *Young*, Stephen, European Union Policies and the Problems of Multinational Enterprises, in: Journal of World Trade 29 (1995), S. 33–52.

Brohm, Winfried, Rechtsstaatliche Vorgaben für informelles Verwaltungshandeln, in: DVBl. 1994, S. 133–139.

Brunhöber, Beatrice, Sterbehilfe aus strafrechtlicher und rechtsphilosophischer Sicht, in: JuS 2011, S. 401–406.

Buchholz, Rainer, Internationale Rechnungslegung. Die wesentlichen Vorschriften nach IFRS und HGB – mit Aufgaben und Lösungen, 11. Auflage, Berlin 2014.

Buck-Heeb, Petra / *Dieckmann*, Andreas, Selbstregulierung im Privatrecht, Tübingen 2010.

Buhmann, Karin, Corporate social responsibility: what role for law? Some aspects of law and CSR, in: Corporate Governance 6 (2006), S. 188–202.

Bulmann, Antje, Mehrwert durch mehr Wert. Nachhaltiger Unternehmenserfolg durch Investitionen in Corporate Social Responsibility, Paderborn 2007.

von Bülow, Hans-Joachim, Schwierigkeiten mit dem Südafrika-Kodex, in: RIW 25 (1979), S. 600–603.

Buntenbroich, David, Menschenrechte und Unternehmen, Transnationale Rechtswirkungen „freiwilliger" Verhaltenskodizes, Frankfurt am Main 2007.

Bürgers, Tobias / *Körber*, Torsten (Hrsg.), Aktiengesetz, 3. Auflage, Heidelberg 2014, Zit.: Bearbeiter, in: Bürgers/Körber, AktG.

Buß, Eugen, Managementsoziologie. Grundlagen, Praxiskonzepte und Fallstudien, 3. Auflage, München 2012.

Busse von Colbe, Walther, Was ist und was bedeutet Shareholder Value aus betriebswirtschaftlicher Sicht?, in: ZGR 1997, S. 271–290.

Buszewski, Sinthiou Estelle, Unternehmen und Internationale Menschenrechte, in: Humanitäres Völkerrecht – Informationsschriften 25 (2012), S. 201–209.

Cahn, Naomi / *Gambino*, Anthony, Towards a Typology of Corporate Responsibility in Different Governance Contexts: What to Do in the Absence of Responsible Country Governance, in: Georgetown Journal of International Law 39 (2008), S. 655–678.

Calliess, Gralf-Peter, Grenzüberschreitende Verbraucherverträge. Rechtssicherheit und Gerechtigkeit auf dem elektronischen Weltmarktplatz, Tübingen 2006, Zit.: Calliess, Grenzüberschreitende Verbraucherverträge.

Calliess, Gralf-Peter, Systemtheorie: Luhmann / Teubner, in: Buckel, Sonja / Christensen, Ralph / Fischer-Lescano, Andreas (Hrsg.), Neue Theorien des Rechts, Stuttgart 2006, S. 57–71, Zit.: Calliess, in: Buckel et al., Neue Theorien.

Canaris, Claus Wilhelm / *Habersack*, Mathias / *Schäfer*, Carsten (Hrsg.), Staub. Handelsgesetzbuch: Großkommentar. Fünfter Band, §§ 238–289a, 5. Auflage, Berlin 2014, Zit.: Bearbeiter, in: Großkomm. HGB, 5A.

Carroll, Archie B., A History of Corporate Social Responsibility. Concepts and Practices, in: Crane, Andrew et al. (Hrsg.), The Oxford Handbook of Corporate Social Responsibility, Oxford u.a. 2008, S. 19–46, Zit.: Carroll, in: Crane et al., Oxford Handbook.

Carroll, Archie B., Corporate Social Responsibility: Evolution of a Definitional Construct, in: Business & Society 38 (1999), S. 268–295.

Carroll, Archie B. / *Shabana*, Kareem M., The Business Case for Corporate Social Responsibility: A Review of Concepts, Research and Practice, in: International Journal of Management Reviews 12 (2010), S. 85–105.

Carroll, Archie B., The Four Faces of Corporate Citizenship, in: Business and Society Review 100 (1998), S. 1–7.

Carroll, Archie B., The Pyramid of Corporate Social Responsibility: Toward the Moral Management of Organizational Stakeholders, in: Business Horizons 34 (1991), S. 39–48.

Cernič, Jernej Letnar, Corporate Responsibility for Human Rights: A Critical Analysis of the OECD Guidelines for Multinational Enterprises, in: Hanse Law Review 4 (2008), S. 71–102.

Chanin, Joshua M., "The Regulatory Grass is Greener": A Comparative Analysis of the Alien Tort Claims Act and the European Union's Green Paper on Corporate Social Responsibility, in: Indiana Journal of Global Legal Studies 12 (2005), S. 745–778.

Chirwa, Danwood Mzikenge, The Long March to Binding Obligations of Transnational Corporations in International Human Rights Law, in: South African Journal on Human Rights 22 (2006), S. 76–98.

Chomsky, Judith, Will the Real ATS Please Stand up, in: Suffolk Transnational Law Review 33 (2010), S. 461–474.

Clapham, Andrew, Human Rights Obligations of Non-State Actors, Oxford u.a. 2006.

Clemm, Hermann, Zur Verantwortung der Unternehmensleitung gegenüber Aktionären („shareholder value"), Arbeitnehmern und Gemeinwohl („soziale Verantwortung"). Anmerkungen vor dem Hintergrund der aktuellen wirtschaftlichen und sozialen (auch Beschäftigungs-)Lage in Deutschland, in: *Kley*, Max Dietrich et al. (Hrsg.), Festschrift für Wolfgang Ritter zum 70. Geburtstag. Steuerrecht, Steuer- und Rechtspolitik, Wirtschaftsrecht und Unternehmensverfassung, Umweltrecht, Köln 1997, S. 675–692, Zit.: Clemm in FS für Ritter.

Committee for Economic Development, Social Responsibilities of Business Corporations, New York 1971.

Compa, Lance / *Hinchliffe-Darricarrère*, Tashia, Private Labor Rights Enforcement Through Corporate Codes of Conduct, in: Columbia Journal of Transnational Law 33 (1995), S. 663–689.

Coni-Zimmer, Melanie, Weltorganisationen, transnationale Unternehmen und die Diffusion von CSR, in: *Koch*, Martin (Hrsg.), Weltorganisationen, Wiesbaden 2012, S. 205–238, Zit.: Coni-Zimmer, in Koch, Weltorganisationen.

Corell, Hans, The Global Compact, in: Mullerat, Ramón (Hrsg.), Corporate Social Responsibility. The Corporate Governance of the 21st Century, Den Haag 2005, S. 235–242, Zit.: Corell, in: Mullerat, Corporate Social Responsibility.

Crane, Andrew et al., The Corporate Social Responsibility Agenda, in: Ders. et al. (Hrsg.), The Oxford Handbook of Corporate Social Responsibility, Oxford u.a. 2008, S. 3–15, Zit.: Crane et al, in: Ders. et al., Oxford Handbook.

Curbach, Janina, Die Corporate-Social-Responsibility-Bewegung, Wiesbaden 2009.

Dann, Philipp, Entwicklungsverwaltungsrecht. Theorie und Dogmatik des Rechts der Entwicklungszusammenarbeit, untersucht am Beispiel der Weltbank, der EU und der Bundesrepublik Deutschland, Tübingen 2012, Zit.: Dann, Entwicklungsverwaltungsrecht.

Dann, Philipp, Programm- und Prozesssteuerung im europäischen Entwicklungsverwaltungsrecht, in: EuR-Beiheft 2 / 2008, S. 107–137.

von Danwitz, Thomas, Arbeitsmarkt und staatliche Lenkung, in: VVDStRL 59 (2000), S. 99–141.

Deckert, Martina R., Steuerung durch Recht – oder: mehr Mut zur Normierung im Umwelt- und Technikrecht, in: ZRP 1995, S. 63–68.

de la Cuesta González, Marta / *Valor Martinez*, Carmen, Fostering Corporate Social Responsibility through Public Initiative: From the EU to the Spanish Case, in: Journal of Business Ethics 55 (2004), S. 275–293.

Delbrück, Jost, Das Staatsbild im Zeitalter wirtschaftsrechtlicher Globalisierung, Halle (Saale) 2002, Zit.: Delbrück, Staatsbild im Zeitalter wirtschaftrechtlicher Globalisierung.

Delbrück, Jost, Structural Changes in the International System and its Legal Order: International Law in the Era of Globalization, in: SZIER 2001, S. 1–36.

De Schutter, Olivier, Corporate Social Responsibility European Style, in: European Law Journal 14 (2008), S. 203–236.

De Schutter, Olivier, The Accountability of Multinationals for Human Rights Violations in European Law, Center for Human Rights and Global Justice Working Paper Number 1, New York 2004, Zit.: De Schutter, Accountability of Multinationals.

Deutscher Bundestag, Schlussbericht der Enquête-Kommission Globalisierung der Weltwirtschaft – Herausforderungen und Antworten, 14. Wahlperiode, Drucksache 14/9200, 12.06.2002, Zit.: Deutscher Bundestag, Schlussbericht Globalisierung der Weltwirtschaft.

Di Fabio, Udo, Selbstverpflichtungen der Wirtschaft – Grenzgänger zwischen Freiheit und Zwang, in: JZ 52 (1997), S. 969–974.

Di Fabio, Udo, Verwaltung und Verwaltungsrecht zwischen gesellschaftlicher Selbstregulierung und staatlicher Steuerung, in: VVDStRL 56 (1997), S. 235–277.

Dolzer, Rudolf, Wirtschaft und Kultur im Völkerrecht, in: Graf Vitzthum, Wolfgang (Hrsg.), Völkerrecht, 4. Auflage, Berlin 2007. S. 491–576, Zit.: Dolzer, in: Graf Vitzthum, Völkerrecht.

Doorey, David J., The Transparent Supply Chain: from Resistance to Implementation at Nike and Levi-Strauss, in: Journal of Business Ethics 103 (2011), S. 587–603.

Döring, Eberhard, Recht und Moral – Freiheit und Verantwortung. Zum Verhältnis von Legitimität und Legalität bei Kant, in: Rechtstheorie 27 (1996), S. 157–176.

Dreier, Horst, Informales Verwaltungshandeln, in: Staatswissenschaften und Staatspraxis 4 (1993), S. 647–681.

Dreier, Ralf, Der Begriff des Rechts, in: NJW 1986, S. 890–896.

Duong Dinh, Hai Van, Corporate Social Responsibility. Determinanten der Wahrnehmung, Wirkungsprozesse und Konsequenzen, Wiesbaden 2011.

Eifert, Martin, Umweltinformation als Regelungsinstrument, in: DÖV 1994, S. 544–552.

Elkington, John, Towards the Sustainable Corporation: Win-Win-Win Business Strategies for Sustainable Development, in: California Management Review 36 (1994), S. 90–100.

Ellrott, Helmut et al. (Hrsg.), Beck'scher Bilanz-Kommentar. Handels- und Steuerbilanz, §§ 238 bis 339, 342 bis 342e HGB mit IFRS-Abweichungen, 8. Auflage, München 2012, Zit.: Bearbeiter, in: Beck Bil-Komm.

Emeseh, Engobo / *Ako*, Rhuks / *Okonmah*, Patrick / *Obokoh*, Lawrence Ogechukwu, Corporations, CSR and Self Regulation: What Lessons from the Global Financial Crisis?, in: German Law Journal 11 (2010), S. 230–259, Zit.: Emeseh et al., German Law Journal 2010.

Emmerich-Fritsche, Angelika, Zur Verbindlichkeit der Menschenrechte für transnationale Unternehmen, in: AVR 45 (2007), S. 541–565.

Empt, Corporate Social Responsibility. Das Ermessen des Managements zur Berücksichtigung von Nichtaktionärsinteressen im US-amerikanischen und deutschen Aktienrecht, Berlin 2004.

Enneking, Liesbeth F.H., Crossing the Atlantic? The Political and Legal Feasibility of European Foreign Direct Liability Cases, in: George Washington International Law Review 40 (2009), S. 903–938.

Engel, Christoph, Völkerrecht als Tatbestandsmerkmal deutscher Normen, Berlin 1989.

Erbguth, Wilfried / *Schlacke*, Sabine, Umweltrecht, 3. Auflage, Baden-Baden 2010.

Ernst, Stefan, Corporate Social Responsibility (CSR) und das Wettbewerbsrecht, in: WRP 2010, S. 1304–1314.

Etter, Michael / *Fieseler*, Christian, Die Ökonomie der Verantwortung – eine wirtschaftswissenschaftliche Perspektive auf CSR, in: *Raupp*, Juliana et al. (Hrsg.), Handbuch CSR. Kommunikationswissenschaftliche Grundlagen, disziplinäre Zugänge und methodische Herausforderungen, Wiesbaden 2011, S. 269–280, Zit.: Etter/Fieseler, in: Raupp et al., Handbuch CSR.

Eufinger, Alexander, Die neue CSR-Richtlinie – Erhöhung der Unternehmenstransparenz in Sozial- und Umweltbelangen, in: EuZW 2015, S. 424–428.

Fassin, Yves, SMEs and the fallacy of formalising CSR, in: Business Ethics: A European Review 17 (2008), S. 364–378.

Fifka, Matthias S., Einführung – Nachhaltigkeitsberichterstattung: Eingrenzung eines heterogenes Phänomens, in: Ders. (Hrsg.), CSR und Reporting. Nachhaltigkeits- und CSR-Berichterstattung verstehen und erfolgreich umsetzen, Berlin u.a. 2014, S. 1–18, Zit.: Fifka, in: Ders., CSR und Reporting.

Fischel, Daniel R., Labor Markets and Labor Law Compared with Capital Markets and Corporate Law, in: University of Chicago Law Review 51 (1984), S. 1061–1077.

Fischer, Thomas M. / *Sawczyn*, Angelika: The relationship between corporate social performance and corporate financial performance and the role of innovation: Evidence from German listed firms, in: Journal of Management Control 24 (2013), S. 27–52.

Fischer-Lescano, Andreas / *Teubner*, Gunther, Fragmentierung des Weltrechts: Vernetzung globaler Regimes statt etatistischer Rechtseinheit, in: Albert, Mathias / Stichweh, Rudolf (Hrsg.), Weltstaat und Weltstaatlichkeit. Beobachtungen globaler politischer Strukturbildung, Wiesbaden 2007, S. 37–61, Zit.: Fischer-Lescano/Teubner, in: Albert/Stichweh, Weltstaat und Weltstaatlichkeit.

Fishman, Benjamin C.: Bindung Corporations to Human Rights Norms Through Public Law Settlement, in: New York University Law Review 81 (2006), S. 1433–1468.

Fleischer, Holger, Legal Transplants im deutschen Aktienrecht, in: NZG 2004, S. 1129–1137.

Fleischer, Holger, Unternehmensspenden und Leitungsermessen des Vorstands im Aktienrecht, in: AG 2001, S. 171–181.

Förster, Christian, Soziale Verantwortung von Unternehmen rechtlich reguliert, in: RIW 2008, S. 833–840.

Forsthoff, Ernst, Die Verwaltung als Leistungsträger, Stuttgart u.a. 1938.

Forstmoser, Peter, Gewinnmaximierung oder soziale Verantwortung?, Zum Auftrag börsennotierter Unternehmen, in: Kiesow, Rainer Maria / Ogorek, Regina / Simitis, Spiris (Hrsg.), Summa. Dieter Simon zum 70. Geburtstag, Frankfurt am Main 2005, S. 207–235, Zit.: Forstmoser in FS Simon.

Forstmoser, Peter / *Vogt*, Hans-Ueli, Einführung in das Recht, 4. Auflage, Bern 2008.

Freeman, R. Edward, Strategic Management. A Stakeholder Approach, Boston 1984, Zit.: Freeman, Strategic Management.

Freeman, R. Edward, The Stakeholder Approach Revisited, in: zfwu 2004, S. 228–254.

Frenz, Walter, Europäisches Umweltrecht, München 1997.

Frenz, Walter, Selbstverpflichtungen der Wirtschaft, Tübingen 2001, Zit.: Frenz, Selbstverpflichtungen.

Friedman, Milton, Capitalism and Freedom, Chicago u.a. 1963, Zit.: Friedman, Capitalism and Freedom.

Friedman, Milton, The Social Responsibility of Business is to Increase Its Profits, in: New York Times Magazine, 13.9.1970, S. 32–32 und 122–126.

Friedrich, Jürgen, Codes of Conduct, in: Wolfrum, Rüdiger (Hrsg.), The Max Planck Encyclopedia of Public International Law (online edition), Zit.: Friedrich, MPEPIL, Codes of Conduct.

Frowein, Jochen Abraham, Kritische Bemerkungen zur Lage des deutschen Staatsrechts aus rechtsvergleichender Sicht, in: DÖV 51 (1998), S. 806–811.

Früh, Andreas, Legal & Compliance – Abgrenzung oder Annäherung (am Beispiel einer Bank), in: CCZ 2010, S. 121–126.

Fründ, Henric P., Shareholder Value-Konzept, in: Busse von Colbe, Walther / Crasselt, Nils / Pellens, Bernhard (Hrsg.), Lexikon des Rechnungswesens. Handbuch der Bilanzierung und Prüfung, der Erlös-, Finanz-, Investitions- und Kostenrechnung, 5. Auflage, München 2011, S. 708–709, Zit.: Fründ, in: Busse von Colbe et al., Lexikon des Rechnungswesens.

Garcia, Esther E., Promoting International Human Rights: A States Interest to Finding Jurisdiction for Transnational Corporations on the Basis of Resolving Common Procedural Issues in ATCA and TVPA Litigation, in: Southwestern Journal of International Law 17 (2011), S. 295–307.

Garriga, Elisabet / *Melé*, Domènec, Corporate Social Responsibility Theories: Mapping the Territory, in: Journal of Business Ethics 53 (2004), S. 51–71.

Gatto, Alexandra, Multinational Enterprises and Human Rights. Obligations under EU Law and International Law, Cheltenham u.a. 2011, Zit.: Gatto, Multinational Enterprises and Human Rights.

Gehne, Katja, Nachhaltige Entwicklung als Rechtsprinzip. Normativer Aussagegehalt, rechtstheoretische Einordnung, Funktionen im Recht, Tübingen 2011.

Geiger, Rudolf / *Khan*, Daniel-Erasmus / *Kotzur*, Markus, EUV, AEUV: Vertrag über die Europäische Union und Vertrag über die Arbeitsweise der Europäischen Union. Kommentar, 5. Auflage, München 2010, Zit.: Bearbeiter, in: Geiger/Khan/Kotzur.

Geldermann, Heiner, Völkerrechtliche Pflichten multinationaler Unternehmen, Baden-Baden 2009.

Glinski, Carola, Die rechtliche Bedeutung der privaten Regulierung globaler Produktionsstandards, Baden-Baden 2011.

Gietl, Simon et al., Does CSR reporting destroy firm value? Empirical evidence on GRI-aligned European firms, in: ZfU 2013, S. 58–86.

Gilbert, Dirk Ulrich / *Rasche*, Andreas, Discourse Ethics and Social Accountability: The Ethics of SA 8000, in: Business Ethics Quarterly 17 (2007), S. 187–216.

Gill, Amiram, Corporate Governance as Social Responsibility: A Research Agenda, in: *Berkeley Journal of International Law* 26 (2008), S. 452–478.

Göbel, Elisabeth, Unternehmensethik. Grundlagen und praktische Umsetzung, 2. Auflage, Stuttgart 2010.

Göhler, Gerhard / *Höppner*, Ulrike / *De la Rosa*, Sybille / *Skupien*, Stefan, Steuerung jenseits von Hierarchie. Wie diskursive Praktiken, Argumente und Symbole steuern können, in: PVS 51 (2010), S. 691–720, Zit.: Göhler et al., PVS 2010.

Goldmann, Matthias, OECD Guidelines for Multinational Enterprises: The Aker Kvaerner Case – Corporate Social Responsibility and Human Rights at Guantanamo Bay, in: Cassese, Sabino et al. (Hrsg.), Global Administrative Law: The Casebook, 3. Auflage, Rom 2012, S. 131–136, Zit.: Goldmann, in: Cassese et al., Global Administrative Law.

Grabitz, Eberhard / *Hilf*, Meinhard / *Nettesheim*, Martin (Hrsg.), Das Recht der Europäischen Union. Kommentar, Loseblatt, München Stand November 2012 (49. EL), Zit.: Bearbeiter, in: Grabitz/Hilf/Nettesheim, Das Recht der Europäischen Union.

von Graevenitz, Albrecht, Mitteilungen, Leitlinien, Stellungnahmen – Soft Law der EU mit Lenkungswirkung, in: EuZW 24 (2013), S. 169–173.

Gramm, Christof, Aufklärung durch staatliche Publikumsinformationen. Staatshandeln als Aufklärung?, in: Der Staat 30 (1991), S. 51–80.

Gramm, Christof, Nachweltschutz durch kooperative Rechtsstrukturen, in: JZ 45 (1990), S. 905–911.

Griffin, Jennifer J. / *Mahon*, John, The Corporate Social Performance and Corporate Financial Performance Debate Twenty-Five Years of Incomparable Research, in: Business & Society 36 (1997), S. 5–31.

Grigoleit, Hans Christoph (Hrsg.), Aktiengesetz. Kommentar, München 2013, Zit.: Bearbeiter, in: Grigoleit, AktG.

Grigoleit, Hans Christoph, Gesellschafterhaftung für interne Einflussnahme im Recht der GmbH: Dezentrale Gewinnverfolgung als Leitprinzip des dynamischen Gläubigerschutzes, München 2006.

Grimm, Dieter, Die Verfassung im Prozess der Entstaatlichung, in: Brenner, Michael / Huber, Peter M. / Möstl, Markus (Hrsg.), Der Staat des Grundgesetzes – Kontinuität und Wandel. Festschrift für Peter Badura zum siebzigsten Geburtstag, S. 145–167, Zit.: Grimm in FS für Badura.

Grimm, Dieter, Wandel der Staatsaufgaben und die Krise des Rechtsstaates, in: Ders. (Hrsg.), Wachsende Staatsaufgaben – sinkende Steuerungsfähigkeit des Rechts, Baden-Baden 1990, S. 291–306, Zit.: Grimm, in: Ders., Steuerungsfähigkeit des Rechts.

Groh, Manfred, Shareholder Value und Aktienrecht, in: Der Betrieb 2000, S. 2153–2158.

Großfeld, Bernhard, Internationales und europäisches Unternehmensrecht. Das Organisationsrecht transnationaler Unternehmen, 2. Auflage, Heidelberg 1995.

Grundmann, Stefan, Europäisches Gesellschaftsrecht. Eine systematische Darstellung unter Einbeziehung des europäischen Kapitalmarktrechts, 2. Auflage, Heidelberg 2011.

Grundmeier, Charlotte Elisabeth, Rechtspflicht zur Compliance im Konzern, Köln 2011.

Günther, Edeltraud, CSR und Rechnungslegung, in: Schneider, Andreas / Schmidpeter, René (Hrsg.), Corporate Social Responsibility. Verantwortungsvolle Unternehmensführung in Theorie und Praxis, Berlin u.a. 2012, S. 357–370, Zit.: Günther, in: Schneider / Schmidpeter, Corporate Social Responsibility.

Gupta, Joyeeta, The Role of Non-State Actors in International Environmental Affairs, in: ZaöRV 2003, S. 459–486.

Habersack, Mathias / *Verse*, Dirk A., Europäisches Gesellschaftsrecht. Einführung für Studium und Praxis, 4. Auflage, München 2011.

Hailbronner, Kay, Rechtswirkungen des EG-Südafrika-Kodex, in: RIW 28 (1982), S. 111–117.

Hajduk, Thomas / *Quandt*, Jan Hendrik, Regulierung, Normativität und Rhetorik. Alte Erkenntnisprobleme in der jungen CSR-Forschung, in: zfwu 2011, S. 104–116.

Haller, Axel / *Ernstberger*, Jürgen, Global Reporting Initiative – Internationale Leitlinien zur Erstellung von Nachhaltigkeitsberichten, in: BB 2006, S. 2516–2524.

Hansen, Ursula / *Bode*, Matthias / *Moosmayer*, Dirk, Stakeholder Theory between General and Contextual Approaches – A German View, in: zfwu 2004, S. 242–254.

Hansen, Ursula / *Schrader*, Ulf, Corporate Social Responsibility als aktuelles Thema der Betriebswirtschaftslehre, in: DBW 65 (2005), S. 373–395.

Hardtke, Arnd, Das CSR-Universum, in: Ders. / Kleinfeld, Annette (Hrsg.), Gesellschaftliche Verantwortung von Unternehmen – Von der Idee der Corporate Social Responsibility zur erfolgreichen Umsetzung, Wiesbaden 2010, S. 13–70, Zit.: Hardtke, in: Ders./Kleinfeld, Gesellschaftliche Verantwortung von Unternehmen.

Hardtke, Arnd, ISO 26000: Eine kurze Geschichte zur Normierung gesellschaftlicher Verantwortung, in: Braun, Sebastian (Hrsg.), Gesellschaftliches Engagement von Unternehmen. Der deutsche Weg im internationalen Kontext, Wiesbaden 2010, S. 202–219, Zit.: Hardtke, in: Braun, Gesellschaftliches Engagement von Unternehmen.

Hart, Herbert Lionel Adolphus, The Concept of Law. Third Edition, Oxford u.a. 2012.

Hauschka, Christoph E., Einführung, in: Ders. (Hrsg.), Corporate Compliance. Handbuch der Haftungsvermeidung im Unternehmen, 2. Auflage, München 2010, S. 1–27, Zit.: Hauschka, in: Ders., Corporate Compliance.

Heidel, Thomas / *Schall*, Alexander, Handelsgesetzbuch. Handkommentar, Baden-Baden 2011, Zit.: Bearbeiter, in: Heidel/Schall, Handelsgesetzbuch.

Henneke, Hans-Günther, Informelles Verwaltungshandeln im Wirtschaftsverwaltungs- und Umweltrecht. Zwischenbilanz zur Erfassung eines seit zehn Jahren benannten Phänomens, in: Natur und Recht 6 (1991), S. 267–275.

Hennings, Antje, Über das Verhältnis von Multinationalen Unternehmen zu Menschenrechten. Eine Bestandsaufnahme aus juristischer Perspektive, Göttingen 2009.

Henze, Hartwig, Leitungsverantwortung des Vorstands – Überwachungspflicht des Aufsichtsrats, in: BB 2000, S. 209–216.

Herberg, Martin, Codes of Conduct und kommunikative Vernunft. Rechtssoziologische Überlegungen zu den umweltbezogenen Selbstverpflichtungen transnationaler Chemiekonzerne, in: ZfRSoz 22 (2001), S. 25–52.

Herberg, Martin, Globalisierung und private Selbstregulierung. Umweltschutz in multinationalen Unternehmen, Frankfurt am Main 2007.

Herdegen, Matthias, Internationales Wirtschaftsrecht, 8. Auflage, München 2009, Zit.: Herdegen, Internationales Wirtschaftsrecht.

Hickel, Rudolf, Plädoyer für einen regulierten Kapitalismus, in: APuZ 2009 (20), S. 13–19.

Hilgendorf, Eric, Recht und Moral, in: Aufklärung und Kritik 2001, S. 72–90.

Hillemanns, Carolin F., UN Norms on the Responsibilities of Transnational Corporations and Other Business Enterprises with regard to Human Rights, in: German Law Journal 4 (2003), S. 1065–1080.

Hirsch, Ernst E., Rechtssoziologie für Juristen. Eine Aufsatzsammlung, Berlin 1984.

Hobe, Stephan, Die Zukunft des Völkerrechts im Zeitalter der Globalisierung, in: AVR 37 (1999), S. 253–282.

Hobe, Stephan, Einführung in das Völkerrecht, 9. Auflage, Stuttgart 2008, Zit,; Hobe, Völkerrecht.

Hobe, Stephan, The Era of Globalization as a Challenge to International Law, in: Duquesne University Law Review 40 (2002), S. 655–665.

Hodges, Luther H., Geschäft und Moral. Die soziale Verantwortung des Unternehmers, Wiesbaden 1966, Zit.: Hodges, Geschäft und Moral.

Höffe, Otfried, Soziale Verantwortung von Unternehmen. Rechtsphilosophische Überlegungen, in: Aßländer, Michael / Löhr, Albert (Hrsg.), Corporate Social

Responsibility in der Wirtschaftskrise: Reichweiten der Verantwortung, München 2010, S. 35–48, Zit.: Höffe, in: Aßländer/Löhr, Corporate Social Responsibility.

Hoffmann-Riem, Wolfgang, Umweltschutz zwischen staatlicher Regulierungsverantwortung und unternehmerischer Eigeninitiative. Zur amerikanischen Diskussion um die Reform der Umweltschutzinstrumente, in: Wirtschaft und Verwaltung 1983, S. 120–141.

Hoffmeister, Frank, Menschenrechts- und Demokratieklauseln in den vertraglichen Außenbeziehungen der Europäischen Gemeinschaft, Berlin 1998.

Hohmann, Harald, Ergebnisse des Erdgipfels von Rio, in: NVwZ 1993, S. 311–319.

Hoppe, Werner / *Beckmann*, Martin / *Kauch*, Petra, Umweltrecht. Juristisches Kurzlehrbuch für Studium und Praxis, 2. Auflage, München 2000, Zit.: Hoppe et al, Umweltrecht.

Hopt, Klaus J. / *Merkt*, Hanno, Bilanzrecht. §§ 238–342e HGB mit Bezügen zu den IFRS, München 2010, Zit.: Bearbeiter, in: Hopt/Merkt, Bilanzrecht.

Hopt, Klaus J. / *Wiedemann*, Herbert (Hrsg.), Großkommentar zum Aktiengesetz, 4. Auflage, Berlin 2008, Zit.: Bearbeiter, in: Hopt/Wiedemann, Großkommentar AktG.

Horn, Norbert, Die Entwicklung des internationalen Wirtschaftsrechts durch Verhaltensrichtlinien – Neue Elemente eines internationalen ordre public, in: Rabels Zeitschrift für ausländisches und internationales Privatrecht 44 (1980), S. 423–454.

Horn, Norbert, Einführung in die Rechtswissenschaft und Rechtsphilosophie, 2. Auflage, Heidelberg 2001.

Huarte Melgar, Beatriz / *Nowrot*, Karsten / *Yuan*, Wang, The 2011 Update of the OECD Guidelines for Multinational Enterprises: Balanced Outcome or an Opportunity Missed?, in: Tietje, Christian et al. (Hrsg.), Beiträge zum Transnationalen Wirtschaftsrecht, Heft 112, Halle (Saale) 2011, Zit.: Huarte Melgar et al., 2011 Update of the OECD Guidelines.

Hüffer, Uwe, Aktiengesetz, 10. Auflage, München 2012, Zit.: Hüffer, AktG.

Hüttche, Tobias, Rechnungslegung. Bilanzierung und Bewertung nach HGB und IFRS im Einzel- und Konzernabschluss, 3. Auflage, München 2010.

Hüttemann, Rainer, Bilanz- und steuerrechtliche Aspekte der sozialen Verantwortung von Unternehmen, in: AG 2009, S. 774–782.

Hüttemann, Rainer, Steuerliche Aspekte der Corporate Social Responsibility von Unternehmen, in: Spindler, Wolfgang / Tipke, Klaus / Rödder, Thomas (Hrsg.), Steuerzentrierte Rechtsberatung. Festschrift für Harald Schaumburg zum 65. Geburtstag, Köln 2009, S. 405–422, Zit.: Hüttemann in FS Schaumburg.

Jackson, Kevin T., Global Corporate Governance: Soft Law and Reputational Accountability, in: Brooklyn Journal of International Law 35 (2010), S. 41–106.

Jägers, Nicola M.C.P., Corporate Human Rights Obligations: in Search for Accountability, Antwerpen u.a. 2002.

Jasch, Christine, CSR und Berichterstattung, in: Schneider, Andreas / Schmidpeter, René (Hrsg.), Corporate Social Responsibility. Verantwortungsvolle Unternehmensführung in Theorie und Praxis, Berlin u.a. 2012, S. 501–512, Zit.: Jasch, in: Schneider / Schmidpeter, Corporate Social Responsibility.

Jayasuriya, Kanishka, Globalization, Law, and the Transformation of Sovereignty: The Emergence of Global Regulatory Governance, in: Indiana Journal of Global Legal Studies 6 (1999), S. 425–455.

Jarass, Hans D., Der neue Grundsatz des Umweltschutzes im primären EU-Recht, in: ZUR 2011, S. 563–565.

Jarass, Hans D. / *Pieroth*, Bodo, Grundgesetz für die Bundesrepublik Deutschland, Kommentar, 12. Auflage, München 2012.

Jauerning, Othmar (Hrsg.), Kommentar zum Bürgerlichen Gesetzbuch, 14. Auflage, München 2011, Zit.: Bearbeiter, in: Jauerning.

Jochnick, Chris / *Rabaeus*, Nina: Business and Human Rights Revitalized: A new UN Framework Meets Texaco in the Amazon, in: Suffolk Transnational Law Review 33 (2010), S. 413–437.

Johnston, Donald J., Promoting Corporate Responsibility: The OECD Guidelines for Multinational Enterprises, in: Mullerat, Ramón (Hrsg.), Corporate Social Responsibility. The Corporate Governance of the 21st Century, Den Haag 2005, S. 243–250, Zit.: Johnston, in: Mullerat, Corporate Social Responsibility.

Junge, Werner, Das Unternehmensinteresse, in: Ficker, Hans Claudius et al. (Hrsg.), Festschrift für Ernst von Caemmerer, Tübingen 1978, S. 547–556, Zit.: Junge in FS für von Caemmerer.

Kadelbach, Stefan, Völkerrecht und Ethos im Zeitalter der Globalisierung, in: Assmann, Heinz-Dieter / Sethe, Rolf (Hrsg.), Recht und Ethos im Zeitalter der Globalisierung, Baden-Baden 2004, S. 37–52, Zit.: Kadelbach, in: Assmann/Sethe, Recht und Ethos.

Kahl, Wolfgang, Einleitung: Nachhaltigkeit als Verbundbegriff, in: Ders. (Hrsg.), Nachhaltigkeit als Verbundbegriff, Tübingen 2008, S. 1–35, Zit.: Kahl, in: Ders., Nachhaltigkeit als Verbundbegriff.

Kämmerer, Jörn Axel, Privatisierung: Typologie – Determinanten – Rechtspraxis – Folgen, Tübingen 2003.

Kaptein, Muel / *van Tulder*, Rob, Toward Effective Stakeholder Dialogue, in: Business and Society Review 108 (2003), S. 203–224.

Keltsch, Torsten, Aktionärsrechte und Nachhaltigkeit. Entwicklung und Gegenwart sozial-ökologischen Aktionärsengagements in den USA und in Deutschland, Berlin 2012.

Kerr, Michael / *Janda*, Richard / *Pitts*, Chip, Corporate Social Responsibility: A Legal Analysis, Markham 2009, Zit.: Kerr/Janda/Pitts, Corporate Social Responsibility.

Kirsch, Hans-Jürgen / *Scheele*, Alexander, Die Auswirkungen der Modernisierungsrichtlinie auf die (Konzern-)Lageberichterstattung – unter Berücksichtigung von E-DRS 20 und des Entwurfs eines Bilanzrechtsreformgesetzes vom 15.12.2003, in: WPg 57 (2004), S. 1–12.

Klement, Jan Henrik, Verantwortung. Funktion und Legitimation eines Begriffs im Öffentlichen Recht, Tübingen 2006.

Kloepfer, Michael, Alte und neue Handlungsformen staatlicher Steuerung im Umweltbereich – unter besonderer Berücksichtigung der rechtsstaatlichen Probleme influenzierenden Staats- und Verwaltungshandelns, in: König, Klaus / Dose, Nicolai (Hrsg.), Instrumente und Formen staatlichen Handelns, Köln u.a. 1993, S. 329–361, Zit.: Kloepfer, in: König/Dose, Instrumente und Formen staatlichen Handelns.

Kloepfer, Michael, Betrieblicher Umweltschutz als Rechtsproblem, in: DB 1993, S. 1125–1131.

Kloepfer, Michael / *Elsner*, Thomas, Selbstregulierung im Umwelt- und Technikrecht. Perspektiven einer kooperativen Normsetzung, in: DVBl. 1996, S. 964–975.

Kloepfer, Michael, Staatliche Information als Lenkungsmittel: dargestellt insbesondere am Problem behördlicher Warnungen und Empfehlungen im Umweltrecht, Berlin u.a. 1998, Zit.: Kloepfer, Staatliche Information als Lenkungsmittel.

Kloepfer, Michael, Umweltinformationen durch Unternehmen – Wettbewerbsrecht, Öko-Audit, Umweltberichterstattung als Regelungsansätze für das Recht externer unternehmerischer Umweltinformationen, in: Natur und Recht 8 (1993), S. 353–358.

Kloepfer, Michael, Umweltrecht, 3. Auflage, München 2004, Zit.: Kloepfer, Umweltrecht.

Kloepfer, Michael, Umweltschutz zwischen Ordnungsrecht und Anreizpolitik: Konzeption, Ausgestaltung, Vollzug – Erster Teil, in: Zeitschrift für angewandte Umweltforschung 9 (1996), S. 56–66.

Kocher, Eva, Corporate Social Responsibility: Eine gelungene Inszenierung?, in: Kritische Justiz 2010, S. 29–37.

Kocher, Eva / *Klose*, Alexander / *Kühn*, Kerstin / *Wenckebach*, Johanna, Verantwortung braucht Transparenz. Die rechtliche Verankerung unternehmerischer Pflichten zur Offenlegung von Arbeits- und Beschäftigungsbedingungen, Studie im Auftrag der Abteilung Wirtschafts- und Sozialpolitik der Friedrich-Ebert-Stiftung, Mai 2012, Zit.: Kocher et al., Verantwortung braucht Transparenz.

Kocher, Eva / *Krajewski*, Markus, „Wirtschaftsunternehmen und Menschenrechte". Einführung in den Schwerpunkt, in: Kritische Justiz 2013, S. 1–6.

Kocher, Eva, Unternehmerische Selbstverpflichtungen zur sozialen Verantwortung – Erfahrungen mit sozialen Verhaltenskodizes in der transnationalen Produktion, in: RdA 2004, S. 27–31.

Kocher, Eva / *Wenckebach*, Johanna, Recht und Markt. Ein Plädoyer für gesetzliche Pflichten von Unternehmen zur Offenlegung ihrer Arbeits- und Beschäftigungsbedingungen, in: Kritische Justiz 2013, S. 18–29.

Köck, Wolfgang, Indirekte Steuerung im Umweltrecht: Abgabeerhebung, Umweltschutzbeauftragte und „Öko-Auditing". Anmerkungen zum „Professoren-Entwurf" eines Umweltgesetzbuches – Allgemeiner Teil (UGB-AT), in: DVBl. 1994, S. 27–34.

Koeltz, Kristina, Menschenrechtsverantwortung multinationaler Unternehmen, Berlin 2010.

Kokott, Juliane, Die Staatsrechtslehre und die Veränderung ihres Gegenstandes: Konsequenzen von Europäisierung und Internationalisierung, in: Veröffentlichungen der Vereinigung der Deutschen Staatsrechtslehrer (VVDStRL), Berichte und Diskussionen auf der Tagung der VDStRL in Hamburg vom 1. bis 4. Oktober 2003, Bd. 63, Berlin 2004, S. 7–40.

Köppl, Peter / *Neureiter*, Martin, Gesellschaftliche Verantwortung als Business-Motor: Was ist Corporate Social Responsibility? Ein globaler Rundgang, in: Köppl, Peter / Neureiter, Martin (Hrsg.), Corporate Social Responsibility. Leitlinien und Konzepte im Management der gesellschaftlichen Verantwortung von Unternehmen, Wien 2004, S. 13–41, Zit.: Köppl/Neureiter, in: Dies., Corporate Social Responsibility.

Kort, Michael, Gemeinwohlbelange beim Vorstandshandeln, in: NZG 2012, S. 926–930.

Kort, Michael, Vorstandshandeln im Spannungsverhältnis zwischen Unternehmensinteresse und Aktionärsinteressen, in: AG 2012, S. 605–610.

Köster, Constantin, Die völkerrechtliche Verantwortlichkeit privater (multinationaler) Unternehmen für Menschenrechtsverletzungen, Berlin 2010.

Kotzur, Markus, Die Weltgemeinschaft im Ausnahmezustand? Zum Wandel des Verfassungs- und Völkerrechtsverständnisses nach dem 11. September und nach dem Irak-Krieg, in: AVR 42 (2004), S. 353–388.

Kroker, Patrick, Menschenrechte in der Compliance, in: CCZ 2015, S. 120–127.

Kropff, Bruno / *Semler*, Johannes (Hrsg.), Münchener Kommentar zum Aktiengesetz, Band 3, §§ 76–117 AktG, MitbestG, § 76 BetrVG 1952, 2. Auflage, München 2004, Zit.: Bearbeiter, in: MüKo-AktG.

Krüger, Elmar, Die Bedeutung der Rechtstheorie, JuS 2012, S. 873–877.

Krzus, Michael P., Integrated reporting: if not now, when?, IRZ 2011, S. 271.

Kübler, Friedrich, Shareholder Value: Eine Herausforderung für das Deutsche Recht?, in: Lieb, Manfred / Noack, Ulrich / Westermann, Harm Peter (Hrsg.), Festschrift für Wolfgang Zöllner zum 70. Geburtstag, Band 1, Köln 1998, S. 321–335, Zit.: Kübler in FS für Zöllner.

Kühl, Kristian, Der Umgang des Strafrechts mit Moral und Sitten, in: JA 2009, S. 833–839.

Kuhlen, Beatrix, Corporate Social Responsibility (CSR). Die ethische Verantwortung von Unternehmen für Ökologie, Ökonomie und Soziales. Entwicklung – Initiativen – Berichterstattung – Bewertung, Baden-Baden 2005.

Kumar, Vidya S.A., A Critical Methodology of Globalization: Politics for the 21st Century?, in: Indiana Journal of Global Legal Studies 10 (2003), S. 87–111.

Kunig, Philip / *Rublack*, Susanne, Aushandeln statt Entscheiden?. Das Verwaltungsverfahrensrecht vor neuen Herausforderungen, in: JURA 1990, S. 1–11.

Kurucz, Elizabeth / *Colbert*, Barry / *Wheeler*, David, The Business Case for Corporate Social Responsibility, in: Crane, Andrew et al. (Hrsg.), The Oxford Handbook of Corporate Social Responsibility, Oxford u.a. 2008, S. 83–112, Zit.: Kurucz/Colbert/Wheeler, in: Crane et al., Oxford Handbook.

Kyte, Rachel: Balancing Rights with Responsibilities: Looking for the Global Drivers of Materiality in Corporate Social Responsibility & the Voluntary Initiatives That Develop and Support Them, in: American University International Law Review 23 (2007), S. 559–576.

Ladeur, Karl-Heinz / *Viellechner*, Lars, Die transnationale Expansion staatlicher Grundrechte. Zur Konstitutionalisierung globaler Privatrechtsregimes, in: AVR 46 (2008), S. 42–73.

Lambooy, Tineke Elisabeth, Corporate Social Responsibility. Legal and Semi-Legal Frameworks Supporting CSR, Deventer 2010.

Lampert, Thomas, Compliance-Organisation, in: Hauschka, Christoph E. (Hrsg.), Corporate Compliance. Handbuch der Haftungsvermeidung im Unternehmen, 2. Auflage, München 2010, S. 163–178, Zit.: Lampert, in: Hauschka, Corporate Compliance.

Lanfermann, Georg, EU-Richtlinienvorschlag zur Offenlegung von nicht-finanziellen Informationen: Ist eine Pflicht notwendig?, in: BB 2013, S. 1323–1325.

Laub, Detlef, Grenzen der Spendenkompetenz des Vorstands. Zugleich Besprechung von BGH v. 6.12.2001–1 StR 215/01, in: AG 2002, S. 308–313.

Leifer, Christoph, Das europäische Umweltmanagementsystem EMAS als Element gesellschaftlicher Selbstregulierung, Tübingen 2007.

Llewellyn, Karl Nickerson, The Normative, the Legal, and the Law-Jobs: The Problem of Juristic Method, in: Yale Law Journal 49 (1940), S. 1355–1400.

Logan, David, Corporate Citizenship in a Global Age, in: RSA journal 146 (1998), S. 64–71.

Lübbe-Wolff, Gertrude, Instrumente des Umweltrechts – Leistungsfähigkeit und Leistungsgrenzen, in: NVwZ 20 (2001), S. 481–493.

Lübbe-Wolff, Gertrude, Rechtsprobleme der behördlichen Umweltberatung, in: NJW 1987, S. 2705–2712.

Luhmann, Niklas, Das Recht der Gesellschaft, Frankfurt am Main 1993.

Luhmann, Niklas, Die Gesellschaft der Gesellschaft, Frankfurt am Main 1997.

Luhmann, Niklas, Die Politik der Gesellschaft, Frankfurt am Main 2000.

Luhmann, Niklas, Einführung in die Systemtheorie, Heidelberg 2002.

Luhmann, Niklas, Politische Steuerung. Ein Diskussionsbeitrag, in: PVS 30 (1989), S. 4–9.

Luhmann, Niklas, Rechtssoziologie, 3. Auflage, Opladen 1987.

Luhmann, Niklas, Soziale Systeme. Grundriss einer allgemeinen Theorie, 4. Auflage, Frankfurt am Main 1991, Zit.: Luhmann, Soziale Systeme.

Lundblad, Claes, Some Legal Dimensions of Corporate Codes of Conduct, in: Mullerat, Ramón (Hrsg.), Corporate Social Responsibility. The Corporate Governance of the 21st Century, Den Haag 2005, S. 385–399, Zit.: Lundblad, in: Mullerat, Corporate Social Responsibility.

Lux, Jonathan / *Thorsen*, Sune Skadegard / *Meisling*, Annemarie, The European Initiatives, in: Mullerat, Ramón (Hrsg.), Corporate Social Responsibility. The Corporate Governance of the 21st Century, Den Haag 2005, S. 279–298, Zit.: Lux et al., in: Mullerat, Corporate Social Responsibility.

MacLeod, Sorcha, Reconciling Regulatory Approaches to Corporate Social Responsibility: The European Union, OECD and United Nations Compared, in: European Public Law 13 (2007), S. 671–702.

Mahlmann, Matthias, Rechtsphilosophie und Rechtstheorie, Baden-Baden 2010.

Mares, Radu, Defining the Limits of Coporate Responsibilities against the Concept of Legal Positive Obligations, in: The George Washington International Law Review 40 (2009), S. 1157–1217.

Marburger, Peter / *Gebhard*, Thomas, Gesellschaftliche Umweltnormierungen, in: Endres, Alfred / Marburger, Peter, Umweltschutz durch gesellschaftliche Selbstregulierung. Gesellschaftliche Umweltnormierungen und Umweltgenossenschaften, Bonn 1993, S. 1–48, Zit.: Marburger/Gebhard, in: Endres/Marburger, Gesellschaftliche Selbststeuerung.

Margolis, Joshua A. / *Walsh*, James P., Misery Loves Companies: Rethinking Social Initiatives by Business, in: Administrative Science Quarterly 48 (2003), S. 268–305.

Martin, Jule, Das Steuerungskonzept der informierten Öffentlichkeit. Neue Impulse aus dem Umweltrecht des Mehrebenensystems, Berlin 2012.

Massoud, Sofia, Die Guiding Principles on Business and Human Rights – eine absehbar begrenzte UN-Agenda, in: Kritische Justiz 2013, S. 7–17.

Mayntz, Renate, Politische Steuerung und gesellschaftliche Steuerungsprobleme. Anmerkungen zu einem theoretischen Paradigma, in: Ellwein, Thomas / Hesse,

Joachim Jens / Mayntz, Renate / Scharpf, Fritz W. (Hrsg.), Jahrbuch zur Staats- und Verwaltungswissenschaft Bd. 1, Baden-Baden 1987, S. 89–110, Zit.: Mayntz, in: Ellwein et al., Staats- und Verwaltungswissenschaft.

Mayntz, Renate / *Scharpf*, Fritz W., Politische Steuerung – Heute?, in: Zeitschrift für Soziologie 34 (2005), S. 236–243.

Mayntz, Renate, Von der Steuerungstheorie zu Global Governance, in: Schuppert, Gunnar Folke / Zürn, Michael (Hrsg.), Governance in einer sich wandelnden Welt, PVS 2008, Sonderheft (41), S. 43–60, Zit.: Mayntz, in: Schuppert/Zürn: Governance.

McWilliams, Abagail / *Siegel*, Donald, Corporate Social Responsibility: A Theory of the Firm Perspective, in: Academy of Management Review 26 (2001), S. 117–127.

Meadows, Dennis L. / *Meadows*, Donella H. / *Zahn*, Erich / *Milling*, Peter, Die Grenzen des Wachstums. Bericht des Club of Rome zur Lage der Menschheit, Stuttgart 1972, Zit.: Meadows et al., Die Grenzen des Wachstums.

Mégret, Frédéric, Globalization, in: Wolfrum, Rüdiger (Hrsg.), The Max Planck Encyclopedia of Public International Law (online edition), Zit.: Mégret, MPEPIL, Globalization.

Melé, Domènec, Corporate Social Responsibility Theories, in: Crane, Andrew et al. (Hrsg.), The Oxford Handbook of Corporate Social Responsibility, Oxford u.a. 2008, S. 47–82, Zit.: Melé, in: Crane et al., Oxford Handbook.

Mellahi, Kamel / *Wood*, Geoffrey, The Role and Potential of Stakeholders in "Hollow Participation": Conventional Stakeholder Theory and Institutionalist Alternatives, in: Business and Society Review 108 (2003), S. 183–202.

Merkt, Hanno, Unternehmenspublizität. Offenlegung von Unternehmensdaten als Korrelat der Marktteilnahme, Tübingen 2001.

Mertens, Hans-Joachim, Nichtlegislatorische Rechtsvereinheitlichung durch transnationales Wirtschaftsrecht und Rechtsbegriff, in: Rabels Zeitschrift für ausländisches und internationales Privatrecht 56 (1992), S. 219–242.

Meßerschmidt, Klaus, Europäisches Umweltrecht. Ein Studienbuch, München 2011.

Metcalf, Cherie, Corporate Social Responsibility as Global Public Law: Third Party Rankings as Regulation by Information, in: *Pace Environmental Law Review* 28 (2010), S. 145–199.

Meyer, Margit / *Waßmann*, Jan, Strategische Corporate Social Responsibility. Konzeptionelle Entwicklung und Implementierung in der Praxis am Beispiel „dm-drogerie markt", Research Papers on Marketing Strategy No. 3/2011, Würzburg 2011, Zit.: Meyer/Waßmann, Strategische Corporate Social Responsibility.

Möllers, Christoph, Die Governance-Konstellation: Transnationale Beobachtung durch öffentliches Recht, in: Schuppert, Gunnar Folke / Zürn, Michael (Hrsg.), Governance in einer sich wandelnden Welt, Wiesbaden 2008, S. 238–256, Zit.: Möllers, in: Schuppert/Zürn, Governance.

Möllers, Christoph, Globalisierte Jurisprudenz: Einflüsse relativierter Nationalstaatlichkeit auf das Konzept des Rechts und die Funktionen seiner Theorie, in: Anderheiden, Michael / Huster, Stefan / Kirste, Stephan (Hrsg.), Globalisierung als Problem von Gerechtigkeit und Steuerungsfähigkeit des Rechts, Stuttgart 2001, S. 41–60, Zit.: Möllers, in: Anderheiden et al., Globalisierung als Problem von Gerechtigkeit.

Möllers, Christoph, Theorie, Praxis und Interdisziplinarität in der Verwaltungsrechtswissenschaft, in: Verwaltungsarchiv 93 (2002), S. 22–60.

Moon, Jeremy / *Kang*, Nahee / *Gond*, Jean-Pascal, Corporate Social Responsibility and Government, in: Coen, David / Grant, Wyn / Wilson, Graham (Hrsg.), The Oxford Handbook of Business and Government, Oxford u.a. 2010, S. 512–543, Zit.: Moon/Kang/Gond, in: Coen et al., Business and Government.

Moosmayer, Klaus, Compliance. Praxisleitfaden für Unternehmen, 2. Auflage, München 2012.

Mosters, Johannes, Ethische Beschaffung. Sekundärzwecke im Zeitalter der Globalisierung, Frankfurt am Main 2010.

Moutchnik, Alexander, Wege und Irrwege der CSR-Kommunikation und CSR-Reporting, in: Fifka, Matthias S. (Hrsg.), CSR und Reporting. Nachhaltigkeits- und CSR-Berichterstattung verstehen und erfolgreich umsetzen, Berlin u.a. 2014, S. 77–94, Zit.: Moutchnik, in: Fifka, CSR und Reporting.

Muche, Stephanie, Corporate Citizenship und Korruption. Ein systematisches Konzept von Unternehmensverantwortung, Wiesbaden 2008.

Muchitsch, Martin, Die Corporate Social Responsibility-Politik der Europäischen Kommission. Lobbyismus als Machtfaktor, Wiesbaden 2012.

Muchlinski, Peter T., Human Rights and Multinationals: Is there a Problem?, in: International Affairs 77 (2001), S. 31–47.

Muchlinski, Peter T., Multinational Enterprises and the Law, 2. Auflage, Oxford u.a. 2007, Zit.: Muchlinski, Multinational Enterprises and the Law.

Muchlinski, Peter T., The Changing Face of Transnational Business Governance: Private Corporate Law Liability and Accountability of Transnational Groups in a Post-Financial Crisis World, in: Indiana Journal of Global Legal Studies 18 (2011), S. 665–705.

Mülbert, Peter O., Shareholder Value aus rechtlicher Sicht, in: ZGR 1997, S. 129–172.

Mülbert, Peter O., Soziale Verantwortung von Unternehmen im Gesellschaftsrecht, in: AG 2009, S. 766–774.

Müller-Graff, Peter-Christian, Das „Soft" Law der europäischen Organisationen, in: EuR 2012, S. 18–33.

Müller, Michael H., Die innerstaatliche Umsetzung von einseitigen Maßnahmen der Auswärtigen Gewalt, Berlin 1994.

Müller, Stefan / *Stawinoga*, Martin, Grundsachverhalte einer integrierten Nachhaltigkeitsberichterstattung im Lagebericht, IRZ 2013, S. 117–121.

Naudé, Piet / *Fourie*, Willem, Transparancy and Corporate Social Responsibility: A South African Perspective, in: Ulshöfer, Gotlind / Feuchte, Beate (Hrsg.), Finanzmarktakteure und Corporate Social Responsibility. Ordnungspolitik – Transparenz – Anlagestrategien, Wiesbaden 2011, S. 193–204, Zit.: Naudé/Fourie, in: Ulshöfer/Feuchte, Finanzmarktakteure.

Newell, Peter, Citizenship, accountability and community: the limits of the CSR agenda, in: International Affairs 81 (2005), S. 541–557.

Nowak, Carsten, Europarecht nach Lissabon, Baden-Baden 2011.

Nowrot, Karsten, Corporate Social Responsibility aus rechtswissenschaftlicher Perspektive, in: *Raupp*, Juliana et al. (Hrsg.), Handbuch CSR. Kommunikationswissenschaftliche Grundlagen, disziplinäre Zugänge und methodische Herausforderungen, Wiesbaden 2011, S. 419–434, Zit.: Nowrot, in: Raupp et al., Handbuch CSR.

Nowrot, Karsten, Normative Ordnungsstruktur und private Wirkungsmacht. Konsequenzen der Beteiligung transnationaler Unternehmen an den Rechtssetzungsprozessen im internationalen Wirtschaftssystem, Berlin 2006, Zit.: Nowrot, Normative Ordnungsstruktur.

Nowrot, Karsten, Nun sag, wie hast du's mit den Global Players? Fragen an die Völkerrechtsgemeinschaft zur internationalen Rechtsstellung transnationaler Unternehmen, in: Die Friedens-Warte 79 (2004), S. 119–150.

Nowrot, Karsten, The 2011 Die UN-Norms on the Responsibility of Transnational Corporations and Other Business Enterprises with Regard to Human Rights – Gelungener Beitrag zur transnationalen Rechtsverwirklichung oder das Ende des Global Compact?, in: Tietje, Christian et al. (Hrsg.), Beiträge zum Transnationalen Wirtschaftsrecht, Heft 21, Halle (Saale) 2003, Zit.: Nowrot, UN-Norms.

Odendahl, Guido, Die sozialen Menschenrechte – ein historischer, systematischer und rechtsvergleichender Überblick, in: JA 1996, S. 898–904.

OECD, Corporate Responsibility – Private Initiatives and Public Goals, Paris 2001, Zit.: OECD, Corporate Responsibility.

Orlitzky, Marc / *Schmidt*, Frank L. / *Rynes*, Sara L., Corporate Social and Financial Performance: A Meta-analysis, in: Organization Studies 24 (2003), S. 403–441.

Ossenbühl, Fritz, Die Interpretation der Grundrechte in der Rechtsprechung des Bundesverfassungsgerichts, in: NJW 1976, S. 2100–2107.

Palmes, Christina, Der Lagebericht – Grundfragen der Haftung, München 2008.

Pariotti, Elena, International Soft Law, Human Rights and Non-state Actors: Towards the Accountability of Transnational Corporations?, in: Human Rights Review 10 (2009), S. 139–155.

Pawlowski, Hans-Martin, Methodenlehre für Juristen, Heidelberg 1999.

Petsch, Andrea, Kapitalmarktrechtliche Informationspflichten versus Geheimhaltungsinteressen des Emittenten, Baden-Baden 2012.

Pfitzer, Norbert / *Oser*, Peter / *Orth*, Christian, Reform des Aktien-, Bilanz- und Aufsichtsrechts. BilMoG, MoMiG, TUG, EHUG und weitere Reformgesetze, Stuttgart 2008, Zit.: Pfitzer et al., Reform des Aktien-, Bilanz- und Aufsichtsrechts.

Pitts, Joe W., Business, Human Rights & the Environment: The Role of the Lawyer in CSR & Ethical Globalization, in: Berkeley Journal of International Law 26 (2008), S. 479–502.

Preble, John F., Toward a Comprehensive Model of Stakeholder Management, in: Business and Society Review 110 (2005), S. 407–431.

Quiroz, Diego, Expanding international law to non-state actors (The corporation), in: South African Yearbook of International Law 32 (2007), S. 66–84.

Ragnwaldh, Jakob / *Konopik*, Paola, The UN Norms on the Responsibilities of Transnational Corporations and Other Business Enterprises with Regard to Human Rights, in: Mullerat, Ramón (Hrsg.), Corporate Social Responsibility. The Corporate Governance of the 21st Century, Den Haag 2005, S. 251–262, Zit.: Ragnwaldh/Konopik, in: Mullerat, Corporate Social Responsibility.

Raisch, Peter, Zum Begriff und zur Bedeutung des Unternehmensinteresses als Verhaltensmaxime von Vorstands- und Aufsichtsratsmitgliedern, in: Fischer, Robert et al. (Hrsg.), Strukturen und Entwicklungen im Handels-, Gesellschafts- und Wirtschaftsrecht. Festschrift für Wolfgang Hefermehl zum 70. Geburtstag am 18. September 1976, München 1976, S. 347–364, Zit.: Raisch in FS für Hefermehl.

Raiser, Thomas, Grundlagen der Rechtssoziologie, 6., durchgesehene und erweiterte Auflage von ‚Das lebende Recht', Tübingen 2013.

Raiser, Thomas, / *Veil*, Rüdiger, Recht der Kapitalgesellschaften. Ein Handbuch für Praxis und Wissenschaft, 5. Auflage, München 2010, Zit.: Raiser/Veil, Recht der Kapitalgesellschaften.

Ramsauer, Ulrich, Allgemeines Umweltverwaltungsrecht, in: Koch, Hans-Joachim, Umweltrecht, 4. Auflage, München 2014, S. 114–199, Zit.: Ramsauer, in: Koch, Umweltrecht.

Ransiek, Andreas, Soziale Verantwortung von Unternehmen im Wirtschaftsstrafrecht, in: AG 2009, S. 782–786.

Rappaport, Alfred, Creating Shareholder Value – The New Standard for Business Performance, New York 1986, Zit.: Rappaport, Creating Shareholder Value.

Rathenau, Walter, Vom Aktienwesen. Eine geschäftliche Betrachtung, Berlin 1918.

Rau, Armin L., Social Compliance, Nachhaltigkeitsrisiken richtig bewerten und kontrollieren, in: CCZ 2008, S. 224–226.

Raupp, Juliana / *Jarolimek*, Stefan / *Schultz*, Friederike, Corporate Social Responsibility als Gegenstand der Kommunikationsforschung. Einleitende Anmerkungen, Definitionen und disziplinäre Perspektiven, in: Dies. (Hrsg.), Handbuch CSR.

Kommunikationswissen-schaftliche Grundlagen, disziplinäre Zugänge und methodische Herausforderungen, Wiesbaden 2011, S. 9–18, Zit.: Raupp/Jarolimek/Schultz, in: Dies., Handbuch CSR.

Rehbinder, Manfred, Rechtssoziologie, 3. Auflage, Berlin u.a. 1993.

Reinisch, August, Governance Without Accountability?, in: German Yearbook of International Law 44 (2001), S. 270–306.

Richter, Ulf Henning, Liberal Thought in Reasoning on CSR, in: Journal of Business Ethics 97 (2010), S. 625–649.

Riechers, Arndt, Das „Unternehmen an sich": die Entwicklung eines Begriffes in der Aktienrechtsdiskussion des 20. Jahrhunderts, Tübingen 1996.

Riedel, Eibe H., Menschenrechte der dritten Dimension, in: EuGRZ 16 (1989), S. 9–21.

Riess, Birgit, Quo Vadis CSR?, in: Schneider, Andreas / Schmidpeter, René (Hrsg.), Corporate Social Responsibility. Verantwortungsvolle Unternehmensführung in Theorie und Praxis, Berlin u.a. 2012, S. 779–787, Zit.: Riess, in: Schneider / Schmidpeter, Corporate Social Responsibility.

Rieth, Lothar, Global Governance und Corporate Social Responsibility. Welchen Einfluss haben der UN Global Compact, die Global Reporting Initiative und die OECD Leitsätze auf das CSR-Engagement deutscher Unternehmen?, Opladen 2009.

Rittner, Fritz / *Dreher*, Meinrad, Europäisches und deutsches Wirtschaftsrecht. Eine systematische Darstellung, 3. Auflage, Heidelberg 2008.

Rogowski, Ralf, Recht und industrielle Beziehungen in Luhmanns Weltgesellschaft, in: ZfRSoz 21 (2000), S. 279–292.

Röhl, Klaus F., Allgemeine Rechtslehre, 2. Auflage, Köln u.a. 2001.

Röhl, Klaus F., Rechtssoziologie, Köln u.a. 1987, Zit.: Röhl, Rechtssoziologie.

Röhl, Klaus F., Recht und Wirtschaft als Thema der Rechtssoziologie, in: ZfRSoz 26 (2005), S. 3–34.

Roselle, James, The Triple Bottom Line: Building Shareholder Value, in: Mullerat, Ramón (Hrsg.), Corporate Social Responsibility. The Corporate Governance of the 21st Century, Den Haag 2005, S. 113–139, Zit.: Roselle, in: Mullerat, Corporate Social Responsibility.

Roth, Günther H. / *Weller*, Marc-Philippe, Handels- und Gesellschaftsrecht, 7. Auflage, München 2010.

Rottleuthner, Hubert, Einführung in die Rechtssoziologie, Darmstadt 1987.

Rudolph, Phillip H., The Global Sullivan Principles of Corporate Social Responsibility, in: Mullerat, Ramón (Hrsg.), Corporate Social Responsibility. The Corporate Governance of the 21st Century, Den Haag 2005, S. 221–224, Zit.: Rudolph, Sullivan Principles, in: Mullerat, Corporate Social Responsibility.

Rudolph, Phillip H., The History, Variations, Impact and Future of Self-Regulation, in: Mullerat, Ramón (Hrsg.), Corporate Social Responsibility. The Corporate Governance of the 21st Century, Den Haag 2005, S. 365–384, Zit.: Rudolph, in: Mullerat, Corporate Social Responsibility.

Rudolph, Phillip H., The Tripartite Declaration of Principles Concerning Multinational Enterprises, in: Mullerat, Ramón (Hrsg.), Corporate Social Responsibility. The Corporate Governance of the 21st Century, Den Haag 2005, S. 217–219, Zit.: Rudolph, ILO, in: Mullerat, Corporate Social Responsibility.

Ruffert, Matthias, Die Globalisierung als Herausforderung an das Öffentliche Recht, Stuttgart 2004.

Ruggie, John Gerard, Current Developments. Business and Human Rights: The Evolving International Agenda, in: American Journal of International Law 101 (2007), S. 819–840.

Rupp, Hans Heinrich, § 36: Einteilung und Gewichtung der Grundrechte, in: Merten, Detlef / Papier, Hans-Jürgen, Handbuch der Grundrechte in Deutschland und Europa, Band II: Grundrechte in Deutschland – Allgemeine Lehren I, Heidelberg 2006, S. 475–572, Zit.: Rupp, in: HGR II, § 36.

Salzborn, Nadja, Das umweltrechtliche Kooperationsprinzip auf unionaler Ebene, Baden-Baden 2011.

Scharlau, Jan, Socially Responsible Investment. Die deutschen und europarechtlichen Rahmenbedingungen, Berlin 2009.

Scharpenack, Holger, Das „Recht auf Entwicklung“. Eine völkerrechtliche Untersuchung der konzeptionellen und normativen Strukturen eines „Menschenrechts auf Entwicklung“, Frankfurt am Main u.a. 1996.

Schaub, Martin, Grundlagen der Regulierung multinationaler Unternehmen, Zürich u.a. 2010, Zit.: Schaub, Grundlagen der Regulierung multinationaler Unternehmen.

Schaub, Martin, Verantwortlichkeit von Unternehmen unter dem Alien Tort Statute. Eine Bestandsaufnahme nach Kiobel v. Royal Dutch Petroleum Co., in: AVR 49 (2011), S. 124–172.

Schaupensteiner, Wolfgang J., Rechtstreue im Unternehmen – Compliance und Krisenmanagement. Konzentriertes Vorgehen statt einzelbetriebliche Maßnahmen, in: NZA-Beil. 2011, S. 8–15.

Scheele, Ulrich, Privatisierung öffentlicher Unternehmen: Theorie und Praxis, in: Blanke, Thomas / Fedder, Sebastian (Hrsg.), Privatisierung. Ein Rechtshandbuch für die Verwaltungspraxis, Personal- wie Betriebsräte und deren Berater, 2. Auflage, Baden-Baden 2010, S. 71–136, Zit.: Scheele, in: Blanke/Fedder, Privatisierung.

Scherrer, Gerhard, Konzernrechnungslegung nach HGB. Eine anwendungsorientierte Darstellung mit zahlreichen Beispielen, 3. Auflage, München 2012.

Schmidt, Reinhard H. / *Spindler*, Gerald, Shareholder-Value zwischen Ökonomie und Recht, in: Assmann, Heinz-Dieter et al. (Hrsg.), Wirtschafts- und Medienrecht in der offenen Demokratie. Freundesgabe für Friedrich Kübler zum 65. Geburtstag, Heidelberg 1997, S. 515–555, Zit.: Schmidt/Spindler in FS für Kübler.

Seibert-Fohr, Anja / *Wolfrum*, Rüdiger, Die einzelstaatliche Durchsetzung völkerrechtlicher Mindeststandards gegenüber transnationalen Unternehmen, in: AVR 43 (2005), S. 153 –186.

Seibert, Ulrich, Gesetzliche Steuerungsinstrumente im Gesellschaftsrecht, in: ZRP 2011, S. 166–170.

Scherer, Andreas Georg / *Palazzo*, Guido, Globalization and Corporate Social Responsibility, in: Crane, Andrew et al. (Hrsg.), The Oxford Handbook of Corporate Social Responsibility, Oxford u.a. 2008, S. 413–431, Zit.: Scherer/Palazzo, in: Crane et al., Oxford Handbook.

Schilling, Wolf Ulrich, Shareholder Value und Aktiengesetz, in: BB 1997, S. 373–381.

Schmalenbach, Kirsten, Multinationale Unternehmen und Menschenrechte, in: AVR 39 (2001), S. 57–81.

Schmidt-Preuß, Matthias, Verwaltung und Verwaltungsrecht zwischen gesellschaftlicher Selbstregulierung und staatlicher Steuerung, in: VVDStRL 56 (1997), S. 160–234.

Schmidt, Rainer / *Kahl*, Wolfgang, Umweltrecht, 8. Auflage, München 2010.

Schneider, Andreas, Reifegradmodell CSR – eine Begriffserklärung und -abgrenzung, in: Ders. / Schmidpeter, René (Hrsg.), Corporate Social Responsibility. Verantwortungsvolle Unternehmensführung in Theorie und Praxis, Berlin u.a. 2012, S. 17–38, Zit.: Schneider, in: Schneider / Schmidpeter, Corporate Social Responsibility.

Schneidewind, Uwe / *Rehm*, Annika, Vom Corporate Citizen zum strukturpolitischen Akteur – Gesellschaftliche Effekte und betrieblicher Nutzen unternehmerischen Engagements, in: Braun, Sebastian (Hrsg.), Gesellschaftliches Engagement von Unternehmen. Der deutsche Weg im internationalen Kontext, Wiesbaden 2010, S. 223–235, Zit.: Schneidewind/Rehm, in: Braun, Gesellschaftliches Engagement von Unternehmen.

Schneuwly, Anne Mirjam, Corporate Social Responsibility an der Schnittstelle von Wirtschaft, Politik und Recht. Transnationales CSR-soft law im globalen Kontext, Basel 2012.

Schrader, Christian, Nachhaltigkeit im Unternehmen – Verrechtlichung von Corporate Social Responsibility (CSR), in: ZUR 2013, S. 451–458.

Schreck, Philipp, Der Business Case for Corporate Social Responsibility, in: Schneider, Andreas / Schmidpeter, René (Hrsg.), Corporate Social Responsibility. Verantwortungsvolle Unternehmensführung in Theorie und Praxis, Berlin u.a. 2012,

S. 67–86, Zit.: Schreck, in: Schneider / Schmidpeter, Corporate Social Responsibility.

Schreyögg, Georg, Ökonomische Fragen der sozialen Verantwortung von Unternehmen, in: AG 2009, S. 758–766.

Schroeder, Werner, Grundkurs Europarecht, 2. Auflage, München 2011.

Schultz, Friederike, Moralische und moralisierte Kommunikation im Wandel: Zur Entstehung von Corporate Social Responsibility, in: *Raupp*, Juliana et al. (Hrsg.), Handbuch CSR. Kommunikationswissenschaftliche Grundlagen, disziplinäre Zugänge und methodische Herausforderungen, Wiesbaden 2011, S. 19–42, Zit.: Schultz, in: Raupp et al., Handbuch CSR.

Schuppert, Gunnar Folke, Grenzen und Alternativen von Steuerung durch Recht, in: Grimm, Dieter (Hrsg.), Wachsende Staatsaufgaben – sinkende Steuerungsfähigkeit des Rechts, Baden-Baden 1990, S. 217–249, Zit.: Schuppert, in: Grimm, Steuerungsfähigkeit des Rechts.

Schwartmann, Rolf, Umweltrecht, Heidelberg 2006.

Schwarze, Jürgen (Hrsg.), EU-Kommentar, 3. Auflage, Baden-Baden 2012, Zit.: Bearbeiter, in: Schwarze, EU-Kommentar.

Schwarze, Jürgen, Soft Law im Recht der Europäischen Union, in: EuR 2011, S. 3–18.

Schwerdtfeger, Angela, Der deutsche Verwaltungsrechtsschutz unter dem Einfluss der Aarhus-Konvention. Zugleich ein Beitrag zur Fortentwicklung der subjektiven öffentlichen Rechte unter besonderer Berücksichtigung des Gemeinschaftsrechts, Tübingen 2010.

Schwerk, Anja, Corporate Governance und Corporate Social Responsibility. Integrative Betrachtung für eine „gute" Corporate Governance, Berlin 2007, abrufbar unter: http://www.econbiz.de/archiv1/2008/47803_governance_corporate_responsibility.pdf (Oktober 2014).

Seibert-Fohr, Anja, Die Deliktshaftung von Unternehmen für die Beteiligung an im Ausland begangenen Völkerrechtsverletzungen. Anmerkungen zum Urteil Doe I v. Unocal Corp. des US Court of Appeal (9th Circuit), in: ZaöRV 63 (2003), S. 195–204.

Shestack, Jerome J., Corporate Social Responsibility in a Changing Corporate World, in: Mullerat, Ramón (Hrsg.), Corporate Social Responsibility. The Corporate Governance of the 21st Century, Den Haag 2005, S. 97–110, Zit.: Shestack, in: Mullerat, Corporate Social Responsibility.

Sieben, Peter, Was bedeutet Nachhaltigkeit als Rechtsbegriff?, in: NVwZ 2003, S. 1173–1176.

Slaughter, Anne-Marie, The Real New World Order, in: Foreign Affairs 76 (1997), S. 183–197.

Sparwasser, Reinhard / *Engel*, Rüdiger / *Voßkuhle*, Andreas, Umweltrecht. Grundzüge des öffentlichen Umweltschutzrechts, 5. Auflage, Heidelberg 2003, Zit.: Sparwasser et al., Umweltrecht.

Speckbacher, Gerhard, Shareholder Value und Stakeholder Ansatz, in: DBW 57 (1997), S. 630–639.

Spießhofer, Birgit, Die neue europäische Richtlinie über die Offenlegung nichtfinanzieller Informationen – Paradigmenwechsel oder Papiertiger?, in: NZG 2014, S. 1281–1288.

Spindler, Gerald / *Stilz*, Eberhard (Hrsg.), Kommentar zum Aktiengesetz, Band 2, §§ 150–410, IntGesR, SpruchG, SE-VO, 2. Auflage, München 2010, Zit.: Bearbeiter, in: Spindler/Spitz, Kommentar zum AktG.

Stehr, Nico, Die Moralisierung der Märkte. Eine Gesellschaftstheorie, Frankfurt am Main 2007.

Sternberg, Elaine, Just Business. Business Ethics in Action, 2. Auflage, Oxford u.a. 2000.

Steurer, Reinhard, Die Rolle der Politik im Themenfeld CSR, in: Schneider, Andreas / Schmidpeter, René (Hrsg.), Corporate Social Responsibility. Verantwortungsvolle Unternehmensführung in Theorie und Praxis, Berlin u.a. 2012, S. 731–750, Zit.: Steurer, in: Schneider / Schmidpeter, Corporate Social Responsibility.

Stewart, David P., Kiobel v. Royal Dutch Petroleum Co.: The Supreme Court and the Alien Tort Statute, in: American Journal of International Law 2013, S. 601–621.

Stiglitz, Joseph E., Regulating Multinational Corporations: Towards Principles of Cross-Border Legal Framework in a Globalized World Balancing Rights with Responsibilities, in: American University International Law Review 23 (2008), S. 451–558.

Stremmel, Ralf, Von der „Treue“ zum „Vertrauen“?. Friedrich Krupp und seine Beschäftigten (1887 bis 1902), in: ZUG 2006, S. 70–92.

Strohscheidt, Elisabeth, UN-Normen zur Unternehmensverantwortung. Schreckgespenst für die Wirtschaft oder notwendiges Instrument zur politischen Steuerung wirtschaftlicher Globalisierung?, in: Vereinte Nationen 2005, S. 138–144.

Suchanek, Andreas, Die Verantwortung von Unternehmen in der Gesellschaft, in: Braun, Sebastian (Hrsg.), Gesellschaftliches Engagement von Unternehmen. Der deutsche Weg im internationalen Kontext, Wiesbaden 2010, S. 37–49, Zit.: Suchanek, in: Braun, Gesellschaftliches Engagement von Unternehmen.

Teubner, Gunther, Die Episteme des Rechts. Zu erkenntnistheoretischen Grundlagen des reflexiven Rechts, in: Grimm, Dieter (Hrsg.), Wachsende Staatsaufgaben – sinkende Steuerungsfähigkeit des Rechts, Baden-Baden 1990, S. 115–154, Zit.: Teubner, in: Grimm, Steuerungsfähigkeit des Rechts.

Teubner, Gunther, 'Global Bukowina': Legal Pluralism in the World Society, in: Ders. (Hrsg.), Global Law Without a State, Aldershot u.a. 1997, S. 3–28, Zit.: Teubner, Global Bukowina.

Teubner, Gunther, Globale Verfassungen – jenseits des Nationalstaats, in: Forschung Frankfurt 2007 (1), S. 30–37.

Teubner, Gunther, Globale Zivilverfassungen: Alternativen zur staatszentrierten Verfassungstheorie, in: ZaöRV 63 (2003), S. 1–28.

Teubner, Gunther, Recht als autopoietisches System, Frankfurt am Main 1989.

Teubner, Gunther, Vertragswelten: Das Recht in der Fragmentierung von Private Governance Regimes, in: Rechtshistorisches Journal 17 (1998), S. 234–265.

Teubner, Gunther / *Willke*, Helmut, Kontext und Autonomie. Gesellschaftliche Selbststeuerung durch reflexives Recht, in: ZfRSoz 5 (1984), S. 4–35.

The Institute of Directors in Southern Africa, The King Report on Corporate Governance for South Africa, Johannesburg 2009.

Thürer, Daniel, Modernes Völkerrecht: Ein System im Wandel und Wachstum – Gerechtigkeitsgedanken als Kraft der Veränderung, in: ZaöRV 60 (2000), S. 557–604.

Thürer, Daniel, Soft Law, in: Wolfrum, Rüdiger (Hrsg.), The Max Planck Encyclopedia of Public International Law (online edition), Zit.: Thürer, MPEPIL, Soft Law.

Thürer, Daniel, The Emergence of Non-Governmental Organizations and Transnational Enterprises in International Law and the Changing Role of the State, in: Hofmann, Rainer (Hrsg.), Non-State Actors as New Subjects of International Law: International Law – From the Traditional State Order Towards the Law of the Global Community, Berlin 1999, S. 37–58, Zit.: Thürer, in: Hofmann, Non-State Actors.

Thüsing, Gregor, International Framework Agreements: Rechtliche Grenzen und praktischer Nutzen, in: RdA 2010, S. 78–93.

Tomuschat, Christian, Human Rights in a World-Wide Framework – Some current Issues, in: ZaöRV 45 (1985), S. 547–584.

Triponel, Anna, Business & Human Rights Law: Diverging Trends in the United States and France, in: American University International Law Review 23 (2007), S. 855–913.

Trute, Hans-Heinrich, Die Verwaltung und das Verwaltungsrecht zwischen gesellschaftlicher Selbstregulierung und staatlicher Steuerung, in: DVBl. 1996, S. 950–964.

Ulmer, Peter, Aktienrecht im Wandel, Entwicklungslinien und Diskussionsschwerpunkte, in: AcP 202 (2002), S. 143–178.

Utting, Peter, Business Responsibility for Sustainable Development, Genf 2000.

Vagts, Detlev F., The Multinational Enterprise: A New Challenge for Transnational Law, Harvard Law Review 83 (1970), S. 739–792.

van Beurden, Pieter / *Gössling*, Tobias, The Worth of Values – A Literature Review on the Relation Between Corporate Social and Financial Performance, in: Journal of Business Ethics 82 (2008), S. 407–424.

van den Herik, Larissa / *Cernic*, Jernej Letnar, Regulating Corporations under International Law. From Human Rights to International Criminal Law and Back Again, in: Journal of International Criminal Justice 8 (2010), S. 725–743.

Vedder, Christoph / *Heintschel von Heinegg*, Wolff (Hrsg.), Europäisches Unionsrecht. EUV, AEUV, Grundrechte-Charta. Handkommentar mit den vollständigen Texten der Protokolle und Erklärungen und des EAGV, Baden-Baden 2012, Zit.: Bearbeiter, in: Vedder/Heintschel von Heinegg, Europäisches Unionsrecht.

Vesting, Thomas, Politische Verfassung? Der moderne (liberale) Verfassungsbegriff und seine systemtheoretische Rekonstruktion, in: Calliess, Gralf-Peter / Fischer-Lescano, Andreas / Wielsch, Dan / Zumbansen, Peer (Hrsg.), Soziologische Jurisprudenz. Festschrift für Gunther Teubner zum 65. Geburtstag, Berlin 2009, S. 609–626, Zit.: Vesting in FS für Teubner.

Vesting, Thomas, Rechtstheorie. Ein Studienbuch, München 2007.

Vives, Antonio, The Role of Multilateral Development Institutions in Fostering Corporate Social Responsibility, in: Development 47 (2004), S. 45–52.

Voland, Thomas, Unternehmen und Menschenrechte – vom Soft Law zur Rechtspflicht, in: BB 2015, S. 67–75.

Volkmann, Uwe, Der dezente Staat – Verhaltenssteuerung im Umweltrecht, in: JuS 2001, S. 521–528.

Vöneky, Silja, Recht, Moral und Ethik. Grundlagen und Grenzen demokratischer Legitimation für Ethikgremien, Tübingen 2010.

Vontobel, Hans-Dieter, ‚Shareholder Value‘ – ein trügerischer Reiz. Ein Plädoyer wider die Darwinisierung der Sitten, in: Neue Züricher Zeitung Internationale Ausgabe vom 19.6.1996, S. 14.

Waagstein, Patricia Rinwigati, The Mandatory Corporate Social Responsibility in Indonesia: Problems and Implications, in: Journal of Business Ethics 98 (2011), S. 455–466.

Waddock, Sandra / *Smith*, Neil, Relationships: The Real Challenge of Corporate Global Citizenship, in: Business and Society Review 105 (2000), S. 47–62.

Walker, Gordon R. / *Fox*, Mark A., Globalization: An Analytical Framework, in: Indiana Journal of Global Legal Studies 3 (1996), S. 375–411.

Wallace, Cynthia Day, The Multinational Enterprise and Legal Control. Host State Sovereignty in an Era of Economic Globalization, Den Haag u.a. 2002.

Walter, Carsten, Publizität der Rechnungslegung im internationalen Vergleich, Baden-Baden 2012.

Weber, Manuela, The business case for corporate social responsibility: A company-level measurement approach for CSR, in: European Management Journal 26 (2008), S. 247–261.

Weilert, Katarina, Transnationale Unternehmen im rechtsfreien Raum? Geltung und Reichweite völkerrechtlicher Standards, in: ZaöRV 69 (2009), S. 883–917.

Weissbrodt, David / *Kruger*, Muria, Norms on the Responsibilities of Transnational Corporations and Other Business Enterprises with Regard to Human Rights, in: American Journal of International Law 97 (2003), S. 901–922.

Weiß, Norman, Die Bedeutung von Menschenrechtsklauseln für die Außenbeziehungen und Entwicklungshilfeabkommen der EG/EU, Studien zu Grund- und Menschenrechten, Heft 4, Potsdam 2000.

von Werder, Axel, Shareholder Value-Ansatz als einzige Richtschnur des Vorstandshandelns, in: ZGR 1998, S. 69–91.

Weschka, Marion, Human Rights and Multinational Enterprises: How Can Multinational Enterprises Be Held Responsible for Human Rights Violations Committed Abroad?, in: ZaöRV 66 (2006), S. 625–661.

Westebbe, Achim / *Logan*, David, Corporate Citizenship. Unternehmen im gesellschaftlichen Dialog, Wiesbaden 1995, Zit.: Westebbe/Logan, Corporate Citizenship.

Wettstein, Florian / *Waddock*, Sandra, Voluntary or Mandatory: That is (Not) the Question. Linking Corporate Citizenship to Human Rights Obligations for Business, in: zfwu 2005, S. 304–320.

Wick, Ingeborg / *Wötzel*, Uwe, Unrechtssystem Sweatshop, Kritische Justiz 2008, S. 340–346.

Wieland, Josef, CSR und Globalisierung – Über die gesellschaftliche Verantwortung von Unternehmen, in: Heidbrink, Ludger / Hirsch, Alfred (Hrsg.), Verantwortung als marktwirtschaftliches Prinzip. Zum Verhältnis von Moral und Ökonomie, Frankfurt am Main 2008, S. 97–115, Zit.: Wieland, in: Heidbrink/Hirsch, Verantwortung als marktwirtschaftliches Prinzip.

Willke, Helmut, Das Recht der Weltgesellschaft – Schwarze Ritter, weiße Elefanten und Gunther Teubner, in: Calliess, Gralf-Peter / Fischer-Lescano, Andreas / Wielsch, Dan / Zumbansen, Peer (Hrsg.), Soziologische Jurisprudenz. Festschrift für Gunther Teubner zum 65. Geburtstag, Berlin 2009, S. 887–900, Zit.: Willke in FS für Teubner.

Willke, Helmut, Global Governance, Bielefeld 2006.

Willke, Helmut, Systemtheorie entwickelter Gesellschaften, 2. Auflage, München 1993.

Windoffer, Alexander, Verfahren der Folgenabschätzung als Instrument zur rechtlichen Sicherung von Nachhaltigkeit, Tübingen 2011.

Windolf, Paul, Funktionswandel des Unternehmertums. Eigentum, Risiko, Verantwortung, in: Braun, Sebastian (Hrsg.), Gesellschaftliches Engagement von Unternehmen. Der deutsche Weg im internationalen Kontext, Wiesbaden 2010, S. 23–36, Zit.: Windolf, in: Braun, Gesellschaftliches Engagement von Unternehmen.

Wolf, Klaus Dieter / *Schwindenhammer*, Sandra, Vom Business Case zum Public Case?. Der Beitrag privater Selbstregulierung zur Global Governance, in: zfwu 2011, S. 10–28.

Wolf, Sebastian, Internationale Korruptionsbekämpfung, in: Kritische Justiz 2008, S. 366–377.

World Commission on Environment and Development (Hrsg.), Our Common Future, Oxford 1987, Zit.: WCED, Our Common Future.

Wouters, Jan / *Ryngaert*, Cedric, Litigation for Overseas Corporate Human Rights Abuses in the European Union: The Challenge of Jurisdiction, in: The George Washington International Law Review 40 (2009), S. 939–975.

Zerk, Jennifer A., Multinationals and Corporate Social Responsibility. Limitations and Opportunities in International Law, Cambridge u.a. 2006.

Ziekow, Jan, Rechtswissenschaftliches Gutachten zur rechtlichen Bewertung der Einbeziehung von IAO-Kernarbeitsnormen in das Vergabeverfahren sowie von diesbezüglichen Beschlüssen kommunaler Entscheidungsgremien. Erstellt für: InWEnt gGmbH – Servicestelle Kommunen in der einen Welt, Bonn 2007.

Zimmermann, Gebhard / *Wortmann*, André, Der Shareholder-Value-Ansatz als Institution zur Kontrolle der Führung von Publikumsgesellschaften, in: Der Betrieb 54 (2001), S. 289–294.

Zippelius, Reinhold, Grundbegriffe der Rechts- und Staatssoziologie, 3. Auflage, Tübingen 2012.

Zöllner, Wolfgang / *Noack*, Ulrich (Hrsg.), Kölner Kommentar zum Aktiengesetz, Band 2 / 1, 3. Auflage, Köln 2010, Zit.: Bearbeiter, in: Zöllner/Noack, KölnerKomm-AktG.

Zöllner, Wolfgang, Unternehmensinnenrecht: Gibt es das?, in: AG 2003, S. 2–12.

Zeitungsartikel

The New York Times International Weekly, Editorials of the Times. Worker Safety, in: The New York Times International Weekly, Friday, May 10, 2013, Beilage zur Süddeutschen Zeitung vom 10. Mai 2013 (Nr. 107), S. 2, Zit.: The New York Times International Weekly.

Intradisziplinäre Forschung zur Compliance
Studien zur Rechtsentwicklung und -praxis

Herausgegeben von Andrea Lohse und Roman Seer

Band 1 Henrik Zapfe: Compliance und Strafverfahren. Das Spannungsverhältnis zwischen Unternehmensinteressen und Beschuldigtenrechten. 2013

Band 2 Christina Altemeier: Verantwortlichkeit des Vorstands für Kartellrechtsverstöße. Ein Beitrag zur Organhaftung und zur Organuntreue. 2013

Band 3 Kristof Nenninger: Kartellrechtliche Kronzeugenprogramme und Datenschutzrecht. Eine Untersuchung der datenschutzrechtlichen Voraussetzungen und Grenzen der Informationsweitergabe anlässlich einer freiwilligen Kooperation mit nationalen und U.S.-Behörden. 2013

Band 4 André Frischemeier: Die Haftung geschäftsführender Organe für Compliance-Verstöße in Tochtergesellschaften. 2014.

Band 5 Christian Schützler: Tax Compliance im Kooperationsverhältnis zwischen Unternehmen und Finanzverwaltung. 2015.

Band 6 Alexander Roos: Compliance Defence. Kartellrechtliche Umsetzung im verfassungsrechtlichen Rahmen. 2015.

Band 7 Armin Gasper: Tax Compliance aus unternehmensrechtlicher Sicht. Die Pflichtenstellung des Vorstandes angesichts systemischer Steuerrisiken internationaler Unternehmen. 2016.

Band 8 David Wolfmeyer: Steuerung von Corporate Social Responsibility durch Recht. Der normative Rahmen der Unternehmensverantwortung im europäischen und globalen Raum. 2016.

www.peterlang.com

www.ingramcontent.com/pod-product-compliance
Ingram Content Group UK Ltd.
Pitfield, Milton Keynes, MK11 3LW, UK
UKHW021830290926
8980IPUK00004B/364

9 783631 672938